plurall

Parabéns!
Agora você faz parte do **Plurall**, a plataforma digital do seu livro didático!
No **Plurall**, você tem acesso gratuito aos recursos digitais deste livro por meio do seu computador, celular ou *tablet*.
Além disso, você pode contar com a nossa tutoria *on-line* sempre que surgir alguma dúvida sobre as atividades e os conteúdos deste livro.

Incrível, não é mesmo?
Venha para o **Plurall** e descubra uma nova forma de estudar!
Baixe o aplicativo do **Plurall** para Android e IOS ou acesse **www.plurall.net** e cadastre-se utilizando o seu código de acesso exclusivo:

CB026193

Este é o seu código de acesso Plurall.
Cadastre-se e ative-o para ter acesso aos conteúdos relacionados a esta obra.

@plurallnet

@plurallnetoficial

SOMOS
EDUCAÇÃO

Conecte LIDi

LITERATURA BRASILEIRA

EM DIÁLOGO COM OUTRAS LITERATURAS E OUTRAS LINGUAGENS

William Cereja

Professor graduado em Português e Linguística e licenciado em Português pela Universidade de São Paulo
Mestre em Teoria Literária pela Universidade de São Paulo
Doutor em Linguística Aplicada e Análise do Discurso pela PUC-SP
Professor da rede particular de ensino em São Paulo, capital

Thereza Cochar

Professora graduada e licenciada em Português e Francês pela FFCL de Araraquara, SP
Mestra em Estudos Literários pela Unesp de Araraquara, SP
Professora da rede pública de ensino em Araraquara, SP

Autores também de:

Obras para o ensino fundamental
Português: linguagens (1º ao 9º ano)
Gramática — Texto, reflexão e uso (6º ao 9º ano)
Gramática reflexiva (6º ao 9º ano)
Todos os textos (6º ao 9º ano)
Interpretação de textos (6º ao 9º ano)

Obras para o ensino médio
Português: linguagens
Literatura portuguesa
Gramática reflexiva — Texto, semântica e interação
Texto e interação
Interpretação de textos

Editora Saraiva

Conecte: Literatura Brasileira
© William R. Cereja
Thereza Cochar Magalhães

Obra *Literatura Brasileira*
originalmente publicada com o selo Atual Editora.
Direitos desta edição:
SARAIVA S.A. – Livreiros Editores, São Paulo, 2013
Todos os direitos reservados.

Dados Internacionais de Catalogação na Publicação (CIP)
(Câmara Brasileira do Livro, SP, Brasil)

Cereja, William Roberto
   Conecte : literatura brasileira / William Roberto Cereja, Thereza Cochar Magalhães. —
2. ed. — São Paulo : Saraiva, 2013. — (Coleção projeto conecte)

   ISBN 978-85-02-21107-0 (aluno)
   ISBN 978-85-02-21113-1 (professor)

   1. Literatura brasileira 2. Literatura brasileira (Ensino médio) — Estudo e ensino I.
Magalhães, Thereza Cochar. II. Título. III. Série.

13-07577   CDD-869.907

Índice para catálogo sistemático:
1. Literatura brasileira : Ensino médio   869.907

Gerente editorial: Lauri Cericato

Editor: Noé G. Ribeiro

Editoras-assistentes: Paula Junqueira/Thâmara Veríssimo/Mônica Rodrigues de Lima/Caroline Zanelli/
    Fernanda Carvalho

Preparação de texto: Célia Tavares

Revisão: Pedro Cunha Jr. e Lilian Semenichin (coords.)/Luciana Azevedo/Maura Loria/Eduardo Sigrist/Rhennan
    Santos/Elza Gasparotto/Aline Araújo/Felipe Toledo/Patricia Cordeiro

Pesquisa iconográfica: Cristina Akisino (coord.)/Camila Losemfeldt/Danielle de Alcântara/Rodrigo dos Santos
Souza (estagiário)/Alice Bragança

Licenciamento de textos: Marina Murphy

Sugestões de textos e atividades: Carlos Henrique Carneiro, Norberto Lourenço Nogueira Júnior
    e Pedro Reinato

Gerente de arte: Nair de Medeiros Barbosa

Supervisor de arte: José Maria de Oliveira

Projeto gráfico e capa: Homem de Melo & Troia Design

Imagem de capa: *Miscelânea brasileira* (2012), óleo sobre tela, Nanda Stefani

Ilustrações: Estudio Ampla Arena/Filipe Rocha/Ivan Coutinho/Laerte Silvino/Marcos Guilherme/Mariângela
    Haddad/Psonha/Ricardo Dantas/Rico/Vicente Mendonça/Weberson Santiago/Zuri

Diagramação: Alexandre M. Uehara/Francisco A. Costa Filho/Sara Slovac Savero/Setsumi Sinzato

Assessoria de arte: Maria Paula Santo Siqueira e Carlos Magno

Encarregada de produção e arte: Grace Alves

Coordenação de editoração eletrônica: Silvia Regina E. Almeida

Produção gráfica: Robson Cacau

731.575.002.002   **Impressão e acabamento:** Corprint

2020
2ª edição
10ª impressão

Editora Saraiva

SAC | 0800-0117875
De 2ª a 6ª, das 8h30 às 19h30
www.editorasaraiva.com.br/contato

Rua Henrique Schaumann, 270 – Cerqueira César – São Paulo/SP – 05413-909

Prezado estudante:

Neste nosso mundo moderno ou pós-moderno, que privilegia a imagem e a rapidez das informações, parece não haver espaço para a palavra, para a leitura e para o estudo da literatura. Essa impressão, contudo, não é verdadeira. A palavra, em especial a palavra literária, nunca esteve tão em voga como nos dias atuais. Hoje já existe o *e-book*, e a Internet tem se revelado uma grande aliada dos aficionados de literatura. Nela, encontramos inúmeros *sites* e *blogs* especializados nos quais podemos ler/ver textos literários e, muitas vezes, até ouvir nosso poeta preferido declamando seus poemas.

E por que alguém se interessaria em estudar literatura nos dias de hoje?

Literatura é *a arte da palavra*. Estudá-la equivale a compreender a evolução do pensamento e dos sentimentos humanos através da arte; é uma forma de aguçar nossa sensibilidade e nossa percepção crítica, de lutar contra os fenômenos da alienação, da fragmentação e da desumanização a que estamos sujeitos no mundo atual.

Estudar literatura é enfrentar o desafio de ler os grandes textos literários criados pela humanidade, extrair-lhes o sentido mais profundo e perceber de que forma estão relacionados com o momento em que foram concebidos. É também notar que um texto não se encerra em si e no seu tempo, pois está em permanente *diálogo* com muitos outros textos, verbais e não verbais, tanto os que foram publicados antes dele quanto os que vêm depois, tanto os nacionais quanto os estrangeiros. Estudar literatura é perseguir os diálogos que o homem criou e vem criando consigo mesmo em diferentes tempos e espaços, como um meio de dizer *não* ao isolamento e à solidão.

Estudar literatura é criar condições para que estejamos permanentemente antenados com o que está acontecendo hoje. É poder observar uma citação literária em uma canção, perceber que um artista ou um escritor do momento está retomando temas ou formas do passado, flagrar, nas entrelinhas, uma ironia ou uma referência literária numa tira de quadrinhos, num cartum ou no cinema.

Ler literatura é ser descolado. Quem lê literatura alcança uma condição bastante especial nestes tempos globalizados: ser diferente da maioria, que se limita ao senso comum veiculado pelos meios de comunicação de massa.

Esta obra tem o compromisso de contribuir para que você se torne um leitor competente de textos literários. Por isso, além de promover inúmeros cruzamentos entre os textos de estudo e o contexto cultural da época em que foram criados e o contexto cultural de hoje, ela também sugere muitas outras fontes de informação e meios de pesquisa para que você amplie seus horizontes: visitar *sites* da Internet, assistir a filmes e interpretá-los, ouvir músicas, ler livros, ir ao teatro, fazer visitas a museus, participar de saraus e mostras literárias, representar uma peça teatral, etc.

Os textos literários, os de ontem e os de hoje, estão todos aí, esperando ser descobertos e redescobertos. Cada leitor, quando os lê, os reescreve com o seu próprio olhar e com o olhar de seu tempo. A cada leitura, reacendemos a chama do diálogo vivo que a humanidade vem construindo. Nesse diálogo, que está sempre aberto a novas experiências, só falta você. Venha você também participar desta viagem: a aventura de ler!

Os Autores

Agradecimentos

A Noé G. Ribeiro, editor incomum, que, sem temer o novo, compartilha todas as decisões sobre esta obra.

Ao competente grupo editorial: a Paula Junqueira e Thâmara Veríssimo, pelo grande apoio; a Cristina Akisino, pelo entusiasmo e pela cuidadosa pesquisa iconográfica; a Célia Tavares, pelas preciosas sugestões na preparação de texto; aos demais membros da equipe editorial, pelo dedicado acompanhamento do processo de edição da obra.

Aos professores Norberto Lourenço Nogueira Júnior, Pedro Reinato e Carlos Henrique Carneiro, pelas sugestões de textos e atividades.

À equipe de assessores pedagógicos, que, em todo o país, difunde nossas propostas de ensino e otimiza o diálogo entre professores e autores.

Aos professores de todo o Brasil, que enriqueceram esta reformulação com suas sugestões.

Os Autores

Sumário geral

UNIDADE 10 — A SEGUNDA FASE DO MODERNISMO. O ROMANCE DE 30   438

Tinho

Sumário da parte 1

: *Mãe e criança* (1951), de
Bharati Chaudhuri.

INTRODUÇÃO

LEITURA-PRAZER

COMO GOSTAR DE LER

Numa época em que a Internet, o mercado de DVDs, os *videogames* e os inúmeros canais de TV por assinatura oferecem tantas opções de entretenimento e diversão, parece anacrônico falar de livros como fonte de prazer. Entretanto, existe uma legião de leitores (que as pesquisas sempre dizem ser poucos) e, vez ou outra, surgem publicações, como, por exemplo, a série Harry Potter e o livro *O código Da Vinci*, que sacodem estrondosamente o mercado editorial, arrebatando crianças, jovens e adultos para a leitura. Livros como esses podem ser uma boa porta de entrada para a leitura, um meio para despertar nas pessoas o interesse pela literatura? O que provoca o nascimento de um leitor e o impulsiona a ler sempre mais e mais?

O jornal *O Estado de S. Paulo*, em uma matéria intitulada "Como começar a gostar de ler", reproduziu relatos de alguns leitores que responderam à seguinte pergunta: **Qual livro você lembra de ter lido bem cedo e que o empurrou para outras leituras ao longo da vida?** Leia, a seguir, alguns desses relatos.

"Acho que o livro mais importante de minha vida e que literalmente me iniciou foi *Reinações de Narizinho*. Quando tinha 6 anos, tive uma pericardite muito séria que me fez ficar 6 meses na cama com antibiótico, sem poder ir à escola. Minha mãe começou a ler pra mim. Eu comecei a adorar aquele livro, e minha vontade de continuar a ler era tão grande que não aguentava esperar por ela, para que ela lesse pra mim. Aos poucos fui aprendendo a ler sozinha... Ela me ajudando, eu descobrindo... [...] Quando acabou o livro, eu chorei tanto... Minha mãe dizia: 'Mas ler um livro é maravilhoso... Agora você vai poder ler de novo sozinha quando quiser...' Mas eu dizia que nunca seria a mesma coisa... e não seria mesmo. Tenho uma admiração imensa pelo Monteiro Lobato e uma gratidão enorme também."

(Lígia Cortez – Atriz)

J. U. Campos

: Visconde de Sabugosa, personagem de Monteiro Lobato

"Dois livros, ambos lidos em classe, em capítulos, como se fossem novelas, por duas professoras de português, Dona Nídia e Dona Estela, deixaram marcas: *O Príncipe e o Mendigo*, de Mark Twain, e *Coração*, de Edmundo de Amicis. Na adolescência, devorei quase toda a obra de Mark Twain, e *Coração*, o mais querido, me acompanhou pela vida. Minha atual paixão chama-se *Istambul*, de Pamuk."

(Naum Alves de Souza – Dramaturgo)

Companhia Editora Nacional

"Um livro que me lembro ter lido bem cedo e que me encantou foi *Cazuza*, de Viriato Corrêa. Gostei muito da história da infância simples de um menino de interior, cheia de imagens e de coisas tão brasileiras. Eu sou do Ceará e a história se passa no Maranhão. Apesar de os dois Estados serem do Nordeste, têm uma paisagem natural bem diferente. E, de qualquer maneira, como eu não conhecia o Maranhão, no livro este aparecia como um lugar fantástico. Acho que é porque Cazuza também empresta uma certa poesia à vida simples das pequenas cidades do Brasil."

(Isabel Lustosa – Historiadora)

Por que ler?

Numa entrevista dada à revista *Veja*, o crítico literário americano Harold Bloom, autor do livro *Como e por que ler* (Editora Objetiva), respondeu assim a essa pergunta:

A informação está cada vez mais ao nosso alcance. Mas a sabedoria, que é o tipo mais precioso de conhecimento, essa só pode ser encontrada nos grandes autores da literatura. Esse é o primeiro motivo por que devemos ler. O segundo motivo é que todo bom pensamento, como já diziam os filósofos e os psicólogos, depende da memória. Não é possível pensar sem lembrar — e são os livros que ainda preservam a maior parte de nossa herança cultural. Finalmente, e este motivo está relacionado ao anterior, eu diria que uma democracia depende de pessoas capazes de pensar por si próprias. E ninguém faz isso sem ler.

(*Veja*, nº 1685.)

1. Você se lembra de algum livro que tenha lido (ou que leram para você) e que o incentivou a ler outros livros? Escreva um texto curto, semelhante aos que você leu anteriormente, relatando como foi essa experiência.

2. Seja na escola, seja em casa, seja na biblioteca, você já deve ter lido muitos textos (e livros).

a) Você se lembra de algum texto ou livro cuja releitura lhe daria prazer novamente?

b) Por que você gostaria de relê-lo?

ENTRE TEXTOS E PALAVRAS

Leia os textos:

Weberson Santiago

Geração Paissandu

Vim, como todo mundo,
do quarto escuro da infância,
mundo de coisas e ânsias indecifráveis,
de só desejo e repulsa.
Cresci com a pressa de sempre.

Fui jovem, com a sede de todos,
em tempo de seco fascismo.
Por isso não tive pátria, só discos.
Amei, como todos pensam.
Troquei carícias cegas nos cinemas,
li todos os livros, acreditei
em quase tudo por ao menos um minuto,
provei do que pintou, adolesci.

(Paulo Henriques Britto. In: Italo Moriconi, org. *Os cem melhores poemas brasileiros do século.* Rio de Janeiro: Objetiva, 2001. p. 281.)

Por que quem nasce no Rio Grande do Sul se chama *gaúcho*?

Uns dizem que a palavra vem do guarani e significa "homem que canta triste". A maioria, no entanto, aceita o termo como um sinônimo de *guacho*, que significa "órfão" e designaria os filhos cujos pais, uma índia e um português ou espanhol, haviam morrido. No princípio, *gaúcho* era a forma pejorativa usada para ladrões de gado e vadios. Servia também para os mestiços e índios que, fugindo dos primeiros povoados espanhóis, cuidavam do gado. De tanto cavalgar pelas pastagens, eles se tornaram hábeis cavaleiros, manejadores de

Beatrix Boscardin/Opção Brasil Imagens

laço e da boleadeira. No século XVIII, os gaúchos brasileiros foram importantes porque ocuparam as fronteiras e garantiram a manutenção destas para os portugueses. Como reconhecimento, a palavra *gaúcho* perdeu o sentido pejorativo e passou a exaltar a coragem e o amor à terra.

(Marcelo Duarte. *Guia dos curiosos – Brasil.* São Paulo: Cia. das Letras, 1999. p. 301.)

A palavra

… Sim, senhor, tudo o que queira, mas são as palavras as que cantam, as que sobem e baixam… Prosterno-me diante delas… Amo-as, uno-me a elas, persigo-as, mordo-as, derreto-as… Amo tanto as palavras… As inesperadas… As que avidamente a gente espera, espreita até que de repente caem… Vocábulos amados… Brilham como pedras coloridas, saltam como peixes de prata, são espuma, fio, metal, orvalho… Persigo algumas palavras… São tão belas que quero colocá-

las todas em meu poema… Agarro-as no voo, quando vão zumbindo, e capturo-as, limpo-as, aparo-as, preparo-me diante do prato, sinto-as cristalinas, vibrantes, ebúrneas, vegetais, oleosas, como frutas, como algas, como ágatas, como azeitonas… E então as revolvo, agito-as, bebo-as, sugo-as, trituro-as, adorno-as, liberto-as… Deixo-as como estalactites em meu poema, como pedacinhos de pedra polida, como carvão, como restos de um naufrágio, presentes da onda… Tudo está na palavra… Uma ideia inteira muda porque uma palavra mudou de lugar ou porque outra se sentou como uma rainha dentro de uma frase que não a esperava e que a obedeceu… Têm sombra, transparência, peso, plumas, pelos, têm tudo o que se lhes foi agregando de tanto vagar pelo rio, de tanto transmigrar de pátria, de tanto ser raízes… São antiquíssimas e recentíssimas. Vivem no féretro escondido e na flor apenas desabrochada… Que bom idioma o meu, que boa língua herdamos dos conquistadores torvos… Estes andavam a passos largos pelas tremendas cordilheiras, pelas Américas encrespadas, buscando batatas, butifarras, feijõezinhos, tabaco negro, ouro, milho, ovos, frutos, com aquele apetite voraz que nunca mais se viu no mundo… Tragavam tudo: religiões, pirâmides, tribos, idolatrias iguais às que eles traziam em suas grandes bolsas… Por onde passavam a terra ficava arrasada… Mas caíam das botas dos bárbaros, das barbas, dos elmos, das ferraduras, como pedrinhas, as palavras luminosas que permaneceram aqui resplandecentes… o idioma. Saímos perdendo… Saímos ganhando… Levaram o ouro e nos deixaram o ouro… Levaram tudo… e nos deixaram tudo… Deixaram-nos as palavras.

(Pablo Neruda. *Confesso que vivi.* 11. ed. Rio de Janeiro: Difel, 1980. p. 51-2.)

1. A literatura – do mesmo modo que a música, a pintura, a escultura, a arquitetura, a dança e o cinema – tem linguagem própria. Na sua opinião, qual(is) dos textos lidos pode(m) ser considerado(s) literatura?

2. Ao fazer sua escolha, você certamente usou algum critério. Tente explicá-lo, isto é, dizer o que considerou no(s) texto(s) para classificá-lo(s) como literário(s).

Stockxpert/Image Plus

UNIDADE 1

A LITERATURA E SUAS FUNÇÕES

Nem todos os povos e culturas chegaram a ter domínio da escrita. Apesar disso, praticamente todos eles tiveram algum tipo de manifestação literária. Literatura é linguagem, é a arte da palavra. Conhecê-la equivale a compreender um pouco de nossa própria história e de nossa condição humana.

The Bridgeman Art Library/Getty Images

··INTERVALO··

Projeto:
Literatura em cena

Produção e montagem de uma mostra sobre leitura, livros e literatura; leitura dramática ou encenação de texto teatral.

Diversonagens suspersas

Meu verso, temo, vem do berço.
Não versejo porque eu quero,
  versejo quando converso
e converso por conversar.
  Pra que sirvo senão pra isto,
pra ser vinte e pra ser visto,
  pra ser versa e pra ser vice,
pra ser a super-superfície
  onde o verbo vem ser mais?

Não sirvo pra observar.
Verso, persevero e conservo
  um susto de quem se perde
no exato lugar onde está.

Onde estará meu verso?
Em algum lugar de um lugar,
  onde o avesso do inverso
começa a ver e ficar.
  Por mais prosas que eu perverta,
Não permita Deus que eu perca
  meu jeito de versejar.

(Paulo Leminski. *Melhores poemas de Paulo Leminski.*
Seleção Fred Goes, Álvaro Marins. 4. ed. São Paulo:
Global, 1999.)

Fique ligado! Pesquise!

Para estabelecer relações entre a literatura e outras artes e áreas do conhecimento, eis algumas sugestões:

- No bloco 1 do DVD *Literatura e outras linguagens*, há declamações, entrevistas, depoimentos, trechos de filmes e músicas, espetáculos de teatro e dança relacionados com a leitura, as linguagens e a literatura. Converse com seu professor sobre a possibilidade de assistir a esse bloco.

- *Em busca da terra do nunca*, de Marc Forster; *Moça com brinco de pérola*, de Peter Webber; *A última borboleta*, de Karel Kachyna; *O carteiro e o poeta*, de Michael Radford; *Cinema Paradiso*, de Giuseppe Tornatore; *O baile*, de Etore Scola; *Razão e sensibilidade*, de Ang Lee.

- *Esses livros dentro da gente – Uma conversa com o jovem escritor*, de Stela Maris Rezende (Casa da Palavra); *O que é literatura*, de Marisa Lajolo (Brasiliense); *O que é poesia*, de Fernando Paixão (Brasiliense); *Poesia não é difícil*, de Carlos Felipe Moisés (Artes e Ofícios); *Como fazer versos*, de Vladimir Maiakovski (Global); *Introdução à poesia*, de Cândida Vilares Gancho (Atual); *Como e por que ler a poesia brasileira do século XX*, de Ítalo Moriconi (Objetiva); *Como e por que ler os clássicos universais desde cedo*, de Ana Maria Machado (Objetiva); *Como e por que ler o romance brasileiro*, de Marisa Lajolo (Objetiva); *Os 100 melhores contos de humor da literatura universal*, de Flávio Moreira da Costa, org. (Ediouro); *Os cem melhores contos brasileiros do século*, de Ítalo Moriconi, org. (Objetiva); *Na virada do século – Poesia de invenção no Brasil*, de Claudio Daniel e Frederico Barbosa, org. (Landy); *A língua absolvida*, de Elias Canetti (Companhia das Letras); *Sonhos, grilos e paixões* e *Sementes de sol*, de Carlos Queiroz Telles (Moderna).

- Ouça a canção "Língua", de Caetano Veloso (*Velô*).

- www.bibvirt.futuro.usp.br
- www.jornaldepoesia.jor.br
- www.mundocultural.com.br
- www.dominiopublico.gov.br

O que é literatura?

*A palavra serve para comunicar e interagir. E também
para criar literatura, isto é, criar arte, provocar emoções,
produzir efeitos estéticos. Estudar literatura implica
apropriar-se de alguns dos conceitos básicos dessa arte,
mas também deixar o espírito leve e solto, pronto para
saltos, voos e decolagens.*

A literatura é uma das formas de expressão artística do ser humano, juntamente com a música, a pintura, a dança, a escultura, o teatro, etc. Assim como o material da escultura são as formas e os volumes e o da pintura são as formas e as cores, o material básico da literatura é a palavra. Literatura é a arte da palavra.

Como parte integrante da cultura, a literatura já passou por diferentes formas de expressão, de acordo com o momento histórico e com a situação de produção. Na Grécia antiga e na Idade Média, por exemplo, sua transmissão ocorria basicamente de forma oral, já que pouquíssimas pessoas eram alfabetizadas. Nos dias de hoje, em que predomina a cultura escrita, os textos literários são escritos para serem lidos silenciosamente. Contudo, juntamente com o registro escrito da literatura, publicada em livros e revistas, há outros suportes que levam o texto literário até o público, como o CD, o audiolivro, o livro digital, a Internet e inúmeras adaptações feitas para cinema e TV.

O que é literatura? Não existe uma definição única e unânime para literatura. Há quem prefira dizer o que ela não é. De qualquer modo, para efeito de reflexão, é possível destacar alguns dos aspectos que envolvem o texto literário do ponto de vista da linguagem e do seu papel social e cultural.

A NATUREZA DA LINGUAGEM LITERÁRIA

Você já deve ter tido contato com muitos tipos de texto literário: contos, poemas, romances, peças de teatro, novelas, crônicas, etc. E também com textos não literários, como notícias, cartas comerciais, receitas culinárias, manuais de instrução. Mas, afinal, o que é um texto literário? O que distingue um texto literário de um texto não literário?

O escritor gaúcho Moacyr Scliar escreveu, durante anos, no jornal *Folha de S. Paulo*, crônicas inspiradas nos acontecimentos cotidianos divulgados pelo jornal.

Você vai ler, a seguir, a última crônica que o escritor publicou nesse jornal antes de sua morte. E vai ler também a notícia na qual ele se inspirou para escrever a crônica.

TEXTO I

Cientistas americanos estudam o caso de uma mulher portadora de uma rara condição, em resultado da qual ela não tem medo de nada.

(*Folha de S. Paulo*, 17/12/2010. Cotidiano.)

TEXTO II

A mulher sem medo

Ele não sabia o que o esperava quando, levado mais pela curiosidade do que pela paixão, começou a namorar a mulher sem medo. Na verdade havia aí também um elemento interesseiro; tinha um projeto secreto, que era o de escrever um livro chamado "A Vida com a Mulher sem Medo", uma obra que, imaginava, poderia fazer enorme sucesso, trazendo-lhe fama e fortuna. Mas ele não tinha a menor ideia do que viria a acontecer.

Dominador, o homem queria ser o rei da casa. Suas ordens deveriam ser rigorosamente obedecidas pela mulher. Mas como impor sua vontade? Como muitos ele recorria a ameaças: quero o café servido às nove horas da manhã, senão... E aí vinham as advertências: senão eu grito com você, senão eu bato em você, senão eu deixo você sem comida.

Acontece que a mulher simplesmente não tomava conhecimento disso; ao contrário, ria às gargalhadas. Não temia gritos, não temia tapas, não temia qualquer tipo de castigo. E até dizia, gentil: "Bem que eu queria ficar assustada com suas ameaças, como prova de consideração e de afeto, mas, você vê, não consigo".

Jôtah

Aquilo, além de humilhá-lo profundamente, deixava-o completamente perturbado. Meter medo na mulher transformou-se para ele em questão de honra. Tinha de vê-la pálida, trêmula, gritando por socorro.

Como fazê-lo? Pensou muito a respeito e chegou a uma conclusão: para amedrontá-la só barata ou rato. Resolveu optar pela barata, por uma questão de facilidade: perto de onde moravam havia um velho depósito abandonado, cheio de baratas. Foi até lá e conseguiu quatro exemplares, que guardou num vidro de boca larga.

Voltou para casa e ficou esperando que a mulher chegasse, quando então soltaria as baratas. Já antegozava a cena: ela sem dúvida subiria numa cadeira, gritando histericamente. E ele enfim se sentiria o vencedor.

Foi neste momento que o rato apareceu. Coisa surpreendente, porque ali não havia ratos, sobretudo um roedor como aquele, enorme, ameaçador, o Rei dos Ratos. Quando a mulher finalmente retornou encontrou-o de pé sobre uma cadeira, agarrado ao vidro com as baratas, gritando histericamente.

Fazendo jus à fama ela não demonstrou o menor temor; ao contrário, ria às gargalhadas. Foi buscar uma vassoura, caçou o rato pela sala, conseguiu encurralá-lo e liquidou-o sem maiores problemas. Feito que ajudou o homem, ainda trêmulo, a descer da cadeira. E aí viu que ele segurava o vidro com as quatro baratas. O que deixou-a assombrada: o que pretendia ele fazer com os pobres insetos? Ou aquilo era um novo tipo de perversão?

Àquela altura ele já nem sabia o que dizer. Confessar que se tratava do derradeiro truque para assustá-la seria um vexame, mesmo porque, como ele agora o constatava, ela não tinha medo de baratas, assim como não tivera medo do rato. O jeito era aceitar a situação. E admitir que viver com uma mulher sem medo era uma coisa no mínimo amedrontadora.

(Moacyr Scliar. *Folha de S. Paulo*, 17/1/2011.)

1. O texto I é parte de uma notícia internacional.

a) Por que esse fato noticiado mereceu destaque no noticiário?

b) A que campo do conhecimento humano esse fato causa interesse?

2. O texto II foi criado pelo escritor Moacyr Scliar a partir da notícia reproduzida no texto I.

a) Qual dos dois textos trata de um fato concreto da realidade?

b) Qual deles cria uma história ficcional a partir de dados da realidade?

3. O texto II, sendo uma crônica, apresenta vários componentes comuns a outros gêneros narrativos, como fatos, personagens, tempo, espaço e narrador. Além disso, apresenta também preocupação quanto ao *modo* como os fatos são narrados.

a) O que a narrativa revela quanto a características psicológicas do marido ao longo da história?

b) Que dados da história comprovam sua resposta?

4. Observe estes fragmentos do texto:

- "Aquilo, além de humilhá-lo profundamente, deixava-o completamente perturbado."

- "E ele enfim se sentiria o vencedor."

Com base nesses fragmentos, conclua: Como o homem encarava a característica da mulher de não sentir medo?

5. Em sua última tentativa de amedrontar a mulher, o homem pensa em baratas e ratos.

a) Por que ele imaginou que esses seres poderiam amedrontá-la?

b) O que o resultado dessa experiência mostrou quanto a quem tinha medo desses seres?

6. Você observou que os dois textos abordam o mesmo tema. Apesar disso, eles são bastante diferentes. Essas diferenças se devem à finalidade e ao gênero de cada um dos textos, bem como ao público a que cada um deles se destina.

a) Qual é a finalidade principal do texto I, considerando-se que se trata de uma reportagem jornalística?

b) Qual é a finalidade principal do texto II, considerando-se que se trata de uma crônica literária?

7. A fim de sintetizar as diferenças entre os dois textos, compare-os e responda:

a) Qual deles apresenta uma linguagem objetiva, utilitária, voltada para explicar um problema da realidade?

b) Em qual deles a linguagem é propositalmente organizada com o fim de criar expectativa ou envolvimento do leitor?

c) Qual deles tem a finalidade de informar o leitor sobre a realidade?

d) Qual deles tem a finalidade de entreter, divertir ou provocar reflexões no leitor a partir de um tema da realidade?

e) Considerando as reflexões que você fez sobre a linguagem dos textos em estudo, responda: Qual deles é um texto literário? Por quê?

A LITERATURA E SUAS FUNÇÕES

Você viu, pelos estudos anteriores, que a literatura é uma linguagem especial, carregada de sentidos e capaz de provocar emoções e reflexão no leitor.

Conheça agora o que dizem os teóricos e especialistas em literatura sobre outras funções que ela desempenha no mundo em que vivemos.

Literatura: prazer e catarse

Para os gregos, a arte tinha também outras duas funções: a *hedonística* e a *catártica*. De acordo com a concepção hedônica (*hedon* = prazer), a arte devia proporcionar *prazer*, retratando o belo. E, para eles, o belo na arte consistia na semelhança entre a obra de arte e a verdade ou a natureza.

A concepção catártica advém do papel que as tragédias desempenhavam no mundo grego. Aristóteles, o primeiro teórico a conceituar a tragédia, define esse tipo de texto a partir de dois conceitos: a *mimese*, ou imitação da palavra e do gesto, que para ser eficaz deve despertar no público os sentimentos de terror e piedade; e a *catarse*, efeito moral e purificador que proporciona o alívio desses sentimentos. Com finais que normalmente culminam em envenenamento, assassinato e suicídio, as tragédias aliviavam as tensões e os conflitos do mundo grego.

The Granger Collection/Other Images

: O teatro na Grécia antiga.

Modernamente, esses conceitos desapareceram, mas a arte ainda cumpre o papel de proporcionar prazer e fruição estética e de aliviar as tensões da alma humana. Ou, na concepção do teórico russo Chklovski, o papel de provocar um *estranhamento* em face da realidade, como se nos desautomatizássemos e passássemos a ver o mundo com outros olhos.

Literatura: comunicação, interlocução, recriação

Literatura é linguagem e, como tal, cumpre, juntamente com outras artes, um papel comunicativo na sociedade, podendo tanto influenciar o público quanto ser influenciada por ele.

O leitor de um texto literário ou o contemplador da obra de arte não é um ser passivo, que apenas recebe a comunicação, conforme lembra o pensador russo Mikhail Bakhtin. Mesmo situado em um tempo histórico diferente do tempo de produção da obra, ele também a recria e atualiza os seus sentidos com base em suas vivências pessoais e nas referências artísticas e culturais do seu tempo. Por outro lado, no momento em que está criando a obra, o artista já é influenciado pelo perfil do público que tem em mente. Isso se reflete nos temas, nos valores e no tipo de linguagem que escolhe.

A literatura e outras mídias

O poeta e compositor Arnaldo Antunes comenta assim as mudanças na poesia decorrentes do contato com a tecnologia digital:

O público dos livros de poesia pode ser mínimo, mas ele vem sendo ampliado por meio do contágio com outras mídias. [...] Hoje, o que se fazia nas revistas migrou, em grande parte, para a Internet. Você vê *sites* de poesia e *blogs* com debates interessantes, tudo associado a outras linguagens, poemas com áudio, inserção de imagens e movimento na palavra escrita. Esse tipo de composição virou coisa natural hoje em dia. A poesia só tem a ganhar quando se contamina com outros códigos, pois alcança outros públicos e descobre possibilidades de linguagem.

(Revista *Língua Portuguesa*, nº 13.)

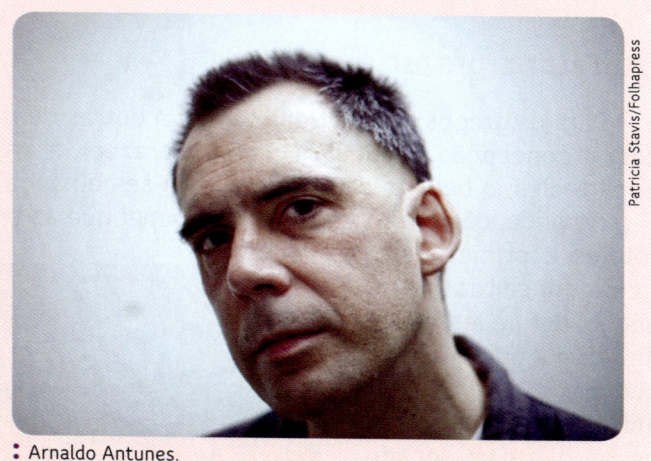

: Arnaldo Antunes.

Visite o *site* de Arnaldo Antunes (http://www.arnaldoantunes.com.br) e veja como ele põe em prática essas ideias.

Literatura: a humanização do homem

Você leu, neste capítulo e na Introdução, diferentes textos relacionados com a literatura. Leu textos literários, conheceu depoimentos de escritores e de pessoas comuns e viu também que a literatura é feita, antes de tudo, para dar prazer e provocar reflexão.

Conheça agora o que teóricos e especialistas em literatura dizem sobre o papel que ela desempenha no mundo em que vivemos.

O que é a poesia?

Veja a tentativa de responder à pergunta acima no depoimento do escritor mexicano Octavio Paz:

A poesia é conhecimento, salvação, poder, abandono. Operação capaz de transformar o mundo, a atividade poética é revolucionária por natureza; exercício espiritual, é um método de libertação interior. A poesia revela este mundo; cria outro. Pão dos eleitos; alimento maldito. Isola; une.

(*O arco e a lira*. Rio de Janeiro: Nova Fronteira, 1982. p. 15.)

A arte e as energias submersas

O artista conduz os outros homens a um mundo de fantasia, onde seus anseios se libertam, afirmando desse modo a recusa da consciência humana em aceitar o condicionamento do meio: mobiliza-se assim um potencial de energias submersas que, por sua vez, regressam ao mundo real para transformar a fantasia em realidade.

(George Thompson. Apud Hélder Pinheiro. *Poesia na sala de aula*. 2. ed. João Pessoa: Ideia, 2002.)

Um certo tipo de função psicológica é talvez a primeira coisa que nos ocorre quando pensamos no papel da literatura. A produção e a fruição desta se baseiam numa espécie de necessidade universal de ficção e de fantasia, que de certa forma é coextensiva ao homem, por aparecer invariavelmente em sua vida, como indivíduo e como grupo, ao lado da satisfação das necessidades mais elementares. E isto ocorre no primitivo e no civilizado, na criança e no adulto, no instruído e no analfabeto. A literatura propriamente dita é uma das modalidades que funcionam como resposta a essa necessidade universal, cujas formas mais humildes e espontâneas de satisfação talvez sejam coisas como a anedota, a adivinha, o trocadilho, o rifão. Em nível complexo surgem as narrativas populares, os cantos folclóricos, as lendas, os mitos. No nosso ciclo de civilização, tudo isto culminou de certo modo nas formas impressas, divulgadas pelo livro, o folheto, o jornal, a revista: poema, conto, romance, narrativa romanceada. Mais recentemente, ocorreu o *boom* das modalidades ligadas à comunicação oral, propiciada pela técnica: fita de cinema, [...] história em quadrinhos, telenovela. Isto, sem falar no bombardeio incessante da publicidade, que nos assalta de manhã à noite, apoiada em elementos de ficção e de poesia e em geral da linguagem literária.

Portanto, por via oral ou visual, sob formas curtas e elementares, ou sob complexas formas extensas, a necessidade de ficção se manifesta a cada instante; aliás, ninguém pode passar um dia sem consumi-la, ainda que sob a forma de palpite na loteria, devaneio, construção ideal ou anedota. E assim se justifica o interesse pela função dessas formas de sistematizar a fantasia, de que a literatura é uma das modalidades mais ricas.

(Antonio Candido. "A literatura e a formação do homem". Revista *Ciência e Cultura*, set. 1972. p. 804.)

boom: crescimento rápido, ação intensa.

fruição: ato ou efeito de fruir, isto é, de aproveitar ou desfrutar prazerosamente algo.

rifão: espécie de provérbio ou de adágio popular que transmite um ensinamento moral.

Hoje já chegamos a uma época em que os romancistas e os poetas são olhados como criaturas obsoletas, de priscas eras. No entanto, só eles, só a boa literatura poderá evitar o tráfico final desta mecanização: o homem criando mil milhões, virando máquina azeitada que age corretamente ao apertar do botão — estímulo adequado. A Arte, e dentro dela a Literatura, é talvez a mais poderosa arma para evitar o esclerosamento, para manter o homem vivo, sangue, carne, nervos, sensibilidade; para fazê-lo sofrer, angustiar-se, sorrir e chorar. E ele terá então a certeza de que ainda está vivo, de que continua escapando.

A Literatura é o retrato vivo da alma humana; é a presença do espírito na carne. Para quem, às vezes, se desespera, ela oferece consolo, mostrando que todo ser humano é igual, e que toda dor parece ser a única; é ela que ensina aos homens os múltiplos caminhos do amor, enlaçando-os em risos e lágrimas, no seu sofrer semelhante; ela é que vivifica a cada instante o fato de realmente sermos irmãos do mesmo barro.

A moléstia é real, os sintomas são claros, a síndrome está completa: o homem continua cada vez mais incomunicável (porque deturpou o termo Comunicação), incompreendido e/ou incompreensível, porque se voltou para dentro e se autoanalisa continuamente, mas não troca com os outros estas experiências individuais; está "desaprendendo" a falar, usando somente o linguajar básico, essencial, e os gestos. Não lê, não se enriquece, não se transmite. Quem não lê, não escreve. Assim, o homem do século XX, bicho de concha, criatura intransitiva, se enfurna dentro de si próprio, ilhando-se cada vez mais, minado pelas duas doenças do nosso tempo: individualismo e solidão.

(Ely Vieitez Lanes. *Laboratório de literatura.* São Paulo: Estrutural, 1978.)

Em busca do equilíbrio

O progresso da sociedade de consumo (que tanto bem tem trazido e traz à humanidade, no plano material) precisa ser contrabalanceado com o progresso do reencontro do Homem com seu Espírito. E esse reencontro essencial poderá ser feito (entre outros caminhos) através do estudo da literatura [...].

(Nelly Novaes Coelho. In: Maria Thereza F. Rocco. *Literatura/Ensino: uma problemática.* 2. ed. São Paulo: Ática, 1992. p. 214.)

Designpics/Glow Images

azeitado: lubrificado.
obsoleto: antigo, ultrapassado, arcaico.
priscas: primeiras.
síndrome: conjunto de sinais e sintomas de uma doença.

1. De acordo com Antonio Candido (texto I), a literatura satisfaz uma necessidade essencial do ser humano.

a) Qual é essa necessidade?

b) Qual é o perfil das pessoas que têm essa necessidade? São crianças ou adultos? São pessoas com ou sem escolaridade?

2. De acordo com o texto II, a falta de comunicação e, consequentemente, o individualismo e a solidão são as doenças do mundo em que vivemos.

a) Segundo o ponto de vista do autor, por que a literatura pode contribuir no combate a essas doenças?

b) O pensamento de Nelly Novaes Coelho, expresso no boxe "Em busca do equilíbrio", coincide com o pensamento do autor do texto II? Por quê?

Literatura: o encontro do individual com o social

Segundo o escritor Guimarães Rosa, literatura é feitiçaria que se faz com o sangue do coração humano. Isso quer dizer que a literatura, entre outras coisas, é também a expressão das emoções e reflexões do ser humano.

Leia, a seguir, um poema do escritor africano José Craveirinha.

LEITURA

Patrik Giardino/Iconica/Getty Images

alcatrão: um dos componentes do carvão.

motriz: que se move ou faz mover alguma coisa.

Grito negro

Eu sou carvão!
E tu arrancas-me brutalmente do chão
e fazes-me tua mina, patrão.

Eu sou carvão!
e tu acendes-me, patrão
para te servir eternamente como força motriz
mas eternamente não, patrão.
Eu sou carvão
e tenho que arder, sim
e queimar tudo com a força da minha combustão.
Eu sou carvão
tenho que arder na exploração
arder até às cinzas da maldição
arder vivo como alcatrão, meu irmão
até não ser mais a tua mina, patrão.
Eu sou carvão
Tenho que arder
queimar tudo com o fogo da minha combustão.
Sim!
Eu serei o teu carvão, patrão!

(In: Mário de Andrade, org. *Antologia temática de poesia africana.*
3. ed. Lisboa: Instituto Cabo-Verdeano do Livro, 1980. v. 1. p. 180.)

1. O texto lido é um poema, um dos vários gêneros literários. Nos poemas, é comum o eu lírico expor seus sentimentos e pensamentos.

a) Qual é o tema do poema lido?

b) O que predomina nesse poema: aspectos individuais ou sociais?

2. Os poemas geralmente utilizam uma **linguagem plurissignificativa**, isto é, uma linguagem figurada, em que as palavras apresentam mais de um sentido. O eu lírico do poema lido, por exemplo, chama a si mesmo de *carvão*. Que sentidos têm as palavras *carvão* e *mina* no contexto?

Eu lírico: a voz do poema

Chamamos de *eu lírico, eu poético* ou simplesmente *sujeito* à pessoa que fala no poema.

Nem sempre a voz do eu lírico corresponde à do escritor. Em várias canções de Chico Buarque, por exemplo, o eu lírico é feminino. Veja um trecho da canção "Ana de Amsterdam":

Eu cruzei um oceano
Na esperança de casar
Fiz mil bocas pra Solano
Fui beijada por Gaspar

3. Para o patrão, o eu lírico é carvão, pois é a força motriz do trabalho e da produção. O eu lírico aceita sua condição de "carvão", mas com um sentido diferente do que tem para o patrão. Releia os versos finais do poema e interprete o último verso.

> Eu sou carvão
> Tenho que arder
> queimar tudo com o fogo da minha
> [combustão.
> Sim!
> Eu serei o teu carvão, patrão!

4. O poema de Craveirinha, além de expressar os sentimentos e as ideias do eu lírico, é também uma recriação da realidade. Por meio dessa recriação o poeta denuncia as condições de vida a que eram submetidos os negros em Moçambique antes do processo de independência. Na sua opinião, a literatura pode contribuir para transformar a realidade concreta? Explique.

5. O escritor e educador Rubem Alves afirma que o escritor "escreve para produzir prazer". Em sua opinião, a literatura proporciona prazer ao ser humano, mesmo quando trata de problemas sociais, como ocorre no poema de Craveirinha? Justifique sua resposta.

6. Reúna-se com um colega e, com base na leitura do poema de Craveirinha e do conto "A mulher sem medo", de Moacyr Scliar, montem um quadro com as principais características do texto literário.

José Craveirinha: um grito de liberdade

José Craveirinha (1922-2002) é considerado um dos principais escritores africanos de língua portuguesa. Moçambicano, participou ativamente do processo de libertação de seu país. Entre outras obras, escreveu *Chigubo*, *Karingana ua Karingana*, *Maria* e *Hamina e outros contos*.

Instituto Nacional do Livro e do Disco

A arte como resistência política

Nas décadas de 1960 e 1970, a música popular brasileira – muito mais do que a literatura – representou uma forma popular de combate ao regime militar. Artistas como Geraldo Vandré, Chico Buarque de Hollanda, Milton Nascimento e Ivan Lins compuseram *músicas engajadas*, que falavam do sonho de liberdade e de tempos de alegria. Alguns escritores também se engajaram nesse processo, entre eles Antônio Callado e Ferreira Gullar. Este escreveu, por exemplo:

> Eu sei que a vida vale a pena
> Mesmo que o pão seja caro
> E a liberdade, pequena.

ESTILOS DE ÉPOCA: ADEQUAÇÃO E SUPERAÇÃO

O ser humano se modifica através dos tempos: muda sua forma de pensar, de sentir e de ver o mundo. Consequentemente, promove mudanças nos valores, nas ideologias, nas religiões, na moral, nos sentimentos. Por isso, é natural que as obras literárias expressem características próprias do momento histórico em que são produzidas. Em certas épocas, por exemplo, determinados temas podem ser mais explorados do que outros; já em outras épocas, os escritores podem estar mais interessados no trabalho formal com os textos do que nas ideias, e assim por diante.

Ao conjunto de textos que apresentam certas características comuns em determinado momento histórico, chamamos **estilo de época** ou **movimento literário**. Ao escrever, o escritor recebe influências e sofre coerções do grupo de escritores do seu tempo, mas isso não quer dizer que ele sempre se limite aos procedimentos comuns àquele grupo. Como a literatura é um organismo vivo e dinâmico, o escritor está em constante diálogo não só com a produção do grupo local, mas também com a produção literária de outros países, com a literatura do passado e, mesmo sem saber, com a do futuro. Por isso, não é difícil os escritores surpreenderem e levarem a literatura a uma situação completamente inusitada. Assim foi com Camões em Portugal, com Cervantes na Espanha e com Machado de Assis e Guimarães Rosa no Brasil.

LEITURA

A seguir, você vai ler e comparar versos de dois poemas: o primeiro é um fragmento do poema "Meus oito anos", de Casimiro de Abreu (1839-1860), poeta romântico que viveu no século XIX; o segundo é um poema de Antônio Cacaso (1947-1987), poeta contemporâneo que viveu na segunda metade do século XX.

TEXTO I

Meus oito anos

Oh! que saudades que tenho
Da aurora da minha vida,
Da minha infância querida
Que os anos não trazem mais!
Que amor, que sonhos, que flores,
Naquelas tardes fagueiras
À sombra das bananeiras,
Debaixo dos laranjais!
[...]

Mariângela Haddad

(*Poesias completas de Casimiro de Abreu*. Rio de Janeiro: Ediouro, s. d. p. 19.)

TEXTO II

E com vocês a modernidade

Meu verso é profundamente romântico.
Choram cavaquinhos luares se derramam e vai
por aí a longa sombra de rumores e ciganos.
Ai que saudade que tenho de meus negros
[verdes anos!

Mariângela Haddad

(Cacaso. *Lero-lero*. Rio de Janeiro: 9 Letras; São Paulo: Cosac & Naify, 2002. p. 113.)

1. Em "Meus oito anos", Casimiro de Abreu aborda a infância como tema.

   a) Na condição de adulto, como ele vê a infância?

   b) Que elementos são valorizados pelo poeta na descrição de sua infância?

2. O poema "E com vocês a modernidade", de Cacaso, estabelece um diálogo com o poema de Casimiro de Abreu. Que verso evidencia esse diálogo?

3. No poema de Cacaso, as lembranças do passado são diferentes das do poema de Casimiro de Abreu. O passado recordado também é o período da infância? Se não, que elementos mencionados no poema constituem a memória do eu lírico?

4. O verso final do poema de Cacaso quebra a perspectiva ingênua e bem-comportada do poema de Casimiro de Abreu. Dê uma interpretação a esse verso e, com base nela, explique o título do poema: "E com vocês a modernidade".

5. Em ambos os poemas a linguagem é simples. Em qual deles, contudo, a linguagem é mais informal, mais próxima da oralidade e se prende menos às normas da língua escrita?

As diferenças entre os dois textos quanto à linguagem e à visão de mundo evidenciam dois momentos distintos da literatura, ou seja, dois *movimentos literários* ou *estilos de época* diferentes. O texto I é ligado ao Romantismo, movimento literário do século XIX que, entre outras características, distinguiu-se pela idealização da infância, do amor e da mulher e pelo emprego de uma linguagem elevada, rica em imagens, comparações, inversões, etc. O texto II é representante da literatura contemporânea, que se caracteriza pela ironia, pela revisão e destruição de modelos passados.

Além das variações de época, existem também as variações pessoais. Nenhum escritor escreve exatamente igual a outro. Cada um desenvolve um *estilo pessoal*, que consiste numa forma particular de se expressar fazendo uso da língua.

Diálogos na tradição literária

As relações entre o escritor e o público ou as relações entre o escritor e o seu contexto não podem ser vistas de forma mecânica. Classificar um escritor como participante deste ou daquele estilo de época geralmente é uma preocupação de natureza didática ou científica. Os escritores nem sempre estão preocupados em escrever de acordo com este ou aquele estilo.

Além disso, entre uma época literária e outra, é comum haver uma fase de transição, um período em que o velho e o novo se misturam. Machado de Assis, por exemplo, durante certo tempo foi um escritor com traços românticos; depois abandonou-os, dando origem ao Realismo em nossa literatura.

Há escritores que não se ligam à tendência literária vigente em sua época, mas produzem obras cuja originalidade chega a despertar, em autores de outras épocas, interesse pelo mesmo projeto. Esses escritores, de épocas diferentes mas com projetos artísticos comuns, não pertencem ao mesmo movimento, mas *perseguem a mesma tradição literária*. Por exemplo, há escritores filiados à tradição gótica no Romantismo, no Simbolismo e na atualidade.

: *Meninas lendo* (1934), de Picasso.

Há ainda a situação de um autor estar muito à frente de seu tempo, o que lhe traz problemas de reconhecimento. É o caso, por exemplo, do poeta Joaquim de Sousa Andrade, mais conhecido por Sousândrade, que, apesar de ter vivido na época do Romantismo, foi precursor daquilo que aconteceria cinquenta anos depois na literatura, ou seja, o Modernismo. Só a partir da década de 70 do século XX, o escritor teve sua importância reconhecida definitivamente.

Na unidade 2, você iniciará o estudo sistematizado da literatura em língua portuguesa. Conhecerá, primeiramente, as origens da literatura em Portugal, uma vez que a literatura brasileira surgiu somente alguns séculos depois.

A LITERATURA NA ESCOLA

A literatura, bem como outras artes e ciências, independe da escola para sobreviver. Apesar disso, dada sua importância para a língua e a cultura de um país, bem como para a formação de jovens leitores, transformou-se em disciplina escolar em várias partes do mundo.

Na escola, há diferentes possibilidades de abordar e sistematizar o estudo da literatura: por épocas, por temas, por gêneros, por comparações, etc. No Brasil, no último século, a abordagem histórica da literatura, isto é, o estudo da produção literária dos principais escritores e suas obras no transcorrer do tempo, tem sido a mais comum.

Nesta coleção, você vai aprender literatura de uma forma híbrida: a abordagem histórica se mistura a atividades que comparam textos de épocas distintas, que relacionam a literatura com as artes plásticas da época, com o contexto histórico-social e com produções artísticas (música, literatura, cinema) do mundo em que vivemos.

Apresentamos, a seguir, um esquema dos períodos das literaturas portuguesa e brasileira e os séculos correspondentes, para que você tenha uma visão da sequência histórica dos movimentos literários. Volte a esse esquema sempre que tiver necessidade de situar no tempo um autor ou um estilo de época.

Fine Photo

PERIODIZAÇÃO DAS LITERATURAS PORTUGUESA E BRASILEIRA

		IDADE MÉDIA		IDADE MODERNA		
		Trovadorismo (séc. XII a XIV)	**2ª época medieval** (séc. XV e início do XVI)	**Classicismo** (séc. XVI)	**Barroco** (séc. XVII)	**Arcadismo** (séc. XVIII)
Literatura Portuguesa	Marco Introdutório	**1189(?):** "Cantiga da Ribeirinha", de Paio Soares de Taveirós	**1434:** Criação do cargo de cronista-mor do reino	**1527:** Volta de Sá de Miranda da Itália	**1580:** Domínio espanhol e morte de Camões	**1756:** Fundação da Arcádia Lusitana
	Principais Autores	D. Dinis Martim Codax João Garcia de Guilhade Pero da Ponte	Fernão Lopes Gil Vicente Garcia de Resende João-Roiz de Castelo Branco	Luís de Camões Sá de Miranda Bernardim Ribeiro Fernão Mendes Pinto Antônio Ferreira	Pe. Antônio Vieira Pe. Manuel Bernardes D. Francisco Manuel de Melo Antônio José da Silva Sóror Maria Alcoforado	Manuel Maria de Barbosa du Bocage Filinto Elísio Cruz e Silva Correia Garção Cândido Lusitano
Literatura Brasileira	Marco Introdutório			**1500:** *Carta*, de Pero Vaz de Caminha	**1601:** *Prosopopeia*, de Bento Teixeira	**1768:** Obras de Cláudio Manuel da Costa
	Principais Autores			Pero Vaz de Caminha Pero M. Gândavo Gabriel Soares de Sousa José de Anchieta	Gregório de Matos Pe. Antônio Vieira	Cláudio Manuel da Costa Tomás Antônio Gonzaga Silva Alvarenga Alvarenga Peixoto Santa Rita Durão Basílio da Gama

CONTEXTO ARTÍSTICO

Museu dell'Opera del Duomo, Siena, Itália

: *Madona de Crevole* (1284), de Duccio di Buoninsegna.

Serovegni (Arena), Pádua, Itália

: *Joaquim entre os pastores* (1306), de Giotto di Bondone, pintor que estabeleceu a transição entre a arte medieval e a renascentista.

Museu de Czartoryski, Cracóvia, Polônia

: *Senhora com um arminho* (1490), de Leonardo da Vinci.

Universal Images Group/Getty Images/Galeria Uffizi, Florença, Itália

: *Medusa* (1596-8), de Caravaggio.

Cleveland Museum of Art, OH, USA

: *Cupido e Psiqué* (1817), de Jacques-Louis David.

IDADE CONTEMPORÂNEA

Romantismo (séc. XIX)	Realismo/Naturalismo (séc. XIX)	Simbolismo (séc. XIX)	Modernismo (séc. XX)	Contemporaneidade (séc. XX e XXI)	
1825: Publicação de *Camões*, de Almeida Garrett	1865: Questão Coimbrã	1900: Publicação de *Oaristos*, de Eugênio de Castro	1915: Revista *Orpheu* 1927: Revista *Presença* 1940: Neorrealismo	1975: Revolução dos Cravos	
Almeida Garrett Alexandre Herculano Antônio Feliciano de Castilho João de Deus Soares de Passos Camilo Castelo Branco Júlio Dinis	Antero de Quental Eça de Queirós Guerra Junqueiro Cesário Verde Gomes Leal	Camilo Pessanha Eugênio de Castro Antônio Nobre	Fernando Pessoa Mário de Sá-Carneiro Almada-Negreiros José Régio Miguel Torga Ferreira de Castro Alves Redol Fernando Namora Vergílio Ferreira	Mário Cesariny de Vasconcelos Jorge de Sena Alexandre O'Neill Agustina Bessa-Luís Sophia de Mello Breyner Andresen David Mourão Ferreira Antônio Ramos Rosa Herberto Helder José Saramago Antônio Lobo Antunes Gonçalo M. Tavares Valter Hugo Mãe	
1836: *Suspiros poéticos e saudades*, de Gonçalves de Magalhães	1881: *Memórias póstumas de Brás Cubas*, de Machado de Assis, e *O Mulato*, de Aluísio Azevedo	1893: *Missal e Broquéis*, de Cruz e Sousa	1922: Semana de Arte Moderna	1944: *Perto do coração selvagem*, de Clarice Lispector	
Gonçalves Dias Álvares de Azevedo Casimiro de Abreu Junqueira Freire Fagundes Varela Castro Alves José de Alencar Manuel Antônio de Almeida Joaquim Manuel de Macedo Visconde de Taunay Bernardo Guimarães Franklin Távora	Machado de Assis Aluísio Azevedo Raul Pompeia Olavo Bilac Raimundo Correia Alberto de Oliveira	Cruz e Souza Alphonsus de Guimaraens Pedro Kilkerry	**1ª geração** Oswald de Andrade Mário de Andrade Manuel Bandeira Antônio de Alcântara Machado **2ª geração** Graciliano Ramos José Lins do Rego Rachel de Queiroz Jorge Amado Érico Veríssimo Carlos Drummond de Andrade Murilo Mendes Jorge de Lima Vinícius de Morais Cecília Meireles	Clarice Lispector Guimarães Rosa João Cabral de Melo Neto Haroldo de Campos Augusto de Campos Décio Pignatari Ferreira Gullar Mário Chamie Mário Faustino Lygia Fagundes Telles Mário Palmério Osman Lins Mário Quintana Fernando Sabino Rubem Braga José J. Veiga Otto Lara Resende Antônio Callado Adonias Filho	Autran Dourado Dalton Trevisan João Antônio Ricardo Ramos Sérgio Porto Rubem Fonseca Paulo Leminski Cacaso João Ubaldo Ribeiro José Paulo Paes Adélia Prado Luis Fernando Verissimo Ignácio de Loyola Brandão Nélida Piñon Hilda Hilst Affonso Romano de Sant'Anna Glauco Mattoso Arnaldo Antunes

Coleção particular

: *O ancião dos dias* (1794), de William Blake.

: *Cortadores de pedras* (1849), de Gustave Courbet.

Latinstock/Galeria Neue Neister, Dresden, Alemanha

: *Musa em Pegasus* (1900), de Odilon Redon.

Coleção particular

: *Jacqueline com flores* (1954), de Picasso.

Coleção particular

: *Marilyn* (1967), de Andy Warhol.

CAPÍTULO

2

: *You can't come in yet,*
de Janet Seaward.

A plurissignificação da linguagem literária

As palavras não apresentam um sentido único. Dependendo da forma como são utilizadas ou da situação em que são empregadas, podem assumir diferentes sentidos. Além disso, toda palavra é uma resposta a outra palavra; e, no diálogo entre as palavras e os textos, as palavras ainda podem ganhar novos sentidos.

A DENOTAÇÃO E A CONOTAÇÃO

Leia este poema:

> A vida é uma cereja
> A morte um caroço
> O amor uma cerejeira.
>
> (Jacques Prévert. *Poemas*. Rio de Janeiro: Nova Fronteira, 2000. p. 65.)

1. Compare estas frases:

> "A vida é uma cereja"
>
> À época do Natal, é comum encontrarmos cerejas frescas para comprar.

a) Em qual delas a palavra *cereja* foi empregada em seu sentido comum, que é "fruto da cerejeira"?

b) Em qual delas a palavra *cereja* ganha um sentido figurado, diferente do seu sentido comum?

c) Qual é esse sentido figurado?

2. Que outras palavras, no poema, estão empregadas em sentido figurado?

Como você observou ao ler o poema, em determinados contextos as palavras ganham um sentido novo, figurado, diferente daquele encontrado nos dicionários. Esse novo sentido é, geralmente, carregado de valores afetivos, ideológicos ou sociais.

Quando a palavra é utilizada no seu sentido usual, dizemos que está empregada **denotativamente**. Quando é utilizada em um sentido diferente daquele que lhe é comum, dizemos que ela está empregada **conotativamente**.

A palavra *cereja*, por exemplo, além de significar um tipo de fruta, tem no poema também o sentido conotativo de frescor, paixão, prazer.

Apesar de seu uso constante na linguagem poética, a conotação não é exclusiva da literatura. Ela costuma estar presente nas conversas do dia a dia, em anúncios publicitários, na linguagem dos quadrinhos, nas letras de música, etc.

As principais diferenças entre denotação e conotação podem ser assim sintetizadas:

▶ Denotação
- Palavra com significação restrita.
- Palavra com o sentido comum, aquele encontrado no dicionário.
- Palavra utilizada de modo objetivo.
- Linguagem exata, precisa.

▶ Conotação
- Palavra com significação ampla, dada pelo contexto.
- Palavra com sentidos carregados de valores afetivos, ideológicos ou sociais.
- Palavra utilizada de modo criativo, artístico.
- Linguagem expressiva, rica em sentidos.

Leia o poema a seguir, de Carlos Drummond de Andrade, e responda às questões de 1 a 4.

Passagem da noite

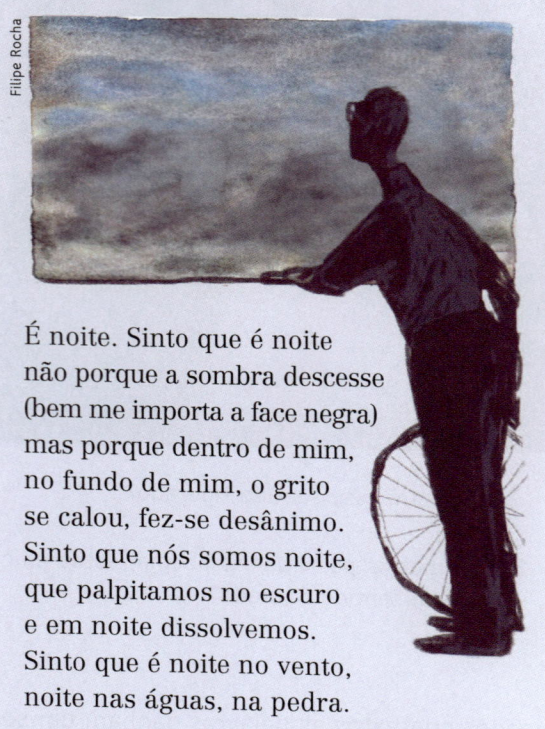

Filipe Rocha

É noite. Sinto que é noite
não porque a sombra descesse
(bem me importa a face negra)
mas porque dentro de mim,
no fundo de mim, o grito
se calou, fez-se desânimo.
Sinto que nós somos noite,
que palpitamos no escuro
e em noite dissolvemos.
Sinto que é noite no vento,
noite nas águas, na pedra.

E que adianta uma lâmpada?
E que adianta uma voz?
É noite no meu amigo.
É noite no submarino.
É noite na roça grande.
É noite, não é morte, é noite
de sono espesso e sem praia.
Não é dor, nem paz, é noite,
é perfeitamente a noite.

Mas, salve, olhar de alegria!
E salve, dia que surge!
Os corpos saltam do sono,
o mundo se recompõe.
Que gozo na bicicleta!
Existir: seja como for.
A fraterna entrega do pão.
Amar: mesmo nas canções.
De novo andar: as distâncias,
as cores, posse das ruas.

Tudo que à noite perdemos
se nos confia outra vez.
Obrigado, coisas fiéis!
Saber que ainda há florestas,
sinos, palavras; que a terra
prossegue seu giro, e o tempo
não murchou; não nos diluímos!
Chupar o gosto do dia!
Clara manhã, obrigado,
o essencial é viver!

(*Reunião*. 10. ed. Rio de Janeiro:
José Olympio, 1980. p. 88.)

1. O poema está estruturado em três estrofes.

a) Que relação há entre a 3ª estrofe e as anteriores?

( ) contradição

( ) confirmação

( ) oposição

( ) aproximação

b) A relação entre as estrofes é representada por duas palavras. Quais são essas palavras?

2. A palavra *noite*, utilizada nas duas primeiras estrofes, está empregada em sentido figurado, ou seja, conotativo.

a) Que sentidos conotativos essa palavra tem no contexto?

b) Em que trechos do poema se nota o uso conotativo de *noite*?

3. Na 3ª estrofe, a palavra *dia* também foi empregada em sentido conotativo e estabelece, portanto, oposição à noite.

a) Que sentidos conotativos essa palavra tem no contexto?

b) Indique trechos do poema em que se observa o uso de sentidos conotativos de *dia*.

4. O poema foi publicado no livro *A rosa do povo*, de 1945, que reúne textos escritos por Drummond durante a Segunda Guerra Mundial e a ditadura do Estado Novo, instaurada por Getúlio Vargas no Brasil. Considerando esse fato, indique as afirmativas verdadeiras:

a) A noite representa para o eu lírico um momento de tristeza e de desesperança, possivelmente relacionado com a guerra e a ditadura.

b) Apesar do descontentamento com o momento político, o poema manifesta a esperança de um futuro melhor.

c) As palavras *noite* e *dia*, empregadas conotativamente, representam respectivamente um tempo de dificuldades e um tempo de redenção.

d) Os sentimentos do eu lírico oscilam entre o modo como as pessoas, em geral, sentem a noite e o dia.

e) No poema, a contraposição entre dia e noite expressa o descontentamento do eu lírico com a passagem do tempo.

5. Observe estes versos, de uma canção de Gilberto Gil:

> Toda saudade é um capuz
> Transparente
> Que veda
> E ao mesmo tempo
> Traz a visão
> Do que não se pode ver
> Porque se deixou para trás
> Mas que se guardou no coração
>
> ("Toda saudade". In: Carlos Rennó, org. *Gilberto Gil – Todas as letras*. São Paulo: Companhia das Letras, 1996. p. 295.)

Todo o trecho da canção procura conceituar saudade.

a) Que características da saudade permitiram comparar esse sentimento com "um capuz transparente"?

b) Saudade, nos versos, é conceituada de modo denotativo ou conotativo? Por quê?

FIGURAS DE LINGUAGEM

Leia o poema a seguir, do escritor escocês Robert Louis Stevenson.

Minha cama é um veleiro

A minha cama é um veleiro;
   nela me sinto seguro;
com minha roupa de marinheiro,
   vou navegando no escuro.

De noite embarco e sacudo a mão
   para os amigos no cais;
fecho os olhos e pego o timão:
   não ouço nem vejo mais.

Cauto marujo, levo em segredo
   para a cama uma fatia
de bolo e também algum brinquedo,
   pois é longa a travessia.

Corremos de noite o mundo inteiro;
   mas quando chega a alvorada,
eis-me a salvo em meu quarto e o veleiro
   de proa bem amarrada.

(In: José Paulo Paes, sel. e trad. *Ri melhor quem ri primeiro – Poemas para crianças (e adultos inteligentes)*. São Paulo: Companhia das Letras, 2007. p. 22.)

O veleiro (1895), de Claude Monet.

Giraudon/Glow Images

1. Já no primeiro verso do poema, o eu lírico se refere a uma imagem que ele cria antes de dormir.

   a) O eu lírico é um adulto ou uma criança? Justifique sua resposta com elementos do texto.

   b) Qual é a imagem que ele cria antes de dormir?

   c) Quanto tempo leva a viagem? Que palavras indicam esse tempo?

2. Se dizemos "A cama é macia" ou "O veleiro é seguro", estamos utilizando uma linguagem normal, em que as palavras são empregadas com seu sentido habitual. Contudo, se dizemos "A minha cama é um veleiro", estamos utilizando uma linguagem diferente, poética, em que as palavras compõem imagens e ganham sentidos novos.

   a) O que permitiu ao poeta, no primeiro verso, aproximar *cama* e *veleiro*?

   b) A partir da imagem do verso inicial, o eu lírico apresenta outras imagens correlacionadas. A que correspondem as expressões:
   • "minha roupa de marinheiro"?
   • "os amigos no cais"?
   • "cauto marujo"?
   • "pego o timão"?
   • "o veleiro de proa bem amarrada"?

3. Imagens como "A minha cama é um veleiro" e "[sou] Cauto marujo" são exemplos da figura de linguagem chamada **metáfora**. O que o uso dessa figura de linguagem acrescenta ao texto?

Quando dizemos "Minha cama é confortável", estamos empregando a palavra *cama* no sentido que lhe é comum, próprio. Entretanto, quando o eu lírico do poema afirma "A minha cama é um veleiro", sua intenção não é apenas informar como é a cama, mas também construir outro sentido, uma imagem, uma analogia que expresse, com sensibilidade, a visão que um menino tem da cama e de uma noite de sono. O mesmo ocorre quando o menino é comparado a um marujo e o tempo de uma noite é transformado no espaço marítimo percorrido em uma viagem.

Como se observa, palavras e expressões são empregadas no poema com um sentido novo, figurado, constituindo, assim, **figuras de linguagem**.

> **Figura de linguagem** é uma forma de expressão que consiste no emprego de palavras em sentido figurado, isto é, em um sentido diferente daquele em que convencionalmente são empregadas.

As figuras de linguagem são normalmente utilizadas para tornar mais expressivo o que queremos dizer. Empregadas tanto na língua escrita quanto na língua falada, ampliam o significado de uma palavra, suprem a falta de termos adequados, criam significados diferentes.

Veja, a seguir, um grupo de figuras de linguagem relacionadas ao **sentido**.

Comparação e metáfora

Leia estes versos, de Fernando Pessoa:

> Minha alma é como um pastor,
> Conhece o vento e o sol
> E anda pela mão das Estações
> A seguir e a olhar.
>
> (*Obra poética*. Rio de Janeiro: Aguilar, 1965. p. 203.)

Observe que o eu lírico compara o termo *alma* a *pastor*, aproximando-os pela sua semelhança, de modo que as características de *pastor* sejam atribuídas a *alma*. Note também que nos versos há uma **comparação** feita de modo explícito, por meio de um elemento comparativo expresso, que é *como*.

Eliminando a comparação e empregando o segundo termo (*pastor*) com o valor do primeiro (*alma*), temos uma **metáfora**:

> Minha alma é um pastor.

Nessa construção, há uma comparação implícita entre os dois seres, pois o elemento comparativo fica subentendido. Alma é pastor em virtude de certa semelhança entre os dois elementos: na situação dos versos, relacionada ao fato de ambos conhecerem o sol e o vento e andarem em todas as estações, a seguir e a olhar.

Há também outro tipo de metáfora: o que ocorre com a supressão de um termo e o emprego de outro no lugar dele. Observe nos seguintes versos a presença desse tipo de metáfora, constituída pelo emprego da expressão *mar azul* em sentido figurado.

Beber a água
do mar azul
dos teus olhos.
Taí uma coisa difícil.

(João Claudio Arendt. In: Vera Aguiar, coord. *Poesia fora da estante.* Porto Alegre: Projeto, 2002. v. 2, p. 80.)

Ricardo Dantas

> **Comparação** é a figura de linguagem que consiste em aproximar dois seres em razão de alguma semelhança existente entre eles, de modo que as características de um sejam atribuídas ao outro, e sempre por meio de um elemento comparativo expresso: *como*, *tal qual*, *semelhante a*, *que nem*, etc.
>
> **Metáfora** é a figura de linguagem que consiste no emprego de uma palavra em um sentido que não lhe é comum ou próprio, sendo esse novo sentido resultante de uma relação de *semelhança*, de *intersecção* entre dois termos.

Metonímia

Leia estes versos:

Ivan Coutinho

Que tarde!

Além do calor e da prova,
aquela minissaia
sentada bem ao meu lado!

Assim não há memória
que resista...

(Carlos Queiroz Telles. *Sementes de sol.* São Paulo: Moderna, 2003. p. 16.)

Observe que, no 3º verso, o eu lírico, em vez de empregar a palavra *garota*, utiliza a palavra *minissaia*, que tem com a garota uma relação de interdependência, de implicação, pois são as garotas que geralmente usam minissaia. Temos, assim, uma **metonímia**.

> **Metonímia** é a figura de linguagem que consiste na substituição de uma palavra por outra em razão de haver entre elas uma relação de interdependência, de inclusão, de implicação.

A metonímia ocorre quando empregamos:

• o efeito pela causa, e vice-versa:

> Pedro é alérgico a poeira e a *cigarro*. (fumaça)

• o nome do autor pelo nome da obra:

> Nas horas vagas, ouvíamos *Mozart*. (a música)

• o continente (o que está fora) pelo conteúdo:

> O nenê comeu dois *pratos*. (alimento)

• a marca pelo produto:

> Menino, você quer um *chiclete*? (goma de mascar)

• o concreto pelo abstrato:

> Só ele tem *cabeça* para resolver isso.
> (inteligência, sagacidade)

• o lugar pelo produto característico de determinado local:

> O gerente ofereceu um *havana* a seus colegas.
> (charuto produzido em Havana)

• a parte pelo todo:

> Mil *olhos* apreensivos seguiam a partida de futebol. (pessoas, torcedores)

• o singular pelo plural:

> O *brasileiro* é bem-humorado. (os brasileiros)

• a matéria pelo objeto:

> A um sinal do maestro, os *metais* iniciaram o concerto. (instrumentos de sopro feitos de metal)

Metonímias visuais

Os sistemas de pictogramas (imagens ou grupos de imagens que integram uma escrita sintética, resumida) costumam empregar a metonímia como recurso para orientar usuários em guias turísticos, terminais de transportes, postos rodoviários, ginásios de esportes, etc. Assim, uma cesta e uma bola podem ser usadas para representar o basquete; talheres, para representar um restaurante; uma cama, para representar hospedagem; uma mamadeira, para indicar o berçário, etc.

Daniel Cymbalista/Pulsar Imagens

A metáfora e a metonímia na mídia

Os recursos mais empregados na mídia brasileira, seja em anúncios, seja em capas de revistas, são a metáfora e a metonímia. Observe, no anúncio do Greenpeace (uma organização não governamental), ao lado, a presença de metonímia. A figura de um palito de fósforo com graduação sugere metonimicamente um termômetro, que se relaciona com a temperatura ambiente. Como o palito está parcialmente queimado, a figura sugere calor, que, por sua vez, remete ao aquecimento global, fenômeno ambiental que vem sendo fortemente combatido pela entidade por meio de campanhas e anúncios.

(Revista *Greenpeace*, abril-maio-junho 2011.)

Antítese

Leia os versos ao lado, de Vinícius de Morais.

Observe que o eu lírico emprega palavras e expressões que se opõem quanto ao sentido: *alegre* se opõe a *triste*, *descontente*, a *dar risada*. Temos, nesses casos, **antíteses**.

> Maior amor nem mais estranho existe
> que o meu — que não sossega a coisa amada
> e quando a sente alegre, fica triste,
> E se a vê descontente, dá risada.
>
> ("Soneto do amor maior". In: *Nova antologia poética de Vinicius de Moraes*. Seleção e organização: Antonio Cícero e Eucanaã Ferraz. São Paulo: Cia. das Letras, Editora Schwarcz, 2008. p. 64. VM Empreendimentos Artísticos e Culturais Ltda.)

> **Antítese** é a figura de linguagem que consiste no emprego de palavras que se opõem quanto ao sentido.

Paradoxo

Leia estes versos, de Fernando Pessoa:

> Sempre que olho para as cousas e penso no que os
> [homens pensam delas,
> Rio como um regato que soa fresco numa pedra.
> Porque o único sentido oculto das cousas
> É elas não terem sentido oculto nenhum.
>
> (Op. cit., p. 223.)

Os dois últimos versos apresentam elementos que, apesar de se excluírem mutuamente, se fundem, constituindo afirmações aparentemente sem lógica. Temos, assim, um **paradoxo**.

> **Paradoxo** é a figura de linguagem que consiste no emprego de palavras ou expressões que, embora opostas quanto ao sentido, se fundem em um enunciado.

Personificação ou prosopopeia

Leia os versos a seguir, de Castro Alves:

> Já viste às vezes, quando o sol de maio
> Inunda o vale, o matagal, a veiga?
> Murmura a relva: "Que suave raio!"
> Responde o ramo: "Como a luz é meiga!"
>
> (*Poesias completas de Castro Alves*. Rio de Janeiro: Edições de Ouro. p. 58.)

veiga: planície fértil e cultivada; várzea.

No 3º e no 4º versos da estrofe, a relva e o ramo aparecem personificados, pois a eles são atribuídas ações – murmurar e responder – próprias dos seres humanos. Temos, nesse caso, situações de **personificação**.

Nas fábulas, a personificação é abundante, uma vez que nelas os animais ganham características humanas: falam, pensam, brigam, têm sentimentos, desejos.

> **Personificação** ou **prosopopeia** é a figura de linguagem que consiste em atribuir linguagem, sentimentos e ações próprias dos seres humanos a seres inanimados ou irracionais.

Hipérbole

Leia os versos ao lado, de Vinícius de Morais.

Observe que o eu lírico, com a intenção de impressionar seu(sua) amado(a), exagera ao dizer o número de beijos que dará. Temos, nesse caso, uma **hipérbole**.

> Pois há menos peixinhos a nadar no mar
> Do que os beijinhos que darei
> Na sua boca
>
> (http://letras.terra.com.br/vinicius-de-moraes/87381)

> **Hipérbole** é a figura de linguagem que consiste em expressar uma ideia com exagero.

Eufemismo

Certas palavras, quando empregadas em determinados contextos, são consideradas desagradáveis, ou por apresentarem uma ideia muito negativa ou por chocarem quem ouve. Por isso, muitas pessoas as substituem por palavras ou expressões mais suaves, mais delicadas, que, embora tenham o mesmo sentido, causam menor impacto. É o caso, por exemplo, do emprego de *falecer*, *entregar a alma a Deus*, *descansar*, etc. no lugar de *morrer*.

Leia estes versos, de Camões:

> Alma minha gentil que te partiste
> Tão cedo desta vida [...]

Nos versos de Camões, o eu lírico refere-se a *morrer*, empregando o verbo *partir*. Temos, nesse caso, um **eufemismo**.

Eufemismo é a figura de linguagem que consiste no emprego de uma palavra ou expressão no lugar de outra palavra ou expressão considerada desagradável ou chocante.

Ironia

Leia estes versos, de Mário de Andrade:

> Moça linda bem tratada,
> Três séculos de família
> Burra como uma porta:
> Um amor.
>
> (www.revista.agulha.com.br/and.html#moca)

Observe que o eu lírico é irônico nesses versos quando resume, na expressão *um amor*, a beleza, a fineza, a tradição familiar e a "inteligência" da moça. Temos, nesse caso, **ironia**.

Ironia é a figura de linguagem que consiste em afirmar o contrário do que se quer dizer.

A ironia em outras linguagens

A ironia não é específica da linguagem verbal e pode se dar em diferentes situações. A base desse recurso de linguagem é o deslocamento contextual em determinada situação, em que se espera um tipo de comportamento e acaba ocorrendo outro. Observe um exemplo na tira abaixo. O título proposto pelo jornalista para a matéria sobre o político que doou tudo aos pobres é irônico porque, para ele e provavelmente para os leitores daquele jornal, é inacreditável que um político faça uma boa ação desse tipo.

(*O Estado de S. Paulo*, 5/4/2007.)

Leia a tira a seguir, de Fernando Gonsales, para responder às questões 1 e 2.

(*Folha de S. Paulo*, 21/10/2004.)

1. Os ratinhos estão namorando sob a luz das estrelas. Que figura de linguagem o ratinho emprega para atender ao pedido da ratinha?

2. A ratinha parece ter ficado impressionada com a fala do ratinho.

a) Que palavra ela empregou para expressar sua satisfação?

b) Apesar de satisfeita, ela ainda espera algo do ratinho. O que ela espera quando pede a ele que traduza o que disse?

3. Identifique os recursos estilísticos empregados nos textos a seguir, de Mario Quintana. Trata-se de metáfora, comparação ou metonímia?

a)

Cozinha

Cada brasa palpita como um coração...

b)

Carreto

Amar é mudar a alma de casa.

c)

Cântico dos cânticos

Maria, com um vinco entre as sobrancelhas, escolhe o segundo prato. Depois sorri-me deliciosamente. Como não encantar-me? Como não comparar-me a Salomão? "Sustentai-me (diz-lhe Sulamita), sustentai-me com passas, confortai-me com maçãs, que desfaleço de amor".

d)

Mentira?

A mentira é uma verdade que se esqueceu de acontecer.

(Os textos foram tirados do livro *Poesias*. 9. ed. São Paulo: Globo, 1994. p. 82, 69, 78, 83, respectivamente.)

Leia a tira a seguir e responda às questões de 4 a 6.

(Luis Fernando Verissimo. *As cobras em: Se Deus existe que eu seja atingido por um raio*. Porto Alegre: L&PM, 1997. p. 38.)

4. As cobras estão tomando sol.

   a) Que fato se opõe ao desfrute desse prazer?

   b) Que palavra da fala do 2º quadrinho indica essa oposição?

5. O humor da tira está no 3º quadrinho. Depois que o lemos, a frase do 2º quadrinho adquire duplo significado.

   a) Que palavra do 2º quadrinho é responsável por isso?

   b) Qual é o significado dessa palavra antes e depois da leitura do 3º quadrinho?

6. O humor da fala do 3º quadrinho se sustenta também na dupla significação de uma palavra.

   a) Que palavra é essa?

   b) Que significado ela tem, considerando-se apenas o contexto do 2º quadrinho? E no contexto do 3º quadrinho?

   c) Em qual dos contextos essa palavra é tomada no sentido metafórico?

Leia a tira abaixo, de Adão Iturrusgarai, e responda à questão 7.

(*Folha de S. Paulo*, 18/6/2005.)

7. Zezo é um menino mal-humorado, que detesta sair de casa.

   a) A que se refere a palavra **troço**, no último quadrinho?

   b) O que a última cena revela sobre os hábitos do garoto?

   c) Identifique uma figura de linguagem empregada na tira.

   d) Os pais de Zezo estão numa situação informal. Contudo, caso o pai do Zezo quisesse empregar um português formal, rigorosamente de acordo com a norma-padrão, como ficaria o 2º quadrinho?

8. Identifique as figuras de linguagem empregadas nos seguintes versos ou frases.

   a)

   > O vento está dormindo na calçada,
   > O vento enovelou-se como um cão...
   > Dorme, ruazinha... Não há nada...
   >
   > (Mario Quintana. *Poesias*. 9. ed. São Paulo: Globo, 1994. p. 3.)

   b)

   > Teu amor na treva é — um astro,
   > No silêncio uma canção,
   > É brisa — nas calmarias,
   > É abrigo — no tufão
   >
   > (Castro Alves. op. cit. p. 49.)

   c)

   > Marcela amou-me durante quinze meses e onze contos de réis.
   >
   > (Machado de Assis)

   d)

   > a divina, num simples vestido roxo, que a vestia como se a despisse.
   >
   > (Raul Pompeia)

   e)

   > Noite,
   > noite escura
   > de lua nova.
   > Estrelas sujam o céu
   > de imensidão e mistério.
   >
   > (Roseana Murray. *Paisagens*. Belo Horizonte: Lê, 2005. p. 15.)

Conheça, a seguir, outro grupo de figuras de linguagem, relacionadas à **sintaxe**, isto é, à construção de enunciados.

Assíndeto

Leia os versos ao lado, de Roseana Murray.

Observe que o eu lírico descreve a si mesmo como um ser contraditório. E emprega orações justapostas, separadas por vírgula ou por ponto e vírgula, sem usar conjunções coordenativas, que, pelo contexto, seriam *e* ou *mas*. Temos, nesse caso, um **assíndeto**.

> Metade de mim é fada,
> a outra metade é bruxa.
> [...]
> Uma é séria; a outra sorri;
> uma voa, a outra é pesada.
> Uma sonha dormindo,
> a outra sonha acordada.
>
> (*Pera, uva ou maçã?*. São Paulo:
> Scipione, 2005. p. 52.)

Ricardo Dantas

> **Assíndeto** é a figura de linguagem que consiste no emprego de orações coordenadas justapostas, isto é, sem o uso de conjunções.

Polissíndeto

Leia estes versos, de Vinícius de Morais:

> E o olhar estaria ansioso esperando
> E a cabeça ao sabor da mágoa balançando
> E o coração fugindo e o coração voltando
> E os minutos passando e os minutos
> [passando...
>
> (*Nova antologia poética*. São Paulo:
> Companhia das Letras, 2009. p. 16.)

Aliteração, assonância e paronomásia

No capítulo 3 deste volume, você ainda vai conhecer três recursos poéticos que também são considerados figuras de linguagem: a aliteração, a assonância e a paronomásia. A aliteração consiste na repetição de fonemas consonantais, como ocorre nos versos de Vinícius de Morais com a repetição do fonema /s/; a assonância consiste na repetição de fonemas vocálicos; e a paronomásia, no emprego de palavras semelhantes na forma ou no som próximas umas das outras.

O eu lírico sugere, por meio de uma sequência de ações ininterruptas, expressas por meio de orações iniciadas pela conjunção *e*, o estado de ânimo de uma pessoa que espera por alguém ou alguma coisa. Temos, nesse caso, um **polissíndeto**.

> **Polissíndeto** é a figura de linguagem que consiste na repetição, com finalidade enfática, de uma conjunção coordenativa.

Anáfora

Leia estes versos, de Castro Alves:

> Depois o areal extenso...
> Depois o oceano de pó...
> Depois no horizonte imenso
> Desertos... desertos só...
>
> (Alberto da Costa e Silva. *Castro Alves – Um poeta sempre jovem*. São Paulo:
> Companhia das Letras, 2006. p. 108.)

Blickwinkel/Alamy/Other Images

A repetição da palavra *depois* no início dos versos produz um efeito de sentido especial: leva o olhar do leitor a estender-se por um deserto interminável. Esse tipo de repetição é chamado de **anáfora**.

> **Anáfora** é a figura de linguagem que consiste na repetição intencional de palavras no início de períodos, frases ou versos.

Gradação

Leia este fragmento de texto, de Marina Colasanti:

> [...] E num estalar de juntas que se soltam, de amarras que se desfazem, o guerreiro moveu-se, levantou a cabeça, ergueu o tronco, pôs-se de pé. [...]
>
> (*23 histórias de um viajante.* São Paulo: Global, 2005. p. 47.)

O emprego de verbos correspondentes a ações que aumentam gradativamente de intensidade contribui, no fragmento, para dar ideia da recuperação física da personagem. Temos, nesse caso, uma **gradação**.

> **Gradação** é a figura de linguagem que consiste na disposição de palavras ou expressões em uma sequência que dá ideia de progressão.

EXERCÍCIOS

1. Leia os versos a seguir, de Eugênio de Andrade, e identifique a figura de linguagem constituída pelos termos destacados.

> **Tinham** o rosto aberto a quem passava.
> **Tinham** lendas e mitos
> e frio no coração.
> **Tinham** jardins onde a lua passeava
> de mãos dadas com a água
> e um anjo de pedra por irmão.
>
> ("Os amantes sem dinheiro". *A lua no cinema.* São Paulo: Companhia das Letras, 2011. p. 61.)

2. Qual das frases a seguir não apresenta gradação?

a) O fio de água surgiu, cresceu e engrossou, inundando as margens.

b) O carro arrancou, ganhou velocidade e ultrapassou o primeiro colocado.

c) O avião decolou, ganhou altura e aterrissou.

d) Aqui... além... mais longe, meus olhos procuravam por um sinal.

3. Identifique as figuras de linguagem empregadas nos versos:

a)

> Penso com os olhos e com os ouvidos
> e com as mãos e os pés
> e com o nariz e a boca.
>
> (Alberto Caeiro)

b)

> Ergue o corpo, os ares rompe,
> Procura o Porto da Estrela,
> Sobe a serra. [...]
>
> (Tomás Antônio Gonzaga)

c)

> Nem rei nem lei, nem paz nem guerra,
> Define com perfil e ser
> Este fulgor baço da terra [...]
>
> (Fernando Pessoa)

d)

> E o coração bem embaixo
> da blusa, da malha, da camisa,
> da pele: aquecido.
>
> (Ulisses Tavares. *Caindo na real*. São Paulo: Brasiliense, 1984. p. 56.)

e)

> **Receita de desamarrar os nós**
>
> desamarre os nós do sapato
> depois desamarre os pés
> desamarre os laços inúteis
> os nós do que não serve mais
> desamarre o barco do cais
> os nós das janelas
> e então deixe que o vento...
>
> (Roseana Murray. *Receitas de olhar*. São Paulo: FTD, 1999. p. 24.)

Leia o anúncio ao lado e responda às questões 4 e 5.

4. A expressão "juiz da copa", no anúncio, foi empregada com um papel gramatical e um sentido diferentes daqueles que lhe são habituais.

a) Que sentido a expressão tem no contexto?

b) Que papel morfológico ela desempenha?

5. No texto principal do anúncio, há mais de uma figura de linguagem.

a) Que figura de linguagem há no trecho "fraco, forte ou juiz da copa"?

b) Discuta com os colegas: Que figura(s) de linguagem há no emprego da expressão "juiz da copa", considerando-se que ela substitui certo grau de miopia ou a falta de visão, intencional ou não, do juiz? Justifique sua resposta.

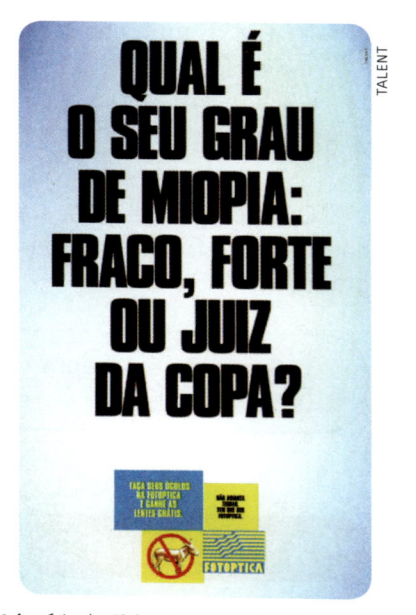

(*28º Anuário do Clube de Criação de São Paulo.*)

O anúncio ao lado divulga a inauguração de salas de cinema em um luxuoso *shopping center* de São Paulo.

Leia-o e responda às questões 6 e 7.

6. Há duas figuras em destaque no anúncio: pipocas e diamantes.

a) Que relação existe entre pipoca e cinema?

b) Logo, que figura de linguagem corresponde a essa relação?

7. No enunciado verbal se lê: "Nesse filme, você é o convidado principal".

a) No meio cinematográfico, o que é normalmente um "convidado especial"?

b) Que relação existe entre os diamantes, o perfil do *shopping* e a expressão "convidado especial"?

c) A que figura de linguagem os diamantes correspondem, visualmente?

(*Veja*, ano 21, nº 11.)

48

INTERTEXTUALIDADE, INTERDISCURSIVIDADE E PARÓDIA

Você conhece a personagem Aline, do quadrinista Adão Iturrusgarai? Ela é uma adolescente que vive à procura de namorados. Desta vez, parece que ela se meteu em encrencas. Leia a tira:

(*Folha de S. Paulo*, 5/4/2004.)

A tira de Adão constrói humor por meio da mistura de três gêneros literários ou artísticos: a história em quadrinhos, o romance ou o filme policial, sugerido pela temida figura do *serial killer*, e o conto maravilhoso *Chapeuzinho Vermelho*, sugerido pelo diálogo entre o vizinho (que corresponde ao lobo) e Aline (que corresponde a Chapeuzinho Vermelho).

Ao criar sua tira, Adão não tinha a intenção de imitar os outros textos. Pretendia, sim, "dialogar" com esses textos, *citando-os* em sua tira e criando humor a partir deles. Quando um texto cita outro, dizemos que entre eles existe **intertextualidade**.

> **Intertextualidade** é a relação entre dois textos caracterizada por um citar o outro.

Há diferentes tipos de intertextualidade. A intertextualidade pode ter uma base *temática*, quando os textos apresentam em comum um tema, uma determinada ideologia ou visão de mundo; por exemplo, a que ocorre entre a tragédia grega *Medeia*, de Eurípedes, e a peça teatral *Gota d'água*, de Chico Buarque, uma versão moderna desse texto. Também pode ter uma base *estilística*, quando um texto apresenta certos procedimentos muito conhecidos em outro texto, como, por exemplo, o emprego de palavras, expressões ou estruturas sintáticas similares. Compare os dois textos a seguir.

Dialogismo: a linguagem são no mínimo dois

Segundo o teórico russo Mikhail Bakhtin, a linguagem é, por natureza, *dialógica*, isto é, sempre estabelece um diálogo entre pelo menos dois seres, dois discursos, duas palavras. Diz Bakhtin:

> Os enunciados não são indiferentes uns aos outros, nem autossuficientes; são mutuamente conscientes e refletem um ao outro... Cada enunciado é pleno de ecos e reverberações de outros enunciados, com os quais se relaciona pela comunhão da esfera da comunicação verbal [...]. Cada enunciado refuta, confirma, complementa e depende dos outros; pressupõe que já são conhecidos, e de alguma forma os leva em conta.

(*Estética da criação verbal*. 2. ed. São Paulo: Martins Fontes, 1997. p. 316.)

As armas e os barões assinalados
Que, da ocidental praia lusitana,
Por mares nunca dantes navegados
Passaram ainda além da Taprobana,
Em perigos e guerras esforçados
Mais do que prometia a força humana
E entre gente remota edificaram
Novo Reino, que tanto sublimaram.
[...]

(Luís de Camões. *Os lusíadas*. São Paulo: Abril Cultural, 1979.)

As salas e becões assinalados
Da oriental praia paulistana
Partiram em missão desumana
A bater inimigos colorados.
Depois do empate duro e fero
Três a três em pleno alçapão,
Queriam ao menos 1 a 0,
e o sonho manter no coração.
[...]

(José Roberto Torero. *Folha de S. Paulo*, 8/3/2002.)

Os versos de Luís de Camões homenageiam o heroísmo dos navegantes portugueses, que, no século XV, saindo de Portugal (a "ocidental praia lusitana") com suas caravelas, conseguiram ultrapassar a Taprobana (ilha do Ceilão, limite oriental do mundo conhecido na época). O jornalista José Torero, referindo-se a um jogo entre Santos e Internacional, ocorrido em Porto Alegre pela Copa do Brasil, estabelece uma relação intertextual com o poema de Camões, transmitindo assim a noção de grandiosidade do jogo e, ao mesmo tempo, reverenciando os esforços do grupo santista, comparados aos feitos dos navegantes portugueses.

Entre os diferentes níveis de intertextualidade, há alguns mais sofisticados, em que a relação entre o texto e o intertexto não é apenas a de uma mera citação.

Leia estes versos de dois poetas de épocas diferentes:

Meus oito anos

Oh! Que saudade que tenho
Da aurora da minha vida,
Da minha infância querida
Que os anos não trazem mais
Que amor, que sonhos, que flores
Naquelas tardes fagueiras
À sombra das bananeiras,
Debaixo dos laranjais!
[...]

(Casimiro de Abreu. *Poesias completas de Casimiro de Abreu*. Rio de Janeiro: Ediouro. p. 19-20.)

fagueira: agradável, amena.

Meus oito anos

Oh que saudades que eu tenho
Da aurora de minha vida
Das horas
De minha infância querida
Que os anos não trazem mais
Naquele quintal de terra
Da Rua de Santo Antônio
Debaixo da bananeira
Sem nenhum laranjais.
[...]

(Oswald de Andrade. *Primeiro caderno do aluno de poesia Oswald de Andrade*. 4. ed. São Paulo: Globo, 2006. p. 52.)

O primeiro texto, de Casimiro de Abreu, foi escrito no século XIX; o segundo texto, de Oswald de Andrade, foi escrito no século XX. As semelhanças entre os textos são evidentes, pois o assunto deles é o mesmo e há versos inteiros que se repetem. Portanto, o segundo texto cita o primeiro, estabelecendo com ele uma relação intertextual.

Observe, porém, que o segundo texto tem uma visão diferente da apresentada pelo primeiro. Neste, tudo na infância parece ser perfeito, rodeado por "amor", "sonhos" e "flores"; já no segundo texto, esses elementos são substituídos por um simples "quintal de terra", um espaço concreto e comum, sem idealização. Além disso, com o verso "Sem nenhum laranjais", Oswald de Andrade ironiza Casimiro de Abreu, como que dizendo: na minha infância também havia bananeiras, mas não havia os tais "laranjais" que Casimiro cita em seu poema.

Observe que Oswald de Andrade, com seu poema, não apenas cita o poema de Casimiro de Abreu. Ele também critica esse poema, pois considera irreal a visão que Casimiro tem da infância.

Na opinião de Oswald, infância de verdade, no Brasil, se faz com crianças brincando em quintal de terra, embaixo de bananeiras, e não com crianças sonhando embaixo de laranjeiras.

Nesse tipo de relação estabelecida entre os textos, não há apenas intertextualidade. Há uma relação mais abrangente, que envolve dois discursos poéticos distintos, duas formas diferentes de ver a infância: a de Casimiro de Abreu, mais idealizada e romântica, e a de Oswald de Andrade, moderna e antissentimental. A esse tipo de relação entre discursos, quando se evidenciam os elementos da situação de produção – quem fez, para que, em que momento histórico, com qual finalidade, etc. –, chamamos **interdiscursividade.**

> **Interdiscursividade** é a relação entre dois discursos caracterizada por um citar o outro.

O tipo de relação existente entre os textos de Casimiro de Abreu e Oswald de Andrade é também chamado de **paródia**.

> **Paródia** é um tipo de relação intertextual em que um texto cita outro geralmente com o objetivo de fazer-lhe uma crítica ou inverter ou distorcer suas ideias.

EXERCÍCIOS

Leia, a seguir, os versos de uma canção de Chico Buarque e uma charge de Ziraldo, e responda às questões 1 e 2.

Quando o carnaval chegar

Quem me vê sempre parado, distante
Garante que eu não sei sambar
Tou me guardando pra quando o carnaval chegar
Eu tô só vendo, sabendo, sentindo, escutando
E não posso falar
Tou me guardando pra quando o carnaval chegar
Eu vejo as pernas de louça da moça que passa e
[não posso pegar
Tou me guardando pra quando o carnaval chegar
Há quanto tempo desejo seu beijo
Molhado de maracujá
Tou me guardando pra quando o carnaval chegar
[...]

(www.chicobuarque.com.br/letras/quandooc.htm)

(http://ziraldo.blogtv.uol.com.br/achargenotempo)

1. Em ambos os textos o tema é o carnaval. Contudo:

a) Que sentido tem o carnaval para o eu lírico da canção?

b) E para a personagem da charge?

2. Sabendo que a canção de Chico Buarque foi produzida e divulgada antes da charge de Ziraldo, responda:

a) Que texto estabelece uma relação intertextual com o outro?

b) Essa relação pode ser considerada também interdiscursiva? Por quê?

3. Muitos tipos de intertextualidade implícita ocorrem por meio da substituição de um fonema ou uma palavra, por meio de acréscimo, supressão ou transposição.

Leia os enunciados abaixo e descubra as frases originais com as quais eles mantêm relação intertextual.

a) "Penso, logo hesito." (Luis Fernando Verissimo, "Mínimas".)

b) "Quem vê cara não vê falsificação." (Anúncio dos relógios Citizen)

c) "Até que a bebida os separe." (mensagem da Associação dos Alcoólatras Anônimos)

d) "Quem espera nunca alcança." (Chico Buarque)

e) "O Instituto de Cardiologia não vê cara, só vê coração." (Propaganda do Instituto de Cardiologia do Rio Grande do Sul)

f) "Para bom entendedor, meia palavra bas." (Luis Fernando Verissimo, "Mínimas".)

g) Diga-me com quem andas e eu prometo que não digo a mais ninguém. (Internet)

(Frases extraídas do capítulo 1 da obra *Intertextualidade – Diálogos possíveis*, de Ingedore G. Villaça et alii.)

Thinkstock/Getty Images / Sergio Capparelli e Ana Claudia Gruszynski

Gêneros do discurso e gêneros literários

Em casa, na rua, na escola, no clube, todos nós, no dia a dia, circulamos entre textos e discursos. O que é um texto? Uma conversa informal entre amigos é um texto? Será texto um capítulo de novela, um outdoor, *um debate político, um poema, uma canção? E, se são textos, são também discursos? Ou o discurso equivale apenas a textos orais?*

Os textos que seguem não têm a intenção de dar respostas a todas essas questões, mas estimular você a participar com seus colegas de uma conversa sobre a natureza e a função dos textos. Leia os textos e, a seguir, responda ao que se pede.

Thinkstock/Getty Images

TEXTO I

Crianças infelizes

Uma em cada onze crianças com idade entre 8 e 16 anos está infeliz, segundo um estudo divulgado em janeiro deste ano pela *Children's Society*. Apesar de a pesquisa trazer à tona uma realidade do Reino Unido, especialistas brasileiros em saúde infantil afirmam que esse não é um problema exclusivo das crianças britânicas. Para eles, mais do que infelizes, elas estão ansiosas, estressadas, deprimidas e sobrecarregadas. "As crianças de hoje estão desconfortáveis com a infância", diz Ivete Gattás, coordenadora da Unidade de Psiquiatria da Infância e Adolescência da Universidade Federal de São Paulo (Unifesp). [...]

(*Veja*, nº 2 256.)

TEXTO II

Como fazer para evitar o câncer de pele?

A exposição prolongada e repetida da pele ao sol causa o envelhecimento cutâneo, além de predispor a pele ao surgimento do câncer. Tomando-se certos cuidados, os efeitos danosos do sol podem ser atenuados. Aprenda a seguir como proteger sua pele da radiação solar.

- Use sempre um filtro solar com fator de proteção solar (FPS) igual ou superior a 15, aplicando-o generosamente pelo menos 20 minutos antes de se expor ao sol e sempre reaplicando-o após mergulhar ou transpiração excessiva [...].

- Use chapéus e barracas grossas, que bloqueiem ao máximo a passagem do sol. Mesmo assim use o filtro solar, pois parte da radiação ultravioleta reflete-se na areia, atingindo a sua pele.

- Evite o sol no período entre 10 e 15 horas.

- A grande maioria dos cânceres de pele localiza-se na face, proteja-a sempre. Não se esqueça de proteger os lábios e orelhas, locais comumente afetados pela doença.

- Procure um dermatologista se existem manchas na sua pele que estão se modificando, formam "cascas" na superfície, sangram com facilidade, feridas que não cicatrizam ou lesões de crescimento progressivo.

- Faça uma visita anual ao dermatologista para avaliação de sua pele e tratamento de eventuais lesões pré-cancerosas.

Masterfile/Other Images

(http://www.dermatologia.net/novo/base/cancer.shtml)

Do seu coração partido

Sentada junto à sacada para que com a luz lhe chegasse a vida da rua, a jovem costurava o longo traje de seda cor de jade que alguma dama iria vestir.

Essa seda agora muda — pensava a costureira enquanto a agulha que retinha nos dedos ia e vinha — haveria de farfalhar sobre mármores, ondeando a cada passo da dama, exibindo e ocultando nos poços das pregas seu suave verde. O traje luziria nobre como uma joia. E dos pontos, dos pontos todos, pequenos e incontáveis que ela, aplicada, tecia dia após dia, ninguém saberia.

Assim ia pensando a moça, quando uma gota de sangue caiu sobre o tecido.

De onde vinha esse sangue? perguntou-se em assombro, afastando a seda e olhando as próprias mãos limpas. Levantou o olhar. De um vaso na sacada, uma roseira subia pela parede oferecendo, ao alto, uma única rosa flamejante.

— Foi ela — sussurrou o besouro que parecia dormir sobre uma folha. — Foi do seu coração partido.

Esfregou a cabeça com as patinhas. — Sensível demais, essa rosa — acrescentou, não sem um toque de censura. — Um mancebo acabou de passar lá embaixo, nem olhou para ela. E bastou esse nada, essa quase presença, para ela sofrer de amor.

Por um instante esquecida do traje, a moça debruçou-se na sacada. Lá ia o mancebo, afastando-se num esvoejar de capa em meio às gentes e cavalos.

— Senhor! Senhor! — gritou ela, mas nem tão alto, que não lhe ficaria bem. E agitava o braço.

O mancebo não chegou a ouvir. Afinal, não era o seu nome que chamavam. Mas voltou-se assim mesmo, voltou-se porque sentiu que devia voltar-se ou porque alguém do seu lado virou a cabeça de súbito como se não pudesse perder algo que estava acontecendo. E voltando-se viu, debruçada no alto de uma sacada, uma jovem que agitava o braço, uma jovem envolta em sol, cuja trança pendia tentadora como uma escada. E aquela jovem, sim, aquela jovem o chamava.

Retornar sobre os próprios passos, atravessar um portão, subir degraus, que tão rápido isso pode acontecer quando se tem pressa. E eis que o mancebo estava de pé junto à sacada, junto à moça. Ela não teve nem tempo de dizer por que o havia chamado, que já o mancebo extraía seu punhal e, de um golpe, decepava a rosa para lhe oferecer.

Uma última gota de sangue caiu sobre a seda verde esquecida no chão. Mas a moça costureira, que agora só tinha olhos para o mancebo, nem viu.

(Marina Colasanti. *23 histórias de um viajante*. São Paulo: Global, 2005. p. 157-9. *by* Marina Colasanti.)

Vale a pena investir em energia nuclear no Brasil?

Creio que ainda não temos estudos suficientes para o uso da energia nuclear, principalmente em um país como o Brasil, onde a estrutura e segurança dificilmente são prioridades. Acho que devíamos investir em outros métodos de energia, alguma energia sustentável e segura. Agora, devemos nos preocupar um pouco mais com o planeta e com a segurança das pessoas, para garantir um futuro.

Ricardo Azoury/Pulsar Imagens

(http://blogs.estadao.com.br/radar-economico/2011/03/18/
vale-a-pena-investir-em-energia-nuclear-no-brasil/)

TEXTO V

Por que sentimos calafrios e desconforto ao ouvir certos sons agudos — como unhas arranhando um quadro-negro?

Esta é uma reação instintiva para protegermos nossa audição. A cóclea (parte interna do ouvido) tem uma membrana que vibra de acordo com as frequências sonoras que ali chegam. A parte mais próxima ao exterior está ligada à audição de sons agudos; a região mediana é responsável pela audição de sons de frequência média; e a porção mais final, por sons graves. As células da parte inicial, mais delicadas e frágeis, são facilmente destruídas — razão por que, ao envelhecermos, perdemos a capacidade de ouvir sons agudos. Quando frequências muito agudas chegam a essa parte da membrana, as células podem ser danificadas, pois, quanto mais alta a frequência, mais energia tem seu movimento ondulatório. Isso, em parte, explica nossa aversão a determinados sons agudos, mas não a todos. Afinal, geralmente não sentimos calafrios ou uma sensação ruim ao ouvirmos uma música com notas agudas.

Aí podemos acrescentar outro fator. Uma nota de violão tem um número limitado e pequeno de frequências — formando um som mais "limpo". Já no espectro de som proveniente de unhas arranhando um quadro-negro (ou do atrito entre isopores ou entre duas bexigas de ar) há um número infinito delas. Assim, as células vibram de acordo com muitas frequências e aquelas presentes na parte inicial da cóclea, por serem mais frágeis, são lesadas com maior facilidade. Daí a sensação de aversão a esses sons agudos e "crus".

Ronald Ranvaud
Departamento de Fisiologia e Biofísica, Universidade de São Paulo
(*Ciência Hoje*, nº 282, p. 4.)

TEXTO VI

(*32º Anuário do Clube de Criação de São Paulo*, p. 156.)

1. O texto "Do seu coração partido" é narrativo, isto é, conta uma história. O texto narrativo apresenta fatos em sequência: um fato causa um efeito, que dá origem a outro fato, e assim por diante.

   a) Uma jovem costurava um traje de seda quando uma gota de sangue caiu sobre o tecido. O que esse fato provocou na moça?

   b) O besouro conta à moça que a passagem de um mancebo partira o coração da rosa. Que efeito essa explicação causa na jovem costureira?

2. Compare os textos I e III. Ambos contam fatos. Entretanto, os fatos relatados são de naturezas diferentes.

   a) Qual deles conta uma história ficcional?

   b) Qual deles relata fatos que acontecem na realidade?

3. Observe os textos II e IV. Qual deles instrui, isto é, indica como devemos proceder para obter determinado resultado?

4. Os textos IV e V abordam assuntos ligados à realidade. Entretanto, cada um deles tem uma finalidade diferente.

   a) Qual é a finalidade do texto IV?

   b) E a do texto V?

5. O texto VI é um anúncio publicitário relacionado à Copa do Mundo de 2014. Qual é a finalidade dele?

6. Como síntese desta atividade, indique o texto cujo objetivo principal é:

   a) narrar uma história fictícia;

   b) relatar fatos reais;

   c) expor conhecimentos formais, científicos;

   d) divulgar um produto ou uma ideia;

   e) argumentar para persuadir o interlocutor sobre um ponto de vista;

   f) instruir como proceder para obter um resultado.

O QUE É GÊNERO DO DISCURSO?

Ao desenvolver a atividade anterior, você deve ter observado que os textos foram produzidos em situações e contextos diferentes e que cada um deles cumpre uma finalidade específica. Se o objetivo do locutor é, por exemplo, instruir seu interlocutor, ele indica passo a passo o que deve ser feito para se obter um bom resultado. Se é expressar sua opinião e defender um ponto de vista sobre determinado assunto, ele produz um texto que se organiza em torno de argumentos. Se é contar fatos reais ou fictícios, ele pode optar por produzir um texto que apresente em sua estrutura os fatos, as pessoas ou personagens envolvidas, o momento e o lugar em que os fatos ocorreram. Se é transmitir conhecimentos, o locutor deve construir um texto que exponha os saberes de forma eficiente.

Assim, quando interagimos com outras pessoas por meio da linguagem, seja

O gênero do discurso e a situação de produção

Suponha que você esteja insatisfeito(a) porque sua rua tem sofrido constantes enchentes. Para resolver o problema, é necessário que uma reclamação oficial seja feita. Que gênero discursivo utilizar então?

Você poderia escrever uma **carta argumentativa de reclamação** à prefeitura de sua cidade ou ao governo de seu Estado. Contudo, esse não é um problema só seu. Logo, o documento teria mais força se tivesse o apoio de outros moradores da rua ou do bairro. Nesse caso, vocês poderiam lançar mão de um **abaixo-assinado** ou de uma **carta aberta** dirigida à população e aos governantes. A escolha dependeria de outros fatores, como o número de pessoas que poderiam assinar, se a carta aberta seria divulgada numa assembleia ou manifestação, se haveria cobertura da imprensa, etc.

Observe que a escolha de um determinado gênero discursivo depende em grande parte da **situação de produção**, ou seja, a finalidade do texto a ser produzido, quem são o(s) locutor(es) e o(s) interlocutor(es), o meio disponível para veicular o texto, etc.

a linguagem oral, seja a linguagem escrita, produzimos certos tipos de texto que, com poucas variações, se repetem no conteúdo, no tipo de linguagem e na estrutura. Esses tipos de texto constituem os chamados **gêneros do discurso** ou **gêneros textuais** e foram historicamente criados pelo ser humano a fim de atender a determinadas necessidades de interação verbal. De acordo com o momento histórico, pode nascer um gênero novo, podem desaparecer gêneros de pouco uso ou, ainda, um gênero pode sofrer mudanças até transformar-se em um novo gênero.

Numa situação de interação verbal, a escolha do gênero é feita de acordo com os diferentes elementos que participam do contexto, tais como: quem está produzindo o texto, para quem, com que finalidade, em que momento histórico, etc.

Os gêneros discursivos geralmente estão ligados a **esferas de circulação**. Assim, na *esfera jornalística*, por exemplo, são comuns gêneros como notícias, reportagens, editoriais, entrevistas e outros; na *esfera de divulgação científica* são comuns gêneros como verbete de dicionário ou de enciclopédia, artigo ou ensaio científico, seminário, conferência.

OS GÊNEROS LITERÁRIOS

Entre os gêneros discursivos, existem aqueles que são próprios da *esfera artística e cultural* e são utilizados com finalidade estética, artística: os **gêneros literários**. Como o escritor tem liberdade para criar e recriar gêneros literários, é difícil traçar as fronteiras entre estes. Na esfera artística, os gêneros se multiplicam ou se combinam e sofrem transformações quase constantes.

Apesar disso, desde as primeiras tentativas de classificação feitas por Platão e Aristóteles, na Grécia antiga, a literatura tem sido organizada por gêneros. De acordo com essa *concepção clássica*, há três gêneros literários básicos: o *lírico*, o *épico* e o *dramático*. Ao longo dos séculos, contudo, essa divisão foi sendo questionada por escritores e críticos, já que deixou de corresponder à variedade dos gêneros existentes, uma vez que novos gêneros surgiam e antigas formas se renovavam.

Veja, a seguir, as características básicas dos gêneros literários clássicos, segundo a classificação aristotélica.

Gênero lírico

Trata-se da manifestação de um *eu lírico*, que expressa no texto seu mundo interior, suas emoções, sentimentos, ideias e impressões. É um texto geralmente subjetivo, com predominância de pronomes e verbos na 1ª pessoa e que explora a musicalidade das palavras.

Veja os seguintes versos, do poeta português Fernando Pessoa:

Relógio, morre —
Momentos vão...
Nada já ocorre
Ao coração
Senão, senão...

Bem que perdi,
Mal que deixei,
Nada aqui
Montes sem lei
Onde estarei...

Ninguém comigo!
Desejo ou tenho?
Sou o inimigo —
De onde é que venho?
O que é que estranho?

(*Obra poética*. Rio de Janeiro: Aguilar, 1965. p. 521.)

Filipe Rocha

Gênero épico

Nas composições desse gênero há a presença de um narrador, que conta uma história em versos, em um longo poema que ressalta a figura de um herói, um povo ou uma nação. Geralmente envolvem aventuras, guerras, viagens e façanhas heroicas e apresentam um tom de exaltação, isto é, de valorização de heróis e feitos grandiosos. É um texto narrativo com verbos e pronomes na 3ª pessoa e que pressupõe a presença de um ouvinte ou de uma plateia.

Os poemas épicos intitulam-se *epopeias*. As principais epopeias da cultura ocidental são a *Ilíada* e a *Odisseia*, de Homero, a *Eneida*, de Virgílio, *Os lusíadas*, de Luís de Camões, *Paraíso perdido*, de Mílton, *Orlando Furioso*, de Ariosto.

No Brasil, entre os vários poemas épicos produzidos – a maioria deles conforme o modelo oferecido por Camões – destacam-se *Caramuru*, de Santa Rita Durão, e *O Uraguai*, de Basílio da Gama.

A estrofe a seguir pertence ao poema *Os lusíadas*. Observe a linguagem culta, a narração em 3ª pessoa e o engrandecimento dos navegantes portugueses.

> Já no batel entrou do Capitão
> O rei, que nos seus braços o levava;
> Ele, co'a cortesia que a razão
> (Por ser rei) requeria, lhe falava.
> Cumas mostras de espanto e admiração,
> O Mouro o gesto e o modo lhe notava,
> Como quem em mui grande estima tinha
> Gente que de tão longe à Índia vinha.

batel: barco. **cumas:** com umas.
co'a: com a. **mouro:** árabe.

Cinema épico

: Cena do filme *300*.

Modernamente, também se chamam *épicos* certos filmes cujo tema são aventuras de um herói ou guerras que definem a história de um povo. São considerados épicos, por exemplo, filmes como *300*, de Zack Snyder; *Cruzada* e *Gladiador*, de Ridley Scott; *Troia*, de Wolfgang Petersen; *1900*, de Bernardo Bertolucci; *Ran*, de Akira Kurosawa; *Quilombo*, de Cacá Diegues.

Gênero dramático

Enquanto o gênero épico exalta as realizações humanas e os grandes feitos de heróis, o gênero dramático expõe o conflito dos homens e seu mundo, as manifestações da miséria humana.

São do gênero dramático os textos escritos para serem encenados. Nesse tipo de texto, em vez de ser contada por um narrador, a história é mostrada no palco, ou seja, é representada por atores que fazem o papel das personagens. O texto se desenrola a partir de diálogos, o que exige uma sequência rigorosa das cenas e das relações de causa e consequência.

Observe no fragmento da peça *Bodas de sangue*, de Federico García Lorca, a seguir, como o enredo se constrói a partir do diálogo entre as personagens Mãe e Noivo.

: Cena do filme *Bodas de sangue*, de Carlos Saura.

Casa pintada de amarelo

NOIVO (*entrando*) — Mãe.

MÃE — Que é?

NOIVO — Já vou.

MÃE — Aonde?

NOIVO — Para a vinha. (*Vai sair*)

MÃE — Espere.

NOIVO — Quer alguma coisa?

MÃE — Filho, o almoço.

NOIVO — Deixe. Vou comer uvas. Me dê a navalha.

MÃE — Para quê?

NOIVO (*rindo*) — Para cortá-las.

MÃE (*entre dentes e procurando-a*) — A navalha, a navalha... Malditas sejam todas as navalhas, e o canalha que as inventou.

NOIVO — Vamos mudar de assunto.

MÃE — E as espingardas e as pistolas, e a menorzinha das facas, e até as enxadas e os ancinhos do roçado.

NOIVO — Bom.

MÃE — Tudo o que pode cortar o corpo de um homem. Um homem bonito, com sua flor na boca, que vai para as vinhas ou para os olivais que tem, porque são dele, herdados...

NOIVO (*baixando a cabeça*) — Chega, mãe.

MÃE — ... e esse homem não volta. Ou, se volta, é só para que a gente lhe ponha uma palma por cima, ou um prato de sal grosso, para não inchar. Não sei como você se atreve a levar uma navalha no corpo, nem sei como ainda deixo essa serpente dentro do baú.

NOIVO — Já não chega?

MÃE — Nem que eu vivesse cem anos, não falaria de outra coisa. Primeiro seu pai, que cheirava a cravo; e só o tive por três anos, tão curtos. Depois, seu irmão. E é justo? E é possível que uma coisa tão pequena como uma pistola ou uma navalha possa dar cabo de um homem, que é um touro? Não vou me calar nunca. Os meses passam e o desespero me perfura os olhos e pica até nas pontas dos cabelos.

NOIVO (*forte*) — Vamos parar?

MÃE — Não. Não vamos parar. Alguém pode me trazer seu pai de volta? E seu irmão? E depois, o presídio. Mas o que é o presídio? Lá se come, lá se fuma, lá se toca música! Os meus mortos cobertos de grama, sem fala, viraram pó; dois homens que eram dois gerânios... Os assassinos, no presídio, folgados, olhando a paisagem...

(São Paulo: Abril Cultural, 1977. p. 11-3.)

Gêneros narrativos modernos

Além da concepção clássica de gêneros literários, há também uma *concepção moderna*, que leva em conta outras modalidades de texto, que não existiam no tempo de Aristóteles. Entre elas, encontram-se os gêneros narrativos modernos que guardam, em suas origens, um parentesco com a epopeia e outras formas narrativas primitivas, pois, como estas, se prestam a narrar uma história ficcional.

São gêneros narrativos modernos, por exemplo, o romance, a novela, o conto e a crônica. Qualquer um desses gêneros tem como elementos básicos de sua estrutura os fatos narrados numa sequência de causa e efeito, as personagens, o tempo, o ponto de vista do narrador.

De modo geral, procura-se diferenciá-los com base em critérios como tamanho, tempo e espaço narrativo, tipo e número de personagens, número de conflitos, desenvolvimento da ação, interiorização psicológica, meio de divulgação, etc. Assim, supõe-se que um *romance*, comparado a um *conto*, narre uma história na qual tempo e espaço são mais amplos, há várias personagens e várias histórias organizadas em torno de uma história central. Já a crônica é marcada pela brevidade temporal e apresenta episódios do cotidiano captados com sensibilidade pelo cronista, que extrai deles momentos de humor e reflexão sobre a vida e o mundo.

A distinção entre os gêneros modernos, entretanto, é bastante controvertida. Com frequência, deparamos com textos que misturam gêneros, ou que quebram a sequência narrativa tradicional, ou, ainda, que usam na prosa os recursos da poesia.

Tanto os gêneros do discurso produzidos nas situações cotidianas de comunicação quanto os gêneros literários serão estudados de forma mais aprofundada nos capítulos subsequentes que tratam de literatura brasileira e portuguesa e nos capítulos voltados à produção de texto.

ASPECTOS CONSTITUTIVOS DOS GÊNEROS LITERÁRIOS

Aspectos constitutivos dos gêneros em verso

Leia o poema a seguir, de Casimiro de Abreu, poeta que pertenceu ao Romantismo, no século XIX.

A valsa

Tu, ontem,
Na dança
Que cansa,
Voavas
Co'as faces
Em rosas
Formosas
De vivo,
Lascivo
Carmim;
Na valsa
Tão falsa,
Corrias,
Fugias,
Ardente,
Contente,
Tranquila,
Serena,
Sem pena
De mim!

Valsavas:
— Teus belos
Cabelos,
Já soltos,
Revoltos,
Saltavam,
Voavam,
Brincavam
No colo
Que é meu;
E os olhos
Escuros
Tão puros,
Os olhos
Perjuros
Volvias,
Tremias,
Sorrias,
P'ra outro
Não eu!

Meu Deus!
Eras bela
Donzela,
Valsando,
Sorrindo,
Fugindo,
Qual silfo
Risonho
Que em sonho
Nos vem!
Mas esse
Sorriso
Tão liso
Que tinhas
Nos lábios
De rosa,
Formosa,
Tu davas,
Mandavas
A quem?!

Calado,
Sozinho,
Mesquinho,
Em zelos
Ardendo,
Eu vi-te
Correndo
Tão falsa
Na valsa
Veloz!
Eu triste
Vi tudo!
Mas mudo
Não tive
Nas galas
Das salas,
Nem falas,
Nem cantos,
Nem prantos,
Nem voz!

Quem dera
Que sintas
As dores
De amores
Que louco
Senti!
Quem dera
Que sintas!...
— Não negues,
Não mintas...
— Eu vi!...

Quem dera
Que sintas
As dores
De amores
Que louco
Senti!
Quem dera
Que sintas!...
— Não negues,
Não mintas...
— Eu vi!...

Quem dera
Que sintas
As dores
De amores
Que louco
Senti!
Quem dera
Que sintas!...
— Não negues,
Não mintas...
— Eu vi!...

Quem dera
Que sintas
As dores
De amores
Que louco
Senti!
[...]

(*Poesia completa de Casimiro de Abreu.* Rio de Janeiro: Ediouro, s. d. p. 63-6.)

carmim: cor vermelha.

lascivo: sensual, voluptuoso.

perjuro: falso.

silfo: gênio do ar na mitologia céltica e germânica da Idade Média.

1. O poema é a expressão dos sentimentos vividos pelo eu lírico durante um baile. Como o eu lírico se sentiu durante o baile? Por que ele se sentiu assim?

2. O poema está organizado em **estrofes**, isto é, em grupos de versos separados por um espaço em branco. Cada uma das estrofes é formada por um grupo de **versos** (as linhas poéticas).

   a) Quantas estrofes há na parte lida do poema?

   b) Quantos versos há em cada estrofe?

3. Entre o final de versos há uma semelhança sonora, como ocorre entre *dança* e *cansa*, a que chamamos *rima*. Identifique na 1ª estrofe outros exemplos de rima.

4. Juntamente com as rimas, o **ritmo** confere forte musicalidade ao texto. Observe, nos versos a seguir, como as sílabas destacadas são pronunciadas com maior intensidade:

   Tu, **on**tem,
   Na **dan**ça
   Que **can**sa,
   Voavas

Kipper

a) Identifique no seguinte trecho da 1ª estrofe a sílaba tônica de cada verso.

Co'as faces	Corrias,
Em rosas	Fugias,
Formosas	Ardente,
De vivo,	Contente,
Lascivo	Tranquila,
Carmim;	Serena,
Na valsa	Sem pena
Tão falsa,	De mim!

b) Leia em voz alta os versos acima e compare o ritmo observado na leitura ao ritmo da valsa. Que semelhança você nota entre o ritmo desse tipo de música e o ritmo do poema?

5. Junte-se a dois ou três colegas (havendo no grupo pelo menos uma menina), acessem nosso *site* (http://pl.atualeditora.com.br/portugues/site/paraquemquermais) e conheçam a parte final do poema "A valsa". Depois preparem uma declamação dramatizada do poema todo e apresentem-na à classe. Durante a apresentação, enquanto um ou dois alunos declamam, revezando-se, um menino e uma menina dançam uma valsa. Se possível, o casal deve se apresentar com roupa que imite os trajes do século XIX.

Os recursos formais empregados no poema "A valsa" – versos, estrofes, rimas e ritmo, entre outros – são comuns a diferentes tipos de poema (quadrinhas, sonetos, rondós, madrigais, noturnos, etc.), a letras de música e, embora mais raramente nos dias de hoje, a peças de teatro escritas em verso.

Verso é uma sucessão de sílabas ou fonemas formando uma unidade rítmica e melódica que corresponde, normalmente, a uma linha do poema.

Os versos organizam-se em estrofes. **Estrofe** ou **estância** é um agrupamento de versos.

Na parte estudada do poema "A valsa", há oito estrofes.

O número de versos agrupados em cada estrofe pode variar. De acordo com o número de versos, as estrofes recebem denominações específicas:

- **dístico**: dois versos
- **terceto**: três versos
- **quarteto** ou **quadra**: quatro versos
- **quintilha**: cinco versos
- **sexteto** ou **sextilha**: seis versos
- **sétima** ou **septilha**: sete versos
- **oitava**: oito versos
- **nona**: nove versos
- **décima**: dez versos

Sonetos, baladas, rondós...

São poemas de forma fixa, isto é, apresentam a mesma estrutura de construção: o **soneto** (duas quadras e dois tercetos), a **balada** (três oitavas e uma quadra), o **vilancete** (um terceto e outros tipos de estrofes, à escolha do poeta), o **rondó** (apenas quadras, ou então quadras combinadas com oitavas).

A melodia que caracteriza o verso é o resultado de alguns recursos encontrados na poesia de todos os tempos. Os mais importantes são: a métrica, o ritmo, a rima, a aliteração, a assonância, a paronomásia e o paralelismo.

Métrica

Métrica é a medida dos versos, isto é, o número de sílabas poéticas que os versos apresentam.

Para determinar a medida de um verso, dividimos o verso em sílabas poéticas, processo que recebe o nome de *escansão*.

Por ter base na oralidade – fala ou canto –, a divisão silábica poética obedece a princípios diferentes dos da divisão silábica gramatical: as vogais átonas são agrupadas numa única sílaba, e a contagem das sílabas deve ser feita até a última sílaba tônica.

Compare a divisão silábica gramatical à divisão em sílabas poéticas destes versos do poema "A valsa":

Divisão silábica gramatical			
As	do	res	
1	2	3	
De	a	mo	res
1	2	3	4

Divisão silábica poética		
As	do	res
1	2	
De a	mo	res
1	2	

No verso "De amores" há quatro sílabas gramaticais, mas apenas duas sílabas poéticas. Isso ocorre porque, nessa divisão, sempre que entre o final de uma sílaba e o início de outra há o encontro de duas ou mais vogais tônicas ou átonas, as duas sílabas são consideradas como uma única sílaba. Além disso, a contagem vai até a última sílaba tônica do verso; nesse caso, até a sílaba *mo*, da palavra *amores*.

De acordo com o número de sílabas poéticas, os versos recebem as seguintes denominações: *monossílabo* (uma sílaba), *dissílabo* (duas sílabas), *trissílabo* (três sílabas), *redondilha menor* ou *pentassílabo* (cinco sílabas), *redondilha maior* ou *heptassílabo* (sete sílabas), *octossílabo* (oito sílabas), *decassílabo* (dez sílabas), *alexandrino* (doze sílabas), etc.

O verso cuja métrica se repete é chamado de *verso regular*. No século XX, os poetas modernos criaram o *verso livre*, que não obedece a uma regularidade métrica. Assim, há poemas que apresentam versos de tamanhos variados, como o poema ao lado, de Cacaso.

Happy end

o meu amor e eu
nascemos um para o outro

agora só falta quem nos apresente

(Cacaso. *Lero-lero*. Rio de Janeiro: 7 Letras;
São Paulo: Cosac & Naify. 2002. p. 114.)

Ritmo

Ao ouvirmos uma melodia qualquer, percebemos que ela foi composta em determinado ritmo. Um poema também tem ritmo, que lhe é dado pela alternância das sílabas acentuadas e não acentuadas, isto é, sílabas que apresentam maior ou menor intensidade quando pronunciadas. O conceito poético de sílaba acentuada nem sempre coincide com o conceito gramatical de sílaba tônica, pois a acentuação de uma sílaba poética é determinada pela sequência melódica a que ela pertence.

Observe, ao lado, o ritmo dos versos do poema "A valsa". As sílabas acentuadas estão destacadas.

Quem **de**ra
Que **sin**tas
As **do**res
De a**mo**res

No poema "A valsa", a métrica e o ritmo são regulares, pois os versos são dissílabos e a sílaba acentuada é sempre a segunda.

O ritmo em outras linguagens

O ritmo não é exclusividade da poesia. Ele existe também na música, na arquitetura e em outras artes visuais, desde que haja uma repetição regular de determinado elemento. Na fotografia ao lado, o ritmo é criado pela recorrência regular das formas no espaço.

Rima

A **rima** é um recurso musical baseado na semelhança sonora das palavras no final dos versos e, às vezes, no interior dos versos (rima interna).

Quando incidem no final dos versos, as rimas, dependendo da estrutura sonora, podem classificar-se em *interpoladas*, *alternadas* e *emparelhadas*, segundo sua organização em esquemas ABBA, ABAB e AABB, respectivamente. Observe as rimas e sua organização em esquema no refrão do poema "A valsa", ao lado.

Quem dera	A
Que sintas	B
As dores	C
De amores	C
Que louco	D
Senti!	E
Quem dera	A
Que sintas!...	B
— Não negues,	F
Não mintas...	B
— Eu vi!...	E

Os versos que não apresentam rimas entre si são chamados de *versos brancos*. Veja um exemplo desse tipo de verso neste poema de Rubem Braga:

> Não quero ser Deus, nem Pai nem Mãe de Deus,
> Não quero nem lírios nem mundos
> Sou pobre e superficial como a Rua do Catete.
> Quero a pequena e amada agitação,
> A inquieta esquina, aves e ovos, pensões,
> Os bondes e tinturarias, os postes,
> Os transeuntes, o ônibus Laranjeiras,
>
> Único no mundo que tem a honra de pisar na
> [Rua do Catete.

(*Livro de versos*. 3. ed. Rio de Janeiro: Record, 1998. p. 5.)

Aliteração

É a repetição constante de um mesmo fonema consonantal. Observe como o poeta Castro Alves alitera o fonema /b/ nestes versos:

> Auriverde pendão de minha terra
> Que a *b*risa do *B*rasil *b*eija e *b*alança

Assonância

É a repetição constante de um mesmo fonema vocálico. Observe a assonância do fonema vocálico /a/ nestes versos de Cruz e Souza:

> Ó Formas alvas, brancas, Formas claras

Paronomásia

É o emprego de palavras semelhantes na forma ou no som, mas de sentidos diferentes, próximas umas das outras. Veja:

> Trocando em miúdos, pode guardar
> As *sobras* de tudo que chamam lar
> As *sombras* de tudo que fomos nós
>
> (Chico Buarque. In: Adélia Bezerra de Menezes Bolle, org. *Chico Buarque de Hollanda.* São Paulo: Abril Educação, 1980. p. 45.)

> Ah pregadores! Os de cá achar-vos-eis com mais *paço*; os de lá, com mais *passos*.
>
> (Pe. Antônio Vieira)

Paralelismo

É a repetição de palavras ou estruturas sintáticas maiores (frases, orações, etc.) que se correspondem quanto ao sentido. Observe o paralelismo nos versos ao lado, da canção "Sem fantasia", de Chico Buarque.

> *Vem que eu te quero* fraco
> *Vem que eu te quero* tolo
> *Vem que eu te quero* todo meu.
>
> (In: Adélia Bezerra de Menezes Bolle, org., op. cit., p. 23.)

EXERCÍCIOS

Leia a tira a seguir, de Laerte, e responda às questões 1 e 2.

(*Folha de S. Paulo*, 26/2/2012.)

1. Reescreva as falas da personagem, dispondo-as em versos.

a) Quantos versos você obteve?

b) Que critérios você utilizou para fazer a disposição das falas em versos?

2. Observe o esquema de rimas e de ritmo do poema.

a) De que tipo são as rimas?

b) Em que sílabas poéticas, pela ordem, incidem as sílabas tônicas?

c) Que nome é dado ao tipo de verso utilizado?

3. Identifique o(s) recurso(s) sonoro(s) empregado(s) nos versos de Chico Buarque a seguir.

a)
> Ninguém, ninguém vai me acorrentar
> Enquanto eu puder cantar
> Enquanto eu puder sorrir
> Enquanto eu puder cantar
> Alguém vai ter que me ouvir.
>
> (Chico Buarque. In: Adélia Bezerra de Menezes Bolle, org., op. cit., p. 30. by Marola Edições Musicais Ltda.)

b)
> E a própria vida
> Ainda vai sentar sentida
> Vendo a vida mais vivida
> Que vem lá da televisão
>
> (Idem, p. 21. 1967. by Marola Edições Musicais Ltda.)

c)
> Você vai me trair
> Você vem me beijar
> Você vai me cegar
> E eu vou consentir
> Você vai conseguir
> Enfim me apunhalar.
>
> (Idem, p. 55. by Marola Edições Musicais Ltda.)

Aspectos constitutivos dos gêneros narrativos em prosa

Leia o texto narrativo a seguir e responda às questões propostas.

Adolescência

[...] o Jander tinha 14 anos, a cara cheia de espinhas e, como se não bastasse isso, inventou de estudar violino.

— Violino?! — horrorizou-se a família.

— É.

— Mas Jander...

— Olha que eu tenho um ataque.

Sempre que era contrariado, o Jander se atirava no chão e começava a espernear. Compraram um violino para ele.

O Jander dedicou-se ao violino obsessivamente. Ensaiava dia e noite.

Trancava-se no quarto para ensaiar.

Mas o som do violino atravessava portas e paredes. O som do violino se espalhava pela vizinhança.

Um dia a porta do quarto de Jander se abriu e entrou uma moça com um copo de leite.

— Quié? — disse o Jander, antipático como sempre.

— Sua mãe disse que é para você tomar este leite. Você quase não jantou.

— Quem é você?

— A nova empregada.

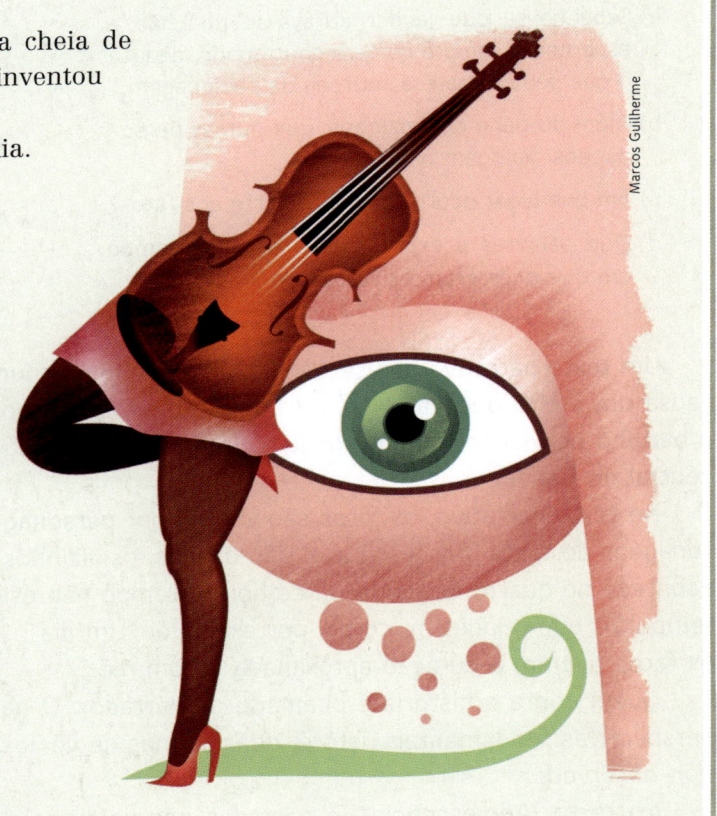

Marcos Guilherme

Seu nome era Vandirene. Na quadra de ensaios da escola era conhecida como "Vandeca Furacão".

Ela botou o copo de leite sobre a mesa de cabeceira, mas não saiu do quarto. Disse:

— Bonito, seu violino.

E depois:

— Me mostra como se segura?

Depois a vizinhança suspirou aliviada. Não se ouviu mais o som do violino aquela noite.

O pai de Jander reuniu-se com os vizinhos.

— Parece que deu certo.

— É.

— Não vão esquecer o nosso trato.

— Pode deixar.

No fim do mês todos se cotizaram para pagar o salário da Vandirene. A mãe do Jander não ficou muito contente. Pobre do menino. Tão moço. Mas era a Vandirene ou o violino.

— E outra coisa — argumentou o pai do Jander. — Vai curar as espinhas.

(Luis Fernando Verissimo. *Novas comédias da vida privada*. 9. ed. Porto Alegre: L&PM, 1996. p. 264-5.)

1. Esse texto conta fatos vividos por personagens em determinado tempo e lugar.

a) Sabendo-se que Jander atirava-se no chão e esperneava sempre que era contrariado, deduza o que demonstra essa atitude da personagem.

b) Além do pai e dos vizinhos, que outras personagens dialogam nesse texto?

c) Em que lugar ocorreu a maior parte dos fatos?

d) Que palavras e expressões marcam o tempo em que ocorreram os fatos?

2. O texto "Adolescência" apresenta fatos em sequência; um fato causa um efeito que dá origem a outro fato, e assim por diante.

a) Diante da relutância da família em lhe comprar um violino, o que Jander ameaça fazer?

b) Comprado o violino, que efeito causou o fato de Jander ensaiar dia e noite?

c) Que consequências a contratação de Vandirene trouxe para os vizinhos e para a família de Jander?

Um texto narrativo apresenta **fatos** em sequência numa relação de causa e efeito, isto é, um fato causa um efeito que dá origem a outro fato, e assim por diante. No texto em estudo, por exemplo, o barulho do violino tocado por Jander causa um efeito: a família e os vizinhos entram em acordo e contratam Vandirene.

No texto narrativo, os fatos são vividos por **personagens** em determinado **lugar** e **tempo**. As personagens do texto "Adolescência" são os pais, os vizinhos, Jander e Vandirene. Grande parte dos fatos acontece no quarto de Jander e, embora o tempo não esteja claramente determinado, há marcadores temporais que o indicam, como, por exemplo, "Um dia", "No fim do mês", o que nos leva a supor que os fatos tiveram a duração aproximada de um mês.

Quem conta a história é chamado de **narrador**. O narrador, diante dos fatos, pode assumir duas perspectivas fundamentais, isto é, duas formas de vê-los: a de *narrador-personagem* ou a de *narrador-observador*.

No texto "Adolescência", o narrador *não* participa da história; é um mero *observador*. Observe que ele está fora dos acontecimentos narrados; conta-os sem fazer nenhuma referência a si mesmo, empregando *verbos e pronomes na 3ª pessoa*: "Jander tinha 14 anos", "inventou de estudar violino", "se atirava no chão e começava a espernear", "Compraram um violino para ele", etc. Nesse caso, o narrador é **narrador-observador**.

Leia, agora, este trecho de um texto narrativo:

Não quero nem devo lembrar aqui por que me encontrava naquela barca. Só sei que ao redor tudo era silêncio e treva. E me sentia bem naquela solidão. Na embarcação desconfortável, tosca, apenas quatro passageiros. Uma lanterna nos iluminava com sua luz vacilante: um velho, uma mulher com uma criança e eu. [...]

Debrucei-me na grade de madeira carcomida. Acendi um cigarro. Ali estávamos os quatro, silenciosos como mortos num antigo barco de mortos deslizando na escuridão. Contudo, estávamos vivos. E era Natal.

(Lygia Fagundes Telles. "Natal na barca". In: *Antes do baile verde*. Rio de Janeiro: José Olympio, 1979. p. 87.)

Nesse texto, o narrador *participa* dos fatos e é também uma das *personagens*. Observe que ele se situa nos acontecimentos, fala de si mesmo, empregando *verbos e pronomes na 1ª pessoa*: "Não quero nem devo lembrar", "E me sentia", "uma mulher com uma criança e eu", etc. Nesse caso, o narrador é **narrador-personagem**.

Aspectos constitutivos do texto teatral

O texto a seguir é um trecho da peça teatral *A vida de Galileu*, do poeta e teatrólogo alemão Bertolt Brecht.

A peça narra uma parte da vida do sábio italiano Galileu, e a história começa com o cientista vivendo em Pádua, onde lhe davam liberdade para pesquisar, mas lhe pagavam baixo salário. Apropriando-se de uma luneta, instrumento ainda desconhecido na Itália, passa por seu inventor e é recebido em Florença, onde começa a residir. As observações que faz sobre o sistema solar levam-no a reconsiderar como verdadeira a concepção de Copérnico segundo a qual a Terra e os astros girariam em torno do Sol. A Igreja Católica, na época, defendia a concepção de Ptolomeu, para quem a Terra seria o centro do Universo.

O trecho faz parte da cena em que Galileu, servindo-se da luneta, confirma a seu amigo Sagredo o sistema copernicano e é advertido por ele das possíveis consequências de sua pesquisa.

Quarto de estudos de Galileu, em Pádua
Noite. Galileu e Sagredo, metidos em grossos capotes, olham pelo telescópio.

SAGREDO (*Olhando pelo telescópio, a meia voz*) — Os bordos do crescente estão irregulares, denteados e rugosos. Na parte escura, perto da faixa luminosa, há pontos de luz. Vão aparecendo, um depois do outro. A partir deles a luz se espraia, ocupa superfícies sempre maiores, onde conflui com a parte luminosa principal.

GALILEU — Como se explicam esses pontos luminosos?

SAGREDO — Não pode ser.

GALILEU — Pode, são montanhas.

SAGREDO — Numa estrela?

GALILEU — Montanhas enormes. Os cimos são dourados pelo sol nascente, enquanto a noite cobre os abismos em volta. Você está vendo a luz baixar dos picos mais altos aos vales.

SAGREDO — Mas isto contradiz a astronomia inteira de dois mil anos.

GALILEU — É. O que você está vendo, homem nenhum viu, além de mim. Você é o segundo.

SAGREDO — Mas a Lua não pode ser uma terra, com montanhas e vales, assim como a Terra não pode ser uma estrela.

GALILEU — A Lua pode ser uma terra com montanhas e vales e a Terra pode ser uma estrela. Um corpo celeste qualquer, um entre milhares. Olhe outra vez. A parte escura da Lua é inteiramente escura?

SAGREDO — Não, olhando bem eu vejo uma luz fraca, cinzenta.

GALILEU — Essa luz o que é?

SAGREDO — ?

GALILEU — É da Terra.

SAGREDO — Não, isso é absurdo. Como pode a Terra emitir luz, com suas montanhas, suas águas e matas, e sendo um corpo frio?

GALILEU — Do mesmo modo que a Lua. Porque as duas são iluminadas pelo Sol e é por isso que elas brilham. O que a Lua é para nós, nós somos para a Lua. Ela nos vê ora como crescente, ora como semicírculo, ora como Terra cheia e ora não nos vê.

SAGREDO — Portanto, não há diferença entre Lua e Terra?

GALILEU — Pelo visto, não.

SAGREDO — Não faz dez anos que, em Roma, um homem subia à fogueira. Chamava-se Giordano Bruno e afirmava exatamente isso.

GALILEU — Claro. E agora estamos vendo. Não pare de olhar, Sagredo. O que você vê é que não há diferença entre céu e Terra. Hoje, dez de janeiro de 1610, a humanidade registra em seu diário: aboliu-se o céu.

SAGREDO — É terrível!

GALILEU — E ainda descobri outra coisa, quem sabe mais espantosa. [...]

SAGREDO (*hesita, antes de voltar ao telescópio*) — O que eu sinto é quase como medo, Galileu.

GALILEU — Vou lhe mostrar uma das nebulosas brancas e brilhantes da Via Láctea. Me diga do que ela é feita!

SAGREDO — São estrelas, incontáveis.

GALILEU — Só na constelação de Órion são quinhentas estrelas fixas. São os muitos mundos, os incontáveis outros mundos, as estrelas

: Cena da peça *Galileu Galilei*, dirigida por José Celso Martinez Correa.

distantes de que falava o queimado-vivo, que ele não chegou a ver, mas que ele esperava!

SAGREDO — Mas, mesmo que esta terra seja uma estrela, há muita distância até as afirmações de Copérnico, de que ela gira em volta do Sol. Não há estrela no céu que tenha outra girando à sua volta. Mas, em torno da Terra, gira sempre a Lua.

GALILEU — Eu duvido, Sagredo. Desde anteontem que eu duvido. Olhe Júpiter (*acerta o telescópio*), junto dele estão quatro estrelas menores, que só se veem pelo telescópio. Eu as vi na segunda-feira, mas não fiz muito caso da sua posição. Ontem, olhei outra vez. Eu jurava que todas as quatro tinham mudado de lugar. Eu tomei nota. Estão diferentes outra vez. O que é isso? Se eu vi quatro! (*Agitado.*) Olhe você!

SAGREDO — Eu vejo três.

GALILEU — A quarta onde está? Olhe as tabelas. Vamos calcular o movimento que elas possam ter feito. (*Excitados, sentam-se e trabalham. O palco escurece, mas no horizonte continua-se a ver Júpiter e seus satélites. Quando o palco clareia, ainda estão sentados, usando capotes de inverno.*)

: Galileu Galilei (1564-1642).

GALILEU — Está provado. A quarta só pode ter ido para trás de Júpiter, onde ela não é vista. Está aí uma estrela que tem outra girando à sua volta.

SAGREDO — Mas e a esfera de cristal, em que Júpiter está fixado?

GALILEU — De fato, onde é que ela ficou? Como pode Júpiter ficar fixado, se há estrelas girando em volta dele? Não há suporte no céu, não há ponto fixo no universo! É outro sol!

SAGREDO — Calma, você pensa depressa demais!

GALILEU — Que depressa nada! Acorda, rapaz! O que você está vendo nunca ninguém viu. Eles tinham razão.

SAGREDO — Quem, os copernicanos?

GALILEU — E o outro! O mundo estava contra eles e eles tinham razão. [...]

SAGREDO (*gritando*) — A mesma fala do queimado-vivo?

GALILEU — A mesma fala do queimado-vivo!

SAGREDO — Por isso ele foi queimado! Não faz dez anos!

GALILEU — Porque ele não podia provar nada! Porque ele só afirmava! [...]

SAGREDO — Galileu, eu sempre o conheci como homem de juízo. Durante dezessete anos em Pádua, e durante três anos em Pisa, pacientemente, você ensinou a centenas de alunos o sistema de Ptolomeu, que é adotado pela Igreja e é confirmado pelas Escrituras, na qual a Igreja repousa. Você, na linha de Copérnico, achava errado, mas você ensinava, não obstante.

GALILEU — Porque eu não podia provar nada.

SAGREDO (*incrédulo*) — E você acha que isso faz alguma diferença?

GALILEU — Faz toda a diferença. Veja aqui, Sagredo! Eu acredito no homem, e isto quer dizer que acredito na sua razão! Sem esta fé eu não teria força de sair da cama pela manhã.

(São Paulo: Abril Cultural, 1977. p. 47-58.)

1. Sagredo adverte Galileu sobre as possíveis consequências de sua pesquisa.

   a) Quais poderiam ser elas?

   b) Baseado em que Galileu se mostra determinado a desafiar os dogmas da Igreja na época?

2. O texto teatral tem semelhanças com o texto narrativo: apresenta fatos, personagens, tempo e lugar.

   a) Onde ocorre a cena?

   b) Quando ela acontece?

3. Comparando a estrutura do texto teatral com a dos gêneros narrativos, como o conto e a fábula, por exemplo, observamos que ele se constrói de uma forma diferente.

   a) Há no texto teatral lido um narrador que conta a história?

   b) O texto nos possibilita ter uma visão acerca das personagens. Que ideia você faz de Galileu e de Sagredo?

   c) De que forma as características de cada personagem nos são reveladas no texto lido?

4. Em outros gêneros narrativos, como no conto, a fala das personagens é introduzida geralmente depois de verbos como *dizer*, *perguntar*, *exclamar*, *afirmar*, chamados *dicendi*. No texto teatral escrito, as falas das personagens são introduzidas de forma diferente.

   a) No texto teatral lido, como o leitor sabe quem é que está falando?

   b) A fala das personagens é reproduzida pelo discurso direto ou pelo discurso indireto?

5. O texto teatral apresenta trechos em letra de tipo diferente – no texto lido, o itálico. Veja estes exemplos:

> SAGREDO (*Olhando pelo telescópio, a meia voz*)
> SAGREDO (*gritando*)
> GALILEU ... (*Agitado.*)

Esses trechos são chamados de rubricas. Qual é a função das rubricas?

6. Que tipo de variedade linguística foi empregado pelas personagens?

7. Quando um texto teatral é lido, o leitor é o interlocutor da história vivida pelas personagens. Quando o texto teatral é encenado, quem é o interlocutor?

8. Qual é o suporte do texto teatral escrito, isto é, como ele é veiculado para atingir o público a que se destina?

9. Reúna-se com os colegas de seu grupo e concluam: Quais são as características do texto teatral escrito? Ao responder, considerem os seguintes critérios: finalidade do gênero, perfil dos interlocutores, suporte ou veículo, tema, estrutura, linguagem.

A função do teatro

O teatro nasceu entre os gregos, na Antiguidade. A principal alteração que tem experimentado, desde então, é quanto à sua função: tem servido para divertir, satirizar a classe política, refletir sobre os problemas sociais, conscientizar politicamente os oprimidos, fazer refletir sobre a própria condição humana. Para o dramaturgo alemão Bertolt Brecht, a principal função da atividade teatral, entretanto, é a de proporcionar prazer. Um prazer que educa, conscientiza e diverte.

Raphael Gaillarde/Gamma-Rapho via Getty Images

Ator, texto e público

Não há fenômeno teatral sem a conjunção da tríade ator, texto e público. Um *ator* interpreta um *texto* para o *público*. E entre ator e público é estabelecida uma cumplicidade: ambos sabem que se trata de um jogo, de uma representação. Por meio da razão e da emoção, estabelece-se um diálogo vivo entre ator e público. Proporcionando prazer, o teatro age diretamente sobre os homens. Ele ensina, provoca, faz refletir.

O texto estudado é uma cena de uma peça de teatro. É, portanto, uma parte de um texto dramático, isto é, um texto que serve para a representação teatral.

Imagine essa cena se desenvolvendo num palco: haveria um cenário (o quarto de estudos de Galileu), e o diálogo entre as personagens Galileu e Sagredo não seria contado por um narrador, mas mostrado pelos atores, que, *representando* as personagens, se movimentariam no palco e falariam. O diálogo, portanto, constitui o elemento dominante e essencial no texto teatral.

No diálogo, manifestam-se uma oposição e uma luta de vontades que caracterizam o conflito, elemento essencial para possibilitar ao leitor ou à plateia criar expectativa em relação aos fatos que lê ou vê. No texto em estudo, a determinação de Galileu em provar a teoria sobre o sistema solar defendida por Copérnico opõe-se ao temor de Sagredo em revelá-la, pois isso despertaria a ira da Igreja. O *conflito* é, portanto, uma oposição que acontece entre os elementos da história, criando uma tensão que organiza os fatos narrados/mostrados e, consequentemente, prendendo a atenção do leitor ou da plateia.

Quando é encenado, o texto teatral exige outros elementos, como cenário, música, luz, figurino, maquiagem, gestos, movimentos, etc.

No texto teatral escrito, esses elementos estão indicados nas **rubricas**, que são trechos em letra de tipo diferente (no texto estudado, em itálico) e indicam como as personagens devem falar (rubricas de interpretação) e se movimentar em cena (rubrica de movimento). Quando lemos um texto teatral, as rubricas cênicas procuram nos dar informações sobre aquilo que, na montagem, se vê no palco.

Quando a peça teatral é longa, ela costuma ser dividida em partes, que são chamadas de **atos**.

Teatro: o encontro das artes

Além da presença física do ator, o teatro conta com a colaboração de outras artes: a arquitetura, a pintura, a música, a arte da indumentária (o figurino), da iluminação e do mobiliário. E também com a arte literária, pois o autor comunica-se com o público principalmente por meio da palavra, que, para sua interpretação, precisa também de pausas, gestos, mímicas, além da postura, do olhar e do movimento que compõem a expressão corporal do ator. O teatro exige ainda outros componentes, como maquiagem, sonoplastia, contrarregra.

A coordenação de todos esses elementos na realização de um espetáculo é feita pelo encenador ou diretor. O dramaturgo é o autor do texto, e o diretor, o autor do espetáculo.

A literatura dramática fica documentada em livros; os cenários e os figurinos subsistem em fotografias e desenhos. O teatro, porém, é efêmero: só se realiza integralmente enquanto dura o espetáculo. Talvez esteja nessa peculiaridade todo o fascínio e a grandeza da arte teatral.

INTERVALO

The Bridgeman Art Library/Getty Images

Stock Illustration Source/Getty Images

Designpic/Glow Images

Participe das atividades a seguir, individualmente e em grupo, de acordo com as orientações de seu professor.

No dia combinado, todos devem trazer seus depoimentos; os grupos devem ter pronta a leitura dramática ou encenação teatral e apresentá-la na **mostra** que tenha por título **Literatura em cena**, ou outro que quiserem. Convidem outras classes, professores, funcionários, amigos e familiares para o evento.

Projeto
LITERATURA EM CENA

1. Leitura, livros e literatura

Na **Introdução**, você leu alguns depoimentos de escritores e profissionais de várias áreas sobre esse assunto. Leia outros depoimentos no painel a seguir. Depois, considerando sua experiência, escreva um pequeno texto, dando seu depoimento sobre leitura, livros e/ou literatura. Quando terminar, releia-o e passe-o a limpo. Junte-o aos de seus colegas e afixe-o no mural da classe ou da escola sob o título sugerido ou outro que quiserem. No dia combinado para a mostra, coloquem uma mesinha ou carteira ao lado do mural, deixem lápis e papel à disposição dos convidados e convidem-nos a escrever sobre a experiência deles com livros, leitura e literatura ou façam sugestões de livros, tecendo um pequeno comentário sobre eles. Peçam-lhes que afixem também no mural seus depoimentos.

Depois, se sua escola dispuser de um *site* na Internet, coloquem alguns desses depoimentos na página de abertura ou em outro local, fazendo a devida chamada.

Literatura como experiência e vida

A literatura é o catálogo das vidas possíveis e impossíveis. Quanto maior for nossa liberdade mais necessário se torna ter um catálogo de experiências possíveis para poder exercê-la. Porque ninguém é capaz de inventar uma vida a partir de nada. A vida é inventada a partir de uma combinatória de sonhos que já foram sonhados. A literatura é um meio de aprender a sonhar a própria liberdade. Foi onde aprendi que podia e talvez precisasse viajar, 'perder países', como dizia Fernando Pessoa. Na literatura, descobri que havia alhures e que só esses alhures podiam dar algum sentido ao lugar onde, por acaso, eu tinha nascido.

(Contardo Calligaris, psicanalista e escritor)

Literatura como provocação

Escrever para mim é indagar. Escrevo para obter respostas que – eu sei – não existem. E sobre possibilidades de ser mais feliz – essa, eu sei também, depende um pouco de cada um de nós, de nossa honradez interior, nossa fé no ser humano, nosso compromisso com a dignidade. Escrevo para provocar e para questionar também: quem somos e como vivemos, como convivemos, sobretudo? Falo do estranho que somos: nobres e vulgares, sonhadores e consumidores, soprados de esperança e corroídos de terror, generosos e tantas vezes mesquinhos...

(Lya Luft, escritora)

Nada substitui o valor da leitura

A leitura equipa o indivíduo com conhecimento e conteúdo, permitindo que ele tenha articulação para se colocar na sociedade e produzir opiniões próprias. A ficção nos transporta para mundos distintos do nosso, ampliando nossas possibilidades de ver realidades diferentes, com toda sua riqueza, complexidade e diversidade. Além disso, é entretenimento, diverte.

(Patrícia Melo, escritora)

Tasso Marcelo/Estadão Conteúdo/AE

A leitura como ato essencial da vida

Como arfar sem a presença de um livro que nos ensina a viver melhor que a própria vida? A vida precisa do livro para não ser inconsequente. Para não ficarmos sujeitos à pasteurização social. Ler é um maravilhoso ato de rebeldia, de resistência, de encantamento. De um fruir comovedor.

(Nélida Piñon, escritora)

Literatura: vivência

A literatura é porta para variados mundos que nascem das várias leituras que dela se fazem. Os mundos que ela cria não se desfazem na última página do livro, na última frase da canção, na última fala da representação nem na última tela do hipertexto. Permanecem no leitor, incorporados como vivência, marcos da história de leitura de cada um.

Tudo o que lemos nos marca.

(Marisa Lajolo. Literatura: leitores & leitura. São Paulo: Moderna, 2001. p. 44-5.)

Alívio na solidão

Não existe apenas um modo de ler bem, mas existe uma razão precípua para ler. Nos dias de hoje, a informação é facilmente encontrada, mas onde está a sabedoria? Se tivermos sorte, encontraremos um professor que nos oriente, mas, em última análise, vemo-nos sós, seguindo nosso caminho sem mediadores. Ler bem é um dos grandes prazeres da solidão; ao menos segundo a minha experiência, é o mais benéfico dos prazeres. Ler nos conduz à alteridade, seja à nossa própria ou à de nossos amigos, presentes ou futuros. Literatura de ficção é alteridade e, portanto, alivia a solidão.

(Harold Bloom. Como e por que ler. Rio de Janeiro: Objetiva, 2001. p. 15.)

2. Ler é prazer

Selecionem alguns textos literários que considerem bonitos: poemas, trechos em prosa de romances que leram, crônicas, falas de personagens, pensamentos, trechos engraçados ou tocantes, etc. Copiem-nos em folhas separadas ou digitem-nos. Se quiserem, ilustrem-nos com desenhos ou colagens, ou façam molduras, usando cores ou pequenos desenhos de computador.

Em outro mural da classe ou da escola, ou numa parede, afixem esses textos sob o título sugerido, ou outro que quiserem. No dia combinado para a mostra, convidem as pessoas para a leitura e apreciação desses textos.

3. Em cena

Reúna seu grupo e, juntos, preparem a leitura dramática ou a encenação do texto teatral lido nas páginas 65, 66 e 67, seguindo as instruções dadas a seguir. Se quiserem, escolham uma cena de outra peça teatral.

LEITURA DRAMÁTICA

1. Formem um grupo com um número de integrantes igual ao número de personagens do texto. Cada componente do grupo deve ler o texto individualmente pelo menos uma vez.
2. Façam, em grupo, uma segunda leitura do texto, em voz alta, cada aluno lendo as falas de uma personagem. Leiam procurando uma compreensão mais ampla do texto e um domínio maior da história.
3. A partir da terceira leitura, comecem a buscar a representação, isto é, comecem a transformar a leitura em ação. Lembrem-se: o ator é um fingidor, alguém que cria ilusões.
   a) Para uma boa interpretação, analisem e debatam o comportamento psicológico de cada personagem: quais são seus desejos; que fatos ou que personagem se contrapõem a elas; como ela reage, etc.
   b) Em seguida, cada um deve buscar a melhor forma de interpretar sua personagem.
   c) Considerem a pontuação do texto e as rubricas de interpretação.
   d) Não deixem cair a entonação no final das frases. Observem como falam os locutores de rádio e televisão e procurem imitá-los.
   e) Se julgarem necessário, marquem o texto com pausas para respiração e destaquem os verbos das frases para dar um apoio maior à inflexão da voz.
   f) Para ajudar no volume da voz, imaginem – como fazem no meio teatral – que na última fileira do teatro há uma velhinha meio surda e que vocês devem representar para ela.
4. Depois que cada um dos elementos do grupo tiver encontrado a expressão própria de sua personagem, façam a leitura do texto dramático para a classe.

ENCENAÇÃO

Para encenar um texto, é necessário fazer antes sua leitura dramática. Em seguida:

Thinkstock/Getty Images

1. Cada um deve decorar as falas de sua personagem, imaginando-se nas situações vividas por ela, o cenário e as outras personagens que contracenam com ela.
2. Além das rubricas de interpretação, vocês devem, agora, observar também as de movimento.
3. Criem o cenário, a sonoplastia (o som que acompanha o texto), os figurinos. Contem para isso com a criatividade individual e do grupo e envolvam outros colegas na montagem.
4. Ensaiem quantas vezes forem necessárias.
5. Caso algum elemento do grupo se esqueça de uma parte do texto durante os ensaios ou na apresentação, improvisem uma saída, ou recorram ao ponto. *Ponto* é uma pessoa que, no teatro, vai lendo o que os atores devem dizer para ajudar na memorização das falas.
6. Tudo pronto, apresentem o espetáculo.
7. Durante os ensaios e a apresentação, coloquem-se naturalmente no lugar das personagens e vivam-nas, ou seja, comecem a fazer teatro.
8. Caso gostem muito dessa atividade, formem um grupo de teatro com outros colegas e, seguindo as mesmas orientações, encenem outros textos e, se possível, uma peça de teatro completa.

Réplica da caravela portuguesa Boa Esperança.

UNIDADE 2

ORIGENS DA LITERATURA NO BRASIL

Quando os portugueses tomaram posse das terras brasileiras, em 1500, Portugal vivia o apogeu do período de viagens e conquistas marítimas. Juntamente com os portugueses, veio a língua portuguesa, na qual foram escritos os primeiros textos em nosso país. Esses textos – inicialmente, cartas de navegantes e, mais tarde, o teatro de catequese de José de Anchieta – eram fortemente marcados pelos modelos culturais e literários vigentes em Portugal no século XV. Portanto, as origens da literatura brasileira situam-se na Baixa Idade Média portuguesa.

The Bridgeman Art Library/Glow Images/A batalha de Azincourt (1415).

·INTERVALO·

Projeto:
Da espada à vela:
o mundo em mudança

Montagem de uma mostra sobre a produção cultural e científica da Idade Média e do Renascimento.

Nevoeiro

Nem rei nem lei,
nem paz nem guerra,
Define com perfil e ser
Este fulgor baço da terra
Que é Portugal a entristecer —
Brilho sem luz e sem arder.
Como o que o fogo-fátuo encerra.

Ninguém sabe que coisa quer.
Ninguém conhece que alma tem,
Nem o que é mal nem o que é bem.
(Que ânsia distante perto chora?)
Tudo é incerto e derradeiro.
Tudo é disperso, nada é inteiro.
Ó Portugal, hoje és nevoeiro...

É a Hora!

(Fernando Pessoa. *Obra poética*. Rio de Janeiro: Aguilar, 1965. p. 89.)

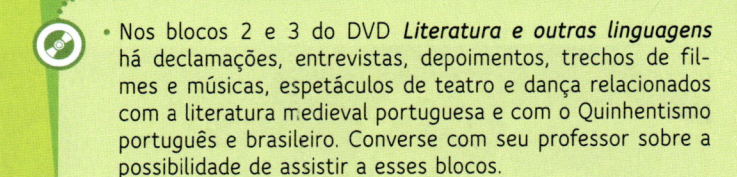

Fique ligado! Pesquise!

Para você ampliar seus conhecimentos sobre a Idade Média e o Renascimento, eis algumas sugestões:

- Nos blocos 2 e 3 do DVD *Literatura e outras linguagens* há declamações, entrevistas, depoimentos, trechos de filmes e músicas, espetáculos de teatro e dança relacionados com a literatura medieval portuguesa e com o Quinhentismo português e brasileiro. Converse com seu professor sobre a possibilidade de assistir a esses blocos.

- *Elizabeth – A era de ouro*, de Shekar Khapur; *O feitiço de Áquila*, de Richard Donner; *Excalibur*, de John Boorman; *Indiana Jones e a última cruzada*, de Steven Spielberg; *Robin Hood – O príncipe dos ladrões*, de Kevin Reynolds; *Giordano Bruno*, de Giuliano Montaldo; *1492 – A conquista do paraíso*, de Ridley Scott; *Cristóvão Colombo*, de Alberto Lattuada; *Aguirre e a cólera dos deuses*, de Werner Herzog; *A rainha Margot*, de Patrice Chéreau; *Desmundo*, de Alain Fresnot.

- *A demanda do Santo Graal* (Atelier Editorial); *Tristão e Isolda* (Nova Fronteira); *Nos tempos dos cavaleiros da Távola Redonda* (Companhia das Letras); *Decamerão*, de Giovanni Boccaccio (Abril Cultural); *O nome da rosa*, de Umberto Eco (Nova Fronteira); *O cavaleiro inexistente*, de Italo Calvino (Companhia das Letras); *Histórias medievais*, de Hermann Hesse (Record); *O feudalismo*, de Paulo Miceli (Atual); *Dom Quixote de la Mancha*, de Miguel de Cervantes (Abril Cultural); *Invenção do mar*, de Geraldo Mello Mourão (Record); *Renascimento e humanismo*, de Teresa van Acker (Atual); *A formação do império português*, de Janaína Amado e Luiz Carlos Figueiredo (Atual); *Sonetos para amar*, de Luís de Camões (L&PM); *A América que os europeus encontraram*, de Enrique Perigalli (Atual); *Brasil – Terra à vista*, de Eduardo Bueno (L&PM).

- Ouça os discos *Musikantiga I* e *Musikantiga II*, que contêm músicas medievais e renascentistas, respectivamente; *Cantigas de amigo*, de La Bataglia; e os discos de Elomar Figueira de Melo, que apresenta canções inspiradas em cantigas medievais. Ouça também o disco *Occitanista*, de Massilia Sound System (Adam), inspirado nas canções provençais, que influenciaram tanto as cantigas medievais portuguesas quanto o repente nordestino do Brasil. Dele, participa o cantor e compositor brasileiro Lenine. E ainda "Tropicália", de Caetano Veloso (*Tropicália* ou *Panis et circensis*), prestando atenção na parte inicial falada; "A ordem dos templários" e "Amor platônico", do grupo Legião Urbana.

- *Renascimento flamengo* (Netweli/Sonopress); *Leonardo, o inventor* (Divertire).

- http://cantigas.fcsh.unl.pt/
- http://cvc.instituto-camoes.pt/literatura/cantigasamigo.htm
- www.carcassonne.org/
- www.jornaldepoesia.jor.br/camoes.html
- http://www.dominiopublico.gov.br/pesquisa/PesquisaObraForm.do?select_action=&co_autor=84
- http://www.itaucultural.org.br/aplicexternas/enciclopedia_ic/index.cfm?fuseaction=termos_texto&cd_verbete=3637

Você vai fazer, a seguir, a leitura de uma das mais importantes pinturas do Renascimento. Observe atentamente a pintura abaixo.

Galleria degli Uffizi, Florença, Itália

: *O nascimento de Vênus* (1485), de Sandro Botticelli.

1. Conta a mitologia que, ao nascer das espumas do mar, Vênus foi conduzida até a margem da ilha Citera, na costa sul da Grécia. No quadro de Botticelli:

a) Quem é responsável pela condução de Vênus até a margem da ilha?

b) Por que o pintor teria escolhido uma concha para servir de barco à deusa?

c) A ninfa Hora espera Vênus, em terra, com um amplo manto. Levante hipóteses: O que provavelmente Hora fará com o manto? Por quê?

2. Observe que o vestido de Hora e o manto que ela tem nas mãos são estampados com desenhos de flores. Sabendo-se que cada uma das Horas representa uma estação do ano, provavelmente qual é a estação que a Hora do quadro representa?

A presença da mitologia no quadro

Vênus (a mulher no centro): Afrodite para os gregos e Vênus para os romanos, ela é a deusa do amor, da beleza e da fecundidade. Eis sua origem: Urano (o céu) e Gaia (a terra) uniram-se para dar origem aos primeiros seres humanos, os Titãs. Porém, a pedido de Gaia, um dos filhos do casal castra o pai. Dos órgãos cortados e jogados ao mar, nasce uma espuma, da qual surge Vênus, a mais bela das deusas.

Zéfiro e **Flora** (à esquerda, no ar): Zéfiro é deus do vento, e Flora, mulher de Zéfiro, tem o poder sobre a natureza. Alguns estudiosos acham que se trata não de Flora, mas de Aura, a deusa da brisa.

Hora (à direita, na margem): é uma das quatro Horas, filhas de Zeus. Representam as quatro estações do ano.

3. À esquerda, no quadro, cai uma chuva de rosas cor-de-rosa. Segundo a mitologia, a rosa teria nascido juntamente com essa deusa. Além disso, por sua beleza e fragrância, essa flor é símbolo do amor.

a) Na mitologia, a rosa é considerada a flor sagrada de Vênus. Comparando os significados que têm a rosa e Vênus, é coerente esse atributo dado à flor? Por quê?

b) O amor é um sentimento nobre, encantador; porém, tem momentos difíceis, de dor e sofrimento. Que parte da rosa corresponderia à dor e ao sofrimento?

4. Faça, com uma régua, esta experiência: meça o quadro na vertical e na horizontal e divida essas medidas ao meio, tentando encontrar o ponto médio, o centro do quadro.

a) Onde cai o centro do quadro?

b) Considerando que Vênus é a deusa do amor, da beleza e da fecundidade, você acha que foi intencional o fato de Botticelli ter colocado essa parte do corpo da deusa no centro do quadro? Por quê?

5. O quadro apresenta dois elementos que foram exaustivamente explorados pela arte renascentista: a figura humana (no caso, os deuses) e a natureza. Observe o mar ao fundo, as encostas da ilha e as árvores, à direita. Compare esses elementos ao corpo de Vênus e conclua: Qual era o interesse principal de Botticelli: retratar com perfeição a figura humana ou a natureza? Por quê?

6. A obra de Botticelli é apenas uma das muitas representações de Vênus feitas em pintura ou escultura. Para criar sua Vênus, o pintor italiano se baseou na *Vênus Capitolina*, escultura grega bem mais antiga. Observe-a, ao lado, e compare as duas figuras.

a) Que semelhança há entre elas quanto à postura?

b) Que característica típica do Renascimento se verifica na relação entre as duas obras?

7. A tela *O nascimento de Vênus* (1485) é considerada por alguns críticos como a obra que verdadeiramente deu início ao Renascimento.

a) Observe que Vênus está banhada de luz. Além disso, ela representa a beleza, a harmonia e a sensualidade, valores muito apreciados no Renascimento emergente. Relacionando o nascimento de Vênus ao contexto cultural em que a obra foi produzida, que outro significado a deusa pode assumir?

b) Observe algumas das características da arte renascentista:

- Elementos da mitologia greco-latina
- Claridade
- Sensualidade
- Equilíbrio e harmonia entre as partes
- Nacionalismo
- Idealização amorosa

Quais dessas características podem ser identificadas na pintura examinada?

De Agostini/Getty Images

Vênus Capitolina.

As origens da literatura portuguesa

A literatura brasileira, em suas primeiras manifestações, prende-se aos modelos literários trazidos pelos colonizadores portugueses. Esses modelos formaram-se em Portugal entre os séculos XII e XVI, ou seja, durante a Baixa Idade Média e o Renascimento.

As primeiras manifestações da literatura brasileira ocorreram durante o período colonial, de 1500 a 1822. Evidentemente, essa produção foi fortemente marcada pelas influências da cultura e da literatura portuguesa, uma vez que nossos escritores ou eram portugueses de nascimento ou brasileiros com formação universitária em Portugal.

Por essa razão, antes de estudar as obras e autores nacionais, convém conhecer, de forma panorâmica, os momentos mais significativos da literatura portuguesa até o século XVI que servirão de referência aos escritores brasileiros. Esses momentos são três, conforme se pode observar no quadro da página seguinte.

A ERA MEDIEVAL

Os primeiros registros escritos da literatura portuguesa datam do século XII, momento que coincide com a expulsão dos árabes da península Ibérica e com a formação do Estado português.

Esses textos foram escritos em **galego-português**, em virtude da integração cultural e linguística que na época existia entre Portugal e Galícia, região que hoje pertence à Espanha. Esses primeiros escritos constituem a produção da primeira época medieval, também conhecida como **Trovadorismo**.

	ERA MEDIEVAL		ERA CLÁSSICA
	PRIMEIRA ÉPOCA: TROVADORISMO (SÉCULOS XII A XIV)	**SEGUNDA ÉPOCA (SÉCULO XV E INÍCIO DO SÉCULO XVI)**	**SÉCULO XVI**
Poesia	Lírica — Cantigas de amigo / Cantigas de amor Satírica — Cantigas de escárnio / Cantigas de maldizer	Poesia palaciana *Cancioneiro geral*, de Garcia de Resende	Lírica: Luís de Camões Épica: *Os lusíadas*, de Luís de Camões
Prosa	Novelas de cavalaria Hagiografias Cronições Nobiliários	Crônicas de Fernão Lopes	Novela sentimental: Bernardim Ribeiro, com *Menina e moça* Novelas de cavalaria: João de Barros Crônica histórica: João de Barros Crônica de viagem: Fernão Mendes Pinto, com *Peregrinação*
Teatro	Mistérios Milagres Moralidades	Autos *Sotties* O teatro leigo de Gil Vicente	Antônio Ferreira: *A Castro* (a primeira peça de influência clássica no teatro português)

O Trovadorismo

Embora Portugal tivesse conhecido, na primeira época medieval, manifestações literárias na prosa e no teatro, foi a poesia que alcançou grande popularidade, tanto entre os nobres das cortes quanto entre as pessoas comuns do povo.

Uma das razões dessa predominância foi o fato de a escrita ser pouco difundida na época, o que favorecia a difusão da poesia, que era memorizada e transmitida oralmente. Os poemas eram sempre cantados e acompanhados de instrumentos musicais e de dança e, por esse motivo, foram denominados *cantigas*. Os autores dessas cantigas eram *trovadores* (pessoas que faziam *trovas, rimas*), originando o nome *Trovadorismo*. Esses poetas geralmente pertenciam à nobreza ou ao clero e, além da letra, criavam também a música das composições que executavam para o seleto público das cortes. Entre as camadas populares, quem cantava e executava as canções, mas não as criava, eram os *jograis*.

As cantigas chegaram até nós por meio dos *cancioneiros*, coletâneas (reuniões) de poemas de vários tipos, produzidos por muitos autores. Os cancioneiros mais importantes são o *Cancioneiro da Ajuda*, compilado provavelmente no século XIII; o *Cancioneiro da Vaticana*, provavelmente compilado no século XV; e o *Cancioneiro da Biblioteca Nacional* ou *Cancioneiro Colocci-Brancutti*, compilado possivelmente no século XIV.

Album/Oronoz/Album Art/Latinstock

: *Iluminura do século XIII.*

81

Tradicionalmente se tem apontado a *Cantiga da Ribeirinha* ou *Cantiga da Guarvaia*, de Paio Soares de Taveirós, de 1189 ou 1198, como a cantiga mais antiga de que se tem registro.

As cantigas foram cultivadas tanto no gênero lírico quanto no satírico. Dependendo de algumas características que apresentam – como o eu lírico, o assunto, a estrutura, a linguagem, etc. –, elas podem ser organizadas em quatro tipos. No gênero lírico: cantigas de amigo e cantigas de amor; no gênero satírico: cantigas de escárnio e cantigas de maldizer.

Cantigas de amigo e cantigas de amor

Ambos os tipos foram cultivados nas cortes portuguesas por trovadores que eram, em geral, nobres do sexo masculino. Contudo, apresentam certas diferenças de forma e de conteúdo.

As *cantigas de amigo* têm raízes nas tradições da própria península Ibérica, em suas festas rurais e populares, em sua música e dança, nas quais abundam vestígios da cultura árabe. Apresentam normalmente ambientação rural, linguagem e estrutura simples; seu tema mais frequente é o lamento amoroso da moça cujo namorado partiu para a guerra contra os árabes.

As *cantigas de amor* têm raízes na poesia provençal (de Provença, região do sul da França), nos ambientes finos e aristocráticos das cortes francesas e, portanto, prendem-se a certas convenções de linguagem e de sentimentos. Leia a seguir, como exemplo, uma cantiga de amor de D. Dinis, rei de Portugal que viveu entre 1261 e 1325. O texto é apresentado em duas versões: a versão original, em galego-português (língua que se falou em Portugal até o século XV e que deu origem ao português e ao galego modernos), e uma versão moderna, no português de hoje. Sugerimos que leia as duas versões.

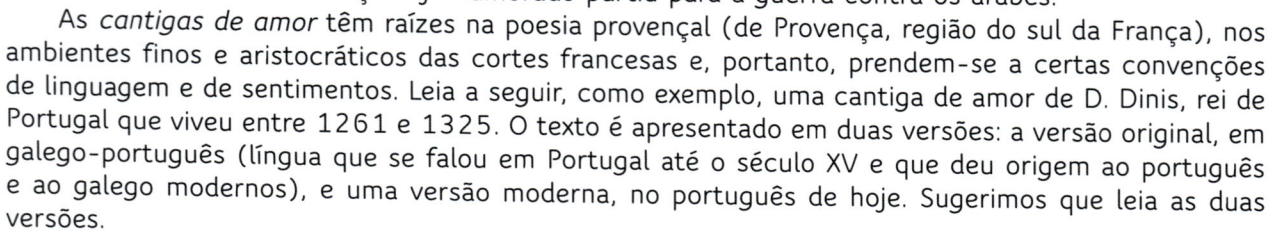

Quant'á, senhor, que m'eu de vós parti,
atam muyt'á que nunca vi prazer,
nen pesar, e quero-vos eu dizer
como prazer, nen pesar non er (vi):
    perdi o sen e non poss' estremar
    o ben do mal, nen prazer do pesar.

E, des que m'eu, senhor, per bõa fé,
de vós parti, creed' agora ben
que non vi prazer, nen pesar de ren
e aquesto direy-vos por que (é):
    perdi o sen e non poss' estremar
    o ben do mal, nen prazer do pesar.

Ca, mha senhor, ben des aquela vez
que m'eu de vós parti, no coraçon
nunca ar ouv'eu pesar des enton,
nen prazer, e direy-vos que mh-o fez:
    perdi o sen e non poss' estremar
    o ben do mal, nen prazer do pesar

Já nem prazer já nem pesar me acodem,
que nunca mais, senhora, algum senti
depois que dos meus olhos vos perdi.
E sem prazer ou sem pesar não podem,
*   senhora, meus sentidos estremar*
*   o bem do mal, o prazer do pesar.*

Por nada mais prazer posso sentir,
ou pesar, se de vós me separei.
E se não mais no mundo os sentirei,
não vejo como possam conseguir,
*   senhora, meus sentidos estremar*
*   o bem do mal, o prazer do pesar.*

Se de vós me afastei e desde então
perdi quer o pesar quer o prazer
que me destes outrora a conhecer;
se ambos perdi, como é que poderão,
*   senhora, meus sentidos estremar*
*   o bem do mal, o prazer do pesar.*

(D. Dinis. In: *Cantares dos trovadores galego-portugueses.* Organização e adaptação da linguagem por Natália Correia. 3. ed. Lisboa: Estampa, 1998. p. 224-5.)

Nessa cantiga, o eu lírico lamenta o distanciamento físico da mulher amada (cujo motivo ele não menciona). Assumindo uma postura de submissão e fidelidade amorosa, o eu lírico lamenta ter perdido até mesmo o "bem do mal, o prazer do pesar"; ou seja, se antes, na companhia da mulher amada, ele sofria por não ser correspondido no amor, mas pelo menos usufruía do prazer de sua presença, agora nem mesmo a esse "prazer" ele tem direito.

Como é comum às cantigas de amor, o poema apresenta uma nítida intenção argumentativa: o eu lírico pretende convencer a mulher amada da necessidade que ele tem de vê-la e tê-la ao seu lado. Diferentemente do que fazem as cantigas de amigo, que costumam se voltar mais à musicalidade do que ao conteúdo, a cantiga de D. Dinis ilustra a tendência oposta das cantigas de amor, que é a de trabalhar com mais profundidade as emoções e as ideias.

O distanciamento amoroso e a elevação da mulher a um plano quase inacessível são marcas do *amor cortês*, comum tanto nas cantigas de amor portuguesas quanto nas cantigas provençais, das quais as primeiras se originaram.

Cantigas galego-portuguesas em diálogo com a música e a dança brasileiras

Grupo Corpo em "Sem Mim"/foto: José Luiz Pederneiras

Em 2011, os músicos José Miguel Wisnik e Carlos Núñez levaram aos palcos brasileiros um trabalho inusitado: adaptaram sete cantigas de Martim Codax (de todo o cancioneiro português, as únicas cujas partituras chegaram até nós), inclusive a cantiga "Mandad' ei comigo", para servir como trilha musical do espetáculo de dança *Sem mim*, realizado pelo grupo Corpo.

Com a participação de importantes vozes da MPB, como a de Chico Buarque, Milton Nascimento e Elomar, entre outros, o trabalho ainda reunia algumas canções brasileiras nas quais se veem influências da tradição medieval galego-portuguesa.

Trechos do espetáculo podem ser vistos e ouvidos no YouTube. Vale a pena conferir!

LEITURA

Leia, a seguir, uma cantiga de amigo de Nuno Fernandes Torneol, trovador do século XIII.

Levad', amigo, que dormides as manhãas frias;
toda-las aves do mundo d'amor dizian:
    leda m'and'eu.
	Ergue-te, amigo que dormes nas manhãs frias!
	Todas as aves do mundo, de amor, diziam:
	    alegre eu ando.

Levad', amigo, que dormide'-las frias manhãas;
toda-las aves do mundo d'amor cantavan:
    leda m'and'eu.
	Ergue-te, amigo que dormes nas manhãs claras!
	Todas as aves do mundo, de amor, cantavam:
	    alegre eu ando.

Toda-las aves do mundo d'amor dizian;
do meu amor e do voss'en ment'avian:
    leda m'and'eu.
	Todas as aves do mundo, de amor, diziam;
	do meu amor e do teu se lembrariam:
	    alegre eu ando.

Toda-las aves do mundo d'amor cantavan;
do meu amor e dos voss'i enmentava:
leda m'and'eu.

Do meu amor e do voss'en ment'avian;
vós lhi tolhestes os ramos en que siian:
leda m'and'eu.

Do meu amor e do voss'i enmentava;
vós lhi tolhestes os ramos en que pousavam:
leda m'and'eu.

Vós lhi tolhestes os ramos en que siian
e lhis secastes as fontes en que bevian:
leda m'and'eu.

Vós lhi tolhestes os ramos en que pousavan
e lhis secastes as fontes u se banhavam:
Leda m'and'eu.

Todas as aves do mundo, de amor, cantavam;
do meu amor e do teu se recordavam:
alegre eu ando.

Do meu amor e do teu se lembrariam;
tu lhes tolheste os ramos em que eu as via:
alegre eu ando.

Do meu amor e do teu se recordavam;
tu lhes tolheste os ramos em que pousavam:
alegre eu ando.

Tu lhes tolheste os ramos em que eu as via;
e lhes secaste as fontes em que bebiam:
alegre eu ando.

Tu lhes tolheste os ramos em que pousavam;
e lhes secaste as fontes que as refrescavam:
alegre eu ando.

amigo: namorado.

(In: *Cantares dos trovadores galego-portugueses*, cit., p. 202-3.)

1. Nas cantigas de amigo, o eu lírico – ou seja, quem fala no texto – é feminino.

   a) Com quem o eu lírico fala?

   b) Entre o eu lírico e a pessoa com quem ele fala, há correspondência amorosa ou a mulher se coloca como um ser superior e inacessível?

2. Nas cantigas de amigo, é comum o eu lírico se integrar a elementos da natureza – árvores, lagos, fontes, mar – ou a uma paisagem rural. Que elemento do poema representa a natureza?

3. As cantigas de amigo, na maioria, têm uma estrutura *paralelística*, isto é, uma construção formal baseada na repetição parcial ou total de versos. Observe que a 1ª e a 2ª estrofes são quase idênticas, com a diferença da troca de *frias* (1º verso da 1ª estrofe) por *claras* (1º verso da 2ª estrofe). Essas repetições, chamadas *paralelismos de par de estrofes*, também ocorrem entre os pares seguintes. Além desse tipo de paralelismo, ocorre outro, o *leixa-pren* (deixa-toma). Observe o 2º verso da 1ª e da 2ª estrofes.

   a) Em que verso da 3ª estrofe o 2º verso da 1ª estrofe se repete?

   b) Em que verso da 4ª estrofe o 2º verso da 2ª estrofe se repete?

4. A repetição constante de versos confere maior ritmo e musicalidade ao texto. Por outro lado, é responsável também por uma das seguintes características. Indique-a:

   a) Maior profundidade de ideias e sentimentos.

   b) Maior superficialidade de ideias e sentimentos.

Concluindo

Como síntese de estudo, observe a diferença entre as cantigas de amigo e as de amor:

CANTIGAS DE AMIGO	CANTIGAS DE AMOR
Eu lírico feminino	Eu lírico masculino
Presença de paralelismos	Ausência do paralelismo de par de estrofes e do *leixa-pren*
Predomínio da musicalidade	Predomínio das ideias
Assunto principal: o lamento da moça cujo namorado partiu	Assunto principal: o sofrimento amoroso do eu lírico perante uma mulher idealizada e distante
Amor natural e espontâneo	Amor cortês; convencionalismo amoroso
Ambientação popular rural ou urbana	Ambientação aristocrática das cortes
Influência da tradição oral ibérica	Forte influência provençal

Cantigas de escárnio e cantigas de maldizer

As *cantigas de escárnio* e as *cantigas de maldizer* constituem a primeira experiência da literatura portuguesa na sátira. Além disso, possuem um importante valor histórico como registro da sociedade medieval portuguesa em seus aspectos culturais, morais, linguísticos, etc.

Menos presas a modelos e convenções do que as cantigas de amigo e de amor, as cantigas satíricas buscaram um caminho poético próprio, explorando diferentes recursos expressivos. Voltavam-se para a crítica de costumes, tendo como alvo diferentes representantes da sociedade medieval portuguesa: clérigos devassos, cavaleiros e nobres covardes na guerra, prostitutas, os próprios trovadores e jograis, as soldadeiras, etc.

Veja um exemplo de cantiga de maldizer, do poeta Fernão Velho:

Maria Peres se mãefestou
noutro dia, ca por pecador
se sentiu, e log'a Nostro Senhor
pormeteu, pelo mal em que andou,
que tevess'um clérig'a seu poder,
polos pecados que lhi faz fazer
o demo, com que x'ela sempr'andou.

Mãefestou-se, ca diz que s'achou
pecador muit'e, porém, rogador
foi log'a Deus, ca teve por melhor
de guardar a El ca o que a guardou.
E mentre viva diz que quer teer
um clérigo, com que se defender
possa do demo, que sempre guardou.

E pois que bem seus pecados catou,
de sa mort' ouv'ela gram pavor
e d'esmolnar ouv'ela gram sabor.
E logo entom um clérigo filhou
e deu-lhe a cama em que sol jazer.
E diz que o terrá mentre viver,
e esta fará; todo por Deus filhou.

E pois que s'este preito começou,
antr'eles ambos ouve grand'amor.
Antr'el á sempr'o demo maior
atá que se Balteira confessou.
Mais pois que viu o clérigo caer,
antr'eles ambos ouv'i a perder
o demo, dês que s'ela confessou.

(In: Fernando V. Peixoto da Fonseca (org.). *Cantigas de escárnio e maldizer dos trovadores galego-portugueses.* Lisboa: Livr. Clássica, 1961. p. 76.)

Iluminura do século XII.

ca: pois.	**pois:** depois.	**atá:** até.
pecador: pecadora.	**d'esmolnar:** de esmolar.	**caer:** cair.
Nostro Senhor: Nosso Senhor.	**filhou:** agarrou.	**ouv'i:** teve nisso.
polos: pelos.	**cama em que sol jazer:** cama em que dormia só.	**dês que:** desde que.
ca: porque.	**terrá:** terá.	
mentre: enquanto.	**preito:** pacto.	

Observe que o nome da pessoa satirizada é identificado: Maria Balteira. Ela tinha sido uma soldadeira — mulher que dançava e cantava durante as apresentações e, por isso, tinha má reputação — que agora se diz "regenerada".

O trovador ironiza a pretensa regeneração da soldadeira, ao fazer um jogo de palavras, insinuando que ela, para combater o mal e as tentações, "teve um clérigo em seu poder". Essa expressão tem duplo sentido: tanto pode significar que ela se aproximou da religião quanto arranjou um padre como amante. O último sentido, evidentemente, é o reforçado pelo autor quando, na 3ª estrofe, afirma que ela deu a cama ao religioso.

Embora as diferenças não sejam rígidas, nas cantigas de escárnio geralmente o nome da pessoa satirizada não é revelado. A linguagem normalmente é carregada de ironia, de sutilezas, trocadilhos e ambiguidades. Já a cantiga de maldizer costuma identificar o nome da pessoa satirizada e fazer-lhe uma crítica direta, em forma de zombaria. A linguagem é mais grosseira, por vezes obscena.

Conheça outras cantigas de escárnio e de maldizer no *site*: http://pl.atualeditora.com.br/portugues/site/paraquemquermais.

A segunda época medieval

A segunda época medieval (século XV e início do século XVI) foi marcada pela transição do mundo medieval para o mundo moderno, que se inicia com o Renascimento (século XVI).

A literatura desse período registra a consolidação da prosa historiográfica e do teatro. A poesia, por sua vez, afasta-se do acompanhamento musical e enriquece-se do ponto de vista formal.

Assim, temos:

- **poesia palaciana**: apresenta maior elaboração do que as cantigas. Verifica-se o uso de redondilhas (a menor com cinco sílabas poéticas e a maior, com sete), de ambiguidades, aliterações e figuras de linguagem. No plano amoroso, tanto pode apresentar certa sensualidade e intimidade em relação à mulher amada, como também uma visão idealizada e platônica da mulher. Observe no poema a seguir, de João Roiz de Castelo-Branco, como os amantes se mostram mais íntimos do que nas cantigas de amor e como os sentimentos do eu lírico são mais aprofundados.

Cantiga, partindo-se

Senhora, partem tam tristes
meus olhos por vós, meu bem,
que nunca tam tristes vistes
outros nenhuns por ninguém.

Tam tristes, tam saüdosos,
tam doentes da partida,
tam cansados, tam chorosos,
da morte mais desejosos
cem mil vezes que da vida.

Partem tam tristes os tristes,
tam fora d'esperar bem,
que nunca tam tristes vistes
outros nenhuns por ninguém.

(In: Rodrigues Lapa. *As melhores poesias do Cancioneiro de Resende*. Lisboa, 1939. p. 17.)

Latinstock/Album/Akg-Images

- **a prosa historiográfica**: são crônicas históricas, voltadas para os acontecimentos históricos de Portugal. O principal cronista da época foi Fernão Lopes, que soube conciliar as técnicas narrativas com certa imparcialidade no tratamento dos fatos históricos. Enfocando não apenas a vida dos nobres, mas o conjunto da sociedade, foi o primeiro historiador português a atribuir ao povo importância no processo de mudanças políticas do país.

- **o teatro**: durante a primeira época medieval, o teatro esteve ligado à Igreja e quase sempre era realizado em datas religiosas, ilustrando passagens da Bíblia ou representando a história de santos. Com Gil Vicente, teve início em Portugal o teatro leigo, isto é, não religioso, praticado fora da Igreja.

Gil Vicente: um olhar para baixo

A cultura medieval foi fortemente marcada por preocupações religiosas e espirituais. É na Baixa Idade Média, contudo, que começam a surgir as primeiras manifestações artísticas leigas, como as cantigas. Gil Vicente, cuja obra foi difundida em Portugal nas três primeiras décadas do século XVI, representa o passo decisivo nesse processo de laicização da cultura portuguesa.

Gil Vicente vivo

Gil Vicente não apenas é o fundador do teatro português. Suas peças fundaram uma tradição que deu outros frutos em Portugal, em outros países europeus e no Brasil.

Em nosso país, o Pe. Anchieta escreveu autos voltados à catequese dos índios, no século XVI. No século XX, *Morte e vida severina*, de João Cabral de Melo Neto, e *Auto da Compadecida*, de Ariano Suassuna, por exemplo, apresentam vários pontos em comum com os autos vicentinos.

Voltando-se não para Deus, mas para os homens, para a sociedade portuguesa em sua enorme diversidade de classes e grupos sociais – o fidalgo, o rei, o papa, o clérigo, o burguês comerciante, o médico incompetente, a mulher adúltera, a moça casamenteira, o nobre decadente, o velho devasso, o juiz desonesto, etc. –, Gil Vicente tinha para si uma missão moralizante e reformadora. Não visava atingir as instituições, mas as pessoas inescrupulosas que as compunham.

Embora tenha escrito peças de fundo religioso, elas não almejavam difundir a religião nem converter os pecadores. Seu objetivo era demonstrar como o ser humano – independentemente de classe social, raça, sexo ou religião – é egoísta, falso, mentiroso, orgulhoso e frágil diante dos apelos da carne e do dinheiro.

Da vasta produção de Gil Vicente, destacam-se, entre outras, as obras *Auto das barcas (Auto da barca do inferno, Auto do purgatório* e *Auto da barca da glória), O velho da horta, Auto da Índia* e *Farsa de Inês Pereira*.

Em *Auto da barca do inferno*, uma de suas peças mais conhecidas, as cenas ocorrem à margem de um rio, onde estão ancorados dois barcos: um é dirigido por um anjo e leva as almas que, de acordo com seu julgamento, serão conduzidas ao céu; o outro é dirigido pelo diabo, que levará as almas condenadas ao inferno.

Entre o começo e o final da peça, desfila uma verdadeira galeria de tipos sociais – um nobre, um frade, um sapateiro, um judeu, uma alcoviteira, um enforcado, entre outros –, compondo um rico painel das fraquezas humanas. Para o barco do paraíso vão apenas o parvo (um bobo) e um cruzado; todos os demais são condenados ao inferno.

Conheça mais sobre o trabalho de Gil Vicente acessando o *site*: http://www.atualeditora.com.br/pl/paraquemquermais.

Marcos P. Nóbrega/CB/D. A. Press

: Atores da Oficina de Teatro do Sesi em cena da peça *Morte e vida severina*.

Leia, a seguir, um fragmento do *Auto da barca do inferno* e responda às questões propostas:

Diabo

[...] entrai! Eu tangerei[1]
e faremos um serão[2].
Essa dama é ela vossa?

Frade

Por minha la tenho eu
e sempre a tive de meu[3].

Diabo

Fezestes bem, que é fermosa.
E não vos punham lá grosa[4]
no vosso convento santo?

Frade

E eles fazem outro tanto!...

Diabo

Que cousa tão preciosa!
Entrai, padre reverendo!

Frade

Para onde levais gente?

Diabo

Pera aquele fogo ardente,
que nom temeste vivendo.

Frade

Juro a Deus que nom te entendo!
E este hábito nom me val[5]?

Diabo

Gentil padre mundanal[6],
a Berzabu vos encomendo!

Frade

Ah corpo de Deus consagrado!
Pela fé de Jesu Cristo
que eu nom posso entender isto!
Eu hei de ser condenado?!
Um padre tão namorado
e tanto dado a virtude!
Assi Deus me dê saúde
que eu estou maravilhado!

Diabo

Nom cureis de mais detença![7]
Embarcai e partiremos.
Tomareis um par de remos.

Frade

Nom ficou isso na avença[8].

Diabo

Pois dada está já a sentença!
[...]

(*Auto da barca do inferno*. São Paulo: Ateliê Editorial, 1996. n. 80-2. Notas de Ivan Teixeira.)

: São Miguel pesando almas, em representação do século XIII.

1. O diabo, ao receber o frade, estranha a pessoa que está em sua companhia.
Deduza: Qual é a causa desse estranhamento?

2. O diálogo que ocorre entre as duas personagens revela não apenas a condição moral do frade mas também a de outros membros da Igreja. Qual é essa condição?

---

[1] Tocarei.

[2] Festa.

[3] Tive-a como coisa minha.

[4] Lá, no convento, não grosavam (censuravam, proibiam) o fato de você ter uma namorada?

[5] Vale. O Frade alude ao fato de ele ser da ordem dominicana, muito temida na época. Ou, simplesmente, à sua condição de religioso.

[6] Mundano.

[7] Não pense em mais atraso.

[8] Acordo.

3. Para livrar-se do inferno, o frade apresenta alguns argumentos ao diabo.

   a) Identifique dois desses argumentos.

   b) Pelas respostas do diabo, deduza: O frade deverá ir para a barca do inferno ou para a barca do céu? Por quê?

4. O julgamento a que são submetidos os mortos que se dirigem ou à barca do inferno ou à do céu é na verdade um julgamento de toda a sociedade. No que se refere ao julgamento do frade, levante hipóteses: A intenção do autor é criticar a Igreja como instituição ou os homens? Justifique sua resposta.

5. Na época de Gil Vicente, o teatro era escrito em versos. Observe o fragmento lido. Que tipo de verso foi utilizado?

O CLASSICISMO

Classicismo ou *Quinhentismo* é o nome que se dá à literatura produzida durante a vigência do **Renascimento**. Este foi um amplo movimento artístico, cultural e científico que ocorreu no século XVI, inspirado sobretudo nas ideias e nos textos da cultura clássica greco-latina.

O interesse pela cultura clássica já vinha ocorrendo desde o final do século XIII, na Itália, onde escritores e intelectuais, chamados *humanistas*, liam e traduziam autores latinos e gregos. Desse grupo, destacaram-se Dante Alighieri, Petrarca e Boccaccio.

Dante Alighieri, autor da *Divina comédia*, criou a *medida nova* (verso decassílabo), abandonando as redondilhas medievais, que passaram então a ser chamadas de *medida velha*. Petrarca compôs seu *Cancioneiro* com 350 poemas, na maior parte *sonetos*. O soneto italiano é uma forma fixa, que consiste de 4 estrofes, dispostas da seguinte forma: a primeira e a segunda, com 4 versos; a terceira e a quarta, com 3 versos. Nesses sonetos, Petrarca cantava o amor platônico espiritualizado por Laura. Já Boccaccio escreveu *Decameron*, obra de narrativas curtas e picantes, que retratavam criticamente a realidade cotidiana.

Leonardo da Vinci

: *Mona Lisa* (1506), de Leonardo da Vinci.

No século XVI, o Classicismo, em consonância com um contexto histórico de profundas transformações sociais, econômicas, culturais e religiosas, substituiu a fé medieval pela razão, o cristianismo pela mitologia greco-latina e pôs, acima de tudo, o homem como centro de todas as coisas (*antropocentrismo*).

Diferentemente do homem medieval, que se voltava essencialmente para as coisas do espírito, o homem do século XVI se volta para a realidade concreta e acredita em sua capacidade de dominar e transformar o mundo.

O contexto histórico

O Renascimento é a expressão artística e cultural de uma época marcada por fatos decisivos, que acentuaram o declínio da Idade Média e deram origem à Era Moderna. Entre eles, destacam-se:

- as navegações e os descobrimentos, no final do século XV;
- a formação dos Estados modernos;
- a Reforma (1517);
- a Revolução Comercial, iniciada no século XV;
- o fortalecimento da burguesia comercial;
- a teoria heliocêntrica de Copérnico.

As influências da cultura greco-latina e dos humanistas italianos, bem como a imitação de seus modelos, não se limitaram ao século XVI. Estenderam-se até o final do século XVIII, formando uma verdadeira *Era Clássica*, introduzida pelo Classicismo e seguida pelo Barroco e pelo Arcadismo (ou Neoclassicismo). Observe a sequência dos períodos:

ANTIGUIDADE		IDADE MÉDIA		ERA CLÁSSICA		
Cultura grega (séc. XII a.C.-II a.C.)	Cultura latina (séc. VI a.C.-V d.C.)	Alta Idade Média (séc. V-XI/XIII)	Baixa Idade Média (séc. XII-XV)	Classicismo (séc. XVI)	Barroco (séc. XVII)	Arcadismo (séc. XVIII)

Luís de Camões: o grande salto

Entre os séculos XV e XVI, Portugal tornou-se um dos países mais importantes da Europa, em virtude de seu papel de destaque no processo de expansão marítima e comercial. O país amadurecia como Estado, povo, língua e cultura; contudo, faltava aos portugueses uma grande obra literária que fosse capaz de registrar e traduzir o sentimento de euforia e nacionalidade que vinham experimentando.

Luís de Camões (1525-1580), com o poema épico *Os lusíadas*, além da lírica, deu a resposta concreta a esse desejo, projetando a literatura portuguesa entre as mais significativas do cenário europeu nesse momento histórico.

Estudioso da cultura clássica, Camões soube somar à sua formação cultural as ricas experiências pessoais que viveu: a guerra no norte da África, onde perdeu um olho; a prisão motivada por um duelo; e o exílio de dezessete anos, período em que viveu na África e na Ásia (incluindo Índia e China). Todo seu conhecimento literário,

Luís de Camões retratado em Goa, na Índia.

filosófico, histórico, político e geográfico foi aproveitado como matéria-prima para escrever seus poemas líricos e, principalmente, sua obra épica *Os lusíadas*, a principal expressão do Renascimento português.

A poesia lírica

Na lírica, Camões cultivou tanto os poemas em medida velha (redondilhas), na tradição da poesia palaciana, quanto os poemas em medida nova (decassílabos), influência direta dos humanistas italianos, especialmente de Petrarca. Os tipos de composição empregados são o *soneto*, as *éclogas*, as *odes*, as *oitavas* e as *elegias*. Os temas mais importantes são o *neoplatonismo amoroso*, a *reflexão filosófica* (sobre os desconcertos do mundo) e a *natureza* (confidente amoroso do amante que sofre).

Na *lírica amorosa*, o eu lírico nega a realização física do amor por entender que o sexo estraga o verdadeiro Amor (com maiúscula), isto é, o amor como *ideia universal*, como abstração pura e perfeita, acima de todas as experiências individuais. Observe a expressão desse conceito neste soneto:

Transforma-se o amador na cousa amada,
Por virtude do muito imaginar;
Não tenho logo mais que desejar,
Pois em mim tenho a parte desejada.

Se nela está minha alma transformada,
Que mais deseja o corpo de alcançar?
Em si somente pode descansar,
Pois consigo tal alma está liada.

Mas esta linda e pura semideia,
Que, como o acidente em seu sujeito,
Assim com a alma minha se conforma,

Está no pensamento como ideia;
[E] o vivo e puro amor de que sou feito,
Como a matéria simples busca a forma.

(*Lírica*. São Paulo: Cultrix, 1976. p. 109.)

De acordo com as duas primeiras estrofes, o eu lírico manifesta uma concepção segundo a qual a realização amorosa se dá por meio da *imaginação*. Não é preciso ter a pessoa amada fisicamente, basta tê-la em pensamento. E, tendo-a dentro de si, na imaginação, o eu lírico se transforma na pessoa amada, confunde-se com ela e, dessa forma, já a tem.

Contudo, nas duas últimas estrofes o eu lírico abandona o neoplatonismo e, com uma comparação, manifesta seu desejo físico pela mulher amada: do mesmo modo que toda matéria busca uma forma, o seu amor puro, amor-ideia, busca o objeto desse amor, ou seja, a mulher real.

Platão e o mundo das ideias

Nos dias atuais, dizemos que uma pessoa sente "amor platônico" por outra quando ela já sabe, de antemão, que não vai ser correspondida. Porém, esse conceito, tomado na origem, é mais amplo.

O escritor Jostein Gaarder, autor de *O mundo de Sofia*, uma espécie de história da filosofia romanceada, explica algumas ideias do pensador grego:

> Para Platão, a realidade se dividia em duas partes. A primeira parte é o *mundo dos sentidos*, do qual não podemos ter senão um conhecimento aproximado ou imperfeito, já que para tanto fazemos uso de nossos cinco (aproximados e imperfeitos) sentidos. Neste mundo dos sentidos, tudo "flui" e, consequentemente, nada é perene. [...]
>
> A outra parte é o *mundo das ideias*, do qual podemos chegar a ter um conhecimento seguro, se para tanto fizermos uso da razão. Este mundo das ideias não pode, portanto, ser conhecido através dos sentidos. Em compensação, as ideias (ou formas) são eternas e imutáveis.

(São Paulo: Companhia das Letras, 1995. p. 102-3.)

Cia. das Letras

Na *lírica filosófica*, os poemas de Camões revelam um homem descontente com os rumos de seu tempo, insatisfeito com a nova ordem de valores que se instala naquele momento histórico, de transição para o mundo burguês. Observe essa postura neste poema:

Ao desconcerto do mundo

Os bons vi sempre passar
No mundo graves tormentos;
E para mais me espantar,
Os maus vi sempre nadar
Em mar de contentamentos.

Cuidando alcançar assim
O bem tão mal ordenado,
Fui mau, mas fui castigado.
Assim que, só para mim
Anda o mundo concertado.

(*Lírica*, cit., p. 90.)

A poesia épica: *Os lusíadas*

A obra *Os lusíadas* foi publicada em 1572 e narra os feitos heroicos dos portugueses que, em 1498, se lançaram ao mar, numa época em que ainda se acreditava em monstros marinhos e abismos. Liderados por Vasco da Gama, os lusos (os portugueses, daí o nome da obra) ultrapassaram os limites marítimos conhecidos — no caso, o cabo das Tormentas, no sul da África — e chegaram até Calicute, na Índia. Tal façanha uniu o Oriente e o Ocidente pelo mar, deslumbrou o mundo e foi alvo de interesses políticos e econômicos de diversas nações europeias.

Ao mesmo tempo que se volta para fatos históricos relativamente recentes, as aventuras de viagem também são pretexto para narrar a própria história de Portugal, nos momentos decisivos de sua formação, respondendo assim ao anseio nacionalista da época. Por outro lado, a obra também revela as inquietações do próprio autor quanto ao sentido da busca desenfreada dos portugueses por riquezas e poder e quanto aos rumos da própria nação portuguesa.

Como *epopeia* – gênero cultivado por escritores gregos e latinos, como Homero, autor da *Odisseia* e da *Ilíada*, e Virgílio, autor de *Eneida* –, a obra *Os lusíadas* segue a estrutura própria do gênero, mas apresenta diferenças significativas. Por exemplo, em vez da figura de um herói com forças sobre-humanas, como ocorre nas epopeias clássicas, a figura de Vasco da Gama, em *Os lusíadas*, é diluída para dar espaço aos portugueses em geral, vistos como *herói coletivo*.

: Torre de Belém, em Lisboa, de onde partiam as caravelas no século XV.

Outra diferença importante é que, na tradição épica, ocorre o "maravilhoso pagão", isto é, a interferência de deuses da mitologia nas ações humanas. Em *Os lusíadas*, também há a presença de deuses da mitologia clássica, porém o paganismo convive com ideias do cristianismo (o "maravilhoso cristão"), já que essa era a opção religiosa do autor e dos portugueses em geral. Além disso, havia na época a pressão da Inquisição, que controlava as publicações e chegou a pôr em dúvida a edição de *Os lusíadas*, em virtude da presença de paganismo.

A estrutura

A obra de Camões apresenta 1102 estrofes, todas em oitava-rima, organizadas em dez cantos. Cada canto, na epopeia, corresponde a um capítulo das obras em prosa. Seguindo o modelo clássico, *Os lusíadas* apresentam três partes principais:

1. Introdução

Estende-se pelas dezoito estrofes do Canto I e subdivide-se em:

- *proposição* (estrofes 1, 2 e 3), em que o poeta apresenta o que vai cantar, ou seja, os feitos heroicos dos ilustres barões de Portugal.

> As armas e os barões assinalados
> Que, da ocidental praia lusitana,
> Por mares nunca dantes navegados
> Passaram ainda além da Taprobana*

barões: homens ilustres.
ocidental praia lusitana: Portugal.
Taprobana: ilha do Ceilão, limite oriental do mundo conhecido.

* Esta e as demais citações de *Os lusíadas* foram extraídas da edição publicada pela Abril Cultural (São Paulo) em 1979.

Evolução do herói

O crítico canadense Nortrop Frye criou uma tipologia dos heróis na literatura, reunindo-os em três grupos. Segundo ele, há o **herói clássico** das epopeias, que se aproxima dos deuses e se distancia dos homens, pois é capaz de ações incomuns aos seres humanos (como Ulisses, ou Odisseu, na *Odisseia*, de Homero); o **herói romanesco**, que está acima dos homens mas abaixo dos deuses (por exemplo, Peri, na obra *O guarani*, de José de Alencar, ou a personagem Indiana Jones, dos filmes de Spielberg); e o **herói problemático**, próprio dos romances modernos, que se sente moralmente abaixo dos homens (como Bentinho, do romance *Dom Casmurro*, de Machado de Assis).

: James Bond, eleito um dos 10 principais heróis do cinema em todos os tempos.

- *invocação* (estrofes 4 e 5), em que o poeta invoca as Tágides, ninfas do rio Tejo, pedindo a elas inspiração para fazer o poema:

> E vós, Tágides minhas, pois criado
> Tendes em mi um novo engenho ardente,
> ....
> Dai-me agora um som alto e sublimado,
> Um estilo grandíloquo e corrente,

- *dedicatória* ou *oferecimento* (estrofes 6 a 18), em que o poeta dedica seu poema a D. Sebastião, rei de Portugal:

> Ouvi: vereis o nome engrandecido
> Daqueles de quem sois senhor superno
> E julgareis qual é mais excelente,
> Se ser do mundo rei, se de tal gente.

> **superno:** supremo.

2. Narração

Na narração (da estrofe 19 do Canto I até a estrofe 144 do Canto X), o poeta relata a viagem propriamente dita dos portugueses ao Oriente. Essa é, portanto, a parte mais longa do relato e vários são os episódios que nela se destacam. A seguir, relacionamos alguns dos mais importantes relatos da obra.

- No Canto II, depois de terem passado por dificuldades no mar, os portugueses, com o auxílio de Vênus, aportam na África, onde são recebidos pelo rei de Melinde, que pede a Vasco da Gama que conte a história de Portugal. Esse é o pretexto encontrado por Camões para pôr na fala de sua personagem as histórias que envolvem a fundação do Estado português, a Revolução de Avis, a morte de Inês de Castro, o momento da partida dos portugueses para o Oriente.

Esse relato de Vasco da Gama se estende até o Canto IV, momento em que os portugueses seguem viagem. Nele, três episódios merecem destaque: o de Inês de Castro, amante do príncipe D. Pedro, assassinada a mando do rei (Canto III); o de um velho que, na praia do Restelo, durante os preparativos da viagem dos navegantes, faz uma série de críticas à cobiça desenfreada dos portugueses e ao abandono a que fica sujeita a nação; e o do gigante Adamastor.

Veja, no texto I, um fragmento do episódio da morte de Inês de Castro e, no texto II, um fragmento do episódio do velho do Restelo:

TEXTO I

Estavas, linda Inês, posta em sossego,
De teus anos colhendo, doce fruito,
Naquele engano da alma ledo e cego,
Que a Fortuna não deixa durar muito,
Nos saudosos campos do Mondego,
De teus fermosos olhos nunca enxuito,
Aos montes ensinando e às ervinhas
O nome que no peito escrito tinhas.
[...]

O assassinato de Inês de Castro, em gravura do século XVIII.

Tirar Inês ao mundo determina,
Por lhe tirar o filho que tem preso,
Crendo co'o sangue só da morte indina
Matar do firme amor o fogo aceso.
Que furor consentiu que a espada fina
Que pôde sustentar o grande peso

Do furor mauro, fosse alevantada
Contra uma fracá dama delicada?

fermosos: formosos, bonitos.	**indina:** indigna.
	ledo: alegre.
Fortuna: sorte, destino.	**mauro:** moura, árabe.

TEXTO II

— "Ó glória de mandar! Ó vã cobiça
Desta vaidade a quem chamamos fama!
Ó fraudulento gosto que se atiça
Cũa aura popular que honra se chama!
Que castigo tamanho e que justiça
Fazes no peito vão que muito te ama!
Que mortes, que perigos, que tormentas,
Que crueldades neles experimentas!

"Dura inquietação d'alma e da vida,
Fonte de desamparos e adultérios,
Sagaz consumidora conhecida

De fazendas, de reinos e de impérios!
Chamam-te ilustre, chamam-te subida,
Sendo digna de infames vitupérios;
Chamam-te Fama e Glória soberana,
Nomes com quem se o povo néscio engana!
....
"Oh! maldito o primeiro que no mundo
Nas ondas vela pôs em seco lenho!
Digno da eterna pena do Profundo,
Se é justa a justa lei que sigo e tenho!

aura: sopro.	**sagaz:** perspicaz, astuto.
néscio: insensato, ignorante.	**vã:** ilusória, fútil.
Profundo: inferno.	**vitupério:** ato vergonhoso ou criminoso.

- Entre os Cantos VI e IX, os portugueses chegam a Calicute, na Índia, e têm problemas com os mouros. Preparam-se, então, para voltar a Portugal; porém, devido a seus esforços e à sua coragem, são premiados por Vênus, que lhes oferece uma passagem pela Ilha dos Amores, onde podem livremente amar as ninfas, lideradas por Tétis.

Ninfas e Sátiro (1873), de William-Adolphe Bouguereau.

3. Epílogo

É a conclusão do poema (estrofes 145 a 156 do Canto X), em que o poeta demonstra cansaço e apresenta certo tom melancólico. Conclui aconselhando ao rei e ao povo português que sejam fiéis à pátria e ao cristianismo.

Não mais, Musa, não mais, que a lira tenho
Destemperada e a voz enrouquecida,
E não do canto, mas de ver que venho
Cantar a gente surda e endurecida.
O favor com que mais se acende o engenho
Não no dá a Pátria, não, que está metida
No gosto da cobiça e na rudeza
Dũa austera, apagada e vil tristeza.

Você vai ler a seguir dois textos de Luís de Camões. O primeiro é um soneto lírico-amoroso; o segundo é o episódio do gigante Adamastor, de *Os lusíadas*.

TEXTO I

Busque Amor novas artes, novo engenho,
Para matar-me, e novas esquivanças;
Que não pode tirar-me as esperanças,
Que mal me tirará o que eu não tenho.

Olhai de que esperanças me mantenho!
Vede que perigosas seguranças!
Que não temo contrastes nem mudanças,
Andando em bravo mar, perdido o lenho.

Mas, conquanto não pode haver desgosto
Onde esperança falta, lá me esconde
Amor um mal, que me mata e não se vê;

Que dias há que na alma me tem posto
Um não sei quê, que nasce não sei onde,
Vem não sei como, e dói não sei por quê.

(Op. cit. p. 112.)

conquanto: embora, ainda que.
engenho: habilidade, técnica.
esquivança: maldade.
lenho: barco.
que: pois, logo.

TEXTO II

Porém já cinco sóis eram passados
Que dali nos partíramos, cortando
Os mares nunca de outrem navegados,
Prosperamente os ventos assoprando,
Quando ua noite, estando descuidados
Na cortadora proa vigiando,
Ua nuvem, que os ares escurece,
Sobre nossas cabeças aparece.

Tão temerosa vinha e carregada,
Que pôs nos corações um grande medo.
Bramindo, o negro mar de longe brada,
Como se desse em vão nalgum rochedo.
— "Ó Potestade — disse — sublimada,
Que ameaço divino ou que segredo
Este clima e este mar nos apresenta,
Que mor cousa parece que tormenta?"

Não acabava, quando ua figura
Se nos mostra no ar, robusta e válida,
De disforme e grandíssima estatura,
O rosto carregado, a barba esquálida,
Os olhos encovados, e a postura
Medonha e má, e a cor terrena e pálida,
Cheios de terra e crespos os cabelos,
A boca negra, os dentes amarelos.

Tão grande era de membros, que bem posso
Certificar-te que este era o segundo

O gigante Adamastor, na interpretação de Lima de Freitas.

De Rodes estranhíssimo Colosso,
Que um dos sete milagres foi do mundo.
C'um tom de voz nos fala horrendo e grosso,
Que pareceu sair do mar profundo.
Arrepiam-se as carnes e o cabelo
A mim e a todos, só de ouvi-lo e vê-lo.

E disse: — "Ó gente ousada, mais que quantas
No mundo cometeram grandes cousas,
Tu, que por guerras cruas, tais e tantas,
E por trabalhos vãos nunca repousas,

Pois os vedados términos quebrantas
E navegar meus longos mares ousas,
Que eu tanto tempo há já que guardo e tenho,
Nunca arados de estranho ou próprio lenho;
[...]

"Aqui espero tomar, se não me engano,
De quem me descobriu suma vingança;

E não se acabará só nisto o dano
De vossa pertinace confiança,
Antes em vossas naus vereis cada ano,
Se é verdade o que meu juízo alcança,
Naufrágios, perdições de toda sorte,
Que o menor mal de todos seja a morte.

(*Os lusíadas*, cit., p. 197-8.)

---

arados: navegados.
bradar: falar em altas vozes; gritar.
bramir: fazer grandes estrondos; dizer em altos brados.
cinco sóis: cinco dias.
Colosso de Rodes: estátua de bronze do deus Apolo, de 33 metros, construída na ilha grega de Rodes entre 292 e 280 a.C. e destruída por um terremoto em 224 a.C.; é considerada uma das sete maravilhas do mundo.
descuidados: distraídos.
esquálido: sujo, desalinhado.
mor: maior.
pertinace: pertinaz, firme.
Potestade: poder, potência.
suma: suprema, máxima.
vedados términos: os pontos mais distantes e desconhecidos.

Gigantes também amam

Nos episódios seguintes aos do texto II, o gigante Adamastor conta sua história, uma história de amor.

Diz ter sido um dos Titãs que lutaram contra os deuses. Seu destino mudou quando se apaixonou pela deusa Tétis. Certa vez, iludido, ao vê-la nua numa praia, correu ao seu encontro, mas, quando tentou abraçá-la, sentiu-se abraçado e preso a um monte de pedra e, aos poucos, foi também se transformando numa montanha de pedra.

Horrendo, triste e só, distrai-se afugentando todas as naus que se aproximam daqueles "mares nunca dantes navegados".

O cabo das Tormentas, também conhecido como cabo da Boa Esperança, na África do Sul.

---

1. Na segunda estrofe do texto I, o eu lírico afirma não temer os perigos do mar. No entanto, mostra-se completamente inseguro em outros assuntos. De acordo com a 1ª e a 2ª estrofes do poema, interprete:

a) Qual a causa da insegurança do eu lírico?

b) Que desafio o eu lírico faz ao Amor?

c) Com base no 4º verso da 1ª estrofe, explique por que o eu lírico julga que será o vencedor desse desafio.

2. Na 3ª e na 4ª estrofes, o eu lírico constrói um raciocínio lógico a partir de uma premissa: não pode haver desgosto onde falta esperança. Interprete: No caso do eu lírico, essa premissa se mostra verdadeira? Justifique sua resposta com elementos do texto.

3. Observe e compare o tipo de verso, o número de versos por estrofe e as rimas dos dois textos.

a) Que tipo de verso foi empregado?

b) Como estão organizadas as estrofes do soneto (texto I)?

c) No soneto, as rimas apresentam a seguinte disposição: ABBA, ABBA, CDE, CDE. Utilizando letras, indique a disposição das rimas do texto II.

4. No texto II, saindo das profundezas do mar, o gigante Adamastor surge inesperadamente diante dos portugueses. Camões criou a figura do monstro para representar o cabo das Tormentas, até então o ponto geográfico mais distante conhecido dos navegantes.

a) O que sentiram os portugueses diante do gigante Adamastor? Que fato, da 4ª estrofe, comprova sua resposta?

b) Reconheça, na 3ª estrofe, as características do gigante responsáveis pelo que os portugueses sentiram.

5. Releia a 5ª estrofe do texto II. Nela, o gigante compara os portugueses a outros povos, que também se lançaram ao mar.

a) Quem o gigante destaca nessa comparação? Por quê?

b) Relacione essa comparação ao momento histórico e ao espírito nacionalista vivido pelos portugueses no século XVI. Qual é a verdadeira intenção do autor ao criar esse obstáculo para a viagem dos portugueses ao Oriente?

6. Os navegantes do século XV acreditavam em lendas antigas, provenientes da Idade Média. Segundo algumas delas, além do cabo das Tormentas havia fenômenos estranhos, como as águas do mar ferverem e rochas magnéticas atraírem os barcos, que se arrebentavam nas pedras.

Releia a última estrofe do texto II.

a) Que previsões tem o gigante para a ousadia dos portugueses?

b) Em qual dessas lendas Camões se baseou para criar a figura do gigante Adamastor?

CONCLUINDO

Como conclusão de estudo, observe as principais diferenças entre a poesia do Classicismo e a do Trovadorismo.

TROVADORISMO
Quanto ao conteúdo
• Amor cortês (cantigas de amor)
• Predomínio da emoção
• Cristianismo
• Influência da poesia provençal e das tradições populares da península Ibérica
• Temas profanos, representando uma ruptura em relação à mentalidade teocêntrica da Idade Média
• Ambiente cortês, rural ou marítimo
• Temas relacionados ao amor, à saudade e à crítica de costumes
• Exaltação do ideal cavaleiresco (prosa)
Quanto à forma
• Emprego de formas simples e populares
• Emprego de medida velha
• Estruturas simples, refrão e repetições frequentes, que facilitam a memorização e o canto

CLASSICISMO
Quanto ao conteúdo
• Idealização amorosa, neoplatonismo
• Predomínio da razão
• Paganismo
• Influência da cultura greco-romana
• Antropocentrismo
• Universalismo
• Busca de clareza e equilíbrio de ideias
• Nacionalismo
Quanto à forma
• Gosto pelo soneto; imitação das formas clássicas
• Emprego de medida nova (poesia)
• Busca do equilíbrio formal

Para quem quer mais na Internet

Em nosso *site*, http://www.atualeditora.com.br/pl/paraquemquermais, você poderá ler e baixar outros exemplos de cantigas trovadorescas e da poesia palaciana, um trecho da *Farsa de Inês Pereira*, de Gil Vicente, assim como conhecer um pouco da obra do cronista Fernão Lopes, outros textos de Luís de Camões e de outros escritores quinhentistas portugueses, como Antônio Ferreira, Fernão Mendes Pinto e Bernardim Ribeiro.

DIÁLOGO ENTRE A LÍRICA CAMONIANA E A CANÇÃO POPULAR

A canção "Monte Castelo", de Renato Russo, que integrava o grupo Legião Urbana, estabelece diálogos com um soneto de Camões e com um trecho da Bíblia. Conheça e compare os três textos.

TEXTO I

Amor é fogo que arde sem se ver;
É ferida que dói e não se sente;
É um contentamento descontente;
É dor que desatina sem doer;

É um não querer mais que bem querer;
É solitário andar por entre a gente;
É nunca contentar-se de contente;
É cuidar que se ganha em se perder;

É querer estar preso por vontade;
É servir a quem vence, o vencedor;
É ter com quem nos mata lealdade.

Mas como causar pode seu favor
Nos corações humanos amizade,
Se tão contrário a si é o mesmo Amor?

(Luís de Camões. *Lírica*. São Paulo: Cultrix, 1976. p. 123.)

Getty Images

TEXTO II

A suprema excelência da caridade

Ainda que eu falasse as línguas dos homens e dos anjos, e não tivesse caridade, seria como o metal que soa ou como o sino que tine.

E ainda que tivesse o dom de profecia, e conhecesse todos os mistérios e toda a ciência, e ainda que tivesse toda a fé, de maneira tal que transportasse os montes, e não tivesse caridade, nada seria.

E ainda que distribuísse toda a minha fortuna para sustento dos pobres, e ainda que entregasse o meu corpo para ser queimado, e não tivesse caridade, nada disso me aproveitaria.

(Primeira epístola de S. Paulo aos Coríntios, 13.1, 2, 3. *A Bíblia sagrada*. Trad. por João Ferreira de Almeida. Rio de Janeiro: Imprensa Bíblica Brasileira, 1962. Parte 2, p. 201.)

TEXTO III

Monte Castelo

Ainda que eu falasse a língua dos homens.
E falasse a língua dos anjos, sem amor eu nada seria.

É só o amor, é só o amor.
Que conhece o que é verdade.

O amor é bom, não quer o mal.
Não sente inveja ou se envaidece.

O amor é o fogo que arde sem se ver.
É ferida que dói e não se sente.
É um contentamento descontente.
É dor que desatina sem doer.

Ainda que eu falasse a língua dos homens.
E falasse a língua dos anjos, sem amor eu nada seria.

É um não querer mais que bem querer.
É solitário andar por entre a gente.
É um não contentar-se de contente.
É cuidar que se ganha em se perder.

É um estar-se preso por vontade.
É servir a quem vence, o vencedor;
É um ter com quem nos mata a lealdade.
Tão contrário a si é o mesmo amor.

Estou acordado e todos dormem todos dormem todos dormem.
Agora vejo em parte. Mas então veremos face a face.

É só o amor, é só o amor.
Que conhece o que é verdade.

Ainda que eu falasse a língua dos homens.
E falasse a língua dos anjos, sem amor eu nada seria.

(Legião Urbana. *As quatro estações*, 1989.)

Ricardo Dantas

> **Monte Castelo:** nome do local, na Itália, que foi tomado pelos soldados brasileiros no final da Segunda Guerra Mundial.

1. Na poesia camoniana, geralmente *Amor* (grafado com letra maiúscula) é diferente de *amor*. Enquanto este é a expressão do sentimento individual e particular de uma pessoa por outra, o *Amor* representa uma entidade, o amor-ideia, o amor abstrato e universal.
A que tipo de amor o soneto de Camões se refere?

2. O soneto de Camões tem uma estrutura conceitual, isto é, uma forma que se presta a conceituar ou explicar o que é o amor. Por essa razão, a expressão "Amor é..." aparece seguida de várias definições, como "é fogo", "é ferida", "é um contentamento", etc.
Observe o que há em comum entre as definições de amor.

a) O que chama a atenção no modo como o amor é conceituado nesse poema?
b) Assim, a concepção de amor expressa pelo eu lírico do texto coincide com a visão de mundo lógica e racional do Renascimento? Justifique sua resposta.

3. Dê uma interpretação coerente a cada um destes versos:

- "É solitário andar por entre a gente"
- "É querer estar preso por vontade"
- "É servir a quem vence, o vencedor"

4. Na última estrofe, o eu lírico identifica um paradoxo na relação que o Amor tem com os amantes. Explique esse paradoxo.

5. A canção de Renato Russo, além de incorporar uma boa parte do soneto de Camões, cita também o trecho da Bíblia reproduzido no texto II, estabelecendo com eles relações de intertextualidade e interdiscursividade.

Observe o trecho bíblico no qual Renato Russo se inspirou para compor sua canção.

a) Qual é o sentimento ou a virtude humana destacada nesse trecho da Bíblia?

b) Que alteração Renato Russo fez no texto original em relação a esse sentimento ou virtude humana?

6. A canção de Renato Russo apresenta versos que não são nem de Camões nem da Bíblia:

> "Estou acordado e todos dormem todos
> [dormem todos dormem.
> Agora vejo em parte. Mas então veremos
> [face a face.
>
> É só o amor, é só o amor.
> Que conhece o que é verdade."

Dê uma interpretação coerente a esses versos.

7. Segundo o teórico russo Mikhail Bakhtin, nenhum texto ou discurso é puro. Todo discurso é uma resposta a outros discursos, tanto os que já circularam socialmente quanto aqueles que ainda vão circular a partir dele. Renato Russo, ao se apropriar dos discursos camoniano e bíblico, atribui novos sentidos a eles, condizentes com suas ideias e com sua época.

Leia no boxe abaixo o depoimento de Renato Russo sobre o disco *As quatro estações*. Considerando o título da canção e a *interdiscursividade* dela com outros discursos, conclua: Que sentido ganha a canção de Renato Russo, considerada a época em que foi produzida?

As fontes

Em comentário sobre o lançamento do disco *As quatro estações*, Renato Russo disse, em 1989: "Desta vez, eu citei as fontes para que as pessoas não pensem que tiro isso de minha cabeça. Mas Camões, a Bíblia, Buda já dizem as coisas de uma maneira completa. A gente queria fazer um disco que fosse um disco amigo, um alento, que tentasse trazer paz de espírito".

Fonte: www.lu.com.br/asquatroestacoes.asp

Photo12/AFP

: Cena do filme *1492 – A conquista do paraíso*, de Ridley Scott.

CAPÍTULO 5

O Quinhentismo no Brasil

Nem crônicas, nem memórias, pois não resultavam de nenhuma intenção literária: os escritos dos cronistas e viajantes eram uma tentativa de descrever e catalogar a terra e o povo recém-descobertos. Entretanto, permeava-os a fantasia de seus autores, exploradores europeus que filtravam fatos e dados, acrescentando-lhes elementos mágicos e características muitas vezes fantásticas.

Carlos Vogt e José Augusto G. Lemos*

Julho de 1969. O astronauta norte-americano Neil Armstrong prepara-se para pisar o solo lunar. Milhões de pessoas acompanham pela tevê a fantástica aventura. Antes de pôr o pé na Lua, o astronauta diz uma frase histórica: "Um pequeno passo para o homem e um gigantesco salto para a humanidade".

* In: *Cronistas e viajantes*. São Paulo: Abril Educação, 1982. 4ª capa. Literatura Comentada.

A emoção desse momento talvez possa ser comparada ao espanto e ao êxtase vividos pelos espanhóis ao descobrirem a América e pelos portugueses ao chegarem ao Brasil em 1500.

Você já imaginou? O contato com os nativos nus, de língua e costumes estranhos, os animais, as plantas e os frutos exóticos, os mistérios da terra descoberta, a possibilidade de encontrar riquezas – tudo isso encantou e assombrou os primeiros europeus que estiveram em nosso continente. Neste capítulo, vamos conhecer alguns dos escritos que registram esses primeiros contatos.

A PRODUÇÃO LITERÁRIA NO BRASIL-COLÔNIA

O Brasil foi colônia portuguesa durante mais de três séculos. Os principais eventos de cada um deles podem ser assim sintetizados:

- *Século XVI:* a metrópole procurou garantir o domínio sobre a terra descoberta, organizando-a em capitanias hereditárias e enviando negros da África para povoá-la e jesuítas da Europa para catequizar os índios.
- *Século XVII:* a cidade de Salvador, na Bahia, povoada por aventureiros portugueses, índios, negros e mulatos, tornou-se o centro das decisões políticas e do comércio de açúcar.
- *Século XVIII:* a região de Minas Gerais transformou-se no centro da exploração do ouro e das primeiras revoltas políticas contra a colonização portuguesa, entre as quais se destacou o movimento da Inconfidência Mineira (1789).

Embora a literatura brasileira tenha nascido no período colonial, é difícil precisar o momento em que passou a se configurar como uma produção cultural independente dos vínculos lusitanos.

É preciso lembrar que, durante o período colonial, ainda não eram sólidas as condições essenciais para o florescimento da literatura, tais como existência de um público leitor ativo e influente, grupos de escritores atuantes, vida cultural rica e abundante, sentimento de nacionalidade, liberdade de expressão, imprensa e gráficas. Os livros produzidos por escritores nascidos no Brasil eram então impressos em Portugal e depois trazidos à Colônia.

Por essas razões, alguns historiadores da literatura preferem chamar a literatura aqui produzida até o final do século XVII de *manifestações literárias* ou *ecos da literatura no Brasil colonial.* Segundo esse ponto de vista, somente no século XVIII, com a fundação de cidades e o estabelecimento de centros comerciais ligados à extração de ouro, em Minas Gerais, é que se teriam criado algumas das condições necessárias para a formação de uma literatura mais amadurecida, tais como grupo de escritores e público leitor. Isso não impediu, entretanto, que na Bahia do século XVII surgisse uma das principais expressões de nossa literatura: Gregório de Matos.

De qualquer modo, a produção literária do Brasil colonial criou condições para o amadurecimento do espírito de nacionalidade e o nascimento de uma literatura voltada para o espaço, para o homem e para a língua nacionais, o que se deu plenamente somente a partir do século XIX, após a Independência do Brasil (1822).

Caetano Veloso registrou a emoção vivida pelos primeiros astronautas que chegaram à Lua na canção *Terra*:

> quando eu me encontrava preso
> na cela de uma cadeia
> foi que eu vi pela primeira vez
> as tais fotografias
> em que apareces inteira
> porém lá não estavas nua
> e sim coberta de nuvens
> Terra,
> Terra,
> por mais distante
> o errante navegante
> quem jamais te esqueceria?

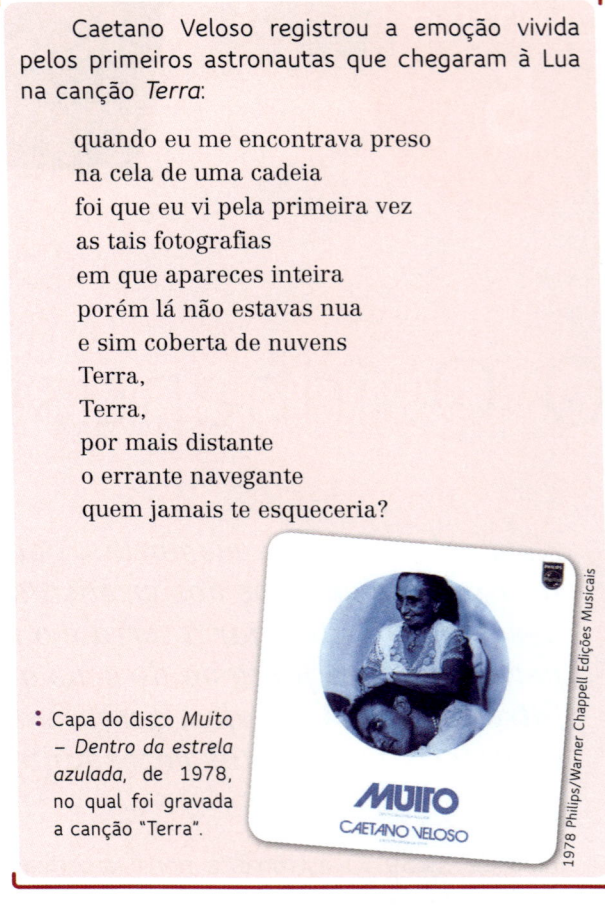

: Capa do disco *Muito – Dentro da estrela azulada*, de 1978, no qual foi gravada a canção "Terra".

1978 Philips/Warner Chappell Edições Musicais

A LITERATURA DE INFORMAÇÃO

A feição deles é serem pardos, quase avermelhados, de rostos regulares e narizes bem feitos; andam nus sem nenhuma cobertura; nem se importam de cobrir nenhuma coisa, nem de mostrar suas vergonhas. E sobre isto são tão inocentes, como em mostrar o rosto.

Esse fragmento pertence ao primeiro texto escrito em nosso país: a *Carta*, de Pero Vaz de Caminha, escrivão-mor da esquadra liderada por Cabral quando do descobrimento oficial do Brasil, em 1500.

Essa carta e muitos outros textos em forma de cartas de viagem, diários de navegação e tratados descritivos formam a chamada *literatura de informação* ou *de expansão*, cultivada em Portugal à época das grandes navegações. A finalidade desses textos, escritos em prosa, era narrar e descrever as viagens e os primeiros contatos com a terra brasileira e seus nativos, informando tudo o que pudesse interessar aos governantes portugueses.

Embora guardem pouco valor literário, esses escritos têm importância hoje principalmente pelo seu significado como documentação histórica, seja como testemunho do espírito aventureiro da expansão marítima e comercial nos séculos XV e XVI, seja como registro do choque cultural entre colonizadores e colonizados.

Os escritores que produziram a literatura de informação não revelam nenhum sentimento de apego à terra conquistada, concebida como uma espécie de extensão da metrópole, um "Portugal nos trópicos". Apesar disso, essa literatura quinhentista deixou como herança um conjunto inesgotável de sugestões temáticas (os índios, as belezas naturais da terra, nossas origens históricas) exploradas mais tarde por artistas brasileiros de diferentes linguagens.

Oswald de Andrade, por exemplo, escritor brasileiro do século XX, criou o movimento intitulado Poesia Pau-Brasil, em boa parte inspirado nesse Brasil cabralino descrito pelos cronistas e viajantes do século XVI. No poema a seguir, por exemplo, o escritor reproduz um fragmento da *Carta* de Caminha.

(Santiago. *Tinta fresca*. Porto Alegre: L&PM, 2004. p. 8).
Cartum de Santiago no qual é retomado o tema do Brasil cabralino.

a descoberta

Seguimos nosso caminho por este mar de longo
Até a oitava da Páscoa
Topamos aves
E houvemos vista de terra

(*Pau Brasil*. 2. ed. São Paulo: Globo, 2003. p. 107.)

As principais produções da literatura informativa no Brasil-Colônia dos séculos XVI e XVII são:
- a *Carta*, de Pero Vaz de Caminha (1500);
- o *Diário de navegação*, de Pero Lopes de Sousa (1530);
- o *Tratado da terra do Brasil* e a *História da Província de Santa Cruz a que vulgarmente chamamos Brasil*, de Pero de Magalhães Gândavo (1576);
- o *Tratado descritivo do Brasil*, de Gabriel Soares de Sousa (1587);
- os *Diálogos das grandezas do Brasil*, de Ambrósio Fernandes Brandão (1618);
- as cartas dos missionários jesuítas escritas nos dois primeiros séculos de catequese;
- a *História do Brasil*, de Frei Vicente do Salvador (1627);
- as *Duas viagens ao Brasil*, de Hans Staden (1557);
- a *Viagem à terra do Brasil*, de Jean de Léry (1578).

Você vai ler a seguir três fragmentos da *Carta* de Pero Vaz de Caminha e dois trabalhos de artistas da atualidade que dialogam com a *Carta*: uma tira de Nilson e um cartum de Marcos Müller:

TEXTO I

Dali houvemos vista de homens que andavam pela praia, cerca de sete ou oito, segundo os navios pequenos disseram, porque chegaram primeiro. Ali lançamos os batéis e esquifes à água e vieram logo todos os capitães das naves a esta nau do Capitão-mor e ali conversaram. E o capitão mandou no batel, à terra, Nicolau Coelho para ver aquele rio; e quando começou a ir para lá acudiram, à praia, homens, aos dois e aos três. Assim, quando o batel chegou à foz do rio estavam ali dezoito ou vinte homens, pardos, todos nus, sem nenhuma roupa que lhes cobrisse suas vergonhas. Traziam arcos nas mãos e suas setas. Vinham todos rijos para o batel e Nicolau Coelho fez-lhes sinal para que deixassem os arcos e eles os pousaram. Mas não pôde ter deles fala nem entendimento que aproveitasse porque o mar quebrava na costa.

batel e **esquife**: barcos pequenos.

TEXTO II

Capitão, quando eles vieram, estava sentado em uma cadeira, com uma alcatifa aos pés, por estrado, e bem vestido com um colar de ouro muito grande ao pescoço [...] Acenderam-se tochas e entraram; e não fizeram nenhuma menção de cortesia nem de falar ao Capitão nem a ninguém. Mas um deles viu o colar do Capitão e começou a acenar com a mão para a terra e depois para o colar, como a dizer-nos que havia ouro em terra; e também viu um castiçal de prata e da mesma forma acenava para terra e para o castiçal como que havia, também, prata. Mostraram-lhe um papagaio pardo que o Capitão aqui traz; tomaram-no logo na mão e acenaram para terra, como que os havia ali; mostraram-lhe um carneiro e não fizeram caso dele; mostraram-lhe uma galinha e quase tiveram medo dela e não lhe queriam pôr a mão; e depois a pegaram como que espantados.

alcatifa: tapete grande.

TEXTO III

De ponta a ponta é toda praia rasa, muito plana e bem formosa. Pelo sertão, pareceu-nos do mar muito grande, porque a estender a vista não podíamos ver senão terra e arvoredos, parecendo-nos terra muito longa. Nela, até agora, não pudemos saber que haja ouro nem prata, nem nenhuma coisa de metal, nem de ferro; nem as vimos. Mas, a terra em si é muito boa de ares, tão frios e temperados, como os de Entre-Douro e Minho, porque, neste tempo de agora, assim os achávamos como os de lá. Águas são muitas e infindas. De tal maneira é graciosa que, querendo aproveitá-la dar-se-á nela tudo por bem das águas que tem. Mas o melhor fruto que nela se pode fazer, me parece que será salvar esta gente; e esta deve ser a principal semente que Vossa Alteza nela deve lançar.

(In: *Cronistas e viajantes*. São Paulo: Abril Educação, 1982. p. 12-23. Literatura Comentada.)

(Nilson. *A caravela*. Belo Horizonte: Crisálida, 2000. p. 11.)

(Marcos Müller. *Bundas*, nº 44.)

1. Segundo Pero Vaz de Caminha, Nicolau Coelho não conseguiu comunicar-se oralmente com os índios.

a) O que alegou como causa?

b) Qual foi o verdadeiro motivo pelo qual a comunicação oral não se realizou?

2. Caminha descreve o primeiro encontro entre os índios e o Capitão.

a) O que revela a postura do Capitão?

b) Qual foi a atitude dos índios diante do Capitão e o que ela revela?

3. Quais eram as informações acerca da nova terra que mais interessavam aos portugueses?

4. Os portugueses não encontraram na terra recém-descoberta aquilo que mais lhes interessava. Identifique o que Caminha humildemente sugere ao rei nos trechos:

a) "De tal maneira é graciosa que, querendo aproveitá-la dar-se-á nela tudo por bem das águas que tem".

b) "Mas o melhor fruto que nela se pode fazer, me parece que será salvar esta gente".

5. Aponte semelhanças entre os textos lidos e os versos de Camões a seguir, quanto ao ponto de vista do colonizador português sobre os motivos da colonização.

E também as memórias gloriosas
Daqueles reis que foram dilatando
A Fé, o Império, e as terras viciosas
De África e de Ásia andaram devastando,

6. Compare o texto IV ao texto III. Que semelhança há entre eles?

7. No texto III, Caminha diz ao rei: "Mas o melhor fruto que nela se pode fazer, me parece que será salvar esta gente". Comparando o texto de Caminha ao cartum de Marcos Müller, é possível perceber pontos de vista diferentes sobre a conquista e a colonização do Brasil.

a) De acordo com o ponto de vista do conquistador europeu, o objetivo de "salvar" os índios foi alcançado no transcorrer do tempo? Por quê?

b) Do ponto de vista do cartunista, o que resultou da relação do conquistador com os índios? Por quê?

A LITERATURA DE CATEQUESE: JOSÉ DE ANCHIETA

Os jesuítas vindos ao Brasil com a missão de catequizar os índios deixaram inúmeras cartas, tratados descritivos, crônicas históricas e poemas. Naturalmente, toda essa produção está diretamente relacionada à intenção catequética de seus autores, entre os quais se destacam os padres Manuel da Nóbrega, Fernão Cardim e, principalmente pelas qualidades literárias, José de Anchieta.

José de Anchieta (1534-1597) nasceu nas ilhas Canárias, Espanha, e faleceu em Reritiba, atual Anchieta, no Estado do Espírito Santo. Veio ao Brasil para trabalhar com o padre Manuel da Nóbrega e participou da fundação das cidades de São Paulo e do Rio de Janeiro.

Sua obra representa parte da melhor produção do Quinhentismo brasileiro. Escreveu poesia religiosa, poesia épica (em louvor às ações do terceiro governador-geral, Mem de Sá), além de crônica histórica e uma gramática do tupi, a *Arte de gramática da língua mais usada na costa do Brasil*. Foi também autor de peças teatrais, escritas com a finalidade de ajudar na educação espiritual dos colonos e catequese dos índios, nas quais revela influência dos modelos formais da poesia palaciana e do teatro de Gil Vicente. O auto *Na festa de São Lourenço* foi encenado pela primeira vez no Brasil em 1583.

Ao lado dessa produção, há aquelas de interesse puramente pessoal, que satisfaziam o espírito devoto de Anchieta, como sermões e poemas em latim. O poema a seguir ilustra as preocupações religiosas desse jesuíta e demonstra a influência do modelo literário medieval em sua produção. O emprego da medida velha (a redondilha) comprova a total indiferença do religioso para com o Renascimento, que naquele momento se desenvolvia na Europa.

Em Deus, meu criador

Não há cousa segura.
Tudo quanto se vê
se vai passando.
A vida não tem dura.
O bem se vai gastando.
Toda criatura
passa voando.

Em Deus, meu criador,
está todo meu bem
e esperança
meu gosto e meu amor
e bem-aventurança.
Quem serve a tal Senhor
não faz mudança.

Contente assim, minha alma,
do doce amor de Deus
toda ferida,
o mundo deixa em calma,
buscando a outra vida,
na qual deseja ser
toda absorvida.

Do pé do sacro monte
meus olhos levantando
ao alto cume,
vi estar aberta a fonte
do verdadeiro lume,
que as trevas do meu peito
todas consume.

Correm doces licores
das grandes aberturas
do penedo.
Levantam-se os errores,
levanta-se o degredo
e tira-se a amargura
do fruto azedo!

(In: Eduardo Portela, org. *José de Anchieta – Poesia*. Rio de Janeiro: Agir, 2005. p. 34-5.)

Foi, porém, com o teatro que Anchieta cumpriu plenamente sua missão catequética. Para as comemorações de datas religiosas, escrevia e levava ao público autos que, diferentemente da prática discursiva e cansativa dos sermões, veiculavam de forma amena e agradável a fé e os mandamentos religiosos.

Pelo fato de seu público ser constituído por indígenas, soldados, colonos, marujos e comerciantes, Anchieta escreveu autos polilíngues, o que lhes conferia maior alcance. O alvo central do religioso era, porém, o índio. Tendo observado o gosto do silvícola por festas, danças, músicas e representações, Anchieta soube unir a essa tendência natural a moral e os dogmas católicos, fazendo uso de pequenos jogos dramáticos. Assim, ao mesmo tempo que divertia a plateia, alcançava os seus objetivos.

José de Anchieta teve grande liderança espiritual em seu tempo e é chamado de "Apóstolo do Brasil". Foi beatificado em 1997 pelo papa João Paulo II e seu processo de canonização está em andamento.

José de Anchieta cantado no Brasil e na Europa

Em 1997, em comemoração ao IV centenário de José de Anchieta, a etnóloga e compositora Marlui Miranda, que há décadas pesquisa a cultura indígena na Amazônia, produziu um espetáculo com poemas de José de Anchieta cantados em tupi e em português (com tradução de José Paulo Paes). O trabalho foi apresentado no Brasil e em vários países da Europa, como Portugal, Alemanha e Suíça, entre outros, e dele resultou o CD *2 IHU Kewere – Rezar*, com a participação do grupo IHU, da Orquestra Jazz Sinfônica e do Coral Sinfônico do Estado de São Paulo. Você poderá ouvir as canções do CD também no *site* www.cafemusic.com.br/cd.cfm?album_id=137.

Desmundo: violência no Brasil colonial

Imagine a situação de um grupo de órfãs enviadas ao Brasil pela rainha de Portugal para se casarem com os primeiros colonizadores portugueses, a quem nunca tinham visto... Esse é o ponto de partida de *Desmundo*, filme de Alain Fresnot (2003) que narra uma história de amor e violência no Brasil do século XVI. Além de apresentar uma competente reconstituição da época, o filme é falado no português de então, resultado de uma rara pesquisa linguística.

Ewerett/Keystone

: Cena do filme *Desmundo*.

Para quem quer mais na Internet

Em nosso *site*, http://www.atualeditora.com.br/pl/paraquemquermais, você poderá ler e baixar outro trecho da *Carta* de Caminha, poemas de José de Anchieta e conhecer um pouco da produção literária de Manuel da Nóbrega.

INTERVALO

The Bridgeman Art Library/Glow Images

: *A Batalha de Azincourt* (1415).

As atividades sugeridas a seguir devem ser realizadas em grupo, de acordo com as orientações do professor.

Escolham uma delas e realizem-na. Busquem informações em livros, enciclopédias e revistas especializadas no assunto escolhido e também nos livros e filmes indicados na seção **Fique ligado! Pesquise!**, na abertura da unidade.

No dia combinado com o professor, todos devem trazer seus trabalhos e montar uma mostra que tenha o título **Da espada à vela: o mundo em mudança** ou outro, se quiserem. Convidem para o evento outras classes, professores, funcionários, amigos e familiares.

Projeto
DA ESPADA À VELA: O MUNDO EM MUDANÇA

1. Declamando cantigas

Escolham uma das cantigas medievais estudadas nesta unidade ou uma das que compõem a seção **Para quem quer mais na Internet** e preparem a declamação do texto. Se possível, usem uma peça de vestuário da época, como, por exemplo, uma túnica de mangas amplas, uma faixa de tecido passada sob o queixo e puxada sobre as têmporas, um chapéu ou um capuz.

: Roupas e costumes na Idade Média.

2. A tradição medieval na literatura de cordel

Procurem, na literatura de cordel, informações sobre o *romance*, termo que designa as produções baseadas em temas e histórias da tradição popular e que está ligado também a uma forma tradicional em verso cultivada na península Ibérica durante a Idade Média. Entre os romances estão *os contos da carochinha* ou *contos de Trancoso* e os inspirados nos chamados *livros do povo*. Os primeiros falam de príncipes, fadas, monstros, feitiços, reinos encantados e dragões; seus heróis, jovens corajosos, vencem muitos obstáculos para chegar a uma jovem linda e inacessível e, finalmente, desposá-la. Os livros do povo contam histórias da imperatriz Porcina, da donzela Teodora, de Roberto do Diabo, de Carlos Magno e os doze pares da França.

Escolham um desses romances e façam para a classe a leitura dramatizada de um trecho dele.

3. A tradição medieval na música popular brasileira

Procurem aspectos das cantigas medievais nas letras de músicas dos compositores brasileiros Chico Buarque e Elomar Figueira de Melo.

Apresentem a pesquisa à classe utilizando, por exemplo, um narrador que mostre os elementos das cantigas medievais presentes na canção, enquanto outros membros do grupo tocam e cantam a composição. Se não for possível, gravem as músicas e apresentem-nas.

Thinkstock/Getty Images

4. Terra à vista!

Escolham uma destas propostas:

- Pesquisa sobre navegantes, cartas geográficas e expedições feitas ao Brasil e/ou à América antes de Pedro Álvares Cabral (leia o boxe "Afinal, quem descobriu o Brasil?").
- Pesquisa sobre os instrumentos e as técnicas de navegação que possibilitaram as grandes navegações dos séculos XV e XVI.
- Ficção e realidade: confronto entre a rota marítima realmente feita por Vasco da Gama e a que é relatada em *Os lusíadas*. Como fonte de pesquisa, leiam *Os lusíadas*, na versão adaptada da série Reencontro, da Editora Scipione.

Façam um cartaz com ilustrações e pequenos textos explicativos.

> Afinal, quem descobriu o Brasil?

Diz a tradição que o nome Brasil vem de pau-brasil, madeira cor-de-rosa. Mas a tradição é insuficiente quando se sabe que, desde 1339, o nome Brasil aparece em mapas. No século XIV, os planisférios [...] mostravam uma ilha Brasil, sempre a oeste dos Açores [...]

A primeira carta geográfica onde aparecem referências seguras ao Brasil real é o mapa de Cantino. Nele se podem ver papagaios, florestas e o contorno do litoral desde o norte até o sudeste. O trabalho foi encomendado pelo espião italiano Alberto Cantino, em 1502 [...] É um mistério como ele foi feito. Afinal, as únicas viagens oficiais de espanhóis e portugueses ao Brasil até 1502 foram as de Vicente Pinzón, ao estuário do Amazonas, e Pedro Álvares Cabral, até onde hoje é a Bahia. Como explicar, então, a presença, na carta, do desenho do litoral desde Cabo Frio até o Amazonas?

(*Superinteressante*, fev. 1998.)

Royal Geographical Society, Londres, Inglaterra

Mapa de 1502 em que aparece o contorno de grande parte do litoral brasileiro.

5. Camões em quadrinhos

Leiam *Os lusíadas*, de Fido Nesti (Editora Peirópolis), e *Lusíadas 2500*, de Laílson de Holanda Cavalcanti (Companhia Editora Nacional), adaptações da obra de Camões para a linguagem das histórias em quadrinhos. Comparem as duas versões e, em uma exposição oral, apontem diferenças entre elas e a obra original.

6. A comunidade lusófona

Escolham para pesquisa um destes temas:

- A comunidade lusófona: em que países se fala o português; quantos milhões de pessoas falam essa língua; diferenças entre o português brasileiro e o português lusitano.
- A situação da língua portuguesa em ex-colônias, como o Timor Leste, em que o português é falado juntamente com outras línguas.
- Situações interessantes mostradas no documentário *Língua – Vidas em português*, de Victor Lopes.

: Filme *Língua – Vidas em português*, de Victor Lopes.

7. Amor é fogo que arde

Escolham dois ou três sonetos da lírica amorosa camoniana e declamem-nos, individualmente, em dupla ou em forma de jogral e, se possível, com fundo musical.

> COMO MONTAR A MOSTRA

Com a orientação do professor, escolham um local para expor cartazes ou textos com os resultados das pesquisas que fizeram. Usem um mural ou uma parede para afixar os cartazes.

Elaborem um programa com apresentação de resultado de pesquisa, declamações, leituras dramáticas ou encenações, procurando alternar atividades, a fim de que a mostra se torne dinâmica e prenda a atenção do público. Escolham um colega para fazer o papel de apresentador e conduzir toda a programação.

⋮ *Mulher segurando balança* (1664), de Jan Vermeer van Delft.

UNIDADE 3

BARROCO: A ARTE DA INDISCIPLINA

O Renascimento deu ao homem o papel de senhor absoluto da terra, dos mares, da ciência e da arte. E o sentimento de que, por meio da razão, ele tudo podia. Mas até onde iria a aventura humanista?

No século XVII, por força de vários acontecimentos religiosos, políticos e sociais, valores religiosos e espirituais ressurgem, passando a conviver com os valores renascentistas.

A expressão artística desse momento de dualismo e contradição é o Barroco. Estudar esse movimento implica conhecer as condições em que vivia o homem da época, tanto na Europa quanto no Brasil-Colônia.

112

Léo Drummond/Nitro/Esculturas de Aleijadinho em Bom Jesus de Matosinhos, Congonhas do Campo, MG.

··INTERVALO··

Projeto:

A arte brasileira no período colonial

Produção de uma mostra sobre a arte brasileira do período colonial, incluindo artes plásticas, música, poesia e declamações de textos de poetas da época e textos que abordam o tema da Inconfidência Mineira.

[…]

Se pois como Anjo sois dos meus altares,
Fôreis o meu Custódio, e a minha guarda,
Livrara eu de diabólicos azares.

Mas vejo, que por bela, e por galharda,
Posto que os Anjos nunca dão pesares,
Sois Anjo, que me tenta, e não me guarda.

(Gregório de Matos. *Poemas escolhidos*. Organização de José Miguel Wisnik. São Paulo: Cultrix, s.d. p. 202.)

Fique ligado! Pesquise!

Para você ampliar seus conhecimentos sobre o Barroco na literatura e nas artes em geral, eis algumas sugestões:

- No bloco 4 do DVD *Literatura e outras linguagens*, há declamações, entrevistas, depoimentos, trechos de filmes e músicas relacionados com o Barroco. Converse com o professor sobre a possibilidade de assistir a esse bloco.
- *Moça com brinco de pérola*, de Peter Webber; *A rainha Margot*, de Patrice Chéreau; *Gregório de Matos*, de Ana Carolina; *Caravaggio*, de Derek Jarman; *O homem da máscara de ferro*, de Randall Wallace; *Mary Stuart – Rainha da Escócia*, de Charles Jarrot; *As bruxas de Salem*, de Nicholas Hytner.

- *Moça com brinco de pérola*, de Tracy Chevalier (Bertrand Brasil); *As missões*, de Júlio Quevedo (Ática); *Os sermões*, de Pe. Antônio Vieira (Cultrix); *Antologia poética*, de Gregório de Matos (Ediouro); *Melhores poemas*, de Gregório de Matos (Global); *A vida é sonho*, de Calderón de la Barca (Abril Cultural); *Cid e Horácio: tragédia em cinco atos*, *Três tragédias: Phedra, Esther e Athalia*, de Corneille (Ediouro); *O avarento* (Ediouro), *Don Juan* (L&PM), *Escola de mulheres* (Nórdica), *O burguês ridículo*, de Molière (Sete Letras); *O mundo de Sofia*, de Jostein Gaarder (Companhia das Letras).

- Ouça a produção musical dos compositores barrocos Antonio Vivaldi, Johann Sebastian Bach e Georg Friedrich Haendel. E também os CDs: *Música do Brasil colonial – Compositores mineiros*; *Padre João de Deus de Castro Lobo – Missa e credo para oito vozes*; *Sacred Music from 18th century – Brasil*; *Sermão de Santo Antônio aos peixes (Saulos)*. Ouça também a canção "Pecado original", de Caetano Veloso, e descubra pontos de contato entre ela e as ideias do Barroco.

- www.revista.agulha.nom.br/grego.html
- www.brasiliana.usp.br/bbd/search?filtertype=*&filter= sermoes+padre+vieira&submit_search-filter-controls_add=Buscar
- www.vidaslusofonas.pt/padre_antonio_vieira.htm
- www.memoriaviva.com.br/gregorio/

- Visite as cidades que possuem igrejas e museus com obras dos séculos XVII e XVIII, como Ouro Preto, Mariana, São João del-Rei, Sabará, Tiradentes, Diamantina, Salvador, Olinda e Recife, entre outras.

Observe o quadro *As vaidades da vida humana* (1645), de Harmen Steenwyck, e responda às questões propostas.

1. O quadro de Steenwyck é considerado uma natureza-morta, um tipo de pintura que retrata objetos e seres inanimados ou mortos: um jarro com flores, uma cesta com frutas ou outros alimentos, etc. Por que o quadro de Steenwyck pode ser considerado natureza-morta?

2. Observe que o centro da tela é ocupado por um crânio humano. Com base no nome do quadro e na posição do crânio, levante hipóteses: Qual é o tema central do quadro?

3. Essa natureza-morta é constituída por símbolos, isto é, elementos que adquiriram certos significados na história de nossa cultura, como a concha vazia, o cronômetro, a espada japonesa, a flauta e a charamela, a lâmpada apagada, o livro, o jarro de vinho (à direita) e o crânio. Conheça, ao lado, o significado de alguns deles.

Concha vazia: símbolo da riqueza e da perfeição; como está vazia, também sugere a morte.

A flauta e a charamela: instrumentos musicais relacionados ao amor; por sua forma alongada, fálica, são elementos que fazem referência ao universo masculino.

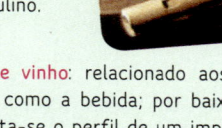

O jarro de vinho: relacionado aos prazeres materiais, como a bebida; por baixo da alça, porém, nota-se o perfil de um imperador romano, sugerindo o desejo humano de glória, de poder.

O livro: o conhecimento, a sabedoria.

a) Nesses símbolos, estão representados os prazeres e valores do homem da época. Quais são eles?

b) O quadro tem por título *As vaidades da vida humana*. A palavra *vaidade* origina-se do latim *vanitas*, que significa "o que é vão, sem valor". Qual é, portanto, a visão do artista sobre esses valores da época?

c) Considerando-se o significado do crânio e sua posição de destaque no quadro, o que, na visão do artista, estaria acima de todos esses valores?

4. Atrás e acima do crânio, aparece uma lâmpada recém-apagada, conforme sugere o tênue fio de fumaça que sai dela. Considerando que o fogo, a chama e a luz associam-se à ideia de vida, responda:

a) O que a lâmpada apagada representa?

b) Que outros elementos do quadro, além do crânio, apresentam o mesmo significado da lâmpada?

5. Observe que, da parte esquerda e superior do quadro, desce um raio de luz, criando um contraste entre o claro, que vai do centro para a esquerda, e o escuro, que vai do centro para a direita. Na cultura cristã, a luz é um símbolo do divino e do eterno.

a) O fato de a luz, no quadro, incidir primeiramente sobre o crânio, que representa a morte, sugere uma oposição. Qual é o dualismo barroco existente nessa oposição?

b) Por que se pode dizer que esse quadro é uma espécie de advertência ao ser humano?

6. Há, a seguir, um conjunto de elementos essenciais à arte e à literatura barroca, como:

- consciência da efemeridade da vida e do tempo
- concepção trágica da vida
- figuração
- jogo de claro e escuro
- oposição entre o mundo material e o mundo espiritual
- morbidez
- requinte formal

Quais desses elementos podem ser identificados na tela *As vaidades da vida humana*, de Steenwyck?

: *Natureza-morta* (1620), quadro de Abraham van Beyeren.

: *Natureza-morta com crânio*, de Letellier.

Musée des Beaux-Arts, Rouen, França

: *A flagelação de Cristo* (c. 1605-07), de Caravaggio.

A linguagem do Barroco

O Barroco — a arte que predominou no século XVII — registra um momento de crise espiritual na cultura ocidental. Nesse momento histórico, conviviam duas mentalidades, duas formas distintas de ver o mundo: de um lado o paganismo e o sensualismo do Renascimento, em declínio; de outro, uma forte onda de religiosidade, que lembrava o teocentrismo medieval.

No século XVI, o Renascimento representou o retorno à cultura clássica greco-latina e a vitória do antropocentrismo. No século XVII, surgiu o Barroco, um movimento artístico ainda com alguns vínculos com a cultura clássica, mas que buscava caminhos próprios, condizentes com as necessidades de expressão daquele momento.

Os dois primeiros textos a seguir são de autoria de Gregório de Matos, o principal poeta barroco brasileiro; o terceiro é de Pe. Antônio Vieira, sermonista renomado e o principal escritor barroco de Portugal. Leia-os e responda às questões propostas.

TEXTO I

Nasce o Sol, e não dura mais que um dia,
Depois da Luz se segue a noite escura,
Em tristes sombras morre a formosura,
Em contínuas tristezas a alegria.

Porém, se acaba o Sol, por que nascia?
Se é tão formosa a Luz, por que não dura?
Como a beleza assim se transfigura?
Como o gosto da pena assim se fia?

Mas no Sol, e na Luz falte a firmeza,
Na formosura não se dê constância,
E na alegria sinta-se tristeza.

Começa o mundo enfim pela ignorância,
E tem qualquer dos bens por natureza
A firmeza somente na inconstância.

(Gregório de Matos. *Poemas escolhidos*. Organização de José Miguel Wisnik. São Paulo: Cultrix, s.d. p. 317.)

> **inconstância**: variabilidade, volubilidade.

TEXTO II

Carregado de mim ando no mundo,
E o grande peso embarga-me as passadas,
Que como ando por vias desusadas,
Faço o peso crescer, e vou-me ao fundo.

O remédio será seguir o imundo
Caminho, onde dos mais vejo as pisadas,
Que as bestas andam juntas mais ousadas,
Do que anda só o engenho mais profundo.

Não é fácil viver entre os insanos,
Erra, quem presumir que sabe tudo,
Se o atalho não soube dos seus danos.

O prudente varão há de ser mudo,
Que é melhor neste mundo, mar de enganos,
Ser louco c'os demais, que só, sisudo.

(Gregório de Matos. In: *Poemas escolhidos*, cit., p. 253.)

> **c'os**: com os.
> **engenho**: talento, argúcia, capacidade inventiva.
> **insano**: demente, insensato.
> **sisudo**: ajuizado.
> **varão**: homem adulto, respeitável.

Escultura de Aleijadinho.

Êxtase de Santa Teresa, de Lorenzo Bernini.

[...]

Duas coisas prega hoje a Igreja a todos os mortais, ambas grandes, ambas tristes, ambas temerosas, ambas certas. Mas uma de tal maneira certa e evidente, que não é necessário entendimento para crer; outra de tal maneira certa e dificultosa, que nenhum entendimento basta para a alcançar. Uma é presente, outra futura, mas a futura veem-na os olhos, a presente não a alcança o entendimento. E que duas coisas enigmáticas são estas? *Pulvis es, tu in pulverem reverteris*: Sois pó, e em pó vos haveis de converter, – Sois pó, é a presente; em pó vos haveis de converter, é a futura. O pó futuro, o pó em que nos havemos de converter, veem-no os olhos; o pó presente, o pó que somos, nem os olhos o veem, nem o entendimento o alcança. [...]

(Pe. Antônio Vieira. In: *Barroco*. São Paulo: Harbra, 2009. p. 14.)

A coroação de espinhos (1618-20), de Van Dyck.

Museu do Prado, Madri, Espanha

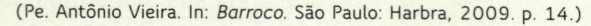

1. No texto I, o eu lírico aborda o tema da efemeridade ou inconstância das coisas do mundo, que fazia parte das preocupações do homem barroco.

a) Na primeira estrofe, como ele apresenta essa percepção da efemeridade?

b) Das mudanças apontadas, qual afeta o estado de ânimo do eu lírico?

2. O eu lírico do texto I não compreende a razão da instabilidade das coisas.

a) Em que estrofe se nota claramente o sentimento de inconformismo com a instabilidade? Justifique sua resposta.

b) No final do texto, a que conclusão sobre a inconstância das coisas o eu lírico chega?

3. Os dois primeiros poemas apresentam aspectos em comum, como, por exemplo, o tipo de composição poética, o tipo de imagens e o tema.

a) Qual é o tipo de composição poética desses textos?

b) No texto II, que imagem o eu lírico emprega logo no primeiro verso para se referir ao seu modo de estar no mundo?

c) Que outras expressões desse texto têm vínculo semântico com essa imagem?

d) As imagens dos dois textos são auditivas, táteis, olfativas ou visuais?

4. O texto II aborda o tema do "desconcerto do mundo", isto é, o sentimento de desagregação e estranhamento do eu lírico em relação ao mundo.

a) Identifique no poema um trecho que exemplifique essa postura do eu lírico.

b) Que imagem, presente na última estrofe do poema, corresponde à concepção de mundo do eu lírico do texto I?

5. A linguagem barroca geralmente busca expressar estados de conflito espiritual. Por isso, faz uso de inversões, antíteses e paradoxos, entre outros recursos. Identifique nos textos I e II:

a) exemplos de inversão quanto à estrutura sintática;

b) exemplos de antíteses e paradoxos.

6. O texto III apresenta uma explicação religiosa para a inconstância mencionada nos textos I e II.

a) Em que consiste essa explicação?

b) Levante hipóteses: Considerando que o autor do texto era um religioso empenhado na conversão das pessoas ao catolicismo, qual seria, para ele, o meio de escapar à inconstância das coisas no mundo?

7. Leia o boxe "Cultismo e conceptismo", na página seguinte, e procure nos textos elementos que se identifiquem com as duas tendências de estilo presentes no Barroco.

Cultismo e conceptismo

Duas tendências de estilo se manifestaram no Barroco. São elas:

- **Cultismo**: gosto pelo rebuscamento formal, caracterizado por jogos de palavras, grande número de figuras de linguagem e vocabulário sofisticado, e pela exploração de efeitos sensoriais, tais como cor, som, forma, volume, sonoridade, imagens violentas e fantasiosas.
- **Conceptismo** (do espanhol *concepto*, "ideia"): jogo de ideias, constituído pelas sutilezas do raciocínio e do pensamento lógico, por analogias, histórias ilustrativas, etc.

Embora seja mais comum a manifestação do cultismo na poesia e a do conceptismo na prosa, é normal aparecerem ambos em um mesmo texto. Além disso, essas tendências não se excluem. Um mesmo escritor tanto pode pender para uma delas quanto apresentar traços de ambas as tendências.

Carpe diem: aproveita o tempo!

A consciência da efemeridade do tempo já existia na poesia clássica anterior ao Barroco. E ela geralmente levava os poetas ao *carpe diem* (em latim, "colhe o dia", "aproveita o dia"), ou seja, ao desejo de aproveitar a vida enquanto ela dura, o que quase sempre resultava num convite amoroso e sensual à mulher amada.

No Barroco, em virtude do forte sentimento religioso da época, o *carpe diem* também se fez presente, mas quase sempre revestido de culpa e conflito.

O filme *Sociedade dos poetas mortos* introduz brilhantemente o tema do *carpe diem* quando o professor de literatura, representado pelo ator Robin Williams, pergunta a seus alunos: "Estão vendo todos estes alunos das fotos, que parecem fortes, eternos? Estão todos mortos. *Carpe diem...*".

François Duhamel/Corbis/Latinstock

Cena de *Sociedade dos poetas mortos*.

Como síntese do estudo feito até aqui, compare as características do Barroco com as do Classicismo:

BARROCO	CLASSICISMO
Quanto ao conteúdo	
Conflito entre visão antropocêntrica e teocêntrica	Antropocentrismo
Oposição entre o mundo material e o mundo espiritual; visão trágica da vida	Equilíbrio
Conflito entre fé e razão	Racionalismo
Cristianismo	Paganismo
Morbidez	Influência da cultura greco-latina
Idealização amorosa; sensualismo e sentimento de culpa cristã	Idealização amorosa; neoplatonismo; sensualismo
Consciência da efemeridade do tempo	Universalismo
Gosto por raciocínios complexos, intrincados, desenvolvidos em parábolas e narrativas bíblicas	Busca de clareza
Carpe diem	
Quanto à forma	
Gosto pelo soneto	Gosto pelo soneto
Emprego da medida nova (poesia)	Emprego da medida nova (poesia)
Gosto pelas inversões e por construções complexas e raras; emprego frequente de figuras de linguagem como a antítese, o paradoxo, a metáfora, a metonímia, etc.	Busca do equilíbrio formal

O TEXTO E O CONTEXTO EM PERSPECTIVA MULTIDISCIPLINAR

Leia, a seguir, o infográfico e um painel de textos interdisciplinares que relacionam a produção literária do Barroco ao contexto histórico, social, religioso e cultural em que o movimento floresceu. Após a leitura, responda às questões propostas.

Galeria Uffizi, Florença, Itália

Gravura em cobre colorida, de autor anônimo. S. Salvador, séc. XVIII, ocupação holandesa/Coleção particular

1545-1563	1549	1580	1593-1594	1601	1609	1622	1624	1640
Realização do Concílio de Trento	Chegada da Companhia de Jesus ao Brasil	Passagem de Portugal ao domínio espanhol	Pintura de *Baco*, por Caravaggio	Publicação de *Prosopopeia*, de Bento Teixeira, e início do Barroco	Chegada de Pe. Antônio Vieira à Bahia	Fundação dos primeiros engenhos de cana-de-açúcar no Maranhão	Invasão holandesa na Bahia	Fim da união das Coroas ibéricas e restauração da Coroa portuguesa

O que é o Barroco?

"Barroco", uma palavra portuguesa que significava "pérola irregular, com altibaixos", passou bem mais tarde a ser utilizada como termo desfavorável para designar certas tendências da arte seiscentista. Hoje, entende-se por estilo barroco uma orientação artística que surgiu em Roma na virada para o século XVII, constituindo até certo ponto uma reação ao artificialismo maneirista do século anterior. O novo estilo estava comprometido com a emoção genuína e, ao mesmo tempo, com a ornamentação vivaz. O drama humano tornou-se elemento básico na pintura barroca e era em geral encenado com gestos teatrais muitíssimo expressivos, sendo iluminado por um extraordinário claro-escuro e caracterizado por fortes combinações cromáticas.

(Wendy Beckett. *História da pintura*. São Paulo: Ática, 1987. p. 173.)

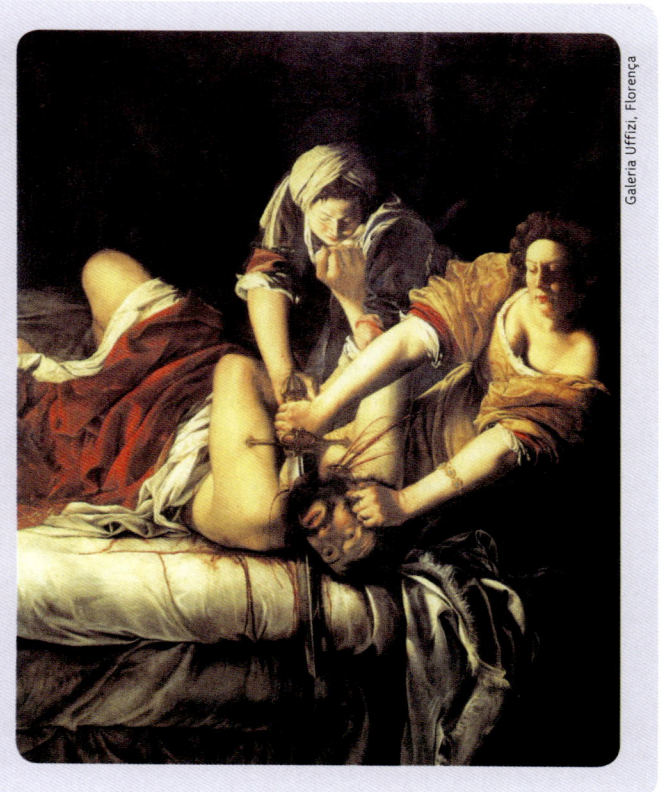

Galeria Uffizi, Florença

: *Judite ao matar Holofernes* (1612-21), de Artemisia Gentileschi.

120

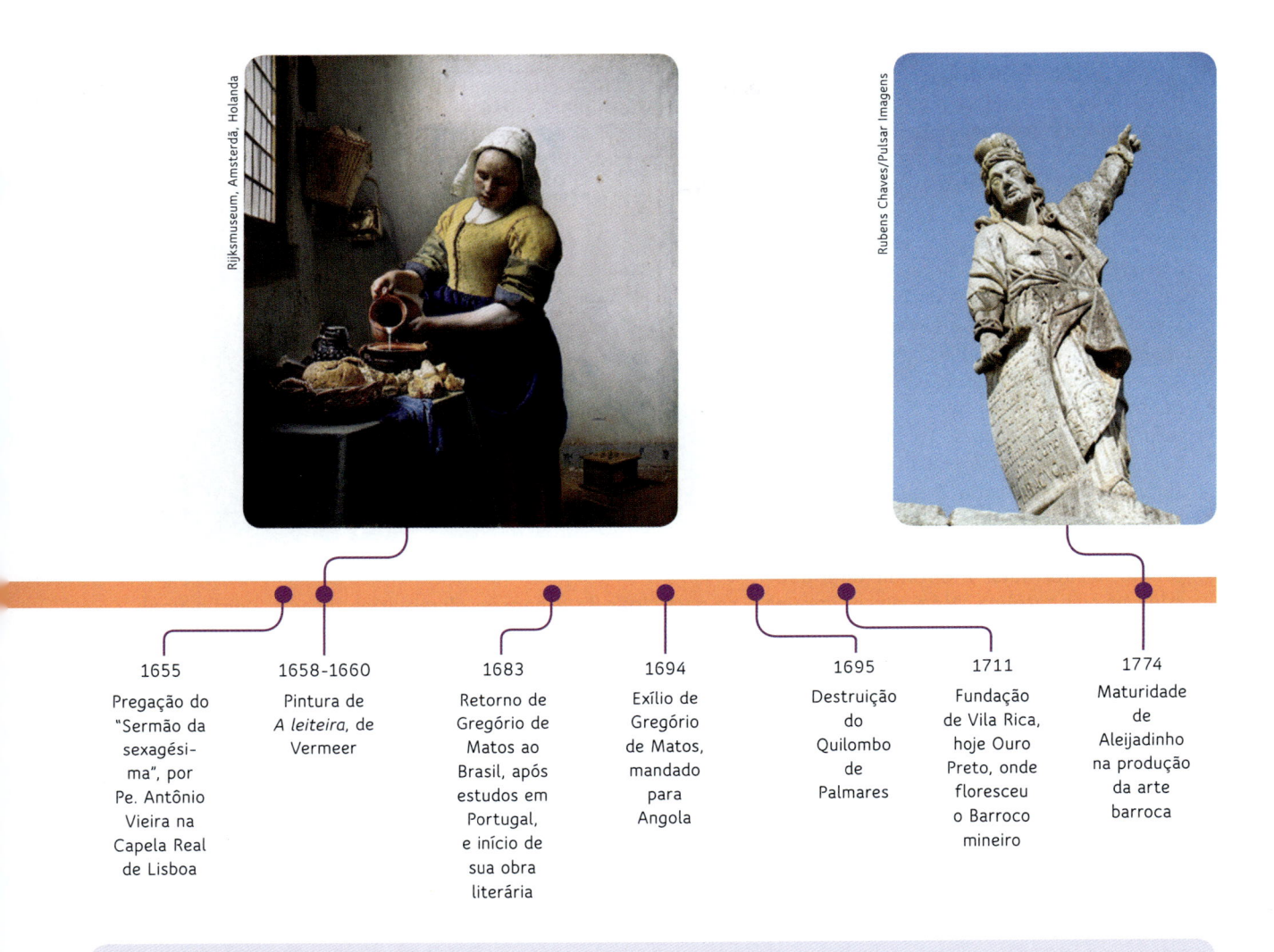

Rijksmuseum, Amsterdã, Holanda

Rubens Chaves/Pulsar Imagens

1655	1658-1660	1683	1694	1695	1711	1774
Pregação do "Sermão da sexagésima", por Pe. Antônio Vieira na Capela Real de Lisboa	Pintura de *A leiteira*, de Vermeer	Retorno de Gregório de Matos ao Brasil, após estudos em Portugal, e início de sua obra literária	Exílio de Gregório de Matos, mandado para Angola	Destruição do Quilombo de Palmares	Fundação de Vila Rica, hoje Ouro Preto, onde floresceu o Barroco mineiro	Maturidade de Aleijadinho na produção da arte barroca

Barroco: a expressão ideológica da Contrarreforma

De maneira geral, o Barroco é um estilo identificado com uma ideologia, e sua unidade resulta de atributos morfológicos a traduzir um conteúdo espiritual, uma ideologia.

A ideologia barroca foi fornecida pela Contrarreforma e pelo Concílio de Trento, a que se deve o colorido peculiar da época, em arte, pensamento, religião, concepções sociais e políticas. Se encararmos a Renascença como um movimento de rebelião na arte, filosofia, ciências, literatura – contra os ideais da civilização medieval, ao lado de uma revalorização da Antiguidade clássica, [...] –, podemos compreender o Barroco como uma contrarreação a essas tendências sob a direção da Contrarreforma católica, numa tentativa de reencontrar o fio perdido da tradição cristã, procurando exprimi-la sob novos moldes intelectuais e artísticos. Esse duelo entre o elemento cristão legado da Idade Média, e o elemento pagão, racionalista e humanista, instaurado pelo renascimento sob o influxo da Antiguidade, enche a Era Moderna, até que no final do século XVIII, por meio do Filosofismo, do Iluminismo e da Revolução Francesa, a corrente racionalista logrou a supremacia. [...] São, por isso, o dualismo, a oposição ou as oposições, contrastes e contradições, o estado de conflito e tensão, oriundos do duelo entre o espírito cristão, antiterreno, teocêntrico, e o espírito secular, racionalista, mundano, que caracterizam a essência do barroco.

(Afrânio Coutinho. *Introdução à literatura no Brasil*. 10. ed. Rio de Janeiro: Civilização Brasileira, 1980. p. 98-9.)

A literatura barroca e a propagação da fé católica

Se o século XVI, ainda renascentista, conseguiu combinar na literatura a visão de mundo cristã, o humanismo da época e o paganismo da literatura greco-romana, o século XVII distinguir-se-á do anterior e do seguinte, na Península Ibérica, por uma visão eminentemente católica. Não mais cristã, simplesmente, mas católica, a partir de uma visão bastante dogmática do cristianismo.

O Concílio de Trento, que durou de 1545 a 1563, ligou ainda mais estreitamente a Igreja católica e as monarquias ibéricas, imbricando Igreja e Estado de tal forma que os interesses e funções de ambos muitas vezes se confundiam. Esse casamento durou todo o século XVII, só estremecendo no século XVIII. Como Espanha e Portugal tinham ficado fora das reformas protestantes, foi neles que se concentrou a reação católica. Tratava-se de combater toda e qualquer manifestação que lembrasse algum traço dos movimentos protestantes e, ao mesmo tempo, de formular e difundir uma doutrina oficial católica. Além disso, impunha-se participar da expansão ultramarina ibérica, com a finalidade de expandir também o catolicismo. Desse modo, o empenho doutrinador e a vigilância contra as heresias protestantes, que o clero e as ordens religiosas exerciam nas duas nações ibéricas, estendiam-se aos seus mundos coloniais no Oriente e no Ocidente.

: Concílio de Trento, em 1563.

[...] Com isso, mais que agradar e concorrer para aperfeiçoar as relações dos homens entre si, a literatura deveria participar dessa disputa ou dessa guerra [entre catolicismo e protestantismo], afirmando e reproduzindo no plano do sensível tudo aquilo que a Igreja pregava no plano do inteligível. O que não quer dizer que a literatura se tenha reduzido a isso. Mas para sua aceitação e difusão – já que todo livro ou publicação deveria receber a aprovação e licença da Mesa do Santo Ofício da Inquisição para não ser censurado – deveria passar por isso, demonstrar de alguma forma sua adequação às funções de afirmação e propagação da fé católica.

(Luiz Roncari. *Literatura brasileira – Dos primeiros cronistas aos últimos românticos*. 2. ed. São Paulo: Edusp/FDE, 1995. p. 94, 96-7.)

• Roteiro de estudo •

Ao final da leitura dos textos, você deverá:

• Saber explicar, considerando o contexto cultural e artístico de onde nasce o Barroco, por que ele recebeu esse nome, em cujo significado está a noção de "pérola imperfeita".

• Saber comentar a afirmação de Afrânio Coutinho de que o Barroco é uma "tentativa de reencontrar o fio perdido da tradição cristã".

• Saber explicar por que o dualismo presente na arte barroca está relacionado com duas concepções diferentes de mundo.

• Compreender por que o Barroco contribuiu para a propagação da fé católica.

Fabio Colombini

CAPÍTULO 7

O Barroco no Brasil

Diferentemente do Barroco europeu, que se voltou principalmente às exigências de um público aristocrático, o Barroco brasileiro nasceu e se desenvolveu em condições bastante diferentes, ganhando características próprias, como as que se veem na poesia do baiano Gregório de Matos.

Século XVII. O Brasil era o grande celeiro da cana-de-açúcar. Os colonos portugueses que vinham para cá estavam interessados na exploração desse produto e no enriquecimento rápido. Poucos entre eles sabiam ler e escrever. Entretanto, aos poucos foi surgindo na colônia um grupo de pessoas cuja formação intelectual acontecia em Portugal — geralmente advogados, religiosos ou homens de letras, na maioria filhos de comerciantes ricos ou de fidalgos instalados no Brasil. Essa elite foi responsável pelo nascimento de uma literatura brasileira, inicialmente frágil, presa a modelos lusitanos e sem um público consumidor ativo e influente.

A realidade brasileira era então muito diferente da portuguesa. Tratava-se de um centro de comércio relacionado à exploração da cana-de-açúcar; de uma realidade de violência, em que se escravizava o negro e se perseguia o índio. Não se via aqui o luxo e a pompa da aristocracia europeia, que, como público consumidor, apreciava e estimulava o refinamento da arte.

123

Apesar disso, os modelos literários portugueses chegaram ao Brasil, e o Barroco, cujas origens aqui se confundem com as da nossa própria literatura, deu seus primeiros passos no país. Não havia sentimento de grupo ou de coletividade: a literatura produzida em meio ao espírito de aventura e de ganância da mentalidade colonialista foi fruto de esforços individuais. Aqueles que escreviam encontraram na literatura um instrumento para criticar e combater essa mentalidade, para moralizar a população por meio dos princípios da religião ou, ainda, para dar vazão a sentimentos pessoais profundos.

O Barroco no Brasil ganhou grande impulso entre 1720 e 1750, quando foram fundadas várias academias literárias por todo o país. Nas artes plásticas, esse desenvolvimento só aconteceu no século XVIII, quando, em decorrência da descoberta do ouro em Minas Gerais, construíram-se igrejas de estilo barroco no país.

A obra considerada tradicionalmente o marco inicial do Barroco brasileiro é *Prosopopeia* (1601), de Bento Teixeira, um poema que procura imitar *Os lusíadas*.

Os escritores barrocos brasileiros que mais se destacaram são:

- **na poesia**: Gregório de Matos, Bento Teixeira, Botelho de Oliveira e Frei Itaparica;
- **na prosa**: Pe. Antônio Vieira, Sebastião da Rocha Pita e Nuno Marques Pereira.

PE. ANTÔNIO VIEIRA: A LITERATURA COMO MISSÃO

Antônio Vieira (1608-1697) é a principal expressão do Barroco em Portugal. Sua obra pertence tanto à literatura portuguesa quanto à brasileira.

Português de origem, Vieira tinha 7 anos quando veio com a família para o Brasil. Na Bahia estudou com os jesuítas e espontaneamente ingressou na ordem da Companhia de Jesus, iniciando seu noviciado com apenas 15 anos. A maior parte de sua obra foi escrita no Brasil e está relacionada com as inúmeras atividades que o autor desempenhou como religioso, como conselheiro de D. João IV, rei de Portugal, e como mediador e representante de Portugal em relações econômicas e políticas com outros países.

José Rodrigues Nunes

: Pe. Antônio Vieira.

O homem de ação

Embora religioso, Vieira nunca restringiu sua atuação à pregação religiosa. Sempre pôs seus sermões a serviço das causas políticas que abraçava e defendia e, por isso, se indispôs com muita gente: com os pequenos comerciantes, com os colonos que escravizavam índios e até com a Inquisição.

Valendo-se do púlpito – único meio de propagação de ideias às multidões no Nordeste brasileiro do século XVII –, Vieira pregou a índios, brancos e negros, a brasileiros, africanos e portugueses, a dominadores e dominados. Suas ideias políticas foram postas em prática por meio da catequese, da defesa do índio e do domínio português sobre a colônia por ocasião da invasão holandesa.

Embora Vieira defendesse os índios da escravidão, seus sermões não tinham a mesma postura em relação à escravização dos negros. Limitavam-se a descrever a situação a que eram submetidos os negros e apontar-lhes a perspectiva de uma vida pós-morte que compensasse os sofrimentos em vida. O historiador Luiz Roncari comenta:

> A realidade na qual Vieira procura interferir não é diretamente a exterior, mas a interior, tentando mudar as convicções tanto dos negros como dos brancos. Por isso nestes sermões ele se dirige aos dois, ora a um, ora a outro, sabendo que o ouvem continuamente.
>
> (*Literatura brasileira - Dos primeiros cronistas aos últimos românticos*. 2. ed. São Paulo: Edusp/FDE, 1995. p. 167.)

Vieira e a Inquisição

No romance histórico *Boca do Inferno*, de Ana Miranda, no qual Vieira é personagem, a narradora faz referência às inimizades do escritor:

> As ideias que Vieira pregava perturbavam o conforto do pensamento. O fanatismo religioso destruía filósofos, como Giordano Bruno; arcebispos, como o de Spalato; cientistas, como Marco Antonio Dominis. Até mesmo o rei Carlos I da Inglaterra foi levado ao cadafalso pela intolerância religiosa. Mas Antônio Vieira não se atemorizava com tamanho poder e enfrentava a Inquisição a ponto de Cristóvão Soares dizer que ele não morreria na Companhia de Jesus. Mas certo é que acabasse nas mãos do Santo Ofício. Vieira era, então, o homem mais odiado de Portugal. E quanto mais era odiado pela Inquisição, mais a desafiava.

Como exemplo dessa atitude de Vieira, veja este fragmento do "Sermão vigésimo sétimo":

> Umas religiões são de descalços, outras de calçados; a vossa é de descalços e despidos. O vosso hábito é da vossa mesma cor; porque não vos vestem as peles das ovelhas e camelos, como a Elias, mas aquelas com que vos cobriu ou descobriu a natureza, expostos aos calores do sol e frios das chuvas. A vossa pobreza é mais pobre que a dos menores, e a vossa obediência mais sujeita que a dos que nós chamamos mínimos. As vossas abstinências mais merecem nome de fome, que de jejum, e as vossas vigílias não são de uma hora à meia-noite, mas de toda a noite sem meio. A vossa regra é uma ou muitas, porque é a vontade e vontades de vossos senhores. Vós estais obrigados a eles, porque não podeis deixar o seu cativeiro, e eles não estão obrigados a vós, porque vos podem vender a outro, quando quiserem. Em uma só religião se acha este contrato, para que também a vossa seja nisto singular. Nos nomes do vosso tratamento não falo, porque não são de reverência nem de caridade, mas de desprezo e afronta. Enfim, toda a religião tem fim e vocação, e graça particular. A graça da vossa são açoutes e castigos [...].
>
> (Idem, p. 168.)

O visionário

Vieira teve também um pouco de sonhador e profeta e chegou a escrever três obras com esse conteúdo: *História do futuro*, *Esperanças de Portugal* e *Clavis prophetarum*.

Baseado em textos bíblicos e nos textos e nas profecias do poeta português Bandarra, Vieira acreditava na ressurreição do rei D. João IV, seu protetor, morto em 1656. Essas ideias estão em sua obra *Esperanças de Portugal*, motivo por que, entre 1665 e 1667, foi processado e preso pela Inquisição, que ainda lhe cassou o direito de palavra em Portugal.

Nesse processo também lhe pesaram acusações de envolvimento com cristãos-novos (judeus convertidos ao cristianismo por medo de perseguições). Em vez de atacar os judeus, como se fazia em vários países católicos por influência da Inquisição, Vieira defendia a permanência e a entrada deles em Portugal como forma de estimular o comércio naquele país. Por outro lado, prevendo um "Terceiro Estado" da Igreja, tinha interesse em fazer um acordo teológico secreto com os judeus.

O orador

As qualidades de Vieira como orador são incomparáveis. Aliando sua formação jesuítica à estética barroca em voga, pronunciou sermões que se tornaram ao mesmo tempo a expressão máxima do Barroco em prosa sacra e uma das principais expressões ideológicas e literárias da Contrarreforma. Pregou no Brasil, em Portugal e na Itália, sempre com grande repercussão.

Entre a vasta produção do autor, que conta com mais de duzentos sermões e quinhentas cartas, destacam-se:

- "Sermão da sexagésima": proferido na Capela Real de Lisboa em 1655, tematiza a arte de pregar.
- "Sermão pelo bom sucesso das armas de Portugal contra as de Holanda": proferido na Bahia em 1640, coloca-se contrário à invasão holandesa.
- "Sermão de Santo Antônio (aos peixes)": proferido no Maranhão em 1654, ataca a escravização de índios.
- "Sermão do mandato": proferido na Capela Real de Lisboa em 1645, desenvolve o tema do amor místico.

Sermão sobre sermões

O discurso de Vieira, no "Sermão da sexagésima" é uma instrução aos pregadores sobre a técnica da pregação. Nele, o religioso censura quem floreia o discurso em lugar de privilegiar a reflexão argumentativa. Veja este trecho, do sexto capítulo do sermão:

Há-de tomar o pregador uma só matéria; há-de defini-la, para que se conheça; há-de dividi-la, para que se distinga; há-de prová-la com a Escritura; há-de confirmá-la com o exemplo; há-de amplificá-la com as causas, com os efeitos, com as circunstâncias, com as conveniências que hão-de seguir, com os inconvenientes que se devem evitar; há-de responder às dúvidas, há-de satisfazer as dificuldades; há-de impugnar e refutar com toda a força da eloquência os argumentos contrários; e depois disto há-de colher, há-de apertar, há-de concluir; há-de persuadir; há-de acabar. Isto é o sermão, isto é pregar; e o que não é isto, é falar de mais alto.

(Revista *Língua Portuguesa*, nº 38.)

A função dos púlpitos no Brasil colonial

Hoje, nossas opiniões sobre a vida e o mundo são formadas a partir de relações com uma série de instituições e meios de comunicação: escolas, igrejas, clubes, teatros, cinemas, livros, revistas, jornais, rádio, televisão, etc. Mas, para o homem da acanhada sociedade brasileira do século XVII, não existia outro espaço onde se informar e refletir sobre os fatos da vida e do mundo a não ser o da Igreja. [...] Na hora dos sermões, os padres, nos púlpitos, tratavam de todos os assuntos que envolviam e preocupavam seu auditório, dependendo da sensibilidade que tivessem para os detectar.

(Luiz Roncari, op. cit., p. 148.)

LEITURA

Você vai ler a seguir um fragmento do "Sermão pelo bom sucesso das armas de Portugal contra as de Holanda", pregado por Vieira em Salvador, em 1640. Nesse ano, os holandeses apertaram o cerco à cidade; em todos os templos, fizeram-se preces e sermões exortando baianos e portugueses a defenderem a terra contra a invasão iminente.

Sermão pelo bom sucesso das armas de Portugal contra as de Holanda

Levanta-te! Por que dormes, Senhor? Levanta-te e não repilas para sempre. Por que voltas a face? Esqueceste da nossa miséria e da nossa tribulação? Levanta-te, Senhor, ajuda-nos e redime-nos em atenção ao teu nome.

(Salmo XLIII, 23-26.)

Com estas palavras piedosamente resolutas, mais protestando que orando, dá fim o Profeta Rei ao Salmo XLIII — Salmo que, desde o princípio até o fim, não parece senão cortado para os tempos e ocasião presente. O Doutor Máximo S. Jerônimo, e depois dele os outros expositores, dizem que se entende à letra de qualquer reino ou província católica, destruída e assolada por inimigos da Fé. Mas entre todos os reinos do Mundo a nenhum lhe quadra melhor, que ao nosso Reino de Portugal; e entre todas as províncias de Portugal a nenhuma vem mais ao justo que à miserável província do Brasil. Vamos lendo todo o Salmo, e em todas as cláusulas dele veremos retratadas as da nossa fortuna: o que fomos e o que somos.

[...] "Ouvimos (começa o Profeta) a nossos pais, lemos nossas histórias e ainda os mais velhos viram, em parte, com seus olhos, as obras maravilhosas, as proezas, as vitórias, as conquistas, que por meio dos portugueses obrou em tempos passados vossa onipotência, Senhor." [...] "Vossa mão foi a que venceu e sujeitou tantas nações bárbaras, belicosas e indômitas, e as despojou do domínio de suas próprias terras para nelas os plantar como plantou com tão bem fundadas raízes; e para nelas o dilatar, como dilatou e estendeu em todas as partes do Mundo, na África, na Ásia, na América." [...]

Porém agora, Senhor, vemos tudo isso tão trocado, que já parece que nos deixastes de todo e nos lançastes de vós, porque já não ides diante das nossas bandeiras, nem capitaniais como dantes os nossos exércitos. [...]

Considerai, Deus meu — e perdoai-me se falo inconsideradamente — considerai a quem tirais as terras do Brasil e a quem as dais. Tirais estas terras aos portugueses, a quem no princípio as destes [...], tirais estas terras àqueles mesmos portugueses a quem escolhestes entre todas as nações do Mundo para conquistadores da vossa Fé, e a quem destes por armas como

Capa do filme *Palavra e utopia*, do cineasta português Manoel de Oliveira. Mais do que um filme biográfico, a obra é um documento sobre a arte do dizer e do pensar. O papel de Vieira é feito pelo ator brasileiro Lima Duarte.

insígnia e divisa singular vossas próprias chagas. E será bem, Supremo Senhor e Governador do Universo, que às sagradas quinas de Portugal e às armas e chagas de Cristo, sucedam as heréticas listas de Holanda, rebeldes a seu rei e a Deus?

[...]

Finjamos, pois, (o que até fingido e imaginado faz horror), finjamos que vem a Bahia e o resto do Brasil a mãos dos holandeses; que é o que há de suceder em tal caso? — Entrarão por esta cidade com fúria de vencedores e de hereges; não perdoarão a estado, a sexo nem a idade; com os fios dos mesmos alfanjes medirão a todos; chorarão as mulheres, vendo que se não guarda decoro à sua modéstia; chorarão os velhos, vendo que não se guarda respeito a suas cãs; chorarão os nobres, vendo que se não guarda cortesia à sua qualidade; chorarão os religiosos e veneráveis sacerdotes, vendo que até as coroas sagradas os não defendem; chorarão finalmente todos, e entre todos mais lastimosamente os inocentes, porque nem a esses perdoará (como em outras ocasiões não perdoou), a desumanidade herética. [...]

LA BAYE DE
Ancienne Capitale du Brésil
Albert

TOUS LES SAINTS
Dessinée sur les lieux par
Dufourcq en 1782

Instituto Histórico da Bahia, Salvador

: A Baía de Todos os Santos, Salvador, em litografia de 1782.

Enfim, Senhor, despojados assim os templos e derrubados os altares, acabar-se-á no Brasil a cristandade católica; acabar-se-á o culto divino; nascerá erva nas igrejas, como nos campos; não haverá quem entre nelas. Passará um dia de Natal, e não haverá memória de vosso nascimento; passará a Quaresma e a Semana Santa, e não se celebrarão os mistérios de vossa Paixão [...] Não haverá missas, nem altares, nem sacerdotes que as digam; morrerão os católicos sem confissão nem sacramento; pregar-se-ão heresias nestes mesmos púlpitos, e em lugar de São Jerônimo e Santo Agostinho, ouvir-se-ão e alegar-se-ão neles os infames nomes de Calvino e Lutero; beberão a falsa doutrina os inocentes que ficarem, relíquias dos portugueses; e chegaremos a estado que, se perguntarem aos filhos e netos dos que aqui estão: — Menino, de que seita sois? Um responderá: — Eu sou calvinista; outro: — Eu sou luterano.

Pois isto se há de sofrer, Deus meu? Quando quisestes entregar vossas ovelhas a São Pedro, examinaste-o três vezes se vos amava. E agora as entregais desta maneira, não a pastores, senão aos lobos?! Sois o mesmo ou sois outro? Aos hereges o vosso rebanho? Aos hereges as almas? [...] Já sei, Senhor, que vos haveis de enternecer e arrepender, e que não haveis de ter coração para ver tais lástimas e tais estragos. E se assim é (que assim o estão prometendo vossas entranhas piedosíssimas), se é que há de haver dor, se é que há de haver arrependimento depois, cessem as iras, cessem as execuções agora, que não é justo vos contente antes o que vos há de pesar em algum tempo.

(In: Eugênio Gomes, org. *Vieira – Sermões*. São Paulo: Agir, 1963. p.13-49.)

1. Vieira, como de hábito, adota como epígrafe para seu sermão uma passagem bíblica. Neste caso, trata-se de uma passagem do salmo XLIII.

a) Quem são os interlocutores nesse salmo?

b) Um dos interlocutores queixa-se ao outro e lhe faz um pedido. Qual é o motivo da queixa? Qual é o pedido?

2. A interpretação do texto bíblico é feita nos três primeiros parágrafos do texto. O pregador relaciona-a passo a passo com a situação vivida pela cidade de Salvador naqueles dias de 1640, o que serve ao pregador como base para sua argumentação.

a) Qual é o paralelo que Vieira estabelece entre as palavras do salmo e a situação da colônia?

b) Ao interpretar as palavras de Davi, Vieira deixa transparecer o objetivo principal do sermão. Qual é ele?

3. No quarto parágrafo, na argumentação, a posse do Brasil é considerada direito dos portugueses.

a) Cite pelo menos dois motivos para esse privilégio concedido aos portugueses.

b) De acordo com o texto, qual seria a consequência se, no lugar dos portugueses, os holandeses, favorecidos pela inoperância divina, passassem a ser donos do Brasil?

4. A antecipação de fatos, a reiteração por meio de paralelismos e o exagero são recursos retóricos empregados por Vieira com a finalidade de persuadir o ouvinte quanto à verdade de seus argumentos.

a) No quinto parágrafo, Vieira apresenta uma previsão do que poderá ocorrer caso não se assuma uma posição firme diante da provável invasão holandesa. Para impressionar o ouvinte, ele repete o que sucederá. Qual é a situação reiterada?

b) Identifique no quinto parágrafo também uma passagem em que o uso da hipérbole tem fi-

nalidade de persuadir os ouvintes a defender a cidade.

: Igreja Nossa Senhora do Rosário dos Pretos, no Pelourinho, Salvador, Bahia.

5. Em vários momentos do texto, o orador associa aos holandeses um termo que traduz a visão da Igreja católica a respeito dos protestantes.

a) Qual é a palavra utilizada no texto para designar os protestantes?

b) Relacione esse tratamento à postura contrarreformista do jesuíta.

As profecias de Vieira

Com base nas profecias de Davi, Isaías e Daniel, Vieira previa a chegada de um "quinto império". Nesse império, viveriam apenas os convertidos, que seriam liderados não diretamente por Cristo, mas por seus representantes imediatos: o papa, então reconhecido como único pastor universal, e o rei de Portugal, então imperador do mundo. O império duraria cerca de mil anos, antes do retorno do Anticristo e do fim do mundo. Lisboa seria o centro desse império de Cristo na Terra.

6. Releia o epílogo do sermão em estudo.

a) Qual é o argumento final utilizado por Vieira? Qual é a antítese aí presente?

b) O "atrevimento" de Vieira de dirigir-se a Deus de maneira inquisidora constitui, na verdade, uma encenação retórica. Na realidade, ele tem em vista outros interlocutores. Quais são eles?

7. Ao compor esse sermão, Vieira tinha em mira um objetivo bem determinado. Para atingi-lo, ele se valeu de uma das duas tendências estéticas do Barroco, o conceptismo e o cultismo. Qual delas predomina na construção do texto lido? Por quê?

GREGÓRIO DE MATOS: ADEQUAÇÃO E IRREVERÊNCIA

Gregório de Matos (1633?-1696) é o maior poeta barroco brasileiro e um dos fundadores da poesia lírica e satírica em nosso país. Nasceu em Salvador, estudou no Colégio dos Jesuítas e depois em Coimbra, Portugal, onde cursou Direito, tornou-se juiz e ensaiou seus primeiros poemas satíricos. Retornando ao Brasil, em 1681, exerceu os cargos de tesoureiro-mor e de vigário-geral, porém sempre se recusou a vestir-se como clérigo. Devido às suas sátiras, foi perseguido pelo governador baiano Antônio de Souza Menezes, o Braço de Prata. Depois de se casar com Maria dos Povos e exercer a função de advogado, saiu pelo Re-

: Igreja São Francisco de Assis, Salvador, Bahia.

côncavo baiano como cantador itinerante, dedicando-se às sátiras e aos poemas erótico-irônicos, o que lhe custou alguns anos de exílio em Angola. Voltou doente ao Brasil e, impedido de entrar na Bahia, morreu em Recife.

Irreverência e esquecimento

Gregório de Matos primou pela irreverência. Foi irreverente como pessoa, ao afrontar com comportamentos considerados indecorosos os valores e a falsa moral da sociedade baiana de seu tempo; como poeta lírico, ao seguir e ao mesmo tempo quebrar os modelos barrocos europeus; como poeta satírico, ao denunciar as contradições da sociedade baiana do século XVII, criticando os mais diferentes grupos sociais – governantes, fidalgos, comerciantes, escravos, mulatos, etc. –, numa linguagem que agrega ao código da língua portuguesa vocábulos indígenas e africanos, além de palavras de baixo calão.

Gregório de Matos no cinema

A vida de Gregório de Matos tinha tudo para virar cinema: sua experiência como padre, seus atritos com os poderosos, suas paixões, sua vida devassa... O filme *Gregório de Matos*, dirigido por Ana Carolina, não é, porém, biográfico. Contando no elenco com o poeta Waly Salomão, no papel de Gregório de Matos, e com atores como Ruth Escobar, Marília Gabriela e Xuxa Lopes, entre outros, a diretora costurou um roteiro a partir de versos do poeta que, ora líricos, ora satíricos, ora eróticos, vão compondo os rumos da obra poética e da vida pessoal que levaram Gregório de Matos ao exílio e ao abandono. Pode-se dizer que o filme retrata o surgimento de uma nação, o Brasil.

: Gregório de Matos.

Pelo fato de não ter publicado nenhuma obra em vida, seus poemas foram transmitidos oralmente, na Bahia, até meados do século XIX, quando então foram reunidos em livro por Varnhagen. Antes disso, houve algumas compilações de valor discutível, pois os copistas nem sempre seguiam critérios científicos para realizar esse tipo de trabalho. Por isso, há controvérsias sobre a autoria de alguns dos poemas atribuídos ao poeta baiano e é comum os textos apresentarem algumas variações de vocabulário ou de sintaxe, dependendo da edição consultada.

Apesar desses problemas, a obra de Gregório de Matos vem sendo reconhecida como aquela que, além de ter iniciado uma tradição entre nós, superou os limites do próprio Barroco. Em pleno século XVII, o poeta chegou a ser um dos precursores da poesia moderna brasileira do século XX. Veja, como exemplo desse pioneirismo, a semelhança de procedimentos existente entre o seguinte poema de autoria dele e um poema de Manuel Bandeira (poeta do século XX):

```
Dou      pruden    nobre, huma        afá
   to,       te,             no,       vel,
Re     cien          benig   e aplausí
Úni      singular ra           inflexí
      co,          ro,             vel
Magnífi      precla            incompará
Do mun       grave Ju          inimitá
      do           is              vel
Admira       goza      o aplauso    crí
Po    a trabalho tan     e t        terrí
   is           to       ão         vel
Da         pron execuç  sempre incansá
Voss    fa    Senhor sej     notór
      a        ma          a       ia
L      no cli     onde nunc   chega o d
Ond       de    Ere   só se tem  memór
   e           bo                ia
Para qu        gar     tal,    tanta er
Po       de    tod   est   terr   é gent
   is          a     a      a
Da ma      remot     sej    um
```

(Gregório de Matos. *Poesias selecionadas.* São Paulo: FTD, 1993. p. 56.)

ROSA TUMULTUADA

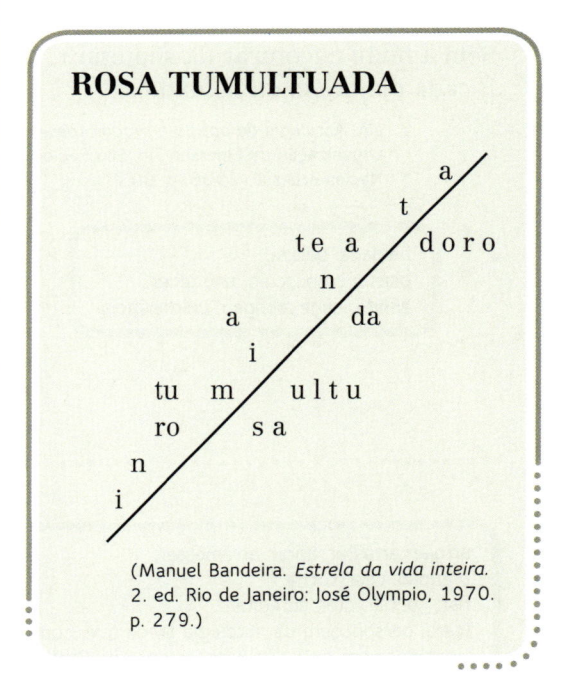

(Manuel Bandeira. *Estrela da vida inteira.* 2. ed. Rio de Janeiro: José Olympio, 1970. p. 279.)

A lírica

Gregório de Matos cultivou três vertentes da poesia lírica: a amorosa, a filosófica e a religiosa. Como poeta lírico, adequou-se aos temas e aos procedimentos de linguagem frequentes no Barroco europeu.

A **lírica amorosa** é fortemente marcada pelo dualismo amoroso carne/espírito, que leva normalmente a um sentimento de culpa no plano espiritual. Observe estes sonetos:

Ricardo Dantas

Discreta e formosíssima Maria,
Enquanto estamos vendo claramente
Na vossa ardente vista o sol ardente,
E na rosada face a aurora fria:

Enquanto pois produz, enquanto cria
Essa esfera gentil, mina excelente
No cabelo o metal mais reluzente,
E na boca a mais fina pedraria:

Gozai, gozai da flor da formosura,
Antes que o frio da madura idade
Tronco deixe despido, o que é verdura.

Que passado o zênite da mocidade,
Sem a noite encontrar da sepultura,
É cada dia ocaso da beldade.

(In: *Antologia da poesia barroca brasileira.*
Organização de Emerson Tin. São Paulo:
Nacional/Lazuli, 2008. p. 80.)

beldade: beleza.
ocaso: crepúsculo, anoitecer.
zênite: auge, apogeu, culminância.

arrojar: arrastar, atirar, arremessar.
brandão: vela, tocha.
fiar: confiar, crer, acreditar.
Ícaro: personagem da mitologia grega que, com asas coladas com cera, fugiu do labirinto de Creta e morreu porque a cera derreteu ao se aproximar do Sol.

Adeus, vão pensamento, a Deus cuidado,
Que eu te mando de casa despedido,
Porque sendo de uns olhos bem nascido,
Foste com desapego mal tratado.

Nasceste de um acaso não pensado,
E criou-te um olhar pouco advertido:
Cresceu-te o esperar de um entendido,
E às mãos morreste de um desesperado.

Ícaro foste, que atrevidamente
Te remontaste à esfera da Luz pura,
De onde te arrojou teu voo ardente.

Fiar no sol é irracional loucura;
Porque nesse brandão dos céus luzente
Falta a razão, se sobra a formosura.

(In: *Presença vatura brasileira.* Antonio Candido e
J. Aderaldo Castello. São Paulo: Difel, 1968. v. 1, p. 75-6.)

Em ambos os textos, a mulher é apresentada de forma idealizada. No primeiro, sua descrição física serve-se de imagens elevadas, associadas ao sol, ao amanhecer, às joias, que atraem a atenção do eu lírico por sua beleza e juventude. No segundo texto, os olhos da mulher dão origem ao pensamento amoroso, e pensar em amá-la é como desejar ambiciosamente possuir o Sol.

No primeiro texto, a idealização cede lugar ao desejo e ao convite à amada para aproveitar sua beleza e juventude, antes que chegue a "madura idade", numa clara postura de *carpe diem*. No segundo texto, comparativamente, a ambição amorosa provoca a queda do eu lírico, sugerida pelo mito de Ícaro. Assim, em ambos os casos, desenrola-se o drama amoroso do Barroco: o apelo sensorial do corpo e a angústia de aproveitar os dias se contrapõem ao ideal religioso, gerando um sentimento de culpa e, na poesia de temática religiosa, o apelo por perdão.

Na **lírica filosófica**, destacam-se textos que se referem ao desconcerto do mundo (lembrando diretamente Camões) e às frustrações humanas diante da realidade. E também poemas em que predomina a consciência da transitoriedade da vida e do tempo e da instabilidade das coisas do mundo e do homem.

A **lírica religiosa** obedece aos princípios fundamentais do Barroco europeu, fazendo uso de temas como o amor a Deus, a culpa, o arrependimento, o pecado e o perdão. A língua empregada é culta e apresenta inversões e figuras de linguagem abundantes.

LEITURA

Fabio Colombini

: Escultura de Aleijadinho.

Ofendi-vos, Meu Deus, bem é verdade;
É verdade, meu Deus, que hei delinquido,
Delinquido vos tenho, e ofendido,
Ofendido vos tem minha maldade.

Maldade, que encaminha à vaidade,
Vaidade, que todo me há vencido;
Vencido quero ver-me, e arrependido,
Arrependido a tanta enormidade.

Arrependido estou de coração,
De coração vos busco, dai-me abraços,
Abraços, que me rendem vossa luz.

Luz, que claro me mostra a salvação,
A salvação pretendo em tais abraços,
Misericórdia, Amor, Jesus, Jesus.

(In: *Antologia da poesia barroca brasileira*, cit. p. 45.)

> **enormidade**: ação descabida, absurda; barbaridade.
> **hei delinquido**: tenho cometido delitos; tenho cometido atos ofensivos.

1. No texto, o eu lírico dirige-se diretamente a Cristo, falando de si mesmo.

a) Como o eu lírico se coloca diante de Cristo?

b) Na primeira estrofe, o eu lírico faz um jogo com dois verbos que revelam seu pecado. Quais são os verbos?

c) Que característica pessoal o eu lírico apresenta como causa do seu pecado?

2. Na segunda estrofe, o eu lírico continua sua confissão.

a) Ele se confessa "vencido" e diz que quer "ver-se vencido". Quais são os agentes dessas duas expressões?

b) Que palavra dessa estrofe constitui uma antítese, em relação a *delinquido* ou *ofendido*?

c) Esse compromisso do eu lírico implica um compromisso de Cristo. Qual?

3. Levando em conta a presença do vocativo "Meu Deus", do imperativo "dai-me" e da declaração devocional do último verso, a que gênero textual se assemelha o poema?

4. Leia, a seguir, dois tercetos da lírica religiosa de Gregório de Matos, nos quais o eu lírico também se dirige a Cristo pedindo a salvação:

> Eu sou, Senhor, a ovelha desgarrada,
> Cobrai-a; e não queirais, pastor divino,
> Perder na vossa ovelha a vossa glória.
>
> (In: *Antologia da poesia barroca brasileira.* cit. p. 47.)

> Mui grande é o vosso amor, e meu delito,
> Porém pode ter fim todo o pecar,
> E não o vosso amor, que é infinito.
>
> (In: Idem, p. 46.)

O eu lírico busca sua salvação por meio da argumentação.

a) De que argumentos ele lança mão no primeiro fragmento?

b) E no segundo fragmento?

5. No soneto em estudo, é empregada uma figura de linguagem chamada *anadiplose*, que consiste em um encadeamento de palavras, feito de modo que um termo empregado no final de um verso dá início ao verso seguinte. Qual é a importância desse recurso para a argumentação que o eu lírico faz junto a Cristo?

6. Com base no que aprendeu até aqui acerca da linguagem barroca, você diria que o texto é cultista ou conceptista?

A sátira

Conhecido também como "Boca do Inferno", em razão de suas sátiras, Gregório de Matos é um dos principais e mais ferinos representantes da literatura satírica em língua portuguesa. A exemplo de certos trovadores da Idade Média, o poeta não poupou na sua linguagem nem palavrões nem críticas a todas as classes da sociedade baiana de seu tempo. Criticava o governador, o clero, os comerciantes, os negros, os mulatos, etc.

Observe o soneto ao lado. Nele Gregório de Matos descreve a situação política e econômica da Bahia, a exploração praticada pelos colonizadores e a censura exercida contra os críticos dos maus administradores, sintetizadas nos dois últimos versos: "E é que, quem o dinheiro nos arranca, / Nos arrancam as mãos, a língua, os olhos".

A sátira constitui uma das partes mais originais da poesia de Gregório de Matos, pois foge aos padrões preestabelecidos pelo Barroco português ou ibérico e se volta para a realidade baiana do século XVII. Pode, assim, ser considerada poesia brasileira, e não somente pelos temas escolhidos, mas também pela percepção crítica da exploração colonialista empreendida pelos portugueses na colônia. Além disso, Gregório emprega na sátira uma língua portuguesa diversificada, brasileira, repleta de termos indígenas e africanos (que refletem o bilinguismo ou o trilinguismo da época), de palavrões, gírias e expressões locais.

> Tristes sucessos, casos lastimosos,
> Desgraças nunca vistas, nem faladas,
> São, ó Bahia! vésperas choradas
> De outros que estão por vir mais estranhosos:
>
> Sentimo-nos confusos, e teimosos,
> Pois não damos remédios às já passadas,
> Nem prevemos tampouco as esperadas,
> Como que estamos delas desejosos.
>
> Levou-vos o dinheiro a má fortuna,
> Ficamos sem tostão, real nem branca,
> Macutas, correão, novelos, molhos:
>
> Ninguém vê, ninguém fala, nem impugna,
> E é que, quem o dinheiro nos arranca,
> Nos arrancam as mãos, a língua, os olhos.
>
> (*Poemas escolhidos.* Organização de José Miguel Wisnik. São Paulo: Cultrix, s.d. p. 44.)

tostão, real, branca, macuta: moedas, dinheiro de pouco valor.

Por essas razões é que a poesia de Gregório de Matos – ao abrir espaço para a paisagem e a língua do povo – talvez seja a primeira manifestação *nativista* de nossa literatura e represente o início do longo processo de despertar da *consciência crítica* nacional, que levaria ainda um século para abrir os olhos, com os gritos de revolta dos inconfidentes mineiros.

A casa de Beto (1996), Carybé.

Para quem quer mais

Se você deseja aprofundar os seus conhecimentos sobre a literatura barroca, leia os textos a seguir e, posteriormente, sozinho, em dupla ou em grupo, procure resolver as questões propostas pelo **Roteiro de estudo**.

Gregório de Matos

TEXTO I

Ardor em firme coração nascido!
Pranto por belos olhos derramado!
Incêndio em mares de água disfarçado!
Rio de neve em fogo convertido!

Tu, que em um peito abrasas escondido:
Tu, que em um rosto corres desatado,
Quando fogo em cristais aprisionado,
Quando cristal em chamas derretido.

Se és fogo como passas brandamente?
Se és neve, como queimas com porfia?
Mas ai, que andou Amor em ti prudente.

Pois para temperar a tirania,
Como quis, que aqui fosse a neve ardente,
Permitiu parecesse a chama fria.

(In: Luiz Roncari. *Literatura brasileira – Dos primeiros cronistas aos últimos românticos*. 2. ed. São Paulo: Edusp, 1995. p. 129.)

TEXTO II

Neste mundo é mais rico, o que mais rapa:
Quem mais limpo se faz, tem mais carepa:
Com sua língua ao nobre o vil decepa:
O Velhaco maior sempre tem capa.

Mostra o patife da nobreza o mapa:
Quem tem mão de agarrar, ligeiro trepa;
Quem menos falar pode, mais increpa:
Quem dinheiro tiver, pode ser Papa.

A flor baixa se inculca por Tulipa;
Bengala hoje na mão, ontem garlopa:
Mais isento se mostra, o que mais chupa.

Para a tropa do trapo vazo a tripa,
E mais não digo, porque a Musa topa.
Em apa, epa, ipa, opa, upa.

(In: Antônio Dimas, org. *Gregório de Matos*. São Paulo: Abril Educação, 1981. p. 37.)

carepa: caspa, sujeira.

garlopa: ferramenta de marcenaria; termo usado como sinônimo de trabalho braçal.

increpar: censurar, repreender.

vil: ordinário.

Uma crioulinha chamada Cipriana

Crioula da minha vida,
Supupema da minha alma,
bonita como umas flores,
e alegre como umas páscoas.
Não sei que feitiço é este,
que tens nessa linda cara,
a gracinha, com que ris,
a esperteza, com que falas.
O garbo, com que te moves,
o donaire, com que andas,
o asseio, com que te vestes,
e o pico, com que te amanhas.
Tem-me tão enfeitiçado
que a bom partido tomara
curar-me por tuas mãos,
sendo tu, a que me matas.
Mas não te espante o remédio,
porque na víbora se acha
o veneno na cabeça,
de que se faz a triaga.
A tua cara é veneno,
que me traz enfeitiçada

esta alma, que por ti morre,
por ti morre, e nunca acaba.
Não acaba, porque é justo
que passe as amargas ânsias
de te ver zombar de mim,
que a ser morto não zombaras.
Tão infeliz sou contigo,
que a fim de que te agradara,
fora o Bagre, e fora o Negro,
que tinha as pernas inchadas.
Claro está, que não sou negro,
que a sê-lo tu me buscaras;
nunca meu Pai me fizera
branco de cagucho, e cara.
Mas não deixas de querer-me,
porque sou branco de casta,
que se me tens cativado,
sou teu negro, e teu canalha.

(In: Luiz Roncari, op. cit., p. 128.)

> **donaire:** graça no andar ou no manejo do corpo.
> **triaga:** o mesmo que teriaga, poção contra mordeduras venenosas.

• Roteiro de estudo •

Ao final da leitura, você deverá ser capaz de:

• Reconhecer no texto I metáforas, hipérboles e antíteses ou paradoxos e explicar de que modo essas figuras são utilizadas para caracterizar o relacionamento que a mulher amada tem com o eu lírico.

• Identificar no texto II os perfis sociais e os comportamentos da sociedade baiana do século XVII criticados no texto.

• Comparar o texto I ao texto III e concluir a análise identificando qual deles está de acordo com o padrão europeu de lírica amorosa e qual deles foge a esse padrão e justificar por quê.

• Comparar os três textos quanto ao uso da língua portuguesa e concluir a análise identificando quais deles provavelmente se aproximam mais do falar brasileiro da época.

Para quem quer mais na Internet

www.brasiliana.usp.br/vieira_sermoes
www.psbnacional.org.br/bib/b339.pdf
www.vidaslusofonas.pt/padre_antonio_vieira.htm
www.dominopublico.gov.br/pesquisa/DetalheObraForm.do?select_action=&co_obra=16397

Em nosso *site* (http://www.atualeditora.com.br/pl/paraquemquermais), você poderá ler e baixar outros textos de Gregório de Matos e Pe. Antônio Vieira.

Enquanto isso em Portugal

: Interior da igreja Madre de Deus, em Lisboa.

BARROCO

O Barroco português se dá num momento em que o país vive uma crise de identidade, uma vez que se encontra sob o domínio político da Espanha, em razão de o trono português ter sido herdado por Felipe II, depois do desaparecimento do rei português D. Sebastião na batalha de Alcácer-Quibir.

Durante o domínio espanhol (1580-1640), a literatura e as artes portuguesas são influenciadas pelas manifestações culturais da Espanha, que conhece nesse período o "século de ouro", com importantes escritores como Cervantes, Góngora, Quevedo, Lope de Vega, Calderón de La Barca. Como forma de resistência política ao domínio espanhol, os escritores portugueses procuram preservar a língua e a cultura lusitanas, e passam a ter uma atitude saudosista, valorizando personagens e escritores de seu passado heroico recente: Vasco da Gama, D. Sebastião, Camões.

Por influência da Contrarreforma, o Barroco português ganha, ainda, fortes matizes religiosos. A atuação da Companhia de Jesus e do tribunal da Inquisição, instaurado em Portugal em meados do século XVI, completa o quadro cultural desse período, marcado pela religiosidade e pela austeridade.

A produção literária desse período pode ser assim organizada:
- **sermões, cartas, prosa religiosa e moralística**: Pe. Antônio Vieira, Pe. Manuel Bernardes, Francisco Manuel de Melo, sóror Maria Alcoforado;
- **poesia, novela**: Francisco Manuel de Melo;
- **teatro**: Antônio José da Silva e Francisco Manuel de Melo.

·· INTERVALO ··

Leo Drumond/Nitro

: Esculturas de Aleijadinho em Bom Jesus de Matosinhos, Congonhas do Campo, MG.

Nas artes plásticas e na arquitetura, o Barroco teve um florescimento tardio no Brasil. Com exceção de algumas obras do século XVII, originadas da influência dos jesuítas, a maior parte da produção barroca ou rococó (arte de transição do Barroco para o Neoclassicismo) do país data principalmente do século XVIII, período em que as ideias iluministas se opunham à mentalidade religiosa da Contrarreforma, bem como à sua expressão artística, o Barroco.

Em grupo, escolham uma das propostas a seguir e depois, com a orientação do professor, montem com os demais grupos uma mostra da arte brasileira dos séculos XVII e XVIII.

Projeto
A ARTE BRASILEIRA NO PERÍODO COLONIAL

1. O Barroco perto de nós

O Barroco brasileiro ganhou expressão artística em diferentes Estados brasileiros: Minas Gerais, Bahia, Goiás, Pernambuco, Paraíba e Rio Grande do Sul, entre outros.

Façam uma pesquisa a fim de averiguar se sua cidade e seu Estado dispõem de patrimônio artístico-cultural barroco. Visitem, se possível, igrejas, palácios, edifícios, prisões, museus e procurem conhecer obras em pintura, escultura, música, etc.

: Igreja do Carmo, Olinda, Pernambuco.

Reúnam imagens ou gravações relacionadas ao tema da pesquisa e apresentem-nas à classe, junto com informações a respeito das obras, como contexto de produção, autoria, temas, características barrocas, estado de conservação, etc.

: Esculturas de Aleijadinho em Bom Jesus de Matosinhos, Congonhas do Campo, MG.

2. O Barroco no Brasil: som e imagem

A fim de compor um amplo panorama da arte brasileira do século XVIII, façam um levantamento das principais realizações artísticas do período. Reúnam imagens ou gravações delas e apresentem-nas à classe.

• O Barroco na pintura

Entre outras, pesquisem a obra de Manuel da Costa Ataíde, o principal pintor da época.

Igreja Nossa Senhora do Carmo, Ouro Preto, MG

: *Nossa Senhora do Carmo e São Simão Stock*, pintura atribuída a Manoel da Costa Ataíde.

• O Barroco na escultura

Entre outras, pesquisem a obra de Antônio Francisco de Lisboa, o Aleijadinho, o principal escultor da época.

Tom Hanley/Alamy/Other Images

: Escultura de Aleijadinho em Bom Jesus de Matosinhos, Congonhas do Campo, MG.

• O Barroco na arquitetura

Entre outros, pesquisem os projetos arquitetônicos de Aleijadinho, Francisco Dias e Daniel de São Francisco.

Rogério Reis/Tyba

: Igreja de São Francisco à esquerda e Igreja do Carmo à direita, na praça principal de Mariana, MG.

• O Barroco na música

A produção de música barroca no Brasil, principalmente a sacra, com manifestações em Recife, Olinda, Belém, Salvador, Ouro Preto, foi muito rica. Pesquisem a produção de Lobo de Mesquita e Francisco Gomes da Rocha, entre outros, e apresentem trechos de músicas à classe.

: Interior da Igreja de São Francisco, em Salvador, BA.

• O Barroco no cinema

Assistam ao filme *Gregório de Mattos*, de Ana Carolina, e selecionem as partes principais para apresentar à classe, comentando-as.

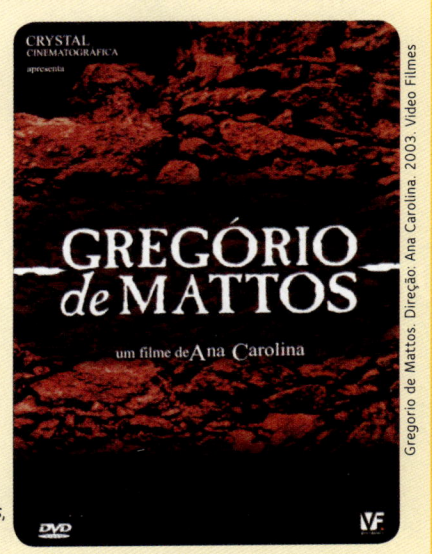

: Cartaz do filme *Gregório de Mattos*, dirigido por Ana Carolina.

3. Sarau literário

• O amor através dos tempos

Reúnam poemas de tema amoroso de poetas brasileiros do período colonial, como Gregório de Matos, Cláudio Manuel da Costa, Tomás Antônio Gonzaga e Silva Alvarenga, entre outros, a fim de montar um painel da poesia amorosa brasileira do período colonial. Depois declamem os poemas para a classe. Se quiserem, utilizem música (barroca ou neoclássica) como fundo para as declamações.

: *A escola do amor* (1715-8), de Jean Antoine Watteau.

141

: Detalhe da pitura *O triunfo de Vênus* (1740), de François Boucher.

UNIDADE 4
HISTÓRIA SOCIAL DO ARCADISMO

Se observarmos a história da cultura, veremos que cada novo momento opõe-se ao anterior. O homem parece estar sempre insatisfeito com o rumo dos acontecimentos do seu tempo e, por isso, rompe com o presente, propondo algo novo. Porém, ao analisarmos o novo, notamos que muitos de seus elementos são mais antigos que os abandonados. É o velho que, misturado a certas tendências, volta à tona como novidade.

Assim ocorreu com a cultura e a arte do século XVIII. Depois da onda de religiosidade e fé que se seguiu à Contrarreforma – cuja expressão artística foi o Barroco –, houve um reflorescimento das tendências artístico-científicas que haviam marcado o Renascimento. E dele resultaram o Iluminismo, na filosofia, o Empirismo, na ciência, e o Neoclassicismo ou Arcadismo, na literatura.

Compreender o alcance ideológico e estético do Arcadismo implica conhecer suas relações com o quadro de transformações por que passaram as sociedades europeia e brasileira no século XVIII.

142

Pedro Américo/Museu Mariano Procópio, Minas Gerais

··INTERVALO··

Projeto:

Tiradentes: culpado ou inocente?

Produção e montagem de um júri simulado, tendo por réu Tiradentes, um dos inconfidentes brasileiros.

Nesta cruel masmorra tenebrosa
ainda vendo estou teus olhos belos,
    a testa formosa,
    os dentes nevados,
    os negros cabelos.
Vejo, Marília, sim; e vejo ainda
a chusma dos Cupidos, que pendentes
    dessa boca linda,
    nos ares espalham
    suspiros ardentes.

(Tomás Antônio Gonzaga. *Marília de Dirceu*.)

Fique ligado! Pesquise!

Para você ampliar seus conhecimentos sobre o Arcadismo e suas relações com a vida sociopolítica europeia e brasileira do século XVIII, eis algumas sugestões:

- No bloco 5 do DVD *Literatura e outras linguagens* há declamações, entrevistas, depoimentos, trechos de filmes e músicas relacionados com o Arcadismo. Converse com o professor sobre a possibilidade de assistir a esse bloco.
- *Danton – O processo da Revolução*, de Andrzej Wajda; *Ligações perigosas*, de Stephen Frears; *Casanova e a Revolução*, de Ettore Scola; *Amadeus*, de Milos Forman; *A missão*, de Roland Joffé; *Os inconfidentes*, de Joaquim Pedro de Andrade; *Xica da Silva*, de Cacá Diegues; *Chico Rei*, de Walter Lima Jr.; *A inglesa e o duque*, de Eric Rhomer; *Napoleão*, de Abel Gance; *Napoleão*, de Yves Simoneau; *Barry Lyndon*, de Stanley Kubrick.

- *As relações perigosas*, de Choderlos de Laclos (Globo); *Moll Flanders*, de Daniel Defoe (Abril Cultural); *O príncipe e o mendigo*, de Mark Twain (Ática); *Emma* (Nova Fronteira), *Orgulho e preconceito* (Ediouro), *Razão e sensibilidade* (Best Seller), de Jane Austen; *As viagens de Gulliver*, de Jonathan Swift (Ediouro); *Cândido*, de Voltaire (Scipione); *Mozart – Um compêndio*, organizado por H. C. Robbins Landon (Jorge Zahar); *O romanceiro da Inconfidência*, de Cecília Meireles (Nova Fronteira); *Marília de Dirceu*, de Tomás Antônio Gonzaga (Ediouro); *Poemas escolhidos*, de Cláudio Manuel da Costa (Ediouro); *O Iluminismo e os reis filósofos*, de Luiz Salinas (Brasiliense); *Nossos índios*, de Gil Kipper (Kuarup).

- Ouça a produção musical dos compositores clássicos Franz Joseph Haydn e Wolfgang Amadeus Mozart.

- www.nilc.icmc.sc.usp.br/nilc/literatura/antologia16.htm
- www.nilc.icmc.sc.usp.br/literatura/antologia7.htm
- www.dominiopublico.gov.br

- Pesquise sobre as ideias e as obras dos filósofos iluministas Voltaire, Montesquieu, Rousseau, Diderot e D'Alembert. Procure saber também sobre a *Enciclopédia*, escrita por eles, e sobre o despotismo esclarecido. Pesquise a pintura rococó, cujos representantes principais são Watteau, Boucher, Fragonard e Chardin. E também a pintura neoclássica, especialmente a produzida por Gainsborough, David e Ingres.

Observe esta pintura:

Museu do Louvre, Paris

: *O juramento dos Horácios* (1784), de Jacques-Louis David.

1. Leia o boxe "O contexto da cena". Depois responda:

a) Que traço do Classicismo é retomado por essa tela neoclássica?

b) Quanto ao tema, que mudança essa tela apresenta, se comparada às obras barrocas?

2. O Neoclassicismo contrapõe-se aos excessos do Barroco, presentes no movimento das formas, no detalhismo, no artificialismo, etc. Observe na tela estes elementos:

• os jovens romanos

• as mulheres

• as espadas

• os arcos ao fundo

O contexto da cena

O quadro *O juramento dos Horácios* retrata um tema histórico da Roma antiga. As cidades de Roma e Alba estavam em guerra e um acordo definiu que a disputa seria resolvida por um combate mortal entre três homens de cada lado. Os romanos enviaram os trigêmeos Horácios, e os albanos enviaram os trigêmeos Curiácios. O vencedor e único sobrevivente foi um dos Horácios, que, ao chegar a Roma, descobriu que sua irmã Camila (a mulher do meio) estava noiva de um dos Curiácios. Enraivecido, matou-a. Foi condenado à morte, mas conseguiu revogação da pena.

A cena retrata o momento em que os três irmãos Horácios juram ao pai lealdade à República.

a) O que esses elementos têm em comum?

b) Que traço clássico ou neoclássico se verifica nesse procedimento?

3. Observe os três jovens romanos: a postura, o contorno do físico, a musculatura.

a) Como eles são caracterizados?

b) Que relação essas características têm com a pintura renascentista?

4. Leia novamente o boxe "O contexto da cena". A cena pode ser dividida em duas partes. Do lado esquerdo, o mundo masculino; do lado direito, o mundo feminino e infantil.

a) O que os gestos do pai e dos filhos demonstram, sabendo-se que os rapazes poderão voltar sem vida?

b) Em contraposição, o que os gestos das mulheres representam?

5. A filosofia do século XVIII tinha caráter reformador e moralizador, em oposição ao Absolutismo e aos privilégios da aristocracia. A tela *O juramento dos Horácios* foi concluída quatro anos antes da Revolução Francesa. Na sua opinião, esse quadro pode ser visto como contestação ao regime vigente? Por quê?

6. Veja algumas das principais características do Classicismo:

- valorização da cultura clássica greco-latina
- equilíbrio, harmonia
- nacionalismo, heroísmo
- paganismo
- antropocentrismo
- racionalismo

Quais dessas características é possível identificar nessa pintura neoclássica? Explique como se manifestam no quadro essas características identificadas.

Jacques-Louis David. *O juramento dos Horácios*, 1784/Museu do Louvre, Paris

CAPÍTULO 8

: *A cabra-cega* (1769-70), de Jean-Honoré Fragonard.

A linguagem do Arcadismo

No século XVIII, as transformações que ocorriam no plano político e social — o fortalecimento político da burguesia, o aparecimento dos filósofos iluministas, o combate à Contrarreforma, entre outras — exigiam dos artistas uma arte que atendesse às necessidades de expressão do ser humano naquele momento. O Neoclassicismo, também conhecido como Arcadismo, foi a resposta artística que a burguesia pôde dar a essa necessidade.

Os efeitos da Contrarreforma foram sentidos durante todo o século XVII e manifestaram-se fortemente na arte barroca. No século XVIII, entretanto, os esforços dos artistas e intelectuais concentraram-se no combate tanto à mentalidade religiosa quanto às formas de expressão do Barroco. Assim, a arte neoclássica, que no Brasil se manifestou sob a forma de Arcadismo, procura resgatar o racionalismo e o equilíbrio do Classicismo do século XVI como meio de combater a influência do Barroco.

146

Você vai ler a seguir três textos. O primeiro é parte de um soneto de Cláudio Manuel da Costa, o fundador do Arcadismo no Brasil; o segundo pertence à obra *Marília de Dirceu*, de Tomás Antônio Gonzaga; o terceiro é um soneto do poeta português Bocage.

TEXTO I

Já me enfado de ouvir este alarido,
Com que se engana o mundo em seu cuidado;
Quero ver entre as peles, e o cajado,
Se melhora a fortuna de partido.
[...]
Aquele adore as roupas de alto preço,
Um siga a ostentação, outro a vaidade;
Todos se enganam com igual excesso.

Eu não chamo a isto já felicidade:
Ao campo me recolho, e reconheço,
Que não há maior bem, que a soledade.

(Cláudio Manuel da Costa. In: Massaud Moisés. *Literatura brasileira através dos textos*. São Paulo: Cultrix, 2000. p. 92.)

cajado: bastão do pastor.
partido: utilidade, vantagem, proveito, ganho.
soledade: solidão.

TEXTO II

Lira I

Eu, Marília, não sou algum vaqueiro,
que viva de guardar alheio gado,
de tosco trato, de expressões grosseiro,
dos frios gelos e dos sóis queimado.
Tenho próprio casal e nele assisto;
dá-me vinho, legume, fruta, azeite;
das brancas ovelhinhas tiro o leite
e mais as finas lãs de que me visto.
    Graças, Marília bela,
    graças à minha estrela!

[...]
Irás a divertir-te na floresta,
sustentada, Marília, no meu braço;
aqui descansarei a quente sesta,
dormindo um leve sono em teu regaço;
enquanto a luta jogam os pastores,
e emparelhados correm nas campinas,
toucarei teus cabelos de boninas,
nos troncos gravarei os teus louvores.
    Graças, Marília bela,
    graças à minha estrela!
[...]

(Tomás Antônio Gonzaga. In: *Antologia da poesia árcade brasileira*. Organização de Pablo Simpson. São Paulo: Nacional/Lazuli, 2007. p. 83-5.)

: *Uma cena pastoral* (1750), por Francesco Zuccarelli.

bonina: espécie de flor do campo.
casal: sítio, chácara.
minha estrela: sorte, destino.
regaço: colo.
toucar: enfeitar, adornar.

The Bridgeman Art Library /Glow Images/ Royal Pavilion, Libraries Museums, Brighton Hove

Ser prole de varões assinalados,
Que nas asas da fama e da vitória
Ao templo foram da imortal Memória
Pendurar mil troféus ensanguentados:

Ler seus nomes nas páginas gravados
D'alta epopeia, d'elegante história,
Não, não nos serve de esplendor, de glória,
Almas soberbas, corações inchados!

Ouvir com dor o miserável grito
De inocentes, que um bárbaro molesta,
Prezar o sábio, consolar o aflito;

Prender teus voos, ambição funesta,
Ter amor à virtude, ódio ao delito,
Das almas grandes a nobreza é esta.

(Bocage. *Sonetos completos*. São Paulo: Núcleo, 1989. p. 50.)

1. A propósito do texto I, responda:

a) O eu lírico do poema, na primeira estrofe, emprega metonímias para caracterizar dois ambientes distintos. Quais são as características de um e outro ambiente?

b) A que ambientes correspondem?

c) No campo, a que atividade o eu lírico vai se dedicar?

2. Influenciados pelo poeta latino Horácio, os árcades costumavam reaproveitar dois temas da tradição clássica: o *fugere urbem* e o *aurea mediocritas*. Leia os boxes laterais e, a seguir:

a) Identifique no texto I trechos em que se destacam esses dois temas.

b) Em que o eu lírico se diferencia das demais pessoas?

3. A propósito do texto II, responda:

a) O eu lírico revela a Marília os bens que possui. Ele aspira à riqueza material ou à simplicidade, representada pelo princípio chamado *aurea mediocritas*?

b) Em que passagem o eu lírico expressa um ideal de autonomia ou independência?

c) É comum haver nos textos árcades a descrição de um *locus amoenus*, isto é, um lugar ameno ou aprazível onde o eu lírico gostaria que sua musa ou pastora estivesse. Identifique uma passagem do texto que apresenta esse tema.

d) Por que, no texto, o tema do *locus amoenus* envolve também o tema do *carpe diem*?

4. A literatura árcade foi bastante influenciada pelas ideias do Iluminismo, movimento filosófico que, entre outras coisas, defendia o uso da razão, a igualdade de direitos entre os cidadãos

Fugere urbem e aurea mediocritas

Equivalente a *bucolismo*, o *fugere urbem* (fuga da cidade) traduz uma vida simples e natural, no campo, longe dos centros urbanos. Tal princípio era reforçado no século XVIII pelo pensamento do filósofo Jean-Jacques Rousseau, segundo o qual a civilização corrompe os costumes do ser humano, que é bom por natureza.

O *aurea mediocritas* (vida medíocre materialmente, mas rica em realizações espirituais) é a idealização de uma vida pobre e feliz no campo, em oposição à vida luxuosa e triste na cidade.

O convencionalismo amoroso árcade

Nos poemas árcades, o poeta não fala dos seus próprios sentimentos. Ele sempre dá voz a um pastor, que confessa seu amor a uma pastora e a convida para aproveitarem a vida em meio à natureza. Tem-se, porém, a impressão de que se trata sempre do mesmo homem e da mesma mulher. Não há variações emocionais de um poema para outro nem de um poeta para outro. Isso ocorre devido ao convencionalismo amoroso, isto é, os poetas não estavam preocupados em expressar seus reais sentimentos, mas em seguir o modelo da poesia clássica. O distanciamento amoroso que havia entre Petrarca e Laura, ou entre Camões e sua amada, continua a existir entre o poeta árcade Cláudio Manuel da Costa e sua Nise, entre Tomás Antônio Gonzaga e sua Marília.

e a liberdade de expressão. O texto III apresenta um ponto de vista iluminista ao discutir o conceito de herói.

a) Para o eu lírico, o que é, na verdade, ser herói, ou seja, qual é "a nobreza das almas grandes"?

b) Em que medida o conceito de herói do eu lírico é diferente do que foi estabelecido pela História tradicional?

5. O Neoclassicismo ou Arcadismo é um movimento literário que procurou resgatar os princípios do Classicismo do século XVI. Além dos temas do Classicismo, o Arcadismo também incorpora entidades da mitologia pagã e imita os procedimentos formais daquele período.

a) Identifique nos textos I e II elementos que são próprios da cultura grega.

b) O texto III constitui um tipo de composição criado pelos humanistas italianos. Qual é o nome desse tipo de composição?

c) Os três textos apresentam um tipo de verso também criado pelos humanistas italianos. Faça a escansão de alguns desses versos e responda: Que tipo de verso foi empregado?

6. Para os padrões de hoje, os poetas árcades utilizavam uma linguagem sofisticada, com vocabulário pouco comum. No entanto, é preciso considerar que o Arcadismo, na época, opunha-se ao Barroco. Observe estes versos de Botelho de Oliveira, poeta barroco brasileiro:

> De Anarda o rosto luzia
> No vidro que o retratava,
> E tão belo se ostentava,
> Que animado parecia:
> Mas se em asseios do dia
>
> No rosto o quarto farol
> Vê seu lustroso arrebol;
> Ali pondera meu gosto
> O vidro espelho do rosto,
> O rosto espelho do sol.

(In: Antonio Candido e José A. Castello. *Presença da literatura brasileira*. São Paulo: Difel, 1968. v. 1. p. 72.)

Rafael Valls Gallery, London, UK/The Bridgeman Art Library/Glow Images/Private Collection

Retrato de mulher (1778), de Jens Juel.

Compare os textos árcades (principalmente o de Tomás Antônio Gonzaga) a esses versos barrocos quanto ao vocabulário, à ordem sintática das orações, ao emprego de figuras de linguagem. Qual dos dois estilos de época emprega uma linguagem mais simples?

Como síntese do estudo feito até aqui, compare as características do Arcadismo com as do Barroco:

ARCADISMO	BARROCO
Quanto ao conteúdo	
Antropocentrismo	Conflito entre visão antropocêntrica e teocêntrica
Racionalismo, busca do equilíbrio	Oposição entre mundo material e mundo espiritual, fé e razão
Paganismo; elementos da cultura greco-latina	Cristianismo
Imitação dos clássicos renascentistas	Restauração da fé religiosa medieval
Idealização amorosa, neoplatonismo, convencionalismo amoroso	Idealização amorosa, sensualismo e sentimento de culpa cristão
Fugere urbem, carpe diem, aurea mediocritas	Consciência trágica da enfermidade do tempo, *carpe diem*
Busca da clareza das ideias	Gosto por raciocínios complexos, intricados, desenvolvidos em parábolas e narrativas bíblicas
Pastoralismo, bucolismo	Morbidez
Universalismo	
Ideias iluministas	Influências da Contrarreforma
Quanto à forma	
Vocabulário simples	Vocabulário culto
Gosto pela ordem direta e pela simplicidade da linguagem	Gosto por inversões e por construções complexas e raras
Gosto pelo soneto e pelo decassílabo	Gosto pelo soneto e pelo decassílabo
Ausência quase total de figuras de linguagem	Linguagem figurada

O TEXTO E O CONTEXTO EM PERSPECTIVA MULTIDISCIPLINAR

Leia, a seguir, o infográfico e um painel de textos interdisciplinares que relacionam a produção literária do Arcadismo ao contexto histórico, social e cultural em que o movimento floresceu.

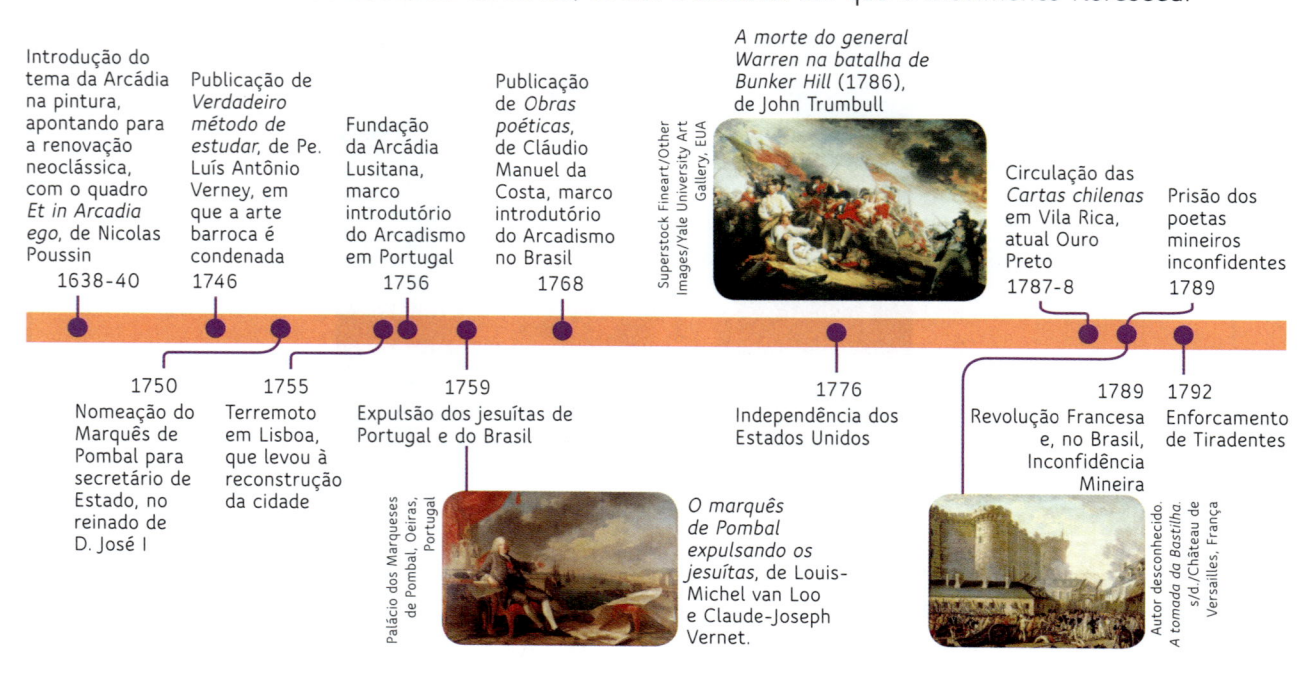

1638-40 Introdução do tema da Arcádia na pintura, apontando para a renovação neoclássica, com o quadro *Et in Arcadia ego*, de Nicolas Poussin

1746 Publicação de *Verdadeiro método de estudar*, de Pe. Luís Antônio Verney, em que a arte barroca é condenada

1750 Nomeação do Marquês de Pombal para secretário de Estado, no reinado de D. José I

1755 Terremoto em Lisboa, que levou à reconstrução da cidade

Palácio dos Marqueses de Pombal, Oeiras, Portugal

1756 Fundação da Arcádia Lusitana, marco introdutório do Arcadismo em Portugal

1759 Expulsão dos jesuítas de Portugal e do Brasil

O marquês de Pombal expulsando os jesuítas, de Louis-Michel van Loo e Claude-Joseph Vernet.

1768 Publicação de *Obras poéticas*, de Cláudio Manuel da Costa, marco introdutório do Arcadismo no Brasil

A morte do general Warren na batalha de Bunker Hill (1786), de John Trumbull

Superstock Fineart/Other Images/Yale University Art Gallery, EUA

1776 Independência dos Estados Unidos

1787-8 Circulação das *Cartas chilenas* em Vila Rica, atual Ouro Preto

1789 Prisão dos poetas mineiros inconfidentes

1789 Revolução Francesa e, no Brasil, Inconfidência Mineira

Autor desconhecido. *A tomada da Bastilha*. s/d./Château de Versailles, França

1792 Enforcamento de Tiradentes

Um olhar para o futuro

A passagem do século XVII para o seguinte, na Europa, representou uma mudança muito grande de mentalidade e cosmovisão; quer dizer, em muitos aspectos o homem abandonou uma visão religiosa do mundo e da vida e adotou uma perspectiva mais terrena para a busca do conhecimento e orientação dos seus esforços. Todos os ganhos do pensamento filosófico do século XVII [...], à medida que foram sendo discutidos, refutados, aceitos, reproduzidos e vulgarizados, foram sendo difundidos e assimilados pelo homem comum, interferindo na sua forma de ver o mundo.

Ao invés de continuar olhando para o passado como sendo a origem e a perfeição das coisas – já que o mundo era uma obra de Deus [...] – o homem do novo século passou a duvidar da legitimidade dos privilégios dos membros da nobreza, justificados por serem considerados os descendentes mais próximos de Adão e Eva. Os valores guerreiros e heroicos aristocráticos foram negados e duvidava-se das verdades proclamadas por autores da Antiguidade que haviam errado sobre tantas coisas e eram contestados pelas novas descobertas, principalmente as realizadas no campo da ciência. Em lugar do passado, os homens invertiam a perspectiva e olhavam para o futuro: o homem, através da razão, com sua capacidade de conhecer e chegar à verdade das coisas, seria capaz de corrigir o que houvesse de errado no mundo e, com isso, construir uma vida mais razoável e mais próxima da vida natural.

(Luiz Roncari. *Literatura brasileira – Dos primeiros cronistas aos últimos românticos*. 2. ed. São Paulo: Edusp/FDE, 1995. p. 180-1.)

Columbia Pictures Corporation/American Zoetrope/Johnson, Leigh/Latinstock

: Cena do filme *Maria Antonieta* (2006), de Sofia Coppola, que retrata a vida da aristocracia francesa no século XVIII.

A burguesia e o fim da sociedade feudal

Foi essa classe média, a burguesia, que provocou a Revolução Francesa, e que mais lucrou com ela. A burguesia provocou a Revolução porque tinha de fazê-lo. Se não derrubasse seus opressores, teria sido por eles esmagada. Estava na mesma situação do pinto dentro do ovo que chega a um tamanho em que tem que romper a casca ou morrer. Para a crescente burguesia os regulamentos, restrições e contenções do comércio e indústria, a concessão de monopólios e privilégios a um pequeno grupo, os obstáculos ao progresso criados pelas obsoletas e retrógradas corporações, a distribuição desigual dos impostos continuamente aumentados, a existência de leis antigas e a aprovação de novas sem que a burguesia fosse ouvida, o grande enxame de funcionários governamentais bisbilhoteiros e o crescente volume da dívida governamental – toda essa sociedade feudal decadente e corrupta era a casca que devia ser rompida. Não desejando ser asfixiada até morrer penosamente, a classe média burguesa que surgia tratou de fazer com que a casca se rompesse.

Quem era a burguesia? Eram os escritores, os doutores, os professores, os advogados, os juízes, os funcionários – as classes educadas; eram os mercadores, os fabricantes, os banqueiros – as classes abastadas, que já tinham direitos e queriam mais.

(Leo Huberman. *História da riqueza do homem*. 21. ed. Rio de Janeiro: LTC, 1986. p. 136.)

A liberdade como meta coletiva

O século XVIII é, por diversas razões, um século diferenciado. É nele que muitos processos históricos, cujas origens remontam ao final da Idade Média e início da Idade Moderna (séculos XV e XVI), atingem sua culminância – como a Reforma e a Contrarreforma religiosas ou a destruição do Estado monarquista absoluto. Ao lado desses, outros se originam e, talvez, o mais importante seja o que dá início ao processo de construção do homem comum como sujeito de direitos civis.

Museu do Louvre, Paris, França

É verdade que esse processo de construção tem seus tímidos primórdios nos séculos anteriores, contudo, é no século XVIII, especialmente com as Revoluções Francesa (1789), Americana (1776), e mais a Revolução Industrial, que ele deslancha de maneira decisiva e irá ser estendido pelos séculos XIX e XX, até os dias de hoje.

(Nilo Odalia. In: Jaime Pinsky e Carla B. Pinsky, orgs. *História da cidadania*. São Paulo: Contexto, 2003. p. 159.)

A liberdade guiando o povo (1831), de Delacroix.

Os iluministas e as ideias de liberdade

Fala-se muito nos dias de hoje em direitos do homem. Pois bem: foi no século XVIII – em 1789, precisamente – que uma Assembleia Constituinte [...] produziu e proclamou em Paris, solenemente, a primeira "Declaração dos Direitos do Homem e do Cidadão" de que se tem notícia. Até então era como se o homem não existisse.

Musée Antoine Lécuyer, Saint-Quentin, França

É claro que [...] isso não significa que estes direitos sejam respeitados. Às vezes, como ocorre hoje em dia, é sintoma justamente do contrário [...] Se uma "Declaração" como aquela que se produziu durante a grande revolução francesa do século foi possível e se impôs como necessária para um grupo de entusiasmados revolucionários, foi por ter sido preparada por uma mutação no plano das ideias e das mentalidades.

(Luiz R. Salinas Fortes. *O Iluminismo e os reis filósofos*. São Paulo: Brasiliense, 1981. p. 7-8.)

Rousseau, filósofo iluminista, retratado por Maurice Quentin de la Tour.

• Roteiro de estudo •

Ao final da leitura dos textos, você deverá:

- Saber explicar por que o prestígio da razão e da ciência punha em xeque o sistema de poder e de classe do Absolutismo.

- Saber comentar por que, de acordo com o ponto de vista de Leo Huberman, era inevitável que a burguesia fizesse a Revolução Francesa.

- Reconhecer a importância da Revolução Francesa para os "direitos do cidadão", tão reivindicados nos dias de hoje.

- Saber estabelecer relações entre as opções estéticas do Arcadismo (forma e conteúdo dos textos literários) e as ideias iluministas e explicar por que a arte árcade era uma espécie de grito de protesto da burguesia.

: *Julgamento de Felipe dos Santos* (1923), por Antônio Parreiras.

O Arcadismo no Brasil

O Arcadismo no Brasil reflete a condição do intelectual brasileiro no século XVIII: de um lado, recebia as influências da literatura e das ideias iluministas vindas da Europa; de outro, interessava-se pelas coisas da terra e alimentava sonhos de liberdade política, dando forma e expressão a um sentimento nativista.

O Arcadismo brasileiro originou-se e teve expressão principalmente em Vila Rica (hoje Ouro Preto), Minas Gerais, e seu aparecimento teve relação direta com o grande crescimento urbano verificado no século XVIII nas cidades mineiras, cuja vida econômica girava em torno da extração de ouro.

O crescimento dessas cidades favorecia tanto a divulgação de ideias políticas quanto o florescimento da literatura. Os jovens brasileiros das camadas privilegiadas da sociedade costumavam ser mandados a Coimbra para estudar, uma vez que na colônia não havia cursos superiores. E, ao retornarem de Portugal, traziam consigo as ideias que faziam fermentar a vida cultural portuguesa à época das inovações políticas e culturais do ministro Marquês de Pombal, adepto de algumas ideias do Iluminismo.

Em Vila Rica, essas ideias levaram vários intelectuais e escritores a sonhar com a independência do Brasil, principalmente após a repercussão do movimento de independência dos Estados Unidos da América (1776). Tais sonhos culminaram na frustrada Inconfidência Mineira (1789).

ARCADISMO NA COLÔNIA: ENTRE O LOCAL E O UNIVERSAL

Os escritores brasileiros do século XVIII comportavam-se em relação ao Arcadismo importado de Portugal de modo peculiar. Por um lado, procuravam obedecer aos princípios estabelecidos pelas academias literárias portuguesas ou se inspiravam em certos escritores clássicos consagrados, como Camões, Petrarca e Horácio, ao mesmo tempo que, visando elevar a literatura da colônia ao nível das literaturas europeias e conferir a ela maior universalidade, tentavam eliminar vestígios pessoais ou locais.

Por outro lado, porém, acabaram por apresentar em suas obras aspectos diferentes dos prescritos pelo modelo importado. A natureza, por exemplo, aparece na poesia de Cláudio Manuel da Costa como mais bruta e selvagem do que na poesia europeia; o mito do "homem natural" culminou, entre nós, na figura do índio, presente nas obras de Basílio da Gama e Santa Rita Durão; a expressão dos sentimentos, em Tomás Antônio Gonzaga e Silva Alvarenga, é mais espontânea e menos convencional. Esses aspectos característicos da poesia árcade nacional foram mais tarde recuperados e aprofundados pelo Romantismo, movimento que buscou definir uma identidade nacional em nossa literatura.

Além dessa espécie de adaptação do modelo europeu a peculiaridades locais, não se pode esquecer a forte influência barroca exercida no Brasil ainda durante o século XVIII. Muitas das igrejas de Ouro Preto, por exemplo, só tiveram sua construção concluída quando o Arcadismo já vigorava na literatura.

Entre os autores árcades brasileiros, destacam-se:

- **na lírica**: Cláudio Manuel da Costa, Tomás Antônio Gonzaga e Silva Alvarenga;
- **na épica**: Basílio da Gama, Santa Rita Durão e Cláudio Manuel da Costa;
- **na sátira**: Tomás Antônio Gonzaga;
- **na encomiástica**: Silva Alvarenga e Alvarenga Peixoto.

A poesia laudatória ou encomiástica, gênero que faz a exaltação de uma pessoa, foi muito praticada no século XVIII e serviu de veículo a ideias políticas relacionadas ao Iluminismo.

A primeira obra árcade publicada no Brasil é *Obras poéticas*, de Cláudio Manuel da Costa, em 1768.

OS ÁRCADES E A INCONFIDÊNCIA

Os escritores árcades mineiros tiveram participação direta no movimento da Inconfidência Mineira. Chegados de Coimbra com ideias enciclopedistas e influenciados pela independência dos EUA, eles não apenas se somaram aos revoltosos contra a exploração praticada pelo erário régio, que confiscava a maior parte do ouro extraído na colônia, mas também ajudaram a divulgar os sonhos de um Brasil independente e contribuíram para a organização do grupo inconfidente. Esses escritores eram Tomás Antônio Gonzaga, Alvarenga Peixoto e Cláudio Manuel da Costa.

Do grupo dos inconfidentes, apenas um homem não tinha a mesma formação intelectual dos demais nem era escritor: o alferes Joaquim José da Silva Xavier, o Tiradentes (alcunha que recebeu por ser dentista prático), maçom e simpatizante dos ideais iluministas.

Com a traição de Joaquim Silvério dos Reis, que devia vultosas somas ao governo português, o grupo foi preso. Todos, com exceção de Tiradentes, negaram ter participação no movimento. Cláudio Manuel da Costa, segundo versão oficial, teria se suicidado na prisão antes do julgamento.

No julgamento, vários inconfidentes, entre eles Tiradentes e Alvarenga Peixoto, foram condenados à morte por enforcamento. Tomás Antônio Gonzaga e outros foram condenados ao exílio temporário ou perpétuo. Tiradentes assumiu para si a responsabilidade da liderança do grupo.

No dia 20 de abril de 1792, foi comutada a pena de todos os participantes do movimento, menos a de Tiradentes, enforcado no dia seguinte. Seu corpo foi esquartejado, e as partes, expostas por Vila Rica; seus bens, confiscados; sua família, amaldiçoada por quatro gerações; e o chão de sua casa foi salgado para que nele nenhuma planta voltasse a nascer.

CLÁUDIO MANUEL DA COSTA: A CONSCIÊNCIA ÁRCADE

Cláudio Manuel da Costa (1729-1789), também conhecido pelo pseudônimo pastoral de Glauceste Satúrnio, nasceu em Mariana, Minas Gerais. Depois de estudar no Brasil com os jesuítas, completou seus estudos em Coimbra, onde se formou advogado. Em Portugal, tomou contato com as renovações da cultura portuguesa empreendidas por Pombal e Verney e também com os novos procedimentos literários adotados pela Arcádia Lusitana.

De volta ao Brasil, Cláudio Manuel da Costa trabalhou em Vila Rica como advogado e administrador. Sua carreira de escritor teve início com a publicação de *Obras poéticas*. Em 1789, foi acusado de envolvimento na Inconfidência Mineira. Encontrado morto na prisão, a alegação oficial para sua morte foi a de suicídio.

Com ampla formação cultural, Cláudio liderou o grupo de escritores árcades mineiros e soube dar continuidade, apesar das limitações da colônia, à tradição de poetas clássicos. Seus sonetos apresentam notável afinidade com a lírica de Camões.

Em virtude dessas ligações com a tradição clássica, sua obra foi a que melhor se ajustou aos padrões do Arcadismo europeu. Porém, ainda é possível observar influências do Barroco em alguns de seus textos. Observe:

> Já rompe, Nise, a matutina aurora
> O negro manto, com que a noite escura,
> Sufocando do Sol a face pura,
> Tinha escondido a chama brilhadora.

Observe que o poema apresenta inversões (na ordem direta teríamos: Nise, a matutina aurora já rompe o negro manto com que a noite escura tinha escondido a chama brilhadora, sufocando a face pura do Sol) e figuração ("negro manto" para noite e "chama brilhadora" para Sol) tipicamente barrocas. Esses traços demonstram haver em alguns poemas de Cláudio Manuel da Costa resquícios do Barroco, apesar de ele ser o introdutor do Arcadismo no Brasil.

O autor cultivou a poesia lírica e a épica. Na **lírica**, tem destaque o tema da desilusão amorosa. A situação mais comum observada em seus sonetos é Glauceste, o eu lírico pastor, lamentar-se em razão de não ser correspondido por sua musa inspiradora, Nise, ou então por se encontrar num lugar de grande beleza natural sem a companhia da mulher amada.

Nise é uma personagem fictícia incorpórea, presente apenas pela citação nominal. Não se manifesta na relação amorosa, não é descrita fisicamente, nem dá nenhuma demonstração de correspondência às invocações do eu lírico. Apenas representa o ideal da mulher amada inalcançável – nítido traço de reaproveitamento do neoplatonismo renascentista.

: *Ouro Preto sob o luar* (2006), de Lucia Buccini.

Na **épica**, Cláudio Manuel da Costa escreveu o poema *Vila Rica,* inspirado nas epopeias clássicas, que trata da penetração bandeirante, da descoberta das minas, da fundação de Vila Rica e de revoltas locais. Hoje, no conjunto da obra do autor, esse poema possui um valor menor do que a lírica, apesar de sua importância histórica.

Têm espaço na poesia de Cláudio Manuel da Costa também elementos da paisagem local: o ribeirão do Carmo, rio que corta a região; os vaqueiros, em lugar de pastores gregos; as montanhas e os vales; e as constantes referências às penhas, pedras que sugerem o ambiente agreste e rústico de Minas Gerais.

LEITURA

Leia o poema que segue, de Cláudio Manuel da Costa, e responda às questões propostas.

Que inflexível se mostra, que constante
Se vê este penhasco! já ferido
Do proceloso vento e já batido
Do mar, que nele quebra a cada instante!

Não vi; nem hei de ver mais semelhante,
Retrato dessa ingrata, a que o gemido
Jamais pode fazer que, enternecido,
Seu peito atenda às queixas de um amante.

Tal és, ingrata Nise: a rebeldia,
Que vês nesse penhasco, essa dureza
Há de ceder aos golpes algum dia:

Mas que diversa é tua natureza!
Dos contínuos excessos da porfia,
Recobras novo estímulo à fereza.

(In: Luiz Roncari. *Literatura brasileira – Dos primeiros cronistas aos últimos românticos.* 2. ed. São Paulo: Edusp/FDE, 1995. p. 237-8.)

fereza: crueldade.
porfia: insistência, tenacidade, disputa.
proceloso: agitado, tempestuoso.

1. O soneto é construído a partir de relações de semelhança entre a paisagem observada pelo eu lírico e as atitudes da mulher amada. No primeiro quarteto:

   a) Como é caracterizada a natureza? Trata-se de uma paisagem amena, de acordo com a tradição árcade, ou uma paisagem hostil, desarmônica?

   b) Qual elemento dessa paisagem é caracterizado como "inflexível", "constante"?

2. No segundo quarteto, o eu lírico faz uma analogia entre a natureza e o comportamento feminino.

   a) Pela perspectiva do eu lírico, a quem se assemelha o rochedo?

   b) Que ações do eu lírico em relação à amada correspondem às ações do vento e do mar contra o rochedo?

   c) Em que aspecto a amada se assemelha ao rochedo?

3. Nos tercetos, o eu lírico nomeia a mulher amada e continua a fazer uma analogia entre ela e a paisagem natural.

   a) No primeiro terceto, que constatação do eu lírico reacende sua esperança de conseguir a atenção de Nise?

   b) Essa esperança se mantém no último terceto?

4. O poema, apesar de apresentar uma paisagem hostil e desarmônica, marcada pela influência barroca, é representativo do Arcadismo. Aponte nele elementos da estética árcade.

Na natureza selvagem e os temas árcades

O filme *Na natureza selvagem* (2007), de Sean Penn, retoma, em pleno século XXI, os ideais árcades de *fugere urbem* e *aurea mediocritas*. Baseado na obra de Jon Krakauer, o filme conta a história verídica de um jovem de classe média que, ao terminar a universidade, abandona tudo e põe o pé na estrada para concretizar seu sonho: viver sozinho no Alasca, longe de todas as preocupações que marcam a civilização: dinheiro, trabalho, poluição, casamento, etc. E você, teria coragem de fazer o mesmo?

Surpreenda-se com as imagens e com o inesperado final desse filme, vencedor de dois Oscars.

: Cena do filme *Na natureza selvagem*.

Direção: Sean Penn. 2007/Paramount Vantage/River Road Films/Art Linson Productions/Latinstock

TOMÁS ANTÔNIO GONZAGA: A RENOVAÇÃO ÁRCADE

O mais popular dos poetas árcades mineiros é Tomás Antônio Gonzaga (1744-1810). Sua obra ainda hoje é lida com interesse.

Nascido no Porto, em Portugal, veio ainda menino com a família para a Bahia, onde viveu e estudou até a juventude. Posteriormente, fez o curso de Direito em Coimbra e, como Cláudio Manuel da Costa, lá estabeleceu contato com as ideias iluministas e árcades, tendo chegado a escrever uma obra filosófica em homenagem ao Marquês de Pombal: *Tratado de Direito Natural*.

Voltando ao Brasil, passou a viver em Vila Rica, onde exerceu a função de ouvidor. Iniciou ali sua atividade literária e sua relação amorosa com Maria Doroteia de Seixas, uma jovem então com 16 anos, cantada em seus versos com o pseudônimo de Marília.

Em 1789, acusado de participar da Inconfidência, Gonzaga foi preso e mandado ao Rio de Janeiro, onde ficou encarcerado até 1792, quando foi exilado para Moçambique. Apesar dos sofrimentos passados na prisão, Gonzaga levou na África uma vida relativamente tranquila. Ali se casou, enriqueceu e ainda se envolveu com a política local.

Quando a vida vira arte

A poesia de Tomás Antônio Gonzaga, se comparada à dos demais poetas árcades brasileiros, apresenta algumas inovações que apontam para uma transição entre Arcadismo e Romantismo.

Incorporando muito de sua experiência pessoal à poesia, escrita antes e durante a prisão, Gonzaga conseguiu quebrar em grande parte a rigidez dos princípios árcades. Por exemplo, em contraposição à contenção dos sentimentos, sua poesia é mais emotiva e espontânea. Sua Marília, em vez de se apresentar como uma mulher irreal, como a Nise de Cláudio Manuel da Costa, mostra-se mais humana, próxima e real. Observe esta descrição do rosto de Marília:

> Na sua face mimosa,
> Marília, estão misturadas
> purpúreas folhas de rosa,
> brancas folhas de jasmim.
>
> Dos rubins mais preciosos
> os seus beiços são formados;
> os seus dentes delicados
> são pedaços de marfim.

Os temas árcades do distanciamento da mulher amada e do sofrimento dele decorrente não são, no caso de Gonzaga, meros temas clássicos convencionais, mas assumem feição de pura verdade, uma vez que muitos dos seus poemas o poeta escreveu quando se encontrava preso. Veja os versos ao lado.

> Estou no inferno, estou, Marília bela;
> e numa coisa só é mais humana
> a minha dura estrela;
> uns não podem mover do inferno os passos;
> eu pretendo voar e voar cedo
> à glória dos teus braços.

Essas experiências dão à obra de Gonzaga maior subjetividade, espontaneidade e emotividade — traços que foram aprofundados pelo movimento literário subsequente, o Romantismo.

Gonzaga cultivou a poesia lírica, reunida na obra *Marília de Dirceu*, e a poesia satírica, reunida nas *Cartas chilenas*.

A poesia lírica: *Marília de Dirceu*

A poesia lírica é a parte mais conhecida da produção literária de Tomás Antônio Gonzaga. São popularmente conhecidos, principalmente na região de Minas Gerais, os amores entre Dirceu (pseudônimo pastoral de Gonzaga) e Marília. Até mesmo na literatura de cordel esse tema já foi explorado.

LEITURA

Leia o texto que segue, de Tomás Antônio Gonzaga, e responda às questões propostas.

Lira 77

> Eu, Marília, não fui nenhum vaqueiro
> fui honrado pastor da tua aldeia;
> vestia finas lãs e tinha sempre
> a minha choça do preciso cheia.
> Tiraram-me o casal e o manso gado,
> nem tenho a que me encoste um só cajado.
>
> Para ter que te dar, é que eu queria
> de mor rebanho ainda ser o dono;
> prezava o teu semblante, os teus cabelos
> ainda muito mais que um grande trono.
> Agora que te oferte já não vejo,
> além de um puro amor, de um são desejo.

: *Pastores numa paisagem alemã* (1844), de Ludwig A. Richter.

Se o rio levantado me causava,
levando a sementeira, prejuízo,
eu alegre ficava, apenas via
na tua breve boca um ar de riso.
Tudo agora perdi; nem tenho o gosto
de ver-te ao menos compassivo o rosto.

....

Ah! minha bela, se a fortuna volta,
Se o bem, que já perdi, alcanço e provo
por essas brancas mãos, por essas faces
te juro renascer um homem novo,
romper a nuvem que os meus olhos cerra,
amar no céu a Jove e a ti na terra!

....

Se não tivermos lãs e peles finas,
podem mui bem cobrir as carnes nossas
as peles dos cordeiros mal curtidas,
e os panos feitos com as lãs mais grossas.
Mas ao menos será o teu vestido
Por mãos de amor, por minhas mãos cosido

....

Nas noites de serão nos sentaremos
cos filhos, se os tivermos, à fogueira:
entre as falsas histórias, que contares,
lhes contarás a minha, verdadeira.
Pasmados te ouvirão; eu, entretanto,
ainda o rosto banharei de pranto.

Quando passarmos juntos pela rua,
nos mostrarão co dedo os mais pastores,
dizendo uns para os outros: — Olha os nossos
exemplos de desgraça e sãos amores.
Contentes viveremos desta sorte,
até que chegue a um dos dois a morte.

(In: Antonio Candido e José A. Castello. *Presença da literatura brasileira*. São Paulo: Difel, 1976. v. 1, p. 165-6.)

> **casal:** sítio, pequena propriedade rural.
> **choça:** habitação humilde.
> **cosido:** costurado.
> **Jove:** pai dos deuses na mitologia romana, conhecido também como Júpiter.

1. O poema pode ser dividido em duas partes: a primeira trata de uma experiência real, vivida no passado ou no presente; a segunda envolve os planos para o futuro.

   a) Identifique as estrofes que compõem cada uma das partes.

   b) Que tipo de vida levava o eu lírico, na primeira parte? Como se sentia?

   c) Que tipo de vida idealiza, na segunda parte?

2. O poema, apesar de apresentar traços diferentes dos prescritos pela orientação árcade, está ligado a essa tradição. Retire do texto exemplos de bucolismo, pastoralismo, *aurea mediocritas* e elementos da cultura greco-latina.

3. O movimento do Arcadismo veicula valores e ideias da classe que o produz e o consome: a burguesia.

   a) Destaque do poema os versos relativos a duas situações em que fica clara a preocupação econômica e material do pastor Dirceu, indício da ideologia burguesa.

   b) Destaque das duas últimas estrofes valores próprios da moral burguesa da época.

A poesia satírica: *Cartas chilenas*

As *Cartas chilenas* são um poema satírico, incompleto, que circulou em partes pela cidade de Vila Rica em 1787-1788. Depois da Inconfidência Mineira, essas cartas nunca mais apareceram pela cidade, o que fez supor que os seus autores ou o seu autor fosse um dos poetas árcades presos: Cláudio Manuel da Costa, Tomás Antônio Gonzaga ou Alvarenga Peixoto. Estudos estilísticos feitos no século XX pelo especialista português Rodrigues Lapa atribuíram a autoria delas a Tomás Antônio Gonzaga.

A omissão da autoria nas *Cartas chilenas* decorre do risco resultante de seu conteúdo: elas satirizavam os desmandos administrativos e morais de Luís da Cunha Meneses, que governou a capitania de Minas entre 1783 e 1788.

A obra é um jogo de disfarces: *Fanfarrão Minésio* é o pseudônimo do governador; *chilenas* equivale a *mineiras*; *Santiago*, de onde são assinadas, equivale a *Vila Rica*. O autor das cartas é identificado como *Critilo*, e seu destinatário, como *Doroteu*.

As *Cartas chilenas* são a principal expressão satírica da literatura colonial do século XVIII. Trilhando os caminhos abertos por Gregório de Matos, Gonzaga dá continuidade à irregular tradição satírica de nossa literatura, ao mesmo tempo que oferece à historiografia um rico painel social e político daqueles dois anos que precederam a Inconfidência Mineira.

Embora a crítica do poema tenha como alvo apenas o governador e seus assessores, e não o colonialismo português, fica clara a fragilidade da estrutura política colonial e os abusos de poder praticados pela Coroa.

Apesar de se supor que o poema tenha sido escrito para ser distribuído por Vila Rica em forma de panfleto, sua qualidade apresenta certa regularidade, só raramente caindo no panfletário. E, como se constatou, o poema ainda mantém alguma atualidade, acostumados que estamos a muitos fanfarrões.

LEITURA

O texto a seguir, de Tomás Antônio Gonzaga, é constituído por fragmentos da "Carta 2ª", na qual Critilo narra a seu amigo Doroteu o comportamento de Fanfarrão Minésio na cidade de Santiago. Leia-o e responda às questões propostas.

Não cuides, Doroteu, que brandas penas
me formam o colchão macio e fofo;
não cuides que é de paina a minha fronha
e que tenho lençóis de fina holanda,
com largas rendas sobre os crespos folhos;
custosos pavilhões, dourados leitos
e colchas matizadas não se encontram
na casa mal provida de um poeta,
aonde há dias que o rapaz que serve
nem na suja cozinha acende o fogo.
Mas nesta mesma cama tosca e dura,
descanso mais contente do que dorme
aquele que só põe o seu cuidado
em deixar a seus filhos o tesouro
que ajunta, Doroteu, com mão avara,
furtando ao rico e não pagando ao pobre.
Aqui... mas onde vou, prezado amigo?
Deixemos episódios que não servem,
e vamos prosseguindo a nossa história.
Apenas, Doroteu, o nosso chefe
as rédeas manejou do seu governo,
fingir nos intentou que tinha uma alma
amante da virtude. Assim foi Nero.
Governou aos romanos pelas regras
da formosa justiça, porém logo
trocou o cetro de ouro em mão de ferro.
Manda, pois, aos ministros lhe deem listas
de quantos presos as cadeias guardam:
faz a muitos soltar e aos mais alenta
de vivas, bem fundadas esperanças.
Estranha ao subalterno, que se arroga
o poder castigar ao delinquente
com troncos e galés, enfim, ordena
que aos presos, que em três dias não tiverem
assentos declarados, se abram logo
em nome dele, chefe, os seus assentos.
Aquele, Doroteu, que não é santo,
mas quer fingir-se santo aos outros homens,
pratica muito mais do que pratica
quem segue os sãos caminhos da verdade.
Mal se põe nas igrejas, de joelhos,
abre os braços em cruz, a terra beija,
entorta o seu pescoço, fecha os olhos,

faz que chora, suspira, fere o peito
e executa outras muitas macaquices,
estando em parte onde o mundo as veja.
Assim o nosso chefe, que procura
mostrar-se compassivo, não descansa
com estas poucas obras: passa a dar-nos
da sua compaixão maiores provas.

....

O povo, Doroteu, é como as moscas
que correm ao lugar, aonde sentem
o derramado mel; é semelhante
aos corvos e aos abutres, que se ajuntam
nos ermos, onde fede a carne podre.
À vista, pois, dos fatos, que executa
o nosso grande chefe, decisivos
da piedade que finge, a louca gente
de toda a parte corre a ver se encontra
algum pequeno alívio à sombra dele.

(In: *Tomás Antônio Gonzaga*. São Paulo: Abril Educação, 1980.
p. 66-70. Literatura Comentada.)

: Museu da Inconfidência Mineira, onde estão os restos
mortais dos inconfidentes.

avara: gananciosa.
compassivo: cheio de compaixão.
crespos folhos: detalhes em tiras.
ermo: lugar deserto.
galé: antiga embarcação movida a dezenas de
  remos.
matizadas: com várias cores.
tosca: grosseira.

1. Na primeira estrofe do poema, antes de passar
propriamente ao relato crítico e político, Critilo
reflete sobre sua condição e compara-a à de um
homem rico.

a) Qual é a condição social do poeta?

b) Comparada sua condição com a do rico, qual
o poeta prefere? Por quê?

2. É próprio da sátira não apenas ridicularizar algo ou alguém, mas também censurar-lhe os erros. Que comportamentos de Fanfarrão Minésio são criticados?

3. A prática política do governador chileno (ou mineiro) é muito conhecida na política brasileira. Seu princípio fundamental é ganhar o apoio do povo por meio de algumas concessões de interesse popular e, com base nesse apoio, obter regalias no poder. A esse tipo de política se dá o nome de *populismo*. De acordo com a última estrofe do texto, que tipo de relação o povo mantém com seu governante?

BASÍLIO DA GAMA E O NATIVISMO INDIANISTA

Basílio da Gama (1741-1795) nasceu em Minas Gerais, na cidade hoje chamada Tiradentes. Estudou em colégio jesuíta, no Rio de Janeiro, e tinha intenção de ingressar na carreira eclesiástica. Completou seus estudos em Portugal e na Itália, no período em que os jesuítas foram expulsos dos domínios portugueses. Na Itália, Basílio construiu uma carreira literária, tendo conseguido uma façanha única entre os brasileiros da época: ingressar na Arcádia Romana, na qual assumiu o pseudônimo de Termindo Sipílio.

Em 1767 voltou ao Rio de Janeiro, onde foi preso no ano seguinte, acusado de ter ligação com os jesuítas. De acordo com um decreto então em vigor, qualquer pessoa que mantivesse comunicação com os jesuítas, oral ou escrita, deveria ficar exilada por oito anos, em Angola.

Preso, Basílio da Gama foi levado a Lisboa. Lá, livrou-se da prisão por fazer um poema em homenagem à filha do Conde de Oeiras, futuro Marquês de Pombal. Essa amizade lhe possibilitou ter novos contatos com os árcades portugueses e lhe permitiu escrever sua obra máxima, *O Uraguai*.

O Uraguai

Publicado em 1769, *O Uraguai* é considerado a melhor realização no gênero épico no Arcadismo brasileiro. Seu tema é a luta de portugueses e espanhóis contra índios e jesuítas que, instalados nas missões jesuíticas do atual Rio Grande do Sul, não queriam aceitar as decisões do Tratado de Madri.

A quebra do modelo clássico

A luta travada por portugueses e espanhóis contra índios e jesuítas é narrada por Basílio da Gama desde os preparativos até sua conclusão. Os cantos apresentam esta sequência de fatos:

- Canto I: as tropas aliadas se reúnem para combater os índios e os jesuítas.
- Canto II: o exército avança e há uma tentativa de negociação com os chefes indígenas Sepé e Cacambo. Sem acordo, trava-se a luta, que termina com a derrota e a retirada dos índios.
- Canto III: Cacambo ateia fogo à vegetação em volta do acampamento aliado e foge para sua aldeia. O padre Balda, vilão da história, faz prender e matar Cacambo para que seu filho sacrílego Baldeta possa casar-se com Lindoia, esposa de Cacambo, e tomar a posição do chefe indígena morto.

A volta do épico

A imitação da literatura do Classicismo fez renascer em nossa literatura o gosto pelo poema épico. A grande novidade, contudo, encontra-se no tema: o índio brasileiro e seu ambiente natural. Assim, a épica árcade, ao mesmo tempo que desperta na cultura colonial brasileira uma consciência nativista, que alguns anos depois se transformaria em nacionalismo, lança as bases do indianismo, tema que, nos séculos seguintes, daria origem a grandes obras de nossa literatura, como *O guarani*, de José de Alencar, e *Macunaíma*, de Mário de Andrade.

Índio tupi (1643), de Albert Eckhout.

Museu Nacional de Copenhague, Dinamarca

Lindoia, em uma visão, prevê o terremoto de Lisboa e a expulsão dos jesuítas por Pombal.

- Canto IV: o mais bonito dos cinco cantos, nele são retratados os preparativos do casamento de Baldeta com Lindoia. Esta, chorando a morte do marido e não desejando casar-se, entra num bosque e deixa-se picar por uma cobra venenosa. Chegam os brancos, que cercam a aldeia. Todos fogem; antes, porém, os padres mandam queimar as casas e a igreja.
- Canto V: o líder português Gomes Freire de Andrade prende os inimigos na aldeia próxima, e há referências ao domínio universal da Companhia de Jesus e a seus crimes.

Escrito em apenas cinco cantos, com a utilização de versos brancos (sem rima) e sem estrofação, *O Uraguai* não segue a estrutura camoniana de *Os lusíadas*. Além disso, embora apresente as cinco partes tradicionais das epopeias – proposição, invocação, dedicatória, narração e epílogo –, o poema já se inicia com a ação em pleno desenvolvimento:

> Fumam ainda nas desertas praias
> Lagos de sangue tépidos e impuros
> Em que ondeiam cadáveres despidos,
> Pasto de corvos. Dura inda nos vales
> O rouco som da irada artilheria.

O fato de o autor tratar de um episódio histórico recente (na época, ocorrido havia pouco mais de dez anos) é outro aspecto que diferencia *O Uraguai* dos poemas épicos tradicionais.

Quem é o herói da história?

Pelo fato de *O Uraguai* ser uma obra de intenções épicas, seria de esperar que nela tivessem destaque os movimentos de guerra e os atos de heroísmo. Contudo, não é o que se verifica. Ao contrário, a própria guerra chega a ser questionada como meio de atuação política, o que revela uma postura tipicamente iluminista da parte do autor, cujas ideias coincidem com as de seu amigo Marquês de Pombal.

Observe:

> Vinha logo de guardas rodeado,
> Fonte de crimes, militar tesouro,
> Por quem deixa no rego o curto arado
> O lavrador, que não conhece a glória;
> E vendendo a vil preço o sangue e a vida
> Move, e nem sabe por que move a guerra.

O herói português Gomes Freire de Andrade, o líder das tropas luso-espanholas, também não mostra o entusiasmo dos heróis épicos tradicionais:

> ... Descontente e triste
> Marchava o General: não sofre o peito
> Compadecido e generosa a vista
> Daqueles frios e sangrados corpos,
> Vítimas da ambição de injusto império

O genocídio de Sete Povos das Missões

O Tratado de Madri (1750) determinava uma troca de territórios: os portugueses que se encontravam na colônia de Sacramento (hoje parte do Uruguai) deveriam desocupar a região e instalar-se nos sete povoados, chamados "Sete Povos", pertencentes a Portugal e ocupados por índios. Em troca, a Espanha teria soberania sobre as Tordesilhas. Ocorre que os indígenas que ocupavam esses povoados, provavelmente influenciados pelos jesuítas, não queriam passar ao domínio português. Diante do impasse, os governos português e espanhol uniram-se para intervir militarmente na região. Foram necessárias duas investidas para que conseguissem seu objetivo – a segunda das quais narrada em *O Uraguai*. Essas lutas ocasionaram a morte de alguns milhares de índios e constituem um dos principais genocídios verificados na América Latina.

Apesar da postura de crítica à guerra manifestada pelo autor, o fato histórico narrado não é alterado, e espanhóis e portugueses saem vencedores da batalha.

Do lado inimigo, apenas os jesuítas são verdadeiramente tratados no poema como vilões – outro traço da obra que satisfazia os interesses do Marquês de Pombal.

Os índios derrotados são vistos com simpatia. Talvez até se possa dizer que o autor enfoca os índios como *vítimas* da ação jesuítica na região e dos conflitos que dela resultaram.

Destacadas a força e a coragem do indígena, fica claro que a derrota se dá apenas em virtude da desigualdade de armas. O índio seria uma espécie de herói moral da luta, dadas suas qualidades de caráter, conforme mostram estes versos:

> Fez proezas Sepé naquele dia.
> Conhecido de todos, no perigo
> Mostrava descoberto o rosto e o peito
> Forçando os seus co exemplos e coas palavras.

O poema não enfatiza a guerra em si, nem as ações dos vencedores, nem os vilões jesuítas – tratados caricaturalmente. Ganham destaque, de fato, a descrição física e moral do índio, o choque de culturas e a paisagem nacional. Além disso, o autor cria passagens de forte lirismo, como a do episódio da morte de Lindoia. Observe a valorização da paisagem brasileira nestes versos:

> Que alegre cena para os olhos! Podem
> Daquela altura, por espaço imenso,
> Ver as longas campinas retalhadas
> De trêmulos ribeiros, claras fontes,
> E lagos cristalinos, onde molha
> As leves asas o lascivo vento.
> Engraçados outeiros, fundos vales,
> Verde teatro, onde se admira quanto
> Produziu a supérflua Natureza.

A valorização do índio e da natureza selvagem do Brasil corresponde ao ideal de vida primitiva e natural cultivado pelos iluministas e pelos árcades. Por outro lado, porém, esses aspectos, que podemos chamar de *nativistas*, prenunciam as tendências da literatura do século XIX: o Romantismo.

: Robert de Niro, em cena do filme *A missão*, que retrata no cinema os conflitos de Sete Povos das Missões.

SANTA RITA DURÃO: APEGO AO MODELO CLÁSSICO

Santa Rita Durão (1722?-1784) nasceu na cidade de Mariana, em Minas Gerais. Como Basílio da Gama, estudou no colégio dos jesuítas e completou seus estudos em Portugal. Lá ingressou na vida religiosa e tornou-se frei e professor de Teologia.

Afirmando que a razão do poema *Caramuru* era "o amor à pátria", Santa Rita, embora tenha passado a maior parte de sua vida em Portugal, confirma a tendência nativista de seu poema.

Caramuru: um retrocesso?

O poema de Santa Rita Durão foi publicado em 1781, portanto doze anos depois de *O Uraguai*. É provável que Santa Rita tenha sido estimulado pela publicação de Basílio da Gama, porém há diferenças fundamentais entre os dois poemas.

Santa Rita, sendo religioso, não apresenta o antijesuitismo de seu colega. Ao contrário, valoriza a ação catequética dos jesuítas sobre os índios, dando a ela um enfoque inteiramente cristão.

Do ponto de vista literário, as liberdades formais e líricas de que Basílio da Gama fez uso são ignoradas por Santa Rita. O poema *Caramuru* segue rigidamente o modelo camoniano: apresenta dez cantos, estrofes em oitava-rima, versos decassílabos e estrutura convencional. E, como em Camões, há nele a presença das mitologias cristã e pagã, esta representada por deuses indígenas, em vez de deuses greco-latinos.

: *Moema (1832), de Vítor Meireles, inspirada na personagem de Santa Rita Durão.*

Santa Rita, apesar de distante do Brasil desde os 9 anos, procura retratar a natureza brasileira, descrevendo o clima, a fertilidade da terra, as riquezas naturais. Assim, alia-se à tradição dos cronistas e viajantes que descreveram a colônia no século XVI. Interessa-se particularmente pelo indígena, descreve seus costumes e instituições e ressalta sua catequese. Contudo, percebe-se em seu poema certo artificialismo, próprio de quem *leu* sobre o país, mas não vivenciou o que descreve. Por isso, *Caramuru* é considerado um poema inferior a *O Uraguai* e, de certa forma, um retrocesso do ponto de vista temático e estilístico.

O tema de *Caramuru*

O poema narra as aventuras, em parte históricas, em parte lendárias, do náufrago português Diogo Álvares Correia, o Caramuru. Em meio às aventuras do protagonista, o autor aproveita para fazer uma longa descrição das qualidades da terra, como nestes versos:

> Não são menos que as outras saborosas
> As várias frutas do Brasil campestres;
> Com gala de ouro e púrpura vistosas
> Brilha a mangaba e os mocujés silvestres.

ou dos costumes indígenas, enfocados pela ótica cristã:

> Que horror da humanidade! ver tragada
> Da própria espécie a carne já corruta!
> Quando não deve a Europa abençoada
> A fé do Redentor, que humilde escuta!

Caramuru, como *O Uraguai*, apresenta, em meio à narrativa épica, momentos líricos de significativa beleza, nos quais, ao lado de aspectos próprios da cultura indígena, aparece o tema universal da morte por amor.

Caramuru: o "homem de fogo"

Diogo Álvares Correia, ao naufragar na costa brasileira em 1510, foi aprisionado pelos tupinambás. Certa vez pegou num mosquete e atirou num pássaro, matando-o. Os índios, que não conheciam armas de fogo, ficaram impressionados com a detonação e gritaram *Caramuru! Caramuru!*, vocábulo que significa "homem de fogo" ou "dragão saído do mar". Diogo viveu entre os índios tupinambás, na Bahia, no século XVI, e desposou Paraguaçu, ambos personagens do poema *Caramuru*. De acordo com a lenda, confirmada pela versão de Santa Rita, Diogo foi resgatado por uma nau francesa e, em companhia de Paraguaçu, levado à Corte francesa, de onde posteriormente partiu para Portugal.

LEITURA

Os textos que seguem são, respectivamente, de *O Uraguai*, de Basílio da Gama, e de *Caramuru*, de Santa Rita Durão. Leia-os com atenção e responda às questões propostas.

TEXTO I

Os índios já haviam perdido a guerra e, reunidos na tribo, preparavam-se para a cerimônia de casamento de Lindoia com Baldeta (filho sacrílego do jesuíta Balda), que tem garantido o papel de chefe da tribo. Lindoia, contudo, não está interessada no casamento. Inconformada com a morte de seu marido Cacambo, ela se retira da tribo, desgostosa, e entra na floresta. Seu irmão Caitutu e outros índios vão procurá-la.

Entram enfim na mais remota e interna
Parte de antigo bosque, escuro e negro,
Onde ao pé de uma lapa cavernosa
Cobre uma rouca fonte, que murmura,
Curva latada de jasmins e rosas.
Este lugar delicioso e triste,
Cansada de viver, tinha escolhido
Para morrer a mísera Lindoia.
Lá reclinada, como que dormia,
Na branda relva e nas mimosas flores,
Tinha a face na mão e a mão no tronco
De um fúnebre cipreste, que espalhava
Melancólica sombra. Mais de perto
Descobrem que se enrola no seu corpo
Verde serpente, e lhe passeia, e cinge
Pescoço e braços, e lhe lambe o seio.
Porém o destro Caitutu, que treme
Do perigo da irmã, sem mais demora
Dobrou as pontas do arco, e quis três vezes
Soltar o tiro, e vacilou três vezes
Entre a ira e o temor. Enfim sacode
O arco e faz voar a aguda seta,
Que toca o peito de Lindoia, e fere
A serpente na testa, e a boca e os dentes
Deixou cravados no vizinho tronco.
Açouta o campo coa ligeira cauda
O irado monstro, e em tortuosos giros
Se enrosca no cipreste, e verte envolto
Em negro sangue o lívido veneno.
Leva nos braços a infeliz Lindoia
O desgraçado irmão, que ao despertá-la
Conhece, com que dor! no frio rosto
Os sinais do veneno, e vê ferido
Pelo dente sutil o brando peito.
Os olhos, em que Amor reinava, um dia,
Cheios de morte; e muda aquela língua

Que ao surdo vento e aos ecos tantas vezes
Contou a larga história de seus males.
Nos olhos Caitutu não sofre o pranto,
E rompe em profundíssimos suspiros,
Lendo na testa da fronteira gruta
De sua mão já trêmula gravado
O alheio crime e a voluntária morte.
E por todas as partes repetido
O suspirado nome de Cacambo.
Inda conserva o pálido semblante
Um não sei quê de magoado e triste,
Que os corações mais duros enternece.
Tanto era bela no seu rosto a morte!

(Basílio da Gama. In: Antonio Candido e José A. Castello, op. cit., v. 1. p. 150-1.)

Mariângela Haddad

Os chefes indígenas oferecem as filhas a Diogo Álvares para se honrarem com seu parentesco. O lusitano aceita o parentesco, mas não as donzelas, por fidelidade a Paraguaçu. Tomado por saudades da Europa, embarca numa nau francesa. Moema, uma índia apaixonada pelo português, desesperada de o ver partir com Paraguaçu, tenta acompanhá-lo, nadando.

— "Bárbaro (a bela diz:) tigre e não homem...
Porém o tigre, por cruel que brame,
Acha forças amor, que enfim o domem;
Só a ti não domou, por mais que eu te ame.
Fúrias, raios, coriscos, que o ar consomem,
Como não consumis aquele infame?
Mas pagar tanto amor com tédio e asco...
Ah! que corisco és tu... raio... penhasco!
....

Tão jura ingratidão menos sentira
E esse fado cruel doce me fora.
Se o meu despeito triunfar não vira
Essa indigna, essa infame, essa traidora.
Por serva, por escrava, te seguira.
Se não temera de chamar senhora
A vil Paraguaçu, que, sem que o creia,
Sobre ser-me inferior, é néscia e feia.
Enfim, tens coração de ver-me aflita,
Flutuar, moribunda, entre estas ondas;
Nem o passado amor teu peito incita
A um ai somente, com que aos meus respondas.

Bárbaro, se esta fé teu peito irrita,
(Disse, vendo-o fugir) ah! Não te escondas
Dispara sobre mim teu cruel raio..."
E indo a dizer o mais, cai num desmaio.

Perde o lume dos olhos, pasma e treme,
Pálida a cor, o aspecto moribundo;
Com mão já sem vigor, soltando o leme,
Entre as salsas escumas desce ao fundo.
Mas na onda do mar, que, irado, freme,
Tornando a aparecer desde o profundo,
— Ah! Diogo cruel! — disse com mágoa, —
e sem mais vista ser, sorveu-se na água.

(Santa Rita Durão. In: Hernâni Cidade. *Santa Rita Durão*. Rio de Janeiro: Agir, 1957. p. 87-8.)

Mariângela Haddad

> **asco:** repugnância, nojo.
> **bramir:** berrar, urrar.
> **corisco:** pequeno raio, centelha.
> **escuma:** espuma.
> **moribundo:** aquele que está prestes a morrer.
> **néscio:** ignorante, tolo.
> **sobre:** além de.

1. Compare os dois textos quanto aos aspectos formais de estrofação métrica e presença de rimas. Que semelhanças e diferenças eles apresentam entre si?

2. Que semelhança os textos apresentam quanto ao assunto?

3. Em relação ao texto I:

a) Descreva o lugar que Lindoia escolheu para morrer.

b) A paisagem descrita é árcade? Justifique.

4. Em relação ao texto II:

    a) Como Moema descreve Diogo Álvares e Paraguaçu?

    b) Entre a fala do narrador e a fala de Moema não há diferenças linguísticas. A que conclusão se pode chegar a partir dessa constatação?

5. Comparando os episódios relatados nos dois textos, indique, justificando:

    a) o mais dramático;

    b) aquele que mais enaltece o indígena e o mostra mais integrado à natureza.

LITERATURA COMPARADA

DIÁLOGO ENTRE A POESIA MODERNA E A POESIA ÁRCADE

A seguir, você vai ler e comparar quatro textos. O primeiro é de Cláudio Manuel da Costa, e o segundo, de Tomás Antônio Gonzaga, poetas árcades; o terceiro e o quarto são de Fernando Pessoa, poeta que participou da fundação do movimento modernista português, no início do século XX (leia o boxe lateral).

Fernando Pessoa: o criador de poetas

Fernando Pessoa é considerado um dos principais poetas da língua portuguesa. O que mais impressiona em sua obra é que, além de criar poemas, ele também criava poetas, com características biográficas, estilísticas, temáticas e ideológicas específicas. Esses poetas inventados por Pessoa são chamados heterônimos e, entre eles, destacam-se Alberto Caeiro, Ricardo Reis e Álvaro de Campos.

TEXTO I

Quem deixa o trato pastoril amado
Pela ingrata, civil correspondência,
Ou desconhece o rosto da violência,
Ou do retiro a paz não tem provado.
Que bem é ver nos campos transladado
No gênio do pastor, o da inocência!
E que mal é no trato, e na aparência
Ver sempre o cortesão dissimulado!

Ali respira amor sinceridade
Aqui sempre a traição seu rosto encobre;
Um só trata a mentira, outro a verdade.
Ali não há fortuna, que soçobre;
Aqui quanto se observa, é variedade:
Oh ventura do rico! Oh bem do pobre!

(Cláudio Manuel da Costa. In: Luiz Roncari. *Literatura brasileira – Dos primeiros cronistas aos últimos românticos*. São Paulo: Edusp/FDE, 1995. p. 234.)

TEXTO II

Minha bela Marília, tudo passa;
a sorte deste mundo é mal segura;
se vem depois dos males a ventura,
vem depois dos prazeres a desgraça.
Estão os mesmos deuses
sujeitos ao poder do ímpio fado:
Apolo já fugiu do céu brilhante,
Já foi pastor de gado.
[...]
Ah! enquanto os destinos impiedosos
não voltam contra nós a face irada,
façamos, sim, façamos, doce amada,
os nossos breves dias mais ditosos.
[...]

(Tomás Antônio Gonzaga. In: Luiz Roncari, op. cit. p. 254.)

ditoso: feliz, afortunado.
ímpio: cruel, desapiedado.
irado: enraivecido, furioso.

civil: civilizado, polido.
cortesão: o que frequenta a corte.
dissimulado: fingido, disfarçado.
soçobrar: naufragar, aniquilar-se.
transladado: que se mudou de um lugar para outro.
trato: convivência.
ventura: destino, felicidade, boa sorte.

Da minha aldeia vejo quanto da terra se pode ver no Universo...
Por isso a minha aldeia é tão grande como outra terra qualquer
Porque eu sou do tamanho que vejo
E não do tamanho da minha altura...

Nas cidades a vida é mais pequena
Que aqui na minha casa no cimo deste outeiro.
Na cidade as grandes casas fecham a vista à chave,
Escondem o horizonte, empurram o nosso olhar para longe de todo o céu,
Tornam-nos pequenos porque nos tiram o que os nossos olhos nos podem dar,
E tornam-nos pobres porque a nossa única riqueza é ver.

(Alberto Caeiro. In: Fernando Pessoa. *Obra poética*. Rio de Janeiro: Aguilar, 1965. p. 208.)

> **cimo:** parte de cima, topo.
> **mais pequena:** expressão equivalente a menor, usada normalmente na norma culta em Portugal.
> **outeiro:** colina, monte.

Vem sentar-te comigo, Lídia, à beira do rio.
Sossegadamente fitemos o seu curso e aprendamos
Que a vida passa, e não estamos de mãos enlaçadas.
        (Enlacemos as mãos.)

Depois pensemos, crianças adultas, que a vida
Passa e não fica, nada deixa e nunca regressa,
Vai para um mar muito longe, para ao pé do Fado,
        Mais longe que os deuses.

[...]

Amemo-nos tranquilamente, pensando que podíamos,
Se quiséssemos, trocar beijos e abraços e carícias,
Mas que mais vale estarmos sentados ao pé um do outro
        Ouvindo correr o rio e vendo-o.

Colhamos flores, pega tu nelas e deixa-as
No colo, e que o seu perfume suavize o momento —
Este momento em que sossegadamente não cremos em nada,
        Pagãos inocentes da decadência.

(Ricardo Reis. In: Fernando Pessoa, *Obra poética*, cit., p. 256.)

João Prudente/Pulsar Imagens

> **Fado:** deus do destino; sorte.
> **pagão:** aquele que não adota o cristianismo por religião; aquele que não foi batizado.

1. Compare os textos I e III. Apesar de serem de épocas diferentes, há entre eles alguns elementos comuns, como a oposição entre campo e cidade.

   a) Que expressão latina traduz essa oposição, muito comum nos textos árcades?

   b) Ambos os textos criticam a vida urbana. O que o texto I critica na vida da cidade? E o texto III?

2. O texto II e o texto IV também são de épocas diferentes. Apesar disso, em ambos os textos o eu lírico se dirige à mulher amada e lhe faz um convite.

   a) Quem é a mulher amada em cada um dos textos?

   b) Que tipo de convite o eu lírico de cada texto faz à mulher amada?

   c) Que argumento eles apresentam para convencê-las?

   d) Que expressão latina nomeia esse tema clássico, característico também do Barroco e do Arcadismo, abordado nos dois textos?

3. Contrapondo-se ao Barroco e à Contrarreforma, o Arcadismo retomou o paganismo da cultura greco-latina.

   a) Identifique no poema de Tomás Antônio Gonzaga um traço do paganismo.

   b) No poema de Ricardo Reis também é possível identificar traços do paganismo? Justifique sua resposta.

Se você deseja aprofundar os seus conhecimentos sobre literatura árcade no Brasil, leia os textos a seguir, de outros dois poetas árcades: Alvarenga Peixoto e Silva Alvarenga. Posteriormente, sozinho, em dupla ou em grupo, procure resolver as questões propostas pelo **Roteiro de estudo**.

Ode ao Marquês de Pombal

Não os heróis, que o gume ensanguentado
da cortadora espada,
em alto pelo mundo levantado,
trazem por estandarte
dos furores de Marte;
....

Ensanguentados rios, quantas vezes
vistes os férteis vales
semeados de lanças e de arneses?
....

Que importam os exércitos armados,
no campo com respeito conservados,
se lá do gabinete a guerra fazes
e a teu arbítrio dás o tom às pazes?
que, sendo por mão destra manejada,
a política vence mais que a espada.

Que importam tribunais e magistrados,
asilos da inocência,
se pudessem temer-se declarados
patronos da insolência?
De que servirão tantas
tão saudáveis leis, sábias e santas,
se, em vez de executadas,
forem por mãos sacrílegas frustradas?

Mas vives tu, que para o bem do mundo
sobre tudo vigias,
cansado o teu espírito profundo,
as noites e os dias.
Ah! quantas vezes, sem descanso uma hora,
vês recostar-se o sol, erguer-se a aurora,
enquanto volves com cansado estudo
as leis e a guerra, e o negócio, e tudo?

Vale mais do que um reino um tal vassalo:
graças ao grande rei que soube achá-lo.

(Alvarenga Peixoto. In: Antonio Candido e José A. Castello, op. cit., v. 1. p. 172-4.)

Alvarenga Peixoto: a presença da Ilustração

Autor de poemas líricos e laudatórios (que homenageiam uma pessoa), talvez o melhor da produção de Alvarenga Peixoto esteja na poesia laudatória, pelo fato de esta veicular as ideias filosóficas e políticas que estavam em discussão na época. Em sua poesia, o poeta abordou temas como o pombalismo, a exploração colonialista, o nativo, a paz, a importância do saber e da razão, entre outros.

O Beija-flor

Deixo, ó Glaura, a triste lida
Submergida em doce calma;
E a minha alma ao bem se entrega,
Que lhe nega o teu rigor.

Neste bosque alegre e rindo
Sou amante afortunado,
E desejo ser mudado
No mais lindo Beija-flor.

Todo o corpo num instante
Se atenua, exala e perde:
É já de oiro, prata e verde
A brilhante e nova cor.

Deixo, ó Glaura, a triste lida
Submergida em doce calma;
E a minha alma ao bem se entrega,
Que lhe nega o teu rigor.

Vejo as penas e a figura,
Provo as asas, dando giros;
Acompanham-me os suspiros,
e a ternura do Pastor.

E num voo feliz ave
Chego intrépido até onde
Riso e pérolas esconde
O suave e puro Amor.

Deixo, ó Glaura, a triste lida
Submergida em doce calma;
E a minha alma ao bem se entrega,
Que lhe nega o teu rigor.

Toco o néctar precioso,
Que a mortais não se permite;
É o insulto sem limite,
Mas ditoso o meu ardor;

Já me chamas atrevido,
Já me prendes no regaço;
Não me assusta o terno laço,
É fingido o meu temor.

Deixo, ó Glaura, a triste lida
Submergida em doce calma;
E a minha alma ao bem se entrega,
Que lhe nega o teu rigor.

Zuri

Se disfarças os meus erros,
E me soltas por piedade;
Não estimo a liberdade,
Busco os ferros por favor.

Não me julgues inocente,
Nem abrandes meu castigo;
Que sou bárbaro inimigo,
Insolente e roubador.

Deixo, ó Glaura, a triste lida
Submergida em doce calma;
E a minha alma ao bem se entrega,
Que lhe nega o teu rigor.

(Silva Alvarenga. In: Antonio Candido e José A. Castello, op. cit. p. 179-80.)

Silva Alvarenga: a poesia nativista e sensual

Silva Alvarenga (1749-1814), autor de *Glaura*, destacou-se no cultivo de rondós e madrigais em que há forte musicalidade e presença de elementos da fauna e flora nacionais, como o beija-flor, a pomba, a cobra, a onça, as mangueiras, os cajueiros, os jambeiros. Em razão desses traços, sua poesia é considerada nativista, já representando uma transição para o Romantismo.

• Roteiro de estudo •

Ao final da leitura, você deverá ser capaz de:

- Reconhecer no texto de Alvarenga Peixoto a influência das ideias iluministas vigentes na época e explicar por que o verso "a política vence mais que a espada" pode ser considerado uma síntese do poema.

- Identificar no texto de Silva Alvarenga elementos que apontam para uma renovação, ou seja, indicadores de uma transição do Arcadismo para o Romantismo.

Para quem quer mais na Internet

Em nosso *site*, http://www.atualeditora.com.br/pl/paraquemquermais, você poderá ler e baixar outros textos de Cláudio Manuel da Costa, Tomás Antônio Gonzaga, Basílio da Gama, Santa Rita Durão, Alvarenga Peixoto e Silva Alvarenga.

Enquanto isso em Portugal

: Manuel Maria du Bocage, por Elói.

: Setúbal, cidade portuguesa onde nasceu Manuel Maria du Bocage, um dos principais poetas da literatura portuguesa.

ARCADISMO

No século XVIII, em Portugal, inicia-se um processo de modernização, estimulado pelas ideias iluministas. Para satisfazer os interesses da burguesia mercantil e equiparar Portugal novamente às grandes nações europeias, é posto em prática um projeto de reformas políticas, econômicas, educacionais e culturais. À frente do projeto, na condição de ministro e com amplos poderes, está o Marquês de Pombal, apoiado por diversos intelectuais e cientistas portugueses, entre os quais se destaca o Pe. Luís Antônio Verney. O projeto de reforma pedagógica de Verney, parcialmente aplicado por Pombal, mudou o cenário científico e artístico português.

As ideias de Verney foram expostas na obra *Verdadeiro método de estudar* (1746), na qual ele atacava a orientação que os jesuítas davam à educação, condenava a arte barroca e seus adeptos, como Pe. Vieira, e criticava Camões, em cujas antíteses via traços da estética barroca. Essas críticas originaram um amplo debate sobre a necessidade de renovar a cultura portuguesa. Portugal vive então um período de grande efervescência cultural e, nesse contexto, são fundadas as academias árcades, agremiações que tinham por objetivo promover um debate permanente sobre a criação artística, avaliar criticamente a produção de seus filiados e facilitar a publicação de suas obras. Entre elas, citam-se *Arcádia Lusitana* (1756), que deu início ao Arcadismo em Portugal, e a *Nova Arcádia* (1790), que contou com o maior poeta português do século XVIII: Bocage.

Durante o século XVIII, além de Bocage, os escritores portugueses que mais se destacaram foram Filinto Elísio, Nicolau Tolentino, Correia Garção, Cruz e Silva, Luís Antônio Verney, Reis Quita, Manuel Figueiredo.

Bocage: o salto da emoção

Embora também tenha se destacado como poeta satírico e erótico, foi na lírica, em especial nos sonetos, que Bocage atingiu o ponto mais alto de sua obra. A importância conferida à sua obra advém, principalmente, de nela se encontrar a tradução do momento transitório em que o escritor viveu (1765-1805), um período marcado por mudanças profundas, como a Revolução Francesa (1789) e o florescimento do Romantismo. Trata-se de uma obra de transição que apresenta simultaneamente aspectos dos dois movimentos literários: Arcadismo e Romantismo.

A fase inicial da poesia de Bocage é marcada por formas e temas próprios do Arcadismo: ambiente bucólico, o *fugere urbem*, o ideal de vida simples e alegre (*aurea mediocritas*), a simplicidade e a clareza das ideias e da linguagem, etc.

Contudo, outro conjunto de poemas do autor, classificados como pré-românticos, contraria postulados árcades e prenuncia o movimento literário posterior, o Romantismo.

·INTERVALO·

Pedro Américo/ Museu Mariano Procópio, Minas Gerais

: *Tiradentes esquartejado* (1893), de Pedro Américo.

O ser humano deve sempre expressar suas ideias, mesmo que elas não sejam aceitas pela maioria das pessoas? Devemos sempre dizer a verdade, mesmo que ela implique a desgraça de alguém?

Quase todos os heróis da História foram subversivos no seu tempo. Será, então, que toda forma de subversão é revolucionária?

Para você, o que é liberdade? O que é ser cidadão?

Dê sua opinião e ouça a de seus colegas, participando das atividades a seguir, entre as quais um júri simulado que colocará Tiradentes em julgamento.

Projeto
TIRADENTES: CULPADO OU INOCENTE?

1. Júri simulado

Para julgar é preciso conhecer. Assim, busquem informações sobre as ideias iluministas do século XVIII, tentando encontrar respostas a perguntas como, por exemplo: Quais as ideias básicas defendidas pelos iluministas? Para eles, quem deve ser representante do povo? Qual deve ser o papel do Estado? Devem existir diferenças de direitos entre os homens? O que é ser cidadão? O que é uma lei? E uma Constituição?

: Sessão do Supremo Tribunal Federal.

Por outro lado, como essas questões eram encaradas antes do aparecimento do Iluminismo, ou seja, durante o Antigo Regime? De que forma um rei absolutista como Luís XIV, por exemplo, responderia a essas mesmas perguntas?

Sugerimos como fonte de informação sobre essas ideias o livro *O Iluminismo e os reis filósofos*, de Luiz R. Salinas (Brasiliense). E, sobre Tiradentes, os livros *Os sonhadores de Vila Rica – A Inconfidência Mineira de 1789*, de Edgar Luís de Barros (Atual), e *Inconfidência Mineira*, de Cândida Villares Gancho e Vera Vilhena de Toledo (Ática).

2. Na balança: fatos e argumentos

Há muitos filmes em vídeo que tratam de Justiça e tribunais. Procurem ver alguns deles para saber como montar um julgamento e como trabalhar os fatos para argumentar bem. Eis algumas sugestões: *Julgamento em West Point*, de Henry Moses; *Juramento ao silêncio*, de Peter Levin; *Testemunha de acusação*, de Billy Wilder; *A testemunha*, de Peter Weir; *Amistad*, de Steven Spielberg; *12 homens e uma sentença*, de William Friedkin.

: Cena do filme *Chicago*, dirigido por Rob Marshall.

3. Quem são as personagens?

1. Todos os participantes vivem no final do século XVIII, momento em que ocorre o julgamento dos envolvidos na Inconfidência Mineira.
2. O juiz é representante da Coroa portuguesa e veio à colônia especialmente para esse julgamento.
3. O réu será acusado pelo advogado de acusação, de acordo com o modo como secularmente se justificava uma sociedade de privilégios e de acordo com as leis então vigentes. Essas leis levavam em conta não apenas o modelo de sociedade existente no Antigo Regime, mas também a garantia de dominação da metrópole sobre a colônia.
4. O advogado de defesa é adepto das ideias iluministas que deram origem à Inconfidência Mineira, porém não pode se expor, senão corre o risco de também ser acusado de traição.
5. O réu, Tiradentes, assumiu toda a responsabilidade pelo movimento, mas sabe-se que ele não foi seu único líder. Deverá falar durante o julgamento apenas se for solicitado.
6. Serão chamadas várias pessoas para testemunhar, entre elas Tomás Antônio Gonzaga, Maria Doroteia (a Marília) e Alvarenga Peixoto.
7. Os jurados são "homens de bem" da sociedade da época: proprietários de terra, portugueses de nascimento ou descendentes diretos de portugueses. Alguns deles estudaram em Coimbra e conhecem de perto as ideias iluministas.

Museu Mariano Procópio, Juiz de Fora, MG

: *Jornadas dos mártires* (1928), por Antônio Parreiras.

MONTANDO O JÚRI SIMULADO

- Em pequenos grupos, de defesa e de acusação, levantem argumentos. Todos devem se envolver nessa atividade para poder julgar com segurança e conhecimento.
- Elejam um(a) colega para interpretar o(a) juiz(juíza). Lembrem-se: um juiz deve manter a imparcialidade, ou seja, não deve tomar partido nem contra nem a favor do réu.

- Escolham um colega para fazer o papel do réu, ou seja, de Tiradentes.
- Escolham o corpo de jurados (sete ou nove colegas).
- Elejam os advogados de defesa e de acusação, que já deverão ter escolhido e memorizado previamente alguns argumentos para dar início ao julgamento.
- Escolham testemunhas, que poderão ser chamadas, no momento adequado, para depor a favor ou contra.
- Escolham o público. Terminado o julgamento, o público poderá manifestar sua opinião, fazendo declarações à imprensa, por exemplo.
- Não se esqueçam do grau de formalidade que a situação exige. Como provavelmente todos já viram cenas de tribunal em filmes, procurem imitar as normas de conduta exigidas: acatar as interferências do juiz; dar a palavra ao outro; como juiz, cortar a palavra dos advogados, educadamente, quando perceber que um argumento não procede; empregar o padrão culto da língua. Lembrem-se: os jurados não falam; os advogados falam dirigindo-se aos jurados e ao juiz, fazem perguntas ao réu e às testemunhas, mas não conversam entre si. O público apenas assiste ao julgamento; caso se manifeste, deve ser controlado pelo juiz e acatar seu pedido de silêncio.
- Disponham o mobiliário da classe de tal forma que ela lembre um tribunal. Se possível, vistam-se a caráter.
- Se possível, filmem e fotografem o julgamento; depois, selecionem as melhores imagens e cenas e divulguem-nas no *site* da escola ou no *blog* da classe.

: *Martírio de Tiradentes* (1893), de Francisco Aurélio de Figueiredo e Melo.

Museu Histórico Nacional, Rio de Janeiro

Tirando conclusões

Após a realização do júri simulado, façam uma avaliação do evento e discutam até que ponto a pena dada a Tiradentes poderia ter sido diferente, consideradas as condições da época. Discutam também como seria o julgamento de Tiradentes se ele vivesse nos dias de hoje e fosse levado aos presídios da atualidade.

Sumário da parte 2

: *Jovem nu sentado à beira do mar* (1855), do pintor romântico Jean-Hippolyte Flandrin.

Museu do Louvre, Paris, França

HISTÓRIA SOCIAL DO ROMANTISMO. A POESIA

UNIDADE 5

Você se considera uma pessoa romântica? A palavra *romântico* é frequentemente associada a um conjunto de comportamentos e valores, como dar ou receber flores, gostar de ler ou escrever poemas e histórias de amor, emocionar-se facilmente, ser gentil e delicado com a pessoa amada.

Esse tipo de romantismo, porém, é diferente do Romantismo na arte. Este também está relacionado aos sentimentos, mas foi muito mais do que isso. Foi um amplo movimento que surgiu no século XIX e representou artisticamente os anseios da burguesia que havia acabado de chegar ao poder na França.

Estudar a literatura do período implica conhecer as transformações então ocorridas e ver de que modo elas acarretaram uma nova forma de ver e sentir o mundo.

178

The Granger Collection/Other Images

·· INTERVALO ··

Projeto:

Romantismo em revista

Produção e montagem de uma revista cultural falada sobre artes plásticas e música romântica; pesquisa sobre o amor e a mulher romântica; declamação de poemas e encenação de "O navio negreiro", de Castro Alves.

Canção do violeiro

Passa, ó vento das campinas,
Leva a canção do tropeiro.
Meu coração 'stá deserto,
'Stá deserto o mundo inteiro.
Quem viu a minha senhora
Dona do meu coração?

Chora, chora na viola,
Violeiro do sertão.
[...]

Não quero mais esta vida,
Não quero mais esta terra.
Vou procurá-la bem longe,
Lá para as bandas da serra.
Ai! triste que eu sou escravo!
Que vale ter coração?

Chora, chora na viola,
Violeiro do sertão.

(Castro Alves. *O navio negreiro e outros poemas.* São Paulo: Saraiva, 2007. p. 66-7.)

Fique ligado! Pesquise!

Para você ampliar seus conhecimentos sobre o Romantismo e suas relações com os contextos europeu e brasileiro, eis algumas sugestões:

▶ • No bloco 6 do DVD *Literatura e outras linguagens* há declamações, entrevistas, depoimentos, trechos de filmes e músicas relacionados com o Romantismo. Converse com seu professor sobre a possibilidade de assitir a esse bloco.
• *Sombras de Goya*, de Milos Forman; *Goya*, de Carlos Saura; *Minha amada imortal*, de Bernard Rose; *Razão e sensibilidade*, de Ang Lee; *O homem elefante*, de David Lynch; *Madame Sans-Gêne*, de Christian Jacque; *A queda da Bastilha*, de Jim Goddard; *Danton – O processo da revolução*, de Andrzej Wajda; *Os miseráveis*, de Billie August; *Emma*, de Douglas McGrath; *Carta de uma desconhecida*, de Max Ophuls; *Sinfonia da primavera*, de Peter Shamony; *Afinidades eletivas*, de Paola e Vittorio Taviani; *Independência ou morte*, de Carlos Coimbra; *Carlota Joaquina, princesa do Brasil*, de Carla Camurati; *Cold mountain*, de Anthony Minghella; *Frankenstein, o terror das trevas*, de Roger Corman.

📖 *Os sofrimentos do jovem Werther*, de Goethe (Martins Fontes); *Eurico, o presbítero*, de Alexandre Herculano (Ática); *Viagens na minha terra*, de Almeida Garrett (Nova Alexandria); *Amor de perdição* e *A queda de um anjo*, de Camilo Castelo Branco (Ática); *Uma família inglesa*, de Júlio Diniz (Ediouro); *O navio negreiro e outros poemas*, de Castro Alves (Saraiva); *As trevas e outros poemas*, de Lord Byron (Saraiva); *Antologia de poesia brasileira – Romantismo* (Ática); *Pé na estrada*, de Jack Kerouac (L&PM e Ediouro).

🎵 O movimento romântico na música erudita estende-se por todo o século XIX. Ouça a música dos compositores Beethoven, Schubert, Schumann, Mendelssohn, Chopin, Berlioz, Liszt, Wagner, Verdi, Brahms, Tchaikovsky, Dvorák e Strauss. Ouça também, da MPB, "Flores do mal", de Frejat; "Românticos", de Vander Lee; "Samba e amor", de Chico Buarque; "Muito romântico", de Caetano Veloso; "Aquarela do Brasil", de Ari Barroso; "Chão de estrelas", de Orestes Barbosa.

🖌 Conheça a pintura de Goya, Géricault, Delacroix, Turner e Constable e a escultura de Auguste Rodin.

@ • Textos de escritores românticos em geral: www. dominiopublico.gov.br/pesquisa/PesquisaObraForm.do

Você vai fazer, a seguir, a leitura do quadro *A jangada do Medusa* (1819), de Théodore Géricault (1791-1824), um dos expoentes da pintura romântica.

Museu do Louvre, Paris

: *A jangada do Medusa* (1819), de Théodore Géricault.

1. O quadro de Géricault retrata uma tragédia no mar. Ele difere das obras de outros pintores do Romantismo, sobretudo aqueles da fase inicial do movimento, que incluem em suas telas valores relacionados à Revolução Francesa, como heroísmo, glória e triunfo. Em contraposição a esses valores, o que se vê na tela *A jangada do Medusa*?

2. Considere as seguintes informações sobre a pintura clássica:

   • geralmente apresenta poucas personagens, e seus elementos integram-se de forma harmônica, transmitindo a impressão de equilíbrio;

   • cada personagem parece viver um drama pessoal, diferente dos dramas das outras personagens.

   Observe o número e a disposição das personagens do quadro de Géricault e procure identificar o drama que cada uma delas vive. Com base nessas observações, responda: O que diferencia o quadro romântico de Géricault dos quadros da pintura clássica?

O que era o *Medusa*?

Era um navio que levava soldados e colonos da França para o Senegal, em 1816, e afundou na costa africana. O capitão e seus oficiais ocuparam o bote salva-vidas e deixaram numa jangada improvisada os outros 149 passageiros, que ficaram doze dias, à deriva, no mar. Sobreviveram apenas quinze tripulantes, e conta-se que, em desespero, eles praticaram a antropofagia.

Detalhe do quadro *A jangada do Medusa*

3. No Romantismo, a natureza geralmente é acolhedora e integra-se com o homem de modo harmonioso. Observe as ondas do mar e considere a condição dos tripulantes em *A jangada do Medusa*. Essa relação entre homem e natureza também se verifica nesse quadro? Por quê?

4. O quadro opõe vários elementos, entre eles a luz e a sombra. Observe que, à frente e à direita dos homens que estão em pé acenando, vê-se ao longe um navio que pode ser a salvação do grupo.

a) Supondo-se que a luz que se abre no horizonte represente a vida, o que representaria a sombra?

b) Considerando-se que o navio ao longe talvez seja a única possibilidade de salvação do grupo, que efeito de sentido tem no quadro o fato de ele estar tão distante?

c) Observe a direção do vento que sopra sobre a vela. As perspectivas de o grupo ser resgatado são boas? Por quê?

d) Observe que o quadro não apresenta cores vivas, predominando um tom ocre e sombrio. Levante hipóteses: Que relação pode ter esse aspecto cromático com a condição dos tripulantes?

5. A composição do quadro é organizada a partir de duas pirâmides: a primeira é formada pelas cordas que sustentam a vela; a segunda, pelo grupo de tripulantes.

a) Considerando-se que na base da pirâmide humana estão os mortos e, no meio, os moribundos, o que representa o topo da pirâmide?

b) Se você tivesse de atribuir um nome a essa pirâmide, que nome lhe daria?

Museu do Louvre, Paris

6. Considerando o contexto revolucionário em que o quadro foi criado, levante hipóteses: Por que, de certa forma, ele faz uma crítica ao governo francês da época?

7. Observe estas características do Romantismo:

- natureza mais real
- predomínio da emoção
- nacionalismo
- subjetivismo
- gosto por ambientes noturnos
- atração pela morte
- sentido trágico da existência
- indianismo

Quais delas estão presentes na tela em estudo?

Wallace Collection, Londres, Inglaterra

: *Francesca da Rimini* (1835),
de Ary Scheffer.

A linguagem do Romantismo

Apesar de ser, do ponto de vista ideológico, uma arte revolucionária, o Arcadismo era, do ponto de vista estético, uma arte conservadora, pois se limitava fundamentalmente a eliminar os exageros do Barroco e a retomar os modelos do Classicismo do século XVI. Criar uma linguagem verdadeiramente nova, identificada com os padrões mais simples de vida do novo público consumidor, a burguesia, foi tarefa que coube ao Romantismo.

A fim de conhecer a linguagem literária do Romantismo, você vai realizar dois estudos: um da poesia romântica e outro da prosa romântica.

O texto que segue é um dos poemas mais conhecidos da literatura brasileira. Gonçalves Dias escreveu-o em 1843, quando estava em Coimbra, onde fazia seus estudos universitários. O poeta vivia, então, uma situação de exílio, porém voluntário, e não político. Leia-o a seguir.

Canção do exílio

Kennst du das Land, wo die Citronen blühn,
Im dunkeln Laub die Gold-Orangen Glühn,
Kennst du es wohl? — Dahin, dahin!
Möcht ich... ziehn.*

(Goethe)

Minha terra tem palmeiras,
Onde canta o Sabiá;
As aves, que aqui gorjeiam,
Não gorjeiam como lá.

Nosso Céu tem mais estrelas,
Nossas várzeas têm mais flores,
Nossos bosques têm mais vida,
Nossa vida mais amores.

Em cismar, sozinho, à noite,
Mais prazer encontro eu lá;
Minha terra tem palmeiras,
Onde canta o Sabiá.

Minha terra tem primores,
Que tais não encontro eu cá;
Em cismar — sozinho, à noite —
Mais prazer encontro eu lá;
Minha terra tem palmeiras,
Onde canta o Sabiá.

Johann Moritz Rugendas. Vista To/Coleção particular

Não permita Deus que eu morra
Sem que eu volte para lá;
Sem que desfrute os primores
Que não encontro por cá;
Sem qu'inda aviste as palmeiras,
Onde canta o Sabiá.

(In: *Gonçalves Dias*. São Paulo: Abril Educação, 1982.
p. 11-2. Literatura Comentada.)

1. Durante a Era Clássica (compreendida pelo Classicismo, pelo Barroco e pelo Arcadismo), foram bastante utilizados o soneto e o verso decassílabo, considerados recursos de expressão refinados. No Romantismo, passou a existir um interesse muito grande pela cultura popular e suas tradições. Por força desse interesse, os poetas românticos começaram a buscar outras formas de expressão.

a) Faça a escansão destes versos de uma cantiga de roda:

Sete e sete são quatorze,
Com mais sete, vinte e um

Tenho sete namorados
Só posso casar com um
Namorei um garotinho
Do colégio militar
O diabo do garoto
Só queria me beijar

De que tipo são os versos, quanto ao número de sílabas?

b) Agora faça a escansão de alguns versos do poema de Gonçalves Dias. De que tipo eles são, também quanto à métrica?

---

* "Conheces o país onde florescem as laranjeiras? Ardem na escura fronde os frutos de ouro. Conhece-lo? — Para lá quisera eu ir!" (Tradução de Manuel Bandeira.)

2. A linguagem empregada nos textos do Barroco e do Arcadismo ainda guardava forte influência do português literário lusitano: o vocabulário era culto, a sintaxe apresentava inversões e não se empregavam palavras de origem tupi ou africana. Observe a linguagem da "Canção do exílio" e responda:

a) A linguagem do poema, escrito há mais de 160 anos, se mostra acessível ou inacessível para o leitor de hoje?

b) Faça uma pesquisa no dicionário: entre as palavras *terra*, *palmeiras*, *sabiá*, *gorjeiam*, qual delas tem origem indígena?

3. O poema apresenta um jeito de falar brasileiro (leia o boxe "O Romantismo e a fala brasileira") e uma forte musicalidade, associada ao emprego de recursos como rimas e ritmo.

a) Que palavras rimam entre si?

b) No 1º verso, o ritmo decorre do fato de serem acentuadas (pronunciadas de maneira forte) a 3ª e a 7ª sílabas. Observe:

> Mi/nha/ **ter**/ra/ tem/pal/**mei**/ras
>   3ª   7ª

Como se dá o ritmo nos demais versos da mesma estrofe?

O Romantismo e a fala brasileira

Manuel Bandeira, poeta modernista do século XX, notou que a "Canção do exílio" é um dos primeiros poemas brasileiros a apresentar uma prosódia (um jeito de falar) brasileira. Segundo ele, trata-se de "uma poesia cujo encanto verbal desaparece quando traduzida para outra língua. Desaparece mesmo quando dita com a pronúncia portuguesa".

Também vale lembrar que, antes do Romantismo, quase não havia poemas com rimas entre palavras oxítonas. A "Canção do exílio" representa, portanto, uma ruptura com os modelos clássicos de sonoridade poética.

4. O poema de Gonçalves Dias tem como epígrafe alguns versos do escritor romântico alemão Goethe. *Epígrafe* é uma frase ou um trecho de obra de outro autor no qual o escritor se inspira para escrever seu próprio texto.

Leia a nota de tradução dos versos de Goethe e compare os versos do escritor alemão aos do escritor brasileiro.

a) Em que se assemelham?

b) Gonçalves Dias fala de uma natureza generosa, como nos versos de Goethe, mas substitui as laranjeiras dos versos do escritor alemão por palmeiras. Por que você acha que isso acontece?

5. Todo o poema se articula em torno da oposição entre dois espaços: a pátria (o Brasil) e o exílio (Portugal).

a) Que palavras do texto evidenciam essa antítese?

b) Ao descrever o Brasil, o eu lírico destaca que espécie de elementos: culturais, naturais ou sociais? Justifique sua resposta com elementos do texto.

c) Que sentimento a distância da pátria provoca no eu lírico?

6. A natureza, nos textos árcades, não apresentava vida; com um papel secundário, servia apenas como pano de fundo para o idílio amoroso. Além disso, a presença de alguns elementos da paisagem nacional (principalmente mineira) era indício de *nativismo*, e não de *nacionalismo*.

a) No poema romântico de Gonçalves Dias, a natureza brasileira também assume um papel secundário?

b) Levante hipóteses e troque ideias com os colegas: Qual é a diferença entre *sentimento nativista* e *sentimento nacionalista*?

c) No poema de Gonçalves Dias, a natureza brasileira é expressão de *sentimento nativista* ou de *sentimento nacionalista*?

7. É comum, nos textos românticos, o eu lírico ou a personagem apresentar um estado de alma melancólico, triste e reflexivo, voltado para seu mundo interior. Identifique no texto ao menos uma situação em que isso ocorre.

8. Um escritor, ao tratar de temas como a pátria, a mulher, a natureza, etc., pode fazê-lo de diferentes modos. Por exemplo, de modo pessoal ou impessoal, objetivo ou subjetivo, sentimental ou racional, em diferentes graus. Como o eu lírico do poema vê a pátria e a natureza brasileira: de modo pessoal ou impessoal? Objetivo ou subjetivo? Racional ou sentimental? Realista ou idealizado?

Como síntese do estudo feito até aqui, compare as características do Romantismo com as do Arcadismo:

ROMANTISMO	ARCADISMO
Predomínio da emoção	Predomínio da razão
Subjetivismo	Objetivismo
Nacionalismo	Universalismo; nativismo
Maior liberdade formal	Maior contenção formal
Vocabulário e sintaxe mais brasileiros	Vocabulário e sintaxe com influência lusitana
Gosto pelas redondilhas	Gosto pelo decassílabo e pelo soneto
Valorização da cultura popular	Imitação da cultura clássica greco-latina
Natureza mais real, que interage com o eu lírico	Natureza como pano de fundo para os idílios amorosos
Sentimentalismo; estados de alma tristes e melancólicos	Busca de equilíbrio, racionalismo

LEITURA

O romance *Os sofrimentos do jovem Werther*, do escritor alemão Goethe, é um dos marcos fundadores do Romantismo europeu e exerceu grande influência sobre os escritores românticos brasileiros.

A obra tem uma estrutura epistolar, construída a partir de cartas que Werther, um jovem escritor e pintor, escreve a um amigo. Por meio delas, fica-se sabendo da chegada do jovem a um vilarejo alemão, do despertar de sua paixão não correspondida por Carlota. Carlota casa-se com Alberto, e Werther torna-se amigo do casal, o que acentua ainda mais sua frustração amorosa e acaba por levá-lo ao suicídio.

> ### Goethe na Internet
> Saiba mais sobre Goethe e *Os sofrimentos do jovem Werther* navegando pelo *site* www.starnews 2001.com.br/literatura.html

Você vai ler, a seguir, duas cartas: a primeira é escrita pelo protagonista logo após sua chegada ao vilarejo, pouco antes de ele conhecer Carlota e apaixonar-se por ela. A segunda é escrita quando ele já está perdidamente apaixonado por Carlota.

10 de maio

Uma serenidade maravilhosa inundou toda a minha alma, semelhante às doces manhãs primaveris com as quais me delicio de todo coração. Estou só e entrego-me à alegria de estar vivendo nesta região, ideal para almas iguais à minha. Estou tão feliz, meu bom amigo, de tal modo imerso no sentimento de uma existência tranquila, que minha arte está sendo prejudicada. Neste momento não poderia desenhar uma linha sequer, e, no entanto, nunca fui um pintor mais abençoado do que agora. Quando, ao meu redor, os vapores emanam do belo vale, o sol a pino pousa sobre a escuridão indevassável da minha floresta, e apenas alguns raios solitários se insinuam no centro deste santuário; quando, à beira do riacho veloz, deitado na grama alta, descubro rente ao chão a existência de mil plantinhas diferentes; quando sinto mais perto do meu coração o fervilhar do pequeno universo por entre as hastes, as inumeráveis e indecifráveis formas das minhoquinhas e dos pequenos insetos, quando sinto a presença do Todo-Poderoso, que nos criou à Sua imagem, o sopro do Deus Amantíssimo que a todos nós ampara e sustenta em eterna glória — nestes momentos, meu amigo, quando a penumbra invade os meus olhos, o mundo ao meu redor e o céu repousam em minha alma como a imagem da bem-amada, muitas vezes arrebata-me um anelo ardente e fico pensando: "Ah, se pudesses expressar tudo isso, se pudesses imprimir no papel tudo aquilo que palpita dentro de ti com tanta plenitude e tanto calor, de tal forma que a obra se tornasse o espelho de tua alma, assim como tua alma é o espelho do Deus infinito!" — Meu amigo! — Mas soçobrarei, sucumbo ao poder da grandiosidade destas manifestações.

> **anelo:** desejo intenso, aspiração.
> **soçobrar:** perder a coragem, desanimar, naufragar.

(J. W. Goethe. *Os sofrimentos do jovem Werther*. 2. ed. Trad. por Marion Fleischer. São Paulo: Martins Fontes, 1998. p. 9-10.)

30 de agosto

Infeliz! Não és um tolo? Não te enganas a ti mesmo? Por que te entregas a esta paixão desenfreada, interminável? Todas as minhas preces dirigem-se a ela; na minha imaginação não há outra figura senão a dela, e tudo que me cerca somente tem sentido quando relacionado a ela. E isso me proporciona algumas horas de felicidade — até o momento em que novamente preciso separar-me dela! Ah, Wilhelm!, quantas coisas o meu coração desejaria fazer! Depois de estar junto dela duas ou três horas, deliciando-me com sua presença, suas maneiras, a expressão celestial de suas palavras, e todos os meus sentidos pouco a pouco se tornam tensos, de repente uma sombra turva meus olhos, mal consigo ouvir, sinto-me sufocado, como se estivesse sendo estrangulado por um assassino, meu coração

Árvore com corvos (1822), de Caspar David Friedrich. Museu do Louvre, Paris

> **cilício:** cinto ou cordão cheio de pontas usado pelos penitentes.
> **cíngulo:** cordão, cinto.
> **errar:** andar sem rumo, vaguear.
> **prostrado:** abatido, desanimado, sem forças.
> **turvar:** tornar opaco; tornar triste.

bate estouvadamente, procurando acalmar os meus sentidos atormentados, mas conseguindo apenas aumentar a perturbação — Wilhelm, muitas vezes nem sei se ainda estou neste mundo! Em outros momentos — quando a tristeza não me subjuga e Carlota me concede o pequeno conforto de dar livre curso às minhas mágoas, derramando lágrimas abundantes sobre suas mãos — tenho necessidade de afastar-me, de ir para longe, e então ponho-me a errar pelos campos. Nessas horas, sinto prazer em escalar uma montanha íngreme, em abrir caminho num bosque cerrado, passando por arbustos que me ferem, por espinhos que me dilaceram a pele! Sinto-me um pouco melhor então. Um pouco! E quando então, cansado e sedento, às vezes fico prostrado no caminho, no meio da noite, a lua cheia brilhando sobre minha cabeça, quando na solidão do bosque busco repouso no tronco retorcido de uma árvore, para aliviar meus pés doloridos, e então adormeço na meia-luz, mergulhando num sono inquieto — Ah, Wilhelm!, nestas horas a solidão de uma cela, o cilício e o cíngulo de espinhos seriam um bálsamo para a minha alma sequiosa! Adeus! Somente o túmulo poderá libertar-me desses tormentos.

(Idem, p. 69-70.)

O primeiro *best-seller*

A explosão de sentimentos do jovem Werther provocou uma forte reação entre a juventude da época. A obra representava uma nova ordem de valores e comportamentos, que se contrapunha frontalmente ao racionalismo do século XVIII. Os jovens começaram a se vestir como o protagonista da obra (com casaca azul e colete amarelo) e a viver paixões desenfreadas como a dele.

Quando Goethe e Napoleão se encontraram, em 1808, a conversa que tiveram foi sobre Werther, e o imperador francês confessou ao escritor ter lido a obra sete vezes. Provavelmente *Os sofrimentos do jovem Werther* foi o primeiro *best-seller* da literatura ocidental.

1. Compare o início das duas cartas.

a) Como Werther se sente na primeira carta? E na segunda?

b) A que se deve a mudança de espírito da personagem?

2. A natureza assume um papel de destaque nos textos românticos. Mais do que mero cenário, ela geralmente interage com as personagens, podendo espelhar o estado de espírito delas. Observe o modo como a personagem se refere à natureza nas duas cartas. O que muda na descrição que a personagem faz da natureza nas duas situações?

3. Durante a Era Clássica, os textos literários faziam referência aos deuses da mitologia greco-latina. No Romantismo, que busca uma aproximação com seu público consumidor – a burguesia –, surgem manifestações de religiosidade cristã. Identifique na primeira carta um exemplo dessas manifestações.

4. Nas obras de ficção do Romantismo, o amor é um tema muito caro. Geralmente as personagens lutam por seu ideal amoroso, contrapondo-se às normas, aos padrões e às conveniências sociais. Diante dos obstáculos, os relacionamentos românticos podem ter dois tipos de desfecho: o final trágico, que leva à morte de pelo menos um dos amantes, ou o final feliz. Nessa obra de Goethe, o final é trágico.

a) Que tipo de obstáculo impede Werther de conquistar o amor de Carlota?

b) Leia a última frase da segunda carta. Que significado tem a morte para Werther nesse contexto?

5. O **escapismo** ou desejo de evasão é uma constante nos textos românticos. Manifesta-se na busca da natureza, na fuga para o passado próximo (a infância) ou distante (a Idade Média), no sonho ou na fantasia e na morte. Identifique, na segunda carta, manifestações de escapismo.

6. Observe o quadro das características românticas (página 191).

a) Identifique nas cartas da obra de Goethe características românticas apresentadas no quadro.

b) Que outras características encontradas na prosa romântica de Goethe você incluiria no quadro?

On the road: o escapismo do século XX?

O livro *On the road* ou *Pé na estrada*, como foi traduzido no Brasil, é a obra do escritor americano Jack Kerouac (1922-1969), que influenciou a geração *beatnik* nos anos 1960.

Partindo da experiência pessoal do autor, que cruzou os EUA em viagens de carona e trem à procura de novas experiências, a obra de Kerouac é um verdadeiro hino à liberdade e há mais de 50 anos vem influenciando gerações de jovens.

: John Lennon, fã das ideias *beat* desde a fase estudantil, dá o nome "Beatles" à sua banda como clara influência de Kerouac.

O TEXTO E O CONTEXTO EM PERSPECTIVA MULTIDISCIPLINAR

Leia, a seguir, o infográfico e um painel de textos interdisciplinares que relacionam a produção literária do Romantismo ao contexto histórico, social e cultural em que o movimento floresceu.

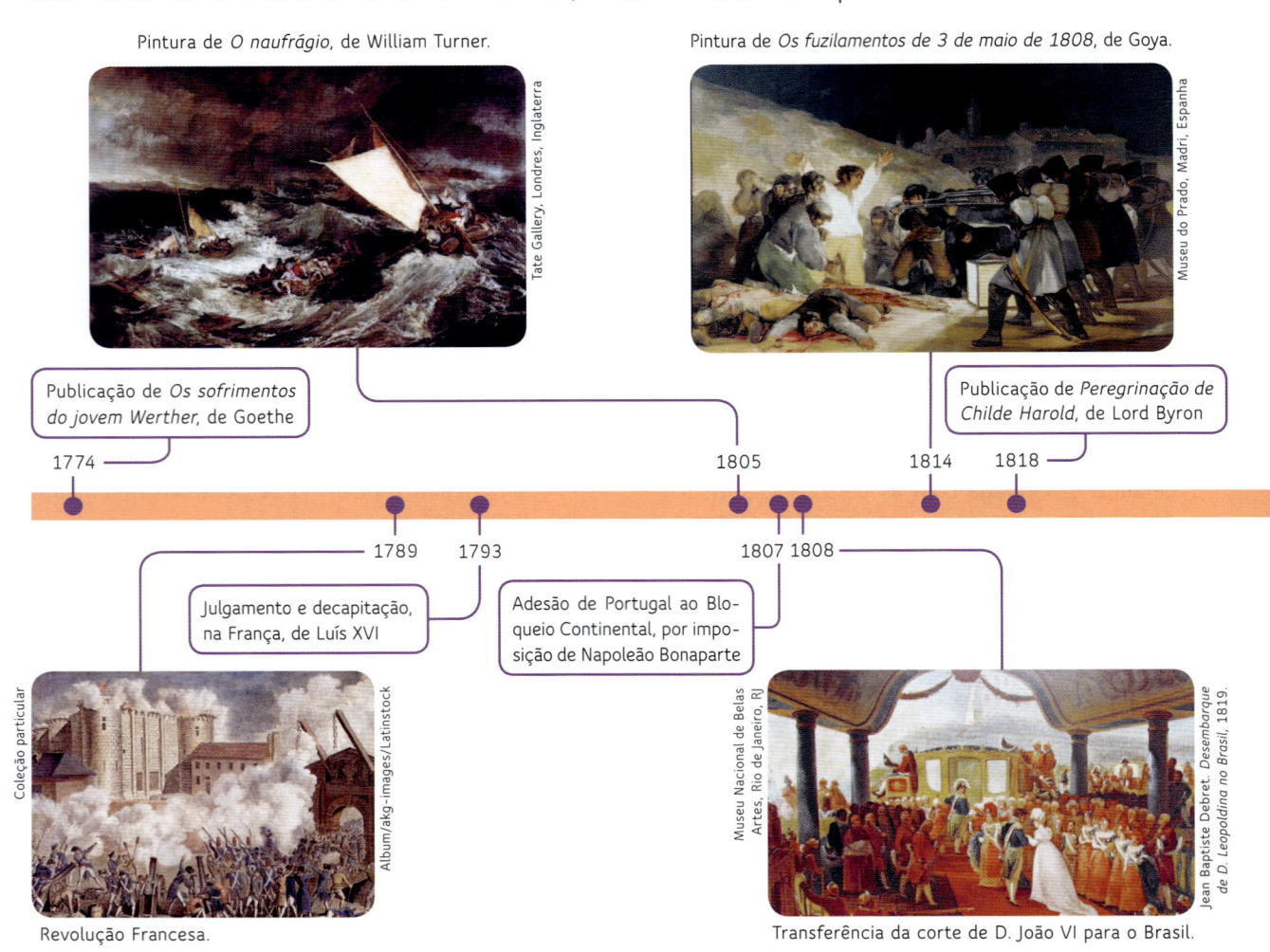

Pintura de *O naufrágio*, de William Turner.

Tate Gallery, Londres, Inglaterra

Pintura de *Os fuzilamentos de 3 de maio de 1808*, de Goya.

Museu do Prado, Madri, Espanha

Publicação de *Os sofrimentos do jovem Werther*, de Goethe

Publicação de *Peregrinação de Childe Harold*, de Lord Byron

1774 — 1789 — 1793 — 1805 — 1807 — 1808 — 1814 — 1818

Julgamento e decapitação, na França, de Luís XVI

Adesão de Portugal ao Bloqueio Continental, por imposição de Napoleão Bonaparte

Coleção particular

Revolução Francesa.

Álbum/akg-images/Latinstock

Museu Nacional de Belas Artes, Rio de Janeiro, RJ

Jean Baptiste Debret. *Desembarque de D. Leopoldina no Brasil*, 1819.

Transferência da corte de D. João VI para o Brasil.

Liberdade, paixão e emoção

O romantismo foi mais que um programa de ação de um grupo de poetas, romancistas, filósofos ou músicos. Tratou-se de um vasto movimento onde se abrigaram o conservadorismo e o desejo libertário, a inovação formal e a repetição de fórmulas consagradas, o namoro com o poder e a revolta radical: enfim, um conjunto tão díspar de tendências que seria uma ociosa bobagem inconsequente pretender mascarar através de generalizações apresentadas a riqueza e a diversidade que nortearam o movimento romântico. Talvez fosse possível pensar, num esforço didático, que o romantismo foi marcado por algumas preocupações recorrentes, às quais poderíamos aliar um certo anticlassicismo, uma visão individualista, um desejo de romper com a normatividade e com os excessos do racionalismo. Liberdade, paixão e emoção constituem um tripé sobre o qual se assenta boa parte do romantismo.

(Adilson Citelli. *Romantismo*. São Paulo: Ática, 2007. p. 9.)

National Gallery of Art, Washington, EUA

A atmosfera romântica na tela *Veneza vista do "Europa"* (1843), de J. M. W. Turner.

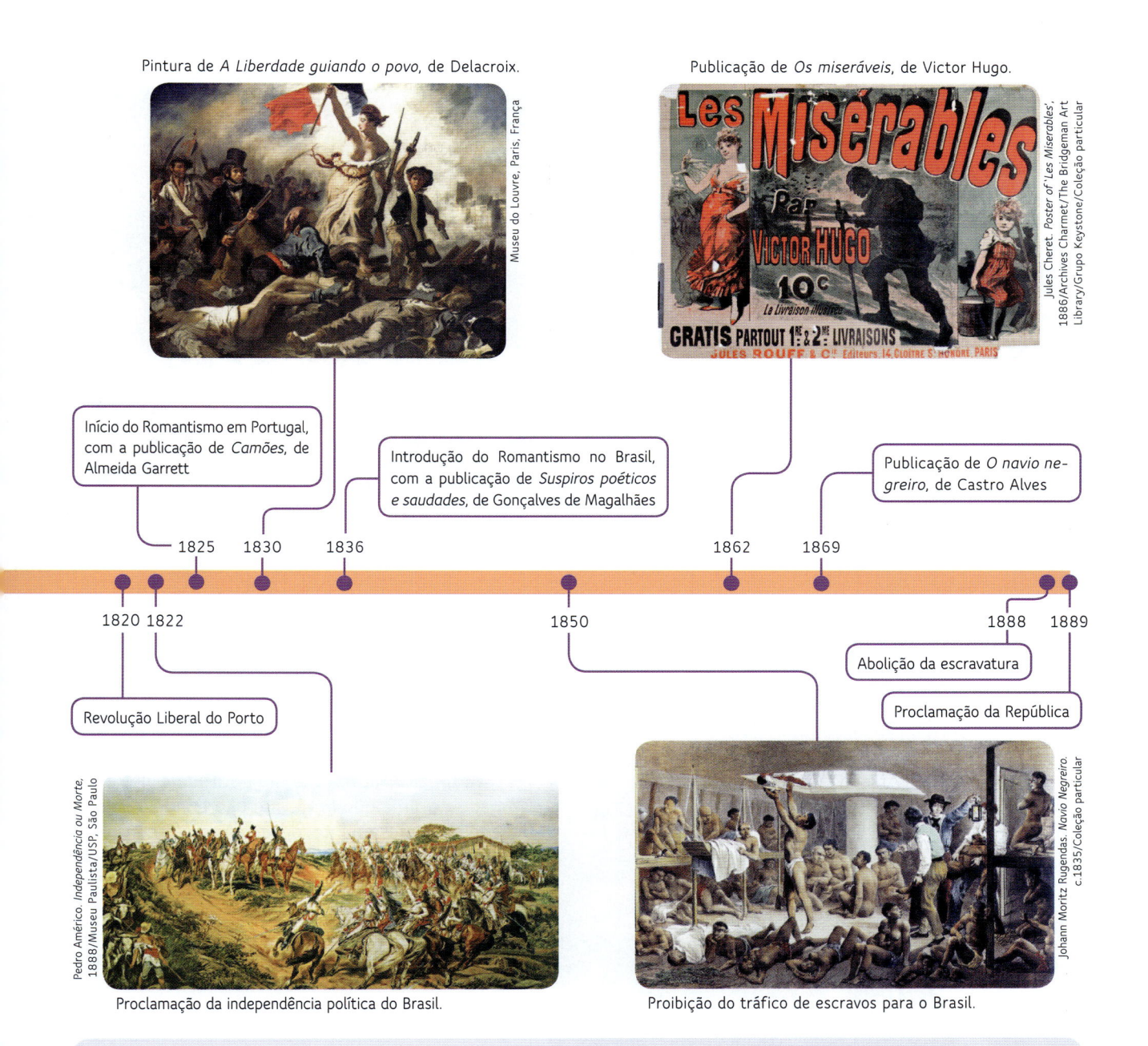

Pintura de *A Liberdade guiando o povo*, de Delacroix.

Museu do Louvre, Paris, França

Publicação de *Os miseráveis*, de Victor Hugo.

Jules Cheret. *Poster of 'Les Miserables',* 1886/Archives Charmet/The Bridgeman Art Library/Grupo Keystone/Coleção particular

Início do Romantismo em Portugal, com a publicação de *Camões*, de Almeida Garrett

Introdução do Romantismo no Brasil, com a publicação de *Suspiros poéticos e saudades*, de Gonçalves de Magalhães

Publicação de *O navio negreiro*, de Castro Alves

1825 1830 1836 1862 1869

1820 1822 1850 1888 1889

Abolição da escravatura

Revolução Liberal do Porto

Proclamação da República

Pedro Américo. *Independência ou Morte*, 1888/Museu Paulista/USP, São Paulo

Proclamação da independência política do Brasil.

Johann Moritz Rugendas. *Navio Negreiro*. c.1835/Coleção particular

Proibição do tráfico de escravos para o Brasil.

O Romantismo e a busca de referências

O olhar voltado para o passado cultivado pelos românticos talvez significasse a busca de um referencial perdido com a industrialização e a Revolução Francesa. Os cenários campestres eram idilicamente representados em oposição à vida agitada e artificial que se levava nas cidades. O Oriente Próximo também exercia um poder de sedução sobre os românticos, fascinados por seu "aspecto selvagem", contrastante com as regras civilizatórias do Ocidente.

O romantismo negava a racionalidade sistematizada do Iluminismo e valorizava a imaginação e a sensibilidade. O filósofo Jean-Jacques Rousseau, apesar de suas ligações com o Iluminismo, é considerado um dos primeiros românticos.

"Para nós, existir é sentir, e nossa sensibilidade é incontestavelmente mais importante do que a nossa razão", dizia ele. Rousseau defendia que o homem era essencialmente bom, sendo corrompido pelo meio civilizado. Por isso, a proximidade com a natureza era evocada como a possibilidade de escapar à corrupção da vida moderna. Nesse sentido, a Idade Média representava para os românticos um período de predomínio das tradições e do heroísmo, no qual a razão não havia sobrepujado o sentimento e a fé humana.

No campo estético da definição do belo, a liberdade de criação artística norteou os românticos. Dando vazão à imaginação, a pintura do período destacou-se por apresentar motivos exóticos, dramáticos, melancólicos ou, ainda, experiências aterradoras.

Embora seja considerado um movimento artístico, o romantismo permeou todo o pensamento europeu nas primeiras décadas do século XIX. Escritores como Victor Hugo e Goethe, poetas como Shelley, Keats e Byron, filósofos como Schiller e Schelling e compositores como Beethoven, Schubert, Chopin e Wagner expressaram em suas obras a diversidade de termos e formas presente no romantismo.

(Antônio P. Rezende e Maria T. Didier. *Rumos da História*. São Paulo: Atual, 2001. p. 405-6.)

Louvre, Paris, França

: Detalhe de *A morte de Sardanapalo* (1827), do pintor romântico Eugène Delacroix.

▶ A Revolução Francesa e o sentimento romântico de desagregação

Hippolyte Delaroche. *Napoleon Crossing the Alps*. 1850/The Bridgeman Art Library/Grupo Keystone/ Walker Art Gallery, National Museums Liverpool, Inglaterra

O poeta romântico é um estranho entre os homens; é melancólico, extremamente sensível, ama a solidão e as efusões do sentimento, sobretudo as de um vago desespero no seio da Natureza. Trata-se de uma atitude e de um estado de alma que foram, se não criados, pelo menos poderosamente desenvolvidos pela influência de Rousseau. [...] A história da Revolução e da época subsequente contribuiu em muito para fazer os homens idealistas abandonarem o lado prático e reformador do movimento inaugurado por Rousseau, e os levou a se aferrar a seu lirismo solitário [...]. Esperava-se, antes da Revolução, e mesmo no decurso de seu desenvolvimento, poder criar um mundo inteiramente novo, conforme à Natureza, desembaraçado de todos os entraves que, segundo se acreditava, o fardo das tradições históricas era o único a opor à felicidade dos homens; e uma profunda decepção, vizinha do desespero, se apoderou das almas delicadas e idealistas quando se viu que, após tantos horrores e sangue derramado, embora fosse verdade que tudo tivesse mudado, o que saíra de todas as catástrofes da Revolução e da época napoleônica não era em absoluto um retorno à Natureza virtuosa e pura, mas novamente uma situação inteiramente histórica, bem mais grosseira, mais brutal e mais feia que a que desaparecera.

(Erich Auerbach. *Introdução aos estudos literários*. São Paulo: Cultrix, 1972. p. 228-9.)

aferrar: prender, segurar.
efusão: saída, derramamento, expansão dos sentimentos.
entrave: obstáculo, impedimento.

O Romantismo no Brasil

Na verdade, o Romantismo teve aqui [no Brasil] uma significação bastante diversa da que teve na Europa. Enquanto visão de mundo, ele viverá um processo de ajuste e adaptação. Os nossos autores, os melhores, souberam aproveitar dele os elementos que serviam mais bem aos seus propósitos e deixaram outros de lado. Essa era a primeira tarefa dos nossos estudantes que iam formar-se na Europa e tomavam contato com o que chamavam de "a nova poesia" ou "a poesia moderna". Para nós, o fato político mais candente foi a Independência, que mobilizou os homens livres e fez todos se sentirem empenhados na organização da nova nação. Ela isolou os portugueses estabelecidos no Brasil no comércio e na burocracia do Estado, considerados "restauradores" e "absolutistas". Ao mesmo tempo, uniu os que passaram a se considerar "brasileiros" e dispostos a organizar uma nação "livre" e "autônoma" [...]. O Romantismo, na medida em que rejeitava o mundo urbano-burguês e, pela imaginação, idealizava o mundo da natureza e do indígena, deu aos brasileiros os elementos com os quais podiam identificar-se e que era lícito transformar em símbolos da nacionalidade: as matas, os índios, a fauna e a flora. Quem éramos nós senão aqueles que tinham também sangue indígena, que cresceram acostumados às matas e florestas, que se temperaram ouvindo os sabiás e as jandaias, à sombra das mangueiras e palmeiras? Éramos, portanto, muito distintos dos portugueses, até na língua, pois o português falado no Brasil e por brasileiros sofria modificações e não podia ser igual ao que se falava em Portugal. Assim perguntava José de Alencar: "O povo que chupa o caju, a manga, o cambucá e a jabuticaba, pode falar uma língua com igual pronúncia e o mesmo espírito do povo que sorve o figo, a pera, o damasco e a nêspera?".

(Luiz Roncari. *Literatura brasileira – Dos primeiros cronistas aos últimos românticos*. 2. ed. São Paulo: Edusp/FDE, 1995. p. 288-9.)

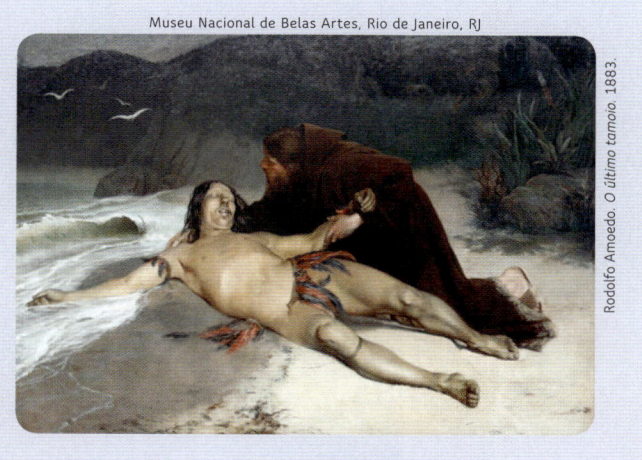

Museu Nacional de Belas Artes, Rio de Janeiro, RJ

Rodolfo Amoedo. *O último tamoio*. 1883.

> **candente:** que está ardendo em brasa.

• Roteiro de estudo •

Ao final da leitura dos textos, você deverá saber:

- Explicar por que é difícil pretender generalizar e uniformizar as várias tendências existentes no interior do Romantismo; além disso, apontar os três elementos básicos sobre os quais se assenta grande parte das obras românticas.

- Comentar por que a natureza e a Idade Média eram supervalorizadas pelos artistas românticos, em contraposição ao mundo europeu urbano do século XIX.

- Explicar por que a arte romântica, embora seja a expressão artística da burguesia, faz críticas à sociedade burguesa.

- Comentar por que o Romantismo brasileiro apresenta especificidades que o diferenciam do Romantismo europeu.

Coleção particular

: Detalhe de *Beija-flores brasileiros*
(1871), de Martin Johnson Heade.

O Romantismo no Brasil: primeira geração

O Romantismo surgiu no Brasil poucos anos depois de nossa independência política (1822).
Por isso, as primeiras obras literárias e os primeiros artistas românticos mostravam-se empenhados em definir um perfil da cultura brasileira, no qual o nacionalismo *era o traço essencial.*

A história do Romantismo no Brasil confunde-se com a própria história política brasileira da primeira metade do século XIX. Com a invasão de Portugal por Napoleão, a Coroa portuguesa mudou-se para o Brasil em 1808 e elevou a colônia à categoria de Reino Unido, ao lado de Portugal e Algarves. Como decorrência desse fato, a colônia passou por uma série de mudanças, entre as quais a criação de escolas de nível superior, a fundação de museus e bibliotecas públicas, a instalação de tipografias e o surgimento de uma imprensa regular.

A dinamização da vida cultural da colônia e a formação de um público leitor (mesmo que inicialmente só de jornais) criaram algumas das condições necessárias para o surgimento de uma produção literária mais consistente do que as manifestações literárias dos séculos XVII e XVIII.

Com a independência política, ocorrida em 1822, os intelectuais e artistas da época passaram a dedicar-se ao projeto de criar uma cultura brasileira identificada com as raízes históricas, linguísticas e culturais do país.

O Romantismo, além de seu significado primeiro – o de ser uma reação à tradição clássica –, assumiu em nossa literatura a conotação de movimento anticolonialista e antilusitano, ou seja, de rejeição à literatura produzida na época colonial, em virtude do apego dessa produção aos modelos culturais portugueses.

Portanto, um dos traços essenciais de nosso Romantismo é o *nacionalismo*, que, orientando o movimento, abriu-lhe um rico leque de possibilidades a serem exploradas, entre as quais o indianismo, o regionalismo, a pesquisa histórica, folclórica e linguística, além da crítica aos problemas nacionais – todas posturas comprometidas com o projeto de construção de uma identidade nacional.

A publicação da obra *Suspiros poéticos e saudades* (1836), de Gonçalves de Magalhães, tem sido considerada o marco inicial do Romantismo no Brasil. A importância dessa obra, porém, reside muito mais nas novidades teóricas de seu prólogo, em que Magalhães anuncia a revolução literária romântica, do que propriamente na execução dessas teorias.

Histórias da História do Brasil

Depois que o filme *Carlota Joaquina* (1995), de Carla Camurati, mostrou nas telas como foi a vinda da Coroa portuguesa ao Brasil, em 1808, muitas outras obras têm sido produzidas sobre o assunto. Em *O Chalaça* (1999), por exemplo, o escritor José Roberto Torero une pesquisa histórica e ficção e retrata os bastidores do Império pela ótica de Chalaça, secretário particular de D. Pedro I. Em 2002, a Rede Globo levou ao ar o seriado *O quinto dos infernos*, sobre o mesmo tema.

Em 2007, no contexto da comemoração dos 200 anos da chegada da família real, o escritor Ruy Castro publicou *Era no tempo do rei*. E, em 2012, a historiadora Mary del Priore publicou *A carne e o sangue*, um romance de fundo histórico que narra, com base em pesquisa histórica, o triângulo amoroso formado por D. Pedro I, a imperatriz Leopoldina, sua esposa, e a Marquesa de Santos.

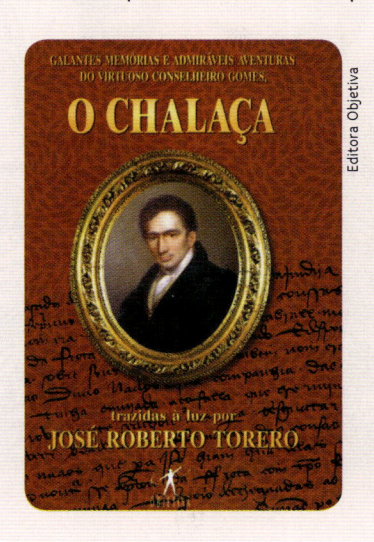 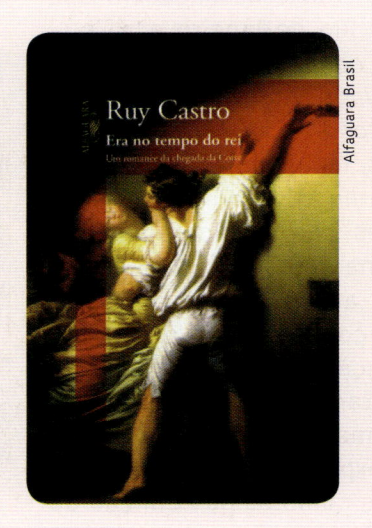 

Editora Objetiva · Alfaguara Brasil · Editora Rocco

AS GERAÇÕES DO ROMANTISMO

Tradicionalmente são apontadas três gerações de escritores românticos. Essa divisão, contudo, engloba principalmente os autores de poesia. Os romancistas não se enquadram muito bem nessa divisão, uma vez que suas obras podem apresentar traços característicos de mais de uma geração.

Assim, as três gerações de *poetas* românticos brasileiros são:

- **Primeira geração**: nacionalista, indianista e religiosa. Nela se destacam Gonçalves Dias e Gonçalves de Magalhães.

- **Segunda geração**: marcada pelo "mal do século", apresenta egocentrismo exacerbado, pessimismo, satanismo e atração pela morte. Seus principais representantes são Álvares de Azevedo, Casimiro de Abreu, Fagundes Varela e Junqueira Freire.

- **Terceira geração**: formada pelo grupo condoreiro, desenvolve uma poesia de cunho político e social. A maior expressão desse grupo é Castro Alves.

O Romantismo brasileiro contou com um grande número de escritores e com uma vasta produção, em diferentes gêneros, que, em resumo, podem ser assim apresentados:

- **na lírica**: Gonçalves Dias, Gonçalves de Magalhães, Álvares de Azevedo, Casimiro de Abreu, Fagundes Varela, Junqueira Freire, Castro Alves e Sousândrade;

- **na épica**: Gonçalves Dias e Castro Alves;

- **no romance**: José de Alencar, Manuel Antônio de Almeida, Joaquim Manuel de Macedo, Bernardo Guimarães, Visconde de Taunay, Franklin Távora;

- **no conto**: Álvares de Azevedo;

- **no teatro**: Martins Pena, José de Alencar, Gonçalves de Magalhães, Gonçalves Dias e Álvares de Azevedo.

GONÇALVES DIAS: UM PROJETO DE CULTURA BRASILEIRA

Filho de um português e de uma cafusa, Gonçalves Dias (1823-1864) fez os primeiros estudos no Maranhão, seu Estado natal, e completou-os em Coimbra, onde cursou Direito. De volta ao Brasil, em 1845, trouxe na bagagem boa parte de seus escritos. Fixou-se no Rio de Janeiro e ali publicou sua primeira obra, *Primeiros cantos* (1846), seguida por outras publicações, como *Segundos cantos* e *Sextilhas de Frei Antão* (1848), *Últimos cantos* (1851) e *Os timbiras* (1857). Fez várias viagens pelo país, incluindo a Amazônia, e chegou a escrever um *Dicionário da língua tupi*.

Embora Gonçalves de Magalhães seja considerado o introdutor do Romantismo no Brasil, na verdade foi Gonçalves Dias quem implantou e solidificou a poesia romântica em nossa literatura. Sua obra pode ser considerada a realização de um verdadeiro projeto de construção da cultura brasileira.

Gonçalves Dias, buscando captar a sensibilidade e os sentimentos do nosso povo, criou uma poesia voltada para o índio e para a natureza brasileira, expressa numa linguagem simples e acessível. Seus versos, tais como os da "Canção do exílio", são melódicos e exploram métricas e ritmos variados.

: Caricatura de Gonçalves Dias.

Cultivou também poemas religiosos, de fundo panteísta, que falam da manifestação de Deus na natureza.

Sua obra poética inclui os gêneros lírico e épico. Na épica, canta os feitos heroicos de índios valorosos, substitutos da figura do herói medieval europeu. Na lírica, tem como temas mais comuns a pátria, a natureza, Deus, o índio e o amor não correspondido.

A épica

Na produção épica de Gonçalves Dias destacam-se dois poemas: "I-Juca-Pirama" e "Os timbiras", este inacabado.

Considerado o mais perfeito poema épico-indianista de nossa literatura, "I-Juca-Pirama" narra a história vivida por um índio tupi que cai prisioneiro de uma nação inimiga: os timbiras. O drama do prisioneiro reside nos sentimentos contraditórios provocados por sua prisão: de um lado, deseja morrer lutando, como guerreiro corajoso que sempre fora; de outro, deseja viver para cuidar do pai, doente e cego.

O prisioneiro é libertado e afirma que voltará a se entregar quando o pai vier a falecer. Os timbiras não acreditam em seu argumento e acusam-no de covarde. Posteriormente, o índio reencontra o pai, leva-lhe alimento, mas o velho, percebendo o cheiro das tintas e os ornamentos do ritual, descobre-lhe o segredo. Renega então o filho, leva-o de volta à tribo timbira e pede que ele seja sacrificado. No canto VIII, um momento de rara beleza, o pai amaldiçoa o filho. Em seguida, o índio luta bravamente, provando que não era covarde. No último canto são afirmadas as qualidades heroicas do guerreiro, que se transforma em mito nas tradições da cultura timbira. O título do poema, extraído da língua tupi, já sugere a sina do protagonista: "o que há de ser morto".

Seguindo a tradição dos árcades Basílio da Gama e Santa Rita Durão, Gonçalves Dias soube atualizar e dar nova dimensão ao tema indianista, a dimensão de que necessitavam a nação recém-independente e a cultura brasileira, em fase de definição e consolidação.

> ### Gonçalves Dias na Internet
>
> Nos *sites* que seguem, você pode ler e baixar poemas e obras inteiras de Gonçalves Dias. Vale a pena conferir.
> - www.revista.agulha.nom.br/gdias.html
> - www.dominiopublico.gov.br/pesquisa/ Pesquisaobraform.do?Select_action=&co_ autor=13

> ### Rousseau e a bondade natural
>
> Segundo Jean-Jacques Rousseau, filósofo iluminista do século XVIII, o ser humano nasce naturalmente puro, mas é corrompido pela civilização. Assim, em contraposição à vida urbana e social, o filósofo valorizava a vida natural, bem como a ingenuidade da criança e do selvagem, ainda não contaminados.
>
> Embora o Romantismo se contraponha ao Arcadismo e ao racionalismo do século XVIII, as ideias de Rousseau foram acolhidas pelos escritores românticos. A natureza, por exemplo, tem lugar de destaque nos textos românticos, nos quais assume um papel que varia de uma espécie de confidente das personagens a refúgio purificador da alma.

O herói do poema não é apenas um índio tupi: representa *todos os índios brasileiros* ou, ainda, *todos os brasileiros*, uma vez que o índio foi, durante o Romantismo, o representante da nossa nacionalidade. Além disso, ao enfocar e pôr em discussão valores e sentimentos humanos profundos, como a bondade filial e a honra, o poema supera os limites da abordagem puramente indianista e ganha universalidade.

"I-Juca-Pirama" representa em nossa cultura o passo decisivo para a transformação das manifestações *nativistas* da literatura colonial em manifestações conscientemente *nacionalistas*. O canto do índio tupi – misto de amor, honra e luta – assemelha-se ao do próprio poeta, também descendente de índios: um canto de amor à pátria e à raça ancestral; um canto de luta pela construção de uma poesia genuinamente brasileira.

O texto a seguir é o canto IV de "I-Juca-Pirama". Conforme as tradições indígenas, o prisioneiro é preparado para um cerimonial antropofágico em que serão vingados os mortos timbiras. Ao lhe pedirem, como é próprio do ritual, que cante seus feitos de guerra e que se defenda da morte, o prisioneiro responde aos inimigos:

Meu canto de morte,
Guerreiros, ouvi:
Sou filho das selvas,
Nas selvas cresci;
Guerreiros, descendo
Da tribo tupi.

Da tribo pujante,
Que agora anda errante
Por fado inconstante,
Guerreiros, nasci:
Sou bravo, sou forte,
sou filho do Norte;
Meu canto de morte,
Guerreiros, ouvi.

Já vi cruas brigas
De tribos imigas,
E as duras fadigas
Da guerra provei;
Nas ondas mendaces
Senti pelas faces
Os silvos fugaces
Dos ventos que amei.

Andei longes terras,
Lidei cruas guerras,
Vaguei pelas serras
dos vis Aimorés;
Vi lutas de bravos,
Vi fortes — escravos!
De estranhos ignavos
Calcados aos pés.

E os campos talados,
E os arcos quebrados,
E os piagas coitados
Já sem maracás;
E os meigos cantores,
Servindo a senhores,

Que vinham traidores,
Com mostras de paz.

Ao velho coitado
De penas ralado,
Já cego e quebrado,
Que resta? — Morrer.
Enquanto descreve
O giro tão breve
Da vida que teve,
Deixai-me viver!

Aos golpes do imigo
Meu último amigo,
Sem lar, sem abrigo
Caiu junto a mi!
Com plácido rosto,
Sereno e composto,
O acerbo desgosto
Comigo sofri.

Meu pai a meu lado
Já cego e quebrado,
De penas ralado,
Firmava-se em mi:
Nós ambos, mesquinhos,
Por ínvios caminhos,
Cobertos d'espinhos
Chegamos aqui!

O velho no entanto
Sofrendo já tanto
De fome e quebranto,
Só qu'ria morrer!
Não mais me contenho,
Nas matas me embrenho,
Das frechas que tenho
Me quero valer.

Então, forasteiro,
Caí prisioneiro
De um troço guerreiro

Instituto Moreira Salles

: *Menino índio* (1880), de Marc Ferrez.

Com que me encontrei:
O cru dessossego
Do pai fraco e cego,
Enquanto não chego,
Qual seja, — dizei!

Eu era o seu guia
Na noite sombria,
A só alegria
Que Deus lhe deixou:
Em mim se apoiava,
Em mim se firmava,
Em mim descansava,
Que filho lhe sou.

Não vil, não ignavo,
Mas forte, mas bravo,
Serei vosso escravo:
Aqui virei ter.
Guerreiro, não coro
Do pranto que choro;
Se a vida deploro,
Também sei morrer.

(*Poemas de Gonçalves Dias*. Seleção de Péricles Eugênio da Silva Ramos. Rio de Janeiro: Ediouro, s.d. p.119-122.)

1. Nesse canto do poema, o índio tupi narra a trajetória de sua vida e de sua tribo.

   a) Como o índio via a si mesmo, até o momento em que foi aprisionado?

   b) Qual é a atual condição de sua tribo?

   c) Com quem e por que o índio tupi foge?

2. Na 6ª estrofe do texto, o prisioneiro faz um pedido aos inimigos: "Deixai-me viver!".

   a) Que motivos alega, na 10ª e na 11ª estrofes, para que o deixem vivo?

   b) Identifique na última estrofe os versos em que o prisioneiro propõe um acordo. Qual é esse acordo?

3. Seguindo os modelos do Romantismo europeu e a atração pelo *medievalismo*, nossos escritores encontraram no índio brasileiro o representante mais direto de nosso passado medieval – único habitante nestas terras antes do Descobrimento. Além disso, vivendo distante da civilização, nosso índio correspondia plenamente à concepção idealizada do "bom selvagem", defendida por Rousseau. Observe o comportamento do índio tupi e indique:

   a) uma característica dele que se assemelhe às do cavaleiro medieval;

   b) uma atitude dele que reforce o mito do "bom selvagem".

4. Os primeiros versos do poema "I-Juca-Pirama" são estes:

   > No meio das tabas de amenos verdores,
   > Cercadas de troncos — cobertos de flores,
   > Alteiam-se os tetos d'altiva nação.

   Gilberto Mendonça Teles, poeta atual, numa clara relação de intertextualidade, escreveu:

Aldeia global

No meio das tabas há menos verdores,
não há gentes brabas nem campos de flores.

No meio das tabas cercadas de insetos,
pensando nas babas dos analfabetos,
vou chamando as tribos dos sertões gerais,
passando recibos nos vãos de Goiás.

Venham os xerentes, craôs e crixás,
bororos doentes e xicriabás.
E os apinajés, os carajás roídos,
e os tapirapés e os inás perdidos.
[...]

(*Os melhores poemas de Gilberto Mendonça Teles*. 3. ed. Seleção de Luís Busatto. São Paulo: Global, 2001. p. 91.)

Fabio Colombini

: Tribo indígena Kalapalo.

Compare os versos de Gilberto Mendonça Teles aos versos iniciais e a todo o canto IV de "I-Juca-Pirama".

a) Qual é a diferença entre os índios retratados por Gonçalves Dias e os retratados por Gilberto Mendonça Teles?

b) Levante hipóteses: A que se deve essa diferença?

c) Levante hipóteses: Por que Gilberto Mendonça Teles teria escolhido um poema épico romântico para, a partir dele, criar seu poema?

A lírica

A poesia lírica de Gonçalves Dias é um dos pontos altos da lírica nacional. Empregando com sabedoria recursos que lhe deram a formação clássica e lusitana, o poeta cultivou uma lírica de rica construção formal, equilibrada, sem cair nos exageros românticos e sem deixar, por isso, de ser plenamente romântico.

Como o árcade Cláudio Manuel da Costa, Gonçalves Dias também tinha em vista atualizar a produção literária brasileira e colocá-la à altura da que se realizava nas grandes nações europeias. Esse empenho devia-se sobretudo à contemporaneidade da Independência e à necessidade de definição de uma cultura brasileira que então se impunha.

O equilíbrio de linguagem e os temas preferidos de Gonçalves Dias — natureza, religião, amor, solidão, pátria, índio, medievalismo — serviram de modelo a muitas gerações de poetas que o sucederam, tanto no Romantismo quanto em outros movimentos literários subsequentes.

Para alguns estudiosos, Gonçalves Dias foi o primeiro grande poeta brasileiro e, entre os românticos, o melhor.

Leia o texto a seguir, considerado um dos mais belos poemas líricos de Gonçalves Dias.

O índio e o caráter nacional

Os índios foram instrumento de quanto aqui se praticou de útil e grandioso. São o princípio de todas as nossas coisas. São os que deram a base para o nosso caráter nacional, ainda mal desenvolvido, e será a coroa de nossa prosperidade o dia de sua inteira reabilitação.

(Gonçalves Dias, 1849. Apud *Folha de S. Paulo*, 6/5/2005.)

Leito de folhas verdes

Por que tardas, Jatir, que tanto a custo
À voz do meu amor moves teus passos?
Da noite a viração, movendo as folhas,
já nos cimos do bosque rumoreja.

Eu sob a copa da mangueira altiva
Nosso leito gentil cobri zelosa
Com mimoso tapiz de folhas brandas,
Onde o frouxo luar brinca entre flores.

Do tamarindo a flor abriu-se, há pouco,
já solta o bogari mais doce aroma!
Como prece de amor, como estas preces,
No silêncio da noite o bosque exala.

Brilha a lua no céu, brilham estrelas,
Correm perfumes no correr da brisa,
A cujo influxo mágico respira-se
Um quebrando de amor, melhor que a vida!

A flor que desabrocha ao romper d'alva
Um só giro do sol, não mais, vegeta:
Eu sou aquela flor que espero ainda
Doce raio do sol que me dê vida.

Sejam vales ou montes, lago ou terra,
Onde quer que tu vás, ou dia ou noite,
Vai seguindo após ti meu pensamento;
Outro amor nunca tive: é meu, sou tua!

Fabio Colombini

: Índia da tribo Kalapalo.

Meus olhos outros olhos nunca viram,
Não sentiram meus lábios outros lábios,
Nem outras mãos, Jatir, que não as tuas
A arasoia na cinta me apertaram.

Do tamarindo a flor jaz entreaberta,
Já solta o bogari mais doce aroma;
Também meu coração, como estas flores,
Melhor perfume ao pé da noite exala!

Não me escutas, Jatir! nem tardo acodes
À voz do meu amor, que em vão te chama!
Tupã! lá rompe o sol! do leito inútil
A brisa da manhã sacuda as folhas!

(*Poemas de Gonçalves Dias*, cit., p. 114-5.)

> **arasoia:** saiote de pena usado pelas mulheres indígenas.
> **tapiz:** tapete.

Dando voz a um eu lírico feminino, o poema é a expressão de uma índia que, em vão, durante toda a noite, espera por Jatir, seu amado. O cenário de amor, composto pela integração da mulher com a natureza (uma natureza brasileira, real), por ricas imagens, comparações e sugestões táteis ("folhas brandas", "lábios", "arasoia") e olfativas ("melhor perfume", "doce aroma"), confere ao poema um erotismo que rompe com o comedimento do amor árcade, cheio de convenções, mas, ainda assim, com a ausência de Jatir, mantém-se na perspectiva romântica do amor irrealizado.

Dias & Dias: Gonçalves Dias inspira romance

Dias & Dias, de Ana Miranda, é uma espécie de biografia romanceada de Gonçalves Dias, narrada pela ótica de Feliciana, uma jovem apaixonada pelo poeta maranhense. Com essa obra, a escritora Ana Miranda ganhou o Prêmio Jabuti. Vale a pena conferir.

Capa de Victor Burton/Editora Cia. das Letras

Para quem quer mais

Se você deseja aprofundar os seus conhecimentos sobre a poesia de Gonçalves Dias, leia o texto a seguir e, posteriormente, sozinho, em dupla ou em grupo, procure resolver as questões propostas pelo **Roteiro de estudo**.

Olhos verdes

Eles verdes são:
E têm por usança,
Na cor esperança.
E nas obras não.
    Camões, *Rimas*

São uns olhos verdes, verdes,
Uns olhos de verde-mar,
Quando o tempo vai bonança;
Uns olhos cor de esperança,
Uns olhos por que morri;
Que ai de mi!

Nem já sei qual fiquei sendo
Depois que os vi!

....

Como duas esmeraldas,
Iguais na forma e na cor,
Têm luz mais branda e mais forte,
Diz uma — vida, outra — morte;
Uma — loucura, outra — amor.
Mas ai de mi!
Nem já sei qual fiquei sendo
Depois que os vi!

....

São verdes da cor do prado,
Exprimem qualquer paixão,
Tão facilmente se inflamam,
Tão meigamente derramam
Fogo e luz do coração;
Mas ai de mi!
Nem já sei qual fiquei sendo
Depois que os vi!

....

Como se lê num espelho,
Pude ler nos olhos seus!
Os olhos mostram a alma,
Que as ondas postas em calma
Também refletem os céus;
Mas ai de mi!
Nem já sei qual fiquei sendo
Depois que os vi!

Dizei vós, ó meus amigos,
Se vos perguntam por mi,
Que eu vivo só da lembrança
De uns olhos cor de esperança
De uns olhos verdes que vi!
Que ai de mi!
Nem já sei qual fiquei sendo
Depois que os vi!

Dizei vós: Triste do bardo!
Deixou-se de amor finar!
Viu uns olhos verdes, verdes,
Uns olhos da cor do mar:
Eram verdes sem esp'rança,
Davam amor sem amar!
Dizei-o vós, meus amigos,
Que ai de mi!
Não pertenço mais à vida
Depois que os vi!

(*Poemas de Gonçalves Dias*, cit., p. 137-9.)

• Roteiro de estudo •

Ao final da leitura, você deverá ser capaz de:

- Explicar por que, sendo o Romantismo contrário à tradição clássica, o poema "Olhos verdes" apresenta como epígrafe versos de Camões.

- Comentar a importância dos dualismos — como *vida/morte*, *loucura/amor* — na construção do texto "Olhos verdes" e confrontá-los com os dualismos barrocos.

- Explicar em que consiste o estado de "morto-vivo" do eu lírico, no poema "Olhos verdes".

Para quem quer mais na Internet

Em nosso *site* (http://www.atualeditora.com.br/pl/paraquemquermais), você poderá ler e reproduzir outros textos de Gonçalves Dias e conhecer um pouco mais da poesia de Gonçalves de Magalhães.

Frankfurter Goethe-Museum, Frankfurt, Alemanha

: *O pesadelo* (1790-1),
de Johann Heinrich Fussli.

CAPÍTULO 12

O Ultrarromantismo

Algumas décadas depois da introdução do Romantismo no Brasil, a poesia ganhou novos rumos com o aparecimento dos ultrarromânticos. Esses poetas, desvinculados do compromisso com a nacionalidade assumido pela primeira geração, desinteressavam-se da vida político-social e voltavam-se para si mesmos, numa atitude profundamente pessimista. Como forma de protesto contra o mundo burguês, viviam entediados e à espera da morte.

Os jovens e os estudantes de hoje encontram diferentes maneiras de protestar contra os valores sociais ou contra o poder instituído. Alguns se organizam em associações ou agremiações estudantis e se manifestam em jornais, assembleias e passeatas. Outros preferem se manifestar por meio das chamadas *tribos urbanas* e, para mostrar que pertencem a elas, pintam os cabelos, usam coturnos, roupas rasgadas; ou usam pulseiras e colares de metal, roupas pretas com caveiras estampadas, *piercings*, cabelos longos.

Durante o Romantismo, nas décadas de 1850 e 1860, jovens poetas universitários de São Paulo e do Rio de Janeiro reuniram-se em um grupo que deu origem à poesia romântica brasileira conhecida como *Ultrarromantismo*.

Sem acreditar nas ideias e valores que levaram à Revolução Francesa e sem ter nenhum outro projeto, essa segunda geração romântica sentia-se como uma "geração perdida". E a forma encontrada para expressar seu pessimismo e o sentimento de inadequação à realidade foi, no *plano pessoal*, levar uma vida desregrada, dividida entre os estudos acadêmicos, o ócio, os casos amorosos e a leitura de obras literárias como as de Musset e Byron, escritores cujo estilo de vida imitavam.

No *plano literário*, essa geração caracterizou-se por cultivar o "mal do século", uma onda de pessimismo que se traduzia em atitudes e valores considerados decadentes na época, como atração pela noite, pelo vício e pela morte. No caso de Álvares de Azevedo, o principal representante do grupo, esses traços foram acrescidos ainda de temas macabros e satânicos, o que aproxima o poeta de Horace Walpole, escritor inglês que alguns anos antes tinha dado início ao romance gótico, com *O castelo de Otranto* (1765).

Lord Byron: ousadia e negação

O poeta inglês Lord Byron (1788-1824) foi um dos principais escritores do Romantismo europeu. Dividido entre a vida luxuosa das cortes, a literatura e as mulheres, Byron escandalizou a Inglaterra com seu estilo boêmio de vida e com suas relações amorosas extraconjugais. Foi ainda acusado de pederastia e de manter relações incestuosas com a irmã. Escreveu, entre outras obras, *Don Juan* e *Jovem Haroldo*.

Editora Saraiva

Os ultrarromânticos desprezaram certos temas e posturas da primeira geração, como o nacionalismo e o indianismo; contudo acentuaram traços como o subjetivismo, o egocentrismo e o sentimentalismo, ampliando a experiência da sondagem interior e preparando terreno para a investigação psicológica que, três décadas mais tarde, iria caracterizar o Realismo.

O MEDO DE AMAR

Em relação ao amor, as obras dos ultrarromânticos apresentam uma visão dualista, que envolve atração e medo, desejo e culpa. Segundo Mário de Andrade, escritor e crítico modernista, os românticos, e principalmente os ultrarromânticos, temiam a realização amorosa. Por isso, o ideal feminino é normalmente associado a figuras incorpóreas ou assexuadas, como *anjo*, *criança*, *virgem*, etc., e as referências ao amor físico se dão apenas de modo indireto, sugestivo ou superficial.

O ultrarromântico Casimiro de Abreu, por exemplo, no poema intitulado "Amor e medo", evidencia seu medo de amar:

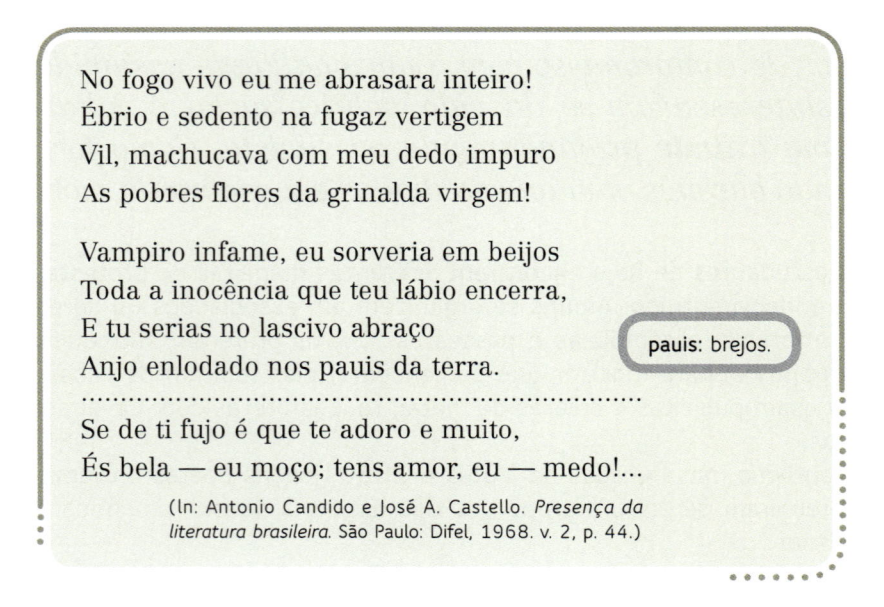

No fogo vivo eu me abrasara inteiro!
Ébrio e sedento na fugaz vertigem
Vil, machucava com meu dedo impuro
As pobres flores da grinalda virgem!

Vampiro infame, eu sorveria em beijos
Toda a inocência que teu lábio encerra,
E tu serias no lascivo abraço
Anjo enlodado nos pauis da terra.

pauis: brejos.

Se de ti fujo é que te adoro e muito,
És bela — eu moço; tens amor, eu — medo!...

(In: Antonio Candido e José A. Castello. *Presença da literatura brasileira*. São Paulo: Difel, 1968. v. 2, p. 44.)

Como se observa, o medo de amar, nesse poema, traduz-se no receio de macular a virgem, no temor de se entregar ao apelo dos sentidos e ferir a pureza da mulher amada. A imagem de "anjo enlodado" dá a medida exata do ideal feminino para os românticos: mulher virgem, assexuada e incorpórea.

Os ultrarromânticos e a cultura *pop*

A cultura *pop* tem grande influência da literatura ultrarromântica. Manifestações artísticas variadas – na música, no cinema, nos quadrinhos – devem tributos aos poetas do Romantismo.

Na música, por exemplo, várias bandas da década de 1960-70, e que mais tarde influenciariam várias subculturas e tendências artísticas, prendem-se a essa tradição, como The Doors, The Velvet Underground & Nico, David Bowie, T-Rex, entre outros.

Jim Morrison, por exemplo, líder da banda The Doors, foi admirador da poesia dos românticos Baudelaire e William Blake e do simbolista Rimbaud. Algumas canções de Jim Morrison, inclusive a canção "The end", que integra o filme *Apocalypse now*, de Francis Ford Coppola, estão disponíveis no YouTube.

Michael Ochs Archives/Getty Images

: Jim Morrison, em 1968.

Eis um quadro dos principais escritores do Ultrarromantismo e suas produções:

AUTOR	GÊNEROS CULTIVADOS	OBRAS PRINCIPAIS
Álvares de Azevedo	Poesia lírica, contos, teatro	*Lira dos vinte anos, Noite na taverna, Macário*
Casimiro de Abreu	Poesia lírica	*As primaveras*
Fagundes Varela	Poesia lírica	*Cantos e fantasias*
Junqueira Freire	Poesia lírica	*Inspirações do claustro*

ÁLVARES DE AZEVEDO: A ANTÍTESE PERSONIFICADA

Álvares de Azevedo (1831-1852) é a principal expressão da geração ultrarromântica de nossa poesia. Paulista, fez os estudos básicos no Rio de Janeiro e cursava o quinto ano de Direito em São Paulo quando sofreu um acidente (queda de cavalo) cujas complicações o levaram à morte, antes de completar 21 anos.

O escritor cultivou a poesia, a prosa e o teatro. Os sete livros, discursos e cartas que produziu foram escritos em apenas quatro anos, período em que era estudante universitário. Por isso, deixou uma obra de qualidade irregular, se considerada no conjunto, mas de grande significado na evolução da poesia nacional.

As faces de Ariel e Caliban

A característica intrigante da obra de Álvares de Azevedo reside na articulação consciente de um projeto literário baseado na *contradição*, talvez a contradição que ele próprio sentisse como adolescente.

Perfeitamente enquadrada nos dualismos que caracterizam a linguagem romântica, essa contradição é visível na sua principal obra poética, *Lira dos vinte anos*.

Ariel e Caliban

Ariel e Caliban são entidades mitológicas populares que representam, respectivamente, o bem e o mal. Shakespeare incorporou-as como personagens em sua peça *A tempestade*.

A primeira e a terceira partes da obra mostram um Álvares de Azevedo adolescente, casto, sentimental e ingênuo. A essas partes ele mesmo chama de a face de Ariel, isto é, a face do bem. O poema seguinte é um exemplo dessa face.

Soneto

Pálida, à luz da lâmpada sombria,
Sobre o leito de flores reclinada,
Como a lua por noite embalsamada,
Entre as nuvens do amor ela dormia!

Era a virgem do mar! na escuma fria
Pela maré das águas embalada!
Era um anjo entre nuvens d'alvorada
Que em sonhos se banhava e se esquecia!

Era mais bela! o seio palpitando...
Negros olhos as pálpebras abrindo...
Formas nuas no leito resvalando...

Não te rias de mim, meu anjo lindo!
Por ti — as noites eu velei chorando,
Por ti — nos sonhos morrerei sorrindo!

(In: *Álvares de Azevedo*. Seleção de textos de Bárbara Heller, Luís Percival L. Brito e Marisa Lajolo. São Paulo: Abril Educação, 1982. p. 22. Literatura Comentada.)

Filipe Rocha

Adolescentes criativos

Álvares de Azevedo, aos 13 anos, dominava francês, inglês e latim. Aos 17, traduziu Shakespeare e Byron. Aos 21, morreu e deixou uma obra de mais de 800 páginas!

A força criativa do poeta não foi exclusividade sua. Vários escritores publicaram suas principais obras antes dos 25 anos. Veja: Johann Goethe tinha 24 anos quando escreveu *Os sofrimentos do jovem Werther*; Arthur Rimbaud tinha 16 anos quando escreveu *O barco bêbado*, um de seus mais importantes poemas; Castro Alves, com 22 anos, escreveu *O navio negreiro*; e Rachel de Queiroz publicou *O quinze* aos 19 anos.

Observe que o soneto está organizado a partir de relações antitéticas: a escuridão e a claridade; a noite e o amanhecer; o ambiente onírico (de sonho) e o real; a virgem pálida e distante e a mulher corporificada e sensual; o amor e a morte.

Note ainda que da primeira para a última estrofe há um processo de materialização da mulher amada: no início, ela é uma "virgem do mar" ou um "anjo"; depois, torna-se uma mulher sensual e nua na cama. Essa gradação ocorre paralelamente à gradação da luz, conforme o dia amanhece.

Numa atitude tipicamente adolescente, o eu lírico, como um verdadeiro *voyeur*, observa de longe a mulher amada, sem ter com ela nenhum comprometimento. Trata-se de um comportamento resultante do "medo de amar", ligado à dúvida e ao prazer reprimido, e cuja saída é a sublimação pela morte.

Quando se inicia a segunda parte da *Lira dos vinte anos*, contudo, o leitor depara com um segundo prefácio da obra, com os seguintes dizeres:

Cuidado, leitor, ao voltar esta página!

Aqui dissipa-se o mundo visionário e platônico. Vamos entrar num mundo novo, terra fantástica, verdadeira ilha Barataria de D. Quixote, onde Sancho é rei; [...]

Quase que depois de Ariel esbarramos em Caliban.

A razão é simples. É que a unidade deste livro e capítulo funda-se numa binomia. Duas almas que moram nas cavernas de um cérebro pouco mais ou menos de poeta escreveram este livro, verdadeira medalha de duas faces.

Nos meus lábios onde suspirava a monodia amorosa, vem a sátira que morde.

(In: Antonio Candido e José A. Castello, op. cit., v. 2, p. 14.)

Com esse comentário, o poeta introduz o leitor no mundo de Caliban, representado principalmente pelo poema "Ideias íntimas" e por uma série intitulada "Spleen e charutos". Embora não se incluam na *Lira dos vinte anos*, também se aproximam desse grupo de textos os contos de *Noite na taverna* e a peça teatral *Macário*. Esses escritos retratam um mundo decadente, povoado de viciados, bêbados, prostitutas, andarilhos solitários sem vínculos e sem destino. Observe essa atitude nos seguintes versos do poeta:

Poema do frade

Meu herói é um moço preguiçoso
Que viveu e bebia porventura
Como vós, meu leitor... se era formoso
Ao certo não o sei. Em mesa impura
Esgotara com lábio fervoroso
Como vós e como eu a taça escura.
Era pálido sim... mas não d'estudo:
No mais... era um devasso e disse tudo!

[...]

Não quisera mirar a face bela
Nesse espelho de lodo ensanguentado!
A embriaguez preferia: em meio dela
Não viriam cuspir-lhe o seu passado!
Como em nevoento mar perdida vela
Nos vapores do vinho assombreado
Preferia das noites na demência
Boiar (como um cadáver!) na existência!

[...]

(In: *Álvares de Azevedo*, cit.)

Marcos Guilherme

Ultrarromânticos na Internet

Nos *sites* que seguem, você pode ler e baixar obras dos escritores ultrarromânticos brasileiros:

- www.revista.agulha.nom.br/fvarela.html
- www.dominiopublico.gov.br/pesquisa/PesquisaObraForm.jsp

LEITURA

Leia alguns trechos do poema "Ideias íntimas", de Álvares de Azevedo, e entre na "terra fantástica" do mundo de Caliban cultivado pelo poeta. O ambiente é um quarto de estudante no qual o jovem se entrega a uma viagem por esse espaço e pelo interior de si mesmo. Nessa viagem há o reconhecimento dos objetos que formam o pequeno mundo do jovem e o reconhecimento da relação entre este e aqueles, de modo que a solidão e o desarranjo do quarto são um prolongamento da condição interior do eu lírico.

Ideias íntimas

I

Ossian o bardo é triste como a sombra
Que seus cantos povoa. O Lamartine
É monótono e belo como a noite,
Como a lua no mar e o som das ondas...
....

Parece-me que vou perdendo o gosto,
Vou ficando blasé, passeio os dias
Pelo meu corredor, sem companheiro,
Sem ler, nem poetar. Vivo fumando.
Minha casa não tem menores névoas
Que as deste céu d'inverno... Solitário
Passo as noites aqui e os dias longos;
Dei-me agora ao charuto em corpo e alma;
....

X

Meu pobre leito! eu amo-te contudo!
Aqui levei sonhando noites belas;
As longas horas olvidei libando
Ardentes gotas de licor doirado,
Esqueci-as no fumo, na leitura
Das páginas lascivas do romance...

Meu leito juvenil, da minha vida
És a página d'oiro. Em teu asilo
Eu sonho-me poeta, e sou ditoso,
E a mente errante devaneia em mundos
Que esmalta a fantasia! Oh! Quantas vezes

Do levante no sol entre odaliscas
Momentos não passei que valem vidas!
Quanta música ouvi que me encantava!
Quantas virgens amei! que Margaridas,
Que Elviras saudosas e Clarissas,
Mais trêmulo que Faust, eu não beijava,
Mais feliz que Don Juan e Lovelace
Não apertei ao peito desmaiando!
Ó meus sonhos de amor e mocidade,
Por que ser tão formosos, se devíeis
Me abandonar tão cedo... e eu acordava
Arquejando a beijar meu travesseiro?

XII

Aqui sobre esta mesa junto ao leito
Em caixa negra dois retratos guardo.

Não os profanem indiscretas vistas.
Eu beijo-os cada noite: neste exílio
Venero-os juntos e os prefiro unidos
— Meu pai e minha mãe. — Se acaso um dia
Na minha solidão me acharem morto,
Não os abra ninguém. Sobre meu peito
Lancem-os em meu túmulo. Mais doce
Será certo o dormir da noite negra
Tendo no peito essas imagens puras.

XIV

Parece que chorei... Sinto na face
Uma perdida lágrima rolando...
Satã leve a tristeza! Olá, meu pajem,
Derrama no meu copo as gotas últimas
Dessa garrafa negra...
                                    Eia! bebamos!
És o sangue do gênio, o puro néctar
Que as almas do poeta diviniza,
O condão que abre o mundo das magias!
Vem. Fogoso *Cognac*! É só contigo
Que sinto-me viver. Inda palpito,
Quando os eflúvios dessas gotas áureas
Filtram no sangue meu correndo a vida,
Vibram-me os nervos e as artérias queimam,
Os meus olhos ardentes se escurecem
E no cérebro passam delirosos
Assomos de poesia... Dentre a sombra
Vejo num leito d'oiro a imagem dela
Palpitante, que dorme e que suspira,
Que seus braços me estende...
                                    Eu me esquecia:
Faz-se noite; traz fogo e dois charutos
E na mesa do estudo acende a lâmpada...

(In: *Álvares de Azevedo*, cit., p. 31-8.)

Mariângela Haddad

---

bardo: poeta, trovador.
blasé: entediado.
condão: virtude especial, dom.
ditoso: feliz.
eflúvio: emanação, exalação.
Lamartine: poeta romântico francês.
lascivo: sensual.
libar: beber, sorver.
olvidar: esquecer.
Ossian: pseudônimo de James MacPherson, poeta medieval escocês.

1. O ambiente do poema, um quarto de estudante, sugere, o tempo todo, desarranjo e solidão. Que ações do eu lírico, na parte I, confirmam o seu estado *blasé*, isto é, de profundo tédio?

2. A parte X dá sequência à viagem pelo interior do quarto e do próprio eu e tematiza o leito do eu lírico, em que ele sonhou noites belas e passou longas horas.

   a) De que modo o eu lírico tornava as "longas horas" menos dolorosas?

   b) Que sonhos criava quando estava no leito?

   c) Destaque os versos do poema que, ironicamente, destroem a idealização amorosa.

3. Durante a viagem do eu lírico, há o reconhecimento dos objetos cotidianos que formam o pequeno mundo do jovem e o reconhecimento neles do próprio eu, de modo que a solidão e o desarranjo do quarto – com quadros, conhaque, charuto, livros, etc. – são um prolongamento da condição interior do eu lírico. Apesar disso, o jovem guarda em lugar especial os retratos do pai e da mãe. De acordo com os versos da parte XII, o que significam os pais para ele?

4. Observe a parte XIV. Nela, como nas outras partes do poema, os momentos de devaneio – motivados pelo fumo, pelo álcool e pela solidão – são interrompidos por momentos de lucidez.

   a) Reconheça as estrofes que revelam lucidez e as que revelam devaneio.

   b) Como num círculo vicioso e obsessivo, que tipo de visão o eu lírico torna a ter quando sob o efeito do álcool?

   c) Pode-se entender, por meio da última estrofe do poema, que a viagem foi encerrada? Por quê?

5. Certos traços do eu lírico presentes nesse poema – pessimismo, isolamento, fantasias, devaneios – não são exclusivos de Álvares de Azevedo, mas são característicos do Ultrarromantismo em geral. Eles faziam parte do modo como esses poetas expressavam seu inconfor-

mismo diante do mundo. Embora "Ideias íntimas" seja um poema subjetivo e egocêntrico, é possível dizer que tem também uma conotação social? Justifique sua resposta.

Sexo, satanismo e rebeldia

Observe o comentário do crítico literário Antonio Candido sobre certos valores do grupo ultrarromântico, que apresenta afinidades com a obra do poeta francês Charles Baudelaire:

> Esses elementos (o "descompassado amor à carne" e o "satanismo") [...] representavam atitudes de rebeldia. Como os de hoje, os jovens daquele tempo, no Brasil provinciano e atrasado, faziam do sexo uma plataforma de libertação e combate, que se articulava à negação das instituições. Portanto, foi um grande instrumento libertador esse Baudelaire [...] que fornecia descrições arrojadas da vida amorosa e favorecia uma atitude de oposição aos valores tradicionais, por meio de dissolventes como o tédio, a irreverência e a amargura.
>
> (*A educação pela noite e outros ensaios.* São Paulo: Ática, 1989. p. 26.)

The Bridgeman Art Library/Grupo Keystone/Hungarian National Gallery, Budapeste, Hungria

: *Depois do banho* (1880), de Karoly Lotz.

A ironia ou a terceira face de Álvares de Azevedo

A ironia é um traço constante na obra poética de Álvares de Azevedo. Forma não passiva de ver a realidade, é empregada pelo poeta como recurso para quebrar a noção de ordem e abalar as convenções do mundo burguês.

Enquanto o lado Caliban do poeta situa-se em uma das linhas que compõem o Romantismo – a linha orgíaca e satânica –, a ironia levada às últimas consequências deu a Álvares de Azevedo acesso a um veio novo: o veio antirromântico. Constituindo outro paradoxo, o mais romântico dos nossos românticos lançou o germe da própria superação do Romantismo, ao ironizar algumas das atitudes mais caras à sua geração, como a pieguice amorosa e a idealização do amor e da mulher, conforme se observa nos versos abaixo.

É ela! É ela! É ela! É ela!

É ela! é ela! — murmurou tremendo,
E o eco ao longe murmurou — é ela!
Eu a vi minha fada aérea e pura —
A minha lavadeira na janela!

Dessas águas-furtadas onde eu moro
Eu a vejo estendendo no telhado
Os vestidos de chita, as saias brancas;
Eu a vejo e suspiro enamorado!

Esta noite eu ousei mais atrevido
Nas telhas que estalavam nos meus passos
Ir espiar seu venturoso sono,
Vê-la mais bela de Morfeu nos braços!

Como dormia! que profundo sono!...
Tinha na mão o ferro do engomado...
Como roncava maviosa e pura!...
Quase caí na rua desmaiado!

....

(In: *Álvares de Azevedo*, cit., p. 44.)

Certos aspectos da poesia de Álvares de Azevedo são encontrados na obra de alguns dos melhores poetas do século XX: a *ironia*, na poesia de Carlos Drummond de Andrade; a forte presença do *cotidiano*, na de Manuel Bandeira. Essa convergência comprova a importância e a atualidade de Álvares de Azevedo em nossa literatura.

LITERATURA COMPARADA

DIÁLOGO ENTRE A POESIA DE ÁLVARES DE AZEVEDO E A POESIA DE LORD BYRON

A fim de observar um dos diálogos que a poesia romântica brasileira estabeleceu com a poesia romântica europeia, você fará, a seguir, a leitura comparada de dois poemas: o primeiro é do poeta inglês Lord Byron, em tradução de Castro Alves; o segundo é do poeta brasileiro Álvares de Azevedo. Leia-os e responda às questões propostas.

A uma taça feita de um crânio humano

"Não recues! De mim não foi-se o espírito...
Em mim verás — pobre caveira fria —
Único crânio que, ao invés dos vivos,
    Só derrama alegria.

Vivi! amei! bebi qual tu: Na morte
Arrancaram da terra os ossos meus.
Não me insultes! empina-me!... que a *larva*
Tem beijos mais sombrios do que os teus.

Mais val guardar o sumo da parreira
Do que ao verme do chão ser pasto vil;
— Taça — levar dos Deuses a bebida,
    Que o pasto do reptil.

Que este vaso, onde o espírito brilhava,
Vá nos outros o espírito acender.
Ai! Quando um crânio já não tem mais
                [cérebro
  ... Podeis de vinho o encher!

Bebe, enquanto inda é tempo! Uma outra
                  [raça,

Quando tu e os teus fordes nos fossos,
Pode do abraço te livrar da terra,
E ébria folgando profanar teus ossos.

E por que não? Se no correr da vida
Tanto mal, tanta dor aí repousa?
É bom fugindo à podridão do lodo
Servir na morte enfim p'ra alguma cousa!..."

(Lord Byron. *As trevas e outros poemas*. Tradução de Castro Alves. São Paulo: Saraiva, 2007. p. 25.)

Weberson Santiago

Glória moribunda

É uma visão medonha uma caveira?
Não tremas de pavor, ergue-a do lodo.
Foi a cabeça ardente de um poeta,
Outrora a sombra dos cabelos louros,
Quando o reflexo do viver fogoso
Ali dentro animava o pensamento,
Esta fronte era bela. Aqui nas faces
Formosa palidez cobria o rosto;
Nessas órbitas, — ocas, denegridas! —
Como era puro seu olhar sombrio!

Agora tudo é cinza. Resta apenas
A caveira que a alma em si guardava,
Como a concha no mar encerra a pérola,
Como a caçoila a mirra incandescente.
Tu outrora talvez desses-lhe um beijo;
Olha-a comigo! Que espaçosa fronte!

Como a seiva nos ramos do arvoredo!
E a sede em fogo das ideias vivas
Onde está? Onde foi? Essa alma errante
Que um dia no viver passou cantando,
Como canta na treva um vagabundo,

Perdeu-se acaso no sombrio vento,
Como noturna lâmpada apagou-se?
E a centelha da vida, o eletrismo
Que as fibras tremulantes agitava
Morreu para animar futuras vidas?

Sorris? Eu sou um louco. As utopias,
Os sonhos da ciência nada valem.
A vida é um escárnio sem sentido,
Comédia infame que ensanguenta o lodo.
[...]

Levanta-me do chão essa caveira!
Vou cantar-te uma página de vida
De uma alma que penou e já
[descansa.

(Álvares de Azevedo. *Poesias completas
de Álvares de Azevedo*. Rio de Janeiro:
Ediouro, s.d. p. 86-7.)

caçoila ou caçoula: recipiente usado para queimar substâncias ou misturas aromáticas.

denegrido: escuro, negro.

escárnio: zombaria, troça; aquilo que é objeto de desdém ou ironia.

mirra: árvore cuja resina serve como incenso ou como unguento.

moribundo: aquele que está agonizando ou morrendo.

utopia: projeto de natureza irrealizável; ideia generosa, porém impraticável; quimera, fantasia.

---

1. O Ultrarromantismo mostra preferência por elementos contrários à mentalidade materialista e racional da sociedade burguesa. Assim, em lugar da razão, do trabalho, do progresso, etc., os poetas dessa geração preferiam o ócio, o tédio, o prazer, o vício (a bebida e o fumo), a decrepitude, a loucura, o humor negro e, às vezes, a morte como saída para a angústia de viver.

Observe o vocabulário empregado nos dois poemas. Que palavras dos textos são responsáveis pela formação de uma atmosfera noturna, macabra e degradante?

: Animação de Tim Burton (2005).

2. Os dois poemas abordam o tema vida/morte.

a) Que elemento representa a morte em cada um dos poemas?

b) De acordo com a visão dos dois textos, o que resta da vida depois que se morre? Comprove sua resposta com elementos da última estrofe do poema de Byron e da 2ª estrofe do poema de Álvares de Azevedo.

c) Em qual dos dois textos a abordagem do tema é feita com sarcasmo e humor negro? Por quê?

Loucos por Byron

Se você deseja conhecer um pouco mais sobre a vida e a obra de Lord Byron, leia *As trevas e outros poemas* (Editora Saraiva).

Editora Saraiva

3. Compare os dois primeiros versos seguintes, de Lord Byron, aos outros dois, de Álvares de Azevedo:

"[...] Se no correr da vida
Tanto mal, tanta dor aí repousa?"

"A vida é um escárnio sem sentido,
Comédia infame que ensanguenta o lodo."

O que os versos dos dois poetas apresentam em comum quanto à visão de mundo do eu lírico de cada um dos textos?

Interfoto/Latinstock

CASIMIRO DE ABREU: A POESIA BEM-COMPORTADA

Quem ainda não ouviu estes versos?

Meus oito anos

Oh! souvenirs! printemps! aurores!
V. Hugo

Oh! que saudades que tenho
Da aurora da minha vida,
Da minha infância querida
Que os anos não trazem mais!
Que amor, que sonhos, que flores,
Naquelas tardes fagueiras
À sombra das bananeiras,
Debaixo dos laranjais!

Como são belos os dias
Do despontar da existência!
— Respira a alma inocência
Como perfumes a flor;
O mar é — lago sereno,
O céu — um manto azulado,
O mundo — um sonho dourado,
A vida — um hino d'amor!

Que auroras, que sol, que vida,
Que noites de melodia
Naquela doce alegria,
Naquele ingênuo folgar!
O céu bordado d'estrelas,

A terra de aromas cheia,
As ondas beijando a areia
E a lua beijando o mar!

Oh! dias da minha infância!
Oh! meu céu de primavera!
Que doce a vida não era
Nessa risonha manhã!
Em vez das mágoas de agora,
Eu tinha nessas delícias
De minha mãe as carícias
E beijos de minha irmã!

Livre filho das montanhas,
Eu ia bem satisfeito,
Da camisa aberto o peito,
— Pés descalços, braços nus —
Correndo pelas campinas
À roda das cachoeiras,
Atrás das asas ligeiras
Das borboletas azuis!

(In: Antonio Candido e José A. Castello, op. cit., p. 41.)

David Cooper/Photonica/Getty Images

Esse conhecido poema tem como autor Casimiro de Abreu (1839-1860), um dos mais populares poetas brasileiros. Natural de Barra de São João, no Rio de Janeiro, Casimiro escreveu a maior parte dos poemas de sua obra, *Primaveras*, em Portugal.

Apesar de ligado à segunda geração da poesia romântica, Casimiro, quando surgiu no cenário literário carioca, ajudou a desanuviar o ambiente noturno que Álvares de Azevedo deixara ao morrer, sete anos antes.

Diferentemente do que ocorre na obra de Azevedo, em que amor se confunde com morte, nos poemas de Casimiro o amor associa-se sempre à vida e à sensualidade – e este é um dos pontos altos de sua poesia. Contudo, a sensualidade em Casimiro – mais natural que em Álvares de Azevedo, porque mais concreta – ainda não atinge plena maturação. É uma sensualidade que se conserva ligada ao medo de amar, sempre disfarçada, fruto de insinuações e do jogo de mostrar e esconder.

Casimiro de Abreu destaca-se também pela abordagem graciosa de certos temas, como a infância, a pátria, a saudade, a solidão, a natureza, o amor – temas que agradavam ao público, já acostumado a eles.

Aproveitando-se de certas novidades introduzidas pela primeira geração, como as variações métricas e rítmicas, a forte musicalidade e o emprego de uma língua brasileira, Casimiro as utiliza até o esgotamento, numa época em que essas inovações já não eram ruptura, por estarem incorporadas ao gosto do público.

Aurora da minha vida

O dramaturgo e diretor teatral Naum Alves de Souza levou aos palcos brasileiros a peça *Aurora da minha vida*, que promove uma reflexão sobre a infância e a vida escolar. Do texto da peça faz parte o poema de Casimiro de Abreu, declamado várias vezes durante a encenação.

Nicete Bruno Produções

Elenco da peça *Aurora da minha vida*, de Naum Alves de Souza, encenada em 2009 sob a direção de Bárbara Bruno.

Com o tratamento brando que deu aos temas, Casimiro de Abreu não ampliou nem modificou os horizontes do Romantismo brasileiro – a inovação por ele proporcionada ficou circunscrita à abordagem mais natural da sensualidade. Entretanto sua poesia contribuiu para a consolidação e para a popularização definitiva do Romantismo entre nós.

LEITURA

Segredos

Eu tenho uns amores — quem é que os não
[tinha
Nos tempos antigos? — Amar não faz mal;
As almas que sentem paixão como a minha,
Que digam, que falem em regra geral.

— A flor dos meus sonhos é moça bonita
Qual flor entr'aberta do dia ao raiar;
Mas onde ela mora, que casa ela habita,
Não quero, não posso, não devo contar!
....

Oh! ontem no baile com ela valsando
Senti as delícias dos anjos do céu!
Na dança ligeira qual silfo voando
Caiu-lhe do rosto seu cândido véu!

— Que noite e que baile! — Seu hálito
[virgem
Queimava-me as faces no louco valsar,
As falas sentidas, que os olhos falavam,
Não quero, não posso, não devo contar!

Depois indolente firmou-se em meu braço,
Fugimos das salas, do mundo talvez!
Inda era mais bela rendida ao cansaço,
Morrendo de amores em tal languidez!

— Que noite e que festa! e que lânguido rosto
Banhado ao reflexo do branco luar!
A neve do colo e as ondas dos seios
Não quero, não posso, não devo contar!
....

— Agora eu vos juro... Palavra!! — não minto!
Ouvi a formosa também suspirar;
Os doces suspiros, que os ecos ouviram,
Não quero, não posso, não devo contar!

Então nesse instante nas águas do rio
Passava uma barca, e o bom remador
Cantava na flauta: — "Nas noites d'estio
O céu tem estrelas, o mar tem amor!"

E a voz maviosa do bom gondoleiro
Repete cantando: — "viver é amar!"
Se os peitos respondem à voz do barqueiro...
Não quero, não posso, não devo contar!

Trememos de medo... a boca emudece
Mas sentem-se os pulos do meu coração!
Seu seio nevado de amor se intumesce
E os lábios se tocam no ardor da paixão!

— Depois... mas já vejo que vós, meus
          [senhores,
Com fina malícia quereis me enganar;
Aqui faço ponto; — segredos de amores
Não quero, não posso, não devo contar!

(*Poesias completas de Casimiro de Abreu.*
Rio de Janeiro: Ediouro, s.d. p. 61-3.)

Joseph Mallord William Turner. *Venice, from the Porch of Madonna della Salute.* 1835/Metropolitan Museum of Art, New York.

> **cândido:** imaculado, puro.
> **colo:** parte do corpo formada pelo pescoço e pelos ombros.
> **indolente:** preguiçosa.
> **intumesce:** incha, torna-se túmido.
> **lânguido:** abatido, sensual.
> **maviosa:** suave, harmoniosa.
> **silfo:** gênio do ar, na mitologia céltica.

1. O poema apresenta forte musicalidade, característica comum à poesia romântica em geral, mas principalmente à de Casimiro de Abreu.
Faça um levantamento rítmico dos versos da 1ª estrofe e indique a relação que o ritmo do poema mantém com o ritmo da valsa.

2. O escritor José de Alencar, em sua obra *Senhora*, também descreve um baile em que se dança valsa. Afirma o escritor: "Há uma delícia, uma voluptuosidade pura e inocente nesta embriaguez da velocidade. Aos volteios rápidos, a mulher sente nascer-lhe as asas e pensa que voa; rompe-se o casulo da seda, esfralda-se a borboleta".

a) Destaque do poema de Casimiro de Abreu um trecho que confirma a sensação de voo provocada pela valsa, nos dizeres de Alencar.

b) Na 3ª estrofe, a virgem deixa cair o véu de seu rosto durante a dança. O que sugere esse fato, considerando-se os diversos significados culturais relacionados ao véu?

c) Que imagem do texto de Alencar confirma a resposta dada à pergunta do item anterior?

3. Isolados os amantes, a sensualidade entre eles aumenta gradativamente. Na 10ª estrofe, o erotismo chega ao seu limite, uma vez que é revelado o desejo da virgem. Destaque dessa estrofe a imagem que traduz esse desejo.

4. Segundo Roland Barthes, cientista da linguagem, o erotismo é mais intenso não quando é direto e explícito, mas quando nasce do jogo de ocultar e desvendar. Esse procedimento pode ser constatado no poema em estudo. Identifique-o e explique de que modo o poeta constrói esse jogo. Justifique sua resposta com palavras ou expressões do texto.

5. De acordo com a concepção amorosa dos poetas da segunda geração romântica, explique a afirmação do eu lírico na 10ª estrofe: "Trememos de medo".

FAGUNDES VARELA: UMA POESIA EM TRANSIÇÃO

Fagundes Varela (1841-1875) nasceu em Rio Claro, no Estado do Rio de Janeiro. Estudou Direito em São Paulo, onde se casou com uma prostituta.

Dessa união, nasceu o filho primogênito, que veio a falecer com apenas três meses de vida. Amargurado, entregou-se totalmente à vida boêmia e ao álcool. Os últimos anos de vida passou-os longe das grandes cidades, buscando refúgio na religião e no contato direto com a natureza e com pessoas simples. A poesia que produziu nessa fase reveste-se de preocupação espiritual e apresenta caráter panteísta.

Parte de sua obra poética mostra atitudes comuns ao grupo ultrarromântico, como o pessimismo, a solidão e a morte. Nos versos a seguir, por exemplo, Fagundes Varela aborda a sensação de ser um estranho entre as pessoas, de sentir-se só em meio à multidão.

O exilado

O exilado está só por toda a parte!

Passei tristonho dos salões no meio,
Atravessei as turbulentas praças
Curvado ao peso de uma sina escura;
As turbas contemplaram-me sorrindo,
Mas ninguém divisou a dor sem termos
Que as fibras de meu peito espedaçava.
O exilado está só por toda a parte!
[...]

(*Poesias completas*: São Paulo: Nacional, 1957.)

Reprodução

Fagundes Varela: boêmia, sofrimento, luta social e religiosidade.

Varela panfletário?

O poema abaixo, de autoria desconhecida, é atribuído por alguns críticos a Fagundes Varela. Circulou de mão em mão em certo 2 de dezembro, aniversário de D. Pedro II, e talvez tenha sido publicado em algum jornal carioca. Não se sabe ao certo em que ano nem em que jornal isso aconteceu.

Embora pareça ser laudatório, ou seja, de exaltação ao rei, o poema constitui, na verdade, um acróstico satírico. Leia-o.

Oh! excelso monarca, eu vos saúdo!
Bem como vos saúda o mundo inteiro,
O mundo que conhece as vossas glórias.
Brasileiros, erguei-vos e de um brado.
O monarca saudai, saudai com hinos.
Do dia de dezembro o dois faustoso,
O dia que nos trouxe mil venturas!
Ribomba ao nascer d'alva a artilharia.
E parece dizer em tom festivo:
Império do Brasil, cantai, cantai!
Festival harmonia reine em todos;

As glórias do monarca, as vãs virtudes.
Zelemos decantando-as sem cessar.
A excelsa imperatriz, a mãe dos pobres.
Não olvidemos também de festejar.
Neste dia imortal que é para ela
O dia venturoso em que nascera
Sempre grande e imortal, Pedro II.

(Disponível em:
http://www.almanaquebrasil.com.br/curiosidades-
-historia/7664-poeta-anonimo-fez-galhofa-
com-o-excelso-monarca.html.
Acesso em: 17/2/2012.)

Apesar da inclinação ao pessimismo, há na obra de Varela prenúncio de rumos novos, que conduzem à geração seguinte. Por exemplo, em vez de egocêntrica, sua poesia já se volta para os problemas sociais e políticos do Brasil; em alguns poemas faz a defesa da pátria, do índio e da nacionalidade, e critica a escravidão. Quanto à forma, Varela introduz o tom grandiloquente da oratória e a abundância de imagens. Tanto essas inovações de conteúdo quanto as de forma foram mais tarde retomadas e ampliadas por Castro Alves, poeta da terceira geração.

LEITURA

A seguir são apresentados alguns fragmentos do poema "Cântico do calvário", considerado a obra-prima de Varela. O poeta dedicou-o à memória do filho, morto com três meses de vida.

Cântico do calvário

À memória de meu filho morto a 11 de dezembro de 1863

Eras na vida a pomba predileta
Que sobre o mar de angústia conduzia
O ramo da esperança. Eras a estrela
Que entre as névoas do inverno cintilava
Apontando o caminho ao pegureiro
Eras a messe de um dourado estio
Eras o idílio de um amor sublime.
Eras a glória, a inspiração, a pátria,
O porvir de teu pai! — Ah! no entanto,
Pomba, — varou-te a flecha do destino!
Astro, — engoliu-te o temporal do norte!
Teto, — caíste! — Crença, já não vives!

....

Mas não! tu dormes no infinito seio
Do Criador dos seres! Tu me falas
Na voz dos ventos, no chorar das aves,
Talvez das ondas no respiro flébil!
Tu me contemplas lá do céu, quem sabe?
No vulto solitário de uma estrela.
E são teus raios que meu estro aquecem!
Pois bem! Mostra-me as voltas do caminho!
Brilha e fulgura no azulado manto,
Mas não te arrojes, lágrima da noite,
Nas ondas nebulosas do ocidente!

Brilha e fulgura! Quando a morte fria
Sobre mim sacudir o pó das asas,
Escada de Jacó serão teus raios
Por onde asinha subirá minh'alma.

(In: Antonio Candido e José A. Castello, op. cit., p. 53-8.)

asinha: depressa.
estio: verão.
estro: inspiração, criatividade.
flébil: lastimoso, choroso.

fulgura: relampeja, brilha.
messe: colheita.
pegureiro: guardador de gado, pastor.
porvir: futuro.

1. Na 1ª estrofe do texto, o eu lírico faz diversas referências ao filho morto e a si mesmo por meio de abundante metaforização.

   a) Destaque algumas das metáforas empregadas em referência ao filho e ao eu lírico.

   b) Explique o que representava o filho para o eu lírico.

2. Outro traço comum à linguagem de alguns poetas românticos – entre os quais Gonçalves Dias e Fagundes Varela – é o *panteísmo*, isto é, a concepção de que Deus é a própria natureza e que tudo o que há no universo é emanação dele.

A propósito da 2ª estrofe, responda:

a) Pode-se afirmar que o filho está morto?

b) Que traços panteístas podem ser identificados nela?

Para quem quer mais

Se você deseja aprofundar os seus conhecimentos sobre a poesia de Álvares de Azevedo, leia o texto a seguir e, posteriormente, sozinho, em dupla ou em grupo, procure resolver as questões propostas pelo **Roteiro de estudo**.

Lembrança de morrer

No more! o never more!
Shelley

Quando em meu peito rebentar-se a fibra,
Que o espírito e aça à dor vivente,
Não derramem por mim nem uma lágrima
    Em pálpebra demente.

E nem desfolhem na matéria impura
A flor do vale que adormece ao vento:
Não quero que uma nota de alegria
Se cale por meu triste passamento.

Eu deixo a vida como deixa o tédio
Do deserto, o poente caminheiro
— Como as horas de um longo pesadelo
Que se desfaz ao dobre de um sineiro;

Como o desterro de minh'alma errante,
Onde fogo insensato a consumia:
Só levo uma saudade — é desses tempos
Que amorosa ilusão embelecia.

Só levo uma saudade — e dessas sombras
Que eu sentia velar nas noites minhas...
De ti, ó minha mãe! pobre coitada
Que por minha tristeza te definhas!

De meu pai... de meus únicos amigos,
Poucos — bem poucos — e que não zombavam
Quando, em noites de febre endoidecido,
Minhas pálidas crenças duvidavam.

Se uma lágrima as pálpebras me inunda,
Se um suspiro nos seios treme ainda,
É pela virgem que sonhei... que nunca
Aos lábios me encostou a face linda!

Só tu à mocidade sonhadora
Do pálido poeta deste flores...
Se viveu, foi por ti! e de esperança
De na vida gozar de teus amores.

Beijarei a verdade santa e nua,
Verei cristalizar-se o sonho amigo...
Ó minha virgem dos errantes sonhos,
Filha do céu, eu vou amar contigo!

Descansem o meu leito solitário
Na floresta dos homens esquecida,
À sombra de uma cruz, e escrevam nela:
— Foi poeta — sonhou — e amou na vida. —

Sombras do vale, noites da montanha,
Que minh'alma cantou e amava tanto,
Protejei o meu corpo abandonado,
E no silêncio derramai-lhe canto!

Mas quando preludia ave d'aurora
E quando à meia-noite o céu repousa,
Arvoredos do bosque, abri os ramos...
Deixai a lua prantear-me a lousa!

(In: *Álvares de Azevedo*, cit., p. 28-9.)

Mariângela Haddad

• Roteiro de estudo •

Ao final da leitura do poema, você deverá ser capaz de:

- Comentar o significado que têm a morte e a família para o eu lírico.
- Identificar o perfil de mulher retratado.
- Identificar as principais características românticas.

Para quem quer mais na Internet

Em nosso *site* (http://www.atualeditora.com.br/pl/paraquemquermais), você poderá ler e baixar outros textos de Álvares de Azevedo, Casimiro de Abreu, Fagundes Varela e conhecer um pouco da poesia de Junqueira Freire, poeta baiano que também participou do Ultrarromantismo.

Juca Varella/Folhapress

CAPÍTULO

13

: Elenco da peça *Os miseráveis*,
montada em São Paulo em 2001 e
baseada no texto de Victor Hugo.

O Condoreirismo

*As décadas de 60 e 70 do século XIX representam um período de
transição na poesia brasileira. Ao mesmo tempo que muitos dos
procedimentos da primeira e da segunda gerações se mantiveram,
surgiram novidades de forma e de conteúdo, dando origem à terceira
geração da poesia romântica, mais voltada para os problemas sociais e
para uma nova forma de tratar o tema amoroso.*

A terceira geração da poesia romântica brasileira é formada por poetas ligados à corrente *condoreira* ou *hugoana*, como também é chamada por influência do escritor francês Victor Hugo. Desse
grupo participaram vários escritores, entre eles Castro Alves, Pedro Luís, Pedro Calasãs e, até certo
ponto, Sousândrade.

Ampliando as experiências de Fagundes Varela — que por vezes conseguiu superar o egocentrismo
e voltar-se para o mundo exterior —, os condoreiros, comprometidos com a causa abolicionista e republicana, desenvolveram a poesia social. Seus poemas, geralmente em tom grandiloquente, próximo da
oratória, tinham como finalidade convencer o leitor-ouvinte e conquistá-lo para a causa defendida. O
centro de preocupação da linguagem desloca-se do eu (o emissor) para o assunto (no caso, a Abolição
e a República), o que representa uma mudança profunda, considerando-se que o Romantismo é por
natureza egocêntrico.

O nome *condoreirismo* dado a essa corrente associa-se ao condor ou a outras aves como a águia, o falcão e o albatroz, tomadas como símbolo dessa geração de poetas com preocupações sociais. Identificando-se com o condor – ave de voo alto e solitário e capaz de enxergar a grande distância –, os poetas condoreiros supunham-se também dotados dessa capacidade e, por isso, obrigados ao compromisso, como poetas-gênios iluminados por Deus, de orientar os homens comuns para os caminhos da justiça e da liberdade.

No Romantismo europeu, os condoreiros se ocuparam especialmente com a causa dos oprimidos, como os operários da indústria e os camponeses. A obra *Os miseráveis*, de Victor Hugo, é um dos melhores exemplos da literatura condoreira da época.

No Brasil, como a força de trabalho era predominantemente escrava, o Condoreirismo assumiu feições abolicionistas e republicanas. Estes versos do poema "O vidente", de Castro Alves, demonstram o pensamento liberal-cristão do poeta:

> Quebraram-se as cadeias, é livre a terra inteira,
> A humanidade marcha com a Bíblia por bandeira;
> São livres os escravos, quero empunhar a lira,
> Quero que est'alma ardente um canto audaz desfira,
> Quero enlaçar meu hino aos murmúrios dos ventos,
> Às harpas das estrelas, ao mar, aos elementos!
>
> (*O navio negreiro e outros poemas*.
> São Paulo: Saraiva, 2007. p. 69.)

S. R. Ferreira/Academia Brasileira de Letras

Castro Alves, o "poeta dos escravos".

CASTRO ALVES: A LINGUAGEM DA PAIXÃO

Castro Alves (1847-1871), o "poeta dos escravos", é considerado a principal expressão condoreira da poesia brasileira. Nascido em Curralinho, hoje Castro Alves (BA), estudou Direito em Recife e em São Paulo. Sua obra representa, na evolução da poesia romântica brasileira, um momento de maturidade e de transição. Maturidade em relação a certas atitudes ingênuas das gerações anteriores, como a idealização amorosa e o nacionalismo ufanista, substituídas por posturas mais críticas e realistas; transição porque a perspectiva mais objetiva e crítica com que via a realidade apontava para o movimento literário subsequente, o Realismo, que, aliás, havia muito predominava na Europa.

Castro Alves cultivou a poesia lírica e social, de que são exemplos as obras *Espumas flutuantes* e *A cachoeira de Paulo Afonso*; a poesia épica, em *Os escravos*; e o teatro, em *Gonzaga e a Revolução de Minas*.

Neruda saúda Castro Alves

Pablo Neruda (1904-1973), poeta chileno que também se destacou por seus poemas sociais, homenageou o poeta brasileiro com o poema "Castro Alves do Brasil". Leia um trecho:

Castro Alves do Brasil, para quem cantaste?
Para a flor cantaste? Para a água
cuja formosura diz palavras às pedras?
Cantaste para os olhos, para o perfil cortado
daquela que então amaste? Para a primavera?
[...]

— Cantei para os escravos, sobre os barcos
como o cacho escuro da vinha da ira
viajaram, e no porto o navio sangrou
deixando-nos o peso do sangue roubado.

(Tradução de Cláudio Blanc. In: Castro Alves. *O navio negreiro e outros poemas*. São Paulo: Saraiva, 2007. p. 245.)

A poesia social

Talvez seja Castro Alves o primeiro grande poeta social brasileiro. Como poucos, soube conciliar as ideias de reforma social com os procedimentos específicos da poesia, sem permitir que sua obra fosse um mero panfleto político – aliás, o grande risco para quem pretende fazer *arte engajada*, isto é, arte com o compromisso de interferir politicamente no processo social.

Comparando Álvares de Azevedo – principal poeta da segunda geração – a Castro Alves, percebemos pontos em comum entre eles. O primeiro, ao tratar do desequilíbrio entre o eu e o mundo, revela um desejo latente de transformação da realidade, com a qual não consegue integrar-se, enquanto o segundo também mostra desejo de transformação, porém faz uma tomada de posição: na sua poesia, tanto lírica quanto social, há a consciência dos problemas humanos e a busca de fórmulas para solucioná-los.

Desse modo, em vez de apresentar uma visão idealizada e ufanista da pátria, Castro Alves retrata o lado feio e esquecido pelos primeiros românticos: a escravidão dos negros, a opressão e a ignorância do povo brasileiro.

A linguagem usada por Castro Alves para defender seus ideais liberais é grandiosa, com gosto acentuado pelas hipérboles e por espaços amplos, como o mar, o céu, o infinito, o deserto. Nela tudo supera a atitude bem-comportada e superficial de um Casimiro de Abreu e busca o voo alto ou o mergulho profundo.

Trazendo inovações de forma e de conteúdo, a linguagem poética de Castro Alves prenuncia a perspectiva crítica e a objetividade do Realismo, movimento literário da década seguinte. Apesar disso, é uma linguagem essencialmente romântica, porque afinada com o projeto liberal do Romantismo brasileiro e bastante carregada emocionalmente, beirando os limites da paixão.

Castro Alves e a tradição da poesia social

Castro Alves é o fundador da poesia social e engajada no Brasil. Chama-se poesia engajada aquela que se coloca a serviço de uma causa político-ideológica e procura ser uma arte de contestação e conscientização. No século XX, vários poetas deram continuidade a essa tradição: Carlos Drummond de Andrade, Ferreira Gullar, Thiago de Melo e outros. A música popular também cumpriu esse papel nas décadas de 60 e 70 do século XX, durante o regime militar, principalmente pela voz de Geraldo Vandré e Chico Buarque de Holanda.

Brasil: país da diversidade e da desigualdade

Nas últimas décadas do século XX, os negros brasileiros perceberam que a luta iniciada por Castro Alves (ironicamente, um branco) deveria ser levada adiante. Agora, não mais uma luta pela abolição, mas pelo fim do preconceito racial e cultural, da desigualdade de oportunidades, da discriminação social. Assim, diversos grupos organizados, bem como muitos negros de destaque na sociedade, têm afirmado sua identidade afro-brasileira, seja por meio de manifestações de protesto, seja por meio de atividades culturais identificadas com as origens africanas.

A discussão em torno da igualdade de oportunidades entre negros e brancos tem se ampliado no país e chegou à universidade. Hoje, algumas instituições, adotando a política de cotas, têm reservado parte de suas vagas para a população negra, o que tem causado polêmicas, inclusive na comunidade negra.

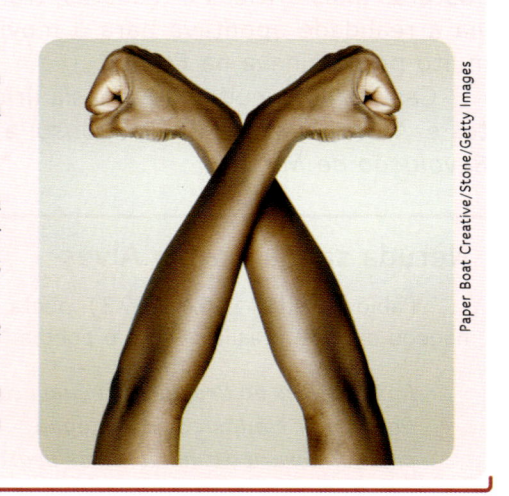

Paper Boat Creative/Stone/Getty Images

"O navio negreiro"

O poema épico-dramático "O navio negreiro" integra a obra *Os escravos* e, ao lado de "Vozes d'África", da mesma obra, constitui uma das principais realizações poéticas de Castro Alves.

O tema de "O navio negreiro" é a denúncia da escravização e do transporte de negros para o Brasil. Quando o poema foi escrito, em 1868, já fazia dezoito anos que vigorava a Lei Eusébio de Queirós, que proibia o tráfico de escravos, mas a escravidão no país persistia.

Portanto, sem a preocupação de escrever sobre a realidade imediata, Castro Alves faz uma recriação poética das cenas dramáticas do transporte de escravos no porão dos navios negreiros. Para isso valeu-se em grande parte dos relatos de escravos com quem conviveu, na Bahia, quando menino.

Navio negreiro em *rap*: o canto dos excluídos

No CD *Livro* (1998), o baiano Caetano Veloso cria uma música para o poema "O navio negreiro" e canta-o, em estilo *rap*, juntamente com Maria Bethânia.

Se possível, ouça a canção e observe como Caetano confere atualidade ao poema de Castro Alves ao aproximá-lo do *rap*, gênero musical cultivado geralmente na periferia das grandes cidades por negros e por outros grupos socialmente excluídos.

O cruzamento do poema com o *rap* parece lembrar que os problemas de opressão e miséria social vividos pelos negros no século XIX, com algumas diferenças, continuam os mesmos.

LEITURA

O texto que segue, a parte IV de "O navio negreiro", é a descrição do que se via no interior de um navio negreiro. Perceba a capacidade de Castro Alves em nos fazer ver a cena, como se estivéssemos num teatro.

Era um sonho dantesco!... o tombadilho,
Que das luzernas avermelha o brilho,
    Em sangue a se banhar.
Tinir de ferros... estalar de açoite...
Legiões de homens negros como a noite,
    Horrendos a dançar...

Negras mulheres, suspendendo às tetas
Magras crianças, cujas bocas pretas
    Rega o sangue das mães:
Outras, moças, mas nuas e espantadas,
No turbilhão de espectros arrastadas,
    Em ânsia e mágoa vãs!

E ri-se a orquestra, irônica, estridente...
E da ronda fantástica a serpente
    Faz doudas espirais...
Se o velho arqueja, se no chão resvala,
Ouvem-se gritos... o chicote estala.
    E voam mais e mais...

Presa nos elos de uma só cadeia,
A multidão faminta cambaleia,
    E chora e dança ali!
Um de raiva delira, outro enlouquece,

Outro, que de martírios embrutece,
    Cantando, geme e ri!

No entanto o capitão manda a manobra.
E após fitando o céu que se desdobra
    Tão puro sobre o mar,
Diz do fumo entre os densos nevoeiros:
"Vibrai rijo o chicote, marinheiros!
    Fazei-os mais dançar!..."

Marc Ferrez

: *Negra da Bahia* (1885), por Marc Ferrez.

> E ri-se a orquestra irônica, estridente...
> E da ronda fantástica a serpente
>   Faz doudas espirais...
> Qual num sonho dantesco as sombras
>   [voam!...
> Gritos, ais, maldições, preces ressoam!
>   E ri-se Satanás!...

(*Espumas flutuantes*. Rio de Janeiro: Edições de Ouro, s.d. p. 184-5.)

> **açoite:** chicote.
> **arquejar:** ofegar.
> **dantesco:** relativo às cenas horríveis narradas por Dante Alighieri em sua obra *Divina comédia*, na parte em que descreve o inferno.
> **espectros:** fantasmas.
> **luzernas:** clarões.
> **tombadilho:** alojamento do navio.
> **turbilhão:** redemoinho.
> **vãs:** inúteis, sem valor.

1. O texto revela grande força expressiva em razão de sua plasticidade, criada a partir das fortes imagens e das sugestões de cor, som e movimento que envolvem a cena. Com relação a esses recursos, responda:

a) A que se referem as metáforas "a orquestra" e "a serpente" na 3ª e na 6ª estrofes?

b) Duas cores são postas em contraste na 1ª e na 2ª estrofes. Quais são elas e o que representam?

c) Observe a 1ª, 3ª, 4ª e 5ª estrofes e identifique nelas palavras ou expressões que sugiram *movimento*.

d) Observe a 1ª e a 3ª estrofes e identifique nelas palavras ou expressões que se associem a *sonoridade*.

2. Acentuando a plasticidade do texto, por duas vezes o poeta aproxima as ideias de som e movimento, empregando as palavras *orquestra* e *dança*, como se houvesse uma dança dos escravos ao som da orquestra. De acordo com o texto, explique que tipo de dança os escravos realizam.

3. Além de *antíteses*, também *hipérboles* foram empregadas nesse poema de Castro Alves. A hipérbole é uma figura de linguagem que se caracteriza pelo exagero na expressão. Identifique na 1ª estrofe três hipérboles e indique que efeito de sentido têm no texto.

4. O poema "O navio negreiro" tem uma finalidade política e social evidente: a erradicação da escravidão no Brasil. De que modo o poeta procura atingir o público e convencê-lo de suas ideias: com argumentos racionais ou com a exploração das emoções? Justifique.

Castro Alves na Internet

Você pode baixar textos e obras inteiras de Castro Alves nestes *sites*:
- www.dominiopublico.gov.br/pesquisa/PesquisaObraForm.do?select_action=&co_autor=12
- www.jornaldepoesia.jor.br/calves.html

A poesia lírica

Embora a lírica amorosa de Castro Alves ainda contenha um ou outro vestígio do amor platônico e da idealização da mulher, de modo geral ela representa um avanço decisivo na tradição poética brasileira, por ter abandonado tanto o amor convencional e abstrato dos clássicos quanto o amor cheio de medo e culpa dos românticos.

Em vez de "virgem pálida", a mulher nos poemas de Castro Alves é quase sempre um ser corporificado e, mais que isso, participa ativamente do envolvimento amoroso. E o amor é uma experiência viável, concreta, capaz de trazer tanto a felicidade e o prazer como a dor. Portanto, o conteúdo da lírica do poeta é uma espécie de superação da fase adolescente do amor e o início de uma fase adulta, mais natural, que aponta para uma objetividade maior, prenunciando o Realismo.

Boa noite

Boa noite, Maria! Eu vou-me embora.
A lua nas janelas bate em cheio.
Boa noite, Maria! É tarde... é tarde...
Não me apertes assim contra teu seio.

Boa noite!... E tu dizes — Boa noite,
Mas não mo digas assim por entre beijos...
Mas não mo digas descobrindo o peito,
— Mar de amor onde vagam meus desejos.

Julieta do céu! Ouve... a calhandra
Já rumoreja o canto da matina.
Tu dizes que eu menti?... Pois foi mentira...
... Quem cantou foi teu hálito, divina!

Se a estrela d'alva os derradeiros raios
Derrama nos jardins do Capuleto,
Eu direi, me esquecendo d'alvorada:
"É noite ainda em teu cabelo preto..."

É noite ainda! Brilha na cambraia
— Desmanchado o roupão, a espádua nua
— O globo de teu peito entre os arminhos
Como entre as névoas se balouça a lua...

É noite, pois! Durmamos, Julieta!
Rescende a alcova ao trescalar das flores,
Fechemos sobre nós estas cortinas...
— São as asas do arcanjo dos amores.

A frouxa luz da alabastrina lâmpada
Lambe voluptuosa os teus contornos...
Oh! Deixa-me aquecer teus pés divinos
Ao doudo afago de meus lábios mornos.

Mulher do meu amor! Quando aos meus
[beijos
Treme tua alma, como a lira ao vento,
Das teclas de teu seio que harmonias,
Que escalas de suspiros, bebo atento!

Ai! Canta a cavatina do delírio,
Ri, suspira, soluça, anseia e chora...
Marion! Marion!... É noite ainda.
Que importa os raios de uma nova aurora?!...

Como um negro e sombrio firmamento,
Sobre mim desenrola teu cabelo...
E deixa-me dormir balbuciando:
Boa noite! — formosa Consuelo!...

(Castro Alves. *Espumas flutuantes*. Rio de Janeiro: Edições de Ouro, s.d. p. 67-8.)

alabastrina: cor de alabastro (branca).

alcova: quarto de casal.

arminho: pelo de arminho, de cor branca, usado no decote de roupões femininos.

balouçar: balançar.

calhandra: espécie de cotovia.

cambraia: tecido fino de linho ou algodão.

cavatina: pequena ária (peça musical).

espádua: parte posterior do ombro.

lira: instrumento musical.

trescalar: exalar cheiro.

voluptuosa: sensual.

A grande odalisca (1814), de Jean-Auguste-Dominique Ingres.

1. A propósito da relação amorosa presente no texto, responda:

   a) Que reação tem a mulher amada diante da afirmação de seu amante de que vai embora?

   b) Em que essa reação da amante difere da de outras mulheres das gerações românticas anteriores?

2. Da 5ª estrofe em diante, a sensualidade da cena amorosa aumenta.

   a) Identifique nessa estrofe as expressões que caracterizam eroticamente a mulher amada.

   b) Identifique na 5ª, 6ª e 7ª estrofes o tipo de percepção sensorial – visão, audição, tato, olfato e paladar – que predomina em cada uma delas.

3. Na 9ª estrofe, ocorre na relação entre os amantes uma espécie de clímax, sugerido pela palavra *delírio*. É descrito um estado de embriaguez amorosa, em que predominam as sensações; um momento mágico que, na concepção romântica, deveria ser paralisado para que o casal o vivesse eternamente, enquanto o tempo corria lá fora. Releia essa estrofe e identifique nela:

   a) um verso que confirma as sensações ou sentimentos contraditórios verificados durante o estado de delírio;

   b) as expressões que confirmam o desejo romântico de perpetuar o instante de prazer.

4. Observe o emprego da expressão *boa noite* na 1ª e na última estrofes e indique a alteração de sentido que ela sofre de uma estrofe para a outra.

5. Ao longo do poema, o eu lírico chama a mulher amada de diferentes nomes: Maria, Julieta, Marion e Consuelo. Todas elas são personagens de histórias de amor de escritores europeus. Levante hipóteses: Com que finalidade o eu lírico atribui essa multiplicidade de nomes à mulher amada? Dê uma interpretação possível.

DIÁLOGO ENTRE A POESIA E A CANÇÃO CONTEMPORÂNEAS E A POESIA SOCIAL DE CASTRO ALVES

A seguir, você vai fazer a leitura de dois poemas e de um trecho de letra de uma canção e vai comparar os textos entre si e também com a poesia social de Castro Alves. O primeiro poema é de Adão Ventura, poeta brasileiro da atualidade; o segundo é de Craveirinha (1922-2003), poeta moçambicano do século XX; o trecho de letra é de uma canção de Chico Science e Lúcio Maia, gravada pelo grupo Nação Zumbi.

Negro forro

Minha carta de alforria
não me deu fazendas,
nem dinheiro no banco,
nem bigodes retorcidos.

Minha carta de alforria
costurou meus passos
aos corredores da noite
de minha pele.

(Adão Ventura. In: Ítalo Moriconi, org. *Cem melhores poemas brasileiros do século*. Rio de Janeiro: Objetiva, 2001. p. 275.)

forro: liberto da escravidão, alforriado.

Mariângela Haddad

Na cantiga do negro do batelão

Se me visses morrer
Os milhões de vezes que nasci...
Se me visses chorar
Os milhões de vezes que te riste...
Se me visses gritar
Os milhões de vezes que me calei
Se me visses cantar
Os milhões de vezes que morri
E sangrei
Digo-te, irmão europeu
Também tu
Havias de nascer
Havias de chorar
Havias de cantar
Havias de gritar
Havias de morrer
E sangrar...
Milhões de vezes como eu

(Craveirinha. Via Atlântica, n. 5. *Revista do Departamento de Letras Clássicas e Vernáculas da FFLCH da USP*. São Paulo, 2002. p. 100.)

batelão: tipo de embarcação.

Ilustrações: Mariângela Haddad

Etnia

Somos todos juntos uma miscigenação
E não podemos fugir da nossa etnia
Índios, brancos, negros e mestiços
Nada de errado em seus princípios
O seu e o meu são iguais
Corre nas veias sem parar
Costumes, é folclore é tradição
Capoeira que rasga o chão
Samba que sai da favela acabada
É hip hop na minha embolada
[...]
Maracatu psicodélico
Capoeira da Pesada
Bumba meu rádio
Berimbau elétrico
Frevo, Samba e Cores
Cores unidas e alegria
Nada de errado em
    [nossa etnia.

(http://letras.terra.com.br/
nacao-zumbi/77662/)

Museu de Arte da Bahia

Festa do Bonfim (1950), de Carybé.

---

1. Partindo de sua experiência pessoal, o eu lírico do poema "Negro forro" avalia os efeitos da abolição da escravatura. De acordo com a 1ª estrofe do poema, a abolição não trouxe "fazendas", "dinheiro no banco" nem "bigodes retorcidos".

a) O que esses elementos representam socialmente?

b) A que grupo social os elementos citados estão historicamente associados?

2. Na 2ª estrofe, o eu lírico do poema "Negro forro" trata, em linguagem metafórica, dos efeitos da alforria.

a) Interprete: O que a carta de alforria lhe trouxe?

b) Explique o uso da ironia no título do poema.

3. Observe agora o poema de Craveirinha. Dirigindo-se a um interlocutor, o eu lírico imagina uma situação hipotética – introduzida pela oração condicional "Se me visses..." – que contrapõe duas realidades.

a) Quem é o interlocutor do eu lírico? Identifique no poema a expressão que justifica sua resposta.

b) Quais são as duas realidades contrapostas no poema?

4. Compare o poema do poeta brasileiro Adão Ventura ao do poeta africano Craveirinha. Apesar das diferenças históricas que envolvem o negro africano e o negro brasileiro, o que os textos apresentam em comum?

5. O terceiro texto aborda a questão étnica no Brasil de um ponto de vista diferente.

a) Qual é esse ponto de vista?

b) Discuta com a classe: Para os autores da canção, os problemas que envolvem a relação entre negros e brancos estão superados?

c) De acordo com o texto, de que modo as diferenças étnicas se manifestam na cultura brasileira?

6. Compare os três textos lidos ao trecho do poema "Navio negreiro", de Castro Alves, que você leu (p. 226). Embora haja diferenças entre esses textos quanto ao lugar, à época e até à linguagem em que foram produzidos, todos eles apresentam em comum uma visão de qual seja o papel da poesia ou da arte. Qual é esse papel?

7. O jornalista e escritor Diogo Mainardi publicou um texto polêmico intitulado "Fora, Zumbi". Leia um fragmento desse texto:

> O movimento negro sempre lutou para que os negros se orgulhassem da própria cor. Eu aboliria essa ideia. Aboliria o Dia Nacional da Consciência Negra, a política de cotas, as ações afirmativas. Aboliria também o mito da miscigenação racial brasileira.
>
> Quando se considera toda a história da humanidade, os alemães são tão miscigenados quanto nós. Raça é uma noção arcaica. Não tem base científica. A luta contra o racismo não se dá glorificando a figura de Zumbi nos livros escolares, mas ensinando que os brancos são negros e os negros são brancos.
>
> (*Veja*, nº 1 801.)

Você concorda com o ponto de vista de Diogo Mainardi? Troque ideias com os colegas.

SOUSÂNDRADE: PRECURSOR DA MODERNIDADE

Joaquim de Sousa Andrade (1832-1902), ou Sousândrade, foi o poeta brasileiro mais original do século XIX. Filho de fazendeiros, nasceu no Maranhão e estudou na França, onde se bacharelou em Letras e Engenharia de Minas. Viajou por vários outros países, como Inglaterra, México, Espanha, Colômbia, Chile e viveu nos Estados Unidos por 14 anos. De volta ao Brasil, envolveu-se com a política e atuou em defesa dos ideais republicanos e abolicionistas. Em 1889, após a proclamação da República, foi nomeado prefeito de São Luís.

Na literatura, Sousândrade dedicou-se a diversos gêneros: poesia lírica e social, nas obras *Harpas selvagens* e *Harpas de oiro*; poesia épica, em *O Guesa*; romance, em *A casca da caneleira*. Escreveu também textos que circularam em vários periódicos do Brasil e do exterior.

Sousândrade e a crítica

A obra de Sousândrade é considerada singular pela crítica. Pela sua peculiaridade, era muito diferente do que se produzia no Romantismo brasileiro e acabou sendo marginalizada pelos leitores e críticos da época em que o escritor viveu. Ele próprio afirmou, em 1877, na introdução ao canto VII de *O Guesa*: "ouvi dizer já por duas vezes que o Guesa errante será lido cinquenta anos depois; entristeci — decepção de quem escreve cinquenta anos antes". A obra de Sousândrade foi esquecida, e somente na segunda metade do século XX, após a releitura que os críticos Augusto e Haroldo de Campos fizeram dela, ocorreu sua valorização. Para a crítica atual, trata-se de uma obra que vai além do Romantismo e se aproxima dos experimentos estéticos de autores modernos como Gerard Manley Hopkins, Stéphane Mallarmé e Ezra Pound. Sousândrade é visto, hoje, como o primeiro autor moderno brasileiro.

Sua obra mais importante, o poema épico *O Guesa*, escrito ao longo de 33 anos (1857-1900), apresenta um projeto político-cultural americanista, indo além do sentido restrito de pátria difundido no Romantismo. Sousândrade defendia uma nova civilização americana, idealizando as três Américas como uma única pátria, democrática, independente política e culturalmente.

Esse projeto é alegorizado na figura da personagem que dá nome à obra *O Guesa*, um jovem índio muísca que foge no momento em que seria sacrificado a Bochica, deus do Sol. Guesa inicia, então, um périplo pela América, África e Europa, no qual assume a missão de disseminar os ideais republicanos e denunciar a situação precária em que viviam os povos indígenas. Para Sousândrade, as dificuldades a que os índios estavam expostos eram fruto tanto do processo histórico de colonização quanto do descaso dos governantes.

Veja, no seguinte trecho do canto I de *O Guesa*, como o poeta retrata as figuras dos conquistadores europeus e do povo indígena.

"Nos áureos tempos, nos jardins da América
Infante adoração dobrando a crença
Ante o belo sinal, nuvem ibérica
Em sua noite a envolveu ruidosa e densa.
"Cândidos Incas! Quando já campeiam
Os heróis venedores do inocente
Índio nu; quando os templos s'incendeiam,
Já sem virgens, sem ouro reluzente,
"Sem as sombras dos reis filhos de Manco,
Viu-se (que tinham feito? E pouco havia
A fazer-se...) n'um leito puro e branco
A corrupção, que os braços estendia!
"E da existência meiga, afortunada,
O róseo fio n'esse albor ameno
Foi destruído. Como ensanguentada

A terra fez sorrir ao céu sereno!
"Foi tal a maldição dos que caídos
Morderam d'essa mãe querida o seio,
A contrair-se aos beijos, denegridos,
O desespero se imprimiu-os veio, —
"Que ressentiu-se, verdejante e válido,
O floripôndio em flor; e quando o vento
Mugindo estorce-o doloroso, pálido
Gemidos se ouvem no amplo firmamento!
"E o Sol, que resplandece na montanha
As noivas não encontram, não se abraçam
No puro amor; e os fanfarrões d'Espanha,
Em sangue edênico os pés os pés lavando,

[passam.

(Joaquim de Sousa Sousândrade. *O Guesa*. Prefácio de Augusto de Campos. São Paulo: Annablume, 2009. p. 19-20.)

albor: amanhecer.

campeiam: batalham.

edênico: paradisíaco, próprio do Éden.

estorcer: torcer.

floripôndio: espécie de lírio narcótico usado em rituais xamânicos.

inca: indivíduo de civilização indígena pré-colombiana que habitou o Peru.

Manco: Manco Capac, primeiro rei da cidade de Cuzco, no século IX; também considerado filho de Inty, deus do Sol cultuado pelos incas.

venedores: vendedores.

Sousândrade, Caetano Veloso e Nova Iorque

É o próprio Caetano quem conta como nasceu "Manhatã", do CD *Livro*, dedicada ao amigo Lulu Santos: "Essa música é filha de uma cruza de Sousândrade com Lulu Santos. A palavra Manhatã consta no poema 'O inferno de Wall Street', de Sousândrade. Me inspirei nele. Parece som de palavra tupi e ao mesmo tempo tem cara de música de Djavan". Acrescenta Caetano: "Estávamos de férias e, ao passarmos pelas ruas de Nova York, Lulu apontava para os prédios e dizia Manhatã. O mais incrível é que ele nem conhecia o poema de Sousândrade".

Veja alguns versos da canção de Caetano:

> Todos os homens do mundo
> Voltaram seus olhos naquela direção
> Sente-se o gosto do vento
> Cantando nos vidros nome doce da cunhã:
>
> Manhattan, Manhattan
> Manhattan, Manhattan

(Disponível em: http://letras.terra.com.br/caetano-veloso/423772/. Acesso em: 4/5/2012.)

Observe que o poeta idealiza uma América habitada por gente pura e doce. A chegada dos europeus é retratada pela metáfora de uma "nuvem ibérica" que envolve e corrompe o continente.

Para quem quer mais

Se você deseja aprofundar os seus conhecimentos sobre a poesia de Castro Alves, leia o texto a seguir e, posteriormente, sozinho, em dupla ou em grupo, procure resolver as questões propostas pelo **Roteiro de estudo**.

Mater dolorosa

Deixa-me murmurar à tua alma um adeus eterno,
em vez de lágrimas chorar sangue, chorar o sangue
de meu coração sobre meu filho; porque tu deves
morrer, meu filho, tu deves morrer.

Nathaniel Lee

Meu Filho, dorme, dorme o sono eterno
No berço imenso, que se chama — o céu.
Pede às estrelas um olhar materno,
Um seio quente, como o seio meu.

Ai! borboleta, na gentil crisálida,
As asas de ouro vais além abrir.
Ai! rosa branca no matiz tão pálida,
Longe, tão longe vais de mim florir.

Meu filho, dorme... Como ruge o norte
Nas folhas secas do sombrio chão!...
Folha dest'alma como dar-te à sorte?
É tredo, horrível o feral tufão!

Não me maldigas... Num amor sem termo
Bebi a força de matar-te... a mim...
Viva eu cativa a soluçar num ermo...
Filho, sê livre... Sou feliz assim...

— Ave — te espera da lufada o açoite,
— Estrela — guia-te uma luz falaz.
— Aurora minha — só te aguarda a noite,
— Pobre inocente — já maldito estás.

Perdão, meu filho... se matar-te é crime...
Deus me perdoa... me perdoa já.
A fera enchente quebraria o vime...
Velem-te os anjos e te cuidem lá...

Meu filho dorme... dorme o sono eterno
No berço imenso, que se chama o céu.
Pede às estrelas um olhar materno,
Um seio quente, como o seio meu.

(Castro Alves. *O navio negreiro e outros poemas.*
São Paulo: Saraiva, 2007. p. 31-2.)

Ricardo Dantas

• Roteiro de estudo •

Ao final da leitura, você deverá ser capaz de:

- Justificar o título do poema "Mater dolorosa".

- Com base em "Mater dolorosa", comentar o papel das metáforas na construção da linguagem poética de Castro Alves.

- Interpretar o poema "Mater dolorosa" e tomar uma posição favorável ou contrária à atitude da mãe e fundamentar seu ponto de vista com argumentos.

Para quem quer mais na Internet

Em nosso *site* (http://www.atualeditora.com.br/pl/paraquemquermais), você poderá ler e reproduzir integralmente o poema "Vozes d'África", além de outros poemas de Castro Alves e de Sousândrade.

··INTERVALO··

Museum der Bildenden Künste, Leipzig, Alemanha

: *As etapas da vida* (1834-1835), de Caspar David Friedrich.

As atividades sugeridas a seguir devem ser realizadas em grupo, de acordo com as orientações do professor.

Escolham uma delas e realizem-na. Busquem informações complementares em livros, enciclopédias e revistas especializadas no assunto escolhido e também nos livros e filmes indicados na seção **Fique ligado! Pesquise!**, na abertura da unidade.

No dia combinado com o professor, todos devem trazer seus trabalhos e montar uma **revista cultural falada** que tenha o título **Romantismo em revista**, ou outro, se quiserem. Convidem outras classes, professores, funcionários, amigos e familiares para o evento.

Projeto
ROMANTISMO EM REVISTA

1. O amor romântico

O que era o amor para os românticos? Procurem defini-lo com base em textos românticos – poesia e prosa – e em textos teóricos. Como fonte de pesquisa, sugerimos as seguintes obras: *O amor romântico e outros temas*, de Dante Moreira Leite (Nacional/Edusp), *Romantismo*, de Adilson Citelli (Ática), e *Literatura brasileira – Dos primeiros cronistas aos últimos românticos*, de Luiz Roncari (Edusp).

The Granger Collection/Other Images/Lady Lever Art Gallery, National Museums Liverpool

: *The black Brunswicker* (1860), de John Everett Millais.

2. As artes plásticas

A época do Romantismo nos legou, além de Goya, os grandes pintores franceses Théodore Géricault e Eugène Delacroix, os paisagistas Joseph M. W. Turner e John Constable, ingleses, e Caspar D. Friedrich e Philip O. Runge, alemães, além do escultor francês Antoine-Louis Barye.

Pesquisem sobre esses artistas, procurando conhecer as semelhanças e diferenças entre os recursos pictóricos empregados por eles, o significado do estilo que adotaram, etc. Ilustrem a pesquisa com reproduções de suas pinturas e esculturas mais célebres, em cópias xérox coloridas, se possível.

Antoine-Louis Barye, *Teseu e o minotauro*/Getty Images

3. A música romântica

A música erudita – Pesquisem sobre a música do Romantismo, buscando informações sobre os estilos das composições (as óperas, o *lied* alemão, canções para voz solo e piano), sobre compositores como Beethoven, Schubert, Schumann, Chopin e Liszt, as características das composições da época e, especialmente, a música para piano. Procurem ilustrar a apresentação do trabalho com partituras, pinturas e desenhos. Se possível, promovam uma audição de música romântica, apresentando à classe, ao vivo, uma peça musical ou, ao menos, gravações de músicas significativas da época.

: Liszt.

A música popular dita "romântica" hoje – Escolham e reproduzam algumas canções popularmente chamadas de "românticas" e façam uma análise delas. Comparem as canções aos textos românticos que estudaram, identifiquem semelhanças e diferenças e apresentem os resultados à classe.

: Roberto Carlos.

4. Sou muito romântico! – Declamando poemas

Escolham poemas, entre os que foram estudados nesta unidade, no *site* http://pl.atualeditora.com.br/portugues/site/paraquemquermais, ou nos livros indicados na seção

Fique ligado! Pesquise!, na abertura desta unidade, para montar uma mostra panorâmica da poesia romântica.

Uma parte do grupo poderá declamar poemas bem-comportados de diferentes poetas românticos, brasileiros ou estrangeiros; outra parte, poemas inspirados no "mal do século", de autoria de poetas brasileiros, de Byron ou de Musset.

Para a apresentação, procurem usar, se possível, um vestuário de época: uma gravata-borboleta, cartola e bengala; as meninas podem pentear-se de forma elaborada, com cachos sobre a testa e um "nó" no alto da cabeça adornado com pequenas flores, ou usar um vestido bem rodado, com os ombros à mostra e um chapéu tipo boneca (uma espécie de touca), amarrado com um laço de fitas largas. Os que forem declamar poemas inspirados no "mal do século" podem usar uma capa preta e fazer uma maquiagem para transmitir a ideia de palidez.

5. "'Stamos em pleno mar!" – Declamando ou encenando "O navio negreiro"

Dividam em partes o poema "O navio negreiro", de Castro Alves, e declamem-no integralmente ou uma parte dele. Para a apresentação, montem um cenário com imagens que façam lembrar o mar e o sofrimento dos escravos. Se quiserem, transformem o poema em uma peça teatral, realizando as adaptações que julgarem necessárias. Nesse caso, façam uma leitura dramática do texto, memorizem-no e ensaiem-no antes da apresentação.

: *Desembarque de escravos negros* (1840), de Paul Harro-Harring.

COMO MONTAR A REVISTA FALADA

Com a orientação do professor, escolham um local para expor os cartazes ou os textos com os resultados das pesquisas que fizeram. Usem um mural ou uma parede para expor os cartazes, de modo a facilitar sua leitura. Outra opção é reproduzir o material em *slides* ou filme e apresentá-lo na sala de audiovisual da escola.

Elaborem um programa de apresentação dos trabalhos que alterne pesquisas, declamações, músicas, leituras dramáticas ou encenação, para que a revista cultural falada fique dinâmica e prenda a atenção do público. Escolham um colega para ser o apresentador e conduzir a programação.

Reading by the window (séc. XIX), de Charles James Lewis.

The Bridgeman Art Library/Grupo Keystone

O ROMANTISMO. A PROSA

Nas últimas décadas, a rotina de boa parte dos brasileiros no final do dia tem sido quase sempre esta: sair do trabalho, ir para casa, jantar e, antes de dormir, assistir à televisão, normalmente ao jornal e à novela.

Se compararmos esse hábito com o que grande parte das pessoas no Brasil tinha nas décadas de 1940 e 1950, veremos que não há grandes diferenças: o rádio, então o meio de comunicação mais popular, incluía em suas programações noticiários, radionovelas e programas de auditório, ouvidos por todo o país à noite.

E no século XIX, como os brasileiros se informavam? Aqueles que tinham certo grau de instrução liam o jornal diário, que surgiu no país com a vinda da família real (1808). Uma das seções mais lidas nos jornais era o *folhetim*, uma publicação de romances que se fazia dia a dia, capítulo por capítulo, tal como se dá atualmente com as novelas de TV.

A fórmula "notícias e lazer" – que ainda hoje atrai a atenção dos telespectadores – é que deu origem, no século XIX, ao romance brasileiro, cujo papel, além de divertir, foi o de vasculhar o país em busca de uma identidade nacional.

Mary Evans/Ronald Grant/Diomedia

··INTERVALO··

Projeto:

Sarau gótico: "Oh! My Goth!"

Declamação e encenação de textos e apresentação de músicas e filmes relacionados com a tradição gótica.

O gosto pela leitura do romance precedeu no Brasil o surgimento de um romance próprio. Com a abertura dos portos, a Independência e a consequente ampliação dos contatos e intercâmbio entre o país e outras nações europeias, particularmente a França, difundiu-se aqui a leitura do romance europeu. Ao contrário de outros gêneros, mais restritos à apreciação das camadas cultas e letradas, o romance ganhou um público mais amplo. Isso pelas próprias características do gênero, que teve sua feição "moderna" ajustada aos interesses comerciais de editores e autores, que viam em sua venda e leitura ampliada maiores possibilidades de ganho.

(Luiz Roncari. *Literatura brasileira – Dos primeiros cronistas aos últimos românticos*. 2. ed. São Paulo: Edusp, 1995. p. 483.)

Fique ligado! Pesquise!

Para você saber mais sobre a prosa romântica e assuntos afins, eis algumas sugestões:

- No bloco 6 do DVD *Literatura e outras linguagens* há declamações, entrevistas, depoimentos, trechos de filmes e músicas, relacionados com o Romantismo. Converse com o professor sobre a possibilidade de assistir a esse bloco.
- *O morro dos ventos uivantes*, de Peter Kominsky; *Razão e sensibilidade*, de Ang Lee; *Cold mountain*, de Antony Minghella; *A dama das camélias*, de George Cukor; *Um amor de Swann*, de Volker Schlöndorff; *Orgulho e preconceito*, de Joe Wright; *O guarani*, de Norma Bengell; *Inocência*, de Walter Lima Jr. Assista também aos filmes da tradição gótica, como *Nosferatu*, de Werner Herzog; *Drácula de Bram Stocker*, de Francis Ford Coppola; *Frankenstein*, de James Whale; *Entrevista com o vampiro*, de Neil Jordan; e aos filmes do cineasta brasileiro Zé do Caixão.

- *Jane Eyre* (Paz e Terra) e *O morro dos ventos uivantes*, de Charlotte Brontë (Record); *David Copperfield*, de Charles Dickens (Ática); *Bola de sebo*, de Guy de Maupassant (Globo); *Cartas de meu moinho*, de Alphonse Daudet (Global); *A dama das camélias*, de Alexandre Dumas Filho (Paz e Terra); *As trevas e outros poemas*, de Lord Byron (Saraiva); *Moby Dick*, de Henry Melville (Melhoramentos); *Assassinatos na rua Morgue*, de Edgar Allan Poe (Saraiva); *Iracema*, *Senhora* (Saraiva), *Lucíola* e *O gaúcho*, de José de Alencar (Ática); *Macário e Noite na taverna*, de Álvares de Azevedo (Saraiva); *Memórias de um sargento de milícias*, de Manuel Antônio de Almeida (Saraiva).

- Ouça a ópera *O guarani*, do compositor brasileiro Carlos Gomes. Ouça também a composição "Meu doce vampiro", de Rita Lee e Roberto de Carvalho.

- Para ler ou baixar as principais obras em prosa do Romantismo, acesse o *site*:
- www.dominiopublico.gov.br/pesquisa/PesquisaObraForm.do

The Bridgeman Art Library/Grupo Keystone

: *Um bom livro*, de Eduardo-Leon Garrido.

O romance romântico e a identidade nacional. O romance indianista

A Independência do Brasil (1822) pôs na ordem do dia a seguinte questão: o que é ser brasileiro? Os escritores românticos tomaram para si o compromisso de definir nação, povo, língua e cultura brasileira. O romance, ao surgir nesse contexto, assumiu o papel de um dos principais instrumentos nesse processo de "descoberta" do país e de busca da identidade nacional.

No século XIX, o público consumidor da literatura romântica era eminentemente formado pela burguesia. As origens populares dessa classe não condiziam com o refinamento da arte clássica, cuja compreensão exige conhecimento das culturas grega e latina. A burguesia ansiava por uma literatura que enfocasse seu próprio tempo, seus problemas e sua forma de viver. O romance, por relatar acontecimentos da vida cotidiana e por dar vazão ao gosto burguês pela fantasia e pela aventura, tornou-se o mais importante meio de expressão artística dessa classe.

Sob certo ponto de vista, o romance substituiu a epopeia, um dos gêneros de maior prestígio da tradição clássica. Contudo, alterou-lhe o foco de interesse, pois, enquanto a epopeia narra um fato passado – em geral um mito da cultura de um povo –, o romance narra o presente, os acontecimentos comuns da vida das pessoas, numa linguagem simples e direta.

Os primeiros romances, como nós os compreendemos atualmente, surgiram na Europa, já identificados com o início da revolução romântica. Destacam-se entre eles: *Manon Lescaut*, do abade Prévost (1731), e *A história de Tom Jones*, de Henry Fielding (1749).

As origens do romance

A palavra *romance* origina-se do termo medieval *romanço*, que designava as línguas usadas pelos povos sob domínio do Império Romano. Essas línguas eram uma forma popular e evoluída do latim. Também eram chamadas de romance as composições de cunho popular e folclórico que, escritas nesse latim vulgar, em prosa ou em verso, contavam histórias cheias de imaginação, fantasia e aventuras.

Como gênero literário, o romance foi se modificando, tendo assumido as formas de *romance de cavalaria*, *romance sentimental*, *romance pastoral*. Somente no século XVIII é que a palavra *romance* tomou o sentido que tem hoje: texto em prosa, normalmente longo, que desenvolve vários núcleos narrativos, organizados em torno de um núcleo central, e narra fatos relacionados a personagens, numa sequência de tempo relativamente ampla e em determinado lugar ou lugares.

O ROMANCE BRASILEIRO E A BUSCA DO NACIONAL

Nas décadas que sucederam a Independência do Brasil, os romancistas empenharam-se no projeto de construção de uma cultura brasileira autônoma. Esse projeto exigia dos escritores o reconhecimento da identidade de nossa gente, nossa língua, nossas tradições e também das nossas diferenças regionais e culturais. Nessa busca do nacional, o romance voltou-se para os espaços nacionais, identificados como a selva, o campo e a cidade, que deram origem, respectivamente, ao **romance indianista** e **histórico** (a vida primitiva), ao **romance regional** (a vida rural) e ao **romance urbano** (a vida citadina). José de Alencar, por exemplo, o maior romancista do nosso Romantismo, escreveu obras que enfocaram esses três aspectos, como *O guarani*, romance histórico-indianista, *O gaúcho*, romance regional, e *Senhora*, romance urbano.

Romance folhetinesco: o pai da telenovela

O romance surgiu sob a forma de folhetim, publicação diária, em jornais, de capítulos de determinada obra literária. Esse procedimento, ao mesmo tempo que formava um público leitor de literatura, ampliava o número de leitores de jornais diários.

Para garantir que o leitor comprasse o jornal no dia seguinte e lesse mais um capítulo do romance, os autores do folhetim valiam-se de certas técnicas, como interromper a narração no momento culminante de uma cena ou sequência de cenas. Essa técnica – a mais explorada – pode ser observada hoje nas telenovelas, herdeiras diretas do romance folhetinesco. Outros ingredientes comuns aos dois tipos de narrativa são o triângulo amoroso, a vitória do bem contra o mal e o final feliz.

: Cena da novela *Cama de gato*.

O ROMANCE INDIANISTA

Enquanto o branco era identificado como o colonizador europeu, e o negro, como o escravo africano, o índio era considerado o único e legítimo representante da América. Assim, o Romantismo brasileiro encontrou no índio uma autêntica expressão de nacionalidade e, por meio do indianismo, alcançou algumas de suas melhores realizações, tanto na poesia quanto na prosa.

Vários fatores contribuíram para a implantação do indianismo em nossa cultura, entre eles a existência de uma *tradição literária indianista* do período colonial – introduzida pela literatura de informação e catequética e retomada pela épica de Basílio da Gama e Santa Rita Durão – e a influência da *teoria do bom selvagem*, de Rousseau, cujo representante mais direto, entre nós, era o índio. Outro fator importante foi a adaptação que os escritores brasileiros românticos fizeram da figura idealizada do herói medieval: como o Brasil não teve Idade Média, seu "herói medieval" passou a ser o índio, o habitante do país no período pré-cabralino.

JOSÉ DE ALENCAR E O ROMANCE INDIANISTA

José de Alencar (1829-1877) foi o principal romancista brasileiro da fase romântica. Cearense, cursou Direito em São Paulo e viveu a maior parte de sua vida no Rio de Janeiro. Dedicou-se à carreira de advogado e atuou também como jornalista. Na política foi eleito várias vezes deputado e chegou a ocupar o cargo de ministro da Justiça, que exerceu de 1868 a 1870.

Museu Histórico Nacional, RJ

Na literatura, escreveu romances indianistas, históricos, urbanos e regionalistas. Foi também autor de crônicas, críticas e várias peças teatrais, como *Mãe* e *O jesuíta*, encenadas na época.

A produção diversificada de Alencar estava voltada ao projeto de construção da cultura brasileira, no qual o romance indianista, buscando um tema nacional e uma língua mais brasileira, ganhou papel de destaque.

: José de Alencar por Alberto Henschel.

As principais realizações indianistas em prosa de nossa literatura são três romances de José de Alencar: *O guarani* (1857), *Iracema* (1865) e *Ubirajara* (1874).

Nas três obras, o ambiente é sempre a selva, porém com algumas diferenças: em *O guarani*, o índio Peri vive próximo aos brancos; em *Iracema*, o branco é que vive entre os índios; *Ubirajara* é o único romance que trata apenas da vida entre os índios.

O guarani: o mito da povoação

O guarani, romance histórico-indianista, foi publicado pela primeira vez sob a forma de folhetim no *Diário do Rio de Janeiro*, em 1857.

D. Antônio de Mariz, fidalgo português, muda-se para o Brasil com a família: D. Lauriana, sua esposa; Cecília e D. Diogo, filhos do casal; e Isabel, oficialmente sobrinha do fidalgo, mas, na verdade, filha dele com uma índia. Acompanha a família o jovem cavaleiro D. Álvaro de Sá, além de muitos outros empregados.

A obra se articula a partir de alguns fatos essenciais: a devoção e fidelidade de um índio goitacá, Peri, a Cecília; o amor de Isabel por Álvaro e o amor deste por Cecília; a morte acidental de uma índia aimoré, provocada por D. Diogo, e a

---

Em busca do "poema nacional"

José de Alencar assim escreveu sobre a importância da pesquisa linguística:

O conhecimento da língua indígena é o melhor critério para a nacionalidade da literatura. Ele nos dá não só o verdadeiro estilo, como as imagens poéticas do selvagem, os modos de seu pensamento, as tendências de seu espírito, e até as menores particularidades de sua vida.

É nessa fonte que deve beber o poeta brasileiro; é dela que há de sair o verdadeiro poema nacional, tal como eu o imagino.

(In: *Iracema*. 2. ed. Edição crítica de M. Cavalcanti Proença. São Paulo: Edusp, 1979. p. 206.)

consequente revolta e ataque dos aimorés, ocorrido simultaneamente a uma rebelião dos homens de D. Antônio, liderados pelo ex-frei Loredano, homem ambicioso e devasso que queria saquear a casa e raptar Cecília.

LEITURA

Leia o texto a seguir, um fragmento de *O guarani*.

Mas o inimigo caiu no meio deles, subitamente, sem que pudessem saber se tinha surgido do seio da terra, ou se tinha descido das nuvens.

Era Peri.

Altivo, nobre, radiante da coragem invencível e do sublime heroísmo de que já dera tantos exemplos, o índio se apresentava só em face de duzentos inimigos fortes e sequiosos de vingança.

[...]

Passado o primeiro espanto, os selvagens bramindo atiraram-se todos como uma só mole, como uma tromba do oceano, contra o índio que ousava atacá-los a peito descoberto.

: Cena do filme *Xingu*, dirigido por Cao Hamburguer, que retrata a saga dos irmãos Villas-Boas e seu empenho pela criação do Parque Nacional do Xingu.

Houve uma confusão, um turbilhão horrível de homens que se repeliam, tombavam e se estorciam; de cabeças que se levantavam e outras que desapareciam; de braços e dorsos que se agitavam e se contraíam, como se tudo isto fosse partes de um só corpo, membros de algum monstro desconhecido debatendo-se em convulsões.

[...]

O velho cacique dos Aimorés se avançava para ele sopesando a sua imensa clava crivada de escamas de peixe e dentes de fera; alavanca terrível que o seu braço possante fazia jogar com a ligeireza da flecha.

Os olhos de Peri brilharam; endireitando o seu talhe, fitou no selvagem esse olhar seguro e certeiro, que não o enganava nunca.

O velho aproximando-se levantou a sua clava e imprimindo-lhe o movimento de rotação, ia descarregá-la sobre Peri e abatê-lo; não havia espada nem montante que pudesse resistir àquele choque.

O que passou-se então foi tão rápido, que não é possível descrevê-lo; quando o braço do velho volvendo a clava ia atirá-la, o montante de Peri lampejou no ar e decepou o punho do selvagem; mão e clava foram rojar pelo chão.

[...]

Peri, vencedor do cacique, volveu um olhar em torno dele, e vendo o estrago que tinha feito, os cadáveres dos Aimorés amontoados uns sobre os outros, fincou a ponta do montante no chão e quebrou a lâmina. Tomou depois os dois fragmentos e atirou-os ao rio.

Então passou-se nele uma luta silenciosa, mas terrível para que pudesse compreendê-la. Tinha quebrado a sua espada, porque não queria mais combater; e decidira que era tempo de suplicar a vida ao inimigo.

Mas quando chegou o momento de realizar essa súplica, conheceu que exigia de si mesmo uma coisa sobre-humana, uma coisa superior às suas forças.

Ele, Peri, o guerreiro invencível, ele, o selvagem livre, o senhor das florestas, o rei dessa terra virgem, o chefe da mais valente nação dos Guaranis, suplicar a vida ao inimigo! Era impossível.

Três vezes quis ajoelhar, e três vezes as curvas de suas pernas distendendo-se como duas molas de aço o obrigaram a erguer-se.

Finalmente a lembrança de Cecília foi mais forte do que a sua vontade.

Ajoelhou.

(José de Alencar. *O guarani*. São Paulo: Ática, 1992. p. 220-222.)

mole: imenso volume ou massa.

montante: espada grande manejada com ambas as mãos para golpear o adversário pelo alto.

rojar: deslizar, arrastar, lançar longe.

sopesar: calcular o peso.

Companhia das Letras

Rubem Fonseca

O selvagem da ópera

Peri na ópera

O romance *O guarani* inspirou o músico Carlos Gomes (1839-1904) a compor uma ópera, também chamada *O guarani*, que fez enorme sucesso nos teatros europeus, especialmente em Milão, na Itália.

A carreira, a vida pessoal e as aventuras amorosas de Carlos Gomes são retratadas pelo romancista Rubem Fonseca em *O selvagem da ópera*, obra em que são retratados também os bastidores da corte no Rio de Janeiro durante o governo de D. Pedro II.

1. Observe a descrição de Peri no 3º parágrafo do texto.

a) Identifique os adjetivos que caracterizam a figura do índio.

b) Explique o papel desses adjetivos na construção do herói romântico.

2. José de Alencar é considerado um ótimo contador de histórias. O 5º parágrafo é um exemplo das habilidades do escritor. Observe o papel dos verbos nesse parágrafo e comente em que medida eles contribuem para construir a cena.

3. No confronto com os índios e com o chefe aimoré, Peri corre sério risco.

a) Que característica do herói é ressaltada no fato de Peri enfrentar duzentos índios inimigos?

b) E na situação de confronto com o chefe aimoré?

4. Mesmo tendo se saído bem no duelo com o cacique, Peri destrói suas próprias armas e se entrega ao inimigo. Interprete o gesto de Peri, considerando a finalidade pela qual ele iniciou a luta.

5. Peri é um índio. No entanto, enfrenta sozinho duzentos índios aimorés para salvar seus amigos brancos.

a) Na ótica do Romantismo brasileiro, o que esse gesto significava?

b) Passados quase duzentos anos desde o Romantismo, como esse gesto seria visto atualmente, se considerarmos a condição do índio hoje?

Por que o negro não se tornou herói?

Das três etnias que formaram o povo brasileiro, apenas o índio se tornou herói na literatura romântica. O branco, por identificar-se com o colonizador português, não poderia ser o herói nacional naquele momento, porque isso entraria em choque com o sentimento nacionalista e antilusitano que surgiu após a Independência. O negro representava o alicerce econômico daquela estrutura social, a mão de obra escravizada e compelida ao trabalho. Seria, portanto, um contrassenso econômico e social elevá-lo à condição de herói, uma vez que muitos escritores da época faziam parte da classe dominante e compactuavam com o regime escravocrata.

Desse modo, coube ao índio, isento de conotações negativas, quer sociais, quer econômicas, o papel de herói nacional em nossa literatura romântica.

Iracema

Iracema, que o autor chamou de "lenda do Ceará", é uma das mais belas realizações indianistas de nossa prosa romântica. O romance narra a lenda (criada pelo próprio Alencar) da origem do Ceará, Estado natal do autor, que teria surgido dos amores proibidos entre o guerreiro português Martim, que se encontrava em expedição no Brasil, e a virgem Iracema (anagrama de América), uma jovem índia, filha do pajé Araquém. Iracema estava impossibilitada de casar-se, porque conhecia o segredo da jurema — bebida mágica utilizada nos rituais religiosos da tribo — e deveria manter-se virgem e fiel a Tupã. Desobedecendo às tradições da tribo, Iracema relaciona-se com Martim, dando origem, pela perspectiva da obra, à civilização brasileira.

LITERATURA COMPARADA

DIÁLOGO ENTRE A POESIA AFRICANA CONTEMPORÂNEA E A PROSA ROMÂNTICA BRASILEIRA

A seguir, você vai ler e comparar dois textos: o primeiro é um fragmento do romance romântico *Iracema*, do escritor brasileiro José de Alencar (1829-1877); o segundo, um poema de Antônio Jacinto (1924-1991), escritor angolano do século XX. Após a leitura dos textos, responda às questões propostas.

TEXTO I

Além, muito além daquela serra, que ainda azula no horizonte, nasceu Iracema.

Iracema, a virgem dos lábios de mel, que tinha os cabelos mais negros que a asa da graúna, e mais longos que seu talhe de palmeira.

O favo de jati não era doce como seu sorriso; nem a baunilha recendia no bosque como seu hálito perfumado.

Mais rápida que a ema selvagem, a morena virgem corria o sertão e as matas de Ipu, onde campeava sua guerreira tribo, da grande nação tabajara. O pé grácil e nu, mal roçando, alisava apenas a verde pelúcia que vestia a terra com as primeiras águas.

Um dia, ao pino do sol, ela repousava em um claro da floresta. Banhava-lhe o corpo a sombra da oiticica, mais fresca do que o orvalho da noite. Os ramos da acácia silvestre esparziam flores sobre os úmidos cabelos. Escondidos na folhagem os pássaros ameigavam o canto.

Iracema saiu do banho: o aljôfar d'água ainda a roreja, como à doce mangaba que corou em manhã de chuva. Enquanto repousa, empluma das penas do gará as flechas de seu arco, e concerta com o sabiá da mata, pousado no galho próximo, o canto agreste.

(José de Alencar. *Iracema*. 2. ed. Edição crítica de M. Cavalcanti Proença. Rio de Janeiro: Livros Técnicos e Científicos; São Paulo: Edusp, 1979. p. 12.)

---

aljôfar: gota de água, gota de orvalho.
campear: dominar, imperar.
esparzir: espalhar, salpicar, disseminar.
graúna: ave de coloração preta com brilho violáceo e de bico preto.
jati: tipo de abelha.

mangaba: fruto da mangabeira.
oiticica: árvore de até 15 metros de altura, com alternadas folhas e flores amarelas, em espigas.
recender: cheirar, exalar cheiro ou perfume.
rorejar: banhar gota a gota, gotejar, orvalhar.

Carta de um contratado

Eu queria escrever-te uma carta
amor,
uma carta que dissesse
deste anseio
de te ver
deste receio de te perder
deste mais que bem querer que sinto
deste mal indefinido que me persegue
desta saudade a que vivo todo entregue...
Eu queria escrever-te uma carta
amor,
uma carta de confidências íntimas
uma carta de lembranças de ti
de ti
dos teus lábios vermelhos como tacula
dos teus cabelos negros como diloa
dos teus olhos doces como macongue
dos teus seios duros como maboque
do teu andar de onça
e dos teus carinhos
que maiores não encontrei por aí...
Eu queria escrever-te uma carta
amor,
que recordasse nossos dias na capopa
nossas noites perdidas no capim
que recordasse a sombra que nos caía dos
                                        [jambos
o luar que se coava das palmeiras sem fim
que recordasse a loucura
da nossa paixão
e a amargura de nossa separação...

Eu queria escrever-te uma carta amor
que a não lesses sem suspirar
que a escondesses de papai Bombo
que a sonegasses a mamãe Kieza
que a relesses sem a frieza
do esquecimento
uma carta que em todo kilombo
outra a ela não tivesse merecimento...
Eu queria escrever-te uma carta
amor,
uma carta que te levasse o vento que passa
uma carta que os cajus e cafeeiros
que as hienas e palancas
que os jacarés e bagres

Getty Images

Oratura na África

Moçambique e Angola foram colônias de Portugal até a década de 1970. Até essa data, esses países eram dependentes da metrópole também culturalmente e viviam um grave problema de analfabetismo. Isso não quer dizer, entretanto, que neles não havia uma intensa vida cultural e literária. Havia, sim, e tal era a importância dessa produção transmitida oralmente, que se costuma chamá-la de *oratura*, já que etimologicamente a palavra *literatura* se refere à produção escrita (*littera* = letra, escrita).

Num de seus depoimentos, o escritor Antônio Jacinto conta como foi seu primeiro contato com a poesia:

O meu gosto pela leitura e pela poesia é influência da minha mãe. Na minha infância vivíamos no interior de Angola, numa terra muito pequena, muito isolada, com muito pouco convívio (Cambondo), e a minha mãe contava-me contos infantis, da tradição portuguesa e não só, e também ela conhecia — até de cor — poemas de poetas portugueses, que recitava e muitas vezes também cantava! Daí ficou esse gosto pela poesia e pela literatura.

pudessem entender
para que se o vento a perdesse no caminho
os bichos e plantas
compadecidos de nosso pungente sofrer
de canto em canto
de lamento em lamento
de farfalhar em farfalhar
te levassem puras e quentes
as palavras ardentes
as palavras magoadas da minha carta
que eu queria escrever-te amor...
Eu queria escrever-te uma carta...
Mas ah meu amor, eu não sei compreender
por que é, por que é, por que é, meu bem
que tu não sabes ler
e eu — Oh! Desespero — não sei escrever
também!

(Antônio Jacinto. In: Manuel Ferreira, org. *No reino de Caliban*.
Lisboa: Seara Nova, 1976. p. 133-5.)

Iracema na MPB

Assim como Peri, também Iracema tem servido aos nossos compositores da MPB como referência do lado primitivo e selvagem do Brasil. Na canção "Tropicália", por exemplo, Caetano Veloso contrapõe Iracema ao Brasil moderno nos versos "viva Iracema ma ma/viva Ipanema ma ma ma ma". Chico Buarque chegou a compor a canção "Iracema voou" a partir da personagem de Alencar. Conheça a canção no *site* do compositor: www.chicobuarque.com.br

contratado: pessoa contratada para trabalhar na monagamba, região agrícola de Angola caracterizada por péssimas condições de vida.

maboque: fruto do tamanho e cor da laranja e de casca dura.

pungente: comovente, agudo.

tacula: árvore nativa de Angola que fornece madeira vermelha.

---

1. O texto I, extraído das primeiras páginas de *Iracema*, de José de Alencar, descreve Iracema, a protagonista. A caracterização da personagem é feita por meio de comparações. Observe os quatro primeiros parágrafos.

   a) A que elementos Iracema é comparada?

   b) Nessa comparação, quem se destaca mais: a índia ou esses elementos?

   c) Que característica romântica se observa nesse procedimento?

2. José de Alencar foi um dos principais escritores brasileiros empenhados no projeto romântico de construir uma identidade nacional. Por meio da literatura, o escritor pretendia libertar a cultura brasileira do domínio da cultura portuguesa. De que modo o escritor põe em prática esse projeto, no texto, considerando-se os aspectos da língua e do espaço?

3. No texto II, o eu lírico, estando distante da mulher amada, manifesta o desejo de escrever uma carta a ela.

   a) O que o impossibilita de fazê-lo?

   b) O eu lírico não pôde escrever a carta; no entanto, seus sentimentos deram origem a um poema. Na sua opinião, o poema consegue transmitir aquilo que o eu lírico deseja dizer na carta?

4. O eu lírico do texto II, prevendo que talvez a carta não chegasse à mulher amada, pensa numa forma de ela ser transmitida. Leia o boxe "Oratura na África" e responda:

   a) Que meios para a transmissão de sua mensagem o eu lírico imagina?

   b) Que relação existe entre esses meios e a tradição da "oratura" africana?

5. O romance *Iracema* foi escrito após a independência política do Brasil. O poema de Antônio Jacinto foi escrito no período em que Angola ainda era uma colônia portuguesa. Considerando os contextos de produção dos textos, responda: Que importância têm, no texto de José Alencar e no poema, as várias referências feitas à fauna e à flora brasileiras e angolanas, respectivamente?

Museu Kupferstich-Kabinett, Berlim, Alemanha

CAPÍTULO 15

O romance regional

Diferentemente dos outros tipos de romance romântico, o romance regional, por falta de referências no Romantismo europeu, foi obrigado a construir seus próprios modelos. Como consequência, a literatura brasileira ganhou maior autonomia e o Brasil passou a se conhecer melhor em suas enormes diversidades regionais.

Coube ao romance regionalista, mais do que aos romances indianista, histórico e urbano, a missão nacionalista que o Romantismo se atribuiu de proporcionar ao país uma visão de si mesmo. Estendendo o olhar para os quatro cantos do Brasil, o romance regional buscou compreender e valorizar as características étnicas, linguísticas, sociais e culturais que marcam as regiões do país e diferenciam umas das outras.

Sem apoio em modelos europeus, o romance regionalista romântico teve de abrir sozinho seus próprios caminhos. Portanto, constituiu em nossa literatura uma experiência nova, que exigiu dos escritores pesquisa e senso de observação da realidade. Como resultado desse empenho, os romances regionais românticos deram um passo decisivo no rumo da tão desejada autonomia cultural brasileira.

OS ESPAÇOS NACIONAIS

Os espaços nacionais que despertaram maior interesse entre os escritores românticos foram o das capitais, normalmente situadas no litoral, com amplo destaque para a então capital do país, o Rio de Janeiro, e o das regiões Sul, Nordeste e Centro-Oeste. O espaço das capitais é descrito pelo romance urbano, enquanto os demais são retratados pelo romance regional.

Centro-Oeste: Visconde de Taunay

Alfredo d'Escragnolle Taunay (1843-1899), o Visconde de Taunay, era carioca, fez carreira militar e, aos 20 anos, participou da Guerra do Paraguai.

Na carreira de militar, o que o seduzia era principalmente a possibilidade de viajar e conhecer a diversidade natural do Brasil. Apaixonado pela natureza brasileira, registrava em desenhos espécies da fauna e da flora nacionais e, já no século XIX, protestava contra a destruição das matas na cidade do Rio de Janeiro.

Em suas andanças por Mato Grosso, Taunay colheu experiências para compor suas obras. Ressalta-se nelas a capacidade do escritor de reproduzir com precisão aspectos visuais da paisagem sertaneja, especialmente da fauna e da flora da região. Foi autor de romances, como *Inocência* (1872), sua obra-prima, e de livros sobre a guerra e o sertão, como *Retirada da Laguna* (1871).

Museu Imperial de Petrópolis, Rio de Janeiro

: Taunay: pioneiro no despertar da consciência ecológica.

Inocência: a busca do sertão

Inocência é considerada a obra-prima não só de Taunay, mas também do romance regionalista de nosso Romantismo, e sua qualidade resulta do equilíbrio alcançado na contraposição de vários aspectos: ficção e realidade, valores românticos e valores da realidade bruta do sertão, linguagem culta e linguagem regional. Trata-se de uma história de amor impossível, que envolve Cirino, prático de farmácia que se autopromovera a médico, e Inocência, uma jovem do sertão de Mato Grosso, filha de Pereira, pequeno proprietário, representante típico da mentalidade vigente entre os habitantes daquela região.

A realização amorosa entre os jovens é inviável, porque Inocência fora prometida em casamento pelo pai a Manecão Doca, um rústico vaqueiro da região; e também porque Pereira exerce forte vigilância sobre a filha, pois, de acordo com seus valores, ele tem de garantir a virgindade de Inocência até o dia do casamento.

Ao lado dos acontecimentos que constituem a trama amorosa, há também o choque de valores entre Pereira e Meyer, um naturalista alemão colecionador de borboletas que se hospedara na casa do pequeno proprietário. O choque de valores entre os dois evidencia as diferenças entre o meio rural brasileiro e o meio urbano europeu.

LEITURA

Estava Cirino fazendo o inventário da sua roupa e já começava a anoitecer, quando Pereira novamente a ele se chegou.

— Doutor, disse o mineiro, pode agora mecê entrar para ver a pequena. Está com o pulso que nem um fio, mas não tem febre de qualidade nenhuma.

— Assim é *bem melhor*[1], respondeu Cirino.

E, arranjando precipitadamente o que havia tirado da canastra, fechou-a e pôs-se de pé.

Antes de sair da sala, deteve Pereira o hóspede com ar de quem precisava tocar em assunto de gravidade e ao mesmo tempo de difícil explicação.

Afinal começou meio hesitante:

— Sr. Cirino, eu cá sou homem muito bom de gênio, muito amigo de todos, muito acomodado e que tenho o coração perto da boca, como vosmecê deve ter visto...

— Por certo, concordou o outro.

— Pois bem, mas... tenho um grande defeito; sou muito desconfiado. Vai o doutor entrar no interior da minha casa e... deve portar-se como...

Notas do próprio Taunay:

1 Locução muito usual no interior.

— Oh, Sr. Pereira! atalhou Cirino com animação, mas sem grande estranheza, pois conhecia o zelo com que os homens do sertão guardam da vista dos profanos os seus aposentos domésticos, posso gabar-me de ter sido recebido no seio de muita família honesta e sei proceder como devo.

Expandiu-se um tanto o rosto do mineiro.

— Vejo, disse ele com algum acanhamento, que o doutor não é nenhum pé-rapado, mas nunca é bom facilitar... E já que não há outro remédio, vou dizer-lhe todos os meus segredos... Não metem vergonha a ninguém, com o favor de Deus; mas em negócios da minha casa não gosto de bater língua... Minha filha Nocência fez 18 anos pelo Natal, e é rapariga que pela feição parece moça de cidade, muito ariscazinha de modos, mas bonita e boa deveras... Coitada, foi criada sem mãe, e aqui nestes *fundões*[2]. [...]

— Ora muito que bem, continuou Pereira caindo aos poucos na habitual garrulice, quando vi a menina tomar corpo, tratei logo de casá-la.

— Ah! é casada? perguntou Cirino.

— Isto é, é e não é. A coisa está apalavrada. Por aqui costuma labutar no costeio do gado para São Paulo um homem de mão-cheia, que talvez o Sr. conheça... o Manecão Doca...

: Cena do filme *Inocência*, de Walter Lima Jr.

Cinemateca Brasileira

....

— Esta obrigação de casar as mulheres é o diabo!... Se não tomam estado, ficam jururus e fanadinhas...; se casam podem cair nas mãos de algum marido malvado... E depois, as histórias!... Ih, meu Deus, mulheres numa casa, é coisa de meter medo... São redomas de vidro que tudo pode quebrar... Enfim, minha filha, enquanto solteira, honrou o nome de meus pais... O Manecão que se aguente, quando a tiver por sua... Com gente de saia não há que fiar... Cruz! botam famílias inteiras a perder, enquanto o demo esfrega um olho.

Esta opinião injuriosa sobre as mulheres é, em geral, corrente nos nossos sertões e traz como consequência imediata e prática, além da rigorosa clausura em que são mantidas, não só o casamento convencionado entre parentes muito chegados para filhos de menor idade, mas sobretudo os numerosos crimes cometidos, mal se suspeita possibilidade de qualquer intriga amorosa entre pessoa da família e algum estranho.

....

— Sr. Pereira, replicou Cirino com calma, já lhe disse e torno-lhe a dizer que, como médico, estou há muito tempo acostumado a lidar com famílias e a respeitá-las. É este meu dever, e até hoje, graças a Deus, a minha fama é boa... Quanto às mulheres, não tenho as suas opiniões, nem as acho razoáveis nem de justiça. Entretanto, é inútil discutirmos porque sei que isso são prevenções vindas de longe, e quem torto nasce, tarde ou nunca se endireita... O Sr. falou-me com toda franqueza, e também com franqueza lhe quero responder. No meu parecer, as mulheres são tão boas como nós, se não melhores: não há, pois, motivo para tanto desconfiar delas e ter os homens em tão boa conta... enfim, essas suas ideias podem quadrar-lhe à vontade, e é costume meu antigo a ninguém contrariar, para viver bem com todos e deles merecer o tratamento que julgo ter direito a receber. Cuide cada qual de si, olhe Deus para todos nós, e ninguém queira arvorar-se em palmatória do mundo.

Tal profissão de fé, expedida em tom dogmático e superior, pareceu impressionar agradavelmente a Pereira, que fora aplaudindo com expressivo movimento de cabeça a sensatez dos conceitos e a fluência da frase.

(Taunay. *Inocência*. 6. ed. São Paulo: Ática, 1984. p. 29-32.)

---

2 Sertões.

1. A linguagem literária quase sempre faz uso da norma culta. Por essa razão, um dos mais difíceis problemas encontrados pelos autores regionalistas é a adequação da variedade linguística regional à linguagem literária. No texto lido, observe as linguagens de Cirino e de Pereira, a linguagem do narrador e as notas de rodapé, feitas pelo próprio autor. Em seguida, responda: De que modo Taunay resolve o problema da linguagem regional em *Inocência*?

2. No diálogo entre Pereira e Cirino, evidencia-se a opinião do primeiro a respeito da mulher e do casamento. De acordo com a visão de Pereira expressa no texto:

a) O que representam as moças em uma família?

b) Que significado tem para um pai o casamento de sua filha?

3. Em certo momento do texto, o narrador interfere na narração para expressar seu ponto de vista a respeito das ideias de Pereira.

a) Identifique o parágrafo em que isso ocorre.

b) Qual é o julgamento do narrador a respeito da opinião expressa por Pereira? Que consequências ele menciona como decorrentes dela?

4. No penúltimo parágrafo do texto, Cirino emite sua opinião, depois de ter ouvido a de Pereira.

a) Existem diferenças entre as ideias de Cirino e as de Pereira? Comente.

b) Identifique no texto uma frase por meio da qual se percebe que Cirino, apesar de discordar, aceita as regras daquela sociedade.

O regionalismo no livro, na telinha e na telona

A busca dos espaços nacionais como meio de definir a identidade cultural – introduzida pelo Romantismo – acabou se tornando uma preocupação permanente e cíclica na arte brasileira. No começo do século XX, por exemplo, o sertão baiano foi retratado em *Os sertões*, de Euclides da Cunha. Na década de 1930, vários escritores, como Rachel de Queiroz, Graciliano Ramos e Jorge Amado, deram continuidade aos temas regionais.

Atualmente, além de estar presente na literatura, o regionalismo vem sendo explorado também nas novelas da tevê e no cinema. Novelas como *Gabriela*, *Tieta*, *O salvador da pátria*, entre outras, marcaram a história da televisão brasileira.

No cinema, bons filmes têm dado continuidade à tradição regionalista, como *Abril despedaçado*, de Walter Sales (2001), *Cinema, aspirina e urubus*, de Marcelo Gomes (2005), e *Árido movie*, de Lírio Ferreira (2005).

Miramax/Courtesy Everett

: Cena do filme *Abril despedaçado*, de Walter Sales.

247

Sul: *O gaúcho*, a alma pampa

A obra *O gaúcho*, de José de Alencar, é a principal das realizações literárias do Romantismo que tomaram o Sul como tema. Nela são evidentes as preocupações do autor em compor o painel sociocultural do Rio Grande do Sul no século passado, ressaltando-lhe os valores e os costumes sociais, as peculiaridades linguísticas, as características naturais e geográficas e o passado histórico.

A ação narrada na obra se situa por volta de 1832, portanto às vésperas da Guerra dos Farrapos (1835), que abalou a região Sul do país. Dela participam personagens históricas do Brasil e do Uruguai, como Frutuoso Rivera (primeiro presidente do Uruguai), Juan Lavalleja (principal adversário de Frutuoso Rivera) e o militar brasileiro Bento Gonçalves.

O protagonista da obra é Manuel Canho (sobrinho de Bento Gonçalves), um típico gaúcho, com largo conhecimento da região e verdadeira paixão por seu cavalo, companheiro inseparável. Ao lado dos acontecimentos políticos que permeiam toda a obra, tem destaque o envolvimento sentimental de Canho com Catita, filha do dono de uma pousada.

Observe no seguinte fragmento de *O gaúcho* como Alencar procura ressaltar a integração entre a natureza e o homem.

Quantos seres habitam as estepes americanas, sejam homem, animal ou planta, inspiram nelas uma alma pampa. Tem grandes virtudes essa alma. A coragem, a sobriedade, a rapidez são indígenas da savana.

....

Como a árvore, são a ema, o touro, o corcel, todos os filhos bravios da savana. Nenhum ente, porém, inspira mais energicamente a alma pampa do que o homem, o "gaúcho". De cada ser que povoa o deserto, torna ele o melhor; tem a velocidade da ema ou de corça, os brios do corcel e a veemência do touro.

O coração, fê-lo a natureza franco e descortinado como a vasta coxilha; a paixão que o agita lembra os ímpetos do furacão, o mesmo bramido, a mesma pujança. A esse turbilhão do sentimento era indispensável uma amplitude de coração, imensa como a savana.

Tal é o pampa.

Esta palavra originária da língua quíchua significa simplesmente o plaino; mas sob a fria expressão do vocábulo está viva e palpitante a ideia. Pronunciai o nome, como o povo que o inventou. Não vedes no som cheio da voz, que reboa e se vai propagando expirar no vago, a imagem fiel da savana a dilatar-se por horizontes infindos? Não ouvis nessa majestosa onomatopeia repercutir a surdina profunda e merencória da vasta solidão?

Nas margens do Uruguai, onde a civilização já babujou a virgindade primitiva dessas regiões, perdeu o pampa seu belo nome americano. O gaúcho, habitante da savana, dá-lhe o nome de campanha.

(2. ed. São Paulo: Ática, 1982. p. 23-5.)

babujar: corromper, viciar.

bramido: berro ou urro de uma fera; estrondo.

brio: dignidade, honradez.

coxilha: campina com pequenas elevações arredondadas.

estepe e **savana:** vastas planícies.

merencório: melancólico.

reboar: fazer eco, repercutir.

Nordeste: o protesto de Franklin Távora

Franklin Távora (1842-1888) nasceu no Ceará e estudou Direito no Rio de Janeiro. Foi um dos mais polêmicos e radicais escritores regionalistas. Rebelou-se, por exemplo, contra a "literatura do Sul", especialmente a de Alencar, seu conterrâneo, alegando que ele se deixava levar pelos modelos estrangeiros (referência aos romances urbanos) e que, quando se dedicava a romances regionalistas, desconhecia a região retratada (referência a *O gaúcho*).

No prefácio de *O Cabeleira*, sua obra célebre, Távora chama a atenção para a necessidade e a capacidade do Nordeste de criar sua própria literatura, construindo-a a partir do farto material constituído por um passado histórico cheio de heroísmo, por costumes típicos, pela poesia popular.

Em tom ressentido, provavelmente em razão do prestígio de que a região Sul gozava na época, em virtude do plantio de café, o escritor afirma: "Proclamo uma verdade irrecusável. Norte e Sul são irmãos, mas são dois. Cada um há de ter uma literatura sua, porque o gênio de um não se confunde com o do outro".

Franklin Távora, com *O Cabeleira*, inaugurou um dos veios mais férteis de nossa ficção regional. Trouxe à tona problemas até então pouco conhecidos em outras regiões do país, introduzindo certos temas – como banditismo, cangaço, seca, miséria, migrações – que foram, mais tarde, retomados e aprofundados por ficcionistas como Graciliano Ramos, José Lins do Rego, Jorge Amado.

O Cabeleira

O Cabeleira é uma crônica histórica na qual é personagem o famoso cangaceiro José Gomes, o Cabeleira, que, junto com dois outros malfeitores, Joaquim Gomes, seu pai, e Teodósio, aterrorizou as populações das cidades pernambucanas no século XVIII.

A obra oscila entre ficção, relato histórico e exposição analítico-dissertativa.

O fragmento a seguir mostra o Cabeleira e seu pai invadindo um povoado e atemorizando a população. Observe como essa cena prenuncia o tema do cangaço, que apareceu na literatura e no cinema décadas depois.

— O Cabeleira! O Cabeleira! Grandes desgraças vamos ter, minha gente! — clamou o malavisado roceiro.

Estas palavras caíram como raios mortíferos no meio da multidão que se entregava, incuidosa e confiante, ao regozijo oficial.

A confusão foi indescritível. Às expansões da pública alegria sucederam as demonstrações do geral terror. Homens, mulheres, crianças atropelaram-se, correndo, fugindo, gritando, caindo como impelidos por infernal ciclone. A fama do Cabeleira tinha, não sem razão, criado na imaginação do povo um fantasma sanguinário que naquele momento se animou no espírito de todos e a todos ameaçou com inevitável extermínio.

> **desabrimento**: rudeza.
> **incuidosa**: sem cuidados.
> **regozijo**: grande alegria.

....

— Estás com medo, Zé Gomes, deste povíléu? Parece-me ver-te fraquear. Por minha bênção e maldição te ordeno que me ajudes a fazer o bonito enquanto é tempo. Não sejas mole, Zé Gomes; sê valentão como é teu pai.

Tendo ouvido estas palavras, o Cabeleira, em cuja vontade exercitava Joaquim irresistível poder, fez-se fúria descomunal e, atirando-se no meio do concurso de gente, foi acutilando a quem encontrou com diabólico desabrimento. Como dois raios exterminadores, descreviam pai e filho no seio da massa revolta desordenadas e vertiginosas elipses.

(São Paulo: Ática, 1973. p. 23-4.)

Cangaceiro (1953), de João Cândido Portinari.

: *A grande rua* (1832), de Berthé-
lemy Lauverge, retrato do Rio de
Janeiro no séc. XIX.

O romance urbano

*Pelo fato de tratar das particularidades da vida cotidiana da burguesia,
o romance urbano conquistou enorme prestígio entre o público dessa
classe tanto na Europa quanto no Brasil. Esse êxito não apenas teve como
consequência a consolidação e o amadurecimento do romance
como gênero, mas também preparou caminhos para voos literários mais
altos, representados pelos romances urbanos de Machado de Assis,
que surgiram alguns anos depois.*

O romance romântico, em vez de tratar de temas antigos, relacionados aos gregos e aos romanos, retratava o dia a dia do leitor, pondo em discussão certos problemas e valores vividos pelo próprio público nas cidades. Para a burguesia de então, ver o seu mundo retratado nos livros era uma novidade excepcional.

Por essa razão, o romance urbano, entre todos os tipos de romance que se produziram na Europa e no Brasil no século XIX, é o mais lido desde o Romantismo até os dias de hoje.

No Brasil, a literatura romântica contou com um número considerável de romances urbanos, entre os quais se destacam *A Moreninha*, de Joaquim Manuel de Macedo, *Memórias de um sargento de milícias*, de Manuel Antônio de Almeida, e *Lucíola* e *Senhora*, de José de Alencar.

A MORENINHA: A PERIPÉCIA SENTIMENTAL

O primeiro romance brasileiro propriamente dito, depois de algumas tentativas malsucedidas no gênero, foi *A Moreninha* (1844), de Joaquim Manuel de Macedo (1820-1882). Embora formado em Medicina, Macedo dedicou-se ao jornalismo e à política. Sua primeira obra, *A Moreninha*, conferiu-lhe ampla popularidade, mantida com a publicação de outros romances.

Nessa obra, Macedo utilizou os ingredientes necessários para satisfazer o gosto do leitor da época e repetiu-os à exaustão em seus dezessete romances posteriores. De modo geral, esses ingredientes são a comicidade, o namoro difícil ou impossível, a dúvida entre o dever e o desejo, a revelação surpreendente de uma identidade, as brincadeiras de estudantes e uma linguagem mais inclinada para o tom coloquial.

Herói romântico e herói moderno

O herói romântico geralmente é um ser dotado de idealismo, honra, força e coragem. Às vezes, põe a vida em risco para atender aos apelos do coração ou da justiça. O índio Peri, de *O guarani*, é um dos melhores exemplos de herói romântico em nossa literatura.

Após o Romantismo, entretanto, surge o *herói problemático*, uma pessoa comum, com limites e dificuldades, diferente em tudo de seu antecessor. Apesar desse perfil do herói moderno, o que vemos hoje nos quadrinhos, nos desenhos e em filmes é, em grande parte, a manutenção do modelo romântico.

Indiana Jones e o templo da perdição/Photonostop/Screen prod/Diomedia

: Indiana Jones é o maior herói do cinema, de acordo com a revista *Total Film*.

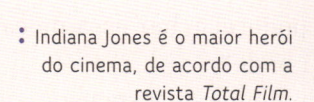

LEITURA

O enredo do romance *A Moreninha* se inicia com a ida de um grupo de amigos – Augusto, Fabrício, Leopoldo e Filipe – à casa da avó de Filipe, numa ilha próxima ao Rio de Janeiro, onde os rapazes vão passar o Dia de Sant'Ana. Filipe aposta que os amigos irão interessar-se por suas primas ou por sua irmã, Carolina, que lá estarão. Augusto aceita a aposta, e fica combinado que quem perder escreverá a história de sua derrota. Mais tarde se vem a saber que essa história é a própria obra *A Moreninha*.

De fato, Augusto apaixona-se pela moreninha Carolina, mas não pode realizar seus sentimentos; sete anos antes – aos treze anos – havia feito um juramento de fidelidade a uma menina que conhecera na praia. Ele e a menina haviam-se unido para auxiliar um moribundo, o qual, num gesto simbólico, casara-os e fizera com que trocassem presentes – ele deu a ela um camafeu, e ela deu a ele uma esmeralda –, além de juras de um casamento verdadeiro no futuro.

Augusto, agora com vinte anos, confessa seu amor a Carolina, que considera a atitude do rapaz uma prova de sua infidelidade amorosa e lhe pede que vá embora, ao encalço daquela a quem jurara amor. Ele concorda. Em seguida...

D. Carolina deixou cair uma lágrima, e falou ainda, mas já com voz fraca e trêmula:

– Sim, deve partir... vá... Talvez encontre aquela a quem jurou amor eterno... Ah! senhor! nunca lhe seja perjuro.

– Se eu a encontrasse!...

– Então!... que faria?...

– Atirar-me-ia a seus pés, abraçar-me-ia com eles e lhe diria: "Perdoai-me, perdoai-me, senhora, eu já não posso ser vosso esposo! tomai a prenda que me destes..."

E o infeliz amante arrancou debaixo da camisa um breve, que convulsivamente apertou na mão.

– O breve verde!... exclamou d. Carolina, o breve que contém a esmeralda!...

– Eu lhe diria, continuou Augusto: "recebei este breve que já não devo conservar, porque eu amo outra que não sois vós, que é mais bela e mais cruel do que vós!..."

⁝ Cena do filme *A Moreninha*, adaptado da obra de Joaquim Manuel de Macedo.

A cena estava se tornando patética; ambos choravam e só passados alguns instantes, a inexplicável Moreninha pôde falar e responder ao triste estudante.

> **breve:** escapulário, santinho.

– Oh! pois bem, disse; vá ter com sua antiga desposada, repita-lhe o que acaba de dizer, e se ela ceder, se perdoar, volte que eu serei sua... esposa.

– Sim... eu corro... Mas meu Deus, onde poderei achar essa moça a quem não tornei a ver, nem poderei conhecer?... onde, meu Deus?... onde?

E tornou a deixar correr o pranto por um momento suspenso.

– Espere, tornou d. Carolina, escute, senhor. Houve um dia, quando minha mãe era viva, em que eu também socorri um velho moribundo. Como o senhor e sua camarada, matei a fome de sua família e cobri a nudez de seus filhos; em sinal de reconhecimento também este velho me fez um presente; deu-me uma relíquia milagrosa, que asseverou-me ele, tem o poder uma vez, na vida de quem possui, de dar o que se deseja. Eu cosi essa relíquia dentro de um breve; ainda não lhe pedi coisa alguma, mas trago-a sempre comigo; eu lha cedo... tome o breve, descosa-a, tire a relíquia e à mercê dela talvez encontre sua antiga amada. Obtenha o seu perdão e me terá por esposa.

– Isto tudo me parece um sonho, respondeu Augusto, porém, dê-me, dê-me esse breve!

A menina, com efeito, entregou o breve ao estudante, que começou a descosê-lo precipitadamente. Aquela relíquia, que se dizia milagrosa, era sua última esperança; e, semelhante ao náufrago que no derradeiro extremo se agarra à mais leve tábua, ele se abraçava com ela. Só faltava a derradeira capa do breve... ei-la que cede e se descose... salta uma pedra... e Augusto, entusiasmado e como delirante, cai aos pés de d. Carolina, exclamando:

– O meu camafeu!... o meu camafeu!...

A senhora d. Ana e o pai de Augusto entraram nesse instante na gruta e encontraram o feliz e fervoroso amante de joelhos e a dar mil beijos nos pés da linda menina, que também por sua parte chorava de prazer.

> – Que loucura é esta? perguntou a senhora d. Ana.
>
> – Achei minha mulher!... bradava Augusto; encontrei minha mulher!... encontrei minha mulher!...
>
> – Que quer dizer isto, Carolina?...
>
> – Ah, minha boa avó!... respondeu a travessa Moreninha ingenuamente: nós éramos conhecidos antigos.
>
> (São Paulo: Ática, s.d. p. 144-6.)

1. Um dos traços que marcam a linguagem romântica em geral, inclusive a prosa, é o *sentimentalismo exagerado*. Destaque do texto um fragmento em que tal traço se evidencie.

2. O *amor impossível* e a *mulher idealizada* são também elementos frequentes da prosa romântica. Para o impasse amoroso, costuma haver dois tipos de saída: o *final feliz*, em que o amor supera as barreiras sociais, ou o *final trágico*, em que a morte se coloca como única saída, adiando para a vida eterna a realização amorosa. Em *A Moreninha*:

a) Qual é a saída para o impedimento amoroso?

b) Pode-se afirmar que essa saída está de acordo com as normas sociais ou é contrária a elas? Justifique com elementos do texto.

3. O romance romântico, principalmente o da fase inicial, costuma apresentar a técnica do *flashback* narrativo, isto é, um retorno no tempo, para explicar, por meio do passado, certas atitudes das personagens no presente. Às vezes é no *flashback* que se situa a peripécia sentimental, isto é, o fato ou revelação capaz de mudar o rumo da história.

a) Que fato da obra *A Moreninha* constitui um *flashback*?

b) E a peripécia sentimental?

c) Que efeito o narrador procura provocar no leitor por meio da peripécia sentimental?

4. Leia o boxe abaixo e responda: As personagens de *A Moreninha* são planas ou esféricas?

Tipos e personagens planas e esféricas

Nas obras ficcionais, há dois tipos básicos de personagem: as *planas* e as *esféricas*. A personagem plana nós a conhecemos exteriormente, pelo que fala e faz. Como os comportamentos desse tipo de personagem costumam ser regulares, não é difícil prever o seu destino.

A personagem esférica, por sua vez, é explorada psicologicamente. Dela conhecemos os pensamentos, conflitos, medos, reflexões existenciais, etc., mas, apesar disso, ela sempre pode nos surpreender. Personagens românticas esféricas são encontradas apenas na fase de transição do Romantismo para o Realismo.

Além das personagens, existe também o *tipo*, uma personagem menor, espécie de estereótipo ou caricatura literária, que age de acordo com a profissão ou a classe a que pertence. Seus comportamentos são inteiramente previsíveis. Exemplos de tipo são o motorista de táxi, o balconista, o barbeiro, etc.

Entre o casamento e a sífilis

Os modos bem-comportados das personagens de *A Moreninha* dão pouca ideia de como era a vida sexual dos jovens no século XIX. Para as moças, a virgindade era supervalorizada e deveria ser mantida até o casamento. Para os rapazes, entretanto, havia uma mentalidade diferente: o jovem deveria "aproveitar a vida", namorar várias moças, frequentar prostíbulos, divertir-se, porque o casamento poderia tirar-lhe essa liberdade. Entretanto, o grande problema para os rapazes da época era a possibilidade de contrair sífilis, doença sexual muito comum.

MANUEL ANTÔNIO DE ALMEIDA: A MALANDRAGEM EM CENA

Manuel Antônio de Almeida (1831-1861) nasceu no Rio de Janeiro. De família simples, com muita dificuldade cursou Medicina em sua cidade natal; contudo, a profissão que exerceu foi o jornalismo.

Como escritor, Manuel Antônio de Almeida produziu uma única obra. O descompromisso com o sucesso e um grande senso de humor lhe permitiram criar uma das obras mais originais do Romantismo brasileiro: *Memórias de um sargento de milícias*.

: Manuel Antônio de Almeida foi jornalista do *Correio Mercantil*, no Rio de Janeiro.

Memórias de um sargento de milícias

Esse romance foi publicado sob a forma de folhetins anônimos, assinados com o pseudônimo "Um Brasileiro", no *Correio Mercantil*, onde Manuel Antônio de Almeida trabalhou como jornalista de 1852 a 1853.

Provavelmente o autor valeu-se da convivência com as camadas mais humildes da população carioca do século XIX para construir o universo social da obra.

Memórias de um sargento de milícias difere da maioria dos romances românticos, pois apresenta uma série de procedimentos que fogem ao padrão da prosa romântica. O protagonista não é herói nem vilão, mas um malandro simpático que leva uma vida de pessoa comum; não há idealização da mulher, da natureza ou do amor, sendo reais as situações retratadas; a linguagem aproxima-se da jornalística, deixando de lado a excessiva metaforização que caracteriza a prosa romântica.

Vez e voz dos despossuídos

Ao contrário do que acontece nos demais romances urbanos, que retratam o cotidiano da aristocracia, em *Memórias de um sargento de milícias*, de Manuel Antônio de Almeida, ganham espaço figuras comuns da sociedade, como o barbeiro, a comadre, o delegado, o soldado, o vagabundo e outros.

Em nossa literatura predominam romances que retratam as camadas média e alta da população. Poucos foram os períodos e os autores que tomaram por tema a classe média baixa, o operário ou o camponês. Alguns merecem ser lembrados: no século XIX, além de *Memórias de um sargento de milícias*, há também *O cortiço* e *Casa de pensão*, de Aluísio Azevedo; no século XX, marcaram época as obras *Triste fim de Policarpo Quaresma*, de Lima Barreto, *Vidas secas*, de Graciliano Ramos, *O Quinze*, de Rachel de Queiroz, *Os corumbas*, de Amando Fontes, *Quarto de despejo – Diário de uma favelada*, de Carolina de Jesus.

O enredo

A narrativa é situada na época de D. João VI, no início do século XIX, quando se muda para o Brasil o meirinho (oficial de justiça) Leonardo Pataca – pai de Leonardo, o protagonista da história.

No navio, Leonardo Pataca conhece Maria das Hortaliças e a engravida. Já no Brasil, após o nascimento e o batizado de Leonardo Filho, Maria é flagrada pelo marido com outro homem e foge para Portugal. Com a separação do casal, Leonardo é criado pelo padrinho (um barbeiro), com ajuda da madrinha (uma parteira).

As travessuras de Leonardo são o centro da narrativa e servem tanto para a concatenação de outras personagens e ações da obra quanto para a descrição de tipos, ambientes e costumes da sociedade carioca do começo do século XIX.

A série de malandragens de Leonardo só tem fim quando, em virtude de sua ampla experiência no mundo da vadiagem, ele é escolhido por Vidigal (chefe de polícia) para ocupar o cargo que vagara na tropa de granadeiros (soldados).

ALENCAR E A CRÍTICA SOCIAL

Além de ter se dedicado ao romance indianista e ao romance regional, José de Alencar foi também um de nossos melhores romancistas urbanos. Suas obras, além de conter os ingredientes próprios do romance urbano romântico – intrigas amorosas, chantagens, amores impossíveis, peripécias –, conseguem analisar com profundidade certos temas delicados daquele contexto social. Em *Senhora* são abordados os temas do casamento por interesse, da independência feminina e da ascensão social a qualquer preço. Em *Lucíola* é discutida a prostituição nas altas camadas sociais e, como em *Senhora*, a oposição entre o amor e o dinheiro. O romance *Diva*, ao lado de *Senhora* e *Lucíola*, constitui a série "perfis femininos".

Senhora

Editora Saraiva

Publicada em 1875, *Senhora* é uma das últimas obras escritas por Alencar. Ao tematizar o casamento como forma de ascensão social, o autor deu início à discussão sobre certos valores e comportamentos da sociedade carioca da segunda metade do século XIX.

Embora *Senhora* ainda esteja presa ao modelo narrativo romântico, que considera o amor como o único meio de redimir todos os males, a obra apresenta alguns elementos inovadores, que anunciam a grande renovação realista. Entre tais elementos estão a vigorosa crítica à futilidade dos comportamentos e à fragilidade dos valores burgueses resultantes do então emergente capitalismo brasileiro e, em certo grau, a introspecção psicológica.

O enredo

Aurélia Camargo é uma moça pobre e órfã de pai, noiva de Fernando Seixas. Seixas é um bom rapaz, porém tem o desejo de ascender rapidamente na escala social e, por isso, troca Aurélia por outra moça de dote mais valioso. Aurélia passa a desprezar todos os homens, e eis que, com a morte de um avô, torna-se milionária e, por isso, uma das mulheres mais cortejadas das cortes do Rio de Janeiro. Como vingança, manda oferecer a Seixas um dote de cem contos, mas sem que fosse revelado o nome da noiva, só conhecido no dia do casamento. Seixas aceita e se casam; porém, na noite de núpcias, Aurélia revela-lhe seu desprezo. Seixas cai em si e percebe o quanto fora vil em sua ganância. Vivem como estranhos na mesma casa durante onze meses, mas socialmente formam o "casal perfeito". Ao longo desse período, Seixas trabalha arduamente até conseguir obter a quantia que recebera como sinal pelo "acordo". Devolve os cem contos à esposa e se despede dela. Nesse momento, porém, Aurélia revela-lhe seu amor. Os dois, então igualados no amor e na honra, podem desfrutar o casamento, que ainda não havia se consumado.

LEITURA

A seguir você lerá dois textos. O primeiro é um fragmento de *Memórias de um sargento de milícias*; o segundo é extraído de *Senhora* e mostra dois episódios do romance: a cena do casamento entre Aurélia e Seixas e a cena da noite de núpcias do casal.

[...] Ao sair do Tejo, estando a Maria encostada à borda do navio, o Leonardo fingiu que passava distraído por junto dela, e com o ferrado sapatão assentou-lhe uma valente pisadela no pé direito. A Maria, como se já esperasse por aquilo, sorriu-se como envergonhada do gracejo, e deu-lhe também em ar de disfarce um tremendo beliscão nas costas da mão esquerda. Era isto uma declaração em forma, segundo os usos da terra: levaram o resto do dia de namoro cerrado; ao anoitecer passou-se a mesma cena de pisadela e beliscão, com a diferença de serem desta vez um pouco mais fortes; e no dia seguinte estavam os dois amantes tão extremosos e familiares, que pareciam sê-lo de muitos anos.

Quando saltaram em terra começou a Maria a sentir certos enojos; foram os dois morar juntos; e daí a um mês manifestaram-se claramente os efeitos da pisadela e do beliscão; sete meses depois teve a Maria um filho, formidável menino de quase três palmos de comprido, gordo e vermelho, cabeludo, esperneador e chorão; o qual, logo depois que nasceu, mamou duas horas seguidas sem largar o peito. E este nascimento é certamente de tudo o que temos dito o que mais nos interessa, porque o menino de quem falamos é o herói desta história.

Chegou o dia de batizar-se o rapaz: foi madrinha a parteira; sobre o padrinho houve suas dúvidas: o Leonardo queria que fosse o Sr. juiz; porém teve de ceder a instâncias da Maria e da comadre, que queriam que fosse o barbeiro de defronte, que afinal foi adotado. Já se sabe que houve nesse dia função: os convidados do dono da casa, que eram todos dalém-mar, cantavam ao desafio, segundo seus costumes; os convidados da comadre, que eram todos da terra, dançavam o fado. O compadre trouxe a rabeca, que é, como se sabe, o instrumento favorito da gente do ofício. A princípio, o Leonardo quis que a festa tivesse ares aristocráticos, e propôs que se dançasse o minuete da corte. Foi aceita a ideia, ainda que houvesse dificuldade em encontrarem-se pares. Afinal levantaram-se uma gorda e baixa matrona, mulher de um convidado; uma companheira desta, cuja figura era a mais completa antítese da sua; um colega do Leonardo, miudinho, pequenino, e com fumaças de gaiato, e o sacristão da Sé, sujeito alto, magro e com pretensões de elegante. O compadre foi quem tocou o minuete na rabeca; e o afilhadinho, deitado no colo da Maria, acompanhava cada arcada com um guincho

D. Pedro I e Leonardo Pataca: entre o real e o imaginário

Alfaguara Brasil

Fundindo realidade e ficção, Ruy Castro, em *Era no tempo do rei* (Editora Objetiva), aproxima a personagem de ficção Leonardo Pataca da figura histórica de d. Pedro I. No livro, os dois são amigos inseparáveis, inseridos em um enredo cheio de aventuras, política e erotismo.

Eis a explicação do autor sobre como surgiu a ideia de reunir as duas figuras:

A mãe do Leonardo o abandonou e seu pai também logo sumiu. No caso do d. Pedro I, não se esperava que o rei ou a rainha ficassem verificando se o filho estava estudando, conferindo notas. Isso era deixado para os tutores. Então é um tipo de criação parecida entre eles, tanto que se entenderam imediatamente, na ficção. E acho que interiormente eles tinham muitas coisas em comum, como a coragem, o senso de aventura, a curiosidade.

(*Folha de S. Paulo*, 17/11/2007.)

e um esperneio. Isto fez com que o compadre perdesse muitas vezes o compasso, e fosse obrigado a recomeçar outras tantas.

Depois do minuete foi desaparecendo a cerimônia, e a brincadeira aferventou, como se dizia naquele tempo. Chegaram uns rapazes de viola e machete: o Leonardo, instado pelas senhoras, decidiu-se a romper a parte lírica do divertimento. Sentou-se num tamborete, em um lugar isolado da sala, e tomou uma viola. Fazia um belo efeito cômico, vê-lo, em trajes do ofício, de casaca, calção e espadim, acompanhando com um monótono zum-zum nas cordas do instrumento o garganteado de uma modinha pátria. Foi nas saudades da terra natal que ele achou inspiração para o seu canto, e isto era natural a um bom português, que o era ele. […]

O canto do Leonardo foi o derradeiro toque de rebate para esquentar-se a brincadeira, foi o adeus às cerimônias. Tudo daí em diante foi burburinho, que depressa passou à gritaria, e ainda mais depressa à algazarra. […]

(Manuel Antônio de Almeida. *Memórias de um sargento de milícias.* São Paulo: Ática, 1976. p. 9-11.)

---

derradeiro: último.

enojo: enjoo, náusea.

função: espetáculo.

instar: pedir, solicitar, insistir.

minuete: antiga dança francesa com movimentos delicados e equilibrados.

rebate: sinal, anúncio.

rabeca: nome antiquado do violino.

Tejo: rio de Portugal.

TEXTO II

Os convidados, que antes lhe admiravam a graça peregrina, essa noite a achavam deslumbrante, e compreendiam que o amor tinha colorido com as tintas de sua palheta inimitável, a já tão feiticeira beleza, envolvendo-a de irresistível fascinação.

— Como ela é feliz! — diziam os homens.

— E tem razão! — acrescentaram as senhoras volvendo os olhos ao noivo.

Também a fisionomia de Seixas se iluminava com o sorriso da felicidade. O orgulho de ser o escolhido daquela encantadora mulher ainda mais lhe ornava o aspecto já de si nobre e gentil.

Efetivamente, no marido de Aurélia podia-se apreciar essa fina flor da suprema distinção, que não se anda assoalhando nos gestos pretensiosos e nos ademanes artísticos; mas reverte do íntimo com uma fragrância que a modéstia busca recatar, e não obstante exala-se dos seios d'alma.

Amor e dinheiro no cinema

O dilema moral vivido por Seixas em *Senhora*, dividido entre o casamento por amor e o casamento de conveniência, ainda é um tema atual e frequentemente abordado nas novelas de TV e no cinema.

O tema é explorado, por exemplo, em filmes como *Proposta indecente*, de Adrian Lyne, *O amor custa caro*, de Joel e Ethan Coen, e *Match Point* (*Ponto final*), de Woody Allen.

: Cena do filme *O amor custa caro*.

Depois da cerimônia começaram os parabéns que é de estilo dirigir aos noivos e a seus parentes.

[...]

Para animar a reunião as moças improvisaram quadrilhas, no intervalo das quais um insigne pianista, que fora mestre de Aurélia, executava os melhores trechos de óperas então em voga.

Por volta das dez horas despediram-se as famílias convidadas.

[...]

Aurélia ergueu-se impetuosamente.

— Então enganei-me? — exclamou a moça com estranho arrebatamento. — O senhor ama-me sinceramente e não se casou comigo por interesse?

Seixas demorou um instante o olhar no semblante da moça, que estava suspensa de seus lábios, para beber-lhe as palavras:

— Não, senhora, não enganou-se, disse afinal com o mesmo tom frio e inflexível. Vendi-me; pertenço-lhe. A senhora teve o mau gosto de comprar um marido aviltado; aqui o tem como desejou. Podia ter feito de um caráter, talvez gasto pela educação, um homem de bem, que se enobrecesse com sua afeição; preferiu um escravo branco; estava em seu direito, pagava com seu dinheiro, e pagava generosamente. Esse escravo aqui o tem; é seu marido, porém nada mais do que seu marido!

(José de Alencar. *Senhora*. São Paulo: Saraiva, 2007. p. 75 e 127.)

ademane: aceno, trejeito, qualquer gesto ou comportamento afetado.

arrebatamento: exaltação, arroubo, comportamento precipitado.

aviltado: desonrado, rebaixado, envilecido.

insigne: destacado, famoso, ilustre.

não obstante: apesar disso, contudo.

Malandragem: o "jeitinho brasileiro"?

Segundo o escritor Mário de Andrade, Leonardo Pataca é uma personagem semelhante ao pícaro espanhol, um tipo de malandro simpático e brincalhão que vive à margem da sociedade, sem nenhum vínculo, sempre à procura de novas aventuras.

No século XX, o próprio Mário de Andrade daria continuidade à tradição da malandragem com sua personagem irreverente Macunaíma, na opinião dele o retrato do brasileiro. Em 1978, Chico Buarque de Hollanda resgatou essa tradição com a peça teatral *Ópera do malandro*, que também foi levada ao cinema, sob direção de Ruy Guerra.

Será que a malandragem é mesmo uma característica do jeito brasileiro de ser?

Moacyr Lopes/Folhapress

: Ensaio da peça *Ópera do malandro*.

1. Os dois textos apresentam em comum o ambiente urbano do Rio de Janeiro do século XIX e o relacionamento entre homem e mulher.

   a) Que classe social cada um dos textos retrata?

   b) Que importância ou significado tem o casamento para as personagens do texto I e para as do texto II?

2. Nas duas obras, as personagens – de um lado, Maria das Hortaliças e, de outro, Aurélia e Seixas – transgridem as regras sociais ou as regras do amor romântico.

   a) Qual a transgressão de Maria das Hortaliças?

   b) Qual é a transgressão de Aurélia e Seixas?

3. Nos dois textos, ocorre uma festa que revela diferenças de comportamento das classes sociais retratadas. Compare as festas e responda:

   a) Por que a sugestão de Leonardo de se dançar o minuete é inadequada ao seu grupo social?

   b) Que diferenças há entre as festas, considerando-se a participação dos convidados?

4. Na segunda parte do texto II, Aurélia, na noite de núpcias, revela ao marido o desprezo que tem por ele. Interprete e explique estas afirmações de Seixas:

   a) "Podia ter feito de um caráter, talvez gasto pela educação, um homem de bem, que se enobrecesse com sua afeição; preferiu um escravo branco"

   b) "Esse escravo aqui o tem; é seu marido, porém nada mais do que seu marido!"

5. No texto II, Aurélia, considerando-se sua condição de mulher e a pouca idade que tinha, apresenta um comportamento raro naquela sociedade.

   a) Em que o comportamento de Aurélia difere do das demais moças?

   b) A que se deve essa diferença?

Memórias de um sargento de milícias em quadrinhos

A obra de Manuel Antônio de Almeida vem sendo regularmente adaptada para outras linguagens, como o teatro e a história em quadrinhos. No mercado, já existem várias adaptações de *Memórias de um sargento de milícias* para a linguagem dos quadrinhos.

Embora a leitura dos quadrinhos não substitua a leitura da obra original, ela é válida quando apreciada como obra independente.

Almeida, Manuel Antônio de. Literatura Brasileira em Quadrinhos – Memórias de um sargento de Milícias. São Paulo: Escala Educacional, 2006.

6. *Senhora* e *Memórias de um sargento de milícias* são obras consideradas precursoras do Realismo – movimento literário que surgiu na segunda metade do século XIX e se caracteriza pela objetividade e pela crítica ostensiva à sociedade burguesa – em virtude do retrato mais direto, crítico e objetivo que fazem da realidade. Contudo, as duas obras ainda estão presas a certas convenções românticas.

   a) Qual dos dois romances foge mais às convenções românticas, tais como linguagem metafórica e idealização do amor e da mulher?

   b) Qual dos dois romances aprofunda mais a crítica à sociedade, já apresentando elementos próprios da crítica realista? Justifique.

CAPÍTULO
17

: Cena do filme *A noiva cadáver*, de
Tim Burton.

A prosa gótica

*Contrapondo-se aos valores racionalistas e materialistas da sociedade
burguesa, certos escritores do Romantismo criaram uma literatura
fantasiosa, identificada com um universo de satanismo, mistério, morte,
sonho, loucura e degradação. Trata-se da literatura de* **tradição gótica**
— conhecida também como **maldita** *—, que até hoje encontra adeptos na
literatura, na música, no cinema e no estilo de vida.*

Ao lado da rica produção do romance romântico, que se voltou à descoberta do país, floresceu
entre nós um tipo de prosa que, apesar de ter tido pouca repercussão no Brasil da época, estava
sintonizada com a obra de importantes escritores estrangeiros, como Edgar Allan Poe, Lord Byron e
Charles Baudelaire. Trata-se da *prosa gótica*, cujos principais representantes, no Brasil, foram Álvares
de Azevedo e Bernardo Guimarães.

A pouca repercussão dessa literatura à época do Romantismo deve-se à qualificação de "marginal" ou "maldita" que lhe foi atribuída. Isso primeiramente porque se colocava à margem dos padrões
estabelecidos pelo próprio Romantismo e, em segundo lugar, porque o mundo que retratava também
se situava à margem do racionalismo e do materialismo da sociedade capitalista. O sonho, a loucura,
o vício, o sexo desenfreado, o macabro e formas de transgressão variadas povoam o universo gótico,
que valoriza as zonas escuras e antilógicas do subconsciente, onde se fundem instintos de vida e
morte, libido e terror.

Mais tarde viriam a se somar a essa tendência outros escritores, como o dramaturgo Oscar Wilde, o poeta francês Mallarmé e os poetas brasileiros Cruz e Sousa, Alphonsus Guimaraens e Augusto dos Anjos.

Liga-se à tradição gótica literária uma longa produção de contos de mistério ou de terror e uma vasta produção cinematográfica, constituída principalmente de filmes dedicados ao vampirismo. Na música, várias tendências ou subculturas, como o *heavy metal*, o *punk* e o gótico propriamente dito, prestam reverência a essa literatura do século XIX, da qual tomam emprestados temas macabros, satanismo e o mal-estar diante da civilização burguesa.

O gótico na música

Em 1979, jornalistas ingleses empregaram o termo *gótico* para designar uma nova tendência musical cujo ícone naquele momento era a banda Bauhaus, que fazia sucesso com a música "Bela Lugosi's dead". Contudo, as origens da tendência gótica na música situam-se bem antes, no início da década de 1970, com a música de The Velvet Undergroud & Nico, The Doors, David Bowie, Banshees, Stooges e T-Rex, entre outros.

Nos anos de 1980 e 1990, muitos outros grupos, como Siouxsie, The Cure, Cinema Strange e London after Midnight, ligaram-se aos góticos.

Na atualidade, várias bandas internacionais, como Boody Dead and Sexy, The Chants of Maldoror, Joy Disaster, A Covenant of Thorns, Hatesex, Scarlet Remains, seguem essa tradição.

: The Cure.

O Brasil também tem sua expressão gótica, em grupos como Elegia, Tears of Blood, Pecadores, In Auroram, Plastique Noir, Zigurate, Banda Invisível, Enjoy, Ismália, Dança das Sombras e Orquídeas Francesas, entre outros.

ÁLVARES DE AZEVEDO: A PROSA MARGINAL

O gótico manifestou-se tanto na poesia quanto na prosa de Álvares de Azevedo, mas foi principalmente na prosa que ganhou maior expressão. A tendência aparece na face Caliban da poesia do autor, presente na obra de contos *Noite na taverna* e na peça teatral *Macário*.

As situações relatadas em *Noite na taverna* provavelmente não têm nenhum vínculo direto com as experiências de vida do escritor, morto precocemente aos 21 anos. São fruto da imaginação fantasiosa do quase adolescente Álvares de Azevedo e da influência exercida sobre ele por Lord Byron e provavelmente pelo romance gótico *O castelo de Otranto*, de Horace Walpole, e pelos contos fantásticos de E. A. Hoffmann e Edgar Allan Poe.

Noite na taverna: o relato do absurdo

Noite na taverna pode ser considerada uma obra de contos, apesar de haver um fio narrativo que une todas as histórias.

No primeiro capítulo da obra, um narrador em 3ª pessoa faz a apresentação do ambiente: uma taverna, povoada de bêbados e loucos, na qual, a uma mesa, alguns homens conversam e bebem.

Excitados pelo álcool, cada um deles conta um episódio de sua vida. Esses episódios constituem capítulos, que levam o nome do narrador-personagem.

As histórias narradas são todas fantásticas e envolvem acontecimentos trágicos, amor e morte, vícios e crimes, e todos os narradores demonstram um forte pessimismo diante da vida.

Os temas mais excêntricos ao gosto romântico predominante são encontrados nessas narrativas: violência física e sexual, adultérios, assassinatos, incestos, necrofilia, antropofagia, corrupção.

Góticos na Internet

Para conhecer melhor a subcultura gótica atual, baixe os textos de escritores góticos nos *sites*:

- www.spectrumgothic.com.br/gothic/materias.htm
- www.goticosp.com.br/

LEITURA

Capítulo II

Solfieri

Sabei-o. Roma é a cidade do fanatismo e da perdição: na alcova do sacerdote dorme a gosto a amásia, no leito da vendida se pendura o crucifixo lívido. É um requintar de gozo blasfemo, que mescla o sacrilégio à convulsão do amor, o beijo lascivo à embriaguez da crença!

Era em Roma. [...] A noite ia bela. Eu passeava a sós pela ponte de... As luzes se apagaram uma por uma nos palácios, as ruas se faziam ermas, e a lua de sonolenta se escondia no leito de nuvens. Uma sombra de mulher apareceu numa janela solitária e escura. Era uma forma branca. A face daquela mulher era como de uma estátua pálida à lua. Pelas faces dela, como gotas de uma taça caída, rolavam fios de lágrimas.

O gótico nos quadrinhos

Nas histórias em quadrinhos, a expressão máxima do gótico é a série Sandman, de Neil Gaiman. Em *Fábulas e reflexões*, por exemplo, em mais uma de suas jornadas pelo infinito, o Senhor dos Sonhos nos leva a conhecer os segredos de diferentes seres e personagens históricos, numa mistura de contos maravilhosos, fatos reais, mitologia clássica e fantasia pagã.

Neil Gaiman/Editora Conrad do Brasil

Eu me encostei à aresta de um palácio. A visão desapareceu no escuro da janela... e daí um canto se derramava. Não era só uma voz melodiosa: havia naquele cantar um como choro de frenesi, um como gemer de insânia: aquela voz era sombria como a do vento à noite nos cemitérios, cantando a nênia das flores murchas da morte.

Depois o canto calou-se. A mulher apareceu na porta. Parecia espreitar se havia alguém nas ruas. Não viu ninguém: saiu. Eu segui-a.

Andamos longo tempo pelo labirinto das ruas, enfim ela parou: estávamos num campo.

Aqui, ali, além eram cruzes que se erguiam de entre o ervaçal. Ela ajoelhou-se. Parecia soluçar: em torno dela passavam as aves da noite.

Não sei se adormeci: sei apenas que quando amanheceu achei-me a sós no cemitério. Contudo a criatura pálida não fora uma ilusão: as urzes, as cicutas do campo-santo estavam quebradas junto a uma cruz.

O frio da noite, aquele sono dormido à chuva, causaram-me uma febre. No meu delírio passava e repassava aquela brancura de mulher, gemiam aqueles soluços, e todo aquele devaneio se perdia num canto suavíssimo...

Um ano depois voltei a Roma. Nos beijos das mulheres nada me saciava; no sono da saciedade me vinha aquela visão...

Uma noite, e após uma orgia, eu deixara dormida no leito dela a condessa Barbora. Dei um último olhar àquela forma nua e adormecida com a febre nas faces e a lascívia nos lábios úmidos, gemendo ainda nos sonhos como na agonia voluptuosa do amor. Saí. Não sei se a noite era límpida ou negra; sei apenas que a cabeça me escaldava de embriaguez. As taças tinham ficado vazias na mesa: aos lábios daquela criatura eu bebera até a última gota do vinho do deleite...

Quando dei acordo de mim estava num lugar escuro: as estrelas passavam seus raios brancos entre as vidraças de um templo. As luzes de quatro círios batiam num caixão entreaberto. Abri-o: era o de uma moça. Aquele branco da mortalha, as grinaldas da morte na fronte dela, naquela tez lívida e embaçada, o vidrento dos olhos mal apertados... Era uma defunta!... e aqueles traços todos me lembraram uma ideia perdida... Era o anjo do cemitério! Cerrei as portas da igreja, que, ignoro por que, eu achara abertas. Tomei o cadáver nos meus braços para fora do caixão. Pesava como chumbo... [...] Tomei-a no colo. Preguei-lhe mil beijos nos lábios. Ela era bela assim: rasguei-lhe o sudário, despi-lhe o véu e a capela como o noivo os despe à noiva. [...] O gozo foi fervoroso — cevei em perdição aquela vigília. A madrugada passava já frouxa nas janelas. Àquele calor de meu peito, à febre de meus lábios, à convulsão de meu amor, a donzela pálida parecia reanimar-se. Súbito abriu os olhos empanados [...] Não era já a morte; era um desmaio. [...]

Nunca ouvistes falar da catalepsia? É um pesadelo horrível aquele que gira ao acordado que emparedam num sepulcro; sonho gelado em que se sentem os membros tolhidos, e as faces banhadas de lágrimas alheias, sem poder revelar a vida!

A moça revivia a pouco e pouco. Ao acordar desmaiara. Embucei-me na capa e tomei-a nos braços coberta com seu sudário como uma criança. Ao aproximar-me da porta topei um corpo, abaixei-me, olhei: era algum coveiro do cemitério da igreja que aí dormia de ébrio, esquecido de fechar a porta...

Caminhei. Estava cansado. Custava a carregar o meu fardo; e eu sentia que a moça ia despertar. Temeroso de que ouvissem-na gritar e acudissem, corri com mais esforço...

Quando eu passei a porta ela acordou. O primeiro som que lhe saiu da boca foi um grito de medo...

Dois dias e duas noites levou ela de febre assim... Não houve sanar-lhe aquele delírio, nem o rir do frenesi. Morreu depois de duas noites e dois dias de delírio.

À noite saí; fui ter com um estatuário que trabalhava perfeitamente em cera, e paguei-lhe uma estátua dessa virgem.

Quando o escultor saiu, levantei os tijolos de mármore de meu quarto, e com as mãos cavei aí um túmulo. Tomei-a então pela última vez nos braços, apertei-a a meu peito muda e fria, beijei-a e cobri-a adormecida do sono eterno com o lençol de seu leito. Fechei-a no seu túmulo e estendi meu leito sobre ele.

Um ano — noite a noite — dormi sobre as lajes que a cobriam... Um dia o estatuário me trouxe a sua obra. Paguei-lha e paguei o segredo...

— Não te lembras, Bertram, de uma forma branca de mulher que entrevistes pelo véu do meu cortinado? Não te lembras que eu te respondi que era uma virgem que dormia?

— E quem era essa mulher, Solfieri?

— Quem era? Seu nome?

— Quem se importa com uma palavra quando sente que o vinho queima assaz os lábios? Quem pergunta o nome da prostituta com quem dormiu e sentiu morrer a seus beijos, quando nem há dele mister por escrever-lho na lousa?

Solfieri encheu uma taça e bebeu-a. Ia erguer-se da mesa quando um dos convivas tomou-o pelo braço.

— Solfieri, não é um conto isso tudo?

— Pelo inferno que não! Por meu pai que era conde e bandido, por minha mãe que era a bela Messalina das ruas, pela perdição que não! Desde que eu próprio calquei aquela mulher com meus pés na sua cova de terra, eu vo-lo juro! — guardei-lhe como amuleto a capela de defunta. Ei-la!

Abriu a camisa, e viram-lhe ao pescoço uma grinalda de flores mirradas.

— Vede-a? Murcha e seca como o crânio dela!

(Álvares de Azevedo. *Noite na taverna.* São Paulo: Martins, 1965. p. 39.)

assaz: muito.
catalepsia: doença em que a pessoa entra em estado mórbido, como se tivesse morrido.
cicuta: tipo de planta.
círio: grande vela de cera.
embuçar: cobrir até o rosto.
empanado: ofuscado, baço.
frenesi: agitação interior, arrebatamento.

lascivo: sensual.
lívido: de cor semelhante à do chumbo, própria de cadáveres.
mister: necessidade.
nênia: canto fúnebre.
saciedade: estado de satisfação de quem se saciou.
sudário: mortalha que envolve o cadáver.
tez: pele.

O gótico no cinema

É ampla a filmografia que deve tributos à tradição gótica. As principais referências são *Nosferatu, uma sinfonia de horror* (1922), de F. W. Murnau, e *Drácula* (1931), de Tod Browning, com o ator Bela Lugosi, que deram início à tradição vampiresca, em que se tornaram clássicos filmes como *Nosferatu, o vampiro da noite* (1979), de Werner Herzog, e *Drácula de Bram Stocker* (1992), de Francis F. Coppola, entre outros.

Mas também se ligam à tradição gótica filmes mais poéticos, como *Blade Runner* (1982), de Ridley Scott, e *Asas do desejo* (1987), de Wim Wenders.

▸ Cartaz do filme *Asas do desejo*.

No campo da animação, destacaram-se *Estranho mundo de Jack* (1993), de Henry Selick, e *A noiva cadáver* (2005), de Tim Burton e Mike Johnson.

1. A narrativa se desenvolve numa atmosfera de expectativa e surpresas, criada pelo ambiente em que se desenrolam as ações e pelo emprego de algumas técnicas de suspense.

   a) Faça um levantamento dos ambientes em que se situam as ações de Solfieri, do início ao fim do conto, e indique as características que, de modo geral, eles apresentam.

   b) Como o narrador cria suspense ao relatar sua saída da capela?

2. O conto lido apresenta a técnica da narração dupla, isto é, Solfieri narra aos amigos, na taverna, sua própria história. Terminada a narração da personagem, um narrador desconhecido relata em 3ª pessoa o que está acontecendo na taverna entre Solfieri e seus amigos. Identifique o parágrafo a partir do qual surge a segunda narrativa.

3. O ideal de beleza feminina presente nos textos de inspiração byroniana em geral difere bastante dos padrões atuais e nacionais de beleza. Releia o segundo parágrafo e destaque as palavras e expressões utilizadas para caracterizar a mulher amada de Solfieri.

4. Uma das características desse tipo de narrativa – chocante e surpreendente – pode ser verificada no episódio em que Solfieri adentra a capela do cemitério e encontra a mulher amada.

   a) Que fato inusitado ocorre entre os dois?

   b) De que modo a própria narrativa desfaz o impacto produzido por esse fato?

5. Em vez de uma visão lógica e coerente da realidade, a narrativa gótica prefere sondar as zonas obscuras do subconsciente, beirando, portanto, os limites do sonho e da loucura. Identifique no comportamento de Solfieri e de sua amada atitudes que sejam exemplo dessa inclinação para o inconsciente.

6. Os seguintes fragmentos do conto dizem respeito a Solfieri, o narrador-protagonista da história:

   > "Uma noite, e após uma orgia"
   > "a cabeça me escaldava de embriaguez"
   > "Por meu pai que era conde e bandido, por minha mãe que era a bela Messalina das ruas"

   Que visão de mundo eles expressam? Que perspectiva de vida Solfieri tem?

Enquanto isso em Portugal

ROMANTISMO

Como no resto da Europa, o Romantismo surgiu em Portugal num período de efervescência política – alguns anos após a revolução de 1820 que levou os liberais portugueses ao poder.

Participaram dessa revolução vários setores da burguesia, nos quais se incluíam magistrados, comerciantes, militares, professores. Influenciados pelos ideais da Revolução Francesa, esses setores defendiam a reforma das instituições, a elaboração de uma Constituição, a liberdade do comércio, o direito de participação política do cidadão. Lutavam, enfim, pela modernização de Portugal.

: *A despedida* (1858), de Antônio José Patrício, pintor do Romantismo português.

A revolução de 1820, entretanto, só se consumou por volta de 1834, com o confisco de bens da nobreza, a expulsão de religiosos, a distribuição de terras dos nobres vencidos. Apesar disso, a luta entre liberais e conservadores perdurou por muitos anos, provocando o exílio de políticos, intelectuais e artistas.

O contato dos artistas exilados com o Romantismo inglês e francês favoreceu o surgimento de obras inovadoras, como *Camões*, de Almeida Garrett, considerada o marco inicial do Romantismo em Portugal, publicada em Paris, em 1825, durante o exílio do autor.

O movimento romântico português contou com um considerável número de poetas, dramaturgos e prosadores, tradicionalmente organizados em duas gerações.

A primeira geração romântica

Essa geração tem como características o empenho em implantar o Romantismo no país, o emprego de procedimentos clássicos ainda não superados, o nacionalismo e as preocupações históricas e políticas. Entre outros, integram essa geração Almeida Garrett, Alexandre Herculano e Antônio Feliciano de Castilho.

Almeida Garrett: em busca das raízes nacionais

Figura máxima do Romantismo português, Garrett (1799-1854) dedicou-se à poesia, ao romance, ao teatro, à política, à oratória, ao jornalismo e à pedagogia. Participou dos acontecimentos políticos de seu país, escreveu sobre a revolução liberal, esteve na França, na Inglaterra e na Alemanha, onde absorveu as influências românticas que o levaram a lançar-se na nova estética.

Suas melhores obras poéticas, *Flores sem fruto* e *Folhas caídas*, apresentam, numa linguagem simples e popular, uma poesia confessional, marcada por sentimentos românticos, como desejo, sensualidade, sofrimento, saudade. Na prosa de ficção, Garrett escreveu a novela histórica *Arco de Santana* e *Viagens na minha terra*, obra que concilia o relato de viagens com comentários sobre os mais diferentes temas, ao mesmo tempo que traça um retrato da vida social portuguesa.

Garrett ainda escreveu várias peças teatrais. Em *Frei Luís de Sousa*, considerada a obra-prima do teatro português, aborda um tema histórico de grande repercussão na vida cultural portuguesa: o desaparecimento e a volta de um nobre da guerra de Alcácer-Quibir, onde também desapareceu o rei D. Sebastião.

Alexandre Herculano: em busca das origens

Embora tenha cultivado também a poesia, foi na prosa de ficção que Herculano (1810-1877) destacou-se como escritor. Nela o autor fez uso de seu largo conhecimento da história de Portugal, particularmente a relativa à Idade Média, introduzindo o romance histórico no país. Seus romances *O bobo*, *Eurico, o presbítero* e *O monge de Cister* e seu livro de contos *Lendas e narrativas*, também de ambientação medieval, renovaram a prosa de ficção portuguesa.

A segunda geração romântica

A segunda geração representa a maturidade do movimento romântico, ao mesmo tempo que prenuncia a sua superação, em vista da presença de características realistas na produção literária de seus escritores. Integram essa segunda geração Camilo Castelo Branco, Júlio Dinis e os poetas Soares de Passos e João de Deus.

Camilo Castelo Branco: a novela passional

A novela passional foi o gênero em que Camilo Castelo Branco (1825-1890) mais se destacou, além de ter sido o seu definidor e o seu maior representante em Portugal.

Suas novelas normalmente se ambientam em lugares como aldeias provincianas, a cidade do Porto, o convento em que os pais enclausuravam filhas desobedientes, a taberna aldeã, etc., povoados de tipos campesinos, como fidalgos preconceituosos, burgueses, mulheres de todas as condições sociais, comerciantes, a freira, o salteador de estradas.

> ### A novela: um gênero controvertido
>
> A novela nasceu na Europa, durante a Baixa Idade Média, sob a forma de novela de cavalaria; posteriormente renovou-se e se definiu como gênero com as narrativas picantes do humanista italiano Boccaccio, no século XIV. Até o século XIX, quando Camilo Castelo Branco se tornou mestre da novela romântica portuguesa, sofreu várias transformações. De modo simplificado, pode-se dizer que a novela é uma narrativa mais curta, com menos personagens do que o romance e uma única ação central.

A mola da ação de seus enredos é frequentemente o amor: o amor contrariado pelas convenções sociais ou gerador de emboscadas, de ódio entre famílias.

Como narrador, Camilo foi extraordinário, oscilando entre o lirismo e o sarcasmo. Vibra com as personagens e comumente intervém na história, tecendo comentários piedosos, indignados ou sarcásticos.

Em sua vasta produção ficcional, destacam-se as novelas passionais *Amor de salvação*, *Amor de perdição* e *O romance de um homem rico*, as novelas satíricas de costumes *Coração, cabeça e estômago* e *A queda de um anjo* e os romances de influência naturalista, como *A brasileira dos Prazins*.

Júlio Dinis: o último sopro romântico

Júlio Dinis (1839-1871) é o último prosador significativo do Romantismo português. Seus romances, com exceção de *Uma família inglesa*, que tem por ambiente o meio mercantil do Porto, ambientam-se no campo. *A morgadinha dos canaviais*, *Os fidalgos da casa mourisca* e *As pupilas do senhor reitor* têm como personagens pequenos proprietários e lavradores e como pano de fundo as transformações políticas e econômicas por que passava o país com o regime liberal.

Apesar de apresentar em sua obra uma série de clichês românticos, já demonstra certas características que prenunciam o movimento literário seguinte, o Realismo, como a preocupação de descrever com precisão a natureza e os comportamentos sociais, a objetividade ao fixar tipos sociais, a caracterização psicológica das personagens, o tom moralizante.

Mary Evans/Ronald Grant/Diomedia

: *A lenda do cavaleiro sem cabeça*, filme de Tim Burton de 1999.

Escolha com seu grupo uma das atividades sugeridas a seguir e participe com a classe da realização de um sarau gótico, de acordo com as orientações do professor.

Busquem, em livros, enciclopédias e revistas especializadas, informações complementares sobre o tema escolhido. Procurem consultar os livros, assistir aos filmes e navegar nos *sites* indicados na seção **Fique ligado! Pesquise!** e nos capítulos da unidade.

No dia combinado com o professor, preparem a sala ou o anfiteatro da escola, montando um cenário de inspiração gótica que sirva a todas as apresentações. Depois, a cada apresentação, façam as adaptações que forem necessárias.

Projeto
SARAU GÓTICO: "OH! MY GOTH!"

1. Declamação de poemas góticos

Escolham para declamar no sarau poemas góticos de Álvares de Azevedo, Lord Byron, Alfred Musset ou de outros autores e também fragmentos do poema "O corvo", de Edgar Allan Poe.

Memorizem os textos e ensaiem, buscando a melhor expressão oral possível. Na apresentação, utilizem como fundo músicas de bandas góticas.

2. Leitura dramática e encenação teatral

Escolham um dos contos de *Noite na taverna* ou um trecho de *Macário*, de Álvares de Azevedo, ou ainda um fragmento de uma das obras clássicas da tradição gótica, como *O castelo de Otranto*, de Horace Walpole, ou de *Frankenstein*, de Mary Shelley, ou uma das histórias de mistério de Edgar Allan Poe para fazer uma leitura dramática ou encenação teatral. (Vejam as instruções no boxe "Leitura dramática e encenação".)

3. A música gótica

Façam um levantamento de músicas que se ligam à tradição gótica. Gravem e apresentem ao público trechos de canções das principais bandas góticas, nacionais e estrangeiras, de todos os tempos. A título de curiosidade, não deixem de incluir na apresentação as conhecidas canções "Meu doce vampiro", de Rita Lee e Roberto de Carvalho, e "Vampiro", de Jorge Mautner (CD *Cinema transcendental*, de Caetano Veloso), e o "Rock do diabo", de Raul Seixas.

: The Doors.

4. *Sandman*

Façam uma pesquisa sobre a série *Sandman*, de Neil Gaiman, e apresentem ao público a história dessa HQ, como se deu a participação do autor, quais são e como são as principais personagens, os temas, etc. Se possível, reproduzam algumas histórias e exponham-nas em painéis na entrada da sala ou do auditório, a fim de que mais pessoas possam conhecer o trabalho de Gaiman.

5. O cinema de tradição gótica

Os vampiros

Reúnam os principais trechos de clássicos do cinema gótico, tais como os filmes *Nosferatu, uma sinfonia de horror* (1922), de F. W. Murnau; *Drácula* (1931), de Tod Browning, com o ator Bela Lugosi; *Nosferatu, o vampiro da noite* (1979), de Werner Herzog; e *Drácula de Bram Stocker* (1992), de Francis Ford Coppola. Apresentem os trechos à classe e debatam com os colegas a respeito do perfil de vampiro mostrado em cada filme.

: *Drácula*, com Bela Lugosi.

O desenho animado

Apresentem ao público os principais trechos dos filmes *A noiva cadáver* (2005), de Tim Burton, e *Estranho mundo de Jack* (1993), de Henry Selick, e comentem as semelhanças e diferenças entre os filmes. Comentem também como foi feita a trilha musical de *A noiva cadáver*.

Os filmes poéticos

Apresentem trechos de filmes como *Asas do desejo* (1987), de Wim Wenders, e *Blade runner* (1982), de Ridley Scott, e discutam com o público como e por que filmes como esses se filiam à tradição gótica.

: *Asas do desejo*, de Wim Wenders.

LEITURA DRAMÁTICA E ENCENAÇÃO

Para encenar uma peça de teatro, há dois momentos a serem observados. Primeiramente, preparem a leitura dramática do texto; depois, preparem a encenação.

Leitura dramática

1. Formem um grupo com um número de integrantes igual ao número de personagens do texto. Cada componente do grupo deve ler o texto individualmente pelo menos uma vez.

2. Façam, em grupo, uma segunda leitura do texto, em voz alta, cada aluno lendo as falas de uma personagem. Leiam apenas, procurando uma compreensão mais ampla do texto e um domínio maior da história.

3. A partir da terceira leitura, comecem a buscar a representação, isto é, comecem a transformar a leitura em ação. Lembrem-se: o ator é um fingidor, alguém que cria ilusões.

   a) Para uma boa interpretação, analisem e debatam o comportamento psicológico de cada personagem: quais são seus desejos; que fatos ou que personagens se contrapõem a ela; como ela reage, etc.

   b) Em seguida, cada um deve buscar a melhor forma de interpretar sua personagem.

   c) Considerem a pontuação do texto e as rubricas de interpretação.

   d) Não deixem cair a entonação no final das frases. Observem como falam os locutores de rádio e televisão e procurem imitá-los.

   e) Se julgarem necessário, marquem o texto com pausas para respiração e destaquem os verbos das frases para dar um apoio maior à inflexão da voz.

   f) Para ajudar no volume da voz, imaginem – como fazem no meio teatral – que na última fileira do teatro há uma velhinha meio surda e que vocês devem representar para ela.

4. Depois que cada um dos elementos do grupo tiver encontrado a expressão própria de sua personagem, comecem a ensaiar a peça teatral.

Encenação

1. Decorem as falas de sua personagem, imaginando-se nas situações vividas por ela, imaginando o cenário e as outras personagens que contracenam com vocês.

2. Além das rubricas de interpretação, vocês devem, agora, observar também as de movimento.

3. Criem o cenário, a sonoplastia (o som que acompanha o texto), os figurinos. Contem para isso com a criatividade individual e do grupo e envolvam outros colegas na montagem.

4. Ensaiem quantas vezes julgarem necessário.

5. Caso algum elemento do grupo se esqueça de uma parte do texto durante os ensaios ou na apresentação, improvisem uma saída, ou recorram ao ponto. *Ponto* é uma pessoa que, no teatro, acompanha o texto que os atores devem dizer para lhes ajudar a memória, se necessário.

Hill Street Studios/Blend/Glow Images

6. Tudo pronto, montem o espetáculo e preparem a apresentação.

7. Durante os ensaios e as apresentações, coloquem-se naturalmente no lugar das personagens e vivam-nas, ou seja, comecem a fazer teatro.

PREPARANDO O SARAU

Escolham, com a orientação do professor, o local para a apresentação dos grupos. Montem o cenário e providenciem som, maquiagem, figurino, cadeiras para a plateia, etc. Façam um roteiro de entrada dos grupos em cena, alternando leitura dramática e encenação teatral com declamações, apresentações de música, de videoclipes, etc. Escolham um colega para coordenar as apresentações dos grupos e contextualizar para o público o que ele verá em cena. Convidem para o evento colegas de outras classes, professores e funcionários da escola, amigos e familiares.

Autorretrato
O desesperado (1844-5),
de Gustave Courbet.

UNIDADE 7

HISTÓRIA SOCIAL DO REALISMO, DO NATURALISMO E DO PARNASIANISMO

[...] o Romantismo era a apoteose do sentimento; o realismo é a autonomia de caráter. É a crítica do homem. É a arte que nos pinta a nossos próprios olhos — para nos conhecermos, para que saibamos se somos verdadeiros ou falsos, para condenarmos o que houve de mau na sociedade.

(Eça de Queirós)

Não tive filhos, não transmiti a nenhuma criatura o legado de nossa miséria.

(Brás Cubas, personagem de Machado de Assis)

Ama a arte. Dentre todas as mentiras é a que menos mente.

(Gustave Flaubert)

Os governos suspeitam da literatura porque é uma força que lhes escapa.

(Émile Zola)

Estabeleceu-se há alguns anos uma escola monstruosa de romancistas, que pretende substituir a eloquência da carnagem pela eloquência da carne, que apela para as curiosidades mais cirúrgicas, que reúne pestíferos para nos fazer admirar as veias saltadas, que se inspira diretamente do cólera, seu mestre, e que faz sair pus da consciência. [...] Thérèse Raquin é o resíduo de todos esses horrores publicados precedentemente. Nele, escorrem todo o sangue e todas as infâmias...

(Ferragus, crítico do século XIX, a propósito da publicação de *Thérèse Raquin*, obra inaugural do Naturalismo)

Patricia Spinelli/Alamy/Other Images

·"INTERVALO"·

Projeto:

Capitu no tribunal

Julgamento de Capitu, personagem do romance *Dom Casmurro*, de Machado de Assis, acusada de adultério pelo marido.

Na segunda metade do século XIX, o contexto sociopolítico europeu mudou profundamente. Lutas sociais, tentativas de revolução, novas ideias políticas, científicas... O mundo agitava-se, e a literatura não podia mais, como no tempo do Romantismo, viver de idealizações, do culto do eu e da fuga da realidade. Era necessária uma arte mais objetiva, que atendesse ao desejo do momento: o de analisar, compreender, criticar e transformar a realidade. Como resposta a essa necessidade, surgiriam quase ao mesmo tempo três tendências antirromânticas na literatura, que se entrelaçavam e se influenciavam mutuamente: o Realismo, o Naturalismo e o Parnasianismo.

Fique ligado! Pesquise!

Para você ampliar seus conhecimentos sobre a literatura realista, naturalista e parnasiana e sobre o contexto da época, eis algumas sugestões:

- ▶ No bloco 7 do DVD *Literatura e outras linguagens* há declamações, entrevistas, depoimentos, trechos de filmes e músicas relacionadas com o Realismo, o Naturalismo e o Parnasianismo. Converse com o seu professor sobre a possibilidade de assistir a esse bloco.

- *A sedutora Madame Bovary*, de Vincent Minnelli; *Germinal*, de Claude Berri; *Sacco e Vanzetti*, de Giuliano Montaldo; *Os companheiros*, de Mario Monicelli; *Criação*, de Jon Amiel; *Brás Cubas*, de Júlio Bressane; *O primo Basílio*, de Daniel Filho; *O cortiço*, de Francisco Ramalho Jr.; *Memórias póstumas*, de André Klotzel; *O crime do padre Amaro*, de Carlos Carrera; *Os Maias*, de Luís Fernando Carvalho; *Dom*, de Moacyr Góes.

- *Madame Bovary*, de Gustave Flaubert (Ediouro); *Ilusões perdidas*, de Honoré de Balzac (Ediouro); *Germinal*, de Émile Zola (Hemus); *O vermelho e o negro*, de Stendhal (Globo); *Os irmãos Karamazov*, de Dostoievski (Ediouro); *Guerra e paz* e *Anna Karenina*, de Léon Tolstoi (Itatiaia e Ediouro); *A brasileira dos Prazins*, de Camilo Castelo Branco (Nova Fronteira); *O primo Basílio*, *Os Maias* e *O crime do padre Amaro*, de Eça de Queirós (Ática); *Memórias póstumas de Brás Cubas*, *Dom Casmurro* e *Quincas Borba*, de Machado de Assis (Ática); *Capitu*, de Lygia Fagundes Telles e Paulo Emilio Salles Gomes (Siciliano); *O amor de Capitu*, de Fernando Sabino (Ática); *Capitu – Memórias póstumas*, de Domício Proença Filho (Artium); *O cortiço*, *Casa de pensão* e *O mulato*, de Aluísio Azevedo (Ática); *O missionário*, de Inglês de Souza (Ática); *O Xangô de Baker Street*, de Jô Soares (Companhia das Letras); *Antologia de poesia brasileira – Realismo e Parnasianismo* (Ática).

- Conheça a pintura realista, principalmente as obras de Gustave Courbet, Daumier e do pré-realista Millet. Pesquise em livros como: *Para entender a arte*, de Robert Cumming (Ática); *História da pintura*, de Wendy Beckett (Ática); *Estilos, escolas e movimentos*, de Charles Harrison (Cosac & Naify).

- Pesquise sobre correntes filosóficas e científicas como o positivismo, de Augusto Comte; o determinismo, de Hipolyte Taine; o evolucionismo, de Charles Darwin; o socialismo científico, de Marx e Engels.

- www.machadodeassis.org.br
- www.dominiopublico.gov.br/pesquisa/PesquisaObraForm.do

273

Observe atentamente o quadro seguinte, de Gustave Courbet, pintor francês que introduziu o Realismo na pintura.

Musée des Beaux-Arts de Nantes, France

: *As peneiradoras de trigo* (1854), de Gustave Courbet.

1. A propósito do ambiente retratado no quadro, responda:

a) Como ele se caracteriza?

b) Trata-se de um ambiente próprio da zona rural ou da zona urbana? Justifique sua resposta com elementos do quadro.

2. Observe as personagens que compõem a cena.

a) O que elas estão fazendo?

b) Levante hipóteses: Que vínculos pode haver entre elas?

c) Para elas, o que representa o trigo?

3. As primeiras telas de Courbet escandalizaram os salões de arte parisienses, por causa dos temas que abordavam, até então inéditos.

a) Na hierarquia social, que posição ocupavam as personagens retratadas no quadro?

b) Apesar da condição social das personagens, o quadro desperta algum sentimento de piedade ou compaixão nos espectadores?

4. Certa vez perguntaram a Courbet se ele era capaz de pintar um anjo. E ele respondeu: "Jamais poderei pintar um anjo, porque nunca vi nenhum".

a) Qual é o princípio realista presente nessa resposta do pintor?

b) Na sua opinião, o quadro põe em prática esse princípio realista? Justifique sua resposta.

5. Observe as cores em destaque no quadro. Que relação elas têm com o tema abordado pelo pintor?

6. Em primeiro plano, destaca-se uma moça.

a) O que sugerem os movimentos dela?

b) Interprete: O que a moça representa nesse quadro?

Musée des Beaux-Arts de Nantes, France

7. Um dos traços do Realismo é a crítica social. Considerando-se o contexto da época, o quadro faz uma crítica à sociedade de então? Justifique sua resposta.

: *A roda de fiar* (1855), de Jean François Millet, marca o interesse dos realistas e naturalistas pela vida cotidiana dos trabalhadores.

A linguagem do Realismo, do Naturalismo e do Parnasianismo

Motivados pelas teorias científicas e filosóficas da época, os escritores realistas se empenharam em retratar o homem e a sociedade em conjunto. Não bastava mostrar a face sonhadora e idealizada da vida, como haviam feito os românticos; era preciso mostrar a face do cotidiano massacrante, do casamento por interesse, do amor adúltero, da falsidade e do egoísmo, da impotência do ser humano comum diante dos poderosos.

Na segunda metade do século XIX, a literatura europeia buscou novas formas de expressão, sintonizadas com as mudanças que ocorriam em diferentes setores: filosófico, científico, político, econômico e cultural. A renovação na literatura manifestou-se na forma de três movimentos literários distintos na França: o Realismo, o Naturalismo e o Parnasianismo. O Realismo teve início com a publicação de *Madame Bovary* (1857), de Gustave Flaubert; o Naturalismo, com a publicação de *Thérèse Raquin* (1867), de Émile Zola; e o Parnasianismo, com a publicação das antologias parnasianas intituladas *Parnasse Contemporain* (a partir de 1866).

Embora guardem diferenças formais e ideológicas, essas três tendências apresentam alguns aspectos em comum: *o combate ao Romantismo*, *o resgate do objetivismo na literatura* e *o gosto pelas descrições*.

De modo geral, pode-se dizer que o Naturalismo é uma espécie de Realismo científico, enquanto o Parnasianismo é um retorno da poesia ao estilo clássico, abandonado pelos românticos.

A LINGUAGEM DA PROSA REALISTA

A seguir, você lerá um conto de Machado de Assis, o principal escritor realista brasileiro, por meio do qual será feito o estudo da linguagem da prosa realista.

LEITURA

A causa secreta

[...]

Garcia tinha-se formado em medicina, no ano anterior, 1861. No ano de 1860, estando ainda na Escola, encontrou-se com Fortunato, pela primeira vez, à porta da Santa Casa; entrava, quando o outro saía. Fez-lhe impressão a figura; mas, ainda assim, tê-la-ia esquecido, se não fosse o segundo encontro, poucos dias depois. Morava na rua de D. Manuel. Uma de suas raras distrações era ir ao teatro de S. Januário, que ficava perto, entre essa rua e a praia; ia uma ou duas vezes por mês, e nunca achava acima de quarenta pessoas. Só os mais intrépidos ousavam estender os passos até aquele recanto da cidade. Uma noite, estando nas cadeiras, apareceu ali Fortunato, e sentou-se ao pé dele.

: *Retrato de mulher* (1892), de Rodolfo Amoedo, pintor brasileiro contemporâneo de Machado de Assis.

A peça era um dramalhão, cosido a facadas, ouriçado de imprecações e remorsos; mas Fortunato ouviu-a com singular interesse. Nos lances dolorosos, a atenção dele redobrava, os olhos iam avidamente de um personagem a outro, a tal ponto que o estudante suspeitou haver na peça reminiscências pessoais do vizinho. No fim do drama veio uma farsa; mas Fortunato não esperou por ela e saiu; Garcia saiu atrás dele. Fortunato foi pelo beco do Cotovelo, rua de S. José, até o largo da Carioca. Ia devagar, cabisbaixo, parando às vezes, para dar uma bengalada em algum cão que dormia; o cão ficava ganindo e ele ia andando. No largo da Carioca entrou num tílburi, e seguiu para os lados da praça da Constituição. Garcia voltou para casa sem saber mais nada.

[...]

Tempos depois, estando já formado, e morando na rua de Matacavalos, perto da do Conde, encontrou Fortunato em uma gôndola, encontrou-o ainda outras vezes, e a frequência trouxe a familiaridade. Um dia Fortunato convidou-o a ir visitá-lo ali perto, em Catumbi.

— Sabe que estou casado?

— Não sabia.

— Casei-me há quatro meses, podia dizer quatro dias. Vá jantar conosco domingo.

— Domingo?

— Não esteja forjando desculpas; não admito desculpas. Vá domingo.

Garcia foi lá no domingo. Fortunato deu-lhe um bom jantar, bons charutos e boa palestra, em companhia da senhora, que era interessante. A figura dele não mudara; os olhos eram as mesmas chapas de estanho, duras e frias; as outras feições não eram mais atraentes que dantes. Os obséquios, porém, se não resgatavam a natureza, davam alguma compensação, e não era pouco. Maria Luísa é que possuía ambos os feitiços, pessoa e modos. Era esbelta, airosa, olhos meigos e submissos; tinha vinte e cinco anos e parecia não passar de dezenove. Garcia, à segunda vez que lá foi, percebeu que entre eles havia alguma dissonância de caracteres, pouca ou nenhuma afinidade moral, e da parte da mulher para com o marido uns modos que transcendiam o respeito e confinavam na resignação e no temor. [...]

A comunhão dos interesses apertou os laços da intimidade. Garcia tornou-se familiar na casa; ali jantava quase todos os dias, ali observava a pessoa e a vida de Maria Luísa, cuja solidão moral era evidente. E a solidão como que lhe duplicava o encanto. Garcia começou a sentir que alguma coisa o agitava, quando ela aparecia, quando falava, quando trabalhava, calada, ao canto da janela, ou tocava ao piano umas músicas tristes. Manso e manso, entrou-lhe o amor no coração. Quando deu por ele, quis expeli-lo, para que entre ele e Fortunato não houvesse outro laço que o da amizade; mas não pôde. Pôde apenas trancá-lo; Maria Luísa compreendeu ambas as coisas, a afeição e o silêncio, mas não se deu por achada.

No começo de outubro deu-se um incidente que desvendou ainda mais aos olhos do médico a situação da moça. Fortunato

Sony Pictures/Everett Collection

: Cena do filme *O preço da traição*.

Casamento e traição

No Romantismo, as histórias geralmente terminam em final feliz e em casamento. No Realismo, elas quase sempre começam com o casamento, que, envolto por interesses e contradições, facilmente é seguido de adultério.

O tema do adultério foi tratado por escritores de diferentes épocas posteriores e também já foi abordado na música, no cinema e no teatro. No teatro brasileiro, ele se destaca nos dramas familiares de Nelson Rodrigues. No cinema, um clássico sobre o tema é *A insustentável leveza do ser* (1988), de Philip Kaufman, baseado na obra do escritor tcheco Milan Kundera. E, mais recentemente, o adultério está em filmes como *Amor, sexo e traição* (2004), de Jorge Fernando; *Lady Chatterley* (2006), de Pascale Ferran; *O preço da traição* (2009), de Atom Egoyan.

metera-se a estudar anatomia e fisiologia, e ocupava-se nas horas vagas em rasgar e enve-nenar gatos e cães. Como os guinchos dos animais atordoavam os doentes, mudou o labo-ratório para casa, e a mulher, compleição nervosa, teve de os sofrer. Um dia, porém, não podendo mais, foi ter com o médico e pediu-lhe que, como coisa sua, alcançasse do marido a cessação de tais experiências.

— Mas a senhora mesma...

Maria Luísa acudiu, sorrindo:

— Ele naturalmente achará que sou criança. O que eu queria é que o senhor, como médico, lhe dissesse que isso me faz mal; e creia que faz...

Garcia alcançou prontamente que o outro acabasse com tais estudos. Se os foi fazer em outra parte, ninguém o soube, mas pode ser que sim. Maria Luísa agradeceu ao médico, tanto por ela como pelos animais, que não podia ver padecer. Tossia de quando em quando; Garcia perguntou-lhe se tinha alguma coisa, ela respondeu que nada.

— Deixe ver o pulso.

— Não tenho nada.

Não deu o pulso, e retirou-se. Garcia ficou apreensivo. Cuidava, ao contrário, que ela podia ter alguma coisa, que era preciso observá-la e avisar o marido em tempo.

Dois dias depois — exatamente o dia em que os vemos agora —, Garcia foi lá jantar. Na sala disseram-lhe que Fortunato estava no gabinete, e ele caminhou para ali; ia chegando à porta, no momento em que Maria Luísa saía aflita.

— Que é? perguntou-lhe.

— O rato! O rato! exclamou a moça sufocada e afastando-se.

Garcia lembrou-se que, na véspera, ouvira ao Fortunato queixar-se de um rato, que lhe levara um papel importante; mas estava longe de esperar o que viu. Viu Fortunato sentado à mesa, que havia no centro do gabinete, e sobre a qual pusera um prato com espírito de vinho. O líquido flamejava. Entre o polegar e o índice da mão esquerda segurava um barbante, de cuja ponta pendia o rato atado pela cauda. Na direita tinha uma tesoura. No momento em que o Garcia entrou, Fortunato cortava ao rato uma das pernas; em seguida desceu o infeliz até à chama, rápido, para não matá-lo, e dispôs-se a fazer o mesmo à terceira, pois já lhe havia cortado a primeira. Garcia estacou horrorizado.

— Mate-o logo! disse-lhe.

— Já vai.

E com um sorriso único, reflexo de alma satisfeita, alguma coisa que traduzia a delícia íntima das sensações supremas, Fortunato cortou a terceira pata do rato, e fez pela terceira vez o mesmo movimento até a chama. O miserável estorcia-se, guinchando, ensanguen-tado, chamuscado, e não acabava de morrer. Garcia desviou os olhos, depois voltou-os novamente, e estendeu a mão para impedir que o suplício continuasse, mas não chegou a fazê-lo, porque o diabo do homem impunha medo, com toda aquela serenidade radiosa da fisionomia. Faltava cortar a última pata; Fortunato cortou-a muito devagar, acompanhando a tesoura com os olhos; a pata caiu, e ele ficou olhando para o rato meio cadáver. Ao descê-lo pela quarta vez, até a chama, deu ainda mais rapidez ao gesto, para salvar, se pudesse, alguns farrapos de vida.

Garcia, defronte, conseguia dominar a repugnância do espetáculo para fixar a cara do homem. Nem raiva, nem ódio; tão somente um vasto prazer, quieto e profundo, como daria a outro a audição de uma bela sonata ou a vista de uma estátua divina, alguma coisa parecida com a pura sensação estética. Pareceu-lhe, e era verdade, que Fortunato havia-o inteiramente esquecido. Isto posto, não estaria fingindo, e devia ser aquilo mesmo. A chama ia morrendo, o rato podia ser que tivesse ainda um resíduo de vida, sombra de sombra; Fortunato aproveitou-o para cortar-lhe o focinho e pela última vez chegar a carne ao fogo. Afinal deixou cair o cadáver no prato, e arredou de si toda essa mistura de chamusco e sangue.

Ao levantar-se deu com o médico e teve um sobressalto. Então, mostrou-se enraivecido contra o animal, que lhe comera o papel; mas a cólera evidentemente era fingida.

— Castiga sem raiva, pensou o médico, pela necessidade de achar uma sensação de prazer, que só a dor alheia lhe pode dar: é o segredo deste homem.

: *Arrufos* (1887), do pintor realista brasileiro Belmiro Barbosa de Almeida.

Fortunato encareceu a importância do papel, a perda que lhe trazia, perda de tempo, é certo, mas o tempo agora era-lhe preciosíssimo. Garcia ouvia só, sem dizer nada, nem lhe dar crédito. Relembrava os atos dele, graves e leves, achava a mesma explicação para todos. Era a mesma troca das teclas da sensibilidade, um diletantismo *sui generis*, uma redução de Calígula.

Quando Maria Luísa voltou ao gabinete, daí a pouco, o marido foi ter com ela, rindo, pegou-lhe nas mãos e falou-lhe mansamente:

— Fracalhona!

E voltando-se para o médico:

— Há de crer que quase desmaiou?

Maria Luísa defendeu-se a medo, disse que era nervosa e mulher; depois foi sentar-se à janela com as suas lãs e agulhas, e os dedos ainda trêmulos, tal qual a vimos no começo desta história. Hão de lembrar-se que, depois de terem falado de outras coisas, ficaram calados os três, o marido sentado e olhando para o teto, o médico estalando as unhas. Pouco depois foram jantar; mas o jantar não foi alegre. Maria Luísa cismava e tossia; o médico indagava de si mesmo se ela não estaria exposta a algum excesso na companhia de tal homem. Era apenas possível; mas o amor trocou-lhe a possibilidade em certeza; tremeu por ela e cuidou de os vigiar.

Ela tossia, tossia, e não se passou muito tempo que a moléstia não tirasse a máscara. Era a tísica, velha dama insaciável, que chupa a vida toda, até deixar um bagaço de ossos. Fortunato recebeu a notícia como um golpe; amava deveras a mulher, a seu modo, estava acostumado com ela, custava-lhe perdê-la. Não poupou esforços, médicos, remédios, ares, todos os recursos e todos os paliativos. Mas foi tudo vão. A doença era mortal.

Nos últimos dias, em presença dos tormentos supremos da moça, a índole do marido subjugou qualquer outra afeição. Não a deixou mais; fitou o olho baço e frio naquela decomposição lenta e dolorosa da vida, bebeu uma a uma as aflições da bela criatura, agora magra e transparente, devorada de febre e minada de morte. Egoísmo aspérrimo, faminto de sensações, não lhe perdoou um só minuto de agonia, nem lhos pagou com uma só lágrima, pública ou íntima. Só quando ela expirou, é que ele ficou aturdido. Voltando a si, viu que estava outra vez só.

De noite, indo repousar uma parenta de Maria Luísa, que a ajudara a morrer, ficaram na sala Fortunato e Garcia, velando o cadáver, ambos pensativos; mas o próprio marido estava fatigado, o médico disse-lhe que repousasse um pouco.

O herói problemático e a modernidade

É a partir do Realismo, principalmente, que começa a ter destaque a figura do *herói problemático*, o tipo de herói predominante na literatura, no cinema e no teatro da modernidade. Diferentemente do herói romanesco – aquele cuja ousadia, integridade e coerência estão acima da média entre as pessoas comuns –, o herói problemático normalmente é o ser humano na sua pequenez, cheio de fraquezas, manias e incertezas diante de um mundo no qual se sente deslocado. Filmes como *Medos privados em lugares públicos* (2006), de Alain Resnais, *O cheiro do ralo* (2007), de Heitor Dhalia, *Meu nome não é Johnny* (2008), de Mauro Lima, *Tropa de elite* (2007), de José Padilha, e *O artista* (2011), de Michel Hazanavicius, têm heróis problemáticos como figuras centrais.

Direção: Michel Hazanavicius/Weinstein/Everett/Latinstock

: Cena do filme *O artista* (2011).

— Vá descansar, passe pelo sono uma hora ou duas: eu irei depois.

Fortunato saiu, foi deitar-se no sofá da saleta contígua, e adormeceu logo. Vinte minutos depois acordou, quis dormir outra vez, cochilou alguns minutos, até que se levantou e voltou à sala. Caminhava nas pontas dos pés para não acordar a parenta, que dormia perto. Chegando à porta, estacou assombrado.

Garcia tinha-se chegado ao cadáver, levantara o lenço e contemplara por alguns instantes as feições defuntas. Depois, como se a morte espiritualizasse tudo, inclinou-se e beijou-o na testa. Foi nesse momento que Fortunato chegou à porta. Estacou assombrado; não podia ser o beijo da amizade, podia ser o epílogo de um livro adúltero. Não tinha ciúmes, note-se; a natureza compô-lo de maneira que lhe não deu ciúmes nem inveja, mas dera-lhe vaidade, que não é menos cativa ao ressentimento. Olhou assombrado, mordendo os beiços.

Entretanto, Garcia inclinou-se ainda para beijar outra vez o cadáver; mas então não pôde mais. O beijo rebentou em soluços, e os olhos não puderam conter as lágrimas, que vieram em borbotões, lágrimas de amor calado, e irremediável desespero. Fortunato, à porta, onde ficara, saboreou tranquilo essa explosão de dor moral que foi longa, muito longa, deliciosamente longa.

(*50 contos de Machado de Assis*. São Paulo: Companhia das Letras, 2007. p. 368-76.)

---

airosa: gentil, digna.
aspérrimo: superlativo de áspero.
Calígula: imperador romano conhecido por ser extravagante e cruel.
compleição: constituição física.
diletantismo: amadorismo, gosto.
espírito de vinho: álcool.
imprecação: ofensa, xingamento.
intrépido: corajoso.
sui generis: original.
tílburi: charrete.
tísica: tuberculose.

---

1. A descrição é um recurso utilizado tanto na prosa romântica quanto na prosa realista, mas com finalidades diferentes. Compare a seguir duas descrições de personagens femininas: a primeira é de Aurélia, da obra *Senhora*, de José de Alencar, e a segunda, de Maria Luísa, personagem do conto "A causa secreta".

I. "Era uma expressão fria, pausada, inflexível, que jaspeava sua beleza, dando-lhe quase a gelidez da estátua. Mas no lampejo de seus grandes olhos pardos brilhavam as irradiações da inteligência."

II. "Era esbelta, airosa, olhos meigos e submissos; tinha vinte e cinco anos e parecia não passar de dezenove. [...] e da parte da mulher para com o marido uns modos que transcendiam o respeito e confinavam na resignação e no temor."

a) Qual dos dois textos apresenta vocabulário e construções mais sofisticados, em estilo elevado e poético?

b) Ambos os fragmentos, sendo descritivos, servem para caracterizar as personagens. Entre eles, contudo, há uma diferença essencial quanto à finalidade. Observe algumas imagens e adjetivos empregados na caracterização exterior e a caracterização do mundo interior de uma e outra personagem:

   I. expressão inflexível, gelidez da estátua, lampejo dos olhos / irradiações da inteligência

   II. esbelta, airosa, olhos meigos e submissos / modos que confinavam na resignação e no temor

   Em qual fragmento a descrição tem a finalidade de:

   • elevar e idealizar a personagem?

   • retratar a personagem como ela realmente é?

2. Preocupada em retratar a realidade de modo objetivo, quase documental, a prosa realista geralmente é marcada pelo registro do tempo e do espaço. Observe as datas citadas pelo narrador.

a) Quando ocorre o sacrifício do animal realizado por Fortunato?

b) Que outras indicações temporais aparecem no texto?

c) A menção a ruas e trajetos constitui um recurso para dar veracidade aos fatos. Em qual cidade se passa a história? Em qual bairro Fortunato residia?

3. Nos textos em prosa do Realismo, em geral a narrativa flui lentamente. No conto em estudo, para dar ideia do caráter de Fortunato, o narrador enumera as ocasiões em que essa personagem e Garcia haviam se encontrado e descreve em detalhes seu comportamento. Considere estes comportamentos de Fortunato:

• Assiste à peça com interesse e deixa o teatro quando começa a farsa.

• Dedica-se aos estudos de anatomia e fisiologia.

• Tortura o animal.

• Dedica-se integralmente a Maria Luísa quando esta adoece.

a) De acordo com Garcia, qual era a motivação oculta de Fortunato para essas ações?

b) A que comparação Garcia recorre para se referir ao estado em que imaginava Fortunato nesses momentos?

4. A prosa realista tem como propósito captar o ser humano em sua totalidade, isto é, tanto exterior quanto interiormente. O retrato interior das personagens, isto é, a focalização de seus conflitos, pensamentos, anseios, reflexões, desejos, etc., é chamado de *introspecção psicológica*. Relacione os trechos abaixo à indicação de ação, pensamento ou emoção das personagens.

a) "Fortunato deu-lhe um bom jantar, bons charutos e boa palestra"

b) "Garcia tornou-se familiar na casa"

c) "Garcia, defronte, conseguia dominar a repugnância do espetáculo"

d) "o diabo do homem impunha medo"

e) "Castiga sem raiva [...] pela necessidade de achar uma sensação de prazer"

f) "O beijo rebentou em soluços, e os olhos não puderam conter as lágrimas, que vieram em borbotões"

O Realismo e os realismos de todos os tempos

Os críticos Antonio Candido e José Aderaldo Castello explicam por que o uso da palavra Realismo para designar o movimento literário da segunda metade do século XIX é inadequado:

> A designação de Realismo, dada a esse movimento, é inadequada, pois o realismo ocorre em todos os tempos como um dos polos da criação literária, sendo a tendência para reproduzir nas obras os traços observados no mundo real — seja nas coisas, seja nas pessoas e nos sentimentos. Outro polo é a fantasia, isto é, a tendência para inventar um mundo novo, diferente e muitas vezes oposto às leis do mundo. Os autores e as modas literárias oscilam incessantemente entre ambos, e é da sua combinação mais ou menos variada que se faz a literatura.
>
> (*Presença da literatura brasileira*. 7. ed. Rio de Janeiro/ São Paulo: Difel, 1978. v. 2, p. 94.)

7.

Cena do filme *Madame Bovary*, adaptado da obra de Gustave Flaubert.

A prosa realista do século XIX denunciou em muitas obras a situação de submissão em que viviam as mulheres e as consequências negativas que dela advinham, como morte, humilhação, solidão. Veja nos textos a seguir, de escritores dessa escola literária, as referências feitas a mulheres.

5. Na prosa realista, é comum a ocorrência do procedimento metalinguístico por meio do qual o narrador deixa claro que está contando uma história. No conto lido, em que situações o narrador se dirige diretamente ao leitor?

6. No conto em estudo, o narrador, embora seja onisciente, assume em grande parte do relato a perspectiva de Garcia, uma das personagens.

a) Por que o narrador assume a perspectiva dessa personagem?

b) Em que momento essa perspectiva se modifica?

c) Quando a perspectiva do narrador deixa de ser a de Garcia, que traço de Fortunato volta a se manifestar? Justifique sua resposta com palavras e expressões do texto.

> Permitam-me, senhores: eu sabia que uma mulher, e ainda mais de dezesseis anos, não pode fazer outra coisa a não ser submeter-se completamente a um homem. Não há originalidade nas mulheres, ou seja, isso é um axioma, e mesmo agora, e ainda hoje, ainda hoje isso é para mim um axioma! O que é então que jaz lá na sala: a verdade é a verdade [...] Uma mulher que ama, ora, uma mulher que ama endeusa até mesmo os vícios, até mesmo os crimes do ser amado. [...]
>
> (F. M. Dostoiévski. *Uma criatura dócil*. São Paulo: Cosac Naify, 2009. p. 35-6.)

> Seu rosto é branco, repousado, calmo. Sua voz é suave e recolhida, suas maneiras são simples. Têm todas as nobrezas da dor, a santidade de

uma pessoa que não maculou a alma ao contato do mundo, mas também a rigidez da solteirona e os hábitos mesquinhos que dá a existência estreita da província. Apesar de suas oitocentas mil libras de renda, vive como vivera a pobre Eugénie Grandet, só acende o fogo em seu quarto nos dias em que outrora seu pai lhe permitia acender o fogão da sala, e apaga-o conforme o programa em vigor nos seus jovens anos. Está sempre vestida como se vestia sua mãe. A casa de Saumur, casa sem sol, sem calor, sempre sombria, melancólica, é a imagem de sua vida. [...]

(Honoré de Balzac. *Eugénie Grandet*. São Paulo: Difel, 1961. p. 196.)

a) O que há em comum entre o que é dito sobre as mulheres nos dois textos e o que ocorre com a personagem feminina do conto de Machado de Assis?

b) No conto "A causa secreta", Fortunato teve, na sua opinião, responsabilidade pelo adoecimento e pela morte da mulher?

c) Que pensamento de Garcia levanta a suspeita de que Maria Luísa fosse objeto das experiências do marido?

8. No decorrer do conto, o narrador lança mão tanto do discurso direto quanto do discurso indireto. Veja:

"[...] e pediu-lhe que, como coisa sua, alcançasse do marido a cessação de tais experiências.
— Mas a senhora mesma...
Maria Luísa acudiu, sorrindo:
— Ele naturalmente achará que sou criança. [...]"

"Garcia perguntou-lhe se tinha alguma coisa, ela respondeu que nada.
— Deixe ver o pulso.
— Não tenho nada."

Como esse recurso contribui:

a) para a fluidez da narrativa?

b) para a ambiguidade das situações e do enredo?

9. A seguir, são relacionadas as características relativas ao amor e ao herói românticos. Elabore um quadro com as características realistas opostas a elas, exemplificando-as com situações encontradas em "A causa secreta".

• A mulher amada é sinônimo de beleza e perfeição.

• O casamento, no Romantismo, normalmente é resultado de um amor profundo e o fim de uma longa trajetória de obstáculos.

• O amor está acima de todos os interesses; é a mola mestra que impulsiona e purifica as ações humanas.

• O herói romântico geralmente tem caráter forte e nobre e comportamento íntegro e linear, que raramente se altera ao longo da história.

• O herói romântico é um ser especial, dotado de forças ou poderes incomuns.

10. O Romantismo supervaloriza o indivíduo e suas particularidades. Já o Realismo, mesmo trabalhando em profundidade a personagem, tende a buscar nela aquilo que é universal, isto é, comum a cada um de nós e que define a nossa condição humana. É possível dizer que a situação vivida pelas personagens Garcia, Fortunato e Maria Luísa – e toda a carga de emoções e valores que a acompanha – é universal ou particular? Justifique.

Como síntese do estudo feito até aqui, compare as características do Realismo com as do Romantismo:

REALISMO	ROMANTISMO
Objetivismo	Subjetivismo
Descrições e adjetivação objetivas, voltadas a captar o real como ele é	Descrições e adjetivação idealizantes, voltadas a elevar o objeto descrito
Linguagem culta e direta	Linguagem culta, em estilo metafórico e poético
Mulher não idealizada, mostrada com defeitos e qualidades	Mulher idealizada, anjo de pureza e perfeição
Amor e outros sentimentos subordinados aos interesses sociais	Amor sublime e puro, acima de qualquer interesse
Casamento como instituição falida; contrato de interesses e conveniências	Casamento como objetivo maior de relacionamento amoroso
Herói problemático, cheio de fraquezas, manias e incertezas	Herói íntegro, de caráter irrepreensível
Narrativa lenta, acompanhando o tempo psicológico	Narrativa de ação e de aventura
Personagens trabalhadas psicologicamente	Personagens planas, de pensamentos e ações previsíveis
Universalismo	Individualismo, culto do eu

A LINGUAGEM DA PROSA NATURALISTA

Você vai ler, a seguir, dois textos: o primeiro é um trecho de *Germinal* (1881), de Émile Zola, uma das mais importantes obras do Naturalismo francês; o segundo é um trecho de *O cortiço* (1890), de Aluísio Azevedo, a mais importante obra naturalista de nossa literatura.

LEITURA

No romance *Germinal*, Zola retrata as condições desumanas de vida e de trabalho dos mineiros franceses no século XIX, quando ainda não havia leis que protegessem os direitos dos trabalhadores. No episódio que segue, Etienne, o progatonista da obra, chega pela primeira vez à mina de carvão à procura de emprego. Interessado em ideias de igualdade e justiça social, Etienne se torna, mais tarde, líder dos mineiros num movimento grevista e porta-voz das ideias socialistas que circulavam naquele momento na Europa.

TEXTO I

Por pouco Etienne não fora esmagado. Seus olhos habituavam-se, já podia ver no ar a corrida dos cabos, mais de trinta metros de fita de aço subiam velozes à torre, onde passavam roldanas para, em seguida, descer a pique no poço e prenderem-se nos elevadores de extração. [...]

Só uma coisa ele compreendia perfeitamente: que o poço engolia magotes de vinte e de trinta homens, e com tal facilidade que nem parecia senti-los passar pela goela. Desde as quatro horas os operários começavam a descer; vinham da barraca, descalços, lâmpada na mão, e esperavam em grupos pequenos até formarem número suficiente. Sem ruído, com um pulo macio de animal noturno, o elevador de ferro subia do escuro, enganchava-se nas aldravas, com seus quatro andares, cada um contendo dois vagonetes cheios de carvão. Nos diferentes patamares, os carregadores retiravam os vagonetes, substituindo-os por outros vazios ou carregados antecipadamente com madeira em toros. E era nesses carros vazios que se empilhavam os operários, cinco a cinco, até quarenta de uma vez, quando ocupavam todos os compartimentos. Uma ordem partia do porta-voz, um tartamudear grosso e indistinto, enquanto a corda, para dar o sinal embaixo, era puxada quatro vezes, convenção que

Berri, 1993/Album/Album Cinema/Latinstock

: Cena do filme *Germinal*, adaptado do romance de Zola.

queria dizer "aí vai carne" e que avisava da descida desse carregamento de carne humana. A seguir, depois de um ligeiro solavanco, o elevador afundava silencioso, caía como uma pedra, deixando atrás de si apenas a fuga vibrante do cabo.

— É muito fundo? — perguntou Etienne a um mineiro com ar sonolento que esperava perto dele.

— Quinhentos e cinquenta e quatro metros — respondeu o homem. [...]

(Émile Zola. *Germinal*. 2. ed. São Paulo: Círculo do Livro, 1976. p. 26-8.)

> **aldrava:** pequena tranca metálica que fecha a porta.
> **magote:** ajuntamento de coisas ou pessoas; amontoado, porção.
> **tartamudear:** falar com dificuldade, gaguejar, balbuciar.

TEXTO II

Eram cinco horas da manhã e o cortiço acordava, abrindo, não os olhos, mas a sua infinidade de portas e janelas alinhadas.

Um acordar alegre e farto de quem dormiu de uma assentada, sete horas de chumbo. Como que se sentiam ainda na indolência de neblina as derradeiras notas da última guitarra da noite antecedente, dissolvendo-se à luz loura e tenra da aurora, que nem um suspiro de saudade perdido em terra alheia.

A roupa lavada, que ficara de véspera nos coradouros, umedecia o ar e punha-lhe um fartum acre de sabão ordinário. As pedras do chão, esbranquiçadas no lugar da lavagem e em alguns pontos azuladas pelo anil, mostravam uma palidez grisalha e triste, feita de acumulações de espumas secas.

Entretanto, das portas surgiam cabeças congestionadas de sono; ouviam-se amplos bocejos, fortes como o marulhar das ondas; pigarreava-se grosso por toda a parte; começavam as xícaras a tilintar; o cheiro quente do café aquecia, suplantando todos os outros; trocavam-se de janela para janela as primeiras palavras, os bons-dias; reatavam-se conversas interrompidas à noite; a pequenada cá fora traquinava já, e lá dentro das casas vinham choros abafados de crianças que ainda não andam. No confuso rumo que se formava, destacavam-se risos, sons de vozes que altercavam, sem se saber onde, grasnar de marrecos, cantar de galos, cacarejar de galinhas. De alguns quartos saíam mulheres que vinham dependurar cá fora, na parede, a gaiola do papagaio, e os louros, à semelhança dos donos, cumprimentavam-se ruidosamente, espanejando-se à luz nova do dia.

Daí a pouco, em volta das bicas era um zum-zum crescente; uma aglomeração tumultuosa de machos e fêmeas. Uns, após outros, lavavam a cara, incomodamente, debaixo do fio de água que escorria da altura de uns cinco palmos. O chão inundava-se. As mulheres precisavam já prender as saias entre as coxas para não as molhar; via-se-lhes a tostada nudez dos braços e do pescoço, que elas despiam suspendendo o cabelo todo para o alto do casco; os homens, esses não se preocupavam em não molhar o pelo, ao contrário metiam a cabeça bem debaixo da água e esfregavam com força as ventas e as barbas, fossando e fungando contra as palmas da mão. As portas das latrinas não descansavam, era um abrir e fechar de cada instante, um entrar e sair sem tréguas. Não se demoravam lá dentro e vinham ainda amarrando as calças ou as saias; as crianças não se davam ao trabalho de lá ir, despachavam-se ali mesmo, no capinzal dos fundos, por detrás da estalagem ou no recanto das hortas.

O rumor crescia, condensando-se; o zum-zum de todos os dias acentuava-se; já se não destacavam vozes dispersas, mas um só ruído compacto que enchia todo o cortiço. Começavam a fazer compras na venda; ensarilhavam-se discussões e rezingas; ouviam-se gargalhadas e pragas; já se não falava, gritava-se. Sentia-se naquela fermentação sanguínea, naquela gula viçosa de plantas rasteiras que mergulham os pés vigorosos na lama preta e nutriente da vida o prazer animal de existir, a triunfante satisfação de respirar sobre a terra.

Acervo Reminiscências

(Aluísio Azevedo. *O cortiço.* 9. ed. São Paulo: Ática, 1970. p. 28-9.)

∶ Ilustração de edição antiga de *O cortiço.*

altercar: discutir com ardor.

casco: o couro cabeludo; o conjunto formado pelos ossos do crânio; unha de certos paquidermes e mamíferos.

coradouro: o mesmo que quaradouro; lugar onde se põe a roupa para corar ou quarar.

de uma assentada: de uma só vez.

ensarilhar: emaranhar, enredar.

fartum: mau cheiro.

indolência: preguiça.

latrina: recinto da casa com vaso sanitário ou escavação para receber dejetos.

rezinga: discussão, rixa.

1. Um procedimento característico da prosa naturalista é apresentar o ambiente físico e social detalhadamente, como se o narrador estivesse munido de uma máquina fotográfica com lentes do tipo zum, que lhe permitisse compor e decompor os detalhes de cada cena. Compare os dois textos.

a) Que grupo social é retratado em cada uma das obras? O que os dois grupos têm em comum?

b) Que elementos dos dois textos comprovam que as personagens levam uma vida difícil, miserável?

2. A linguagem da prosa naturalista caracteriza-se pela adoção de uma postura analítica e científica diante da realidade. Por isso, faz uso frequente da narração impessoal e de descrições minuciosas, com muitas sugestões visuais, olfativas, táteis e auditivas. Por conta desse detalhamento, a narrativa às vezes torna-se lenta.

a) Por que o foco narrativo em 3ª pessoa é o mais apropriado para esse fim?

b) Identifique em *Germinal* um exemplo de sugestão visual.

c) Identifique em *O cortiço* exemplos de sensações olfativas, auditivas, táteis e visuais.

d) Identifique em *O cortiço* um exemplo de narrativa lenta.

3. Como vimos, as obras da prosa realista retratam suas personagens por meio de um enfoque individual e psicológico, geralmente em situações de conflito com valores sociais. Compare a prosa realista aos textos naturalistas lidos.

a) A prosa naturalista tem preferência pelo retrato individual das pessoas ou pelo retrato de agrupamentos coletivos?

b) No retrato das personagens, predomina a abordagem física, psicológica ou social?

c) Que relação têm essas escolhas do Naturalismo com o projeto de explicar cientificamente o comportamento humano?

4. No Naturalismo, homens e mulheres são vistos por uma perspectiva biológica, em que se destaca seu lado físico, instintivo, animal, por vezes até degradante.

a) Identifique no texto II um trecho que comprove a animalização das personagens do cortiço.

b) Há no texto II situações de degradação humana? Se sim, identifique-as.

c) Releia esta descrição das mulheres:

> "As mulheres precisavam já prender as saias entre as coxas para não as molhar; via-se-lhes a tostada nudez dos braços e do pescoço, que elas despiam suspendendo o cabelo todo para o alto do casco"

Em que essa descrição difere da descrição da mulher romântica?

d) Um dos sentidos da palavra *cortiço* é "caixa cilíndrica, de cortiça, na qual as abelhas se criam e fabricam o mel e a cera". Relacio-ne esse sentido da palavra ao trecho "Daí a pouco, em volta das bicas era um zum-zum crescente; uma aglomeração tumultuosa de machos e fêmeas".

5. Releia estes fragmentos de *Germinal*:

> "[...] o poço engolia magotes de vinte e de trinta homens, e com tal facilidade que nem parecia senti-los passar pela goela."
>
> "[...] a corda, para dar o sinal embaixo, era puxada quatro vezes, convenção que queria dizer 'aí vai carne' e que avisava da descida desse carregamento de carne humana."

Nesses fragmentos, também notamos o fenômeno da animalização naturalista, mas com diferenças em relação a *O cortiço*. A mina de carvão, em *Germinal*, é que é vista como um grande animal, um monstro devorador.

a) De que se alimenta esse animal?

b) Pode-se dizer que a obra, ao fazer uso de expressões como "carregamento de carne humana", mostra-se engajada, isto é, comprometida em fazer uma denúncia social? Por quê?

Naturalismo × Romantismo

Na segunda metade do século XIX, tanto o Realismo quanto o Naturalismo e o Parnasianismo combatiam o Romantismo. Mas cada uma dessas correntes se opunha ao movimento por razões diferentes. Veja como os críticos Antonio Candido e José Aderaldo Castello explicam a oposição do Naturalismo ao Romantismo:

> "Naturalismo", no sentido mais amplo, significou a busca de uma explicação materialista para os fenômenos da vida e do espírito, bem como a redução dos fatos sociais aos seus fatores externos, sobretudo os biológicos, segundo os padrões definidos pelas ciências naturais. [...] O Romantismo foi combatido, entre outras coisas, no que tinha de compromisso com as filosofias de cunho espiritualista, e no que tinha de idealização da realidade.

(*Presença da literatura brasileira*. 7. ed. Rio de Janeiro/São Paulo: Difel, 1978. v. 2, p. 91.)

Homem: a raça, o meio, o momento histórico

Os naturalistas, com base nas ideias deterministas de Hippolyte Taine (1828-1893), viam o ser humano como uma máquina guiada pela ação das leis físicas e químicas, pela hereditariedade e pelo meio físico e social. As personagens aparecem, então, como produtos, como consequências de forças preexistentes que lhes roubam o livre-arbítrio e as tornam, em casos extremos, verdadeiros joguetes.

: Hippolyte Taine.

Alberto Cavalcanti e o cinema realista-naturalista

O cineasta brasileiro Alberto Cavalcanti ganhou prestígio internacional pelo trabalho que realizou em mais de 120 filmes como produtor, diretor e cenógrafo. Atuou nas décadas de 1920 a 1940 em vários países europeus, e documentários seus como *Rien que les heures* (1926) e *Na solidão da noite* (1945) retratam o lado social, as frustrações e as desilusões do ser humano, assim como seu sofrimento diante das injustiças e das desigualdades sociais.

Conheça o trabalho do cineasta, considerado precursor do Realismo e do Naturalismo no cinema, vendo o DVD *Alberto Cavalcanti, o cineasta do mundo*.

: Cena do filme *Le Mari Garçon* (1933), de Alberto Cavalcanti.

Como síntese do estudo que fizemos, observe as principais características do Naturalismo:

NATURALISMO	
Quanto à forma	**Quanto ao conteúdo**
• Linguagem simples • Clareza, equilíbrio e harmonia na composição • Preocupação com minúcias • Presença de palavras regionais • Descrição e narrativa lentas • Impessoalidade	• Determinismo • Objetivismo científico • Temas de patologia social • Observação e análise da realidade • Ser humano descrito sob a ótica do animalesco e do sensual • Despreocupação com a moral • Literatura engajada

A LINGUAGEM DA POESIA PARNASIANA

Enquanto o Realismo e o Naturalismo tiveram em comum a finalidade de analisar e compreender a realidade, o Parnasianismo foi uma tendência com perspectiva completamente diferente.

LEITURA

Você vai ler, a seguir, dois poemas parnasianos. O primeiro, de Olavo Bilac, representa uma espécie de plataforma teórica do Parnasianismo no Brasil e nele pode ser observado o projeto poético de seu autor e dos parnasianos em geral. O segundo é de Alberto de Oliveira, considerado o poeta parnasiano que melhor se enquadrou nas propostas do movimento.

TEXTO I

Profissão de fé

Invejo o ourives quando escrevo:
   Imito o amor
Com que ele, em ouro, o alto-relevo
   Faz de uma flor.

Imito-o. E, pois nem de Carrara
   A pedra firo:
O alvo cristal, a pedra rara,
   O ônix prefiro.

Por isso, corre, por servir-me,
  Sobre o papel
A pena, como em prata firme
  Corre o cinzel.

Corre; desenha, enfeita a imagem,
  A ideia veste:
Cinge-lhe ao corpo a ampla roupagem
  Azul-celeste.

Torce, aprimora, alteia, lima
  A frase; e, enfim,
No verso de ouro engasta a rima,
  Como um rubim.

Quero que a estrofe cristalina,
  Dobrada ao jeito
Do ourives, saia da oficina
  Sem um defeito.

E que o lavor do verso, acaso,
  Por tão sutil,
Possa o lavor lembrar de um vaso
  De Becerril.

E horas sem conta passo, mudo,
  O olhar atento,
A trabalhar, longe de tudo
  O pensamento.

Porque o escrever — tanta perícia
  Tanta requer,
Que ofício tal... nem há notícia
  De outro qualquer.

Assim procedo. Minha pena
  Segue esta norma,
Por te servir, Deusa serena
  Serena Forma!

(Olavo Bilac. *Poesia*. Rio de Janeiro: Agir, 1957. p. 39-40.)

Thinkstock/Getty Images

---

altear: elevar, tornar mais alto.

alto-relevo: escultura, impressão ou gravura em que certas partes sobressaem em relação ao fundo.

Becerril: nome de um famoso artesão.

Carrara: cidade italiana famosa pela qualidade do mármore branco que produz.

cingir: rodear, envolver.

cinzel: instrumento de corte usado por escultores e gravadores.

engastar: encaixar, inserir.

ônix: tipo de pedra; variedade dura do quartzo.

perícia: habilidade, destreza.

rubim: variante de rubi.

TEXTO II

Vaso chinês

Estranho mimo, aquele vaso! Vi-o
Casualmente, uma vez, de um perfumado
Contador sobre o mármor luzidio,
Entre um leque e o começo de um bordado.

Fino artista chinês, enamorado,
Nele pusera o coração doentio
Em rubras flores de um sutil lavrado,
Na tinta ardente, de um calor sombrio.

Mas, talvez por contraste à desventura —
Quem o sabe? — de um velho mandarim
Também lá estava a singular figura:

Que arte, em pintá-la! A gente vendo-a
Sentia um não sei quê com aquele chim
De olhos cortados, à feição de amêndoa.

(Alberto de Oliveira. *Poesia*. Rio de Janeiro: Agir, 1959. p. 24.)

Mariângela Haddad

O TEXTO E O CONTEXTO EM PERSPECTIVA MULTIDISCIPLINAR

Leia, a seguir, o infográfico e um painel de textos interdisciplinares que relacionam a produção literária do Realismo, do Naturalismo e do Parnasianismo ao contexto histórico, social, cultural e científico em que os movimentos floresceram.

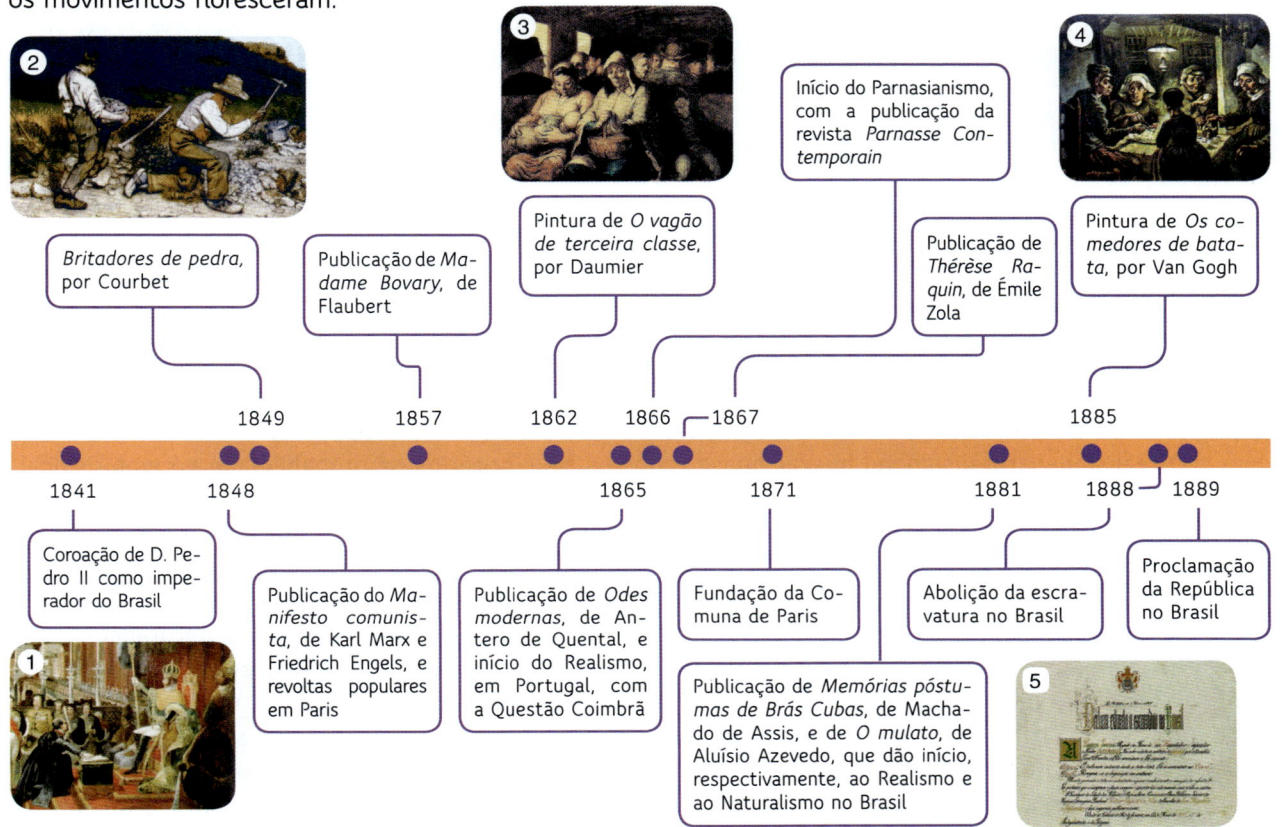

Início do Parnasianismo, com a publicação da revista *Parnasse Contemporain*

Britadores de pedra, por Courbet

Publicação de *Madame Bovary*, de Flaubert

Pintura de *O vagão de terceira classe*, por Daumier

Publicação de *Thérèse Raquin*, de Émile Zola

Pintura de *Os comedores de batata*, por Van Gogh

1849 — 1857 — 1862 — 1866 — 1867 — 1885

1841 — 1848 — 1865 — 1871 — 1881 — 1888 — 1889

Coroação de D. Pedro II como imperador do Brasil

Publicação do *Manifesto comunista*, de Karl Marx e Friedrich Engels, e revoltas populares em Paris

Publicação de *Odes modernas*, de Antero de Quental, e início do Realismo, em Portugal, com a Questão Coimbrã

Fundação da Comuna de Paris

Publicação de *Memórias póstumas de Brás Cubas*, de Machado de Assis, e de *O mulato*, de Aluísio Azevedo, que dão início, respectivamente, ao Realismo e ao Naturalismo no Brasil

Abolição da escravatura no Brasil

Proclamação da República no Brasil

1. Jean-Baptiste Debret. *Coroação de D. Pedro I*, 1828/Palácio Itamaraty, Brasília; 2. Courbet. *The Stonebreakers*, 1849. Galerie Neue Meister, Dresden, Germany; 3. Honoré Daumier. *O vagão de terceira classe*, 1862/Coleção particular; 4. Vincent van Gogh. *Os comedores de batata*, 1885/Van Gogh Museum, Amsterdã; 5. Arquivo Nacional, Rio de Janeiro.

O cientificismo do século XIX

De modo geral, 1870 marca no mundo uma revolução nas ideias e na vida, que levou os homens para o interesse e a devoção pelas coisas materiais. [...] Essa era do materialismo (1870-1900) foi uma continuação do Iluminismo e do Enciclopedismo do século XVIII e da Revolução [Francesa], acreditou no "progresso" indefinido e ascensional e no desenvolvimento constante da civilização mecânica e industrial. [...] A ciência, o espírito de observação e de rigor forneciam os padrões do pensamento e do estilo de vida, desde que se julgava que todos os fenômenos eram explicáveis em termos de matéria e energia, e eram governados por leis matemáticas e mecânicas. O vasto processo de "mecanização do trabalho e do pensamento" (Hayes) refletiu-se tanto na vida material como nas diversas ciências – físicas, naturais, biológicas, sociais. A biolo-

Albert Edelfelt. *Louis Pasteur in his laboratory*, 1885. @Glowimages/Ann Ronan Pictures/Musee d'Orsay, Paris, France

Louis Pasteur (1822-95), químico e bacteriologista francês, inventor do método da pasteurização.

gia, com a teoria determinista, e sua promessa de melhoria de saúde e raça, conquistou uma voga dominadora. Problemas de hereditariedade, de embriologia, de estrutura celular, de bacteriologia, seduziram os espíritos. O darwinismo, a evolução e a doutrina da seleção natural imprimiram direção às pesquisas não somente da biologia, mas também da psicologia e das ciências sociais. Outro dado importante foi a ascensão da psicologia científica com seus métodos de laboratório, mais um elo da cadeia de união da biologia com a física, para mostrar a base física do pensamento, da conduta e da afinidade do homem com os animais.

(Afrânio Coutinho. *Introdução à literatura brasileira*. 10. ed. Rio de Janeiro: Civilização Brasileira, 1980. p. 181-2.)

Não à fuga da realidade!

A predominância da arte realista-naturalista na segunda metade do século XIX é absolutamente um simples sintoma da vitória do ponto de vista científico e do pensamento tecnológico sobre o espírito do idealismo e tradicionalismo.

O realismo-naturalismo vai buscar quase todos os seus critérios de probabilidade no empirismo das ciências naturais. Baseia o seu conceito de verdade psicológica no princípio de causalidade; o desenvolvimento correto do enredo, na eliminação do acaso e dos milagres; sua descrição de ambiente, na ideia de que todo fenômeno natural tem o seu lugar numa cadeia aberta de condições e motivos; sua utilização de pormenores característicos, no método de observação científica em que não se despreza nenhum incidente [...]. Mas a fonte principal da concepção realista-naturalista é a experiência política de 1848 [...]. Depois da falência de todos os ideais, de todas as utopias, a tendência, agora, é manter-se dentro do campo dos fatos e de nada mais do que dos fatos. As origens políticas do realismo-naturalismo explicam, em particular, as suas características antirromânticas e morais: a recusa de fugir à realidade e a exigência de absoluta honestidade na descrição dos fatos; o procurar conservar uma atitude impessoal e impassível como garantias de objetividade e de solidariedade social.

(Arnold Hauser. *História social da literatura e da arte*. 3. ed. São Paulo: Mestre Jou. v. 2, p. 944-5.)

Zola: arte científica e impessoal

[O artista não tem o direito de] expressar a sua opinião sobre coisa alguma, não importando do que se trate. Deus já expressou alguma vez uma opinião... Creio que a grande arte é científica e impessoal... Não quero nem amor nem ódio, nem piedade nem raiva... Já não é tempo de introduzir a justiça na arte? A imparcialidade da descrição tornar-se-ia, então, igual à majestade da lei.

(Émile Zola, em carta a George Sand. In: Ernst Fischer. *A necessidade da arte*. 5. ed. Rio de Janeiro: Zahar, 1976. p. 89.)

Museu do Louvre, Paris, França

: Émile Zola (1840-1902), o fundador do Naturalismo, por Édouard Manet.

292

As contradições do século XIX

Embora as teorias liberais do século XIX, em comparação com as anteriores, representem um avanço em direção às ideias de igualdade, surgem inúmeras contradições. Nem sempre a implantação das ideias liberais consegue conciliar os interesses econômicos aos aspectos éticos e intelectuais que essas mesmas teorias defendem.

Nos grandes centros da Europa, apesar da difusão das ideias democráticas, permanecem sem solução questões econômicas e sociais que afligem a crescente massa de operários: pobreza, jornada de trabalho de quatorze a dezesseis horas, mão de obra mal paga de mulheres e crianças.

[...]

No Brasil, os movimentos liberais naquele período se restringem à luta pela liberalização do comércio que deseja sacudir o jugo do monopólio. Mas permanece ainda a sociedade escravista, a tradição das elites e o analfabetismo, inclusive como condição para a manutenção do tipo de economia agrária.

A contrapartida do discurso liberal será encontrada nas teorias socialistas, representadas inicialmente pelos chamados *socialistas utópicos* e, depois, pelo *socialismo científico* de Marx e Engels, que, em 1848, publicaram o *Manifesto comunista*.

: Karl Marx e Friedrich Engels.

Friedrich Engels and Karl Marx in office, c. 1800's/© Bettmann/Corbis/ Latinstock/Coleção particular

(Maria Lúcia de A. Aranha e Maria Helena P. Martins. *Filosofando – Introdução à filosofia*. 2. ed. São Paulo: Moderna, 1993. p. 231-2.)

• Roteiro de estudo •

Ao final da leitura dos textos, você deverá saber:

- Explicar por que o cientificismo do século XIX de certa forma dá continuidade ao Iluminismo do século XVIII.

- Comentar o impacto do determinismo e do darwinismo sobre os diversos campos da ciência e sobre a literatura.

- Reconhecer, na citação de Émile Zola, qual é o papel da arte, de acordo com o ponto de vista desse escritor naturalista.

- Comentar por que o liberalismo do século XIX apresentava contradição com as condições políticas e sociais da época e por que as teorias socialistas representavam uma saída àquela contradição.

José Ferraz de Almeida Júnior/Pinacoteca do Estado de São Paulo

: *Saudade* (1899), do pintor realista-naturalista brasileiro Almeida Júnior.

O Realismo e o Naturalismo no Brasil

Embora o Realismo e o Naturalismo tenham interesses e procedimentos diferentes, ambos têm em comum o compromisso de observar, documentar e denunciar a realidade social. O Realismo se empenha na análise da força das instituições sobre o indivíduo, no retrato das relações humanas permeadas de interesses, na introspecção psicológica. Menos psicológico do que o Realismo, o Naturalismo analisa a força de fatores como hereditariedade e meio sobre o comportamento humano.

A obra *Memórias póstumas de Brás Cubas* (1881), de Machado de Assis, tem sido apontada como o marco inicial do Realismo no Brasil. Contudo, essa nova postura artística já vinha se esboçando desde a metade do século XIX, ainda no interior do próprio Romantismo.

A observação da produção literária dos escritores da última geração romântica, dos anos 1860-70, revela a existência de algumas tendências que apontavam cada vez mais para uma literatura voltada para o seu tempo, o que caracterizaria o Realismo alguns anos depois. São exemplos dessas tendências a objetividade nas descrições em certos romances, a denúncia de problemas sociais, como em *Senhora*, *Lucíola* e *O Cabeleira*, e o sentimento libertário e reformador, como na poesia social de Fagundes Varela e Castro Alves.

Essas obras, em parte já distanciadas de algumas posturas iniciais do Romantismo, como o exotismo, a fuga da realidade, o "mal do século" e outras, representam o início de um processo que culminaria numa forma diferente de sentir e ver a realidade, menos idealizada, mais verdadeira e crítica: a perspectiva realista.

Entre nossos escritores realistas, destacam-se Machado de Assis e Raul Pompeia. Apesar disso, a obra de ambos os escritores apresenta uma singularidade que transcende a classificação muitas vezes redutora das estéticas literárias.

Em paralelo à inclinação realista, alguns autores brasileiros, influenciados pela experiência de Zola, cultivaram o *romance de tese*, isto é, o romance naturalista, que procurava provar uma teoria científica a respeito do comportamento humano. Como se a ficção e suas personagens fossem um laboratório de experiências científicas, os escritores naturalistas utilizavam conhecimentos da Biologia, da Psicologia e da Sociologia para explicar casos patológicos individuais, perdendo, muitas vezes, o todo da realidade brasileira.

Apesar de o Naturalismo, em razão de seu determinismo, ser, muitas vezes, estreito e reducionista para lidar com a complexidade dos comportamentos humanos, foi ele que, pela primeira vez, pôs em primeiro plano o pobre, o excluído, o negro e o mulato discriminados, o indivíduo vitimado por doenças físicas e mentais, além de retomar antigos temas, como o celibato, sob a ótica científica da época.

No Brasil, o primeiro romance naturalista publicado foi *O mulato* (1881), de Aluísio Azevedo. Além desse escritor, também cultivaram a prosa naturalista: Rodolfo Teófilo (*A fome*, 1881); Inglês de Sousa (*O missionário*, 1882); Júlio Ribeiro (*A carne*, 1888); Adolfo Caminha (*A normalista*, 1892, e *O bom crioulo*, 1895).

A vertente regionalista, lançada pelos românticos, é retomada pelas obras *Luzia-Homem* (1903), de Domingos Olímpio, e *Dona Guidinha do Poço* (1891-1952), de Manuel de Oliveira Paiva, obras que aprofundam a análise da relação do homem com o meio natural e social do sertão.

Luzia-Homem no cinema

Baseado na obra de Domingos Olímpio, o filme *Luzia-Homem* (1987), dirigido por Fábio Barreto, conta a história de Luzia (Cláudia Ohana), uma moça com modos e valores masculinos que fora criada por um vaqueiro, depois de, em criança, ter visto sua família ser assassinada por jagunços. Sua dureza e sua sede de vingança, porém, são abaladas pela descoberta do amor.

: Cartaz do filme *Luzia-Homem*.

MACHADO DE ASSIS: O GRANDE SALTO NA FICÇÃO BRASILEIRA

Machado de Assis (1839-1908) nasceu no Rio de Janeiro. Mestiço, de origem humilde — filho de um mulato carioca, pintor de paredes, e de uma imigrante açoriana —, apesar de ter frequentado apenas a escola primária e ter sido obrigado a trabalhar desde a infância, alcançou alta posição como funcionário público e gozou de consideração social numa época em que o Brasil ainda era uma monarquia escravocrata.

Foi tipógrafo e revisor em editora. Admitido à redação do *Correio Mercantil*, começou a publicar seus escritos em vários jornais e revistas. Na década de 1860, escreveu todas as suas comédias e os versos ainda românticos de *Crisálidas*.

Em 1869, casou-se com uma senhora portuguesa de boa cultura, Carolina Xavier de Novais, sua companheira até a morte e que lhe iria inspirar a personagem Dona Carmo, de *Memorial de Aires*.

Machado de Assis foi jornalista, crítico literário, crítico teatral, teatrólogo, poeta, cronista, contista e romancista.

De sua extensa e variada obra sobressai o Machado de Assis contista e romancista, preocupado não só com a expressão e com a técnica de composição, mas também com a articulação dos temas, com a análise do caráter e do comportamento humano.

Podemos identificar em sua produção dois grupos de obras, porém sem prejuízo de sua perfeita unidade. Ao primeiro grupo pertencem *Ressurreição*, *Helena*, *A mão e a luva*, *Iaiá Garcia*, obras que apresentam características mais gerais do romance do século XIX do que propriamente da herança romântica.

Memórias póstumas de Brás Cubas marca o início de uma segunda etapa da produção de Machado de Assis. A partir dessa obra ele se revela um gênio na análise psicológica de personagens, tornando-se o mais extraordinário contista da língua portuguesa e um dos raros romancistas brasileiros de interesse universal, conforme atestam as inúmeras traduções das suas obras mais representativas. Nesse grupo incluem-se os romances *Quincas Borba*, *Dom Casmurro*, *Esaú e Jacó* e *Memorial de Aires*.

Machado de Assis escreveu por volta de duzentos contos. Como ocorreu com o romance, o conto machadiano estreou em pleno Romantismo (*Contos fluminenses*, 1869) e sofreu significativa mudança de perspectiva e de linguagem a partir da coletânea *Papéis avulsos* (1882), obra que representa para o gênero a mesma revolução que *Memórias póstumas de Brás Cubas* significou para o romance. Entre seus inúmeros contos, destacam-se "O alienista", "Missa do galo", "A cartomante", "Noite de almirante", "Teoria do medalhão", "O espelho", "Cantiga de esponsais", "Sereníssima república", "Verba testamentária". Perspicaz e quase ferino na análise da alma humana, Machado de Assis criou uma obra extremamente inovadora, que permanece viva e atual, gerando polêmicas e conquistando a estima de sucessivas gerações de leitores.

Memórias póstumas de Brás Cubas: a ruptura do romance

Publicado em folhetim em 1880, na *Revista Brasileira*, e editado em livro no ano seguinte, *Memórias póstumas de Brás Cubas* é a autobiografia da personagem Brás Cubas, que, depois de morto, resolve escrever suas memórias. Intitulando-se "defunto autor", Brás Cubas propõe-se a fazer a retrospectiva de sua vida, o que realiza com o distanciamento crítico e irônico de quem já não se prende às convenções sociais.

Marc Ferrez, 1890

: Machado de Assis.

Editora Saraiva

Editora Saraiva

Editora Saraiva

Assim, entre os fatos narrados, destacam-se: os amores juvenis de Brás Cubas por Marcela, uma mulher vulgar a quem ele amou e por quem foi amado durante "quinze meses e onze contos de réis"; suas aspirações à vida literária e política; sua amizade com o filósofo Quincas Borba; o caso com Virgília – de quem quase se tornou marido, num casamento arranjado, e de quem mais tarde se tornaria amante; o casamento de Virgília com seu rival Lobo Neves.

LEITURA

Os textos a seguir pertencem ao romance *Memórias póstumas de Brás Cubas* e mostram o reencontro de Brás Cubas e Virgília, ocorrido quando ela chega de São Paulo com Lobo Neves, seu marido.

Capítulo L / *Virgília casada*

[...]

No dia seguinte, estando na rua do Ouvidor, porta da tipografia do Plancher, vi assomar, a distância, uma mulher esplêndida. Era ela; só a reconheci a poucos passos, tão outra estava, a tal ponto a natureza e a arte lhe haviam dado o último apuro. Cortejamo-nos; ela seguiu; entrou com o marido na carruagem, que os esperava um pouco acima; fiquei atônito.

Oito dias depois, encontrei-a num baile; creio que chegamos a trocar duas ou três palavras. Mas noutro baile, dado daí a um mês, em casa de uma senhora, que ornara os salões do primeiro reinado, e não desornava então os do segundo, a aproximação foi maior e mais longa, porque conversamos e valsamos. A valsa é uma deliciosa coisa. Valsamos; não nego que, ao conchegar ao meu corpo aquele corpo flexível e magnífico, tive uma singular sensação, uma sensação de homem roubado.

[...]

: *A valsa azul*, de Ferdinand von Reznicek.

The Bridgeman Art Library/Grupo Keystone/Bibliotheque de l'Opera Garnier, Paris, França

Cerca de três semanas depois recebi um convite dele para uma reunião íntima. Fui; Virgília recebeu-me com esta graciosa palavra:

— O senhor hoje há de valsar comigo.

Em verdade, eu tinha fama e era valsista emérito; não admira que ela me preferisse. Valsamos uma vez, e mais outra vez. Um livro perdeu Francesca; cá foi a valsa que nos perdeu. Creio que essa noite apertei-lhe a mão com muita força, e ela deixou-a ficar, como esquecida, e eu a abraçá-la, e todos com os olhos em nós, e nos outros que também se abraçavam e giravam... Um delírio.

Capítulo LI / *É minha!*

— É minha! — disse eu comigo, logo que a passei a outro cavalheiro; e confesso que durante o resto da noite foi-se-me a ideia entranhando no espírito, não à força de martelo, mas de verruma, que é mais insinuativa.

— É minha! — dizia eu ao chegar à porta de casa.

Mas ai, como se o destino ou o acaso, ou o que quer que fosse, se lembrasse de dar algum passo aos meus arroubos possessórios, luziu-me no chão uma coisa redonda e amarela. Abaixei-me; era uma moeda de ouro, uma meia dobra.

— É minha! — repeti eu a rir-me, e meti-a no bolso.

Nessa noite não pensei mais na moeda; mas no dia seguinte, recordando o caso, senti uns repelões da consciência, e uma voz que me perguntava por que diabo seria minha uma moeda que eu não herdara nem ganhara, mas somente achara na rua. Evidentemente não era minha; era de outro, daquele que a perdera, rico ou pobre, e talvez fosse pobre, algum operário que não teria com que dar de comer à mulher e aos filhos; mas, se fosse rico, o meu dever ficava o mesmo. Cumpria restituir a moeda, e o melhor meio, o único meio, era fazê-lo por intermédio de um anúncio ou da polícia. Enviei uma carta ao chefe de polícia, remetendo-lhe o achado, e rogando-lhe que, pelos meios a seu alcance, fizesse devolvê-lo às mãos do verdadeiro dono.

Mandei a carta e almocei tranquilo, posso até dizer que jubiloso. Minha consciência valsara tanto na véspera que chegou a ficar sufocada, sem respiração; mas a restituição da meia dobra foi uma janela que se abriu para o outro lado da moral; entrou uma onda de ar puro, e a pobre dama respirou à larga. Ventilai as consciências! Não vos digo mais nada. Todavia, despido de quaisquer outras circunstâncias, o meu ato era bonito, porque exprimia um justo escrúpulo, um sentimento de alma delicada. Era o que me dizia a minha dama interior, com um modo austero e meigo a um tempo; é o que ela me dizia, reclinada ao peitoril da janela aberta.

— Fizeste bem, Cubas; andaste perfeitamente. Este ar não é só puro, é balsâmico, é uma transpiração dos eternos jardins. Queres ver o que fizeste, Cubas?

E a boa dama sacou um espelho e abriu-mo diante dos olhos. Vi, claramente vista, a meia dobra da véspera, redonda, brilhante, multiplicando-se por si mesma — ser dez, depois trinta, depois quinhentas —, exprimindo assim o benefício que me daria na vida e na morte o simples ato da restituição. E eu espraiava todo o meu ser na contemplação daquele ato, revia-me nele, achava-me bom, talvez grande. Uma simples moeda, hem? Vejam o que é ter valsado um poucochinho mais.

Assim eu, Brás Cubas, descobri uma lei sublime, a lei da equivalência das janelas, e estabeleci que o modo de compensar uma janela fechada é abrir outra, a fim de que a moral possa arejar continuamente a consciência. [...]

(Porto Alegre: L&PM, 1997. p. 106-8.)

Capa do DVD *Memórias póstumas de Brás Cubas.*

---

assomar: aparecer, surgir, mostrar-se.

espraiar: esparramar-se, lançar-se, irradiar.

Francesca: personagem de *A divina comédia*, do escritor italiano Dante Alighieri, que na obra se entrega a seu cunhado depois de lerem juntos passagens amorosas sobre Lancelote, personagem das novelas de cavalaria.

jubiloso: tomado por intensa alegria ou contentamento.

verruma: espécie de broca usada para abrir furos.

1. No segundo parágrafo do texto, ao dançar com Virgília, Brás Cubas diz ter a sensação de "homem roubado". E, no baile, ao passar Virgília a outro cavalheiro, pensa: "É minha!".

   a) Reconheça e analise os sentimentos de Brás Cubas revelados nas imagens da posse e do roubo.

   b) Por que Brás Cubas, com essas imagens, inverte os papéis?

2. Ao chegar à sua casa e encontrar à porta uma moeda de ouro, Brás Cubas também diz: "É minha!". Essa coincidência de frases ditas por Cubas em diferentes situações cria um paralelo entre a moeda e Virgília.

   a) Como você explica o gesto de Brás Cubas de enviar a moeda ao chefe de polícia?

   b) De acordo com essa lógica, qual deveria ser a atitude coerente de Brás Cubas em relação a Virgília?

3. Releia este trecho do texto:

> Mandei a carta e almocei tranquilo, posso até dizer que jubiloso. Minha consciência valsara tanto na véspera que chegou a ficar sufocada, sem respiração; mas a restituição da meia dobra foi uma janela que se abriu para o outro lado da moral; entrou uma onda de ar puro, e a pobre dama respirou à larga. Ventilai as consciências! Não vos digo mais nada.

Machado na Internet

Na Internet, você pode ler e baixar quase toda a obra de Machado de Assis no *site* www.dominiopublico.gov.br.

Nele você vai encontrar dezenas de contos e romances inteiros do autor.

   a) A quem se refere Brás Cubas com a expressão "a pobre dama"?

   b) Considerando o dilema moral da personagem, interprete a frase: "a restituição da meia dobra foi uma janela que se abriu para o outro lado da moral".

4. Interprete a "lei da equivalência das janelas":

   a) A que equivale uma "janela fechada"?

   b) E a "janela aberta"?

   c) Explique o que é, então, a *equivalência* dessa lei.

   d) Na sociedade em que vivemos, que atividades ou comportamentos humanos você citaria para exemplificar a atualidade dessa lei hoje?

5. O texto lido é um pequeno exemplo da ironia fina e da crítica cortante que caracterizam a ficção de Machado de Assis. Conclua: Que visão tem o autor a respeito do ser humano, de seu caráter e de suas ações?

Dom Casmurro: uma história de dúvida e traição

Dom Casmurro, obra publicada em 1899, *Memórias póstumas de Brás Cubas* (1881) e *Quincas Borba* (1891) constituem os mais significativos romances de Machado de Assis.

O romance tematiza o adultério sob a ótica de seu personagem-narrador, o solitário Dom Casmurro, que acredita ter sido traído por sua mulher, Capitu. Vizinhos desde crianças, crescem juntos e cedo começam a se amar. Bentinho, porém, está destinado ao seminário por uma promessa de sua mãe. Desfeito o compromisso, ele pode escolher uma carreira liberal e casar-se com Capitu. Têm um filho, Ezequiel, e mantêm estreita amizade com o casal Escobar e Sancha. Escobar morre, e Capitu sofre tanto com sua perda que Bentinho começa a suspeitar que ela o tivesse amado. A desconfiança aumenta à medida que Ezequiel vai crescendo e ficando cada vez mais parecido com Escobar. O casamento é desfeito, e eis então Bentinho, solitário, a querer, com o livro, "atar as duas pontas da vida, e restaurar na velhice a adolescência".

Em *Dom Casmurro*, Machado de Assis veicula, a seu modo, por meio das personagens Bentinho, Capitu e Escobar, um dos mais explorados motivos da prosa literária — o triângulo amoroso.

É, entretanto, pela fala de Bentinho que conhecemos os fatos, e é pelo filtro de sua visão que formamos o perfil psicológico de cada uma das personagens.

Com isso, Machado de Assis criou uma narrativa ambígua, que oscila entre dois polos: Capitu teria ou não traído Bentinho?

Defender um dos polos da ambiguidade do romance *Dom Casmurro*, eis um bom motivo para ler integralmente o livro.

Machado e a música

A obra de Machado faz referências à música e atualmente é referência para a criação musical de vários compositores.

Em *Sem receita* (Publifolha), por exemplo, o músico, professor e escritor José Miguel Wisnik analisa a presença da música no conto "Um homem célebre", de Machado de Assis.

Já Luiz Tatit, compositor e professor de Semiótica da USP, retoma na música "Capitu" (do CD *O meio*) as características da personagem, simuladas num contexto de Internet. Veja um trecho da canção:

De um lado vem você com seu jeitinho
Hábil, hábil, hábil
E pronto!
Me conquista com seu dom

De outro esse seu site petulante
WWW
Ponto
Poderosa ponto com

É esse o seu modo de ser ambíguo
Sábio, sábio
E todo encanto
Canto, canto
Raposa e sereia da terra e do mar
Na tela e no ar

[...]

Um método de agir que é tão astuto
Com jeitinho alcança tudo, tudo, tudo
É só se entregar, é não resistir, é capitular

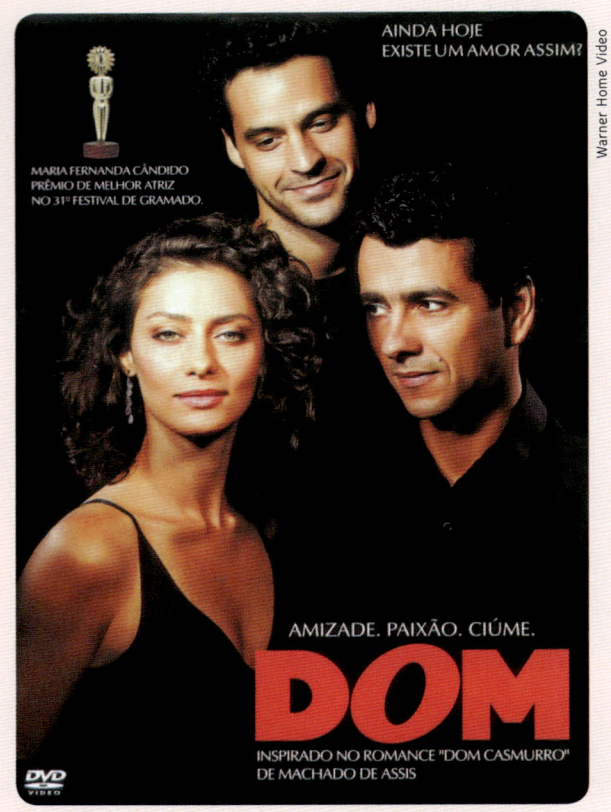

: Versão de *Dom Casmurro* para o cinema.

LEITURA

O trecho de *Dom Casmurro* selecionado para estudo mostra a descoberta do amor de Bentinho (Dom Casmurro) e Capitu, e esboça a personalidade de ambos. Ao lê-lo, observe com que perfeição o narrador delineia a enigmática Capitu, uma das mais fascinantes personagens femininas da literatura brasileira.

Capítulo XXXII / *Olhos de ressaca*

Tudo era matéria às curiosidades de Capitu. Caso houve, porém, no qual não sei se aprendeu ou ensinou, ou se fez ambas as coisas, como eu. É o que contarei no outro capítulo. Neste direi somente que passados alguns dias do ajuste com o agregado, fui ver a minha amiga; eram 10 horas da manhã. Dona Fortunata, que estava no quintal, nem esperou que eu lhe perguntasse pela filha.

— Está na sala penteando o cabelo — disse-me —; vá devagarzinho para lhe pregar um susto.

Fui devagar, mas ou o pé ou o espelho traiu-me. Este pode ser que não fosse; era um espelhinho de pataca (perdoai a barateza), comprado a um mascate italiano, moldura tosca, argolinha de latão, pendente da parede, entre as duas janelas. Se não foi ele, foi o pé. Um ou outro, a verdade é que, apenas entrei na sala, pente, cabelos, toda ela voou pelos ares e só lhe ouvi esta pergunta:

— Há alguma coisa?

— Não há nada — respondi —; vim ver você antes que o Padre Cabral chegue para a lição. Como passou a noite?

— Eu, bem. José Dias ainda não falou?

— Parece que não.

— Mas então quando fala?

— Disse-me que hoje ou amanhã pretende tocar no assunto; não vai logo de pancada, falará assim por alto e por longe, um toque. Depois, entrará em matéria. Quer primeiro ver se mamãe tem a resolução feita...

— Que tem, tem — interrompeu Capitu. — E, se não fosse preciso alguém para vencer já, e de todo, não se lhe falaria. Eu já nem sei se José Dias poderá influir tanto; acho que fará tudo, se sentir que você realmente não quer ser padre, mas poderá alcançar?... Ele é atendido; se, porém... É um inferno isto! Você teime com ele, Bentinho.

— Teimo; hoje mesmo ele há de falar.

— Você jura?

— Juro! Deixe ver os olhos, Capitu.

Tinha-me lembrado a definição que José Dias dera deles, "olhos de cigana oblíqua e dissimulada". Eu não sabia o que era oblíqua, mas dissimulada sabia, e queria ver se se podiam chamar assim. Capitu deixou-se fitar e examinar. Só me perguntava o que era, se nunca os vira; eu nada achei extraordinário; a cor e a doçura eram minhas conhecidas. A demora da contemplação creio que lhe deu outra ideia do meu intento; imaginou que era um pretexto para mirá-los mais de perto, com os meus olhos longos, constantes, enfiados neles, e a isso atribuo que entrassem a ficar crescidos, crescidos e sombrios, com tal expressão que...

Retórica dos namorados, dá-me uma comparação exata e poética para dizer o que foram aqueles olhos de Capitu. Não me acode imagem capaz de dizer, sem quebra da dignidade do estilo, o que eles foram e me fizeram. Olhos de ressaca? Vá, de ressaca. É o que me dá ideia daquela feição nova. Traziam não sei que fluido misterioso e enérgico, uma força que arrastava para dentro, como a vaga que se retira da praia, nos dias de ressaca. Para não ser arrastado, agarrei-me às outras partes vizinhas, às orelhas, aos braços, aos cabelos espalhados pelos ombros; mas tão depressa buscava as pupilas, a onda que saía delas vinha crescendo, cava e escura, ameaçando envolver-me, puxar-me e tragar-me. Quantos minutos gastamos naquele jogo? Só os relógios do céu terão marcado esse tempo infinito e breve. A eternidade tem as suas pêndulas; nem por não acabar nunca deixa de querer saber a duração das felicidades e dos suplícios. Há de dobrar o gozo aos bem-aventurados do céu conhecer a soma dos tormentos que já terão padecido no inferno os seus inimigos; assim também a quantidade das delícias que terão gozado no céu os seus desafetos aumentará as dores aos condenados do inferno. Este outro suplício escapou ao divino Dante; mas eu não estou aqui para emendar poetas. Estou para contar que, ao cabo de um tempo não marcado, agarrei-me definitivamente aos cabelos de Capitu, mas então com as mãos, e disse-lhe — para dizer alguma coisa — que era capaz de os pentear, se quisesse.

— Você?

— Eu mesmo.

— Vai embaraçar-me o cabelo todo, isso sim.

— Se embaraçar, você desembaraça depois.

— Vamos ver.

(São Paulo: Abril Educação, 1978. p. 218-20.)

---

agregado: aquele que vive numa família como pessoa da casa; no caso, José Dias.

dissimulado: encoberto, disfarçado, fingido.

oblíquo: torto, indireto, malicioso, dissimulado.

pataca: quantia insignificante.

pêndula: relógio de pêndulo.

ressaca: fluxo e refluxo das ondas na praia.

tosco: rústico, grosseiro.

vaga: onda.

---

1. Segundo o crítico literário Antonio Candido, o narrador Dom Casmurro simultaneamente opõe ao ângulo da reconstituição do passado o ângulo do próprio momento da evocação, dando ao leitor uma dupla visão dos fatos, ou seja, ao mesmo tempo que os expõe, analisa-os. Indique no texto um trecho em que o narrador expõe um fato acontecido no passado e ao mesmo tempo o analisa, permitindo que o leitor o veja sob duplo enfoque.

2. Por que o narrador caracteriza os olhos de Capitu como "olhos de ressaca"?

3. Caracterize psicologicamente Capitu com base no comentário de José Dias a respeito dos olhos dela, no diálogo que Capitu mantém com Bentinho e na narração de Bentinho.

4. Os caracteres de Bentinho e Capitu contrastam nitidamente. Qual dos dois tem caráter mais forte? Retire do texto um trecho que justifique sua resposta.

5. Releia o trecho seguinte, dando especial atenção aos verbos *creio*, *imaginou* e *atribuo*:

> "A demora da contemplação creio que lhe deu outra ideia do meu intento; imaginou que era um pretexto para mirá-los mais de perto, com os meus olhos longos, constantes, enfiados neles, e a isto atribuo que entrassem a ficar crescidos, crescidos e sombrios, com tal expressão que..."

Você acha que o narrador-personagem tem uma visão onisciente dos fatos? Justifique.

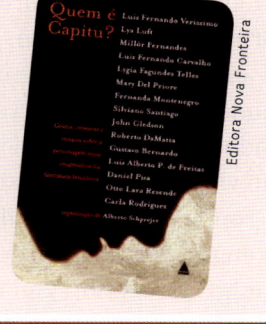
ALUÍSIO AZEVEDO E A PAISAGEM COLETIVA

Aluísio Azevedo (1857-1913) é a principal expressão da prosa naturalista no Brasil. O escritor nasceu em São Luís do Maranhão e, em 1881, ano de publicação de *O mulato*, transferiu-se definitivamente para o Rio de Janeiro. Ali trabalhou em jornais como cartunista e jornalista, ao mesmo tempo que escrevia seus romances.

Com a publicação de *O mulato*, alcançou certa popularidade, o que lhe permitiu viver exclusivamente da literatura. Talvez por essa razão, sua obra, no conjunto, apresente altos e baixos do ponto de vista qualitativo.

O ponto alto nos escritos de Aluísio Azevedo, principalmente em suas obras de maturidade, *O cortiço* (1890) e *Casa de pensão* (1894), é a maneira como são retratados ambientes, paisagens e cenas coletivas (veja fragmento de *O cortiço* reproduzido a seguir).

Acervo Reminiscências

: Aluísio Azevedo.

O cortiço narra a vida de um grupo de pessoas que habitam o cortiço pertencente ao migrante português João Romão. O cortiço é palco dos mais variados tipos humanos: trabalhadores, prostitutas, malandros, lavadeiras, homossexuais, etc. Você vai ler, a seguir, um fragmento de *O cortiço* em que se destaca a personagem Libório, uma figura miserável e solitária que, apesar de guardar muito dinheiro embaixo do colchão, vive como mendigo.

LEITURA

Defronte da porta de Rita tinham vindo postar-se diversos moradores do cortiço, jornaleiros de baixo salário, pobre gente miserável, que mal podia matar a fome com o que ganhava. Ainda assim não havia entre eles um só triste. A mulata convidou-os logo a comer um bocado e beber um trago. A proposta foi aceita alegremente.

E a casa dela nunca se esvaziava.

Anoitecia lá.

O velho Libório, que jamais ninguém sabia ao certo onde almoçava ou jantava, surgiu do seu buraco, que nem jabuti quando vê chuva.

Um tipão, o velho Libório! Ocupava o pior canto do cortiço e andava sempre a fariscar os sobejos alheios, filando aqui, filando ali, pedindo a um e a outro, como um mendigo, chorando misérias eternamente, apanhando pontas de cigarro para fumar no cachimbo, cachimbo que o sumítico roubara de um pobre cego decrépito. Na estalagem diziam todavia que Libório tinha dinheiro aferrolhado, contra o que ele protestava ressentido, jurando a sua extrema penúria. E era tão feroz o demônio naquela fome de cão sem dono, que as mães recomendavam às suas crianças todo o cuidado com ele, porque o diabo do velho, quando via algum pequeno desacompanhado, punha-se logo a rondá-lo, a cercá-lo de festas e a fazer-lhe ratices para o engabelar, até conseguir furtar-lhe o doce ou o vintenzinho que o pobrezito trazia fechado na mão.

: *Cabeça de um homem velho*, de Jacob Jordaens.

Rita fê-lo entrar e deu-lhe de comer e de beber; mas sob condição de que o esfomeado não se socasse demais, para não rebentar ali mesmo.

Se queria estourar, fosse estourar para longe!

Ele pôs-se logo a devorar, sofregamente, olhando inquieto para os lados, como se temesse que alguém lhe roubasse a comida da boca. Engolia sem mastigar, empurrando os bocados com o dedo, agarrando-se ao prato e escondendo nas algibeiras o que não podia de uma só vez meter para dentro do corpo.

Causava terror aquela sua implacável mandíbula, assanhada e devoradora; aquele enorme queixo, ávido, ossudo e sem um dente, que parecia ir engolir tudo, tudo, principiando pela própria cara, desde a imensa batata vermelha e grelhada que ameaçava já entrar-lhe na boca, até as duas bochechinhas engelhadas, os olhos, as orelhas, a cabeça inteira, inclusive a sua grande calva, lisa como um queijo e guarnecida em redor por uns pelos puídos e ralos como farripas de coco.

Firmo propôs embebedá-lo, só para ver a sorte que ele daria. O Alexandre e a mulher opuseram-se, mas rindo muito; nem se podia deixar de rir, apesar do espanto, vendo aquele resto de gente, aquele esqueleto velho, coberto por uma pele seca, a devorar, a devorar sem tréguas, como se quisesse fazer provisão para uma outra vida.

De repente, um pedaço de carne, grande demais para ser ingerido de uma vez, engasgou-o seriamente. Libório começou a tossir, aflito, com os olhos sumidos, a cara tingida de uma vermelhidão apoplética. A Leocádia, que era quem lhe ficava mais perto, soltou-lhe um murro nas costas.

O glutão arrevessou sobre a toalha da mesa o bocado de carne já meio triturado. Foi um nojo geral.

— Porco! gritou Rita, arredando-se.

— Pois se o bruto quer socar tudo ao mesmo tempo! disse Porfiro. Parece que nunca viu comida, este animal!

E notando que ele continuava ainda mais sôfrego por ter perdido um instante: — Espera um pouco, lobo. Que diabo! A comida não foge! Há muito aí com que te fartares por uma vez! Com efeito!

[...]

(São Paulo: OESP/Klick Editora, s.d. p. 58-9.)

---

aferrolhado: guardado, aprisionado.
algibeira: bolso integrado à roupa; sacola.

fariscar: farejar.
ratice: coisa engraçada.
sobejos: sobras, restos.

1. Com exceção de *Memórias de um sargento de milícias*, de Manuel Antônio de Almeida, a maior parte dos romances românticos urbanos retrata personagens da burguesia carioca do século XIX e geralmente lhes dá um tratamento individual, íntimo, privado. Com base no texto, responda: O que muda em *O cortiço* quanto ao recorte social e ao tratamento dado às personagens?

2. Apesar de mendigo, Libório realmente guardava dinheiro embaixo do colchão, conforme é revelado no final da obra. Que tipo de problema o autor quer retratar com esse perfil de personagem?

3. Observe a seleção e o emprego de substantivos nestes trechos do texto:

> "— Porco! gritou Rita, arredando-se.
> — Pois se o bruto quer socar tudo [...] este animal!"
> "[...] — Espera um pouco, lobo."

a) O que há em comum, do ponto de vista semântico, no modo como as personagens do cortiço se referem a Libório?

b) Que outros comportamentos da personagem confirmam sua resposta anterior?

4. Observe o emprego de adjetivos no 9º parágrafo do texto. Qual é a relação entre a adjetivação e o compromisso naturalista de descrição objetiva da realidade?

RAUL POMPEIA: MEMÓRIA E RESSENTIMENTO

Raul Pompeia (1863-1895) nasceu em Angra dos Reis, mas passou quase toda a sua vida na capital do Estado, o Rio de Janeiro. Estudou no Colégio Abílio e, depois, no Imperial Pedro II. Estudou Direito, primeiramente em São Paulo, onde participou de movimentos abolicionistas e republicanos, e depois em Recife, onde se formou. Estreou cedo na literatura com a novela romanesca *Uma tragédia no Amazonas* (1880) e um ano depois publicou uma obra em poesia – *Canções sem metro* (1881) –, na qual revela apreço pelo apuro formal dos textos.

Inquieto como escritor e como pessoa, Pompeia envolveu-se em inúmeras polêmicas, chegando a desafiar o poeta Olavo Bilac para um duelo. Suicidou-se na noite de Natal de 1895.

Acervo Reminiscências

: Raul Pompeia.

O Ateneu

Raul Pompeia notabilizou-se na literatura brasileira por uma única obra, *O Ateneu*, publicada em 1888, na qual assimilou e integrou todas as tendências literárias de seu tempo. Ávido de novidades, o escritor fez de *O Ateneu* um romance que surpreende pela linguagem peculiar e nova. As diferentes classificações atribuídas à obra, tais como realista, naturalista, psicologista, parnasiana, evidenciam sua complexidade e singularidade.

Narrado em 1ª pessoa, o romance inicia-se com as palavras do pai de Sérgio, o protagonista: "Vais encontrar o mundo, disse-me meu pai, à porta do Ateneu. Coragem para a luta". O que segue a isso são situações e experiências

O duelo

Certa vez foi publicado num jornal carioca um texto não assinado que denegria a moral de Raul Pompeia. Muitos supuseram ter sido Olavo Bilac – que, aliás, não fez nenhum esforço para desmentir o boato – o autor do texto.

Depois de uma semana acabrunhado, Pompeia respondeu com um texto no qual acusava Bilac de manter relações incestuosas com a irmã.

Quando se encontraram, Bilac acertou um soco no rosto de Pompeia, que, humilhado, desafiou o rival para um duelo.

No dia e local marcados, os participantes resolveram ceder ao conselho de um amigo, que os dissuadia de tal ideia.

O narrador do romance *A última quimera*, de Ana Miranda, faz a propósito desse episódio o seguinte comentário: "Dizem que Raul suicidou-se por causa desse duelo. Ele teria ficado abatido, melancólico, enfermo; mesmo depois que tudo aquilo foi esquecido não podia dormir em paz, assaltado pelos demônios noturnos".

vividas pelo adolescente Sérgio no internato Ateneu, reconstituídas, selecionadas e comunicadas do ponto de vista subjetivo de Sérgio adulto.

Misturando alegrias e tristezas, decepções e entusiasmos, Sérgio, entre irônico, decepcionado, indignado e ressentido, pacientemente reconstrói por meio da memória a adolescência vivida e perdida entre as paredes do famoso internato Ateneu.

Essa reconstituição compreende uma descrição expressionista de pessoas e ambientes, na qual o narrador-personagem desnuda cruelmente os colegas, os professores e o diretor, reduzindo-os a caricaturas grotescas. A intenção de deformar corresponde a uma espécie de vingança praticada por Sérgio contra todos.

Por outro lado, as situações e experiências vividas pelo narrador-personagem se apoiam na memória e são recriadas de maneira impressionista, o que confere à narrativa um ritmo impreciso, subjetivo e nervoso.

LEITURA

Os seguintes trechos de *O Ateneu* selecionados para estudo descrevem Aristarco Argolo de Ramos, o diretor do colégio Ateneu, em duas situações: o momento em que ele, no primeiro dia de aula, recebe os alunos que chegam acompanhados de seus responsáveis; e o trecho em que o narrador o descreve participando de uma recepção.

TEXTO I

Abriam-se as aulas a 15 de fevereiro.

De manhã, à hora regulamentar, compareci. O diretor, no escritório do estabelecimento, ocupava uma cadeira rotativa junto à mesa de trabalho. Sobre a mesa, um grande livro abria-se em colunas maciças de escrituração e linhas encarnadas.

....

Soldavam-se nele o educador e o empresário com uma perfeição rigorosa de acordo, dois lados da mesma medalha: opostos, mas justapostos.

Quando meu pai entrou comigo, havia no semblante de Aristarco uma pontinha de aborrecimento. Decepção talvez de estatística; o número dos estudantes novos não compensando o número dos perdidos, as novas entradas não contrabalançando as despesas do fim do ano. Mas a sombra de despeito apagou-se logo, como o resto de túnica que apenas tarda a sumir-se numa mutação à vista; e foi com uma explosão de contentamento que o diretor nos acolheu.

Acervo Reminiscências

Ilustração do próprio Raul Pompeia para *O Ateneu.*

Sua diplomacia dividia-se por escaninhos numerados, segundo a categoria de recepção que queria dispensar. Ele tinha maneiras de todos os graus, segundo a condição social da pessoa. As simpatias verdadeiras eram raras. No âmago de cada sorriso morava-lhe um segredo de frieza que se percebia bem. E duramente se marcavam distinções políticas, distinções financeiras, distinções baseadas na crônica escolar do discípulo, baseadas na razão discreta das notas do guarda-livros. Às vezes, uma criança sentia a alfinetada no jeito da mão a beijar.

Saía indagando consigo o motivo daquilo, que não achava em suas contas escolares... O pai estava dois trimestres atrasado.

Por diversas causas a minha recepção devia ser das melhores. Efetivamente; Aristarco levantou-se ao nosso encontro e nos conduziu à sala especial das visitas.

(São Paulo: Ática, s.d. p. 18-9.)

> **âmago**: a parte central de qualquer coisa ou mais íntima de um ser.

TEXTO II

Nas ocasiões de aparato é que se podia tomar o pulso ao homem. Não só as condecorações gritavam-lhe do peito como uma couraça de grilos: Ateneu! Ateneu! Aristarco todo era um anúncio. Os gestos, calmos, soberanos, eram de um rei — o autocrata excelso dos silabários; a pausa hierática do andar deixava sentir o esforço, a cada passo, que ele fazia para levar adiante, de empurrão, o progresso do ensino público; o olhar fulgurante, sob a crispação áspera dos supercílios de monstro japonês, penetrando de luz as almas circunstantes — era a educação da inteligência; o queixo, severamente escanhoado, de orelha a orelha, lembrava a lisura das consciências limpas — era a educação moral. A própria estatura, na imobilidade do gesto, na mudez do vulto, a simples estatura dizia dele: aqui está um grande homem... não veem os côvados de Golias?!... Retorça-se sobre tudo isso um par de bigodes, volutas maciças de fios alvos, torneadas a capricho, cobrindo os lábios fecho de prata sobre o silêncio de ouro, que tão belamente impunha como o retraimento fecundo do seu espírito —, teremos esboçado, moralmente, materialmente, o perfil do ilustre diretor.

(Idem, p. 9.)

> **aparato**: ostentação em atos públicos ou particulares; demonstração de força.
> **côvado**: antiga medida de comprimento correspondente a 66 cm.
> **crispação**: contração.
> **escanhoado**: barbeado.
> **excelso**: alto, elevado.
> **fulgurante**: reluzente.
> **hierático**: relativo às coisas sagradas.
> **silabário**: o conjunto dos sinais componente de uma escrita silábica.
> **voluta**: espiral.

A originalidade de *O Ateneu*

O Ateneu apresenta [...] traços dos movimentos literários em voga em 1885. Mas eles organizavam-se de forma tão particular que praticamente não se pode dizer que configurem elementos específicos de alguma escola literária contemporânea. Ordenam-se num discurso que flui uniforme e harmônico, e só recuperáveis por um observador que se proponha a este enfoque. Justificam-se mais pelo movimento interno da narrativa do que por vogas externas.

(Glória C. do Amaral. In: Leyla Perrone-Moisés. *O Ateneu: retórica e paixão*. São Paulo: Brasiliense/Edusp, 1988. p. 208.)

1. Aristarco, a um só tempo, reúne características de educador e de empresário. Identifique-as.

2. No texto II, a descrição de Aristarco é objetiva ou subjetiva? Justifique.

3. Como você deve saber, a caricatura é um tipo de desenho que acentua ou exagera certos traços da pessoa retratada. Raul Pompeia, pelas descrições que faz das personagens, é considerado um ótimo caricaturista. Identifique, no texto II, os traços caricaturais de Aristarco destacados pelo narrador.

4. "Desenhe" na sua imaginação o perfil físico e psicológico de Aristarco.

a) Que ideia de Aristarco você formou?

b) Levante hipóteses: Qual a possível intenção do narrador ao descrever Aristarco tão grotescamente?

DIÁLOGO ENTRE A LITERATURA AFRICANA ATUAL E O NATURALISMO BRASILEIRO

Você vai ler, a seguir, dois textos: o primeiro é um fragmento do romance *O cortiço*, do escritor brasileiro Aluísio Azevedo; o segundo é um fragmento do conto "Chigubo", do escritor moçambicano José Craveirinha.

TEXTO I

Neste episódio, Rita Baiana dança aos olhos de Jerônimo, português recém-chegado ao Brasil.

E viu a Rita Baiana, que fora trocar o vestido por uma saia, surgir de ombros e braços nus, para dançar. A lua destoldara-se nesse momento, envolvendo-a na sua cama de prata, a cujo refulgir os meneios da mestiça melhor se acentuavam, cheios de uma graça irresistível, simples, primitiva, feita toda de pecado, toda de paraíso, com muito de serpente e muito de mulher.

Ela saltou em meio da roda, com os braços na cintura, rebolando as ilhargas e bamboleando a cabeça, ora para a esquerda, ora para a direita, como numa sofreguidão de gozo carnal num requebrado luxurioso que a punha ofegante; já correndo de barriga empinada; já recuando de braços estendidos, a tremer toda, como se fosse afundando num prazer grosso que nem azeite em que se não toma pé e nunca se encontra fundo. Depois, como se voltasse à vida, soltava um gemido prolongado, estalando os dedos no ar e

Samba (1928), de Di Cavalcanti.

vergando as pernas, descendo, subindo, sem nunca parar com os quadris, e em seguida sapateava, miúdo e cerrado freneticamente, erguendo e abaixando os braços, que dobrava, ora um, ora outro, sobre a nuca, enquanto a carne lhe fervia toda, fibra por fibra titilando.

....

Naquela mulata estava o grande mistério, a síntese das impressões que ele recebeu chegando aqui: ela era a luz ardente do meio-dia; ela era o calor vermelho das sestas da fazenda; era o aroma quente dos trevos e das baunilhas, que o atordoara nas matas brasileiras; era a palmeira virginal e esquiva que se não torce a nenhuma outra planta; era o veneno e era o açúcar gostoso; era o sapoti mais doce que mel e era a castanha do caju, que abre feridas com o seu azeite de fogo; ela era a cobra verde e traiçoeira, a lagarta viscosa, a muriçoca doida, que esvoaçava havia muito tempo em torno do corpo dele, assanhando-lhe os desejos, acordando-lhe as fibras embambecidas pela saudade da terra, picando-lhe as artérias, para lhe cuspir dentro do sangue uma centelha daquele amor setentrional, uma nota daquela música feita de gemidos de prazer, uma larva daquela nuvem de cantáridas que zumbiam em torno da Rita Baiana e espalhavam-se pelo ar numa fosforescência afrodisíaca.

(Aluísio Azevedo. *O cortiço*. 9. ed. São Paulo: Ática, 1970. p. 56-7.)

TEXTO II

A tarde estava inteiramente fundida em sons. Sons fortes implorando, chamando. Sons da vida [...]

Armando e seus irmãos cantavam e, levantando os pés e sacudindo os braços, dançavam. A terra fremia, os corpos fremiam. As mulheres e as crianças tinham *txa-txa* nas mãos e faziam o ritmo. Os olhos das crianças abriam-se redondos como sóis, as bocas rasgavam-se em gritos de canção. Pés, braços, vozes e tambores guiados de compasso enchiam a tarde de fundo da Munhuana, de mato e exotismo.

[...]

Mamana Rosa, mãos escondidas no xinvunvu, arrancava sons quentes de compasso. Mãos escondidas, Mamana Rosa estava dentro do ritmo do chigubo com seu xinvunvu gritando dolorido.

Detalhe da capa do livro *Hamina e outros contos*, de José Craveirinha.

Negrinhos sentados e de pé batiam as palmas. Palmas e *txa-txa* eram irmãos e as mambas levantavam-se e sacudiu a xiguila, os pés enterravam-se na terra, soltavam-na.

A areia espalhava-se no ar, caía devagar e levantava-se de novo. Caía, levantava-se, levantava-se e caía, levantava-se.

Os corpos delas agitavam-se em modelos de movimento. Voluptuosamente!

Da cintura para baixo a vida revolta-se e freme na carne e transforma-se em ritmo. O mundo está ali agora e os olhos dos homens estão cheios de tesoiros. Elas estão sérias nas caras e os corpos são vulcões. África dança e vive ao som do chigubo e as ancas são muitas histórias de luar e sombras de cajueiros em flor. África dança e o mundo está suspenso nos olhos dos homens palpitantes nas promessas latentes. Promessas de homens. Promessas de machos.

Vibrantes, as vozes pairam na copa dos eucaliptos de mãos entrelaçadas no som do *txa-txa* das crianças e das mulheres de xicatauanas frementes como pombas inquietas a querer voar.

Armando e seus companheiros dançam e a terra é o chigubo e o chigubo soa como voz de gente. Mas voz de gente forte. E zangada.

Os negros dançam, mulheres mexem os quadris, os olhos dos homens estão cheios de promessas. Promessas de coisas que ninguém pode falar, e para saber quando é tempo, quando é dia de falar.

[...]

(José Craveirinha. *Hamina e outros contos*. 2. ed. Lisboa: Caminho, s.d. p. 33-4.)

1. Os dois textos se assemelham em alguns aspectos. Primeiramente, porque retratam uma situação coletiva parecida; em segundo lugar, porque Rita Baiana, sendo mulata, tem ancestrais africanos.

a) Qual é a situação retratada nos dois textos?

b) Que característica de Rita pode ser observada também nas mulheres moçambicanas retratadas no conto "Chigubo"?

2. Nos dois textos, na descrição das personagens e de seus movimentos, há muitas sugestões sensoriais. Além disso, em *O cortiço*, o narrador descreve a dança de Rita por meio de verbos de ação (*rebolar*, *bambolear*, *tremer*, *sapatear*) e de substantivos e adjetivos que contêm ideia de ação (*sofreguidão*, *gozo*, *requebrado*, *ofegante*).

a) Identifique, nos dois textos, sugestões visuais e auditivas.

b) Em *O cortiço*, o emprego de palavras que sugerem o movimento do corpo de Rita Baiana confere certa característica à personagem. Qual é essa característica?

c) Que palavra do conto "Chigubo" revela o mesmo tipo de efeito provocado pela dança das mulheres africanas?

3. Qual é a parte das mulheres que o narrador dos dois textos mais destaca? Por que, na sua opinião, isso ocorre?

4. Compare estes fragmentos dos dois textos:

> "ela era a cobra verde e traiçoeira, a lagarta viscosa, muriçoca doida, que esvoaçava havia muito tempo em torno do corpo dele" (texto I)
>
> "Vibrantes, as vozes pairam na copa dos eucaliptos de mãos entrelaçadas no som do *txa-txa* das crianças e das mulheres de xicatauanas frementes como pombas inquietas a querer voar." (texto II)

Que característica naturalista se verifica na descrição das personagens?

5. Do ponto de vista de alguns movimentos que lutam pela causa negra no Brasil, o que Jerônimo sente por Rita Baiana, em *O cortiço*, ultrapassa a mera relação homem/mulher. Sendo branco e europeu e vivendo num país de escravos, Jerônimo veria em Rita apenas o sexo fácil e exótico, a mulher-objeto.

a) Você concorda com esse ponto de vista?

b) E no conto "Chigubo", esse tipo de relação pode ser percebido? Por quê?

6. Identifique nos dois textos exemplos de como as personagens se fundem à paisagem local.

7. Observe estes trechos do conto de Craveirinha:

> • "África dança e vive ao som do chigubo e as ancas são muitas histórias de luar e sombras de cajueiro em flor."
>
> • "Os negros dançam, mulheres mexem os quadris, os olhos dos homens estão cheios de promessas. Promessas de coisas que ninguém pode falar, e para saber quando é tempo, quando é dia de falar."

À primeira leitura, palavras como *machos*, *ancas* e *quadris* nos levam a uma percepção sensual da cena. Entretanto, considerando que o escritor José Craveirinha (1922-2002) participou ativamente do processo de libertação de Moçambique e que na cena é a África que dança, esses fragmentos podem adquirir outros sentidos. Indique outra leitura possível da frase "Promessas de coisas que ninguém pode falar, e para saber quando é tempo, quando é dia de falar."

Se você deseja aprofundar os seus conhecimentos sobre Machado de Assis e conhecer a *teoria do humanitismo*, presente nas obras *Memórias póstumas de Brás Cubas* e *Quincas Borba*, leia os textos a seguir e, posteriormente, sozinho, em dupla ou em grupo, procure responder às questões propostas pelo **Roteiro de estudo**.

Texto I

— Não há morte. O encontro de duas expansões, ou a expansão de duas formas, pode determinar a supressão de uma delas; mas, rigorosamente, não há morte, há vida, porque a supressão de uma é a condição da sobrevivência da outra, e a destruição não atinge o princípio universal e comum. Daí o caráter conservador e benéfico da guerra. Supõe tu um campo de batatas e duas tribos famintas. As batatas apenas chegam para alimentar uma das tribos, que assim adquire forças para transpor a montanha e ir à outra vertente, onde há batatas em abundância; mas, se as duas tribos dividirem em paz as batatas do campo, não chegam a nutrir-se suficientemente e morrem de inanição. A paz, nesse caso, é a destruição; a guerra é a conservação. Uma das tribos extermina a outra e recolhe os despojos. Daí a alegria da vitória, os hinos, aclamações, recompensas públicas e todos os demais efeitos das ações bélicas. Se a guerra não fosse isso, tais demonstrações não chegariam a dar-se, pelo motivo real de que o homem só comemora e ama o que lhe é aprazível ou vantajoso, e pelo motivo racional de que nenhuma pessoa canoniza uma ação que virtualmente a destrói. Ao vencido, ódio ou compaixão; ao vencedor, as batatas.

(In: Alfredo Bosi et alii. *Machado de Assis*. São Paulo: Ática, 1982. p. 235.)

aprazível: que causa prazer.
canonizar: louvar, enaltecer, considerar santo.

Texto II

No episódio, as personagens Brás Cubas e o filósofo Quincas Borba assistem a uma briga de cães.

Daí a pouco demos com uma briga de cães; fato que aos olhos de um homem vulgar não teria valor. Quincas Borba fez-me parar e observar os cães. Eram dois. Notou que ao pé deles estava um osso, motivo da guerra, e não deixou de chamar a minha atenção para a circunstância de que o osso não tinha carne. Um simples osso nu. Os cães mordiam-se, rosnavam, com o furor nos olhos... Quincas Borba meteu a bengala debaixo do braço, e parecia em êxtase.

— Que belo que isto é! — dizia ele de quando em quando.

Quis arrancá-lo dali, mas não pude; ele estava arraigado ao chão, e só continuou a andar quando a briga cessou inteiramente, e um dos cães, mordido e vencido, foi levar a sua fome a outra parte. Notei que ficara sinceramente alegre, posto contivesse a alegria, segundo convinha a um grande filósofo. Fez-me observar a beleza do espetáculo, relembrou o objeto da luta, concluiu que os cães tinham fome; mas a privação do alimento era nada para os efeitos gerais da filosofia. Nem deixou de recordar que em algumas partes do globo o espetáculo é mais grandioso: as criaturas humanas é que disputam aos cães os ossos e outros manjares menos apetecíveis; luta que se complica muito, porque entra em ação a inteligência do homem, com todo o acúmulo de sagacidade que lhe deram os séculos, etc.

(Idem, p. 160.)

sagacidade: agudeza ou sutileza de espírito, perspicácia.

• Roteiro de estudo •

Ao final da leitura, você deverá ser capaz de:

• Explicar por que, para Quincas Borba, não existe morte.

• Explicar por que, segundo o ponto de vista da personagem, a paz é destruição, e a guerra, conservação.

• Reconhecer o princípio básico da teoria do humanitismo.

• Reconhecer a ironia existente na frase "ao vencedor, as batatas".

• Justificar por que a luta dos cães disputando o osso exemplifica a teoria do humanitismo.

• Relacionar a teoria do humanitismo com o cientificismo da época.

Para quem quer mais na Internet

Em nosso *site* (http://www.atualeditora.com.br/pl/paraquemquermais) você poderá ler e reproduzir poemas e contos de Machado de Assis e conhecer o Realismo-Naturalismo de Inglês de Sousa, Domingos Olímpio e Manuel de Oliveira Paiva.

Museu Calouste Gulbenkian, Lisboa, Portugal

CAPÍTULO
20

O espelho de Vênus (1877), de Edward Burne-Jones, pintor inglês que à época do Parnasianismo retomou na pintura os temas de influência clássica.

O Parnasianismo no Brasil

Diferentemente do Realismo e do Naturalismo, que se voltavam para o exame e para a crítica da realidade, o Parnasianismo representou na poesia um retorno ao clássico, com todos os seus ingredientes: o princípio do belo na arte e a busca do equilíbrio e da perfeição formal. Na obra de Olavo Bilac, ainda ganhou traços de sensualidade e patriotismo.

Se examinarmos a história da arte e da literatura, veremos que ela se constrói em ciclos. O ser humano está sempre rompendo com aquilo que considera ultrapassado e propondo algo "novo". Esse novo, porém, muitas vezes não passa de algo ainda mais velho, só que revestido de uma linguagem diferente.

É o caso do Parnasianismo, movimento de inspiração clássica que ganhou pouco destaque na Europa, mas teve muita repercussão no Brasil a partir da década de 1880. Depois da revolução romântica, que impôs novos parâmetros e novos valores artísticos, formou-se em nosso país um grupo de poetas que desejava restaurar a poesia clássica, desprezada pelos românticos. Propunham uma poesia objetiva, de elevado nível vocabular, racionalista, bem-acabada do ponto de vista formal e voltada para temas universais.

A origem da palavra *Parnasianismo* associa-se ao Parnaso grego, segundo a lenda um monte da Fócida, na Grécia central, consagrado a Apolo e às musas. A escolha do nome já comprova o interesse dos parnasianos pela tradição clássica. Acreditavam que, apoiando-se nos modelos clássicos, estariam combatendo os exageros de emoção e fantasia do Romantismo e, ao mesmo tempo, garantindo o equilíbrio que almejavam.

Contudo, a presença de elementos clássicos na poesia parnasiana não ia além de algumas referências a personagens da mitologia e de um enorme esforço de equilíbrio formal. Pode-se afirmar que o conteúdo clássico dessa arte não passava de um verniz que a revestia artificialmente e tinha por finalidade garantir-lhe prestígio entre as camadas letradas do público consumidor brasileiro.

A BATALHA DO PARNASO

As ideias parnasianas já vinham sendo difundidas no Brasil desde a década de 1870. No final dessa década travou-se no jornal *Diário do Rio de Janeiro* uma polêmica literária que reuniu, de um lado, os adeptos do Romantismo e, de outro, os adeptos do Realismo e do Parnasianismo. O saldo da polêmica, que ficou conhecida como Batalha do Parnaso, foi a ampla divulgação das ideias do Realismo e do Parnasianismo nos meios artísticos e intelectuais do país.

A primeira publicação considerada de fato parnasiana é a obra *Fanfarras* (1882), de Teófilo Dias. Entretanto, caberia a Alberto de Oliveira, Raimundo Correia, Olavo Bilac, Vicente de Carvalho e Francisca Júlia o papel de implantar e solidificar o movimento entre nós, bem como definir melhor os contornos de seu projeto estético.

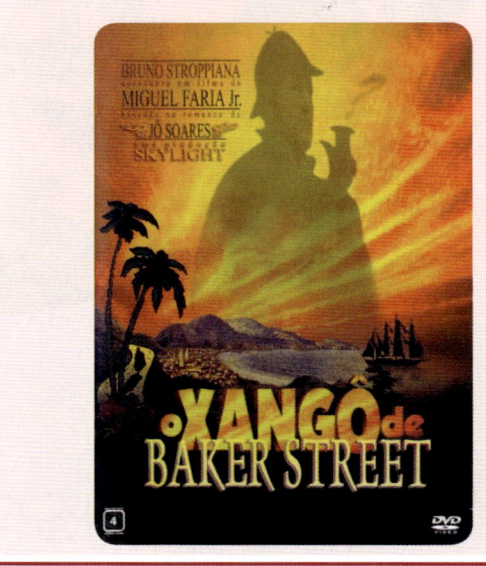
OLAVO BILAC: O OURIVES DA LINGUAGEM

Olavo Bilac (1865-1918) nasceu no Rio de Janeiro, estudou Medicina e Direito, mas não concluiu nenhum desses cursos. Exerceu as atividades de jornalista e inspetor escolar, tendo devotado boa parte de seu trabalho e de seus escritos à educação. Foi defensor da instrução primária, da educação física e do serviço militar obrigatório. Patriota, escreveu a letra do Hino à Bandeira e dedicou-se a temas de caráter histórico-nacionalista.

Sua primeira obra publicada foi *Poesias* (1888). Nela, o poeta já demonstrava estar plenamente identificado com as propostas do Parnasianismo, como comprova seu poema "Profissão de fé". Mas a concepção poética excessivamente formalista defendida por esse poema nem o próprio Bilac seguiu à risca. Vez ou outra depreende-se de seus

Arquivo/D.A Press

: Olavo Bilac.

textos certa valorização dos sentimentos que lembra o Romantismo. Apesar de menos conhecidos do público, há na produção de Bilac poemas amorosos de forte sensualidade, que o tornam sempre lembrado entre os autores brasileiros que cultivaram a poesia erótica. Como exemplo dessa face do poeta, veja este poema:

Tercetos

I

Noite ainda, quando ela me pedia
Entre dois beijos que me fosse embora,
Eu, com os olhos em lágrimas, dizia:

"Espera ao menos que desponte a aurora!
Tua alcova é cheirosa como um ninho...
E olha que escuridão há lá por fora!

Como queres que eu vá, triste e sozinho,
Casando a treva e o frio de meu peito
Ao frio e à treva que há pelo caminho?!

Ouves? é o vento! é um temporal desfeito!
Não me arrojes à chuva e à tempestade!
Não me exiles do vale do teu leito!

Morrerei de aflição e de saudade...
Espera! até que o dia resplandeça,
Aquece-me com a tua mocidade!

Sobre o teu colo deixa-me a cabeça
Repousar, como há pouco repousava...
Espera um pouco! deixa que amanheça!"

— E ela abria-me os braços. E eu ficava.

II

E, já manhã, quando ela me pedia
Que de seu claro corpo me afastasse,
Eu, com os olhos em lágrimas, dizia:

"Não pode ser! não vês que o dia nasce?
A aurora, em fogo e sangue, as nuvens corta...
Que diria de ti quem me encontrasse?

Ah! nem me digas que isso pouco importa!...
Que pensariam, vendo-me, apressado,
Tão cedo assim, saindo a tua porta,

Vendo-me exausto, pálido, cansado,
E todo pelo aroma de teu beijo
Escandalosamente perfumado?

O amor, querida, não exclui o pejo.
Espera! até que o sol desapareça,
Beija-me a boca! mata-me o desejo!

Sobre o teu colo deixa-me a cabeça
Repousar, como há pouco repousava!
Espera um pouco! deixa que anoiteça!"

— E ela abria-me os braços. E eu ficava.

(*Melhores poemas de Olavo Bilac.* Seleção de Marisa Lajolo. 4. ed. São Paulo: Global, 2003. p. 87-90.)

Beijo (1916), de Marc Chagall.

Como num diálogo com o poema "Boa noite", de Castro Alves (página 228), o poema de Bilac igualmente sugere o passar das horas sem que os amantes consigam desvencilhar-se do ato amoroso. Primeiramente, alegando motivos meteorológicos: a treva, o frio, a tempestade; depois, quando amanhece, alegando cuidados com a reputação da mulher amada. Assim, ciclicamente os amantes dão continuidade ao amor.

Entre as obras que Bilac escreveu, destacam-se *Via láctea*, em que a objetividade parnasiana evolui para uma postura mais intimista e subjetiva; *Sarças de fogo*, em que predominam a objetividade e o sensualismo; e *O caçador de esmeraldas*, obra de preocupação histórica e nacionalista. Em parceria com Manoel Bonfim, escreveu *Através do Brasil*, uma coletânea de textos literários voltados para o público escolar.

Você vai ler, a seguir, dois dos mais conhecidos sonetos de Olavo Bilac.

Via láctea

Soneto XIII

"Ora (direis) ouvir estrelas! Certo
Perdeste o senso!" E eu vos direi, no entanto,
Que, para ouvi-las, muita vez desperto
E abro as janelas, pálido de espanto...

E conversamos toda a noite, enquanto
A via láctea, como um pátio aberto,
Cintila. E, ao vir do sol, saudoso e em pranto,
Inda as procuro pelo céu deserto.

Direis agora: "Tresloucado amigo!
Que conversas com elas? Que sentido
Tem o que dizem, quando estão contigo?"

E eu vos direi: "Amai para entendê-las!
Pois só quem ama pode ter ouvido
Capaz de ouvir e de entender estrelas."

(*Melhores poemas de Olavo Bilac*, cit., p. 44.)

Mariângela Haddad

Nel mezzo del camin...

Cheguei. Chegaste. Vinhas fatigada
E triste, e triste e fatigado eu vinha.
Tinhas a alma de sonhos povoada,
E a alma de sonhos povoada eu tinha...

E paramos de súbito na estrada
Da vida: longos anos, presa à minha
A tua mão, a vista deslumbrada
Tive da luz que teu olhar continha.

Hoje, segues de novo... Na partida
Nem o pranto os teus olhos umedece,
Nem te comove a dor da despedida.

E eu, solitário, volto a face, e tremo,
Vendo o teu vulto que desaparece
Na extrema curva do caminho extremo.

(Idem, p. 78.)

1. No poema "Via láctea" há um diálogo sugerido pelo emprego de pronomes e verbos e pelo emprego das aspas. Identifique os interlocutores desse diálogo.

2. A propósito desse soneto:

a) Identifique no texto um exemplo de predomínio da emoção sobre a razão.

b) O que é necessário, segundo o eu lírico, para estabelecer comunicação com as estrelas?

3. O poema "*Nel mezzo del camin...*" apresenta imagens e sugestões cenográficas, como se pudéssemos visualizar as cenas num palco. O texto pode ser dividido em duas partes ou em dois momentos de uma caminhada.

a) Qual é a primeira parte?

b) E a segunda parte?

c) Levante hipóteses: O que teria provocado a separação?

d) Por que, na última estrofe, o eu lírico diz "tremo"?

4. O poema "*Nel mezzo del camin...*" apresenta várias repetições, algumas delas com inversão. Que efeito de sentido têm as repetições no poema?

5. Ambos os sonetos são muito apreciados pelo público e revelam as qualidades técnicas de Bilac como sonetista; contudo, não são os melhores exemplos da estética parnasiana. De que outro movimento literário notamos influência nesses textos? Justifique sua resposta.

RAIMUNDO CORREIA: A PESQUISA DA LINGUAGEM

Raimundo Correia (1860-1911) é um dos poetas que, juntamente com Olavo Bilac e Alberto de Oliveira, formam a chamada "tríade parnasiana". Maranhense, estudou Direito em São Paulo e foi magistrado em vários Estados brasileiros.

Sua poesia, no movimento parnasiano, representa um momento de descontração e de investigação. Nela se verificam pelo menos três fases:

- *a fase romântica*: com influência de Casimiro de Abreu e Fagundes Varela, é representada por *Primeiros sonhos* (1879);
- *a fase parnasiana* propriamente dita: representada pelas obras *Sinfonias* (1883) e *Versos e versões* (1887), é marcada pelo pessimismo de Schopenhauer — pensador alemão que defendia a ideia de que todas as dores e males do mundo provêm da vontade de viver — e por reflexões de ordem moral e social;
- *a fase pré-simbolista*: nela, o pessimismo diante da condição humana busca refúgio na metafísica e na religião, enquanto a linguagem apresenta uma pesquisa em musicalidade e sinestesia.

A famosa "tríade parnasiana": Olavo Bilac, à direita, Raimundo Correia, no centro, e Alberto de Oliveira, à esquerda.

LEITURA

O texto que segue é um dos mais conhecidos poemas de Raimundo Correia e um bom exemplo das qualidades técnicas do autor como sonetista. Observe como os versos, as imagens e a língua são empregados com fluência e naturalidade.

As pombas

Vai-se a primeira pomba despertada...
Vai-se outra mais... mais outra... enfim dezenas
De pombas vão-se dos pombais, apenas
Raia sanguínea e fresca a madrugada...

E à tarde, quando a rígida nortada
Sopra, aos pombais de novo elas, serenas,
Ruflando as asas, sacudindo as penas,
Voltam todas em bando e em revoada...

Também dos corações onde abotoam,
Os sonhos, um por um céleres voam,
Como voam as pombas dos pombais;

No azul da adolescência as asas soltam
Fogem... Mas aos pombais as pombas voltam,
E eles aos corações não voltam mais...

(In: Benjamim Abdala Jr., org. *Antologia da poesia brasileira – Realismo e Parnasianismo*. São Paulo: Ática, 1985. p. 35.)

1. O soneto está organizado em duas partes. Nas duas quadras, o eu lírico descreve o revoar das pombas; nos tercetos é estabelecida uma comparação.

   a) A que é comparado o revoar das pombas?

   b) Qual é a diferença essencial, segundo o texto, entre os elementos comparados?

2. De acordo com os termos dessa comparação, identifique a que correspondem, no plano da vida:

   a) a madrugada e a tarde;

   b) a nortada, que as pombas encontram, à tarde, fora dos pombais.

3. Releia a última estrofe do soneto. Que visão sobre a vida e sobre a condição humana o eu lírico expressa nessa estrofe e no poema como um todo?

4. Destaque do soneto três características que comprovem a filiação do texto ao Parnasianismo.

Para quem quer mais

Se você deseja aprofundar os seus conhecimentos sobre a poesia de Olavo Bilac e do Parnasianismo, leia os textos a seguir e, posteriormente, sozinho, em dupla ou em grupo, procure resolver as questões propostas pelo **Roteiro de estudo**.

Olavo Bilac

A um Poeta

Longe do estéril turbilhão da rua,
Beneditino, escreve! No aconchego
Do claustro, na paciência e no sossego,
Trabalha, e teima, e lima, e sofre, e sua!

Mas que na forma se disfarce o emprego
Do esforço; e a trama viva se construa
De tal modo, que a imagem fique nua,
Rica mas sóbria, como um templo grego.

Não se mostre na fábrica o suplício
Do mestre. E, natural, o efeito agrade,
Sem lembrar os andaimes do edifício:

Porque a Beleza, gêmea da Verdade,
Arte pura, inimiga do artifício,
É a força e a graça na simplicidade.

(In: Antonio Candido e José A. Castello. *Presença da literatura brasileira – Das origens ao Romantismo*. São Paulo: Difel, 1966. p. 256.)

Vila Rica

O ouro fulvo do ocaso as velhas casas cobre;
Sangram, em laivos de ouro, as minas, que a ambição
Na torturada entranha abriu da terra nobre:
E cada cicatriz brilha como um brasão.

O ângelus plange ao longe em doloroso dobre.
O último ouro do sol morre na cerração.
E, austero, amortalhando a urbe gloriosa e pobre,
O crepúsculo cai como uma extrema unção.

Agora, para além do cerro, o céu parece
Feito de um ouro ancião que o tempo enegreceu...
A neblina, roçando o chão, cicia, em prece,

Como uma procissão espectral que se move...
Dobra o sino... Soluça um verso de Dirceu...
Sobre a triste Ouro Preto o ouro dos astros chove.

(*Melhores poemas de Olavo Bilac*, cit., p. 105.)

Alberto de Oliveira

Vaso grego

Esta de áureos relevos, trabalhada
De divas mãos, brilhante copa, um dia,
Já de aos deuses servir como cansada,
Vinda do Olimpo, a um novo deus servia.

Era o poeta de Teos que a suspendia
Então, e, ora repleta ora esvazada,
A taça amiga aos dedos seus tinia,
Toda de roxas pétalas colmada.

Depois... Mas o lavor da taça admira,
Toca-a, e do ouvido aproximando-a, às bordas
Finas hás de lhe ouvir, canora e doce,

Ignota voz, qual se da antiga lira
Fosse a encantada música das cordas,
Qual se essa voz de Anacreonte fosse.

(In: Antonio Candido e José A. Castello. *Presença da literatura brasileira – Das origens ao Romantismo*, cit., p. 228.)

The Bridgeman Art Library/Grupo

Alberto de Oliveira (1857-1937) foi uma espécie de líder do Parnasianismo e, ao mesmo tempo, o poeta que melhor se adequou aos princípios do movimento. Sua poesia é fria e intelectualizada, com um gosto acentuado pelo preciosismo formal e linguístico. Defendia a "arte pela arte" e, em vez de se interessar pela realidade brasileira, preferia buscar inspiração nos modelos clássicos que perseguia: os poetas barrocos e árcades portugueses.

Enquanto se travavam as lutas pela Abolição e pela República, Alberto de Oliveira afirmava: "Eu hoje dou a tudo de ombros, pouco me importam paz ou guerra e não leio jornais". Distante, então, dos problemas sociais, pôs-se a descrever vasos gregos e chineses.

Entre suas obras destacam-se *Meridionais* (1884) e *Versos e rimas* (1895).

• Roteiro de estudo •

Ao final da leitura, você deverá ser capaz de:

- Explicar, segundo o ponto de vista do eu lírico de "A um poeta", em que consiste a arte de fazer boa poesia.

- Reconhecer e explicar o efeito semântico resultante do emprego do polissíndeto (a repetição da conjunção *e*) na primeira estrofe do soneto "A um poeta".

- A propósito do poema "Vila Rica", explicar a relação entre as aliterações e as sugestões cromáticas – especialmente o negro e o ouro – com o conteúdo dos versos.

- Justificar por que o poema "Vaso grego" é um exemplo da concepção de "arte sobre a arte".

Para quem quer mais na Internet

Em nosso *site* (http://www.atualeditora.com.br/pl/paraquemquermais) você poderá ler outros poemas de Olavo Bilac, Raimundo Correia e Alberto de Oliveira e conhecer um pouco do trabalho de Vicente de Carvalho, outro poeta parnasiano.

Enquanto isso em Portugal

Museu do Chiado, Lisboa, Portugal

REALISMO

A partir de 1850, com o liberalismo já consolidado, Portugal conhece um período de estabilidade política, de progresso material e de intercâmbio com o resto da Europa.

A literatura, porém, ainda se encontrava impregnada das velhas ideias românticas e árcades. Castilho, poeta árcade, idoso e cego, representante do academismo e do tradicionalismo literários, reunia em torno de si jovens escritores a quem protegia e por quem era tido como mestre. Ao escrever um posfácio elogioso ao livro *Poema da mocidade*, de seu protegido Pinheiro Chagas, Castilho faz críticas a um grupo de poetas de Coimbra, a quem acusa de exibicionistas e obscurantistas. Entre outros, citava Antero de Quental, que acabara de publicar *Odes modernas*. Esse poeta responde a Castilho com uma carta aberta em forma de panfleto intitulada "Bom senso e bom gosto", na qual critica o apadrinhamento literário praticado por Castilho e a censura da livre expressão.

Pequena fiandeira napolitana (1877), do pintor realista português Antônio Silva Porto.

Para Antero, as críticas representavam uma reação do velho contra o novo, do conservadorismo contra o progresso, da literatura de salão contra a literatura viva e atuante exigida pelos novos tempos. Antero desejava modernizar o país, colocando-o ao lado das nações europeias mais desenvolvidas.

Essa polêmica, conhecida como Questão Coimbrã, marca o início do Realismo em Portugal.

O grupo renovador, liderado por Antero a partir de 1870, passou a realizar conferências, no Cassino Lisbonense, que visavam à reforma da sociedade portuguesa. O governo, entretanto, proibiu

Sergio Azenha/Alamy/Other Images

Vista de Coimbra, palco da inovação realista.

sua continuidade, alegando que os oradores suscitavam "doutrinas e proposições que atacavam a religião e as instituições do Estado". Apesar da censura, o Realismo já era vitorioso em Portugal.

O Realismo português contou com um grande número de escritores tanto na poesia quanto na prosa. A poesia, muito prestigiada na época, desdobrou-se em quatro direções:

- **a poesia realista de crítica social e engajamento político:** Antero de Quental, Guerra Junqueiro, Gomes Leal, Teófilo Braga e outros;
- **a poesia do cotidiano:** Cesário Verde;
- **a poesia metafísica:** Antero de Quental;
- **a poesia parnasiana:** João da Penha e outros.

A prosa de ficção dividiu-se entre o ataque à burguesia, à monarquia, às instituições sociais, aos falsos valores e o compromisso com a doutrinação moral, social e filosófica. Nela se destacam Eça de Queirós, Fialho de Almeida e Abel Botelho.

Antero de Quental: a eterna procura

Antero de Quental (1843-91) é considerado — ao lado de Camões e de Bocage — um dos maiores sonetistas da literatura portuguesa.

Seus primeiros poemas, publicados em 1861, revelam tendências místicas. Os poemas publicados logo depois já mostram uma evolução para o racionalismo e radicalismo político. Desejando conhecer de perto o clima revolucionário que se verificava nos meios políticos franceses, Antero viveu em Paris durante algum tempo, regressando depois a Lisboa, onde atuou entre o operariado. Após a década de 1870, entrou em profunda crise existencial e tornou-se cético em relação aos movimentos sociais. Suicidou-se em 1891.

Sua poesia é a síntese de sua trajetória biográfica e nela podem ser observados alguns núcleos centrais. Nas obras *Raios de extinta luz* e *Primaveras românticas*, estão presentes o lirismo amoroso, o erotismo e a religiosidade; em *Odes modernas*, a poesia realista, de engajamento político-filosófico, de ação social e irreverência; na obra *Sonetos*, a reflexão metafísica e o pessimismo.

Coleção particular

: Antero de Quental.

Eça de Queirós: a crítica vertente

Eça de Queirós (1845-1900) é considerado o mais importante ficcionista do Realismo português e um dos maiores em língua portuguesa, tendo exercido influência sobre escritores portugueses ao longo da primeira metade do século XX e também sobre as literaturas brasileira e espanhola.

Eça cursou Direito em Coimbra e manteve-se afastado da polêmica Questão Coimbrã. Mais tarde, porém, participou ativamente das conferências do Cassino Lisbonense. Exerceu a advocacia em Lisboa e, durante algum tempo, foi diretor de um jornal político. Entrou para o serviço diplomático e, nomeado cônsul, ausentou-se de Portugal por muitos anos.

Distante da pátria, pôde julgá-la desapaixonadamente, com rigor; e, também, manter contato com as grandes correntes de ideias de seu tempo.

Em 1875, publicou sua primeira obra importante, *O crime do padre Amaro*, na qual tece uma crítica violenta à vida social portuguesa, denunciando a corrupção do clero e a hipocrisia dos valores burgueses. A essa obra, segue-se *O primo Basílio*, que focaliza a constituição moral de uma família da média burguesia da capital, estudando-a por meio de um caso de adultério. Nessa mesma linha publicou *Os Maias*, em que, tomando como pano de fundo um caso de incesto, critica a alta sociedade portuguesa da época.

Destacam-se ainda na produção de Eça de Queirós *A ilustre casa de Ramires*, *A capital*, *A relíquia*, *O conde d'Abranhos* e *A cidade e as serras*. Este último romance, em que o autor mostra o contraste entre a vida na cidade e a vida simples e rústica do campo, é considerado por alguns críticos uma espécie de abandono, ou mesmo renúncia, aos ideais realistas.

Conheça um exemplo da narrativa crítica de Eça de Queirós no capítulo a seguir, nas páginas 331 e 332.

Iconographia

: Eça de Queirós.

Para quem quer mais na Internet

Em nosso *site* (http://www.atualeditora.com.br/pl/paraquemquermais), você poderá ler e baixar textos dos mais importantes escritores do Realismo em Portugal: Antero de Quental, Gomes Leal, Guerra Junqueiro, Cesário Verde e Eça de Queirós.

: Cena do filme *Tempo de matar*, de Joel Schumacher.

Com toda a classe, participe do projeto **Capitu no tribunal**, a fim de julgar se a personagem de *Dom Casmurro*, de Machado de Assis, foi infiel a Bentinho. Para isso, prepare-se para ter uma atuação adequada no julgamento, seja como um dos envolvidos diretamente no caso, seja como jurado ou como público.

O adultério e a lei

O adultério (infidelidade conjugal) é punido no Brasil com detenção de 15 dias a 6 meses.

No passado, havia nítida distinção entre os adultérios masculino e feminino. De acordo com o Código Criminal do Império (1830), a mulher adúltera e o amante cumpriam pena de prisão com trabalho de 1 a 3 anos. Já o homem casado e infiel não era punido pela traição esporádica; a punição só ocorria em caso de ele ter "concubina teúda e manteúda".

Quando foi lançada a obra *Dom Casmurro*, estava em vigência o primeiro Código Penal da República (1890), a partir do qual o adultério passou a ser considerado crime. A pena foi sendo sensivelmente reduzida, e a punição, desde 1940, é idêntica para ambos os sexos.

Projeto

CAPITU NO TRIBUNAL

Em 1999, por ocasião das comemorações do centenário de publicação de *Dom Casmurro*, de Machado de Assis, o jornal *Folha de S. Paulo* promoveu um julgamento de Capitu. Participaram do julgamento José Paulo Sepúlveda Pertence, ministro do Supremo Tribunal Federal; o advogado criminalista e ministro da Justiça Márcio Thomaz Bastos; a procuradora de Justiça Luiza Nagib Eluf, autora do livro *Crime contra os costumes e assédio sexual*; o historiador Boris Fausto; Rosiska Darcy de Oliveira, advogada e escritora; e os escritores Carlos Heitor Cony e Marcelo Rubens Paiva.

Unindo argumentação jurídica, que levou em conta a legislação vigente hoje e no final do século XIX, aos fatos narrados na obra por Bentinho, o julgamento prestou uma importante homenagem à obra de Machado de Assis, que é, sem dúvida, um dos principais romances brasileiros. Além disso, permitiu examinar o suposto adultério de Capitu sob o ponto de vista das leis e dos valores da atualidade.

Ao final do julgamento feito pela classe, o professor revelará os resultados do julgamento de Capitu promovido pelo jornal.

1. Os autos

A principal fonte de informação e de provas do suposto adultério de Capitu é o relato feito pelo próprio Bentinho. Por isso, todos os alunos que tiverem uma participação direta no julgamento — seja na condição de juiz ou de advogado, seja na de testemunha ou jurado — devem ler integralmente a obra. Durante a leitura, devem estar atentos a situações e pistas que possam incriminar ou inocentar Capitu e anotá-las para posterior consulta ou citação.

2. Definindo os papéis

O juiz — Escolham para o papel um colega que tenha facilidade para administrar situações de conflito e um bom senso de organização. Ele deve ser coerente, equilibrado, imparcial.

A ré — Capitu é a ré. Ela poderá ser questionada pelo advogado de acusação e prestar esclarecimentos, se solicitados, ao advogado de defesa e ao juiz.

Os advogados de defesa e acusação — A condição essencial para o papel é gostar de falar em público e ter uma boa capacidade de argumentação. Devem saber selecionar, organizar e apresentar as provas de modo claro, coerente e gradativo; devem também saber

> ### Outros diálogos com Capitu
>
> O interesse por Capitu tem estimulado a imaginação de muitos escritores. No livro *Quem é Capitu?* (Nova Fronteira), por exemplo, vários escritores recontam a história de Capitu. Fernando Sabino, em *O amor de Capitu*, narra a história de Bentinho em 3ª pessoa, alterando, pois, o ponto de vista narrativo. Já Domício Proença Filho, em *Capitu – Memórias póstumas*, dá a Capitu a oportunidade de falar e defender-se da acusação do ex-marido.
>
>

sensibilizar os jurados, manter um bom relacionamento com o juiz e ter facilidade para contra-argumentar.

Testemunhas — Se houver testemunhas, elas devem corresponder a personagens da obra e devem se limitar aos fatos narrados. Podem, evidentemente, esclarecer com detalhes o que viram ou sentiram, mas não podem modificar os fatos ocorridos na história.

Os jurados — Sete é o número de jurados. Eles devem ter a capacidade de ouvir com atenção os argumentos apresentados pela defesa e pela acusação e votar de acordo com sua consciência, sem que outros fatores ou interesses interfiram.

O público — Não é permitido ao público falar durante o julgamento nem ter nenhuma outra forma de manifestação, como rir, brincar, etc.

3. Estabelecendo as regras

Em combinação com o professor, todos os envolvidos devem estabelecer previamente as regras do julgamento: o tempo de cada advogado, o tempo total do evento, se os advogados terão direito de réplica e de tréplica, se serão feitas perguntas a Capitu e quantas, se serão apresentadas testemunhas e quantas, etc.

4. Preparando a sala

No dia combinado, preparem o ambiente para o julgamento. O juiz deve ter sua mesa na frente da sala, no centro; em cada uma das laterais fica um dos advogados, com uma mesa de apoio. Os jurados devem ficar em um dos lados da sala ou na primeira fileira, à frente do público. A ré deve permanecer próxima do advogado de defesa.

5. Colhendo informações

Veja, no painel a seguir, como foi o julgamento promovido pelo jornal *Folha de S. Paulo* em 1999.

> Absolutamente toda a suspeita em *Dom Casmurro*, para Nagib Eluf, é invenção da mente neurótica do marido ciumento.
>
> "Essa história é milenar. É a história da paranoia masculina", disse a advogada, para êxtase da plateia que vinha acompanhando sua narrativa com atenção [...].
>
> O retrato do marido de Capitu traçado por Luiza Nagib Eluf é o de "um sujeito que construiu sua própria ruína. A semente da destruição mora em Bentinho".
>
> Foi a paranoia que o teria levado a ver uma confissão de culpa no comentário da própria Capitu sobre a semelhança dos olhos de Ezequiel com os de Escobar – o que, disse a advogada, "não seria dissimulação, seria burrice". [...]
>
> Para Nagib Eluf, quem deveria estar sendo julgado ali era o marido Bentinho, por paranoico, neurótico e inseguro que era, "ensandecido de ciúmes, como muitos homens que mataram suas esposas".
>
> (Argumentação apresentada por Luiza Nagib Eluf, em sua participação como advogada de defesa.)

> Bentinho conta que só se lembra de ter ido sem Capitu ao teatro duas vezes. Em uma delas, a moça dos "olhos de ressaca" diz que não poderia assistir à estreia de uma ópera, pois tinha adoecido. Preocupado com o padecimento da mulher, Bentinho volta mais cedo, após o primeiro ato. Quando chega em casa encontra Escobar. O amigo explica que tinha ido lá para tratar de alguns negócios.
>
> Rede Globo
>
> Em sua acusação, Bastos dramatizou a situação de modo a demonstrar que a "terrível dor de cabeça" de Capitu, que "logo desaparece", estaria intrinsecamente ligada à visita inesperada de Escobar.
>
> "É uma situação de quase flagrante", explicou o advogado.
>
> (Argumentação apresentada por Márcio Thomaz Bastos, em sua participação como advogado de acusação.)

"Bentinho era um chato e acho que tinha tendências homossexuais. A sua relação com Escobar era bem estranha."

(Marcelo Rubens Paiva, escritor, dramaturgo e autor do livro *Feliz ano velho*, que no julgamento fez o papel de testemunha de acusação.)

"Assim como Bentinho diz que a Capitu adulta já estava na criança, como um fruto dentro da casca, é preciso ver que Bentinho era um corno que estava na casca. Desde a infância era um corno potencial.

Ela foi uma adúltera, mas, cá entre nós, embora testemunha de acusação, eu a absolvo, porque Capitu foi uma adúltera extraordinária. E, se não fosse, a humanidade seria muito mais chata do que é."

(Carlos Heitor Cony, jornalista, escritor e autor de *Quase memória*, que participou do julgamento como testemunha de acusação.)

Em um discurso que mesclou feminismo, argumentação jurídica e interpretação literária, Rosiska procurou demonstrar que era Bentinho, e não Capitu, quem tinha desejos de infidelidade (pela mulher do amigo Escobar, Sancha).

"Por ser Bentinho um traidor, só pode ser absolvido pela traição dela", disse Rosiska, comparando Dom Casmurro a Otelo, de Shakespeare. "Se Desdêmona, que era inocente, mereceu a morte, o que não mereceria Capitu, que é culpada?".

(Pontos de vista apresentados por Rosiska Darcy de Oliveira, em seu testemunho de defesa.)

"Essa peça, do ponto de vista de uma acusação jurídica, é absolutamente imprestável, com licença de Machado de Assis. É uma história contada por alguém que tem a sua versão, que está confiante de estar sendo traído pela mulher. O que ocorreria se Capitu falasse?"

(Boris Fausto, historiador, professor da USP, que participou do julgamento como testemunha de defesa.)

(Os textos foram extraídos da reportagem publicada no jornal *Folha de S. Paulo*, de 25/6/1999.)

: *A esfinge virtuosa* (1886), de Gustave Moreau.

Coleção particular

UNIDADE 8

HISTÓRIA SOCIAL DO SIMBOLISMO

O fato de uma estética literária vigorar em determinado momento histórico não significa que todas as pessoas e grupos sociais daquele momento tenham vivido e pensado da mesma forma. Pode-se dizer que nas épocas históricas há uma *ideologia predominante*, mas não global.

Nas últimas décadas do século XIX, por exemplo, em meio à onda de cientificismo e materialismo que deu origem ao Realismo e ao Naturalismo, surgiu um grupo de artistas e intelectuais que punham em dúvida a capacidade absoluta da ciência de explicar todos os fenômenos relacionados ao homem. Não acreditavam no conhecimento "positivo" e no progresso social prometidos pela ciência.

Pensavam que, assim como a ciência, a linguagem é limitada. A primeira, para traduzir a complexidade humana, e a segunda, para representar a realidade como ela de fato é, podendo, no máximo, sugeri-la.

Estudar a literatura do período implica conhecer a crise espiritual que marcou esse momento histórico e ver de que modo ela acarretou uma nova forma de ver e sentir o mundo e, consequentemente, uma nova forma de expressão artística: a arte simbolista.

Gustav Moreau.
Angel traveller/Musée Gustave Moreau, Paris, França

···INTERVALO···

Projeto:

Dois olhares: entre a razão e a impressão

Produção e montagem de uma mostra de arte realista, simbolista e impressionista.

Os miseráveis, os rotos
São as flores dos esgotos.

São espectros implacáveis
Os rotos, os miseráveis.

São prantos negros de furnas
Caladas, mudas, soturnas.

São os grandes visionários
Dos abismos tumultuários.

(Cruz e Sousa)

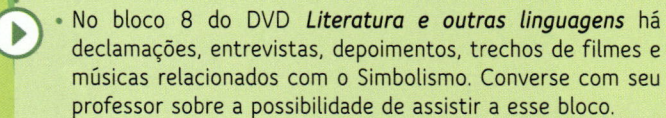

Fique ligado! Pesquise!

Para você ampliar seus conhecimentos sobre o Simbolismo e a arte do final do século XIX, eis algumas sugestões:

- No bloco 8 do DVD *Literatura e outras linguagens* há declamações, entrevistas, depoimentos, trechos de filmes e músicas relacionados com o Simbolismo. Converse com seu professor sobre a possibilidade de assistir a esse bloco.
- *Cruz e Sousa – O poeta do desterro*, de Sylvio Back; *O eclipse de uma paixão*, de Agnieszka Holland; *Camille Claudel*, de Bruno Nuytten; *Sonhos*, de Akira Kurosawa (coletânea de histórias, entre as quais uma é relacionada ao pintor pós-impressionista Van Gogh); *Vida e obra de um gênio – Vincent e Theo*, de Robert Altman.

Grupo Keystone

Cena do filme *Vicent e Theo*.

- *O médico e o monstro*, de Robert Louis Stevenson (Nova Fronteira); *O retrato de Dorian Gray*, de Oscar Wilde (Imago); *Flores do mal*, de Charles Baudelaire (Nova Fronteira); *Uma temporada no inferno*, de Arthur Rimbaud (L&PM); *Mallarmé*, de Augusto de Campos, Décio Pignatari e Haroldo de Campos (Perspectiva); *Iluminuras*, tradução de Rodrigo Garcia Lopes e Maurício Arruda Mendonça (Iluminuras); *Cartas a Theo*, de Vincent van Gogh (L&PM); *Cruz e Sousa: o negro branco*, de Paulo Leminski (Brasiliense). Sobre o teatro do século XIX: *Judas em sábado de Aleluia* e *O noviço*, de Martins Pena (Ediouro); *Caiu o ministério* e *Como se fazia um deputado*, de França Júnior (Ediouro); *A capital federal* e *O dote*, de Artur Azevedo (Ediouro); *O inspetor-geral*, de Gogol (Ediouro); *Casa de bonecas*, de Henrik Ibsen (Veredas); *Senhorita Júlia*, de Auguste Strindberg.

- Conheça a obra dos pintores impressionistas e pós-impressionistas, como Manet, Renoir, Monet, Cézanne, Van Gogh, Gauguin, Toulouse-Lautrec e Klimt, e a dos pintores simbolistas, como Moreau, Redon, Schwabe e Gauguin. Conheça também, nas artes aplicadas, o movimento *art nouveau*, e leia *Vida e obra de Vincent van Gogh*, de Janice Anderson (Ediouro).

- www.revista.agulha.nom.br/csousa.html
- www.revista.agulha.nom.br/pk.html
- www.revista.agulha.nom.br/al.html
- www.dominiopublico.gov.br/pesquisa/DetalheObraForm.do?select_action=&co_obra=2110
- www.eliseuvisconti.com.br

- Pesquise as relações entre o Simbolismo e o Romantismo, incluindo a tendência gótica.

Observe atentamente a pintura abaixo, de Odilon Redon, um dos principais pintores do Simbolismo.

Museu de Belas-Artes, Bordeaux, França

: *O homem alado* (antes de 1880), também chamado *O anjo perdido*, de Odilon Redon.

1. Observe a figura retratada.

a) Qual é a personagem retratada?

b) O que ela está fazendo?

c) Considerando-se que a personagem tem asas, a ação é compatível com ela? Por quê?

d) O que expressam o semblante da personagem e seu gesto com o braço direito erguido?

2. Observe o espaço em que a personagem se encontra.

a) Como ele é?

b) Você diria que é um espaço que se situa na Terra ou no céu?

3. Algumas correntes artísticas têm mais interesse, e outras menos, em retratar fielmente a realidade. Como essa pintura simbolista retrata a realidade?

4. Odilon Redon era um pintor simbolista que experimentava diferentes efeitos de luz e cor.

a) Que cores predominam no quadro?

b) Em que medida essas cores contribuem para criar a atmosfera simbolista da pintura?

5. Eis algumas das características da poesia simbolista:

- subjetivismo
- antimaterialismo
- transcendência
- interesse pelas zonas profundas da mente humana e pela loucura
- linguagem que sugere, em vez de nomear
- onirismo (universo do sonho)
- misticismo
- dor de existir
- interesse pelo noturno, pelo mistério e pela morte
- atmosfera vaga e fluida

Verifique quais desses traços podem ser encontrados na pintura de Redon.

6. Observe na legenda o título do quadro. A hesitação quanto ao título tem relação com a personagem retratada? Por quê?

Coleção particular

A linguagem do Simbolismo

Embora acentue sob alguns aspectos o requinte da arte pela arte, o Simbolismo se opõe tanto ao Realismo quanto ao Parnasianismo, situando-se muito próximo das orientações românticas, de que é em parte uma revivescência.

(Antonio Candido e José Aderaldo Castello)

Tanto o Simbolismo francês quanto o brasileiro foram fortemente influenciados pela obra de Charles Baudelaire (1821-1867), poeta pós-romântico francês considerado precursor não apenas do Simbolismo, mas de toda a poesia moderna. Você vai ler, a seguir, três poemas: o primeiro, "Correspondências", é uma das mais conhecidas produções de Baudelaire; o segundo, "Violões que choram…", é de Cruz e Sousa, considerado o principal poeta simbolista brasileiro; e o terceiro, "Sobre um mar de rosas que arde", é do poeta baiano Pedro Kilkerry.

TEXTO I

Correspondências

A Natureza é um templo onde vivos pilares
Deixam sair às vezes palavras confusas:
Por florestas de símbolos, lá o homem cruza
Observado por olhos ali familiares.

Tal longos ecos longe onde lá se confundem
Dentro de tenebrosa e profunda unidade
Imensa como a noite e como a claridade,
Os perfumes, as cores e os sons se transfundem.

Perfumes de frescor tal a carne de infantes,
Doces como o oboé, verdes igual ao prado,
— Mais outros, corrompidos, ricos, triunfantes,

Possuindo a expansão de um algo inacabado,
Tal como o âmbar, almíscar, benjoim e incenso,
Que cantam o enlevar dos sentidos e o senso.

(Charles Baudelaire. In: José Lino Grünewald, org. e trad. *Poetas franceses do século XIX*. Rio de Janeiro: Nova Fronteira, 1991. p. 59.)

almíscar: substância de origem persa, de odor penetrante e persistente, obtida a partir de uma bolsa situada no abdome do almiscareiro macho.

âmbar: aroma, cheiro suave; o que tem cor entre o acastanhado e o amarelado.

benjoim: resina balsâmica, aromática, usada para a fabricação de incensos e cosméticos.

oboé: instrumento de sopro.

prado: campina.

transfundir: transformar-se, converter-se; levar algo a se tornar parte de outra coisa.

TEXTO II

Violões que choram…

Ah! plangentes violões dormentes, mornos,
Soluços ao luar, choros ao vento…
Tristes perfis, os mais vagos contornos,
Bocas murmurejantes de lamento.

Noites de além, remotas, que eu recordo,
Noites da solidão, noites remotas
Que nos azuis da Fantasia bordo,
Vou constelando de visões ignotas.

Sutis palpitações à luz da lua,
Anseios dos momentos mais saudosos,
Quando lá choram na deserta rua
As cordas vivas dos violões chorosos.

Thinkstock/Getty Images

Quando os sons dos violões vão soluçando,
Quando os sons dos violões nas cordas gemem,
E vão dilacerando e deliciando,
Rasgando as almas que nas sombras tremem.

Harmonias que pungem, que laceram,
Dedos nervosos e ágeis que percorrem
Cordas e um mundo de dolências geram
Gemidos, prantos, que no espaço morrem...

E sons soturnos, suspiradas mágoas,
Mágoas amargas e melancolias,
No sussurro monótono das águas,
Noturnamente, entre ramagens frias.

Vozes veladas, veludosas vozes,
Volúpias dos violões, vozes veladas,
Vagam nos velhos vórtices velozes
Dos ventos, vivas, vãs, vulcanizadas.

Tudo nas cordas dos violões ecoa
E vibra e se contorce no ar, convulso...
Tudo na noite, tudo clama e voa
Sob a febril agitação de um pulso.

Que esses violões nevoentos e tristonhos
São ilhas de degredo atroz, funéreo,
Para onde vão, fatigadas do sonho,
Almas que se abismaram no mistério.

(Cruz e Sousa. *Poesias completas*. Rio de Janeiro: Ediouro, s.d. p. 50-1.)

> **dolência:** mágoa, dor.
> **ignoto:** ignorado, desconhecido.
> **lacerar:** dilacerar, cortar em pedaços.
> **plangente:** lastimoso, que chora.
> **pungir:** ferir, causar dor.

TEXTO III

Sobre um mar de rosas que arde

Sobre um mar de rosas que arde
Em ondas fulvas, distante,
Erram meus olhos, diamante,
Como as naus dentro da tarde.

Asas no azul, melodias,
E as horas são velas fluidas
Da nau em que, oh! alma, descuidas
Das esperanças tardias.

(Pedro Kilkerry. In: Ítalo Moricone. *Os cem melhores poemas brasileiros do século*. São Paulo: Objetiva.)

Musée d'Orsay, Paris, França

Os barcos (1874), de Claude Monet.

> **fulvo:** cor amarelada, alaranjada; amarelo-ouro ou castanho-avermelhado.

1. A linguagem simbolista caracteriza-se por ser vaga, fluida, imprecisa. Destaque dos três poemas palavras ou expressões que indicam algo indefinido, vago.

2. O emprego de substantivos abstratos e de adjetivos também contribui para reforçar a ideia de fluidez nos textos.

   a) Destaque dos poemas exemplos desses recursos.

Simbolismo: o mundo em crise

O Simbolismo é um movimento que atravessa o final do século XIX, e que exprime a tonalidade espiritual de uma época, conciliando o cosmos e a psique. A experiência poética associa-se, então, à meditação metafísica. A beleza torna-se um ideal, com a rejeição lógica da sociedade "burguesa". Há um desencanto generalizado, o mundo entra em crise, o escritor afirma-se "decadente", e refugia-se num universo imaginário, construindo uma filosofia do nada, do aniquilamento, da desesperança e do cepticismo.

(Isabel Pascoal. "Introdução". In: Camilo Pessanha. *Clepsidra*. Biblioteca Ulisseia de Autores Portugueses. p. 16.)

b) No Realismo, o emprego de substantivos e de adjetivos cumpre o papel de compor um painel objetivo da realidade. Nos três textos lidos, esses recursos linguísticos contribuem para compor um painel subjetivo ou objetivo da realidade?

3. Em vez de nomear ou explicar objetivamente, a linguagem simbolista procura sugerir. Com relação ao poema "Violões que choram...":

a) O que sugere a aliteração do fonema /v/ da 7ª estrofe?

b) Com base na 1ª e na 5ª estrofe e no título do poema, indique os sentimentos ou estados de alma que, na visão do eu lírico, os sons do violão sugerem.

c) Na atribuição de características como "dormentes", "chorosos" e "tristonhos" aos violões, que figura de linguagem se verifica?

4. Para os simbolistas, uma das formas de expressar as sensações interiores por meio da linguagem verbal é a aproximação ou o cruzamento de campos sensoriais diferentes. Esse procedimento, a que se dá o nome de *sinestesia*, foi inspirado justamente no poema "Correspondências", de Baudelaire.

a) Identifique no poema de Baudelaire o verso em que ele propõe a fusão de campos sensoriais diferentes.

b) Releia as três estrofes iniciais do poema de Cruz e Sousa. Que campos sensoriais o poeta aproxima nessas estrofes?

c) Que campos sensoriais se aproximam na 1ª estrofe do poema de Pedro Kilkerry?

5. O Parnasianismo e o Simbolismo nasceram juntos, na França, com a publicação da revista *Parnasse Contemporain*. Embora esses dois movimentos apresentem propostas artísticas diferentes, eles têm em comum a preocupação com a própria linguagem artística. Por isso, é comum se manifestar entre os simbolistas o princípio da "arte pela arte" ou "arte sobre a arte".

a) Na 1ª estrofe de "Correspondências", Baudelaire faz referência a "palavras confusas" e a "florestas de símbolos". A que tipo de arte ele se refere nesses versos?

b) Em "Violões que choram..." manifesta-se o princípio da "arte pela arte" ou da "arte sobre a arte"? Por quê?

Os simbolistas e os góticos

O Simbolismo retoma alguns dos procedimentos românticos, entre eles o subjetivismo, o gosto pelo mistério, pelo macabro e por ambientes noturnos. Veja o que o simbolista francês Rimbaud escreveu:

Latinstock

: Rimbaud.

Deveria ter meu inferno pela cólera, meu inferno pelo orgulho, — e o inferno da carícia; um concerto de infernos. Morro de lassidão. É a tumba, vou para os vermes, horror dos horrores! Satã, farsante, queres me diluir com teus feitiços. Me queixo. Me queixo! Um golpe do tridente, uma gota de fogo.

(*Uma temporada no inferno*. Porto Alegre: L&PM, 1997. p. 37.)

6. Contrapondo-se à visão "positiva" e equilibrada do pensamento científico, os simbolistas manifestam estados de dilaceração da alma e uma profunda "dor de existir". Justifique a presença desses sentimentos no poema "Violões que choram...", tomando por base sua última estrofe.

7. Outros traços da linguagem simbolista são os estados contemplativos e a sondagem interior, manifestada no interesse pelas zonas profundas da mente (inconsciente e subconsciente), incluindo o sonho e a loucura. Qual desses traços é possível identificar nos seguintes trechos dos textos?

a) "A Natureza é um templo onde vivos pilares / Deixam sair às vezes palavras confusas"

b) "Rasgando as almas que nas sombras tremem", "E sons soturnos, suspiradas mágoas"

c) "Sobre um mar de rosas que arde / Em ondas fulvas, distante, / Erram meus olhos, diamante"

Como síntese, compare as características do Simbolismo com as do Parnasianismo:

SIMBOLISMO	PARNASIANISMO
Subjetivismo	Objetivismo
Linguagem vaga, fluida, que busca *sugerir* em vez de nomear	Linguagem precisa, objetiva, culta
Abundância de metáforas, comparações, aliterações, assonâncias e sinestesias	Busca do equilíbrio formal
Cultivo do soneto e de outras formas de composição poética	Preferência pelo soneto
Antimaterialismo, antirracionalismo	Materialismo, racionalismo
Misticismo, religiosidade	Paganismo greco-latino
Interesse pelas zonas profundas da mente humana e pela loucura	Racionalismo
Pessimismo, dor de existir	Contenção dos sentimentos
Estados contemplativos; interesse pelo noturno, pelo mistério e pela morte	Interesse por temas universais: a natureza, o amor, objetos de arte, a poesia
Retomada de elementos da tradição romântica	Retomada de elementos da tradição clássica

O TEXTO E O CONTEXTO EM PERSPECTIVA MULTIDISCIPLINAR

Leia, a seguir, o infográfico e um painel de textos interdisciplinares que relacionam a produção literária do Simbolismo ao contexto histórico, social e cultural em que o movimento floresceu.

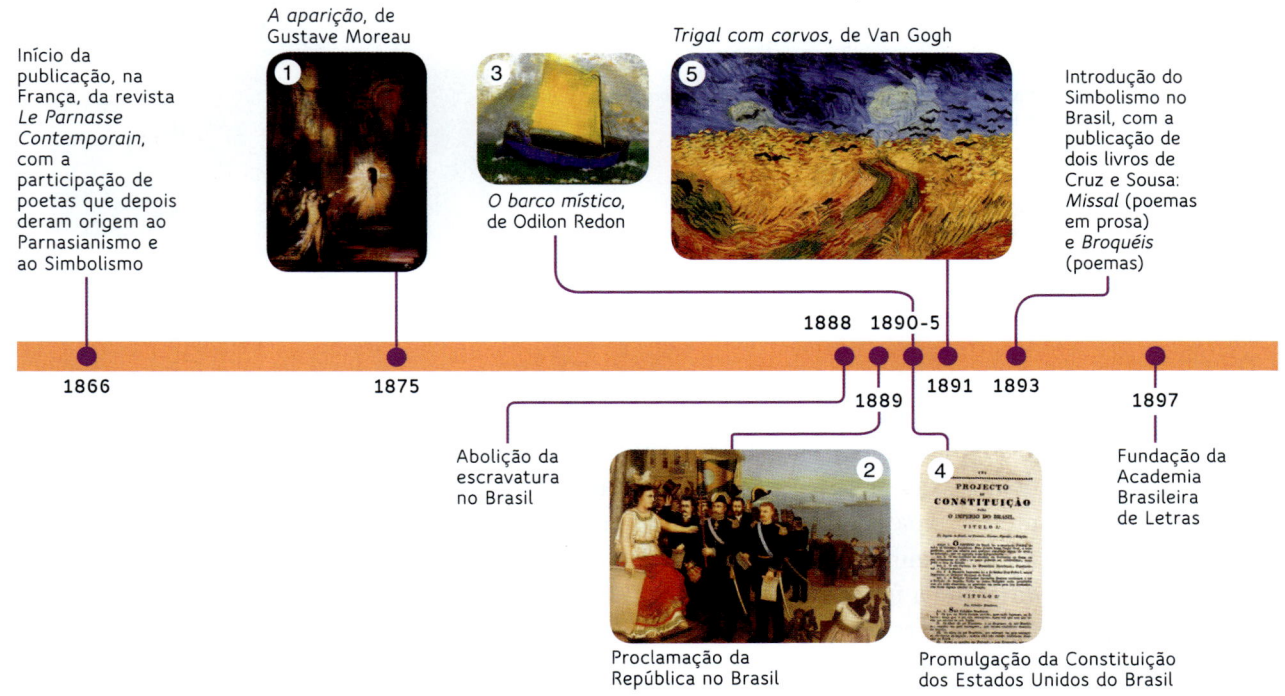

A aparição, de Gustave Moreau

Trigal com corvos, de Van Gogh

Início da publicação, na França, da revista *Le Parnasse Contemporain*, com a participação de poetas que depois deram origem ao Parnasianismo e ao Simbolismo

O barco místico, de Odilon Redon

Introdução do Simbolismo no Brasil, com a publicação de dois livros de Cruz e Sousa: *Missal* (poemas em prosa) e *Broquéis* (poemas)

1866 · 1875 · 1888 · 1889 · 1890-5 · 1891 · 1893 · 1897

Abolição da escravatura no Brasil

Proclamação da República no Brasil

Promulgação da Constituição dos Estados Unidos do Brasil

Fundação da Academia Brasileira de Letras

1. Museu Gustave Moreau, Paris, França 2. Fundação Maria Luisa e Oscar Americano, SP 3. The Ian Woodner Family Collection, New York, EUA 4. Arquivo Nacional, RJ 5. Museu Van Gogh, Amsterdã, Holanda

Simbolismo e decadentismo

A poesia universal é toda ela na essência simbólica. Os símbolos povoam a literatura desde sempre. [...] Todavia, ao longo da década de 1890, desenvolveu-se em França um movimento estético a princípio apelidado "decadentismo" e depois "Simbolismo". Por muitos aspectos ligados ao Romantismo e tendo tido berço comum com o Parnasianismo, o Simbolismo gerou-se como uma reação contra a fórmula estética parnasiana, que dominara a cena literária durante a década de 1870, ao lado do Realismo e do Naturalismo, defendendo o impessoal, o objetivo, o gosto do detalhe e da precisa representação da natureza [...].

Posto não constituísse uma unidade de métodos, antes de ideais, o Simbolismo procurou instalar um credo estético baseado no subjetivo, no pessoal, na sugestão e no vago, no misterioso e ilógico, na expressão indireta e simbólica. Como pregava Mallarmé, não se devia dar nome ao objeto, nem mostrá-lo diretamente, mas sugeri-lo, evocá-lo pouco a pouco, processo encantatório que caracteriza o símbolo.

(Afrânio Coutinho. *Introdução à literatura no Brasil.* 10. ed. Rio de Janeiro: Civilização Brasileira, 1980. p. 214-5.)

Simbolismo: reação ao racionalismo

Visto à luz da cultura europeia, o Simbolismo reage às correntes analíticas dos meados do século [XIX], assim como o Romantismo reagira à Ilustração [...]. Ambos os movimentos exprimem o desgosto das soluções racionalistas e mecânicas e nestas reconhecem o correlato da burguesia industrial em ascensão; ambos recusam-se a limitar a arte ao objeto, à técnica de produzi-lo, a seu aspecto palpável; ambos, enfim, esperam ir além do empírico e tocar, com a sonda da poesia, um fundo comum que susteria os fenômenos, chame-se Natureza, Absoluto, Deus ou Nada.

(Alfredo Bosi. *História concisa da literatura brasileira.* 2. ed. São Paulo: Cultrix, 1975. p. 293.)

empírico: baseado na experiência e na observação.

Museu d'Orsay, Paris, França

: Pintura de Pierre Puvis de Chavannes.

O Simbolismo e o tédio da civilização moderna

Ao mesmo tempo, e em íntima relação com o movimento dos parnasianos, o culto da sensação evolui de outra maneira bem mais interessante; alguns poetas, experimentando conhecidas ou pelo menos inexpressas sensações, sugeridas amiúde pelo tédio da civilização moderna e pelo seu sentimento de expatriação no seio dela, e não encontrando mais, nas formas usuais de linguagem poética, instrumentos capazes de satisfazer sua vontade de expressão, começavam a modificar profundamente a função da palavra em poesia. Essa função é dupla, e o foi em todos os tempos: em poesia, a palavra não é somente o instrumento da compreensão racional, tem outrossim o poder de evocar sensações.

(Erich Auerbach. *Introdução aos estudos literários.* 2. ed. São Paulo: Cultrix, 1972. p. 240-1.)

Simbolismo: a arte de sugerir

Embora acentue sob alguns aspectos o requinte da arte pela arte, o simbolismo se opõe tanto ao realismo quanto ao parnasianismo, situando-se muito próximo das orientações românticas, de que é em parte uma revivescência. Não aceitando a separação entre sujeito e objeto, entre artista e assunto, para ele objetivo e subjetivo se fundem, pois o mundo e a alma têm afinidades misteriosas, e as coisas mais díspares podem revelar um parentesco inesperado. O espírito, portanto, não apreende totalmente nem traça um contorno firme dos objetos, dos seres, das ideias. Cabe-lhes apenas o recurso de aproximar-se da sua realidade oculta por meio de tentativas, que a sugerem sem esgotá-la.

(Antonio Candido e José A. Castello. *Presença da literatura brasileira*: das origens ao Realismo. São Paulo: Difel, 1985. p. 294-5.)

O Simbolismo e a pintura

O simbolismo começou como movimento literário que via na imaginação a mais importante fonte de criatividade. Ele não demorou a infiltrar-se nas artes visuais, sendo outra reação ao limitado mundo representacional do realismo e do impressionismo. Inspirados pela poesia simbolista dos franceses Mallarmé, Verlaine e Rimbaud, os pintores dessa vertente usavam cores emotivas e imagens estilizadas para trazer à consciência do observador os sonhos e os estados de espírito que experimentavam, por vezes pintando cenas exóticas e oníricas.

[...]

Nas obras simbolistas, encontramos às vezes uma tendência lúgubre e algo doentia: a história de Salomé, por exemplo, com todas as suas inferências acerca da mulher que destrói o homem, aparece constantemente. A *Salomé* de Moreau é uma das versões mais brincalhonas desse mito funesto, e podemos usufruir-lhe a luz e a cor intensas sem pensarmos demais nos sinistros corolários da história. [...]

: *Salomé* (1876), de Gustave Moreau.

(Wendy Beckett. *História da pintura.* São Paulo; Ática, 1997. p. 321.)

• Roteiro de estudo •

Ao final da leitura dos textos, você deverá:

- Saber explicar por que os simbolistas representavam os grupos sociais excluídos da onda racionalista que invadiu a Europa no final do século XIX.
- Com base nos textos de Afrânio Coutinho e Alfredo Bosi, estabelecer paralelos entre o Romantismo e o Simbolismo, apontando suas principais semelhanças.
- Estabelecer diferenças entre o Realismo e o Simbolismo quanto ao papel da arte de retratar a realidade.
- De acordo com o texto de Wendy Beckett, indicar as semelhanças entre a pintura simbolista e a literatura simbolista.

: *Ophelia* (1903), de Odilon Redon.

O Simbolismo no Brasil

Ao contrário do que ocorreu na Europa, onde o Simbolismo se sobrepôs ao Parnasianismo, no Brasil o movimento simbolista foi quase inteiramente ofuscado pelo movimento parnasiano, que gozou de amplo prestígio entre as camadas cultas da sociedade até as primeiras décadas do século XX. Apesar disso, a produção simbolista deixou contribuições significativas, preparando terreno para as grandes inovações que iriam ocorrer no século XX, no domínio da poesia.

As primeiras manifestações simbolistas já eram sentidas no Brasil desde o final da década de 80 do século XIX. Apesar disso, tem-se apontado como marco introdutório do movimento simbolista brasileiro a publicação, em 1893, das obras *Missal* (prosa) e *Broquéis* (poesia), de nosso maior autor simbolista: Cruz e Sousa.

Além de Cruz e Sousa, destacam-se, entre outros, Alphonsus de Guimaraens e Pedro Kilkerry (recentemente redescoberto pela crítica).

CRUZ E SOUSA: O CAVADOR DO INFINITO

Cruz e Sousa (1861-1898) nasceu em Florianópolis, Santa Catarina. Filho de escravos, foi amparado por uma família aristocrática, que o ajudou nos estudos. Com a morte do protetor, abandonou os estudos e começou a trabalhar na imprensa catarinense, escrevendo crônicas abolicionistas e participando diretamente de campanhas em favor da causa negra. Ele próprio mais de uma vez fora vítima de preconceito racial. Em 1890, transferiu-se para o Rio de Janeiro, onde sobreviveu trabalhando em vários empregos. Depois de ter tido na juventude uma grande desilusão amorosa, ao apaixonar-se por uma artista branca, casou-se com Gavita, uma negra que, anos depois, manifestou problemas mentais. Dos quatro filhos que o casal teve, apenas dois sobreviveram. Cruz e Sousa morreu aos 36 anos, vítima de tuberculose. Suas únicas obras publicadas em vida são *Missal* e *Broquéis*.

Hoje, Cruz e Sousa é considerado o mais importante poeta simbolista brasileiro e um dos maiores poetas nacionais de todos os tempos. Contudo, o escritor só teve seu valor reconhecido postumamente, depois de ter sido incluído pelo sociólogo francês Roger Bastide entre os maiores poetas do Simbolismo universal.

Sua obra poética apresenta diversidade e riqueza. De um lado, encontram-se nela aspectos noturnos do Simbolismo, herdados do Romantismo: o culto da noite, certo satanismo, o pessimismo, a morte.

De outro lado, há certa preocupação formal, que aproxima o poeta dos parnasianos: a forma lapidar, o gosto pelo soneto, o verbalismo requintado, a força das imagens; há, ainda, a inclinação à poesia meditativa e filosófica, que o aproxima da poesia realista portuguesa, principalmente da produzida por Antero de Quental.

Acervo Iconographia

: Caricatura de Cruz e Sousa.

Cruz e Sousa na Internet

Poemas e obras inteiras de Cruz e Sousa podem ser baixados no *site* http://www.dominiopublico.gov.br/pesquisa/PesquisaObraForm.jsp.

A poesia metafísica e a dor de existir

Juntamente com o poeta realista português Antero de Quental e o pré-modernista brasileiro Augusto dos Anjos, Cruz e Sousa apresenta uma das poéticas de maior profundidade em língua portuguesa, em razão da investigação filosófica e da angústia metafísica presentes nas suas composições.

Na obra de Cruz e Sousa, o drama da existência revela uma provável influência das ideias pessimistas do filósofo alemão Schopenhauer, que marcaram o final do século XIX. Além disso, certas posturas verificadas em sua poesia – o desejo de fugir da realidade, de transcender a matéria e integrar-se espiritualmente no cosmo – parecem originar-se não apenas do sentimento de opressão e mal-estar produzido pelo capitalismo, mas também do drama racial e pessoal que o autor vivia.

A trajetória da obra de Cruz e Sousa parte da consciência e da dor de ser negro, em *Broquéis*, e chega à dor de ser homem, em *Faróis* e *Últimos sonetos*, obras póstumas nas quais sobressai a busca da transcendência.

As características mais importantes da poesia de Cruz e Sousa são:

- **no plano temático**: a morte, a transcendência espiritual, a integração cósmica, o mistério, o sagrado, o conflito entre matéria e espírito, a angústia e a sublimação sexual, a escravidão e uma verdadeira obsessão por brilhos e pela cor branca;

- **no plano formal**: as sinestesias, as imagens surpreendentes, a sonoridade das palavras, a predominância de substantivos e adjetivos e o emprego de maiúsculas, utilizadas com a finalidade de dar um valor absoluto a certos termos.

LEITURA

Leia, a seguir, dois dos melhores poemas de Cruz e Sousa e responda às questões propostas.

Cavador do Infinito

Com a lâmpada do Sonho desce aflito
E sobe aos mundos mais imponderáveis,
Vai abafando as queixas implacáveis,
Da alma o profundo e soluçado grito.

Ânsias, Desejos, tudo a fogo escrito
Sente, em redor, nos astros inefáveis.
Cava nas fundas eras insondáveis
O cavador do trágico Infinito.

E quanto mais pelo Infinito cava
Mais o Infinito se transforma em lava
E o cavador se perde nas distâncias...

Alto levanta a lâmpada do Sonho
E com seu vulto pálido e tristonho
Cava os abismos das eternas ânsias!

(*Poesias completas de Cruz e Sousa*, cit., p. 109.)

O Assinalado

Tu és o louco da imortal loucura,
O louco da loucura mais suprema.
A Terra é sempre a tua negra algema,
Prende-te nela a extrema Desventura.

Mas essa mesma algema de amargura,
Mas essa mesma Desventura extrema
Faz que tua alma suplicando gema
E rebente em estrelas de ternura.

Tu és o Poeta, o grande Assinalado
Que povoas o mundo despovoado,
De belezas eternas, pouco a pouco.

Na Natureza prodigiosa e rica
Toda a audácia dos nervos justifica
Os teus espasmos imortais de louco!

(Idem, p. 102.)

> **imponderável**: que não se pode pesar ou avaliar.
> **inefável**: indescritível, encantador.

1. O eu lírico do texto "Cavador do Infinito" vive um drama existencial, representado pela ação de cavar o infinito. A propósito da 1ª estrofe do soneto, responda:

a) Que verbos sugerem a ação de cavar?

b) Que instrumento o eu lírico utiliza para cavar o infinito?

2. De acordo com o texto, o eu lírico, enquanto cava, abafa queixas e gritos da alma. Observe que, na escavação do infinito, o eu refere-se a "Sonho", "Ânsias", "Desejos" e, na última estrofe, diz cavar "os abismos das eternas ânsias".

a) O que se supõe ser o "infinito" cavado?

b) O que provavelmente o eu lírico busca encontrar?

c) De acordo com a 3ª estrofe, pode-se dizer que o eu lírico encontrou o que procura?

3. Releia a última estrofe e responda:

a) É possível afirmar que o processo de escavação terminou ou continua? Por quê?

b) Que sentimento acompanha o eu lírico nesse processo?

4. O poema "O Assinalado" põe em destaque a própria criação poética.

a) Qual é a visão do texto acerca do trabalho do poeta? Justifique sua resposta, explicando também o título do poema.

b) Considerando o contexto racionalista e científico do final do século XIX, interprete estes versos:

> "Tu és o Poeta, o grande Assinalado
> Que povoas o mundo despovoado,
> De belezas eternas, pouco a pouco."

5. Compare os dois poemas.

a) Aponte semelhanças entre eles quanto às ideias e à visão de mundo.

b) Aponte diferenças entre os textos quanto à relação do eu lírico (ou do poeta) com o mundo.

ALPHONSUS DE GUIMARAENS

Alphonsus de Guimaraens (1870-1921) nasceu em Ouro Preto, estudou Direito em São Paulo e durante muitos anos foi juiz em Mariana, cidade histórica vizinha de Ouro Preto.

Marcado ainda muito jovem pela morte da prima Constança, a quem amava e que tinha apenas 17 anos, sua poesia é quase toda voltada para o tema da morte da mulher amada. Todos os outros temas que explorou, como natureza, arte e religião, estão de alguma forma relacionados ao primeiro.

A exploração do tema da morte abriu ao poeta, por um lado, o vasto campo da literatura gótica ou macabra dos escritores ultrarromânticos, recuperada por alguns simbolistas; por outro lado, possibilitou a criação de uma atmosfera mística e litúrgica, em que abundam referências ao corpo morto, ao esquife, às orações, às cores roxa e negra, ao sepultamento, conforme exemplifica esta estrofe:

Acervo Iconographia

: Alphonsus de Guimaraens.

> "Mãos de finada, aquelas mãos de neve,
> De tons marfíneos, de ossatura rica,
> Pairando no ar, num gesto brando e leve,
> Que parece ordenar mas que suplica."
>
> (In: *Obra completa*. Rio de Janeiro: Aguilar, 1960. p. 79.)

O conjunto da poesia de Alphonsus de Guimaraens é uniforme e equilibrado. Temas e formas se repetem e se aprofundam no decorrer de quase trinta anos de produção literária, consolidando uma de nossas poéticas mais místicas e espiritualistas.

O crítico Alfredo Bosi considera que "de Cruz e Sousa para Alphonsus de Guimaraens sentimos uma descida de tom"; isso porque a universalidade, a dor da existência e as sensações de voo e vertigem que caracterizam a linguagem simbolista de Cruz e Sousa ganham limites mais estreitos na poesia de Alphonsus, presa ao ambiente místico da cidade de Mariana e ao drama vivido na adolescência.

Formalmente o poeta revela influências árcades e renascentistas, sem, contudo, cair no formalismo parnasiano. Embora preferisse o verso decassílabo, Alphonsus chegou a explorar outras métricas, particularmente a redondilha maior, de longa tradição popular, medieval e romântica.

O poema que segue é o mais popular de Alphonsus de Guimaraens.

Ismália

Quando Ismália enlouqueceu,
Pôs-se na torre a sonhar…
Viu uma lua no céu,
Viu outra lua no mar.

No sonho em que se perdeu,
Banhou-se toda em luar…
Queria subir ao céu,
Queria descer ao mar…

E, no desvario seu,
Na torre pôs-se a cantar…
Estava perto do céu,
Estava longe do mar…

E como um anjo pendeu
As asas para voar…
Queria a lua do céu,
queria a lua do mar…

As asas que Deus lhe deu
Ruflaram de par em par…
Sua alma subiu ao céu,
Seu corpo desceu ao mar…

(In: *Obra completa.* Rio de Janeiro: Aguilar, 1960. p. 467.)

Col. particular

Visão, de Ismael Nery.

1. Alguns poemas de Alphonsus de Guimaraens ligam-se à tradição medieval. Observe no texto os seguintes aspectos formais: métrica, ritmo e paralelismo.

   a) O poema em estudo liga-se ou não a essa tradição? Justifique.

   b) Que outro movimento literário perseguiu a mesma tradição medieval?

2. Todo o poema é construído com base em *antíteses*. As antíteses articulam-se em torno dos desejos contraditórios de Ismália, que se dividem entre a realidade espiritual e a realidade concreta.

   a) Identifique dois pares de antíteses no texto.

   b) Reconheça o elemento que representa a realidade espiritual e o que representa a realidade concreta.

3. O Simbolismo, por ser um movimento antilógico e antirracional, valoriza os aspectos interiores e pouco conhecidos da alma e da mente humana. Identifique no texto palavras ou expressões que comprovem essa característica simbolista.

4. Tal qual no Barroco e no Romantismo, o poema estabelece relações entre corpo e alma ou matéria e espírito. Com base no desfecho do poema, responda:

   a) Céu e mar relacionam-se ao universo material ou espiritual?

   b) Ismália conseguiu realizar o desejo simbolista de transcendência espiritual?

   c) Pode-se afirmar que, para os simbolistas, sonho e loucura levam à libertação? Justifique.

LITERATURA COMPARADA

DIÁLOGO DO SIMBOLISMO COM A TRADIÇÃO GÓTICA

Os poetas que você vai ler a seguir viveram em épocas diferentes, com intervalo de décadas entre eles. O poeta francês Charles Baudelaire (1821-1867) é pós-romântico e considerado um dos pais do Simbolismo; Cruz e Sousa (1862-1898) é considerado o principal poeta do Simbolismo brasileiro; e Augusto dos Anjos (1884-1914), brasileiro, é um escritor pós-simbolista, representante de um momento de transição para o Modernismo. Após a leitura, responda às questões propostas.

TEXTO I

Spleen — LXXVII

Quando, pesado e baixo, o céu como tampa
Sobre a alma soluçante, assolada aos açoites,
E que deste horizonte, a cercar toda a campa
Despeja-nos um dia mais triste que as noites;

Quando se transformou a Terra em masmorra úmida,
Por onde essa esperança, assim como um morcego
Vai tangendo paredes ante uma asa túmida
Batendo a testa em tetos podres, sem apego;

Quando a chuva estirou os seus longos filames
Como as grades de ferro em uma ampla cadeia,
E um povoado mudo de aranhas infames
Até os nossos cérebros estende as teias,

Súbito, os sinos saltam com ferocidade
E atiram para o céu um gemido fremente,
Tal aquelas errantes almas sem cidade
Que ficam lamentando-se obstinadamente.

— E féretros sem fim, sem tambor ou pavana,
Lentos desfilam dentro em mim; e a Esperança,
Vencida, chora, a Angústia, feroz e tirana,
A negra flâmula em meu curvo crânio lança.

(Charles Baudelaire. In: José Lino Grünewald, org. e trad. *Poetas franceses do século XIX*. Rio de Janeiro: Nova Fronteira, 1991. p. 63.)

: *A ilha dos mortos* (1880), de Arnold Bocklin.

Metropolitan Museum of Art, Nova Iorque, EUA

assolar: pôr por terra, destruir, arruinar.
campa: laje sepulcral; sino de pequeno tamanho, sineta.
féretro: caixão (de defuntos), esquife; tumba.
filame: amarras que prendem a âncora de um navio.
pavana: composição musical; tipo de dança renascentista; palmatória (instrumento de castigo).
spleen: tédio, melancolia.
tanger: tocar, roçar.
túmido: saliente, inchado, proeminente.

TEXTO II

Cárcere das almas

Ah! Toda a alma num cárcere anda presa,
Soluçando nas trevas, entre as grades
Do calabouço olhando imensidades,
Mares, estrelas, tardes, natureza.

Tudo se veste de uma igual grandeza
Quando a alma entre grilhões as liberdades
Sonha e, sonhando, as imortalidades
Rasga no etéreo Espaço da Pureza.

Ó almas presas, mudas e fechadas
Nas prisões colossais e abandonadas,
Da Dor no calabouço, atroz, fúnereo!

Nesses silêncios solitários, graves,
Que chaveiro do Céu possui as chaves
Para abrir-vos as portas do Mistério?!

(Cruz e Sousa. *Poesias completas de Cruz e Sousa*, cit., p. 94.)

Songs of night (1896), Alphonse Osbert/ Museu D'Orsay, Paris, França

atroz: cruel, desumano.
grilhão: corrente, laço, prisão.

O morcego

Meia-noite. Ao meu quarto me recolho.
Meu Deus! E este morcego! E, agora, vede:
Na bruta ardência orgânica da sede,
Morde-me a goela ígneo e escaldante molho.

"Vou mandar levantar outra parede..."
— Digo. Ergo-me a tremer. Fecho o ferrolho
E olho o teto. E vejo-o ainda, igual a um olho.
Circularmente sobre a minha rede!

Pego de um pau. Esforços faço. Chego
A tocá-lo. Minh'alma se concentra.
Que ventre produziu tão feio parto?!

A Consciência Humana é este morcego!
Por mais que a gente faça, à noite, ele entra
Imperceptivelmente em nosso quarto!

(Augusto dos Anjos. *Eu e outros poemas*. 30. ed. Rio de Janeiro: Livraria São José, 1965. p. 59.)

ígneo: que é de fogo ou se assemelha a ele.

---

1. O Simbolismo é a linguagem da música. Embora o poema "Spleen – LXXVII", de Baudelaire, seja uma tradução, o tradutor procurou manter certas sonoridades do texto original, como se nota na aliteração do fonema /s/ em *céu*, *sobre*, *soluçante*, *assolada*, *açoites*, *súbito*, *os*, *sinos*, *saltam*, *ferocidade*. Identifique nos outros dois poemas situações em que a sonoridade de versos e palavras se destaca.

2. Já na primeira estrofe do poema de Baudelaire, o eu lírico cria imagens de uma alma aprisionada, oprimida, como se o mundo e os dias fossem uma prisão. Identifique no poema de Cruz e Sousa imagens semelhantes.

3. No poema de Cruz e Sousa, a presença de palavras e expressões como "trevas", "grilhões", "calabouço atroz, funéreo" cria uma atmosfera noturna, opressiva e macabra, típica da tradição gótica.
   a) Destaque do poema de Baudelaire palavras e expressões que criam uma atmosfera semelhante à do poema de Cruz e Sousa.
   b) Faça o mesmo em relação ao poema de Augusto dos Anjos.

4. Observe a 2ª e a última estrofe do poema de Baudelaire.

   a) A que é comparada a esperança na 2ª estrofe?
   b) Na última estrofe, quem vence a luta entre a angústia e a esperança?

5. Observe agora o poema de Augusto dos Anjos.
   a) Esse poema transmite a mesma sensação de encarceramento e de pessimismo que se verifica nos outros poemas? Justifique sua resposta com elementos do texto.
   b) O poema é construído a partir de uma imagem gótica que foi utilizada por Baudelaire. Qual é essa imagem?
   c) Troque ideias com os colegas. Como você interpreta o verso "A Consciência Humana é este morcego!"?

6. Na última estrofe do poema de Cruz e Sousa, o eu lírico vislumbra uma saída para as almas aprisionadas e sua dor de existir.
   a) Interprete os versos dessa estrofe. Que tipo de saída ele vislumbra?
   b) No poema de Baudelaire e no de Augusto dos Anjos, há a perspectiva de encontrar uma saída, uma "chave" para os sofrimentos da alma?

7. De qual poema você gostou mais? Por quê? Troque ideias com os colegas.

Para quem quer mais

Se você deseja aprofundar os seus conhecimentos sobre a poesia de Cruz e Sousa, leia o texto a seguir e, posteriormente, sozinho, em dupla ou em grupo, procure resolver as questões propostas pelo **Roteiro de estudo**. O poema "Antífona", de Cruz e Sousa, é considerado pelos especialistas uma espécie de plataforma poética do Simbolismo brasileiro.

Cruz e Sousa

Antífona

Ó Formas alvas, brancas, Formas claras
De luares, de neves, de neblinas!...
Ó Formas vagas, fluidas, cristalinas...
Incensos dos turíbulos das aras...

Formas do Amor, constelarmente puras,
De Virgens e de Santas vaporosas...
Brilhos errantes, mádidas frescuras
E dolências de lírios e de rosas...

Indefiníveis músicas supremas,
Harmonias da Cor e do Perfume...
Horas do Ocaso, trêmulas, extremas,
Réquiem do Sol que a Dor da Luz resume...

Visões, salmos e cânticos serenos,
Surdinas de órgãos flébeis, soluçantes...
Dormências de volúpicos venenos
Sutis e suaves, mórbidos, radiantes...

Infinitos espíritos dispersos,
Inefáveis, edênicos, aéreos,
Fecundai o Mistério destes versos,
Com a chama ideal de todos os mistérios.

Do Sonho as mais azuis diafaneidades
Que fuljam, que na Estrofe se levantem
E as emoções, todas as castidades
Da alma do Verso, pelos versos cantem.

Que o pólen de ouro dos mais finos astros
Fecunde e inflame a rima clara e ardente...
Que brilhe a correção dos alabastros
Sonoramente, luminosamente.

Forças originais, essência, graça
De carnes de mulher, delicadezas...
Todo esse eflúvio que por ondas passa
Do Éter nas róseas e áureas correntezas...

Cristais diluídos de clarões álacres,
Desejos, vibrações, ânsias, alentos,
Fulvas vitórias, triunfamentos acres,
Os mais estranhos estremecimentos...

Flores negras do tédio e flores vagas
De amores vãos, tantálicos, doentios
Fundas vermelhidões de velhas chagas
Em sangue, abertas, escorrendo em rios...

Tudo! vivo e nervoso e quente e forte,
Nos turbilhões quiméricos do Sonho,
Passe, cantando, ante o perfil medonho
E o tropel cabalístico da Morte...

(Poesias completas de Cruz e Sousa, cit., p. 13.)

Enquanto isso em Portugal

SIMBOLISMO

: *As Ondinas (Heine)*, (1908), de Adriano de Sousa Lopes, um dos pintores portugueses que dialogam com a estética simbolista.

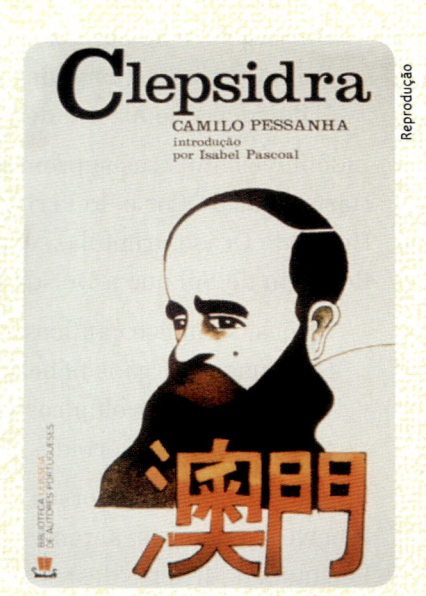

: Camilo Pessanha na capa da edição portuguesa de *Clepsidra*.

Sob as ameaças da Inglaterra — que culminaram com o Ultimato de 1890 —, Portugal vê cair por terra o projeto de ampliar suas possessões na África e dominar toda a faixa de terra que liga o oceano Atlântico ao Índico. Em 1891, fracassa a primeira insurreição de caráter republicano, seguindo-se uma crise política que se estende até a República, em 1910. Disso decorre um sentimento de pessimismo e frustração do povo português que coincide com um momento de crise espiritual e decadentismo de certos meios filosóficos e artísticos europeus. Nesse contexto, o poeta Eugênio de Castro publica a obra *Oaristos*, que causa escândalo nos meios artísticos portugueses e abre um caminho novo à produção poética local. Também tem repercussão em Portugal a obra *Só*, que o poeta português Antônio Nobre publica em Paris, onde residia. É o início do Simbolismo em Portugal.

Apesar da importância desses dois poetas na implantação e divulgação do Simbolismo em Portugal, Camilo Pessanha (1867-1926), autor de *Clepsidra*, foi o poeta português que melhor atendeu aos pressupostos teóricos do movimento simbolista, tanto do ponto de vista formal quanto do ponto de vista ideológico, e é considerado hoje a principal expressão do movimento em Portugal.

Do ponto de vista formal, sua poesia destaca-se pela musicalidade, pela presença de elipses, sinestesias, metáforas, símbolos, ambiguidades, fragmentação e riqueza de imagens auditivas e visuais.

Os temas são aqueles relacionados à concepção pessimista, desistente e cética do autor diante da vida: a mágoa, a dor e a morte.

Para quem quer mais na Internet

Em nosso *site* (http://www.atualeditora.com.br/pl/paraquemquermais), você poderá ler e baixar outros textos dos mais importantes escritores do Simbolismo português: Camilo Pessanha, Eugênio de Castro e Antônio Nobre.

CAPÍTULO

23

: *The music hall* (1907),
de Spencer F. Gore.

O teatro brasileiro no século XIX

Assim como a poesia e a ficção, o teatro foi bastante expressivo no Romantismo brasileiro. À época do Realismo, o teatro nacional entrou em crise, cedendo lugar a gêneros importados. Tanto no Romantismo quanto no Realismo, entretanto, sobressaiu um teatro crítico, divertido e moralizante — a comédia de costumes.

No Romantismo, vários escritores dedicaram-se ao teatro, entre eles Gonçalves de Magalhães, Gonçalves Dias, José de Alencar, Castro Alves e Álvares de Azevedo. A qualidade de suas obras, entretanto, é inferior à das obras que produziram no campo da poesia e da prosa.

Dois dramaturgos têm sido destacados pela crítica: Martins Pena e Qorpo Santo. Martins Pena (1815-1848), por ter sido o fundador da nossa comédia de costumes e o principal responsável pela criação do teatro nacional naquilo que ele tem de mais autêntico. Qorpo Santo (1829-1883), pela originalidade de seu trabalho, que só recentemente passou a ser estudado e apreciado pela crítica.

O teatro romântico brasileiro iniciou-se em março de 1838, com a representação, pela companhia do ator João Caetano, da tragédia *Antônio José* ou *O poeta e a Inquisição*, de Gonçalves de Magalhães.

Nesse mesmo ano, em 4 de outubro, a mesma companhia estreou a primeira comédia escrita por Martins Pena, *O juiz de paz na roça*, que criticava os costumes do interior à época do Império, evidenciando a ignorância dos pequenos magistrados roceiros. De feitio popular e desambicioso, *O juiz de paz na roça* atingiu profundamente o público, não só por sua natureza objetiva e imediata, mas também por sua comicidade e sátira.

O teatro de costumes manteve até o início do século XX a mesma vitalidade, tanto do ponto de vista literário, como criação, quanto em termos de popularidade, como espetáculo.

No Realismo, França Júnior (1838-1890) e Artur Azevedo (1855-1908), dedicados homens de teatro, contribuíram decisivamente para a sobrevivência do gênero, ameaçada durante certo período em que o público carioca progressivamente abandonava os costumes provincianos e passava a preferir a opereta, o teatro de revista e a ópera-bufa, importações parisienses.

O teatro desses dois autores, crítico, satírico e genuinamente nacional, retratou sensível e fielmente a sociedade brasileira do período histórico em que tem lugar a corte de Pedro II e que vai até a República. Numa linguagem tipicamente brasileira, fez expressarem-se tipos desconhecidos até então, evidenciou hábitos, reproduziu tramas familiares, mostrou a vida do Império e da burguesia nascente, constituindo assim um valioso documento sociológico da vida brasileira na segunda metade do século XIX.

Qorpo Santo e o teatro do absurdo

José Joaquim de Campos Leão, ou simplesmente Qorpo Santo, começou a produzir poesia e teatro durante a época do Romantismo, mas, a exemplo de Sousândrade, sua obra não se prende a essa estética. Alguns críticos, nacionais e estrangeiros, consideram-no precursor universal do teatro do absurdo, já que a peça *Ubu Rei*, de Alfred Jarry, marco do teatro *nonsense*, só seria lançada três décadas depois. Outros, entretanto, preferem vê-lo como precursor do Surrealismo de Breton. Apesar de esquecido por um século, hoje é possível encontrar suas peças e sua poesia com facilidade em livrarias e até na Internet. (No *site* www.dominiopublico.gov.br/pesquisa/PesquisaObraForm.do?select_action=&co_autor=69 é possível ler e baixar peças inteiras do escritor.)

O TEATRO ROMÂNTICO

Martins Pena e a comédia de costumes

Martins Pena fundou uma tradição teatral brasileira que ele mesmo aprofundaria e faria escola na história do teatro nacional.

Admirável observador, soube fixar os costumes e ambientes da época, formando, segundo o crítico literário Sílvio Romero, o painel histórico da vida do país na primeira metade do século XIX.

O Rio de Janeiro, com seus ciganos e traficantes, contrabandistas e escravos, caixeiros e guardas-nacionais, ladrões e parasitas, caipiras e negociantes, recrutas, meninas namoradeiras e rapazes atrevidos, aparece cheio de vida e colorido nas peças de Martins Pena, geralmente curtas, mas bastante movimentadas e curiosas.

Isso fez com que peças como *A família e a festa na roça*, *Judas em sábado de Aleluia*, *Os dois ou o inglês maquinista*, *O noviço*, *Os irmãos das almas* e *As desgraças de uma criança* recebessem aplausos na época em que foram encenadas e atravessassem os anos com igual sucesso.

Acervo Iconographia

: Cena da peça *O cinto acusador*, de Martins Pena.

Martins Pena criou uma linguagem teatral simples: o desenvolvimento da trama, a caracterização dos numerosos tipos sociais, a conversa das personagens, tudo acontece espontaneamente, com vivacidade e fluidez. Escreveu para o riso imediato da plateia. O público envolve-se na intriga das peças com simpatia e cumplicidade, pois as peripécias, para chegarem ao desfecho, são maquinadas à sua vista.

Veja, neste excerto de *O noviço*, a atualidade de seu texto quanto ao problema da escolha profissional:

Carlos — O tempo acostumar! Eis aí por que vemos entre nós tantos absurdos e disparates. Este tem jeito para sapateiro: pois vá estudar medicina... Excelente médico! Aquele tem inclinação para cômico: pois não senhor, será político... Ora, ainda isso vá. Estoutro só tem jeito para caiador ou borrador: nada, é ofício que não presta... Seja diplomata, que borra tudo quanto faz. Aqueloutro chama-lhe toda a propensão para a ladroeira; manda o bom-senso que se corrija o sujeitinho, mas isso não se faz: seja tesoureiro de repartição fiscal, e lá se vão os cofres da nação à garra... Essoutro tem uma grande carga de preguiça e indolência e só serviria para leigo de convento, no entanto vemos o bom do mandrião empregado público, comendo com as mãos encruzadas sobre a pança o pingue ordenado da nação.

(In: Alfredo Bosi. *História concisa da literatura brasileira*. 2. ed. São Paulo: Cultrix, 1975. p. 166.)

O TEATRO REALISTA

França Júnior: uma comédia exemplar

Como jornalista, França Júnior brilhou com suas crônicas, reunidas sob o título de *Folhetins*, obra que constitui verdadeira tradução dos costumes cariocas durante o Segundo Império.

Entretanto, foi na comédia que ele revelou seu maior talento. Verdadeiro continuador de Martins Pena na fixação dos costumes, França Júnior explorou vários tipos humanos do Brasil imperial, tais como o fazendeiro paulista, o comerciante português, o estrangeiro espertalhão. No terreno político, fixou, melhor do que ninguém, certos tipos ridículos de brasileiros. De suas inúmeras peças teatrais, estão mais próximas de nós, pelo sabor realista, *Como se fazia um deputado, Caiu o ministério!* e *As doutoras*.

Artur Azevedo: a crítica aos costumes

Um dos fortes de Artur Azevedo foi o teatro de revista, que ele explorou ora sozinho, ora em colaboração. Se essa produção perdeu quase todo o interesse, em razão de ter sido construída com base em episódios da época, o mesmo não aconteceu com suas comédias, nas quais é retomada a tradição fundada por Martins Pena.

Em peças como *A capital federal, O mambembe, O retrato a óleo, O dote, O badejo*, Artur Azevedo foi um talentoso expositor dos costumes brasileiros de seu tempo e um ferino crítico social. Em cerca de quarenta anos de atividade teatral, além da obra jornalística, de contos e versos humorísticos, deixou mais de 120 obras teatrais, entre comédias, revistas, burletas, operetas e cenas cômicas originais, traduções, adaptações e paródias.

Como França Júnior, Artur Azevedo também se ocupou de um teatro voltado aos costumes brasileiros.

Segundo Sábato Magaldi, crítico teatral e ensaísta, a França Júnior cabe o título de o melhor comediógrafo do Brasil; a Artur Azevedo, o de a maior figura da história do teatro brasileiro.

LEITURA

A comédia *Como se fazia um deputado*, escrita em 1882, é uma das peças mais significativas de França Júnior. A ação, transcorrida no interior da província do Rio de Janeiro, mostra a ascensão de um recém-formado bacharel em Direito, Henrique, ao posto de deputado. Passa-se em cena a votação, na qual não faltam defuntos eleitores. O apoio ao jovem bacharel é tramado pelo tio, Limoeiro, rico fazendeiro, que inclui no negócio o casamento com a filha de outro chefe político, o tenente-coronel

Chico Bento. Limoeiro, liberal, representa o poder econômico; Chico Bento, conservador, representa a influência política. Assim, o poder fica em família.

O texto I é um diálogo entre Limoeiro e o sobrinho acerca das pretensões profissionais deste. No texto II, Limoeiro e Chico Bento dão continuidade aos entendimentos para o apadrinhamento da carreira de Henrique.

TEXTO I

Henrique — Como se está bem aqui! Disse um escritor que a vida da roça arredonda a barriga e estreita o cérebro. Que amargo epigrama contra esta natureza grandiosa! Eu sinto-me aqui poeta.

Limoeiro — Toma tenência, rapaz. Isto de poesia não dá para o prato, e é preciso que te ocupes com alguma coisa séria.

....

Henrique — Estou às suas ordens.

Limoeiro — Que carreira pretendes seguir?

Henrique — Tenho muitas diante de mim… a magistratura…

: Cena da peça *Como se fazia um deputado.*

Limoeiro — Podes limpar as mãos à parede.

Henrique — A advocacia, a diplomacia, a carreira administrativa…

Limoeiro — E esqueceste a principal, aquela que pode elevar-te às mais altas posições em um abrir e fechar de olhos.

Henrique — O jornalismo?

Limoeiro — A política, rapaz, a política! Olha, para ser juiz municipal, é preciso um ano de prática; para seres juiz de direito, tens de fazer um quatriênio; andarás a correr montes e vales por todo este Brasil, sujeito aos caprichos de quanto potentado e mandão há por aí, e sempre com a sela na barriga! Quando chegares a desembargador, estarás velho, pobre, cheio de achaques, e sem esperança de subir ao Supremo Tribunal de Justiça. Considera agora a política. Para deputado não é preciso ter prática de coisa alguma. Começas logo legislando para o juiz municipal, para o juiz de direito, para o desembargador, para o ministro do Supremo Tribunal de Justiça, para mim, que sou quase teu pai, para o Brasil inteiro, em suma.

Henrique — Mas para isso é preciso…

Limoeiro — Não é preciso coisa alguma. Desejo somente que me digas quais são as tuas opiniões políticas.

Henrique — Foi coisa em que nunca pensei.

Limoeiro — Pois olha, és mais político do que eu pensava. É preciso, porém, que adotes um partido, seja ele qual for. Escolhe.

Henrique — Neste caso serei do partido do meu tio.

Limoeiro — E por que não serás conservador?

Henrique — Não se me dá de sê-lo, se for de seu agrado.

Limoeiro — Bravo! Pois fica sabendo que serás ambas as coisas.

Henrique — Mas isto é uma indignidade!

Limoeiro — Indignidade é ser uma coisa só!

(França Júnior. *O teatro de França Júnior.* Rio de Janeiro: SNT/Fundação de Arte, 1980. v. 2, p. 133-4. Clássicos do Teatro Brasileiro.)

potentado: pessoa muito influente ou poderosa.
achaque: indisposição, doença sem gravidade.

Chico Bento — [...] Eu achava melhor que ele aceitasse, por ora, um partido — o que está no poder, por exemplo, e que mais tarde, conforme o jeito que as coisas tomassem, ou ficasse naquele, ou fosse para o outro que tivesse probabilidade de subir.

Limoeiro — Tá, tá, tá.

Chico Bento — Na sua circular ele tem que apresentar um programa. Neste programa há de definir as suas ideias...

Keystone/Museu Bonnat, França

Limoeiro — E o que têm as ideias com o programa, e o programa com as ideias? Não misture alhos com bugalhos, tenente-coronel, e parta deste princípio: o programa é um amontoado de palavras mais ou menos bem combinadas, que têm sempre por fim ocultar aquilo que se pretende fazer.

Chico Bento — Porém cada partido tem a sua bandeira...

Limoeiro — Aqui para nós, que ninguém nos ouve, tenente-coronel, qual é a bandeira do seu?

Chico Bento — A bandeira do meu é... Sim... Quero dizer...

Limoeiro — Ora eis aí! Está o tenente-coronel com um nó na garganta. Meu amigo, eu não conheço dois entes que mais se assemelhem que um liberal e um conservador. São ambos filhos da mesma mãe, a Senhora Dona Conveniência, que tudo governa neste mundo. O que não pensar assim deixe a política, vá ser sapateiro.

Chico Bento — O major fala como um pregador ex-cathedra!

Limoeiro — O rapaz portanto, não se apresentando nem por um lado, nem por outro, fica no meio. Do meio olha para a direita e para a esquerda, sonda as conveniências, e no primeiro partido que subir encaixa-se muito sorrateiramente, até que, caindo este, ele possa escorregar para o outro que for ao poder.

Chico Bento — Sim, senhor. [...]

(Idem, p. 157-62.)

1. Caracterize Henrique e indique o que revelam suas aspirações profissionais.

2. Limoeiro diz a Henrique que toda carreira é problemática no Brasil, salvo a política.

a) De acordo com as opiniões de Limoeiro, o que é preciso para ser deputado?

b) Comparando a carreira política com outras profissões, que vantagens há na carreira política?

3. Ante a pergunta de Limoeiro, Henrique diz que política é coisa em que nunca pensou. O que Limoeiro quer dizer com "Pois olha, és mais político do que eu pensava"?

4. Pelo que se pode depreender do texto:

a) Que semelhanças e diferenças há entre o partido liberal e o conservador?

b) O que aproxima os conservadores e os liberais?

5. De acordo com o texto II, qual é o partido mais conveniente para Henrique, segundo Limoeiro e Chico Bento?

6. O que é um programa político, segundo Limoeiro?

7. O título dessa peça era, inicialmente, *Como se faz um deputado*. Por problemas de censura, França Júnior foi obrigado a mudá-lo para *Como se fazia um deputado*. Tendo em vista a permanência da obra literária no tempo, se você tivesse que optar por um dos títulos, qual escolheria? Por quê?

O Realismo e o Simbolismo são estéticas artísticas que, embora contemporâneas, expressam percepções da realidade completamente diferentes.

: *The goose girl at gruchy* (1854-6), de Jean François Millet.

: *O anjo viajante*, de Gustave Moreau.

O projeto desta unidade tem por objetivo evidenciar as contradições na arte do final do século XIX, época em que os dois movimentos floresceram.

Com a orientação do professor, você deverá desenvolver, em grupo, uma das propostas a seguir. Os trabalhos deverão ser apresentados à classe na forma de exposição oral e de painéis distribuídos pela classe.

Projeto

DOIS OLHARES: ENTRE A RAZÃO E A IMPRESSÃO

1. Poesia realista × poesia simbolista

Selecionem, por um lado, alguns poemas de escritores realistas, como Antero de Quental, Cesário Verde e Guerra Junqueiro; por outro lado, poemas de escritores simbolistas, como Cruz e Sousa, Pedro Kilkerry, Alphonsus de Guimaraens e Camilo Pessanha.

Se possível, projetem esses poemas em *powerpoint* e, nas laterais, puxem fios com os traços característicos do Realismo ou do Simbolismo. Por exemplo, tema, objetividade/subjetividade, linguagem, descrição, adjetivação, imagens, musicalidade, ritmo, emprego de formas fixas, emprego de maiúsculas, etc.

Se possível, declamem textos das duas estéticas literárias.

2. Prosa realista-naturalista × prosa simbolista

Selecionem, por um lado, fragmentos de prosa realista-naturalista, seja de autores brasileiros, como Machado de Assis ou Aluísio Azevedo, seja do português Eça de Queirós. Por outro lado, selecionem fragmentos da prosa simbolista de Cruz e Sousa (pesquisem a obra *Missal*).

Apresentem os textos em *powerpoint* e, caso não seja possível, afixem-nos sobre um fundo em cartolina e, nas laterais, registrem os traços característicos dos movimentos do Realismo e do Simbolismo, como tema, objetividade/subjetividade, linguagem, o papel da descrição, a adjetivação e sua finalidade, imagens, gênero literário, musicalidade, etc.

: Caricatura de Eça de Queirós, expoente do Realismo português.

3. Pintura realista × pintura simbolista e impressionista

Selecionem algumas obras dos principais pintores do Realismo: Millet, Courbet, Daumier. Em contraposição, selecionem obras de pintores simbolistas, como Gustave Moreau, Odilon Redon, Carlos Schwabe, e de pintores impressionistas, como Claude Monet, Auguste Renoir, Camile Pissaro e Alfred Sisley, entre outros.

Apresentem à classe, em *powerpoint* ou em reproduções afixadas em cartolina, obras de cada uma das correntes artísticas, apontando aspectos, como tema, tratamento objetivo ou subjetivo da realidade, materialismo ou espiritualismo, exploração de cores, etc.

Museu Marmottan Monet, Paris, França

: *Impressão, nascer do sol* (1873), de Monet.

4. Cinema de inspiração realista-naturalista × cinema de inspiração simbolista e impressionista

Escolham um ou mais fragmentos de filme(s) baseado(s) em romance realista ou naturalista – por exemplo, *Madame Bovary*, de Claude Cabral; *Germinal*, de Claude Berri; *Brás Cubas*, de Júlio Bressane; *O primo Basílio*, de Daniel Filho; *O cortiço*, de Francisco Ramalho Júnior; *Memórias póstumas*, de André Klotzel; *O crime do padre Amaro*, de Carlos Carrera – e apresentem-no(s), discutindo a partir deles os traços característicos do Realismo e do Naturalismo. Façam o mesmo com filmes relacionados ao Simbolismo ou ao Impressionismo – por exemplo, *Cruz e Sousa, o poeta do desterro*, de Sylvio Back; *O eclipse de uma paixão*, de Agnieszka Holland; *Sonhos*, de Akira Kurosawa; *Vida e obra de um gênio – Vincent e Theo*, de Robert Altman.

Germinal. Direção: Claude Berri

CB026191

Sumário da parte 3

O retorno do filho pródigo (1922), do pintor surrealista grego Giorgio de Chirico.

Galeria de Arte Moderna, Milão, Itália

UNIDADE 9

HISTÓRIA SOCIAL DO MODERNISMO

Tudo o que existe hoje no campo da literatura, das artes plásticas, da música e do cinema está de alguma forma relacionado às propostas e às experiências desenvolvidas pela arte moderna no começo do século XX.

De modo geral, o que marcou o espírito da arte moderna foi o desejo de libertação das amarras do passado e a busca de uma forma de expressão artística nova e sintonizada com a mentalidade do novo século.

Compreender a arte moderna implica conhecer o formidável conjunto de transformações que ocorreram nesse período – desenvolvimento científico e tecnológico, invenções, guerra mundial, revolução comunista, etc. – e a forma de ver e sentir o mundo que delas resultou.

Ângelo Hornak/Alamy/Other Images

INTERVALO

Projeto:
Oficina de arte moderna

Oficina de criação, com produção de objetos de arte dadaístas e desenhos e pinturas surrealistas, cubistas e futuristas, encenação de esquetes surrealistas e leitura de textos cubistas, dadaístas e surrealistas produzidos pelos alunos.

Não é o medo da loucura que nos vai obrigar a hastear a meio pau a bandeira da imaginação.

(André Breton)

Desejamos demolir os museus e as bibliotecas.

(Filippo Marinetti)

O que caracteriza esta realidade que o movimento modernista impôs é, a meu ver, a fusão de três princípios fundamentais: o direito permanente à pesquisa estética; a atualização da inteligência artística brasileira; e a estabilização de uma consciência criadora nacional.

(Mário de Andrade)

Fique ligado! Pesquise!

Para saber mais sobre as origens da arte moderna e seu contexto histórico-cultural, sugerimos:

- No bloco 9 do DVD *Literatura e outras linguagens* há declamações, entrevistas, depoimentos, trechos de filmes e músicas relacionados com o Pré-Modernismo e com a primeira geração do Modernismo. Converse com seu professor sobre a possibilidade de assistir a esse bloco.
- De época: *Tempos modernos*, de Charles Chaplin; *1900*, de Bernardo Bertolucci; *Metrópolis*, de Fritz Lang; *O encouraçado Potemkin*, de Sergei Eisenstein; *Reds*, de Warren Beatty; *Sacco e Vanzetti*, de Giuliano Montaldo. Surrealistas: *O fantasma da liberdade*, *O discreto charme da burguesia*, de Luis Buñuel. Nacionais: *Paixão e guerra no sertão de Canudos*, de Antônio Olavo; *Policarpo Quaresma, herói do Brasil*, de Paulo Thiago; *Pagu*, de Norma Bengell; *Macunaíma*, de Joaquim Pedro de Andrade; *Lição de amor*, de Eduardo Escorel; *O quatrilho*, de Fábio Barreto; *Os amores de Picasso*, de James Ivory; *Rumo ao paraíso perdido*, de Mário Andreacchio.

- *Os sertões*, de Euclides da Cunha (Ediouro); *Triste fim de Policarpo Quaresma*, de Lima Barreto (Ática); *Urupês*, de Monteiro Lobato (Brasiliense); *Eu e outras poesias*, de Augusto dos Anjos (Martins Fontes); *Mensagem*, de Fernando Pessoa (Moderna); *O ano da morte de Ricardo Reis*, de José Saramago (Companhia das Letras); *A confissão de Lúcio*, de Mário de Sá-Carneiro (Moderna); *Macunaíma*, de Mário de Andrade (Itatiaia); *Poesias reunidas*, de Oswald de Andrade (Civilização Brasileira); *Estrela da vida inteira*, de Manuel Bandeira (Nova Fronteira); *Brás, Bexiga e Barra Funda*, de Antônio de Alcântara Machado (Nova Alexandria); *Os pintores cubistas*, de Guillaume Apollinaire (L&PM); *Monteiro Lobato*, de Marisa Lajolo (Moderna); *Futurismo*, de Richard Humphreys (Cosac & Naify); *Expressionismo*, de Shulamith Behr (Cosac & Naify); *Modernismo*, de Charles Harrison (Cosac & Naify); *Juó Bananére*, de Cristina Fonseca (Editora 34); *Anita Malfatti – Tomei a liberdade de pintar a meu modo*, de Luzia Portinari Greggio (Magma).

- Ouça as músicas do compositor francês Claude Debussy e do brasileiro Heitor Villa-Lobos. Ouça também poemas de Augusto dos Anjos, declamados por Othon Bastos, da coleção Poesia Falada (Luz da Cidade).

- Conheça a obra de Picasso, Boccioni, Kandinsky, Max Ernst, Picabia, Gauguin, Marcel Duchamp, Magritte, Salvador Dalí, Le Corbusier, De Chirico, Léger, Miró e dos brasileiros Anita Malfatti, Tarsila do Amaral, Di Cavalcanti e Portinari.

- http://lobato.globo.com
- www.mac.usp.br/mac/templates/projetos/seculoxx/modulo2/modernismo/index.html
- www.itaucultural.org.br/aplicExternas/enciclopedia_IC/index.cfm?fuseaction=marcos_texto&cd_verbete=344

Observe atentamente esta pintura:

Guernica (1937), de Pablo Picasso.

Museo Nacional Centro de Arte Reina Sofía, Madri, Espanha

1. Picasso criou *Guernica* em 1937, exatamente trinta anos depois de ter pintado a tela *Les demoiselles d'Avignon*, com a qual deu início ao Cubismo. Em linhas gerais, essa corrente caracteriza-se, na pintura, pela decomposição dos objetos em diferentes planos, pelo uso de formas geométricas e por colagens. É possível identificar influências do Cubismo em *Guernica*? Justifique sua resposta.

2. *Guernica* é uma obra de denúncia social, feita com o objetivo de sensibilizar as pessoas do mundo inteiro para a tragédia ocorrida na aldeia basca assim denominada. Observe as cores do quadro e duas das personagens em destaque: a mulher com criança no colo, à esquerda, e o cavalo, no centro.

a) Considerando que cor significa vida, relacione o branco, o preto e o cinza utilizados no quadro com o tema que ele aborda.

b) O que as feições da mulher e do cavalo expressam?

c) A que a língua pontiaguda de cada um deles se assemelha?

O bombardeio de Guernica

Guernica é uma antiga aldeia da região basca da Espanha, país de origem de Picasso.

Em 1937, a Espanha vivia os efeitos da Guerra Civil, travada entre os republicanos e as forças extremistas de direita lideradas pelo general Francisco Franco, apoiado pelo nazismo alemão e pelo fascismo italiano.

Em abril de 1937, com a finalidade única de mostrar força, Franco ordenou o bombardeio, por aviões alemães, da indefesa cidade de Guernica. Da população de 7 mil habitantes, 1654 foram mortos e 889 ficaram feridos.

Picasso, indignado, pintou o quadro *Guernica* em poucas semanas, procurando despertar a opinião pública para a tragédia. Por determinação do pintor, a obra permaneceu em Paris até o fim da ditadura franquista, em 1975. Hoje se encontra em Madri.

3. *Guernica* é um quadro que sugere a destruição de forma direta, sem recorrer a muitos símbolos. Apesar disso, há no quadro alguns elementos de forte significação simbólica: o cavalo, o touro (no alto, à esquerda) e a flor (embaixo, no centro, acima da mão com espada). Considerando o contexto de guerra e destruição em que estão inseridos, busque sentidos coerentes para esses elementos.

4. A imagem abaixo é o quadro em que Goya retratou uma situação trágica vivida pelos espanhóis: a invasão da Espanha pelo exército napoleônico, em 1808, e o fuzilamento de espanhóis nas ruas. Compare a figura central do quadro com a figura humana que está à direita no quadro de Picasso.

a) Que semelhanças existem entre essas duas personagens?

b) E entre as situações vividas pelos espanhóis, em 1808 e 1937?

c) Na sua opinião, Picasso quis criar relações intertextuais com o quadro de Goya?

: *Fuzilamentos de 3 de maio de 1808*, de Goya.

5. Picasso é autor de uma frase que ficou muito conhecida: "A arte é uma mentira que nos faz perceber a verdade". Na sua opinião, o quadro *Guernica* exemplifica essa afirmação? Justifique.

Flávio de Barros. s/d

CAPÍTULO 24

O Pré-Modernismo

No início do século XX, a literatura brasileira atravessava um período de transição. De um lado, ainda era forte a influência das tendências artísticas da segunda metade do século XIX; de outro, já começava a ser preparada a grande renovação modernista, cujo marco no Brasil é a Semana de Arte Moderna (1922). Esse período de transição, que não chega a constituir um movimento literário, é chamado Pré-Modernismo.

As estéticas literárias não são estanques entre si e, muitas vezes, se tocam, se influenciam e se fundem. No início do século XX, por exemplo, vários de nossos escritores do Realismo, Naturalismo, Parnasianismo e Simbolismo ainda estavam vivos, escrevendo e publicando. Ao mesmo tempo, começava a surgir em nosso país um grupo de novos escritores que, embora ainda presos aos movimentos literários do século anterior, apresentavam algumas inovações quanto aos temas e à linguagem. Concomitantemente, já começavam a chegar ao nosso país as primeiras influências dos movimentos artísticos europeus, as chamadas vanguardas europeias, que iriam impulsionar o Modernismo brasileiro.

A esse período, marcado pelo sincretismo de tendências artísticas, costuma-se chamar **Pré-Modernismo**. Sem constituir um movimento literário propriamente dito, o Pré-Modernismo consiste na fase de transição pela qual passou a produção literária brasileira entre o final do século XIX e o movimento modernista.

AS NOVIDADES

Embora os autores pré-modernistas ainda estivessem presos aos modelos do romance realista-naturalista e da poesia simbolista, duas novidades essenciais podem ser observadas em suas obras:

- **o interesse pela realidade brasileira**: os modelos literários realistas-naturalistas eram essencialmente universalizantes. Tanto a prosa de Machado de Assis e Aluísio Azevedo quanto a poesia dos parnasianos e simbolistas não revelavam interesse em tratar da realidade brasileira. A preocupação central desses autores era abordar o homem universal, sua condição e seus anseios. Aos escritores pré-modernistas, ao contrário, interessavam assuntos do dia a dia dos brasileiros, originando-se, assim, obras de nítido caráter social. Graça Aranha, por exemplo, retrata em seu romance *Canaã* a imigração alemã no Espírito Santo; Euclides da Cunha, em *Os sertões*, aborda o tema da guerra e do messianismo em Canudos, no sertão da Bahia; Lima Barreto detém-se na análise das populações suburbanas do Rio de Janeiro; Monteiro Lobato descreve a miséria do caboclo na região decadente do Vale do Paraíba, no Estado de São Paulo. A exceção está na poesia de Augusto dos Anjos, que foge a esse interesse social.

- **a busca de uma linguagem mais simples e coloquial**: embora não se verifique na obra de todos os pré-modernistas, essa preocupação é explícita na prosa de Lima Barreto e representa um importante passo para a renovação modernista de 1922. Lima Barreto procurou "escrever brasileiro", com simplicidade. Para isso, teve de ignorar muitas vezes as normas gramaticais e de estilo, o que provocou a ira dos meios acadêmicos conservadores e parnasianos.

EUCLIDES DA CUNHA: EM BUSCA DA VERDADE HISTÓRICA

Euclides da Cunha (1866-1909) nasceu no Rio de Janeiro, estudou na Escola Militar e fez curso de Engenharia. De formação positivista e republicano convicto, sempre mostrou grande interesse por ciências naturais e filosofia. Viveu durante algum tempo em São Paulo e, em 1897, foi enviado pelo jornal *O Estado de S. Paulo* ao sertão da Bahia, para cobrir, como correspondente, a guerra de Canudos. Na condição de ex-militar, Euclides pôde informar com precisão os movimentos de guerra das três últimas semanas de conflito. Mobilizando e dividindo a opinião pública, suas mensagens, transmitidas pelo telégrafo, permitiram que o sul do país acompanhasse passo a passo a campanha. Cinco anos depois, o autor lançou *Os sertões*, obra que narra e analisa os acontecimentos de Canudos à luz das teorias científicas da época.

: Euclides da Cunha.

Arquivo Iconographia

Euclides deixou também vários outros escritos – tratados, cartas, artigos –, todos relacionados ao país, às suas características regionais, geográficas e culturais.

Canudos: miséria e violência

A guerra de Canudos, que ocorreu entre 1896 e 1897 e provocou a morte de 15 mil pessoas, entre sertanejos e militares, foi um dos mais violentos conflitos da história brasileira.

O Nordeste brasileiro vivia nas últimas décadas do século XIX uma de suas piores crises econômicas e sociais. Entre 1877 e 1880, só em Fortaleza morreram 64 mil pessoas vitimadas pela seca. Quando foi proclamada a República, em 1889, uma nova seca ameaçava a população, cuja média de vida não ultrapassava os 27 anos.

Canudos, no sertão da Bahia, era uma fazenda abandonada, quando ali se instalou o religioso Antônio Maciel, conhecido como Conselheiro. Em pouco tempo, em torno do líder religioso formou-se uma cidade de pessoas mi-

Flávio de Barros. 1896

: Casa e morador da região do conflito, em foto histórica de Flávio de Barros, de 1896. Pobre e abandonada pelos governos estadual e federal, a população foi facilmente influenciada pelo discurso social e religioso de Antônio Conselheiro.

seráveis e abandonadas à própria sorte. A cidade, que passou a chamar-se Belo Monte, chegou a contar com cerca de 15 mil a 25 mil habitantes, população superada na época apenas pela de Salvador.

Isolados, alheios a pagamentos de impostos e à oficialização da cidade junto ao Estado, seus moradores logo passaram a ter problemas com a Igreja e com as leis locais, o que originou o conflito.

Além disso, os sermões de Conselheiro não tratavam apenas da salvação das almas, mas também de problemas concretos, como a miséria e a opressão política. Talvez sem ter completa clareza do que falava, Conselheiro fazia críticas à República nascente, acusando-a de responsável pelas precárias condições de vida do povo nordestino.

Embora Canudos tivesse uma organização social e econômica que se assemelhava ao comunismo primitivo dos cristãos, com todos trabalhando e dividindo igualmente os frutos do trabalho, o movimento passou a ser visto em todo o país como monarquista e considerado uma ameaça à soberania nacional. Suas verdadeiras causas, na época, não foram objeto de nenhuma discussão mais aprofundada.

O início da guerra

Antônio Conselheiro, em 1896, encomendou e pagou em Juazeiro uma remessa de madeira para a construção da Igreja Nova de Canudos. O juiz local impediu a entrega da encomenda, sendo então ameaçado pelos canudenses, o que o levou a pedir reforço militar de Salvador. Foram enviados 107 soldados, que não resistiram. A partir daí foram feitas mais duas investidas do Exército, também frustradas. A quarta e última investida contou com a participação de 10 mil soldados, vindos de dez Estados brasileiros. Idosos, crianças, mulheres e feridos foram violentamente massacrados, sob a força de canhões e armas pesadas.

Os sertões: o Brasil esquecido

Durante o conflito, os militares mantiveram os jornais sob censura. O país recebia apenas a versão oficial da guerra: a luta da República contra focos monarquistas no sertão baiano. Terminada a guerra, as verdadeiras ações dos vencedores — degola de prisioneiros, tortura, prostituição, estupros e comércio de crianças — continuaram sendo encobertas.

Flávio de Barros/Arquivo Histórico do Museu da República, Rio de Janeiro

: Igreja de Santo Antônio, palco das batalhas de Canudos.

A obra *Os sertões*, de Euclides da Cunha, publicada cinco anos depois do término do conflito, consiste em uma tentativa de rever a versão oficial da guerra de Canudos.

Com sua obra, Euclides não pretendia apenas contar o que presenciara no sertão. Munido das teorias científicas vigentes — determinismo, positivismo e conhecimentos de sociologia e geografia natural e humana —, pretendia também compreender e explicar o fenômeno cientificamente.

Os sertões, portanto, constitui uma experiência única em nossa literatura: é uma obra com estilo literário, de fundo histórico (apesar do fato recente) e de rigor científico.

Adotando o modelo determinista, segundo o qual o meio determina o homem, a obra organiza-se em três partes: "A terra", que descreve as condições geográficas do sertão; "O homem", que descreve os costumes do sertanejo; e "A luta", que descreve os ataques a Canudos e sua extinção.

Colocando-se nitidamente a favor do sertanejo, Euclides da Cunha situa o fenômeno de Canudos como um problema social decorrente do isolamento político e econômico do sertão brasileiro em relação ao Brasil cosmopolita, do sul e do litoral. Assim, ele desmontou a versão oficial do Exército, segundo a qual o movimento tinha a finalidade de destruir a República.

Os sertões: literatura ou ciência?

Os sertões é uma obra híbrida que transita entre a literatura, a história e a ciência, ao unir a perspectiva científica, de base naturalista e evolucionista, à construção literária, marcada pelo fatalismo trágico e por uma visão romântica da natureza. Euclides recorreu a formas de ficção, como a tragédia e a epopeia, para compreender o horror da guerra e inserir os fatos em um enredo capaz de ultrapassar a sua significação particular. A epopeia gloriosa da República brasileira, pela qual combatera na juventude, adquiriu caráter de tragédia na violenta intervenção militar que testemunhou em Canudos.

(Roberto Ventura. Do mar se fez o sertão: Euclides da Cunha e Canudos. www.euclidesdacunha.org/ventura.htm)

LEITURA

A seguir, você vai ler quatro textos. Os três primeiros são de *Os sertões*: o texto I, retirado da primeira parte da obra, é uma descrição da caatinga; o texto II, da segunda parte, descreve o sertanejo; e o III, da terceira parte, trata da guerra e de seu significado. O texto IV é parte do prefácio que o escritor português José Saramago, prêmio Nobel de literatura em 1998, fez para o livro *Terra*, de Sebastião Salgado. Após a leitura dos textos, responda às questões propostas.

Então, a travessia das veredas sertanejas é mais exaustiva que a de uma estepe nua.

Nesta, ao menos, o viajante tem o desafogo de um horizonte largo e a perspectiva das planuras francas.

Ao passo que a caatinga o afoga; abrevia-lhe o olhar; agride-o e estonteia-o; enlaça-o na trama espinescente e não o atrai; repulsa-o com as folhas urticantes, com o espinho, com os gravetos estalados em lanças, e desdobra-se-lhe na frente léguas e léguas, imutável no aspecto desolado: árvore sem folhas, de galhos estorcidos e secos, revoltos, entrecruzados, apontando rijamente no espaço ou estirando-se flexuosos pelo solo, lembrando um bracejar imenso, de tortura, da flora agonizante...

espinescente: que cria espinhos.

estepe: vasta planície ou região semidesértica.

flexuoso: sinuoso, ondulante.

urticante: que queima como urtiga.

vereda: trilha que marca o rumo a seguir.

(Euclides da Cunha. *Os sertões*. São Paulo: Círculo do Livro, 1975. p. 38.)

O sertanejo é, antes de tudo, um forte. Não tem o raquitismo exaustivo dos mestiços neurastênicos do litoral.

A sua aparência, entretanto, ao primeiro lance de vista, revela o contrário. Falta-lhe a plástica impecável, o desempenho, a estrutura corretíssima das organizações atléticas.

É desgracioso, desengonçado, torto. Hércules-Quasímodo, reflete no aspecto a fealdade típica dos fracos. O andar sem firmeza, sem aprumo, quase gigante e sinuoso, aparenta a translação de membros desarticulados.

Mulheres e crianças prisioneiras na Guerra de Canudos, em foto de 1897, de Flávio de Barros.

[...]

Reflete a preguiça invencível, a atonia muscular perene, em tudo: na palavra remorada, no gesto contrafeito, no andar desaprumado, na cadência langorosa das modinhas, na tendência constante à imobilidade e à quietude.

Entretanto, toda esta aparência de cansaço ilude.

Nada é mais surpreendedor do que vê-la desaparecer de improviso. Naquela organização combalida operam-se, em segundos, transmutações completas. Basta o aparecimento de qualquer incidente exigindo-lhe o desencadear das energias adormidas. O homem transfigura-se. Empertiga-se, estadeando novos relevos, novas linhas na estatura

adormido: adormecido.

atonia: perda do tônus, das forças.

estadear: manifestar, demonstrar.

Hércules: personagem da mitologia caracterizado por ter uma força incomum.

neurastênico: fraco, irritado.

Quasímodo: personagem corcunda da obra *O corcunda de Notre Dame*, de Victor Hugo.

remorado: adiado, retardado.

tabaréu: soldado inexperiente; pessoa inapta para fazer alguma coisa; caipira.

titã: personagem da mitologia; pessoa dotada de força extraordinária.

transmutação: ato ou efeito de transformar-se.

e no gesto; e a cabeça firma-se-lhe, alta, sobre os ombros possantes, aclarado pelo olhar desassombrado e forte; [...] e da figura vulgar do tabaréu canhestro, reponta, inesperadamente, o aspecto dominador de um titã acobreado e potente, num desdobramento surpreendente de força e agilidade extraordinárias.

(Idem, p. 92-93.)

Decididamente era indispensável que a campanha de Canudos tivesse um objetivo superior à função estúpida e bem pouco gloriosa de destruir um povoado dos sertões. Havia um inimigo mais sério a combater, em guerra mais demorada e digna. Toda aquela campanha seria um crime inútil e bárbaro, se não se aproveitassem os caminhos abertos à artilharia para uma propaganda tenaz, contínua e persistente, visando trazer para o nosso tempo e incorporar à nossa existência aqueles rudes compatriotas retardatários.

[...]

Fechemos este livro.

tenaz: firme.

Canudos não se rendeu. Exemplo único em toda a história, resistiu até ao esgotamento completo. Expugnado palmo a palmo, na precisão integral do termo, caiu no dia 5, ao entardecer, quando caíram os seus últimos defensores, que todos morreram. Eram quatro apenas: um velho, dois homens feitos e uma criança, na frente dos quais rugiam raivosamente cinco mil soldados.

(Idem, p. 405 e 476.)

Guerra de Canudos, adaptação da obra de Euclides da Cunha.

No dia 17 de abril de 1996, no estado brasileiro do Pará, perto de uma povoação chamada Eldorado dos Carajás (Eldorado: como pode ser sarcástico o destino de certas palavras...), 155 soldados da polícia militarizada, armados de espingardas e metralhadoras, abriram fogo contra uma manifestação de camponeses que bloqueavam a estrada em ação de protesto pelo atraso dos procedimentos legais de expropriação de terras, como parte do esboço ou simulacro de uma suposta reforma agrária na qual, entre avanços mínimos e dramáticos recuos, se gastaram já cinquenta anos, sem que alguma vez tivesse sido dada suficiente satisfação aos gravíssimos problemas de subsistência (seria mais rigoroso dizer sobrevivência) dos trabalhadores do campo. Naquele dia, no chão de Eldorado dos Carajás ficaram 19 mortos, além de umas quantas dezenas de pessoas feridas.

Passados três meses sobre este sangrento acontecimento, a polícia do estado do Pará, arvorando-se a si mesma em juiz numa causa em que, obviamente, só poderia ser a parte acusada, veio a público declarar inocentes de qualquer culpa os seus 155 sol-

Capa do livro *Terra*, de Sebastião Salgado, obra de fotografias que registram momentos relativamente recentes da histórica luta pela posse da terra no Brasil.

dados, alegando que tinham agido em legítima defesa, e, como se isto lhe parecesse pouco, reclamou processamento judicial contra três dos camponeses, por desacato, lesões e detenção ilegal de armas. O arsenal bélico dos manifestantes era constituído por três pistolas, pedras e instrumentos de lavoura mais ou menos manejáveis. Demasiado sabemos que, muito antes da invenção das primeiras armas de fogo, já as pedras, as foices e os chuços haviam sido considerados ilegais nas mãos daqueles que, obrigados pela necessidade a reclamar pão para comer e terra para trabalhar, encontraram pela frente a polícia militarizada do tempo, armada de espadas, lanças e alabardas. Ao contrário do que geralmente se pretende fazer acreditar, não há nada mais fácil de compreender que a história do mundo, que muita gente ilustrada ainda teima em afirmar ser complicada demais para o entendimento rude do povo.

> **alabarda**: arma antiga, formada por haste de madeira em ferro largo e pontiagudo, atravessado por outro em forma de meia-lua.
>
> **chuço**: vara ou pau armado de ponta de ferro ou de aço.
>
> **simulacro**: ação simulada, falsificação.

(José Saramago. In: Sebastião Salgado. *Terra*. São Paulo: Companhia das Letras, 1997. p. 11.)

O sebastianismo no Brasil

A partir das fontes orais que recolheu, Euclides recriou o imaginário coletivo dos seguidores do Conselheiro. Propôs uma outra interpretação de Canudos, não como centro de uma conspiração monárquica, mas enquanto comunidade messiânica, em que haveria a espera do rei português D. Sebastião, que voltaria, com seus exércitos, para derrotar as forças da República. Foi assim revivido no Belo Monte o mito do retorno glorioso de D. Sebastião, morto em batalha em 1578, na tentativa de expandir os domínios portugueses na África. O sebastianismo se manteve em Portugal até o século XIX e se manifestou no Brasil em movimentos messiânicos, como na Cidade do Paraíso Terrestre e em Pedra Bonita, ambos em Pernambuco, ou no Contestado, no sul do país.

(Roberto Ventura. Do mar se fez o sertão: Euclides da Cunha e Canudos. www.euclidesdacunha.org/ventura.htm)

1. De acordo com o texto I, como se caracteriza o lugar onde vive o sertanejo?

2. No texto II, contrapondo o sertanejo ao homem do litoral, o narrador descreve os aspectos contraditórios da constituição física e do comportamento do sertanejo.

a) Explicite essa contradição.

b) Que personagens da literatura foram utilizadas para dar ideia de quanto a figura do sertanejo é contraditória?

c) Na oposição entre o homem do litoral e o sertanejo, interprete: Quem é o mais forte, segundo o ponto de vista do narrador? Justifique sua resposta.

3. No 1º parágrafo do texto III, o autor critica a guerra em si e afirma que outra "guerra mais demorada e digna" deveria ser travada. Qual é essa guerra?

Euclides: do preconceito racial a uma visão crítica

Quando desembarcou no sertão, o jovem engenheiro e ex-militar, positivista e republicano convicto, estava certo de que encontraria apenas uma manifestação da brutalidade dos miscigenados caboclos da região. Pelo menos, assim rezava a cartilha intelectual de quem conhecia e apreciava teóricos racistas europeus da pureza racial e da superioridade dos povos. Os fatos se encarregaram de mudar seu ponto de vista, ao perceber que os verdadeiros selvagens trajavam farda.

(*Superinteressante*, nov. 1993.)

4. O relato de Euclides da Cunha revela influência da ciência da época e, ao mesmo tempo, o empenho em chegar à verdade dos fatos.

a) Identifique no texto II um trecho que comprove a influência de teorias raciais existentes no começo do século XX.

b) Os textos I, II e III são trechos, respectivamente, das três partes que constituem a obra *Os sertões*: "A terra", "O homem" e "A luta". Por que se pode afirmar que a própria estrutura da obra revela uma concepção naturalista?

c) Euclides não aceita a versão oficial dada pelo Exército: a de que Canudos era um foco monarquista. Na visão do autor, quais tinham sido as causas daquele fenômeno social?

5. No texto IV, José Saramago comenta o massacre ao movimento dos sem-terra ocorrido em Eldorado dos Carajás, no Pará, em 1996. Compare o texto de Saramago aos outros três textos.

a) O que há em comum entre o movimento de Canudos e a luta pela reforma agrária encabeçada pelo movimento dos sem-terra?

b) Que semelhanças existem entre o massacre de Carajás e o de Canudos quanto às condições de armamento dos soldados e da população civil?

c) Que semelhança existe entre a versão oficial dada à guerra de Canudos e a apuração que a própria polícia fez dos atos de violência cometidos em Carajás?

6. José Saramago conclui seu texto afirmando: "Ao contrário do que geralmente se pretende fazer acreditar, não há nada mais fácil de compreender que a história do mundo, que muita gente ilustrada ainda teima em afirmar ser complicada demais para o entendimento rude do povo".

a) Tomando como base os acontecimentos de Canudos e Carajás, levante hipóteses: De acordo com o ponto de vista de Saramago, o que essencialmente caracteriza a "história do mundo"?

b) Na sua opinião, o povo é capaz de compreender a história do mundo? Por quê?

Diálogos com Canudos e *Os sertões*

Canudos e a obra de Euclides da Cunha têm suscitado inúmeros diálogos com artistas contemporâneos, em diferentes linguagens.

No campo da literatura, por exemplo, diversos autores, nacionais e estrangeiros, escreveram sobre o tema. Destacam-se as obras *A guerra do fim do mundo* (Alfaguara Brasil), do peruano Mario Vargas Llosa, e *Veredicto em Canudos* (Companhia das Letras), do húngaro Sándor Márai.

Em quadrinhos, Jô Oliveira criou *A guerra do Reino Divino*, que situa o rei português D. Sebastião em meio aos movimentos messiânicos do sertão brasileiro.

Na música, o compositor Gereba lançou o CD *Canudos* (CPC - UMES) em 1997.

Editora Objetiva

LIMA BARRETO: A HISTÓRIA DOS VENCIDOS

O escritor carioca Lima Barreto (1881-1922) é hoje considerado um dos principais romancistas brasileiros, embora sua importância literária tenha sido reconhecida aos poucos e se firmado apenas nas últimas décadas. Mulato, pobre, orgulhoso de suas origens, ferino e severo em suas críticas, alcoólatra e subversivo, Lima Barreto foi incompreendido pela crítica de seu tempo e alcançou em vida apenas uma relativa popularidade.

Além do preconceito de que sempre foi vítima, por ser mulato e alcoólatra, sua distância em relação ao grupo paulista que daria início à revolução modernista na literatura e nas artes também pode explicar seu ofuscamento como escritor.

Agência Estado

: Lima Barreto em foto tirada em 1919, quando internado no Hospício Nacional, no Rio de Janeiro.

Lima Barreto foi um dos poucos em nossa literatura que combateram o preconceito racial e a discriminação social do negro e do mulato. Essa abordagem está presente, por exemplo, nos romances *Clara dos Anjos*, *Vida e morte de M. J. Gonzaga de Sá* e no quase autobiográfico *Recordações do escrivão Isaías Caminha*. Escreveu ainda um curioso romance, *Cemitério dos vivos*, que ficou inacabado, resultado de suas observações e reflexões nas duas vezes em que, por alcoolismo, esteve internado num hospício.

Em 2004, foi publicada *Toda crônica*, obra em dois volumes que reúne 435 crônicas de Lima Barreto escritas entre 1900 e 1922, ano de sua morte. No ano seguinte, ocorreu a primeira publicação de *Cemitério dos vivos*.

Escritor de seu tempo e de sua terra, Lima Barreto anotou e registrou, asperamente, quase todos os acontecimentos da República. Embora no plano pessoal fosse conservador em relação às novidades trazidas pela modernidade, como o cinema, os arranha-céus e o futebol, em sua obra registra de forma crítica os episódios da insurreição antiflorianista, a campanha contra a febre amarela, a política de valorização do café, o governo do marechal Hermes da Fonseca, a participação do Brasil na Primeira Guerra Mundial, etc.

A paixão de Lima Barreto por sua cidade, o Rio de Janeiro, com seus subúrbios, sua gente pobre e seus dramas humildes, também está presente nas obras do escritor, assim como a crítica a figuras da classe média que lutam desesperadamente para ascender socialmente ou a políticos da época, sarcasticamente retratados, pela mania de ostentação, pelo vazio intelectual e pela ganância.

Triste fim de Policarpo Quaresma: entre o ideal e o real

Contextualizado no fim do século XIX, no Rio de Janeiro, *Triste fim de Policarpo Quaresma*, o principal romance de Lima Barreto, narra os ideais e a frustração do funcionário público Policarpo Quaresma, homem metódico e nacionalista fanático.

Sonhador e ingênuo, Policarpo dedica a vida a estudar as riquezas do país: a cultura popular, a fauna, a flora, os rios, etc. Sua primeira decepção se dá quando sugere a substituição do português, como língua oficial, pelo tupi. O resultado é sua internação em um hospício.

Aposentado, confiante na fertilidade do solo brasileiro, dedica-se à agricultura no sítio Sossego. Contudo, depara-se com uma dura realidade: a esterilidade do solo, o ataque das saúvas, a falta de apoio ao pequeno agricultor.

Por fim, com a eclosão da Revolta da Armada, no Rio de Janeiro, Quaresma apoia o então presidente, o marechal Floriano Peixoto, e participa do conflito como voluntário. No cargo de carcereiro, critica as injustiças que vê serem praticadas contra os prisioneiros. Em razão dessas críticas, é preso e condenado ao fuzilamento por ordem do próprio Floriano, seu ídolo.

Além de fazer uma descrição política do país no início da República, a obra traça um rico painel social e humano dos subúrbios cariocas na virada do século. Aposentados, profissionais liberais, moças casadoiras, carreiristas, músicos, donas de casa, o mulato – esse é o universo retratado por

Diálogos com Policarpo Quaresma

O médico e escritor gaúcho Moacyr Scliar mostrou que ler pode ser muito divertido, principalmente se o leitor for um jovem que gosta de informática. Em sua obra *Ataque do Comando P. Q.* (Ática), Scliar conta a história de Caco, um adolescente que, por sua intimidade com computadores, é convidado a desvendar as misteriosas mensagens que chegam às telas dos computadores da prefeitura, invadidos por um *hacker*. Como as mensagens estão relacionadas com *Triste fim de Policarpo Quaresma*, de Lima Barreto, Caco conta com a ajuda de seu professor de literatura para desvendar o mistério. Diversão certa, que vale a pena conferir.

Editora Ática

Lima Barreto em *Triste fim...* Destacam-se, nesse conjunto, as personagens Ismênia, que, tendo sido educada para o casamento, enlouquece quando abandonada pelo noivo; Olga, sobrinha de Policarpo, que difere da maioria das mulheres por ser mais independente; e o violonista e cantor de modinhas Ricardo Coração-dos-Outros, amigo de Policarpo.

LEITURA

O fragmento a seguir situa-se no último capítulo de *Triste fim de Policarpo Quaresma* e mostra Quaresma logo após ter denunciado ao presidente marechal Floriano Peixoto as injustiças feitas aos prisioneiros na prisão.

Como lhe parecia ilógico com ele mesmo estar ali metido naquele estreito calabouço. Pois ele, o Quaresma plácido, o Quaresma de tão profundos pensamentos patrióticos, merecia aquele triste fim?

[...]

Por que estava preso? Ao certo não sabia; o oficial que o conduzira nada lhe quisera dizer; e, desde que saíra da ilha das Enxadas para a das Cobras, não trocara palavra com ninguém, não vira nenhum conhecido no caminho [...]. Entretanto, ele atribuía a prisão à carta que escrevera ao presidente, protestando contra a cena que presenciara na véspera.

Não se pudera conter. Aquela leva de desgraçados a sair assim, a desoras, escolhidos a esmo, para uma carniçaria distante, falara fundo a todos os seus sentimentos; pusera diante dos seus olhos todos os seus princípios morais; desafiara a sua coragem moral e a sua solidariedade humana; e ele escrevera a carta com veemência, com paixão, indignado. Nada omitiu do seu pensamento; falou claro, franca e nitidamente.

Devia ser por isso que ele estava ali naquela masmorra, engaiolado, trancafiado, isolado dos seus semelhantes como uma fera, como um criminoso, sepultado na treva, sofrendo umidade, misturado com os seus detritos, quase sem comer... Como acabarei? Como acabarei? E a pergunta lhe vinha, no meio da revoada de pensamentos que aquela angústia provocava pensar. Não havia base para qualquer hipótese. Era de conduta tão irregular e incerta o Governo que tudo ele podia esperar: a liberdade ou a morte, mais esta que aquela.

O tempo estava de morte, de carnificina; todos tinham sede de matar, para afirmar mais a vitória e senti-la bem na consciência cousa sua, própria, e altamente honrosa.

Iria morrer, quem sabe se naquela noite mesmo? E que tinha ele feito de sua vida? Nada. Levara toda ela atrás da miragem de estudar a pátria, por amá-la e querê-la muito, no intuito de contribuir para a sua felicidade e prosperidade. Gastara sua mocidade nisso, a sua virilidade também; e, agora que estava na velhice, como ela o recompensava, como ela o premiava, como ela o condecorava? Matando-o. E o que não deixara de ver, de gozar, de fruir, na sua vida? Tudo. Não brincara, não pandegara, não amara —

Editora Desiderata

todo esse lado da existência que parece fugir um pouco à sua tristeza necessária, ele não vira, ele não provara, ele não experimentara.

Desde dezoito anos que o tal patriotismo lhe absorvia e por ele fizera a tolice de estudar inutilidades. Que lhe importavam os rios? Eram grandes? Pois que fossem... Em que lhe contribuiria para a felicidade saber o nome dos heróis do Brasil? Em nada... O importante é que ele tivesse sido feliz. Foi? Não. Lembrou-se das suas cousas de tupi, do folclore, das suas tentativas agrícolas... Restava disso tudo em sua alma uma satisfação? Nenhuma! Nenhuma!

O tupi encontrou a incredulidade geral, o riso, a mofa, o escárnio; e levou-o à loucura. Uma decepção. E a agricultura? Nada. As terras não eram ferazes e ela não era fácil como diziam os livros. Outra decepção. E, quando o seu patriotismo se fizera combatente, o que achara? Decepções. Onde estava a doçura de nossa gente? Pois ele não a viu combater como feras? Pois não a via matar prisioneiros, inúmeros? Outra decepção. A sua vida era uma decepção, uma série, melhor, um encadeamento de decepções.

(São Paulo: Saraiva, 2007. p. 199-201.)

> **desora:** tarde da noite, altas horas.
> **feraz:** muito produtivo, fecundo, fértil.
> **fruir:** desfrutar, aproveitar, gozar.
> **mofa:** zombaria, troça.
> **pandegar:** viver em festa.

1. Policarpo Quaresma participava, ao lado de Floriano Peixoto, na Revolta da Armada, quando foi preso. De acordo com as pistas do texto, levante hipóteses:

   a) Por que Quaresma foi preso?

   b) O que provavelmente ele viu na prisão que o teria levado a escrever a carta-denúncia?

   c) Como Quaresma supõe que Floriano Peixoto interpretou essa iniciativa dele?

: Lima Barreto em caricatura de 1919, por Hugo Pires.

2. Na prisão, Quaresma faz uma retrospectiva e uma avaliação de sua vida, de sua conduta e de seus valores. A que conclusão chega?

3. Observe estes fragmentos do texto:

   > "e, agora que estava na velhice, como ela [a pátria] o recompensava, como ela o premiava, como ela o condecorava? Matando-o."

   > "Onde estava a doçura de nossa gente? Pois ele não a viu combater como feras?"

   a) Nesses fragmentos, a quem Quaresma atribui a responsabilidade, respectivamente, por sua prisão e pela violência da guerra?

   b) Quem, na verdade, tinha responsabilidade por tais ocorrências?

   c) Apesar de Quaresma fazer uma autocrítica, que característica da personagem ainda se mantém nesses fragmentos?

4. No texto, é empregada a técnica do discurso indireto livre. Identifique um trecho em que tal recurso foi utilizado e explique o efeito de sentido que ele provoca no texto.

5. No final do texto se lê: "A sua vida era uma decepção, uma série, melhor, um encadeamento de decepções". Explique a diferença de sentido entre "série de decepções" e "encadeamento de decepções".

6. Policarpo Quaresma, muitas vezes associado a D. Quixote, personagem de Miguel de Cervantes, é um típico herói problemático. Explique por quê.

7. Pode-se dizer que o romance *Triste fim de Policarpo Quaresma* faz uma crítica à sociedade da época. Qual é o alvo dessa crítica?

Reprodução

MONTEIRO LOBATO: UM DÍNAMO EM MOVIMENTO

Monteiro Lobato (1882-1948), paulista de Taubaté, foi um dos escritores brasileiros de maior prestígio, em consequência de sua atuação como intelectual polêmico e autor de histórias infantis.

Sua ação foi além do círculo literário, tendo se estendido também para o âmbito da luta política e social. Moralista e doutrinador, aspirava ao progresso material e mental do povo brasileiro. Com a personagem Jeca Tatu – um típico caipira acomodado e miserável do interior paulista –, por

Biblioteca Municipal de Frankfurt am Main

: Monteiro Lobato.

exemplo, Lobato criticava a face de um Brasil agrário, atrasado e ignorante, cheio de vícios e vermes. Seu ideal de país era um Brasil moderno, estimulado pela ciência e pelo progresso.

De fazendeiro, Lobato passou ao ramo editorial. Criou a Monteiro Lobato & Cia., a primeira editora nacional, e mais tarde a Companhia Editora Nacional e a Editora Brasiliense.

Nacionalista, envolveu-se na década de 1930 com a luta pela defesa das reservas naturais brasileiras, que vinham sendo inescrupulosamente exploradas por grandes empresas multinacionais. Com a publicação de *O escândalo do petróleo* (1936), denunciou o jogo de interesses relacionado com a extração do petróleo e a ligação das autoridades brasileiras com interesses internacionais. Em 1941, já durante a ditadura de Vargas, foi preso por ataques ao governo, fato que provocou intensa comoção no país inteiro.

A obra

Monteiro Lobato situa-se entre os autores regionalistas do Pré-Modernismo e destaca-se no gênero *conto*. O universo retratado por ele geralmente são os vilarejos decadentes do Vale do Paraíba (região paulista entre São Paulo e Rio de Janeiro) na época da crise do plantio do café, como se vê neste trecho de um conto de *Cidades mortas*:

> A cidadezinha, onde moro, lembra soldado que fraqueasse na marcha e, não podendo acompanhar o batalhão, à beira do caminho se deixasse ficar, exausto e só, com os olhos saudosos pousados na nuvem de poeira erguida além.
>
> Desviou-se dela a civilização. O telégrafo não a põe à fala com o resto do mundo, nem as estradas de ferro se lembram de uni-la à rede por intermédio de humilde ramalzinho.
>
> O mundo esqueceu Oblivion, que já foi rica e lépida, como os homens esquecem a atriz famosa logo que se lhe desbota a mocidade. E sua vida de vovó entrevada, sem netos, sem esperança, é humilde e quieta como a do urupê escondido no sombrio dos grotões. [...]
>
> ("A vida em Oblivion". *Cidades mortas*. 14. ed. São Paulo: Brasiliense, 1972. p. 6.)

Marc Ferrez/Coleção Gilberto Ferrez/Acervo Instituto Moreira Salles

: Escravos trabalhando em fazenda de café, em 1882, no Vale do Paraíba.

Ou as consequências da decadência da cultura cafeeira para os moradores das pequenas cidades:

> Da geração nova, os rapazes debandam cedo, quase meninos ainda; só ficam as moças – sempre fincadas de cotovelos à janela, negaceando um marido que é um mito em terra assim, donde os casadouros fogem. Pescam, às vezes, as mais jeitosas, o seu promotorzinho, o seu delegadozinho de carreira – e o caso vira prodigioso acontecimento estórico, criador de lendas.
>
> (Idem, p. 4.)

Escritor sem nenhuma pretensão de promover renovação psicológica ou estética, Lobato foi antes de tudo um extraordinário contador de histórias, de casos interessantes, preso ainda a certos modelos realistas. Dono de um estilo cuidadoso, não perdeu oportunidade para criticar certos hábitos brasileiros, como a obediência a modelos estrangeiros, a subserviência ao capitalismo internacional, a submissão das massas eleitorais, o nacionalismo ufanista cego, etc.

Apesar de ideologicamente avançado, do ponto de vista artístico mostrou-se conservador quando começaram a surgir as primeiras manifestações modernistas em São Paulo. Ficou famoso o seu polêmico artigo intitulado "Paranoia ou mistificação", publicado no jornal *O Estado de S. Paulo* em 1917. Nele Lobato criticava violentamente a exposição de pinturas expressionistas de Anita Malfatti, pintora paulista recém-chegada da Europa, considerando seu trabalho resultado de uma deformação mental. Apesar disso, na década de 1920, na condição de integrante da direção da *Revista do Brasil*, Lobato acabou sendo um dos colaboradores do movimento de divulgação das ideias modernistas.

Um Lobato desconhecido

Em 2005, com a publicação de *Quando o carteiro chegou...*, a professora e pesquisadora da Unicamp Marisa Lajolo revelou ao país um lado desconhecido do escritor paulista: o sentimental.

O livro reúne postais enviados por Monteiro Lobato a sua noiva (e futura esposa) Purezinha.

Lobato vivia então em Taubaté, onde procurava emprego como advogado, e Purezinha (Maria Pureza da Natividade) era professora em São Paulo. Numa época em que nem telefone nem Internet existiam, os cartões-postais foram, durante dois anos, o principal veículo de comunicação entre os dois.

Esses cartões, cuja leitura é prazerosa por si só, são também um importante registro de como os jovens namoravam no início do século XX.

A literatura infantil

Monteiro Lobato foi também um dos primeiros autores de literatura infantil em nosso país e em toda a América Latina. Personagens como Narizinho, Pedrinho, a boneca Emília, Dona Benta, Tia Nastácia, o Visconde de Sabugosa e o porco Rabicó ficaram conhecidas por inúmeras gerações de crianças de vários países.

Na década de 1970, as histórias da turma foram adaptadas para a TV e levadas ao ar no programa seriado *Sítio do Picapau Amarelo*.

Tal qual no conjunto de suas obras, também na produção infantil Lobato aproveitou para transmitir às crianças valores morais, conhecimentos sobre nosso país, nossas tradições (como o saci), nossa língua.

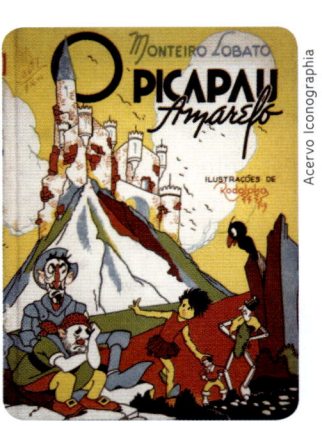

: *O Picapau Amarelo* (1939), de Monteiro Lobato.

Na crônica *Urupês*, Monteiro Lobato traça o perfil do caipira, o Jeca Tatu, que ele imortalizou em nossa literatura. O texto a seguir é um fragmento dessa crônica.

Jeca Tatu é um piraquara do Paraíba, maravilhoso epítome de carne onde se resumem todas as características da espécie.

Ei-lo que vem falar ao patrão. Entrou, saudou. Seu primeiro movimento após prender entre os lábios a palha de milho, sacar o rolete de fumo e disparar a cusparada d'esguicho, é sentar-se jeitosamente sobre os calcanhares. Só então destrava a língua e a inteligência.

— "Não vê que..."

De pé ou sentado as ideias se lhe entramam, a língua emperra e não há de dizer coisa com coisa.

De noite, na choça de palha, acocora-se em frente ao fogo para "aquentá-lo", imitado da mulher e da prole.

Para comer, negociar uma barganha, ingerir um café, tostar um cabo de foice, fazê-lo noutra posição será desastre infalível. Há de ser de cócoras.

Nos mercados, para onde leva a quitanda domingueira, é de cócoras, como um faquir do Bramaputra, que vigia os cachinhos de brejaúva ou o feixe de três palmitos.

Pobre Jeca Tatu! Como és bonito no romance e feio na realidade!

Jeca mercador, Jeca lavrador, Jeca filósofo...

Quando comparece às feiras, todo mundo logo adivinha o que ele traz: sempre coisas que a natureza derrama pelo mato e ao homem só custa o gesto de espichar a mão e colher — cocos de tucum ou jissara, guabirobas, bacuparis, maracujás, jataís, pinhões, orquídeas; [...]

Seu grande cuidado é espremer todas as consequências da lei do menor esforço — e nisto vai longe.

Começa na morada. Sua casa de sapé e lama faz sorrir aos bichos que moram em toca e gargalhar ao joão-de-barro. Pura biboca de bosquímano. Mobília, nenhuma. A cama é uma espipada esteira de peri posta sobre o chão batido.

Jeca Tatu: um soco no estômago

O jornalista Roberto Pompeu de Toledo comenta sobre o significado que a personagem de Monteiro Lobato teve quando foi publicada pela primeira vez a obra *Urupês*:

Jeca Tatu é uma grande descoberta. Ou, se não uma descoberta, uma grande sacudida nas consciências. Será uma descoberta na hipótese, não desprezível, de que os brasileiros bem-nascidos e letrados não tivessem ideia, ou tivessem apenas uma ideia vaga, da existência, no subsolo do país onde se moviam, de um Brasil miserável, ignorante e desprezado. Será uma sacudida nas consciências se esses brasileiros, conhecendo esse Brasil, fingissem que ele não existia. Num caso como no outro, Jeca Tatu é um soco no estômago — no estômago da ignorância ou no da hipocrisia.

(*Veja*, nº 1588.)

Acervo Iconografia

[...]

Nenhum talher. Não é a munheca um talher completo — colher, garfo e faca a um tempo?

No mais, umas cuias, gamelinhas, um pote esbeiçado, a pichorra e a panela de feijão.

Nada de armários ou baús. A roupa, guarda-a no corpo. Só tem dois parelhos; um que traz no uso e outro na lavagem. [...]

Seus remotos avós não gozaram maiores comodidades. Seus netos não meterão quarta perna ao banco. Para quê? Vive-se bem sem isso.

Se pelotas de barro caem, abrindo seteiras na parede, Jeca não se move a repô-las. Ficam pelo resto da vida os buracos abertos, a entremostrarem nesgas de céu.

Quanto à palha do teto, apodrecida, greta em fendas por onde pinga a chuva, Jeca, em vez de remendar a tortura, limita-se, cada vez que chove, a aparar numa gamelinha a água gotejante...

Remendo... Para quê? Se uma casa dura dez anos e faltam "apenas" nove para que ele abandone aquela? Esta filosofia economiza reparos.

Um terreirinho descalvado rodeia a casa. O mato o beira. Nem árvores frutíferas, nem horta, nem flores — nada revelador de permanência.

Há mil razões para isso; porque não é sua a terra; porque se o "tocarem" não ficará nada que a outrem aproveite; porque para frutas há o mato; porque a "criação" come; porque...

— "Mas criatura, com um vedozinho por ali... A madeira está à mão, o cipó é tanto..."

Jeca, interpelado, olha para o morro coberto de moirões, olha para o terreiro nu, coça a cabeça e cuspilha.

— "Não paga a pena."

Todo o inconsciente filosofar do caboclo grulha nessa palavra atravessada de fatalismo e modorra. Nada paga a pena. Nem culturas, nem comodidades. De qualquer jeito se vive.

(22. ed. São Paulo: Brasiliense, 1978. p. 147-50.)

---

biboca: casa pequena, com cobertura de palha.

bosquímano: relativo aos bosquímanos, povo sul-africano.

Bramaputra: rio da Ásia meridional.

brejaúva: palmeira silvestre.

descalvado: com ausência de vegetação, árido.

epítome: resumo, síntese.

espipado: repuxado.

gamela: vasilha de madeira ou de barro.

grulhar: tagarelar.

modorra: prostração, preguiça.

moirão: pau que serve para esteio.

parelho: roupa de homem, geralmente calça e paletó.

peri: o mesmo que piri, junco com o qual se faz esteira.

pichorra: pequeno cântaro com bico.

piraquara: habitante das margens do rio Paraíba do Sul.

seteira: abertura longa e estreita.

vedozinho: diminutivo de vedo, tapume.

---

1. O texto descreve Jeca Tatu em três papéis: o de mercador, o de lavrador e o de filósofo. Como se sai Jeca nesses papéis?

2. Que comportamentos de Jeca comprovam a afirmação do narrador de que "Seu grande cuidado é espremer todas as consequências da lei do menor esforço"?

3. O Romantismo brasileiro, em sua vertente regionalista, enalteceu o homem rural, tanto o do Sul quanto o do Norte, idealizando-o ou tratando-o como herói. A personagem Jeca Tatu, de Lobato, confirma ou nega o tratamento romântico dado ao homem rural? Por quê?

4. Em suas obras, Lobato busca compreender as causas do comportamento desinteressado do caboclo paulista e acaba atribuindo à preguiça a responsabilidade principal. Contudo, o narrador, ou o próprio Lobato, afirma no texto lido: "nada revelador de permanência". Confronte esse dado com o texto que segue, do crítico Silviano Santiago:

> Para se chegar ao diagnóstico sobre o atraso do Jeca Tatu, o "médico" [Lobato] neutralizou os efeitos nocivos causados por ele e seus pares na constituição do miserável objeto de estudo e, por isso, Lobato posava de libertador do povo e, no entanto, era injusto e impiedoso para com esse povo. Lobato se esqueceu de que ele e demais latifundiários amigos eram os verdadeiros parasitas dos antepassados dos atuais agregados, como o tinham sido dos velhos escravos. É na condição de também parasita que competia a ele diagnosticar os males do caboclo-parasita. Os defeitos do explorador do trabalho alheio (do latifundiário) se escondem para que mais salientem a indolência do explorado (do caboclo).
>
> (Um dínamo em movimento. *Folha de S. Paulo*, 28/6/1998.)

a) Relacionando o comentário de Lobato ao do crítico Silviano Santiago, responda: Que outra causa social é responsável pela falta de apego do caboclo à terra?

b) Explique este trecho de Silviano Santiago: "Lobato posava de libertador do povo e, no entanto, era injusto e impiedoso para com esse povo".

AUGUSTO DOS ANJOS: O ÁTOMO E O COSMOS

Augusto dos Anjos (1884-1914) nasceu em Pau D'Arco, na Paraíba, estudou Direito em Recife e viveu no Rio de Janeiro e em Minas Gerais. Depois de exercer a profissão de advogado, foi promotor e professor de literatura.

Como poeta, produziu textos de grande originalidade. Considerado por alguns como poeta simbolista, Augusto dos Anjos é na verdade representante de uma experiência única na literatura universal: a união do Simbolismo com o cientificismo naturalista. Por isso, dado o caráter sincrético de sua poesia, convém situá-lo entre os pré-modernistas.

Os poemas de sua única obra, *Eu* (1912), chocam pela agressividade do vocabulário e pela visão dramaticamente angustiante da matéria, da vida e do cosmos. Compõem sua linguagem termos até então considerados antipoéticos, como *escarro*, *verme*, *germe*, etc. Os temas são igualmente inquietantes: a prostituta, as substâncias químicas que compõem o corpo humano, a decrepitude dos cadáveres, os vermes, o sêmen, etc.

Além dessa "camada científica", há na poesia do autor a dor de ser dos simbolistas, marcada por anseios e angústias existenciais, provável influência do pessimismo do filósofo alemão Arthur Schopenhauer.

Para o poeta, não há Deus nem esperança; há apenas a supremacia da ciência. Quanto ao homem, as substâncias e energias do universo que o geraram, compondo a matéria de que ele é feito — carne, sangue, instinto, células —, tudo fatalmente se arrasta para a podridão e para a decomposição, para o mal e para o nada.

Augusto dos Anjos vira personagem

A escritora Ana Miranda já romanceou a vida dos poetas Gregório de Matos e Gonçalves Dias. Em *A última quimera* (Companhia das Letras) quem vira personagem da autora é Augusto dos Anjos.

Narrada em 1ª pessoa por um suposto amigo e conterrâneo de Augusto, a obra traça um rico quadro da vida política e cultural brasileira do início do século XX, reunindo personalidades de prestígio de nossa literatura, como — além do próprio Augusto — Olavo Bilac, Raul Pompeia e Alberto de Oliveira, e inclui fatos marcantes da época, como a proclamação da República, a Revolta da Chibata e a modernização do Rio de Janeiro.

Em síntese, a poesia de Augusto dos Anjos é caracterizada pela união de duas concepções de mundo distintas: de um lado, a objetividade do átomo; de outro, a dor cósmica, que busca descobrir o sentido da existência humana. Observe alguns desses procedimentos neste soneto:

Versos íntimos

Vês?! Ninguém assistiu ao formidável
Enterro de tua última quimera.
Somente a Ingratidão — esta pantera
Foi tua companheira inseparável!

Acostuma-te à lama que te espera!
O Homem, que, nesta terra miserável,
Mora, entre feras, sente inevitável
Necessidade de também ser fera.

Toma um fósforo. Acende teu cigarro!
O beijo, amigo, é a véspera do escarro.
A mão que afaga é a mesma que apedreja.

Rodrigo Rosa

Se a alguém causa inda pena a tua chaga,
Apedreja essa mão vil que te afaga,
Escarra nessa boca que te beija!

(*Eu e outros poemas*. 30. ed. Rio de Janeiro: Livraria São José, 1965. p. 146.)

quimera: fantasia, sonho, ilusão.

Observe que, no plano da linguagem, além da novidade do vocabulário até então considerado "baixo" em poesia, como a palavra *escarro*, o poema também inova no tom coloquial e cotidiano da linguagem, como se observa na 3ª estrofe: "Toma um fósforo. Acende teu cigarro!". Note ainda o enfoque naturalista dado ao homem em sociedade: fera entre feras (ideia ligada ao determinismo, à seleção natural). A carga pessimista, por outro lado, não foge aos valores simbolistas.

Com sua poesia antilírica, Augusto dos Anjos deu início à discussão sobre o conceito de "boa poesia", preparando o terreno para a grande renovação modernista iniciada na segunda década do século XX.

Mais tarde, essa tradição do antilirismo ou da antipoesia foi retomada. João Cabral de Melo Neto, por exemplo, é um dos poetas que buscaram pôr fim ao eu lírico e à poesia dita "profunda". Na MPB, além dos Titãs, João Bosco e Aldir Blanc também exploram aspectos grotescos da realidade, como o submundo urbano do Rio de Janeiro, com suas carências e decrepitude moral. Aldir Blanc chega, inclusive, a parodiar o poema "Vandalismo", de Augusto dos Anjos, na canção "Bandalhismo", que integra o disco *Bandalhismo*, de 1980.

LEITURA

A Ideia

De onde ela vem?! De que matéria bruta
Vem essa luz que sobre as nebulosas
Cai de incógnitas criptas misteriosas
Como as estalactites duma gruta?!

Vem da psicogenética e alta luta
Do feixe de moléculas nervosas,
Que, em desintegrações maravilhosas,
Delibera, e depois, quer e executa!

Vem do encéfalo absconso que a constringe,
Chega em seguida às cordas do laringe,
Tísica, tênue, mínima, raquítica...

Quebra a força centrípeta que a amarra,
Mas, de repente, e quase morta, esbarra
No mulambo da língua paralítica!

(*Eu e outros poemas*. São Paulo: Ática, 2005. p. 54.)

: *Mulher sentada no escuro* (s/d), de Kari Van Tine.

---

centrípeta: que busca o centro.

constringir: apertar.

cripta: caverna, gruta.

encéfalo: cérebro.

molécula: a menor partícula em que uma substância pode ser dividida sem que ocorra perda de suas propriedades químicas.

mulambo: molambo; farrapo, indivíduo fraco.

nebulosa: nuvem de poeira e gás em suspensão no espaço sideral.

psicogenética: qualidade do que é a origem dos processos mentais ou psicológicos da mente e da personalidade individuais.

tísico: tuberculoso, fraco.

---

1. A linguagem do poema surpreende e modifica uma tradição poética brasileira, em grande parte construída com base em sentimentalismo, delicadezas, sonhos e fantasias.

a) Destaque do texto vocábulos empregados poeticamente por Augusto dos Anjos e tradicionalmente considerados antipoéticos.

b) De que área do conhecimento humano provêm esses vocábulos?

2. O poema pode ser dividido em duas partes: na primeira, o eu lírico pergunta sobre a origem da Ideia; na segunda, apresenta uma resposta.

a) Na 1ª estrofe, são empregadas uma metáfora e uma comparação para referir-se à Ideia. Quais são?

b) Como é a origem e o percurso da Ideia, conforme a descrição feita pelo eu lírico nas estrofes 2 e 3?

c) Nesse percurso, a Ideia mantém-se como na origem ou sofre perdas?

3. No último terceto, o eu lírico apresenta o momento em que a Ideia adquire forma.

a) Qual é o instrumento responsável por dar forma à Ideia?

b) Nesse estágio, a Ideia é reproduzida em sua plenitude?

4. Segundo a concepção do eu lírico:

a) A Ideia tem uma origem material ou imaterial? Explique.

b) O vocabulário empregado pelo eu lírico está de acordo com essa concepção?

c) Essa concepção retoma uma visão romântica do mundo interior do ser humano ou rompe com ela?

5. Identifique no texto ao menos uma característica simbolista e outra naturalista.

Para quem quer mais

Se você deseja aprofundar os seus conhecimentos sobre a literatura pré-modernista, leia os textos a seguir e, posteriormente, sozinho, em dupla ou em grupo, procure resolver as questões propostas pelo **Roteiro de estudo**. O poema "Budismo moderno" foi musicado pelo compositor Arnaldo Antunes e encontra-se no CD *Ninguém*.

Augusto dos Anjos

Budismo moderno

Tome, Dr., esta tesoura, e... corte
Minha singularíssima pessoa.
Que importa a mim que a bicharia roa
Todo o meu coração, depois da morte?!

Ah! Um urubu pousou na minha sorte!
Também, das diatomáceas da lagoa
A criptógama cápsula se esbroa
Ao contacto de bronca destra forte!

Dissolva-se, portanto, minha vida
Igualmente a uma célula caída
Na aberração de um óvulo infecundo;

Mas o agregado abstrato das saudades
Fique batendo nas perpétuas grades
Do último verso que eu fizer no mundo!

(*Eu e outros poemas*. 30. ed. Rio de Janeiro: Livraria São José, 1965. p. 146.)

Graça Aranha

Não acredito que da fusão com espécies radicalmente incapazes resulte uma raça sobre que se possa desenvolver a civilização. Será sempre uma cultura inferior, civilização de mulatos, eternos escravos em revoltas e quedas [...]. Não, Milkau, a força é eterna e não desaparecerá; cada dia ela subjugará o escravo. Essa civilização, que é o sonho da democracia, da fraternidade, é uma triste negação de toda arte, de toda a liberdade e da própria vida. [...]

O mundo é uma expressão da harmonia e do amor universal. [...] Os seres são desiguais, mas, para chegarmos à unidade, cada um tem de contribuir com uma porção de amor. O mal está na força, é necessário renunciar a toda a autoridade, a todo o governo, a toda a posse, a toda a violência.

(Apud Alfredo Bosi. *História concisa da literatura brasileira*. São
Paulo: Cultrix, 1972. p. 367-8.)

• Roteiro de estudo •

Ao final da leitura, você deverá ser capaz de:

• Identificar no soneto de Augusto dos Anjos imagens inusitadas que aproximam o texto das propostas de ilogismo e absurdo que seriam feitas pelo Surrealismo cerca de vinte anos mais tarde.

• Relacionar o soneto de Augusto dos Anjos ao Simbolismo e ao Naturalismo e observar pontos de contato entre essas estéticas e o poema.

• Identificar no texto de Graça Aranha qual das partes é a expressão do pensamento de Lentz, ou seja, de uma visão colonialista e imperialista, e qual delas é a expressão do pensamento de Milkau, que defende uma visão evolucionista humanitária. Justificar as respostas.

Para quem quer mais na Internet

Se você quer ler outros textos de Euclides da Cunha, Lima Barreto, Augusto dos Anjos, Monteiro Lobato e Graça Aranha, acesse nosso *site*: http://www.atualeditora.com.br/pl/paraquemquermais.

Museu de Arte Moderna do Rio de Janeiro, RJ

: *O barco* (1915), de Anita Malfatti.

CAPÍTULO
25

A linguagem do Modernismo

No início do século XX, uma verdadeira revolução começou a ocorrer nas artes em geral.
Na literatura não foi diferente: envolvidos por um espírito demolidor, os escritores voltaram-se contra o academicismo e romperam com os padrões estéticos vigentes.
Avessos às regras, os modernistas propuseram as "palavras em liberdade".

Você vai ler, a seguir, três poemas: o primeiro é de Guillaume Apollinaire, um dos principais poetas do Cubismo francês e amigo dos pintores Picasso e Braque; o segundo é de Mário de Andrade, um dos fundadores do Modernismo brasileiro; o terceiro é do poeta brasileiro Oswald de Andrade. Leia e compare os textos, observando a linguagem que apresentam.

As janelas

Do vermelho ao verde todo amarelo morre
Quando cantam as araras nas florestas natais
[...]
Aves chinesas de uma asa só voando em dupla
É preciso um poema sobre isso
Enviaremos mensagem telefônica
Traumatismo gigante
Faz escorrer os olhos
Garota bonita entre jovens turinenses
O moço pobre se assoava na gravata branca
Você vai erguer a cortina
E agora veja a janela se abre
Aranhas quando as mãos teciam a luz
Beleza palidez insondáveis violetas
Tentaremos em vão ter algum descanso
Vamos começar à meia-noite
Quando se tem tempo tem-se a liberdade
Marisco Lampreia múltiplos Sóis e o Ouriço do crepúsculo
Um velho par de sapatos amarelos diante da janela
Tours
As Torres são as ruas
[...]
Ó Paris
Do vermelho ao verde todo jovem perece
Paris Vancouver Hyère Maintenon Nova York e as Antilhas
A janela se abre como uma laranja
O belo fruto da luz

(Guillaume Apollinaire. Tradução de Décio Pignatari. In: Décio Pignatari, org. *31 poetas e 214 poemas – Do Rig-Veda e Safo a Apollinaire*. São Paulo: Companhia das Letras, 1997. p. 109-10.)

Leemage/Other Images / Hamburger Kunstalle, Hamburgo, Alemanha

: *Janelas abertas simultaneamente* (1912), do pintor cubista Delaunay, uma das obras da série "As janelas", na qual Apollinaire se inspirou para escrever o poema ao lado.

lampreia: animal marinho.

O domador

Alturas da Avenida. Bonde 3.
Asfaltos. Vastos, altos repuxos de poeira
sob o arlequinal do céu ouro-rosa-verde...
As sujidades implexas do urbanismo.
Filets de manuelino. Calvícies de Pensilvânia.

Gritos de goticismo.
Na frente o *tram* da irrigação,
Onde um Sol bruxo se dispersa
Num triunfo persa de esmeraldas, topázios e rubis...
[...]

Bilhete Postal Artistas

: Rua São Bento em cruzamento com a Rua da Quitanda, em 1929.

Mário, paga os duzentos réis.
São cinco no banco: um branco,
Um noite, um ouro,
Um cinzento de tísica e Mário...
Solicitudes! Solicitudes!

Mas... olhai, oh meus olhos saudosos dos ontens
Esse espetáculo encantado da Avenida!
Revivei, oh gaúchos paulistas ancestremente!
E oh cavalos de cólera sanguínea!

Laranja da China, laranja da China, laranja da China
Abacate, cambucá e tangerina!
Guardate! Aos aplausos do esfusiante clown,
Heroico sucessor da raça heril dos bandeirantes,
Passa galhardo um filho de imigrante,
Louramente domando um automóvel!

("pauliceia desvairada". In: Mário de Andrade. *Poesias completas.*
Belo Horizonte: Itatiaia, 2005. p. 92.)

> **ancestre:** ascendente.
>
> **arlequinal:** próprio de Arlequim.
>
> **esfusiante:** esfuziante; alegre, radiante.
>
> **galhardo:** garboso, elegante.
>
> *guardate:* do italiano, "olhai".
>
> **heril:** senhoril.
>
> **implexo:** emaranhado, enredado, entrelaçado.
>
> **repuxo:** jato de água.
>
> *tram:* do inglês, "bonde".

TEXTO III

o capoeira

— Qué apanhá sordado?
— O quê?
— Qué apanhá?
Pernas e cabeças na calçada

(Oswald de Andrade. *Poesias reunidas.* 5. ed. Rio
de Janeiro: Civilização Brasileira, 1978. p. 94.)

Mark Hamaford/Getty Images

1. À primeira vista, a linguagem modernista causa grande estranhamento, mesmo para o leitor atual. Uma das razões desse estranhamento resulta do uso da técnica da *simultaneidade de imagens*, isto é, a junção de elementos aparentemente sem relação uns com os outros. Essa técnica dá a impressão de fragmentação da realidade, como se uma câmera estivesse captando *flashes*.

   a) Identifique exemplos do emprego dessa técnica nos três poemas.

   b) Na sua opinião, em qual dos poemas a técnica da livre associação de pensamentos chega a dificultar a compreensão do texto?

2. Outro traço de destaque na arte moderna é o *urbanismo* ou a *modernidade* como tema, isto é, a valorização das cidades, do trabalho, das fábricas, da convivência das raças e de situações cotidianas.

   Na obra de alguns autores também é valorizada a noção do progresso advindo da industrialização e das máquinas.

   a) Em qual ou quais dos poemas é abordado o tema do *urbanismo*?

   b) Em qual ou quais dos poemas se nota uma visão positiva a respeito do crescimento das cidades?

3. Outra das propostas dos modernistas é trabalhar com *elementos-surpresa*, insólitos. Há ainda a inclinação para o humor, a piada, a ironia, o sarcasmo, a irreverência.

   a) Quais poemas dão mostras de humor e irreverência?

   b) Qual (ou quais) dos poemas apresenta(m) elementos-surpresa? Justifique sua resposta com elementos do texto.

4. Os poetas modernistas eram contrários a regras. Para criar, propunham as "palavras em liberdade", o que significava não se prender a regras preconcebidas. No lugar da métrica, propunham o uso do verso livre (sem um número predeterminado de sílabas poéticas); em vez de formas fixas, inventavam novas formas a cada novo poema.

a) Observe a métrica dos versos dos três poemas. Eles fazem uso do verso regular ou do verso livre?

b) Qual dos três poemas é composto em estrofes? As estrofes são regulares, isto é, todas têm o mesmo número de versos?

5. Outra manifestação da proposta de "palavras em liberdade" é o uso diferente da pontuação, de outras regras ortográficas e a busca de uma fala brasileira.

a) Como se dá o uso da pontuação nesses textos?

b) Que regra gramatical é quebrada no modo como se apresenta o título do poema de Oswald de Andrade?

c) Que outros traços modernistas podem ser observados na linguagem do poema de Oswald de Andrade?

Verso livre: quem é capaz?

Quando o Modernismo propôs o fim do verso regular, muitos acharam que tinha ficado fácil ser poeta, pois qualquer um saberia empregar o verso livre.

Com o tempo, entretanto, foi ficando claro que o emprego do verso livre, em certo sentido, é muito mais difícil que o do verso regular. Isso porque, se antes o próprio verso regular definia antecipadamente o momento em que ele devia terminar, com o verso livre isso não acontece. Cada situação exige uma solução diferente e é aí que os bons poetas, criativos e inteligentes, se destacam entre a maioria.

6. O modernismo brasileiro recebeu influência de várias correntes artísticas surgidas na Europa no início do século XX; mas, em contrapartida, representou uma retomada do *nacionalismo*, introduzido em nossa literatura pelos românticos. Que elementos do poema de Oswald de Andrade podem ser associados à valorização da cultura brasileira?

Como síntese, compare as características do Modernismo com as do Parnasianismo:

MODERNISMO	PARNASIANISMO
Nacionalismo	Universalismo (exceto em alguns poemas de Bilac)
Revisão crítica de nosso passado histórico-cultural	Apego à tradição clássica
Valorização de temas ligados ao cotidiano	Arte pela arte ou arte sobre a arte
Subjetivismo	Objetivismo
Urbanismo	Presença da mitologia greco-latina
Ironia, humor, piada, irreverência	Descritivismo
Versos livres, "palavras em liberdade"	Versos regulares, gosto pelo verso decassílabo e pelo soneto
Síntese na linguagem, fragmentação, *flashes* cinematográficos, elementos-surpresa, livre associação de ideias	Linguagem discursiva, retórica
Busca de uma língua brasileira, mais popular e coloquial	Linguagem de acordo com a norma-padrão formal da língua
Pontuação relativa	Pontuação

O TEXTO E O CONTEXTO EM PERSPECTIVA MULTIDISCIPLINAR

Leia, a seguir, o infográfico e um painel de textos que relacionam a produção literária do Modernismo ao contexto histórico, social e cultural em que o movimento floresceu.

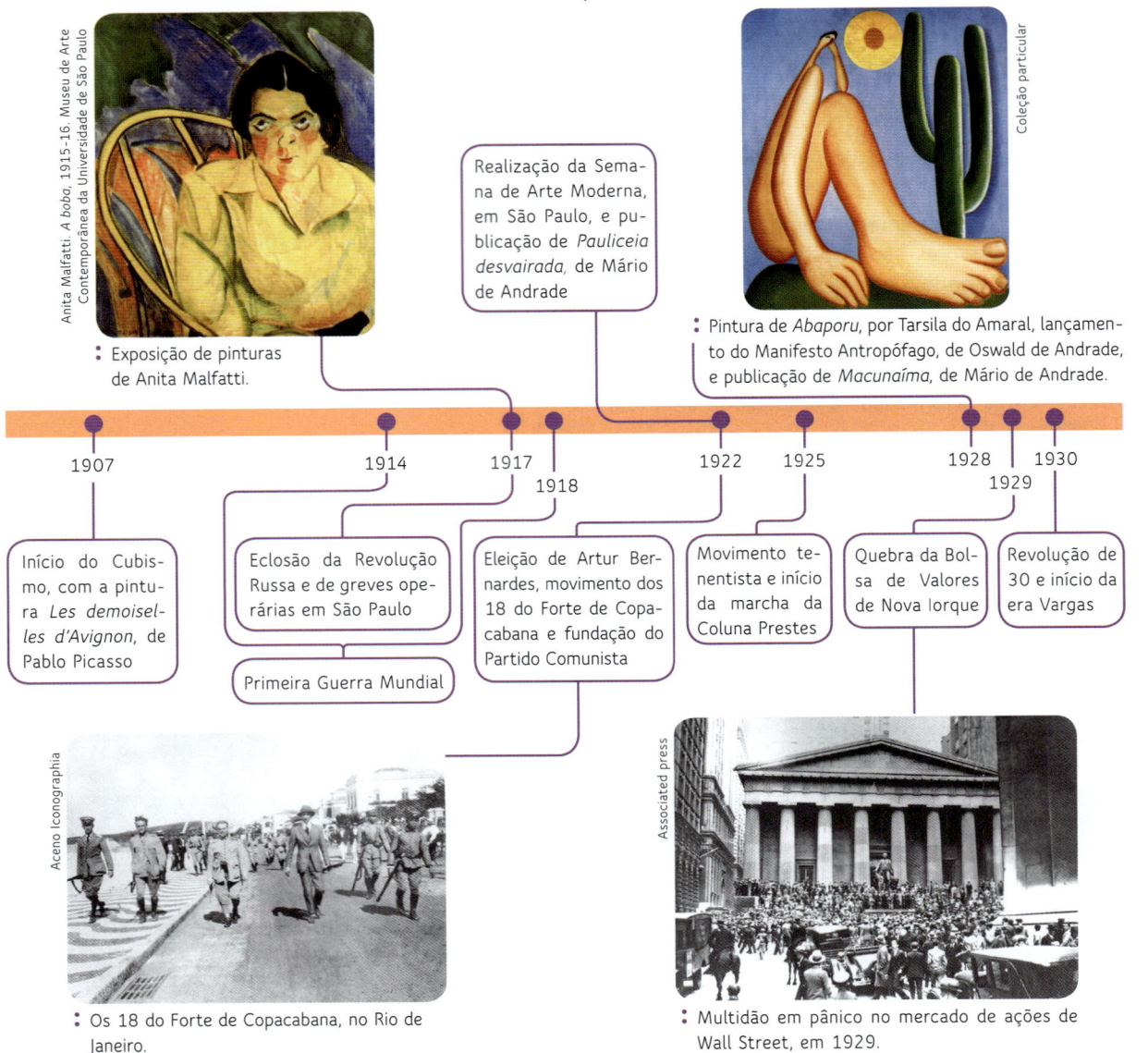

Anita Malfatti. *A boba*, 1915-16. Museu de Arte Contemporânea da Universidade de São Paulo

: Exposição de pinturas de Anita Malfatti.

Realização da Semana de Arte Moderna, em São Paulo, e publicação de *Pauliceia desvairada*, de Mário de Andrade

Coleção particular

: Pintura de *Abaporu*, por Tarsila do Amaral, lançamento do Manifesto Antropófago, de Oswald de Andrade, e publicação de *Macunaíma*, de Mário de Andrade.

1907 — **1914** — **1917** — **1918** — **1922** — **1925** — **1928** — **1929** — **1930**

Início do Cubismo, com a pintura *Les demoiselles d'Avignon*, de Pablo Picasso

Eclosão da Revolução Russa e de greves operárias em São Paulo

Primeira Guerra Mundial

Eleição de Artur Bernardes, movimento dos 18 do Forte de Copacabana e fundação do Partido Comunista

Movimento tenentista e início da marcha da Coluna Prestes

Quebra da Bolsa de Valores de Nova Iorque

Revolução de 30 e início da era Vargas

Aceno Iconographia

: Os 18 do Forte de Copacabana, no Rio de Janeiro.

Associated press

: Multidão em pânico no mercado de ações de Wall Street, em 1929.

▶ As coordenadas do século XX

O século XX daria coordenadas absolutamente inéditas ao mundo. Provocaria transformações radicais e profundas. Sob o seu signo, registra-se o apogeu da época industrial e técnica, a formação da alta burguesia e do proletariado, o estabelecimento organizado do capitalismo. A revolução burguesa passa a ser a revolução dos banqueiros. Dá-se o aperfeiçoamento das máquinas de combustão e o aproveitamento da eletricidade nas indústrias, com o seu consequente e imediato progresso. Cresce o comércio, fomenta-se o transporte, multiplica-se a produção, que, processada em larga escala, abarrota os entrepostos, gerando as rivalidades do comércio internacional. Após desenvolver-se

Photoresearchers/Latinstock

: Desfile do Exército Vermelho em Moscou, em 1959.

toda uma política armamentista febril, estoura, enfim, dentro de uma atmosfera tensa, de enervante expectativa, a primeira guerra mundial [1914].

O conflito, que inicialmente pareceria mera pendência mercantil entre duas nações poderosas e produtivas – a Inglaterra e a Alemanha –, ambas empenhadas no domínio dos mercados, envolve, posteriormente, o mundo inteiro, e, dele, seria consequência toda uma época social e econômica de novos fundamentos. O capitalismo e a política do liberalismo econômico, apoiados no individualismo e no princípio da livre concorrência, entram em estado de choque e, em breve, sofrerão os primeiros reveses, bem como buscarão, em adaptações e superações, os meios de subsistirem à sua crise. Em 1919, Mussolini já redigira a plataforma preparatória do fascismo, cujas origens estão no Manifesto Futurista, de Marinetti, ao qual, aliás, o líder político italiano após a sua assinatura.

Em 1917, a Rússia já era bolchevista e Stalin o secretário-geral do Partido Comunista, e, em 1919, sete homens se reúnem em Munich, numa cervejaria, e fundam o Partido Nacional Socialista dos Operários Alemães, sendo que o mais obscuro participante da reunião levaria o mundo, vinte anos depois, a uma conflagração universal: Adolph Hitler.

(Mário da Silva Brito. *História do Modernismo brasileiro*: antecedentes da Semana de Arte Moderna. 5. ed. Rio de Janeiro: Civilização Brasileira, 1978. p. 23-4.)

A *belle époque*

O período da literatura europeia que se estende de 1886, por aí, a 1914, corresponde, de um modo geral, ao que informalmente se denomina "belle époque". Uma de suas características, sob o ponto de vista da história literária, é a pluralidade de tendências filosóficas, científicas, sociais e literárias, advindas do realismo-naturalismo. Muitas das quais não sobreviveriam à grande guerra, transformando-se ou desaparecendo no conflito e arrastando o final do século XIX que em vão tentava ultrapassar os seus próprios limites cronológicos.

É a época das boêmias literárias, como as de Montmartre e Munique. Dessa literatura de cafés e boulevards, de transição pré-vanguardista, é que vão se originar os inúmeros –ismos que marcarão o desenvolvimento de todas as artes neste século [XX]. Esses movimentos foram, por um lado, decorrentes do culto à modernidade, resultado das transformações científicas por que passava a humanidade; e, por outro, consequência do esgotamento de técnicas e teorias estéticas que já não correspondiam à realidade do novo mundo que começava a desvendar-se.

Na França, por volta de 1900, essa inquietação estava no auge. Os escritores, embora cultuando Baudelaire, Rimbaud, Verlaine e Mallarmé [...] já não se contentavam apenas com as soluções simbolistas então em moda. Arquitetavam novas teorias culturais, experimentavam timidamente outras fórmulas expressivas, fundavam revistas e redigiam manifestos em que as ideias expostas imatura ou apressadamente seriam logo retocadas e mesmo abandonadas nos manifestos seguintes. Muitas dessas teorias e formas seriam enfatizadas nos manifestos da literatura de vanguarda, por nós aqui entendida como toda tentativa de ruptura estética, feita de maneira radical, a partir de 1909, data do primeiro manifesto futurista, publicado em Paris.

(Gilberto Mendonça Teles. *Vanguarda europeia e Modernismo brasileiro*. 9. ed. Petrópolis: Vozes, 1986. p. 39-40.)

Peça da *Art Nouveau*, corrente artística que surgiu durante a *belle époque* e foi responsável pela popularização da arte na arquitetura, nos móveis e na decoração.

O contexto brasileiro e o Modernismo

Uma simples inspeção dos números mostra que o Modernismo se vincula estreitamente a certas transformações das sociedades, determinadas em geral por fenômenos exteriores, que vêm repercutir aqui. 1922 é um ano simbólico do Brasil moderno, coincidindo com o Centenário da Independência. A Guerra Mundial de 1914-1918 influiu no crescimento da nossa indústria e no conjunto da economia, assim como nos costumes e nas relações políticas. Não apenas surge uma mentalidade renovadora na educação e nas artes, como se principia a questionar seriamente a legitimidade do sistema político, dominado pela oligarquia rural. Torna-se visível, principalmente nos Estados do Sul, que dominam a vida econômica e política, a influência da grande leva de imigrantes, que fornecem a mão de obra e quadros técnicos depois de 1890, trazendo elementos novos ao panorama material e espiritual.

Em 1922 irrompe a transformação literária [com a Semana de Arte Moderna], ocorre o primeiro dos levantes político-militares que acabariam por triunfar com a Revolução de Outubro de 1930, funda-se o Partido Comunista Brasileiro, etapa significativa da política de massas, que se esboçava e que avultaria cada vez mais.

(Antonio Candido e José Aderaldo Castello. *Presença da literatura brasileira*: Modernismo. 8. ed. São Paulo/Rio de Janeiro: Difel, 1979. p. 7-8.)

O tenentismo e seus desdobramentos

: O movimento tenentista na Revolução de 1924.

1922 – Eclode nas fileiras do Exército brasileiro, principalmente entre os tenentes, uma rebelião contra a eleição de Artur Bernardes, candidato representante da política do café com leite. Essa rebelião, que levaria à Revolta do Forte de Copacabana, marca o início do Tenentismo.

1925 – Os tenentes paulistas, juntando-se a outros revoltosos de várias partes do país, formam a Coluna Prestes, que, com 1 500 homens, marcha pelo país com o objetivo de insuflar as massas contra o governo federal.

1930 – Tem início, no Rio Grande do Sul, um movimento militar que se rebela contra o governo por não aceitar a eleição de Júlio Prestes e culmina com a Revolução de 1930.

1930-1945 – Transcorre nesse período a era Vargas, que representa uma mudança de orientação na vida política e econômica do país.

• Roteiro de estudo •

Ao final da leitura dos textos, você deverá:
- Interpretar o texto de Mário da Silva Brito e explicar por que o autor afirma que o século XX "daria coordenadas absolutamente inéditas ao mundo".
- Explicar por que a *belle époque* (1886-1914) foi um período de efervescência cultural.
- Compreender o que se costuma chamar de "literatura de vanguarda".
- Explicar por que o surgimento da arte moderna no Brasil coincide historicamente com um momento de profundas transformações econômicas, sociais e políticas de nosso país.

: *Galateia e as esferas* (1952), de Salvador Dalí, o mais importante pintor do Surrealismo.

Vanguardas em ação

Antipassadismo cultural e liberdade de criação são as marcas principais da arte moderna. Esse era o princípio que unia as diversas correntes artísticas que surgiram na Europa e no Brasil no início do século XX.

Na Europa e no Brasil, as primeiras manifestações modernistas começaram a surgir antes da Primeira Guerra Mundial (1914-1918). No Brasil, entretanto, o movimento modernista viria a consolidar-se apenas na década de 1920, após a realização da Semana de Arte Moderna (1922).

Você vai ler a seguir o *Manifesto Futurista*, do italiano Filippo Tommasio Marinetti, publicado no jornal parisiense *Le Figaro* em 1909.

1. Pretendemos cantar o amor ao perigo, o hábito da energia e do destemor.
2. A coragem, a audácia e a revolta serão os elementos essenciais da nossa poesia.
3. Até agora, a literatura exaltou a imobilidade, o êxtase e o sono pensativos. Nós tencionamos exaltar a ação agressiva, uma insônia febril, o passo do atleta, o salto mortal, o soco e a bofetada.
4. Nós afirmamos que a magnificência do mundo se enriqueceu de uma nova beleza da velocidade. Um carro de corrida cujo capô é adornado de grandes tubos, qual serpentes de hálito explosivo — um automóvel que ruge e parece cavalgar uma metralha é mais belo que a Vitória de Samotrácia.

: *Formas únicas de continuidade no espaço* (1913), de Umberto Boccioni, uma das mais importantes expressões do dinamismo proposto pelo Futurismo italiano.

Museu de Arte Moderna de Nova Iorque, Estados Unidos

5. Queremos cantar o homem ao volante, que percorre a Terra com a lança de seu espírito, traçando o círculo de sua órbita.
6. O poeta deve consumir-se de ardor, esplendor e generosidade; dilatar o fervor entusiástico dos elementos primordiais.
7. Não há beleza senão na luta. Nenhum trabalho sem caráter agressivo pode ser uma obra-prima. A poesia deve ser concebida como um ataque violento às forças desconhecidas, deve reduzi-las e prostrá-las aos pés do homem.
8. Nós estamos no último promontório dos séculos! [...] Por que olhar para trás se o que queremos é arrombar as portas misteriosas do Impossível? O Tempo e o Espaço morreram ontem. Já estamos vivendo no absoluto, porque criamos a velocidade eterna e onipresente.
9. Glorificaremos a guerra — a única higiene do mundo —, o militarismo, o patriotismo, o gesto destrutivo dos portadores da liberdade, as belas ideias pelas quais vale a pena morrer e o desprezo pela mulher.
10. Destruiremos os museus, as bibliotecas, as academias de toda sorte, combateremos o moralismo, o feminismo, toda covardia oportunista ou utilitária.
11. Nós cantaremos as grandes multidões entusiasmadas pelo trabalho, pelo prazer e pela insurreição; cantaremos as ondas multicolores e polifônicas da revolução nas capitais modernas; cantaremos o vibrante fervor noturno dos arsenais e estaleiros iluminados por luas elétricas; nuvens ambiciosas pelas linhas arqueadas de sua fumaça; pontes que atravessam rios qual ginastas gigantes, reverberando o sol com o fulgor das navalhas; vapores aventureiros que farejam o horizonte; locomotivas de peito ancho, cujas rodas lavram os trilhos como os cascos de enormes cavalos de aço arreados com tubulações; e o voo elegante dos aviões cujas hélices rascam aos ventos qual estandartes e que parecem levantar vivas qual uma multidão entusiasmada.

(In: Richard Humphreys. *Futurismo*. São Paulo: Cosac & Naify, 2001. p. 11.)

ancho: largo, amplo, espaçoso.
arqueado: curvado, em forma de arco.
fulgor: brilho, clarão, luminosidade.
promontório: parte mais alta, proeminência, saliência.

prostrar: fazer cair, lançar por terra; tirar ou perder as forças.
rascar: raspar, tirar lascas, gritar.
reverberar: refletir, brilhar, emitir luz.

1. O *Manifesto Futurista* é apresentado sob a forma de itens. Segundo o item 3 do manifesto, até aquele momento, início do século XX, a literatura tinha exaltado "a imobilidade, o êxtase e o sono pensativos".

   a) De acordo com esses atributos conferidos à literatura, como esta era vista por Marinetti?

   b) De acordo com os quatro primeiros itens, que elementos da modernidade se contrapõem ao perfil da literatura e da época anterior?

2. O automóvel, uma novidade na época em que o manifesto foi publicado, é comparado por Marinetti à *Vitória de Samotrácia*, uma das mais importantes obras da cultura clássica.

: *Vitória de Samotrácia*, de autor desconhecido, datada do século II a.C.

   a) Que significado tem a comparação feita por Marinetti?

b) Dos fragmentos que seguem, qual (ou quais) traduz(em) o mesmo espírito iconoclasta da comparação?
   • "Por que olhar para trás se o que queremos é arrombar as portas misteriosas do Impossível?"
   • "O poeta deve consumir-se de ardor, esplendor e generosidade"
   • "Destruiremos os museus, as bibliotecas, as academias de toda sorte"

3. O Futurismo italiano capta o espírito de efervescência política do período e de certa forma antevê os grandes acontecimentos políticos da época, como a Primeira Guerra Mundial (1914-1918) e a Revolução Russa (1917).

   a) Qual é o ponto de vista a respeito da guerra expresso no manifesto?

   b) Identifique no último item elementos que apontam para a valorização das revoluções populares.

4. No momento em que o texto foi publicado, a Itália ainda era pouco industrializada e pouco desenvolvida economicamente. Com o manifesto, Marinetti pretendia ajudar a levar o país à modernidade. Identifique, no item 11, elementos da modernidade que Marinetti gostaria de ver estabelecidos na Itália.

5. Não foi por acaso que, na década de 1920, o Futurismo tornou-se a arte oficial do fascismo italiano. Do ponto de vista ideológico, o movimento defendia algumas posições que hoje seriam recriminadas e consideradas politicamente incorretas. Além da defesa da guerra, que outra posição você incluiria entre as ideias "politicamente incorretas"?

AS VANGUARDAS EUROPEIAS

Na Europa não houve uma arte moderna uniforme. Houve, sim, um conjunto de tendências artísticas – muitas vezes provenientes de países diferentes – com propostas específicas, embora as aproximassem certos traços, como o sentimento de liberdade criadora, o desejo de romper com o passado, a expressão da subjetividade e certo irracionalismo.

Paris era o principal centro cultural europeu da época e o lugar de onde as novas ideias artísticas se irradiavam para o resto do mundo ocidental. Essas tendências, que surgiram na Europa antes, durante e depois da Primeira Guerra Mundial, foram consideradas correntes de vanguarda.

Vanguardas: o futuro é agora!

Do francês *avant-garde*, a palavra *vanguarda* significa "o que marcha na frente". Artística ou politicamente, *vanguardas* são grupos ou correntes que apresentam uma proposta e/ou uma prática inovadoras. Como se tivessem "antenas" que captam as tendências do futuro, as vanguardas acreditam perceber, ou compreender, antes de todos aquilo que mais tarde será o senso comum. Sua missão é, com suas ações (muitas vezes incompreendidas), antecipar o futuro, trazendo-o para o agora.

Na **Leitura** anterior, você leu o texto que deu início ao Futurismo. Vamos, agora, aprofundar os conhecimentos sobre esse movimento e conhecer as outras correntes de vanguarda.

O Futurismo: arte em movimento

Após a publicação, em 1909, do *Manifesto Futurista*, que define o *perfil ideológico* do movimento, Marinetti lançou, em 1912, o *Manifesto Técnico da Literatura Futurista*, cujas propostas representam uma verdadeira revolução literária. Entre elas, destacam-se:

- destruição da sintaxe e disposição das "palavras em liberdade";
- emprego de verbos no infinitivo, com vistas à substantivação da linguagem;
- abolição dos adjetivos e dos advérbios;
- uso de substantivo duplo, em lugar de substantivo acompanhado de adjetivo (*praça-funil*, *mulher-golfo*, por exemplo);
- abolição da pontuação, que seria substituída por sinais da matemática (+, −, :, =, >, <) e pelos sinais musicais;
- destruição do eu psicologizante.

Evidentemente, nem todas essas propostas se firmaram na literatura. Contudo, o **verso livre** ficou como uma das mais importantes contribuições do Futurismo e do Cubismo às correntes contemporâneas.

: *Ritmo do violinista* (1912), de Giacomo Balla, obra que procura captar o movimento das mãos do violinista.

Embora a área de maior penetração do Futurismo tenha sido a literatura, o movimento também encontrou ecos na pintura e na escultura, particularmente nas obras de Calos Carrà, Umberto Boccioni, Gino Severini, Luigi Russolo e Giacomo Balla. Nas telas futuristas são comuns elementos que sugerem a velocidade e a mecanização da vida moderna.

As propostas técnicas do Futurismo italiano tiveram adeptos em todo o mundo, entre os quais o escritor norte-americano Walt Whitman, o poeta português Fernando Pessoa e os poetas brasileiros Mário de Andrade e Oswald de Andrade. Veja, por exemplo, como nos seguintes versos do poema "Ode triunfal", de Fernando Pessoa, manifestam-se certos traços da poesia futurista, como o tom exaltado e exclamativo, a negação do passado e a exaltação das máquinas.

À dolorosa LUZ das grandes lâmpadas elétricas da fábrica
Tenho febre e escrevo.
Escrevo rangendo os dentes, fera para a beleza disto,
Para a beleza disto totalmente desconhecida dos antigos.

Ó rodas, ó engrenagens, r-r-r-r-r-r eterno!
[...]
Ah, poder exprimir-me todo como um motor se exprime!
Ser completo como uma máquina!
Poder ir na vida triunfante como um automóvel último-modelo!
Poder ao menos penetrar-me fisicamente de tudo isto,
Rasgar-me todo, abrir-me completamente, tornar-me passento
A todos os perfumes de óleos e calores e carvões
Desta flora estupenda, negra, artificial e insaciável!

(*Obra poética*. Rio de Janeiro: Aguilar, 1965. p. 306.)

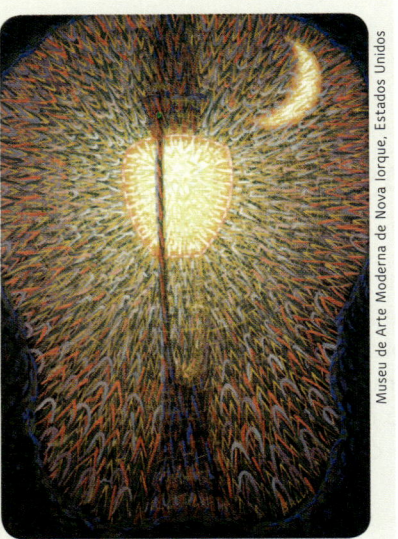

: *Poste de iluminação* (1909), de Giacomo Balla. Inspirada no *Manifesto Futurista* de Marinetti, essa pintura sobrepõe a modernidade da luz elétrica ao romantismo da Lua.

O Cubismo: a simultaneidade de perspectivas

O movimento cubista teve início na França, em 1907, com o quadro *Les demoiselles d'Avignon*, do pintor espanhol Pablo Picasso. A partir de então, em torno de Picasso e do poeta francês Apollinaire formou-se um grupo de artistas que cultivaria as técnicas cubistas até o término da Primeira Guerra Mundial, em 1918.

A convivência entre escritores e artistas plásticos desse grupo favoreceu uma rica troca de ideias e técnicas, de modo que os poetas se familiarizavam com técnicas pictóricas, enquanto os pintores assimilavam ideias filosóficas e poéticas.

Os pintores cubistas opõem-se à objetividade e à linearidade da arte renascentista e realista. Buscando novas experiências com a perspectiva, procuram decompor os objetos representando-os em diferentes planos geométricos e ângulos retos, em espaços múltiplos e descontínuos, que se interceptam e se sucedem, de tal forma que o espectador, com o seu olhar, possa remontá-los e ter uma visão do todo, de face e de perfil, como se tivesse dado uma volta em torno deles. Outra técnica introduzida pelos cubistas é a *colagem*, que consiste em montar a obra a partir de diferentes materiais, como figuras, jornais, madeira, etc.

Les demoiselles d'Avignon (1907), de Picasso. As mulheres da esquerda identificam-se com a cultura ibérica e as da direita revelam influência da arte negra, que o pintor vinha pesquisando.

Museu de Arte Moderna de Nova Iorque, Estados Unidos

Na literatura, essas técnicas da pintura correspondem à fragmentação da realidade, à superposição e simultaneidade de planos – por exemplo, reunião de assuntos aparentemente sem nexo, mistura de assuntos, espaços e tempos diferentes. O poeta Apollinaire realizou, com base na disposição espacial e gráfica do poema, experiências que despertaram grande interesse. No Brasil, nas décadas de 1950-60, essa técnica influenciaria o surgimento do Concretismo.

Assim, a literatura cubista apresenta características como ilogismo, humor, anti-intelectualismo, instantaneísmo, simultaneidade, linguagem predominantemente nominal.

As principais expressões do Cubismo europeu foram, na pintura, Picasso, Léger, Braque, Gris e Delaunay; na literatura, Apollinaire e Blaise Cendrars.

Picasso no cinema

Aos 60 anos e no auge de sua carreira, o pintor Pablo Picasso convida uma jovem de 23 anos a morar com ele, iniciando com ela um relacionamento que duraria dez anos. Esse é o enredo do filme *Os amores de Picasso* (1996), de James Ivory, com o ator Anthony Hopkins no papel de Picasso.

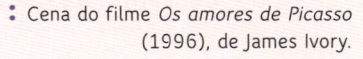

Cena do filme *Os amores de Picasso* (1996), de James Ivory.

Warner Bros/Everett Collection/Grupo Keystone

Entre os modernistas brasileiros da década de 1920 podem ser notadas influências cubistas. Observe no poema de Oswald de Andrade a seguir, por exemplo, a presença de elementos como a fragmentação da realidade, a predominância de substantivos e *flashes* cinematográficos.

hípica

Saltos records
Cavalos da Penha
Correm jóqueis de Higienópolis
Os magnatas
As meninas

E a orquestra toca
Chá
Na sala de cocktails
(*Pau-Brasil*. 2. ed. São Paulo: Globo, 2003. p. 173.)

O Expressionismo: liberdade na expressão do mundo interior

No começo do século XX, surgiu um grupo de pintores, chamados *expressionistas* na Alemanha e *fauvistas* na França, que, curiosamente, tinha como objetivo combater o Impressionismo, tendência da qual eles provinham.

O Impressionismo consiste em uma corrente da pintura que valoriza a *impressão*, ou seja, é uma arte sensorial e subjetiva quanto ao modo de captação da realidade. Na relação entre o artista impressionista e a realidade, o movimento de criação vai do mundo exterior para o mundo interior. Já no Expressionismo ocorre o oposto: o movimento de criação parte da subjetividade do artista, do seu mundo interior, em direção ao mundo exterior. Assim, para o artista expressionista, a obra de arte é reflexo direto de seu mundo interior e toda a atenção é dada à *expressão*, isto é, ao modo como forma e conteúdo livremente se unem para dar vazão às sensações do artista no momento da criação.

Galeria Nacional, Oslo, Noruega

: *A dança da vida* (1899-1900), de Edvard Munch, um dos mais importantes pintores expressionistas.

Essa liberdade da expressão assemelha-se à que os futuristas pregavam com seu lema "palavras em liberdade".

Durante e depois da Primeira Guerra, o Expressionismo assumiu um caráter mais social e combativo, denunciando os horrores da guerra, as condições de vida desumanas das populações carentes, etc.

Segundo o crítico de arte Giulio Argan, "o Expressionismo se põe como antítese do Impressionismo, mas o pressupõe: ambos são movimentos *realistas*, que exigem a *dedicação* total do artista à questão da realidade, mesmo que o primeiro a resolva no plano do conhecimento e o segundo no plano da ação". (*Arte moderna*. São Paulo: Companhia das Letras, 1993. p. 227.)

Entre os principais fundamentos do Expressionismo destacam-se:

- A arte não é imitação, mas criação subjetiva, livre. A arte é expressão dos sentimentos.
- A realidade que circunda o artista é horrível e, por isso, ele a deforma ou a elimina, criando a arte abstrata.
- A razão é objeto de descrédito.
- A arte é criada sem obstáculos convencionais, o que representa um repúdio à repressão social.
- A intimidade e a vivência da dor derivam do sentido trágico da vida e causam uma deformação significativa, torturada.
- A arte se desvincula do conceito de belo e feio e torna-se uma forma de contestação.

Destacam-se, entre os artistas ligados ao Expressionismo: na pintura, Kandinski, Paul Klee, Chagall, Munch; na arquitetura, Erich Mendelsohn; na literatura, August Stramm, Kasimir Edschmid e, mais tarde, Herman Hesse e Thomas Mann; no teatro, Kayser e Brecht (fase inicial); na música, Schoenberg; no cinema, Wiene.

Na literatura, o Expressionismo geralmente apresenta estas características:
- linguagem fragmentada, elíptica, constituída por frases nominais (basicamente aglomerados de substantivos e adjetivos), às vezes até sem sujeito;
- despreocupação quanto à organização do texto em estrofes, ao emprego de rimas ou à musicalidade;
- combate à fome, à inércia e aos valores do mundo burguês.

Eis um fragmento do poema expressionista "O meu tempo", do poeta alemão Wilhelm Klemm:

Cantos e metrópoles, lavinas febris,
Terras descoradas, polos sem glória,
Miséria, heróis e mulheres da escória,
Sobrolhos espectrais, tumulto em carris.

Soam ventoinhas em nuvens perdidas.
Os livros são bruxas. Povos desconexos.
A alma reduz-se a mínimos complexos.
A arte está morta. As horas reduzidas.

(Apud Lúcia Helena. *Movimentos da vanguarda europeia*. São Paulo: Scipione, 1993. p. 33.)

O Dadaísmo: a antiarte

Durante a Primeira Guerra Mundial, a Suíça, por ter se mantido neutra no conflito, recebeu artistas e intelectuais de todos os pontos da Europa. Abrigando-se em Zurique, alguns desses "fugidos da guerra" reuniam-se no Cabaret Voltaire, ponto de encontro e espaço cultural onde nasceu o movimento dadaísta.

O que significa *dadá*?

Segundo Tristan Tzara, o líder dadaísta, a palavra *dadá* não significa nada:

Encontrei o nome casualmente ao meter uma espátula num tomo fechado do Petit Larousse e lendo logo, ao abrir-se o livro, a primeira linha que me saltou à vista: DADÁ.

Eis, também, um fragmento do *Manifesto do Senhor Antipirina*, a primeira exposição pública do pensamento dadaísta:

Dadá permanece no quadro europeu das fraquezas, no fundo é tudo merda, mas nós queremos doravante cagar em cores diferentes para ornar o jardim zoológico da arte de todas as bandeiras dos consulados.

Criado a partir do clima de instabilidade, medo e revolta provocado pela guerra, o movimento dadá pretendia ser uma resposta à nítida decadência da civilização representada pelo conflito. Dessa postura provêm a irreverência, o deboche, a agressividade e o ilogismo dos textos e manifestações dadaístas.

Os dadás entendiam que, com a Europa banhada em sangue, o cultivo da arte não passava de hipocrisia e presunção. Por isso, adotaram procedimentos que tinham em vista ridicularizar, agredir e destruir a arte.

Muitas foram as atitudes demolidoras dos artistas dadaístas a partir de 1916: noitadas em que predominavam palhaçadas, declamações absurdas, exposições inusitadas, além dos espetáculos-relâmpago que faziam de improviso nas ruas, em meio a urros, vaias, gritos, palavrões e à total incompreensão da plateia.

Quanto às obras artísticas, especificamente, é pequena a produção do Dadaísmo suíço. Mas o movimento foi reforçado pelas montagens e colagens de Max Ernst e Hans Arp, feitas com diferentes materiais, e pela técnica do *ready-made* desenvolvida por Marcel Duchamp, que satiriza o mito mercantilista da civilização capitalista. A técnica do *ready-made* consiste em extrair um objeto do seu uso cotidiano e, sem nenhuma ou com pequenas alterações, atribuir-lhe um valor. Ficaram famosos certos objetos, como um urinol de porcelana, uma roda de bicicleta enxertada numa cadeira, um rolo de corda, uma ampola de vidro, um suporte para garrafa, todos elevados por Duchamp à condição de objetos de arte.

Na literatura, o Dadaísmo caracteriza-se pela agressividade, pela improvisação, pela desordem, pela rejeição a todo tipo de racionalização e equilíbrio, pela livre associação de palavras (técnica da "escrita automática", que seria mais tarde aproveitada pelo Surrealismo) e pela invenção de palavras com base na exploração apenas do seu significante. Um exemplo dessas propostas é o poema fonético "*Die Schlacht*" ("A batalha"), de Ludwig Kassak:

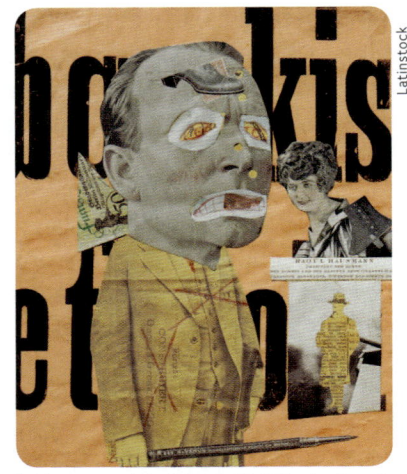

: *The art critic* (1919-1920), de Raoul Hausmann.

> Berr... bum, bumbum, bum...
> Ssi... bum, papapa bum, bumm
> Zazzau... Dum, bum, bumbumbum
> Prä, prä, prä... ra, hä-hä, aa...
> Hahol...
>
> (Apud Gilberto Mendonça Teles. *Vanguardas europeias e Modernismo brasileiro*. Petrópolis: Vozes, 1983.)

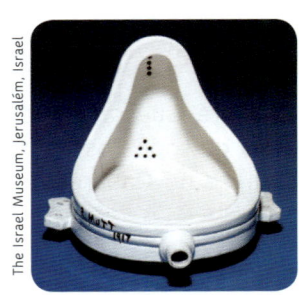

: *Urinol de porcelana*, de Duchamp.

A poesia sonora e o Dadaísmo

A poesia sonora (feita somente com sons, sem palavras) nasceu com os dadaístas no começo do século XX. Depois de oitenta anos desaparecida, voltou a surgir na década de 1990 e tem adeptos no Brasil e em Portugal. Em agosto de 2000, foi realizado em São Paulo o Ciclo Internacional de Poesia Experimental Sonora, que contou com a participação de poetas brasileiros e estrangeiros.

Entre os dadaístas têm destaque também Francis Picabia, Philippe Soupault e André Breton.

A orientação anarquista e niilista, bem como a falta de um programa de arte, não permitiu ao movimento longa duração. Tristan Tzara e André Breton desentenderam-se. Como a guerra terminara já havia alguns anos, era hora de reconstruir o que fora demolido: a Europa e a arte. Tzara insistia em manter a linha original do movimento; Breton, rompendo com o Dadaísmo, abandonou o grupo para criar o movimento surrealista, uma das mais importantes correntes artísticas do século XX.

O Surrealismo: o combate à razão

O movimento surrealista teve início na França, a partir da publicação do *Manifesto do Surrealismo* (1924), de André Breton. Diversos pintores aderiram ao movimento, interessados nas propostas de Breton, que, tendo sido psicanalista, procurava unir arte e psicanálise.

Duas foram as linhas de atuação do Surrealismo no seu início: as experiências criadoras automáticas e o imaginário extraído do sonho.

Freud, na psicanálise, e Bergson, na filosofia, já haviam destacado a importância do mundo interior do ser humano, as zonas desconhecidas ou pouco conhecidas da mente humana. Encaravam o inconsciente, o subconsciente e a intuição como fontes inesgotáveis e superiores de conhecimento do homem, pondo, assim, em segundo plano o pensamento sensível, racional e consciente.

O automatismo artístico consiste em extravasar sem nenhum controle da razão ou do pensamento os impulsos criadores do subconsciente. O artista, ao proceder assim, põe na tela ou no papel seus desejos interiores profundos, sem se importar com coerência, significados, adequação, etc. Na literatura, esse procedimento recebeu o nome de *escrita automática*.

A outra linha de atuação surrealista, a onírica, busca a transposição do universo dos sonhos para o plano artístico.

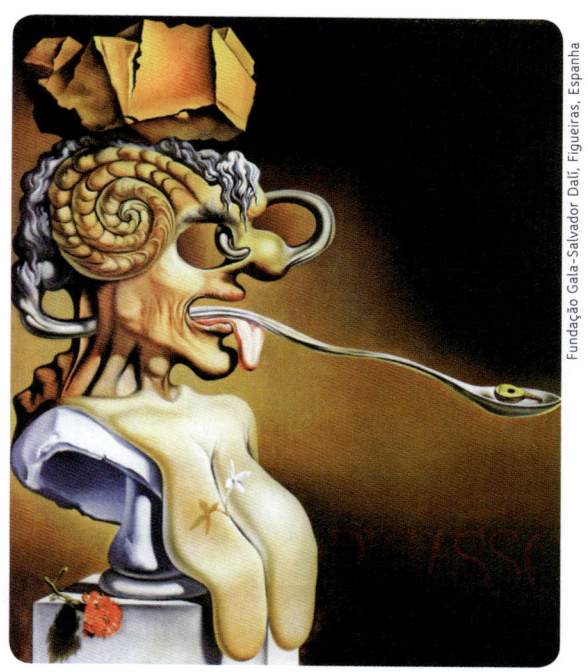

: *Retrato de Picasso* (1947), expressão da arte surrealista de Salvador Dalí.

O sonho, na concepção de Freud, é a manifestação das zonas ocultas da mente, o inconsciente e o subconsciente. Os surrealistas pretendiam criar uma arte livre da razão, que correspondesse à transferência direta das imagens artísticas do inconsciente para a tela ou para o papel, uma arte produzida num estado de consciência em que o artista estaria "sonhando acordado".

Nessas duas linhas de pesquisa e trabalho são frequentes o *ilogismo*, o *devaneio*, o *sonho*, a *loucura*, a *hipnose*, o *humor negro*, as *imagens surpreendentes*, o *impacto do inusitado*, a *livre expressão dos impulsos sexuais*, etc.

O Surrealismo teve repercussão em vários domínios da arte. Na literatura, destacam-se André Breton, Louis Aragon, Antonin Artaud; nas artes plásticas, Salvador Dalí, Max Ernst, Joan Miró, Jean Harp. No cinema, a principal expressão é o cineasta espanhol Luis Buñuel, que, juntamente com Salvador Dalí, criou o roteiro dos primeiros filmes surrealistas: *O cão andaluz* e *Idade do ouro*, de 1929. Buñuel, que morreu em 1983, dirigiu vários filmes marcantes, entre eles *A bela da tarde*, *O discreto charme da burguesia*, *O fantasma da liberdade*, *O anjo exterminador* e *Esse obscuro objeto do desejo*.

A rejeição do Surrealismo ao mundo burguês, racional, mercantil e moralista levaria alguns membros do grupo a ter ligações com o comunismo. Para alcançar o objetivo maior do movimento – amor, liberdade e poesia –, eles acreditavam ser necessária uma transformação radical da sociedade, por meio da qual se pusesse fim ao modo de produção capitalista e à estrutura de classes sociais.

A adesão desses membros, particularmente de André Breton, às ideias socialistas provocou no movimento uma cisão interna, que se agravou com a Segunda Guerra Mundial (1939-1945) e colaborou para a desarticulação do grupo.

Embora o Surrealismo tenha oficialmente desaparecido com a Segunda Guerra, resquícios do movimento ou tentativas de recuperá-lo são vistos até os dias de hoje em diferentes linguagens artísticas, o que comprova sua força criadora e a contemporaneidade de suas propostas.

No Brasil, vários escritores foram influenciados pelas ideias surrealistas, tais como Mário de Andrade, Oswald de Andrade, Murilo Mendes e Jorge de Lima.

Algumas das características surrealistas, como o ilogismo, o absurdo, as imagens surpreendentes, a atmosfera onírica, podem ser observadas, por exemplo, no poema a seguir, de Murilo Mendes.

Pré-história

Mamãe vestida de rendas
Tocava piano no caos
Uma noite abriu as asas
Cansada de tanto som,
Equilibrou-se no azul,
De tonta não mais olhou
Para mim, para ninguém!
Cai no álbum de retratos.

(In: Antonio Candido e J. A. Castello. *Presença da literatura brasileira*. 7. ed. São Paulo/Rio de Janeiro: Difel, 1979. p. 185.)

Ophelia (1900-5), de Odilon Redon.

LITERATURA COMPARADA

DIÁLOGO DA POESIA CONTEMPORÂNEA COM A POESIA CUBISTA

A seguir você vai ler/ver quatro poemas visuais. O primeiro integra o livro *Caligramas* (1918), do poeta cubista francês Guillaume Apollinaire, um dos pioneiros da poesia visual. O segundo é de Augusto de Campos, um dos fundadores do Concretismo, movimento poético brasileiro da década de 1950; o terceiro é de Paulo Leminski, poeta brasileiro que se destacou entre as décadas de 1970 e 1990; o último é de Arnaldo Antunes, poeta e compositor da atualidade.

TEXTO I

(1) "A pomba apunhalada e o jato d'água"
(2) "Doces figuras apunhaladas/Caros lábios floridos"
(3) Alusão às duas mulheres que dividiam seu amor
(4) "onde estão/vocês, Ó/meninas"
(5) "mas/próximo a um/jato d'água que chora e que ora/esta pomba se extasia"
(6) "Todas as lembranças recentes/Onde estão Raynal Billy Dalise?"
(7) "Ó meus amigos que partiram para a guerra/onde os nomes se tornam melancolias"
(8) "Voam em direção ao firmamento/Como passos numa igreja"
(9) "E seus olhares na água parada/Onde está Cremnitz que se engajou"
(10) "Morrem melancolicamente/Talvez já estejam mortos"
(11) "Onde estão Braque e Max Jacob/Minh'alma está cheia de lembranças"
(12) "Agora com os olhos cinza como a aurora/O jato d'água chora sobre minha dor"
(13) "Os que partiram para a guerra no Norte brigam agora"
(14) "A noite cai/Ó mar sangrento"
(15) "Jardins onde sangra abundantemente o loureiro rosa flor guerreira"

(Guillaume Apollinaire. In: A. Medina Rodrigues et alii. *Antologia da literatura brasileira*. São Paulo: Marco Editorial, 1979. p. 17. Tradução dos autores da antologia.)

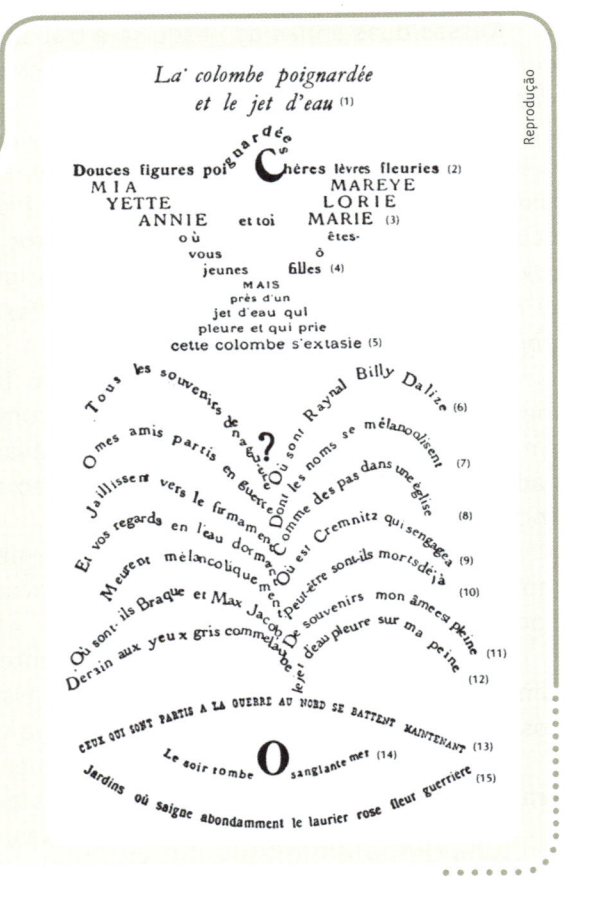

Augusto de Campos

(Augusto de Campos. In: *Poesia concreta*. São Paulo: Abril Educação, 1982. Col. Literatura Comentada.)

TEXTO III

Paulo Leminski, 1983

(Paulo Leminski, 1983.
Texto extraído do *site* www.
artewebbrasil.com.br/marcelo/
poesia_visual.htm)

TEXTO IV

Arnaldo Antunes

(Arnaldo Antunes. *Dois ou + corpos no mesmo espaço*. São Paulo: Perspectiva, 1997.)

1. O poema de Apollinaire foi publicado em 1918, durante a Primeira Guerra Mundial (1914-1918). Observe que, nele, os versos formam imagens.

a) Até o movimento cubista, a maior parte dos poemas apresentava uma disposição linear e discursiva dos versos. O que ocorre com os versos no poema de Apollinaire?

b) Que figuras você observa no poema?

c) Troque ideias com os colegas: O que essas figuras representam em nossa cultura?

d) A tradução do título do poema é "A pomba apunhalada e o jato d'água". Considerando o contexto político-social em que o poema foi criado, como você entende a palavra *apunhalada* do título?

e) Levante hipóteses: Qual é o provável assunto do poema?

2. Com base na tradução do poema, compare o conteúdo e a forma apresentados por ele. Há semelhança entre essas duas faces do poema? Justifique sua resposta.

3. Observe o texto II.

a) Que nova palavra é formada a partir da disposição da palavra *luxo*?

b) Considerando forma e conteúdo, dê uma interpretação coerente ao poema.

4. Observe agora o poema de Paulo Leminski. Que relação existe entre a forma e o conteúdo desse poema?

5. O poema de Arnaldo Antunes permite duas leituras: uma de dentro para fora e outra de fora para dentro.

a) Que palavras se obtêm na leitura de dentro para fora?

b) E de fora para dentro?

c) Que relação essas palavras têm entre si?

d) O visual do poema está relacionado com o conteúdo? Justifique sua resposta.

6. Observe as datas em que os quatro textos foram publicados. Entre um e outro há um intervalo de pelo menos duas décadas.

a) Apesar disso, pode-se dizer que esses textos são filiados à mesma tradição? Por quê?

b) Observe a data de publicação do poema de Arnaldo Antunes. É possível afirmar que a proposta de "palavras em liberdade" dos cubistas e dos futuristas ainda perdura na época atual? Por quê?

A VANGUARDA BRASILEIRA

O Modernismo brasileiro iniciou-se oficialmente em 1922, com a realização da Semana de Arte Moderna. Porém, desde a década de 1910 já vinham ocorrendo manifestações artísticas de um grupo que formava a vanguarda modernista brasileira, entre eles os escritores Mário de Andrade, Oswald de Andrade, Ronald de Carvalho, Manuel Bandeira, Juó Bananére (pseudônimo de Alexandre Marcondes Machado) e dos pintores Anita Malfatti e Di Cavalcanti.

Entre os fatos que precederam a Semana de Arte Moderna destacam-se a criação da revista de artes *O Pirralho*, dirigida por Oswald de Andrade e Emílio de Menezes, em 1911; a exposição de obras do pintor russo Lasar Segall, em 1913; a participação do poeta brasileiro Ronald de Carvalho, em 1915, na fundação da revista *Orpheu*, que deu início ao Modernismo em Portugal; a publicação, em 1917, de várias obras de poesia, entre elas *Há uma gota de sangue em cada poema*, de Mário de Andrade (que usou o nome Mário Sobral), e *A cinza das horas*, de Manuel Bandeira.

Contudo, o fato mais marcante desse período foi uma exposição da pintora paulista Anita Malfatti, realizada em 1917, que provocou por parte do escritor e crítico do jornal *O Estado de S. Paulo* Monteiro Lobato uma violenta crítica, intitulada "Paranoia ou mistificação?". Veja um fragmento desse artigo:

Museu de Arte de São Paulo Assis Chateaubriand, MASP, SP

: *Uma estudante* (1915-1917), de Anita Malfatti, obra que integrou a exposição de 1917.

> Há duas espécies de artistas. Uma composta dos que veem normalmente as coisas e em consequência disso fazem arte pura, guardando os eternos ritmos da vida, e adotados para a concretização das emoções estéticas, os processos clássicos dos grandes mestres. [...] A outra espécie é formada pelos que veem anormalmente a natureza, e interpretam-na à luz de teorias efêmeras, sob a sugestão estrábica de escolas rebeldes, surgidas cá e lá como furúnculos da cultura excessiva. São produtos do cansaço e do sadismo de todos os períodos de decadência: são frutos de fins de estação, bichados ao nascedouro. [...]
>
> ....
>
> Estas considerações são provocadas pela exposição da Sra. Malfatti, onde se notam acentuadíssimas tendências para uma atitude estética forçada no sentido das extravagâncias de Picasso e companhia. [...]

A SEMANA DE ARTE MODERNA

Não se sabe ao certo de quem partiu a ideia de realizar uma mostra de artes modernas em São Paulo. Contudo, há o registro de que, já em 1920, Oswald de Andrade prometera para 1922 – ano do centenário da Independência – uma ação dos artistas novos "que fizesse valer o Centenário!".

O certo é que, em 1921, o grupo modernista que realizaria a Semana estava completamente organizado e amadurecido para o evento. No mesmo ano, chegou da Europa Graça Aranha, escritor consagrado e membro da Academia Brasileira de Letras. Entusiasmado com as vanguardas artísticas europeias, com as quais tivera contato, Graça Aranha apoiou o grupo paulista. Era o impulso que faltava.

A Semana de Arte Moderna ocorreu entre 13 e 18 de fevereiro de 1922, no Teatro Municipal de São Paulo, com a participação de artistas do Rio de Janeiro e de São Paulo.

Durante toda a semana o saguão do teatro esteve aberto ao público. Nele havia uma exposição de artes plásticas com obras de Anita Malfatti, Vicente do Rego Monteiro, Zina Aita, Di Cavalcanti, Harberg, Brecheret, Ferrignac e Antonio Moya.

Col. César Luiz Pires de Melo

: *Vitória* (1919-1921), de Victor Brecheret, que participou da exposição de artes plásticas da Semana de Arte Moderna.

Charge. Belmonte. s/d

"SEMANA DE ARTE MODERNA"

Estás vendo, minha filha, aquelles é que são os artistas ! Coitados, não ? Tão moços . . . !

Nas noites dos dias 13, 15 e 17 realizaram-se saraus com apresentação de conferências, leituras de poemas, dança e música.

A primeira noite foi aberta com uma conferência de Graça Aranha, intitulada "A emoção estética na arte moderna", na qual o escritor pré-modernista, em linguagem tradicional e acadêmica, manifestou seu apoio à arte moderna. À conferência seguiram-se declamação de poemas, por Guilherme de Almeida e Ronald de Carvalho, e execução de músicas de Ernâni Braga e Villa-Lobos.

Contrastando com o comportamento da plateia na noite anterior, a segunda foi a mais importante e a mais tumultuada das três noi-

: Charge de Belmonte, publicada em 20/2/1922, ironizando a Semana de Arte Moderna.

tes da Semana. Foi aberta por Menotti del Picchia, com uma conferência em que negava a filiação do grupo modernista ao futurismo de Marinetti, mas defendia a integração da poesia com os tempos modernos, a liberdade de criação e, ao mesmo tempo, a criação de uma arte genuinamente brasileira.

Quando se iniciou a leitura de poemas e fragmentos de prosa, a plateia teve reações surpreendentes, ora vaiando, relinchando, latindo, gritando, ora aplaudindo.

No intervalo entre uma parte e outra do programa, na escadaria do *hall* do teatro, Mário de Andrade fez, em meio a caçoadas e ofensas, uma pequena palestra sobre as artes plásticas ali expostas. Vinte anos depois, Mário de Andrade assim se referiu a esse episódio: "Como pude fazer uma conferência sobre artes plásticas, na escadaria do Teatro, cercado de anônimos que me caçoavam e ofendiam a valer?...".

Na segunda parte do programa, um número de dança e o concerto de Guiomar Novaes acalmaram os ânimos da plateia.

A importância da Semana

A Semana de Arte Moderna, vista isoladamente, não deveria merecer tanta atenção. Os jornais da época, por exemplo, não lhe dedicaram mais do que algumas poucas colunas e a opinião pública ficou distante. Seus participantes não tinham sequer um projeto artístico comum; unia-os apenas o sentimento de liberdade de criação e o desejo de romper com a cultura tradicional. Foi, portanto, um acontecimento bastante restrito aos meios artísticos, principalmente de São Paulo.

Apesar disso, a Semana foi aos poucos ganhando uma enorme importância histórica. Primeiramente porque representou a confluência das várias tendências de renovação que, empenhadas em combater a arte tradicional, vinham ocorrendo na cultura brasileira antes de 1922. Mário de Andrade, em 1942, em uma conferência comemorativa dos vinte anos da Semana de Arte Moderna, afirmou: "O Modernismo, no Brasil, foi uma ruptura, foi um abandono de princípios e de técnicas consequentes, foi uma revolta contra o que era a Inteligência nacional".

Em segundo lugar porque conseguiu chamar a atenção dos meios artísticos de todo o país e, ao mesmo tempo, aproximar artistas com ideias modernistas que até então se encontravam dispersos. A partir daí, em São Paulo e em várias outras cidades de todo o país, formaram-se grupos de artistas e intelectuais que fundaram revistas de arte e literatura, publicaram manifestos, enfim, levaram adiante e aprofundaram o debate acerca da arte moderna.

Além disso, a Semana, ao aproximar artistas de diferentes áreas – escritores, poetas, pintores, escultores, arquitetos, músicos e bailarinos –, permitiu o intercâmbio de ideias e de técnicas, o que ampliaria os diversos ramos artísticos e os atualizaria em relação ao que se fazia na Europa.

Os reflexos da Semana fizeram-se sentir em todo o decorrer dos anos 1920, atravessaram a década de 1930 e, de alguma forma, têm relação com a arte que se faz hoje.

Álbum de Tarsila do Amaral, 1922-28, 9 x12 cm, col. Thais Amaral Perrox, SP; fotógrafo anônimo

: Organizadores da Semana de Arte Moderna: de pé, entre outros, Manuel Bandeira (de óculos e gravata-borboleta); Mário de Andrade e Guilherme de Almeida (atrás das cadeiras); Paulo Prado (de bigode, ao centro); Gofredo Silva Telles (último à direita). Sentado no chão, Oswald de Andrade.

O poema a seguir, "Os sapos", de Manuel Bandeira, foi declamado por Ronald de Carvalho no segundo sarau da Semana, sob vaias e gritarias. O público, durante a leitura, gritava em uníssono: "Foi, não foi!".

Os sapos

Enfunando os papos,
Saem da penumbra,
Aos pulos, os sapos.
A luz os deslumbra.

Em ronco que aterra,
Berra o sapo-boi:
— "Meu pai foi à guerra!"
— "Não foi!" — "Foi!" — "Não foi!".

O sapo-tanoeiro
Parnasiano aguado,
Diz: — "Meu cancioneiro
É bem martelado.

Vede como primo
Em comer os hiatos!
Que arte! E nunca rimo
Os termos cognatos.

O meu verso é bom
Frumento sem joio.
Faço rimas com
Consoantes de apoio.

Vai por cinquenta anos
Que lhes dei a norma:
Reduzi sem danos
A fôrmas a forma.

Clame a saparia
Em críticas céticas:
Não há mais poesia,
Mas há artes poéticas…"

Urra o sapo-boi:
— "Meu pai foi rei" — "Foi!"
— "Não foi!" — "Foi!" — "Não foi!".

Brada em um assomo
O sapo-tanoeiro:
— "A grande arte é como
Lavor de joalheiro.

Ou bem de estatuário.
Tudo quanto é belo,
Tudo quanto é vário,
Canta no martelo".

O sapo (1928), da pintora modernista Tarsila do Amaral.

Óleo sobre tela 50,5 x 60 cm; foto Rômulo Fialdini/ Acervo Museu de Arte Brasileira da FAAP, SP

Outros, sapos-pipas
(Um mal em si cabe),
Falam pelas tripas:
— "Sei!" — "Não sabe!" — "Sabe!".

Longe dessa grita,
Lá onde mais densa
A noite infinita
Verte a sombra imensa;

Lá, fugido ao mundo,
Sem glória, sem fé,
No perau profundo
E solitário, é

Que soluças tu,
Transido de frio,
Sapo-cururu
Da beira do rio…

(Estrela da vida inteira. 11. ed. Rio de Janeiro: José Olympio, 1986. p. 46-7.)

cético: cheio de dúvida.

cognatos: termos que têm o radical em comum, como, por exemplo, pedra e pedreiro.

frumento: o melhor trigo.

joio: planta que nasce entre o trigo e prejudica seu desenvolvimento.

perau: barranco, abismo.

transido: penetrado, repassado de frio, dor ou medo.

1. Os modernistas dos anos 1920 frequentemente tinham atitudes de ironia, deboche e crítica em relação à cultura oficial.

   a) Aponte no poema um exemplo de ironia ou deboche.

   b) Que movimento literário, visto como representante da cultura oficial, é satirizado? Comprove sua resposta com elementos do texto.

   c) A fala do sapo-tanoeiro, delimitada pelas aspas, veicula o princípio básico do movimento literário satirizado. Qual é esse princípio?

2. Explique a oposição feita entre poesia e artes poéticas na 7ª estrofe.

3. Faça uma pesquisa, no dicionário ou com o professor de Biologia, sobre os quatro tipos de sapo mencionados no poema: sapo-boi, sapo-tanoeiro (ou ferreiro), sapo-cururu e sapo-pipa. Depois responda:

   a) De que modo o poeta sugere o som característico dos sapos?

   b) Na hierarquia dos sapos, pelo critério da raridade, qual dos sapos mencionados é o mais simples e comum em nosso país?

   c) Nesse poema, os sapos são metáforas de tendências estéticas da literatura brasileira. Considerando-se a condição precária ("Sem glória, sem fé") do sapo-cururu, o que ele pode representar no cenário cultural brasileiro?

Para quem quer mais

Se você quer conhecer mais a fundo as ideias de contestação e inovação dos primeiros modernistas brasileiros, leia o poema que segue, de Manuel Bandeira. Embora publicado apenas em 1930 (portanto, oito anos após a Semana de Arte Moderna), o texto é uma espécie de plataforma tardia da poesia modernista brasileira. Após a leitura, procure resolver, sozinho, em dupla ou em grupo, as questões propostas pelo **Roteiro de estudo**.

Poética

Estou farto do lirismo comedido
Do lirismo bem comportado
Do lirismo funcionário público com livro de ponto expediente protocolo e manifestações de
[apreço ao sr. diretor.
Estou farto do lirismo que para e vai averiguar no dicionário o cunho vernáculo de
[um vocábulo.

Abaixo os puristas
Todas as palavras sobretudo os barbarismos universais
Todas as construções sobretudo as sintaxes de exceção
Todos os ritmos sobretudo os inumeráveis

Estou farto do lirismo namorador
Político
Raquítico
Sifilítico
De todo lirismo que capitula ao que quer que seja fora de si mesmo.

De resto não é lirismo.
Será contabilidade tabela de cossenos secretários do amante exemplar com cem modelos
[de cartas e as diferentes maneiras de agradar às mulheres, etc.

Quero antes o lirismo dos loucos
O lirismo dos bêbados
O lirismo difícil e pungente dos bêbados
O lirismo dos clowns de Shakespeare

— Não quero mais saber do lirismo que não é libertação.

(*Estrela da vida inteira*, cit., p. 98)

---

barbarismo: erro gramatical relativo à palavra, inclusive emprego de palavra estrangeira.
clown: palhaço.
pungente: que causa sofrimento ou aflição.
ritmo: no poema, com o sentido também de métrica.
vernáculo: relativo à língua genuína, pura.

• Roteiro de estudo •

Ao final da leitura, você deverá ser capaz de:

• Identificar as estrofes do texto em que há críticas e as que apresentam propostas.

• Reconhecer o movimento literário a que são feitas as críticas e o que se critica dele.

• Perceber e comprovar que o poema apresenta algumas propostas que são postas em prática no próprio texto.

• Resumir a concepção do autor acerca do lirismo na poesia moderna e explicar por que ela é associada ao lirismo de bêbados, loucos e palhaços.

Para quem quer mais na Internet

No *site* http://www.atualeditora.com.br/pl/paraquemquermais, você poderá ler "A emoção estética na arte moderna", o discurso com o qual Graça Aranha abriu a primeira noite da Semana de Arte Moderna.

Museu de Arte Moderna do Rio de Janeiro, RJ

: *O ovo (Urutu)* (1928),
de Tarsila do Amaral.

A primeira fase do Modernismo. Os Andrades

Após a Semana de Arte Moderna, o Modernismo passou a viver sua "fase heroica", isto é, a fase de divulgação das ideias modernistas em todo o país e de aprofundamento das questões estéticas lançadas pela Semana. Essa fase foi marcada essencialmente por duas tendências: destruição e construção.

A PRIMEIRA FASE DO MODERNISMO

O movimento modernista no Brasil contou com duas fases: a primeira foi de 1922 a 1930, e a segunda, de 1930 a 1945. A primeira fase caracterizou-se pelas tentativas de solidificação do movimento renovador e pela divulgação de obras e ideias modernistas.

Apesar da diversidade de correntes e ideias, pode-se dizer que, de modo geral, os escritores de maior destaque dessa fase defendiam a reconstrução da cultura brasileira sobre bases nacionais, a promoção de uma revisão crítica de nosso passado histórico e de nossas tradições culturais, a eliminação definitiva do nosso complexo de colonizados, apegados a valores estrangeiros. Eram, portanto, defensores de uma visão nacionalista, porém crítica, da realidade brasileira.

Mário de Andrade, na conferência que fez em 1942 sobre a Semana de Arte Moderna, assim se referiu a esse período: "E vivemos uns oito anos, até perto de 1930, na maior orgia intelectual que a história artística do país registra".

Várias obras, grupos, movimentos, revistas e manifestos ganharam o cenário intelectual brasileiro, numa investigação profunda, e por vezes radical, de novos conteúdos e de novas formas de expressão. Os resultados deixados por esse período de pesquisas foram a implantação definitiva do movimento modernista e a maturidade e autonomia de nossa literatura.

A orgia intelectual

O período a que Mário de Andrade chama de "orgia intelectual" é rico em publicações de obras literárias, revistas e manifestos. Entre as revistas fundadas para difundir as propostas modernistas, destacam-se: *Klaxon* (1922), criada em São Paulo logo após a Semana de Arte Moderna; *Estética* (1924), no Rio de Janeiro; *A revista* (1925), em Belo Horizonte; *Terra Roxa e Outras Terras* (1927), em São Paulo; a *Revista de Antropofagia* (1928), porta-voz do movimento Antropofagia, fundado por Oswald de Andrade.

Editora EDUSP

Simultaneamente à publicação de obras e à fundação de revistas, foram lançados vários manifestos e movimentos, que aglutinavam e dividiam os escritores da época. Entre eles, destacam-se quatro: Pau-Brasil, Verde-Amarelismo, Antropofagia e a Escola da Anta.

Pau-Brasil: a poesia de exportação

Em 1924, Oswald de Andrade lançou o *Manifesto da Poesia Pau-Brasil*, dando início ao movimento *Pau-Brasil*, que, inspirado em nosso primeiro produto de exportação, o pau-brasil, defendia a criação de uma poesia brasileira de exportação. Demonstrando irreverência e revolta contra a cultura acadêmica e a dominação cultural europeia em nosso país, o movimento propunha uma poesia primitivista, construída com base na revisão crítica de nosso passado histórico e cultural e na aceitação e valorização dos contrastes da realidade e da cultura brasileiras, como ilustra este fragmento:

> Toda a história bandeirante e a história comercial do Brasil. O lado doutor, o lado citações, o lado autores conhecidos. Comovente. Rui Barbosa: uma cartola na Senegâmbia. Tudo revertendo em riqueza. A riqueza dos bailes e das frases feitas. Negras de jóquei. Odaliscas no Catumbi. Falar difícil.

Do ponto de vista técnico, o manifesto de Oswald propunha: a criação de uma língua brasileira ("A língua sem arcaísmo, sem erudição"; "A contribuição milionária de todos os erros"); a síntese; o equilíbrio; a surpresa.

Verde-Amarelismo e Anta: a reação

Como reação ao tipo de nacionalismo defendido por Oswald de Andrade no *Manifesto da Poesia Pau-Brasil* e ao espírito anarquista de seu autor, surgiu em São Paulo o movimento *Verde-Amarelismo*, constituído por Menotti del Picchia, Plínio Salgado, Guilherme de Almeida e Cassiano Ricardo.

Defendendo um nacionalismo ufanista, com evidente inclinação para o nazifascismo (conforme ficaria comprovado mais tarde com a adesão de Plínio Salgado ao integralismo), o grupo alegava que o movimento Pau-Brasil era "afrancesado".

Em 1927, tomando a anta e o índio tupi como símbolos da nacionalidade primitiva, o grupo verde-amarelo transformou-se na *Escola da Anta*.

A Antropofagia: a deglutição cultural

Revidando com sarcasmo o primitivismo xenófobo da Anta, Oswald de Andrade, Tarsila do Amaral e Raul Bopp lançaram, em 1928, o mais radical de todos os movimentos do período: a *Antropofagia*. O movimento foi inspirado no quadro *Abaporu* ("antropófago", em tupi), que Tarsila oferecera a Oswald como presente de aniversário.

Partidários de um primitivismo crítico, os antropófagos propunham a devoração da cultura estrangeira.

As ideias do grupo tinham como porta-voz a *Revista de Antropofagia*, da qual também participavam Antônio de Alcântara Machado, Geraldo Costa e outros.

Contrariamente à xenofobia da Escola da Anta, os antropófagos não negavam a cultura estrangeira, mas também não a copiavam nem imitavam. Assim como os índios primitivos devoravam seu inimigo, acreditando que desse modo assimilariam suas qualidades, os artistas antropófagos propunham a "devoração simbólica" da cultura estrangeira, aproveitando suas inovações artísticas, porém sem a perda da nossa própria identidade cultural. Trata-se, portanto, de um aprofundamento da ideia da "digestão cultural" já proposta no *Manifesto da Poesia Pau-Brasil*.

Observe, nestes fragmentos do *Manifesto Antropófago*, de autoria de Oswald de Andrade, o posicionamento ideológico do escritor em relação ao sistema social e à dominação cultural estrangeira:

Óleo sobre tela, 85 x 73 cm, col. Eduardo Constantini, Argentina

: *Abaporu* (1928), de Tarsila do Amaral.

Só a antropofagia nos une. Socialmente. Economicamente. Filosoficamente.

Única lei do mundo. Expressão mascarada de todos os individualismos, de todos os coletivos. De todas as religiões. De todos os tratados de paz.

Tupy, or not tupy, that is the question.

Só me interessa o que não é meu. Lei do homem. Lei do antropófago.

Estamos fatigados de todos os maridos católicos suspeitos postos em drama. Freud acabou com o enigma mulher e com outros sustos da psicologia impressa.

Nunca fomos catequizados. Fizemos foi Carnaval. O índio vestido de Senador do Império. Fingindo de Pitt. Ou figurando nas óperas de Alencar cheio de bons sentimentos portugueses.

Já tínhamos o comunismo. Já tínhamos a língua surrealista. A idade de ouro.

Contra a realidade social, vestida e opressora, cadastrada por Freud — a realidade sem complexos, sem loucura, sem prostituições e sem penitenciárias do matriarcado de Pindorama.

Oswald de Andrade

Em Piratininga
Ano 374 da Deglutição do Bispo Sardinha.

(Apud Gilberto Mendonça Teles. *Vanguardas europeias e Modernismo brasileiro*. Petrópolis: Vozes, 1983. p. 353-60.)

Da primeira geração do Modernismo brasileiro, participaram vários escritores, entre os quais se destacaram Oswald de Andrade, Mário de Andrade, Manuel Bandeira, Alcântara Machado, Menotti del Picchia, Guilherme de Almeida, Ronald de Carvalho e Raul Bopp.

OSWALD DE ANDRADE: O ANTROPÓFAGO DO MODERNISMO

A obra de Oswald de Andrade (1890-1954) representa um dos cortes mais profundos do Modernismo brasileiro em relação à cultura do passado. Paulista, de família rica, Oswald cursou Direito e ingressou na carreira jornalística. Em 1911 fundou a revista semanal *O Pirralho*, que, com Alcântara Machado e Juó Bananére, dirigiu até 1917, ano em que a publicação teve fim. Nesse mesmo ano, em sua coluna no *Jornal do Commercio*, defendeu Anita Malfatti das críticas de Monteiro Lobato. Viajava frequentemente à Europa, onde fez várias amizades nos meios artísticos, o que lhe permitiu estar a par das novidades introduzidas pelas correntes de vanguarda e, no Brasil, assumir um papel de liderança. Em 1926, casou-se com Tarsila do Amaral.

Em 1929, sofreu um grande abalo financeiro com a crise do café. Em 1930, casou-se com a escritora comunista Patrícia Galvão (a Pagu). Junto com ela militou nos meios operários e, em 1931, ingressou no Partido Comunista, no qual permaneceu até 1945.

Retrato de Oswald de Andrade (1923), de Tarsila do Amaral.

Coleção Marília de Andrade, Campinas, São Paulo

Desse período são suas obras mais marcadas ideologicamente, como o *Manifesto Antropófago*, o romance *Serafim Ponte Grande* e a peça teatral *O rei da vela*.

Tal qual a obra que escreveu, Oswald sempre foi debochado, irônico e crítico, pronto para satirizar os meios acadêmicos ou a própria burguesia, classe de que se originara.

Seu conceito de nacionalismo era diferente daquele pregado pelos românticos e mesmo por certos grupos modernistas, como o Verde-Amarelismo e o Anta. Sem ser ingênuo e ufanista, Oswald defendia a valorização de nossas origens, de nosso passado histórico e cultural, mas de forma crítica, isto é, recuperando, parodiando, ironizando e atualizando nossa história de colonização. Sua visão de Brasil, ao mesmo tempo que procura captar a natureza e as cores próprias do país, flagra igualmente as contradições moderno-primitivas de nossa realidade. Observe, nos poemas que seguem, as cores locais em "bucólica" e as contradições entre o primitivo (*sapos, mata*), o provinciano e o moderno (*o cinema, a orquestra*) em "cidade".

bucólica

Agora vamos correr o pomar antigo
Bicos aéreos de patos selvagens
Tetas verdes entre folhas
E uma passarinhada nos vaia
Num tamarindo
Que decola para o anil
Árvores sentadas
Quitandas vivas de laranjas maduras
Vespas

(*Pau-Brasil*. 2. ed. São Paulo: Globo, 2003. p. 132.)

cidade

Foguetes pipocam o céu quando em quando
Há uma moça magra que entrou no cinema
Vestida pela última fita
Conversas no jardim onde crescem bancos
Sapos
Olha
A iluminação é de hulha branca
Mamães estão chamando
A orquestra rabecoa na mata

(Idem, p. 144.)

Oswald e os tropicalistas

Imitando a cultura estrangeira, os artistas brasileiros quase sempre negaram ou desprezaram o lado primitivo ou pouco desenvolvido de nosso país, que passou a ser valorizado por Oswald de Andrade.

O Tropicalismo, na década de 1960, retomou a concepção oswaldiana de um Brasil contraditório, em que se mesclam o primitivo e o moderno.

Veja, nestes versos de "Geleia geral", de Torquato Neto e Gilberto Gil, os aspectos contraditórios do nosso país:

As relíquias do Brasil:
Doce mulata malvada,
Um elepê do Sinatra
Maracujá, mês de abril,
Santo barroco-baiano,
Superpoder de paisano,
Formiplac e céu de anil

Tarsila e Pagu redescobertas

Tarsila do Amaral e Pagu têm em comum o fato de terem vivido com Oswald de Andrade. Contudo, também se destacam como duas das figuras femininas brasileiras mais importantes nas décadas de 1920 e 1930.

Nos últimos anos tem aumentado o interesse pela obra das duas mulheres. A vida de Tarsila, por exemplo, foi levada ao palco com a peça *Tarsila*, de Maria Adelaide Amaral. Além disso, sua sobrinha-neta, também chamada Tarsila do Amaral, publicou recentemente o livro *Tarsila por Tarsila*, em que divulga importantes informações a respeito da vida e da obra da pintora. Sobre Pagu foram publicados os livros *Pagu – Vida-obra*, de Augusto de Campos, e *Croquis de Pagu*, de Lúcia M. Teixeira Furlani.

LEITURA

Leia, a seguir, quatro poemas de Oswald de Andrade e responda às questões propostas.

a transação

O fazendeiro criara filhos
Escravos escravas
Nos terreiros de pitangas e jabuticabas
Mas um dia trocou
O ouro da carne preta e musculosa
As gabirobas e os coqueiros
Os monjolos e os bois
Por terras imaginárias
Onde nasceria a lavoura verde do café

(*Pau-Brasil*. 2. ed. São Paulo: Globo, 2003. p. 123.)

3 de maio

Aprendi com meu filho de dez anos
Que a poesia é a descoberta
Das coisas que nunca vi

(Idem, p. 141.)

pronominais

Dê-me um cigarro
Diz a gramática
Do professor e do aluno
E do mulato sabido
Mas o bom negro e o bom branco
Da Nação Brasileira
Dizem todos os dias
Deixa disso camarada
Me dá um cigarro

(*Pau-Brasil*, cit., p. 167.)

maturidade

O Sr. e a Sra. Amadeu
Participam a V. Exa.
O feliz nascimento
De sua filha
Gilberta

(*Primeiro caderno do aluno de poesia Oswald de Andrade*. 4. ed. São Paulo: Globo, 2006. p. 50.)

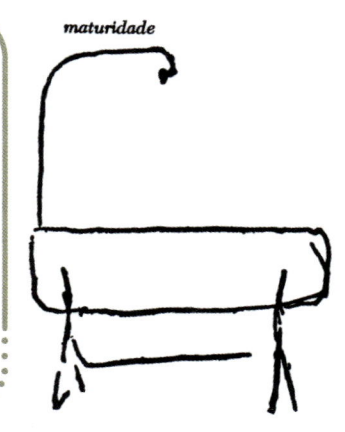

maturidade

: Desenho do próprio Oswald de Andrade para ilustrar seu poema "maturidade".

1. Uma das mais importantes propostas do projeto artístico de Oswald de Andrade é a ruptura com os padrões da língua literária culta e a busca de uma língua brasileira.

   a) Em qual dos poemas essa proposta se torna mais evidente?

   b) De acordo com esse poema, o que é ser um "bom brasileiro"?

2. Tanto em sua poesia quanto em sua prosa, Oswald de Andrade fez uso de paródias, de colagens e da técnica dadaísta do *ready-made*, isto é, a atribuição de valor artístico a objetos deslocados de seu contexto normal de uso. Observe o poema "maturidade".

   a) Com que tipo de gênero textual o corpo do poema se assemelha?

   b) Que novo sentido o texto ganha com o título "maturidade"?

3. Um dos traços da poesia Pau-Brasil, de Oswald de Andrade, são os temas nacionais, vistos por uma perspectiva crítica. Em relação ao poema "a transação":

   a) Identifique no texto elementos da paisagem nacional.

   b) O poema expressa um momento de profunda transformação vivida pela economia brasileira no início do século XX. Explicite esse momento.

   c) Associe o poema aos principais ciclos da economia brasileira.

4. No *Manifesto da Poesia Pau-Brasil*, Oswald de Andrade propunha: "Nenhuma fórmula para a contemporânea expressão do mundo. Ver com olhos livres".

   a) Aponte semelhanças entre o poema "3 de maio" e as ideias defendidas por Oswald no *Manifesto da Poesia Pau-Brasil*.

   b) De acordo com as ideias presentes no poema e no manifesto, em que consiste "ver com olhos livres"?

Oswald de Andrade deglutido

Adotando também uma visão carnavalizada da cultura brasileira, Caetano Veloso criou, em ritmo de carnaval, uma música para o poema "escapulário", de Oswald de Andrade. O compositor João Bosco, por sua vez, partindo dessa canção de Caetano, acrescentou a ele o poema "relicário", também de Oswald, dando origem à canção "Pagodespell", encontrada no disco *Dá licença meu sinhô*. No trecho seguinte da canção, os cinco primeiros versos formam o poema "escapulário" e os demais compõem o poema "relicário".

No Pão de Açúcar
De cada dia
Dai-nos Senhor
A poesia
De cada dia
No baile da Corte
Foi o Conde d'Eu quem disse
Pra Dona Benvinda
Que farinha de Suruí
Pinga de Parati
Fumo de Baependi
É comê bebê pitá e caí.

Barnaby Hall/Photodisc/Getty Images

5. Observe nos textos a pontuação e o modo como os títulos foram escritos. Descreva esses procedimentos formais e situe-os no projeto estético do Modernismo.

A prosa e o teatro

O romance foi o gênero em prosa que mais despertou o interesse de Oswald de Andrade. O autor estreou na prosa em 1922, com o romance *Os condenados*, primeiro volume da intitulada *Trilogia do exílio*, que incorpora também os volumes *Estrela do absinto* (publicado em 1927, mas escrito antes de 1922) e *Escada vermelha* (1934).

Contudo, as principais produções em prosa do escritor são os romances *Memórias sentimentais de João Miramar* (publicado em 1924, mas escrito a partir de 1916, segundo o autor) e *Serafim*

Ponte Grande (1933), umbilicalmente ligados às ideias dos movimentos Pau-Brasil e Antropofagia. Essas obras representam o amadurecimento e a radicalização do emprego de certas técnicas ainda incipientes na *Trilogia do exílio*, tais como mescla de prosa e poesia, estrutura fragmentária, estilo elíptico e telegráfico, sátira paródica, linguagem jornalística, aproveitamento de lugares-comuns da linguagem cotidiana, como discursos, bilhetes, anotações, cartas, etc.

Memórias sentimentais de João Miramar é um romance fragmentário, formado por 163 capítulos-relâmpago, sem preocupação com sequência lógica. Baseada em muitas das experiências do autor, a obra narra a história de um paulista de família burguesa que trilha os caminhos comuns à classe, na época: estudos, viagem à Europa, casamento, aventuras amorosas, crise financeira, falência, etc.

Leia dois capítulos da obra:

Gare do infinito

Papai estava doente na cama e vinha um carro e um homem e o carro ficava esperando no jardim.

Levaram-me para uma casa velha que fazia doces e nos mudamos para a sala do quintal onde tinha uma figueira na janela.

No desabar do jantar noturno a voz toda preta de mamãe ia me buscar para a reza do Anjo que carregou meu pai.

(Rio de Janeiro: Civilização Brasileira, 1972. p. 14.)

Férias

Dezembro deu à luz das salas enceradas de tia Gabriela as três moças primas de óculos bem falados.

Pantico norte-americava.

(Idem, p. 24.)

: José Celso Martinez Correa, diretor do Teatro Oficina, ainda hoje um divulgador das ideias de Oswald de Andrade.

Foi no âmbito do teatro que Oswald de Andrade estreou na literatura, em 1916, com as peças *Leur âme* e *Mon coeur balance*, escritas em francês e com a colaboração do poeta modernista Guilherme de Almeida. Entretanto, a contribuição verdadeiramente significativa dada pelo escritor ao teatro nacional só ocorreu na década de 1930, com o lançamento de três importantes textos dramáticos: *O homem e o cavalo* (1934), *O rei da vela* (escrita em 1933 e publicada em 1937) e *A morta* (1937).

O rei da vela tornou-se a peça mais conhecida dessa trilogia, principalmente pela repercussão que teve sua primeira montagem, realizada na década de 1960. A encenação da peça no Teatro Oficina feita em 1967-1968, sob direção de José Celso Martinez Correa, integrava um movimento de releitura e redescoberta das obras de Oswald de Andrade. Impulsionado em grande parte pelos poetas concretistas Augusto de Campos, Haroldo de Campos e Décio Pignatari, o movimento teve reflexos no Tropicalismo e na efervescência política e cultural da época.

MÁRIO DE ANDRADE: VANGUARDA E TRADIÇÃO

Mário de Andrade (1893-1945) nasceu em São Paulo, cidade que amou intensamente e que retratou em várias de suas obras. Estudou música no Conservatório Musical de São Paulo e cedo iniciou sua carreira como crítico de arte, em jornais e revistas. Com apenas 20 anos e com o pseudônimo de Mário Sobral, publicou seu primeiro livro, *Há uma gota de sangue em cada poema*, no qual fazia críticas à carnificina produzida pela Primeira Guerra Mundial e defendia a paz. As inovações formais da obra desagradaram aos críticos de orientação parnasiana.

O autor teve um papel decisivo na implantação do Modernismo no Brasil. Homem de vasta cultura, pesquisador paciente, Mário soube dar a substância teórica de que necessitava o movimento em algumas ocasiões decisivas. Em 1922, meses após a Semana, publicou o seu *Prefácio interessantíssimo*; e em 1925, quando se articulavam revistas e movimentos por todo o país, lançou o ensaio *A escrava que não é Isaura*, no qual retomava e aprofundava suas considerações iniciais sobre arte moderna.

Autor de uma frase como "o passado é lição para se meditar e não para se reproduzir", o que mais impressiona em Mário de Andrade é a capacidade de conciliar, em plena euforia da "destruição" dos primeiros embates modernistas, as lições do passado e as conquistas do presente. Já em 1921, Mário aceitava várias das propostas formais do futurismo italiano, mas rejeitava-lhe a postura radicalmente destruidora. E foi com essa serenidade e equilíbrio que ele conduziu toda a sua obra.

: *Retrato de Mário de Andrade* (1935), de Portinari.

Essa postura de rever o passado, em vez de negá-lo radicalmente, levaria Mário a escrever ensaios de crítica literária de inestimável valor, que chegaram a alterar a visão da crítica vigente sobre certos autores do passado.

A par da literatura, Mário também revelou interesse pela música, pelo folclore, pela antropologia, pela etnografia, pela psicologia e por outras áreas do conhecimento humano que podiam enriquecer suas atividades essenciais de escritor e músico (pianista, professor de música e compositor).

Sem nunca ter saído do país, Mário empreendeu várias viagens pelo Brasil, inicialmente como mero "turista aprendiz" e depois como pesquisador. Passou pelas cidades históricas mineiras, pelo Norte e pelo Nordeste do país, onde recolheu materiais e informação de interesse cultural, como poemas e canções populares, modinhas, ritmos, festas religiosas e de folia, lendas e músicas indígenas, objetos de arte.

Mário foi diretor do Departamento de Cultura da Prefeitura de São Paulo, funcionário do Serviço do Patrimônio Histórico, do Ministério da Educação e professor universitário, sempre prestando serviços de grande valor na área da cultura e da educação.

Muito mais do que como meio de satisfação pessoal, Mário encarava sua intensa atividade cultural como missão, isto é, queria ser útil no processo de reconstrução de um Brasil que se transformava social, política, econômica e culturalmente.

"O turista aprendiz" e novas viagens

Os resultados das pesquisas que Mário de Andrade fez em viagem pelo Brasil, em 1927, foram reunidos no livro *O turista aprendiz*. Inspirado nesse projeto e no percurso feito por Mário, um grupo paulistano percorreu, durante três meses, mais de 10 mil quilômetros e viajou por nove Estados brasileiros, a fim de realizar o Projeto Turista Aprendiz.

Seguindo o exemplo do escritor paulista, e munido de câmeras, *laptops*, equipamentos de som e instrumentos musicais, o grupo visitou 26 comunidades e registrou o canto e a dança locais, recolhendo cerca de mil melodias.

O resultado da coleta está registrado em *Trilha, toada e trupe*, uma caixa com três CDs e um DVD. Vale a pena conferir!

A poesia: um canto de amor a São Paulo e ao país

Após haver publicado *Há uma gota de sangue em cada poema*, Mário publicou em 1922 *Pauliceia desvairada*, sua primeira obra de fato modernista. Vista hoje como uma obra que não alcança um estágio mais elevado de poesia, *Pauliceia* na época agradou ao grupo modernista, pois cumpriu o papel de destruir os padrões literários vigentes e propor uma nova linguagem poética, baseada no verso livre, nas rupturas sintáticas, nos *flashes* cinematográficos, nos neologismos, na elisão e na fragmentação. O poema a seguir ilustra bem o emprego desses procedimentos formais, ao mesmo tempo que lança a cidade de São Paulo, cidade natal do poeta, como uma de suas mais importantes fontes temáticas.

Os cortejos

Monotonias das minhas retinas...
Serpentinas de entes frementes a se desenrolar...
Todos os sempres das minhas visões! "Bon Giorno, caro."

Horríveis as cidades!
Vaidades e mais vaidades...
Nada de asas! Nada de poesia! Nada de alegria!
Oh! os tumultuários das ausências!
Pauliceia — a grande boca de mil dentes;
e os jorros dentre a língua trissulca
de pus e de mais pus de distinção...
Giram homens fracos, baixos, magros...
Serpentinas de entes frementes a se desenrolar...

Estes homens de São Paulo,
todos iguais e desiguais,
quando vivem dentro dos meus olhos tão ricos,
parecem-me uns macacos, uns macacos.

(*Poesias completas*. São Paulo: Círculo do Livro. s. d., p. 40.)

Desenho de Mário de Andrade, de 1928.

Em 1926, Mário publicou *Losango cáqui*, uma obra de poemas escritos em 1922 e que segue a orientação dos poemas "desvairistas".

Clã do jabuti (1927) e *Remate de males* (1930), obras escritas em 1923 e 1930 e nas quais Mário empregou o resultado das pesquisas folclóricas realizadas nas viagens que empreendeu pelo Brasil entre 1924 e 1927, representam o início de um período de grande fecundidade, do qual surgiria *Macunaíma*. Buscando o conhecimento e o registro do Brasil e de suas manifestações culturais, Mário introduziu nessas obras as lendas, os costumes e o modo de falar regionais, os ritmos e as danças populares: samba, coco, toada, modinha.

A partir de 1930, a poesia de Mário de Andrade sofreu uma mudança de orientação, possivelmente por influência da Revolução de 1930. Esse fato não é isolado: definitivamente implantado o Modernismo, toda a literatura se voltava para a reflexão, a análise e a denúncia dos problemas nacionais.

A poesia de Mário tomou então duas direções: de um lado, a poesia intimista e introspectiva, serena ou conflitante, de que é exemplo a obra *Poesia* (1942); de outro, a poesia política, de combate às injustiças sociais, em linguagem agressiva e explosiva, de que são exemplos as obras *O carro da miséria* e *Lira paulistana* (1946). O poema que segue ilustra esse misto de lirismo e solidariedade social.

Eu sou trezentos...

Eu sou trezentos, sou trezentos-e-cincoenta,
As sensações renascem de si mesmas sem repouso,
Ôh espelhos, ôh! Pireneus! ôh caiçaras!
Si um deus morrer, irei no Piauí buscar outro!

Abraço no meu leito as milhores palavras,
E os suspiros que dou são violinos alheios;
Eu piso a terra como quem descobre a furto
Nas esquinas, nos táxis, nas camarinhas seus
[próprios beijos!

Eu sou trezentos, sou trezentos-e-cincoenta,
Mas um dia afinal eu toparei comigo...
Tenhamos paciência, andorinhas curtas,
Só o esquecimento é que condensa,
E então minha alma servirá de abrigo.

(Idem, p. 189.)

A prosa: experimentalismo e crítica social

A atividade literária em prosa de Mário de Andrade foi ampla. O escritor cultivou o conto, com *Primeiro andar* (1926) e *Contos novos* (1946); a crônica, com *Os filhos da Candinha* (1945); o romance, com *Amar, verbo intransitivo* (1927); a rapsódia, com *Macunaíma* (1928).

Em quase todas essas obras se destaca a preocupação com a descoberta e a exploração de novas técnicas narrativas e, ao mesmo tempo, com a sondagem do universo social e psicológico do ser humano das grandes cidades. Contos como "Primeiro de maio", "Peru de natal", "Vestida de preto" e outros conciliam com perfeição a análise das relações familiares e sociais e a introspecção psicológica, fundada nas teorias de Freud.

O romance *Amar, verbo intransitivo* causou impacto quando publicado. Desafiando preconceitos, tematiza a descoberta do amor entre Carlos e Fräulein, uma governanta oficialmente contratada pelo empresário Souza Costa para ensinar alemão e piano a seus filhos, mas, na verdade, encarregada de iniciar Carlos, o filho adolescente, na vida sexual.

Macunaíma: em busca do nacional

Na prosa, *Macunaíma* é a obra-prima do autor e, provavelmente, a mais importante realização da primeira fase do Modernismo. A obra representa não apenas o resultado das pesquisas e das qualidades do autor como poeta, prosador, músico e folclorista, mas também a plena realização do projeto nacionalista dos escritores de sua geração.

O ponto de partida para a criação de *Macunaíma* foi a leitura que Mário fez da obra *Vom Roraima zum Orinoco*, do etnógrafo alemão Koch-Grünberg, que colheu na Amazônia (Brasil e Venezuela), entre 1911 e 1913, um ciclo de lendas dos índios taulipangues e arecunás. Mário fez algumas modifi-

Mário: rapsodo do século XX

Ao publicar *Macunaíma*, Mário de Andrade chegou a ser acusado de plágio pelo fato de fazer uso de vários textos já existentes.

Arlindo Daibert

Na verdade, ao fazer uma espécie de bricolagem de materiais extraídos da tradição oral, da pesquisa científica e da literatura oficial, Mário criou sua obra com procedimentos tipicamente modernistas, mas que, ao mesmo tempo, lembram os dos rapsodos gregos, conforme explica a pesquisadora Telê Ancona Lopez:

Ao cruzar sua criação com a criação de outros, autores consagrados ou vozes do povo, ao coser fragmentos e a eles plasmar novas funções e novos significados, Mário presentifica, em *Macunaíma*, a rapsódia moderna.

(In: Arlindo Daibert. *Macunaíma de Andrade*. Juiz de Fora: Ed. da UFJF, 2000. p. 14.)

cações na lenda original, acrescentou outras, de origens diversas, incluiu anedotas da história brasileira e aspectos da vida urbana e rural do país e introduziu personagens reais e fictícias, além de feitiçaria, erotismo e o absurdo surrealista.

Quanto à língua, também se verifica na obra uma verdadeira miscelânea, formada por vocábulos indígenas, africanos, frases feitas, expressões e provérbios populares, gírias, tudo isso formando, em um estilo narrativo dinâmico e irônico, um delicioso painel antropofágico da cultura brasileira.

Mário de Andrade relata que, ao criar a obra, não pretendia inventar nem símbolos nem uma personagem que representasse todos os brasileiros. No entanto, à medida que dava vida ao herói da lenda colhida por Grünberg — curiosamente, herói por suas "desqualidades" de preguiçoso, mentiroso, covarde, etc. —, foi percebendo inúmeras semelhanças entre ele e os brasileiros ou os latino-americanos em geral, que são, segundo o autor, povos "sem nenhum caráter". Explica ele:

: Mário de Andrade, em 1927, na ilha de Marajó.

> Com a palavra caráter não determino apenas a realidade moral não, em vez entendo a entidade psíquica permanente, se manifestando por tudo, nos costumes na ação exterior no sentimento na língua na História na andadura, tanto no bem como no mal. O brasileiro não tem caráter porque não possui nem civilização própria nem consciência tradicional.

Perseguindo a tradição das canções de gesta, das epopeias, das novelas picarescas e dos contos populares — enfim, perseguindo a tradição oral da literatura —, *Macunaíma* foi com propriedade chamada por Mário de *rapsódia*, nome que, na música, designa um tipo de composição que utiliza uma variedade de motivos populares. Contudo, a designação *romance* não lhe é de todo inadequada, já que a obra apresenta semelhanças com os romances medievais.

LEITURA

O texto a seguir integra o capítulo V de *Macunaíma*. A personagem Macunaíma, após nascer e crescer às margens do rio Uraricoera, em Roraima, parte com os irmãos Maanape e Jiguê em busca de aventuras. Na viagem encontra Ci, Mãe do Mato, rainha das índias amazonas, e, com a ajuda dos irmãos, consegue dominá-la e tê-la como esposa, tornando-se assim o imperador da Mata-Virgem. Com Ci, Macunaíma tem um filho (quebrando, portanto, pela segunda vez, as tradições da tribo das amazonas), que vem a morrer; em seguida Ci também morre e vira estrela.

Antes de morrer, porém, Ci dá a Macunaíma a muiraquitã, um amuleto que vai parar nas mãos do vilão da história, o gigante comedor de gente Venceslau Pietro Pietra.

A exemplo das epopeias, em que o herói é um eterno viajante em busca de um ideal, Macunaíma e seus irmãos dirigem-se a São Paulo, onde mora o gigante.

O episódio que você vai ler a seguir retrata a viagem dos três irmãos rumo a São Paulo em busca da muiraquitã.

V. Piaimã

No outro dia Macunaíma pulou cedo na ubá e deu uma chegada até a foz do rio Negro pra deixar a consciência na ilha de Marapatá. Deixou-a bem na ponta dum mandacaru de dez metros, pra não ser comida pelas saúvas. Voltou pro lugar onde os manos esperavam e no pino do dia os três rumaram pra margem esquerda da Sol.

Muitos casos sucederam nessa viagem por caatingas rios corredeiras, gerais, corgos, corredores de tabatinga matos virgens e milagres do sertão. Macunaíma vinha com os dois manos pra São Paulo. Foi o Araguaia que facilitou-lhes a viagem. Por tantas conquistas e tantos feitos passados o herói não ajuntara um vintém só mas os tesouros herdados da icamiaba estrela estavam escondidos nas grunhas do Roraima lá. Desses tesouros Macunaíma apartou pra viagem nada menos de quarenta vezes quarenta milhões de bagos de cacau, a moeda tradicional. Calculou com eles um dilúvio de embarcações. E ficou lindo trepando pelo Araguaia aquele poder de igaras duma em uma duzentas em ajojo que-nem flecha na pele do rio. Na frente Macunaíma vinha de pé, carrancudo, procurando no longe a cidade. Matutava matutava roendo os dedos agora cobertos de berrugas de tanto apontarem Ci estrela. Os manos remavam espantando os mosquitos e cada arranco dos remos repercutindo nas duzentas igaras ligadas, despejava uma batelada de bagos na pele do rio, deixando uma esteira de chocolate onde os camuatás pirapitingas dourados piracanjubas uarus-uarás e bacus se regalavam.

Uma feita a Sol cobrira os três manos duma escaminha de suor e Macunaíma se lembrou de tomar banho. Porém no rio era impossível por causa das piranhas tão vorazes que de quando em quando na luta pra pegar uma naco de irmã espedaçada, pulavam aos cachos pra fora d'água metro e mais. Então Macunaíma enxergou numa lapa bem no meio do rio uma cova cheia d'água. E a cova era que-nem a marca dum pé gigante. Abicaram. O herói depois de muitos gritos por causa do frio da água entrou na cova e se lavou inteirinho. Mas a água era encantada porque aquele buraco na lapa era marca do pezão do Sumé, do tempo em que andava pregando o evangelho de Jesus pra indiada brasileira. Quando o herói saiu do banho estava branco louro e de olhos azuizinhos, água lavara o pretume dele. E ninguém não seria capaz mais de indicar nele um filho da tribo retinta dos Tapanhumas.

Nem bem Jiguê percebeu o milagre, se atirou na marca do pezão do Sumé. Porém a água já estava muito suja da negrura do herói e por mais que Jiguê esfregasse feito maluco atirando água pra todos os lados só conseguiu ficar da cor do bronze novo. Macunaíma teve dó e consolou:

— Olhe, mano Jiguê, branco você ficou não, porém pretume foi-se e antes fanhoso que sem nariz.

Maanape então é que foi se lavar, mas Jiguê esborrifava toda a água encantada para fora da cova. Tinha só um bocado lá no fundo e Maanape conseguiu molhar só a palma dos pés e das mãos. Por isso ficou negro bem filho da tribo dos Tapanhumas. Só que as palmas das mãos e dos pés dele são vermelhas por terem se limpado na água santa. Macunaíma teve dó e consolou:

— Não se avexe, mano Maanape, não se avexe não, mais sofreu nosso tio Judas!

E estava lindíssimo na Sol da lapa os três manos um louro um vermelho outro negro, de pé bem erguidos e nus. Todos os seres do mato espiavam assombrados. O jacareúna o jacaretinga o jacaré-açu o jacaré-ururau de papo amarelo, todos esses jacarés botaram os olhos de rochedo pra fora d'água. Nos ramos das ingazeiras das aningas das mamoramas das embaúbas dos catauaris de beira-rio o macaco-prego o macaco-de-cheiro o guariba o bugio o

Coleção particular

: *O batizado de Macunaíma* (1956), por Tarsila do Amaral, tela inspirada na obra de Mário de Andrade.

413

cuatá o barrigudo o coxiú o cairara, todos os quarenta macacos do Brasil, todos, espiavam babando de inveja. E os sabiás, o sabiacica o sabiapoca o sabiaúna o sabiapiranga o sabiagongá que quando come não me dá, o sabiá-barranco o sabiá-tropeiro o sabiá-laranjeira o sabiá-gute todos esses ficaram pasmos e esqueceram de acabar o trinado, vozeando vozeando com eloquência. Macunaíma teve ódio. Botou as mãos nas ancas e gritou pra natureza:

— Nunca viu não!

Então os seres naturais debandavam vivendo e os três manos seguiram caminho outra vez.

Porém entrando nas terras do igarapé Tietê adonde o burbom vogava e a moeda tradicional não era mais cacau, em vez, chamava arame contos contecos milréis borós tostão duzentorréis quinhentorréis, cinquenta paus, noventa bagarotes, e pelegas cobres xenxéns caraminguás selos bicos-de-coruja massuni bolada calcáreo gimbra siridó bicha e pataracos, assim, adonde até liga pra meia ninguém comprava nem por vinte mil cacaus. Macunaíma ficou muito contrariado. Ter de trabucar, ele, herói... Murmurou desolado:

— Ai! que preguiça!...

[...]

(*Macunaíma – O herói sem nenhum caráter*. Ed. crítica de Telê Porto A. Lopez. Rio de Janeiro/São Paulo: Livros Técnicos e Científicos/Secretaria da Cultura, Ciência e Tecnologia. p. 33-4.)

abicar: fazer chegar a proa da embarcação em terra.

burbom: café ou cafeeiro.

grunha: parte côncava nas serras.

icamiaba: referência a Ci, líder das índias icamiabas, com quem Macunaíma se casara e que virou estrela depois de morrer.

igara: canoa escavada em um tronco de árvore.

lapa: grande pedra ou laje; gruta.

Sumé: na mitologia dos índios tupis e guaranis, homem branco, barbado, que teria vivido entre os índios antes da chegada dos portugueses e que lhes havia transmitido uma série de ensinamentos. Os jesuítas associaram essa figura a São Tomé, apóstolo que teria feito pregações ao redor do mundo, inclusive na América.

trabucar: trabalhar, labutar.

ubá: o mesmo que cana-do-rio; planta da família das gramíneas que atinge até 10 metros de altura.

1. Em *Macunaíma*, Mário de Andrade procurou fazer uso de uma "língua brasileira", síntese da fusão do português com dialetos indígenas e africanos, mesclada de inúmeras variações linguísticas, com regionalismos, expressões coloquiais, estrangeirismos, etc.

Troque ideias com os colegas e tente descobrir a origem destas palavras e expressões:

a) ubá, Marapatá, mandacaru, tabatinga, igara, pirapitinga

b) deu uma chegada, que-nem flecha, feito maluco, antes fanhoso que sem nariz, cinquenta paus, bolada

c) Não se avexe

d) burbom

2. Antes de escrever *Macunaíma*, Mário de Andrade viajou pelo Brasil, pesquisou e fez anotações relativas a diversos elementos da geografia, da fauna, da flora e da cultura das diferentes regiões do país. De que modo essa pesquisa se revela no trecho lido?

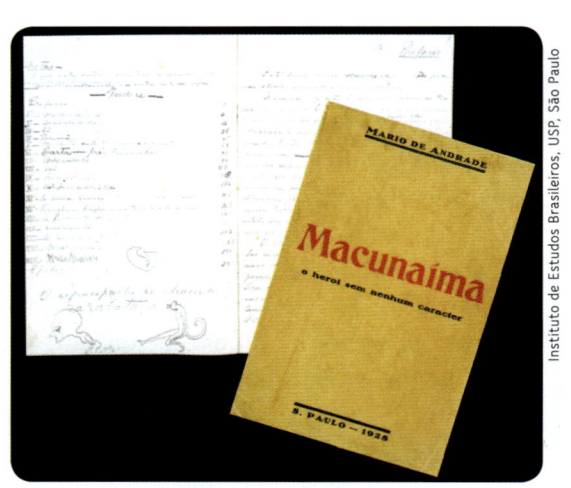

Instituto de Estudos Brasileiros, USP, São Paulo

: Capa do livro *Macunaíma* e manuscritos originais de Mário de Andrade.

3. Observe o trecho em que os três irmãos se banham na água da cova feita pelo pé de Sumé.

a) O que se explica, nessa cena, de forma folclórica?

b) Apesar de Jiguê ter se lavado, ele "só conseguiu ficar da cor do bronze novo". E Macunaíma lhe diz: "branco você ficou não, porém pretume foi-se e antes fanhoso que sem nariz". Na sua opinião, essa fala de Macunaíma é preconceituosa? Justifique sua resposta.

4. Macunaíma é o imperador da mata virgem. Como tal, imagina chegar a São Paulo com muito cacau – que na floresta equivalia a dinheiro – e liderando uma comitiva de duzentas canoas.

a) Na realidade, com quantas canoas Macunaíma chega à capital paulista?

b) Que valor tinha na cidade o cacau que Macunaíma trouxera?

c) Como se posiciona Macunaíma diante da necessidade de trabalhar?

5. As preocupações reveladas na obra *Macunaíma* quanto à busca dos elementos da paisagem nacional – a fauna, a flora, o homem, a língua e as tradições da cultura brasileira – lembram o projeto nacionalista do Romantismo. Comparando *Macunaíma* às obras indianistas românticas, responda:

a) A personagem Macunaíma pode ser considerada um herói igual aos do Romantismo? Por quê?

b) Como conclusão do estudo feito, responda: O nacionalismo presente em Macunaíma é igual ao das obras do Romantismo? Justifique sua resposta.

Para quem quer mais

Se você quer saber mais sobre o período de implantação do Modernismo brasileiro, leia os poemas a seguir. "Amore co amore si paga", de Juó Bananére, é exemplo do espírito demolidor e irônico que caracterizou a literatura brasileira no início do século XX. Esse poema, que é uma paródia de "Nel mezzo del Cammin...", de Olavo Bilac, integra a obra *La divina increnca*, publicada em 1917. Em seguida, sozinho, em dupla ou em grupo, tente resolver as questões propostas no **Roteiro de estudo**.

Nel mezzo del Cammin...

Cheguei. Chegaste. Vinhas fatigada
E triste, e triste e fatigado eu vinha.
Tinhas a alma de sonhos povoada,
E a alma de sonhos povoada eu tinha...

E paramos de súbito na estrada
Da vida: longos anos, presa à minha
A tua mão, a vista deslumbrada,
Tive da luz que teu olhar continha.

Hoje, segues de novo... Na partida
Nem o pranto os teus olhos umedece,
Nem te comove a dor da despedida.

E eu, solitário, volto a face, e tremo,
Vendo o teu vulto que desaparece
Na extrema curva do caminho extremo.

(Olavo Bilac. In: Magaly Trindade Gonçalves et alii. *Antologia de antologias*. São Paulo: Musa Editora, 1995. p. 348.)

Amore co amore si paga
P'ra migna anamurada

Xiguê, xigaste! Vigna afatigada i triste
I triste i afatigada io vigna;
Tu tigna a arma povolada di sogno
I a arma povolada di sogno io tigna.

Ti amê, m'amasti! Bunitigno io era
I tu tambê era bunitigna;
Tu tigna uma garigna de féra
E io di féra tigna uma garigna.

Uma veiz ti begiê a linda mó,
I a migna tambê vucê begió.
Vucê mi apisô nu pé, e io non pisê no da
                              [signora.

Moltos abbracio mi deu vucê,
Moltos abbracio io tambê ti dê.
U fora vucê mi deu, e io tambê ti dê u fora.

(Juó Bananére. *La divina increnca*. São Paulo: Editorial 34. p. 11.)

• Roteiro de estudo •

Ao final da leitura, você deverá ser capaz de:

- Depois de ler o boxe "Paródia: um discurso e duas vozes", comparar os textos e reconhecer o procedimento paródico do poema de Juó Bananére.

- Comparar os textos quanto ao tema e à linguagem e estabelecer diferenças entre eles quanto a esses aspectos.

- Reconhecer o cacófato (som desagradável decorrente da união de sílabas de palavras vizinhas) e comentar o efeito de sentido desse "vício de linguagem" no texto de Bananére.

- Reconhecer as ambiguidades resultantes de palavras como *sogno*, *xiguê* e *xigaste* e comentar o sentido e o papel que elas assumem no poema de Bananére.

Para quem quer mais na Internet

Se você deseja saber mais sobre a Semana de Arte Moderna e sobre Oswald e Mário de Andrade, acesse os *sites*:
www.releituras.com/marioandrade_bio.asp
www.ieb.usp.br
www.releituras.com/oandrade_bio.asp
www.unicamp.br/~boarventu/page19.htm
www.itaucultural.org.br/aplicexternas/enciclopedia_lit/index.cfm?fuseaction=biografias_
texto&cd_verbete=4945&cd_item=35&CFID=3226323&CFTOKEN=73684904

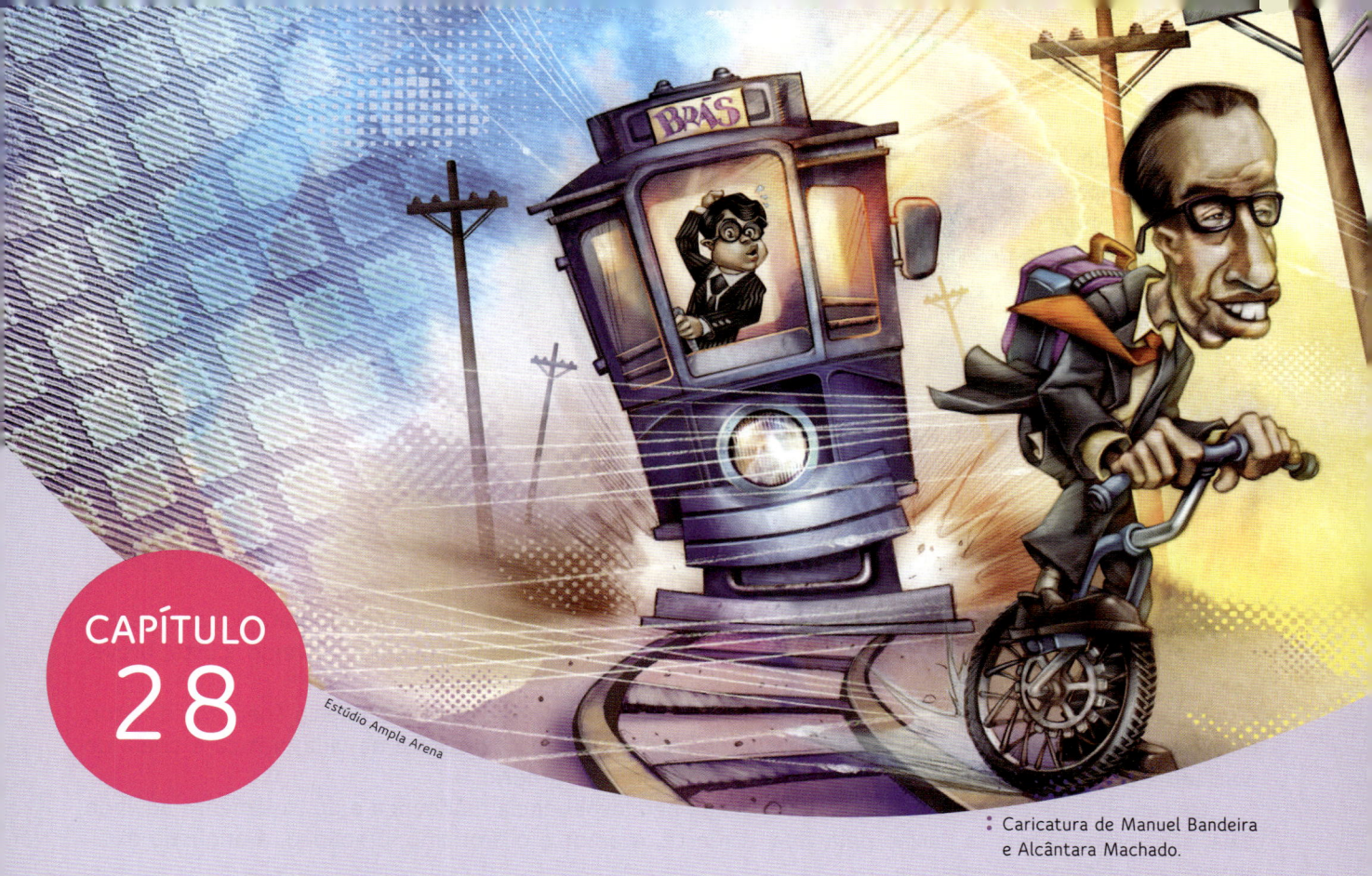

CAPÍTULO
28

Caricatura de Manuel Bandeira
e Alcântara Machado.

Manuel Bandeira
e Alcântara Machado

Por meio de Manuel Bandeira e Alcântara Machado, o Modernismo pôde,
em sua primeira fase, alargar horizontes e diversificar experiências.
Com Bandeira, pelo resgate do lirismo poético, quase abandonado pelos
demais modernistas na fase de luta antipassadista; com Alcântara
Machado, pela conciliação de inovações técnicas e linguagem jornalística
com a fala coloquial dos ítalo-paulistas.

MANUEL BANDEIRA: O RESGATE LÍRICO

Manuel Bandeira (1886-1968) compõe, juntamente com Oswald e Mário de Andrade, a tríade maior da primeira fase do Modernismo, responsável pela divulgação e pela solidificação do movimento em nosso país.

O poeta nasceu em Recife, fez os estudos secundários no Rio de Janeiro e iniciou o curso de Arquitetura em São Paulo, mas foi obrigado a abandoná-lo em virtude de uma crise de tuberculose, que nele se manifestara em 1904. Tratou-se em várias cidades do país e, inclusive, na Suíça, entre 1913 e 1914, onde conheceu o jovem e mais tarde famoso escritor dadaísta e surrealista francês Paul Éluard, internado na mesma clínica.

417

Éluard colocou Bandeira a par das inovações artísticas que vinham ocorrendo na Europa, entre as quais o emprego do verso livre na poesia. Esse aspecto técnico já fazia parte das preocupações de Bandeira, que hoje é considerado o mestre do verso livre no Brasil. Veja, por exemplo, com que mestria o poeta tira proveito desse recurso no poema a seguir.

Poema do Beco

Que importa a paisagem, a Glória, a baía, a linha do horizonte?
— O que eu vejo é o beco.

(*Estrela da vida inteira*. 2. ed. Rio de Janeiro: J. Olympio, 1970. p. 134.)

Carlos Leão

No desenho de Carlos Leão, o Beco das Carmelitas, no Rio de Janeiro, fonte de inspiração para o "Poema do Beco".

Observe a perfeita relação entre forma e conteúdo: no 1º verso, a visão aberta para o mar e para o horizonte coincidem com o verso longo, que se espraia na horizontalidade. Já o 2º verso, curto, breve, coincide com o estreitamento da visão: o que se vê é apenas o beco.

Inicialmente interessado em música e arquitetura, Bandeira descobriu a poesia (não como leitor, mas como poeta) por acaso, na condição de doente em repouso, distante da vida prática e cheia de aventuras dos outros adolescentes, segundo confissão dele próprio.

Os temas mais comuns de sua obra, marcada pela experiência da doença e do isolamento advindo dela, são, entre outros, a paixão pela vida, a morte, o amor e o erotismo, a solidão, a angústia existencial, o cotidiano e a infância.

Embora pressentisse a chegada da morte a qualquer instante e vivesse cada dia apaixonadamente, como se fosse o último, Bandeira viveu até os 82 anos, e sua obra é um rico testemunho da poesia brasileira do século XX, pois engloba criações que vão de um pós-Parnasianismo e de um pós-Simbolismo às experiências concretistas das décadas de 1950 e 1960.

Bandeira e o Modernismo

Em 1922, Bandeira morava no Rio de Janeiro e estava, portanto, distanciado do grupo paulista que centralizava os ataques à cultura oficial e propunha mudanças. Embora tivesse conhecido Mário de Andrade – de quem seria grande amigo – em 1921, no Rio, Bandeira buscou sempre uma atuação mais isolada. À Semana de Arte Moderna, por exemplo, preferiu não ir pessoalmente e enviou o famoso poema "Os sapos", que, lido por Ronald de Carvalho, tumultuou o Teatro Municipal.

Amizade modernista

A Semana de Arte Moderna selou definitivamente a amizade entre Manuel Bandeira e Mário de Andrade. Durante mais de vinte anos, Bandeira vivendo no Rio de Janeiro e Mário em São Paulo, os dois poetas se corresponderam intensamente, discutindo suas próprias obras, seus projetos artísticos e o cenário cultural brasileiro como um todo. Veja um trecho de uma carta enviada por Mário a Bandeira logo depois da Semana de Arte Moderna:

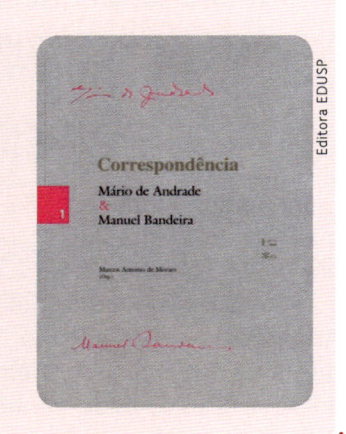

Editora EDUSP

Sensibilizou-nos teu interesse. Foste o primeiro dos amigos do Rio a nos demonstrar alguma simpatia. Por que esse afastamento? Será possível que em literatura se perpetuem as rivalidades de futebol! Manuel Bandeira, obrigado.

A amizade e a correspondência entre os dois escritores só terminou com a morte de Mário, em 1945.

Além disso, quando se realizou a Semana de Arte Moderna, Bandeira já publicara dois livros, *A cinza das horas* (1917) e *Carnaval* (1919), em que se verificam influências pós-simbolistas.

Sua adesão às técnicas modernistas deu-se gradativamente, à medida que via na renovação a única alternativa à sua poesia, que não se ajustava mais às antigas fórmulas de expressão. Mais do que modismo ou oportunismo, o Modernismo impunha-se como condição à continuidade de sua poesia. Assim, o poeta, que em 1918 escrevera "Os sapos", publicaria em 1924 *O ritmo dissoluto*, obra de transição, e em 1930 *Libertinagem*, obra de plena maturidade modernista, das "palavras em liberdade". É de *Libertinagem*, por exemplo, o poema "Poética", estudado no capítulo 26.

Ainda que não tenha tido em relação à cultura do passado a postura radical da maioria dos jovens rebeldes, Bandeira veio a ser um dos três mais importantes escritores da primeira fase do movimento modernista, além de um dos pontos mais altos da poesia lírica nacional. Chamado de "o São João Batista" do Modernismo, em razão da idade que tinha em 1922 (36 anos), Bandeira nunca abandonou a admiração que tinha por certos escritores do passado, como Camões, Gonçalves Dias e Musset.

Após *Libertinagem*, ainda foram publicadas, em poesia, *Estrela da manhã* (1936), *Lira dos cinquent'anos* (1948), *Belo belo* (1948), *Opus 10* (1952) e *Mafuá do malungo* (1954), todas incluídas em *Estrela da vida inteira*, de 1965.

Manuel Bandeira: o humilde e o sublime*

Entre as inúmeras contribuições deixadas pela poesia de Manuel Bandeira, duas se destacam: o seu papel decisivo na solidificação da poesia de orientação modernista, com todas as suas implicações (verso livre, língua coloquial, irreverência, liberdade criadora, etc.), e o alargamento da lírica nacional pela sua capacidade de extrair poesia das coisas aparentemente banais do cotidiano.

Partindo de temas até então considerados "baixos" para a criação da "grande poesia", tais como a própria doença, o quarto, as ações habituais do cotidiano, o jornal, a cultura popular, etc., Bandeira criou uma poesia rica em construção e significação, apesar de sua aparência quase prosaica. Veja, por exemplo, nos versos a seguir, como ele concilia a crítica social e a reflexão filosófica acerca da condição humana com oposições formais e coloquialidade linguística.

Poema tirado de uma notícia de jornal

João Gostoso era carregador de feira-livre e
[morava no morro da Babilônia
[num barracão sem número
Uma noite ele chegou no bar Vinte de
[Novembro
Bebeu
Cantou
Dançou
Depois se atirou na Lagoa Rodrigo de
[Freitas e morreu afogado.

(*Estrela da vida inteira*, cit., p. 117.)

O gosto pelo humilde

No *Itinerário de Pasárgada* […], Bandeira já afirmara que esse gosto pelo "humilde cotidiano" lhe teria vindo não propriamente de uma intenção modernista, mas dos tempos de sua moradia no morro do Curvelo, do convívio com a gente pobre que ali vivia, de uma experiência da rua, de uma poesia dispersa num mundo ao rés do chão, em anos decisivos para a formação de sua obra madura.

(Davi Arrigucci Jr. *Humildade, paixão e morte*. São Paulo: Companhia das Letras, 1990. p. 99.)

---

* Esse título foi tomado de empréstimo ao ensaio "O humilde e o sublime", de Davi Arrigucci Jr., publicado na *Folha de S. Paulo* de 20/4/1986, no Folhetim nº 480.

É com simplicidade e despojamento que são trabalhados pelo poeta temas como a reflexão existencial, a solidão, o amor, a vida e a natureza. Veja o poema ao lado.

Retomando certos motivos já explorados por poetas românticos – a saudade, a infância, a solidão – e procurando estreitar os laços entre poesia e cultura popular, Manuel Bandeira mantém, de fato, alguns pontos de contato com o Romantismo, mas é um poeta essencialmente modernista.

Jamais cai, por exemplo, num sentimentalismo piegas ao lembrar-se da infância. A infância que evoca é uma experiência vivida e concreta, não idealizada, que, contrastada com o presente, acentua-lhe a condição trágica.

A solidão, que levava os poetas ultrarromânticos a buscar na morte a saída para os problemas da existência, em Manuel Bandeira toma outra direção – a da paixão pela vida:

> O que eu adoro em tua natureza,
> Não é o profundo instinto maternal
> Em teu flanco aberto como uma ferida.
> Nem a tua pureza. Nem a tua impureza.
> O que eu adoro em ti — lastima-me e
> [consola-me!
> O que eu adoro em ti, é a vida.
>
> ("Madrigal melancólico". *Estrela da vida inteira*, cit., p. 90.)

Poema só para Jaime Ovalle

> Quando hoje acordei, ainda fazia escuro
> (Embora a manhã já estivesse avançada).
> Chovia.
> Chovia uma triste chuva de resignação
> Como contraste e consolo ao calor tempestuoso
> [da noite.
> Então me levantei.
> Bebi o café que eu mesmo preparei,
> Depois me deitei novamente, acendi um cigarro
> [e fiquei pensando...
> — Humildemente pensando na vida e nas
> [mulheres que amei.
>
> (Idem, p. 183.)

Dois amigos

Jaime Ovalle, um músico de Belém do Pará, chegou ao Rio de Janeiro na década de 1910 e na década seguinte tornou-se conhecido no bairro carioca da Lapa como o "Canhoto" do violão. Participou de rodas boêmias com importantes músicos e compositores populares da época, como Sinhô, Pixinguinha, Chiquinha Gonzaga e Catulo da Paixão Cearense. Manuel Bandeira, juntamente com Di Cavalcanti, Sérgio Buarque de Holanda e outros artistas e intelectuais, frequentou esse universo boêmio da Lapa e foi amigo de Jaime Ovalle.

Claus Meyer e Ciro Mariano

Cuidado com as reduções!

É claro que as experiências pessoais influenciam a obra de um artista, como prova a obra de Manuel Bandeira. Apesar disso, não se pode esquecer o que já dizia Fernando Pessoa: "o poeta é um fingidor" e é capaz de "fingir que é dor a dor que deveras sente". Por isso, não se pode reduzir a obra de Bandeira a um mero relato de seu sofrimento como tuberculoso. Digamos que o poeta, ao recriar suas experiências pessoais, confere a elas um valor universal, uma vez que seus temas – amor, morte, solidão – atingem a todos.

Pasárgada e a infância: válvulas de escape da realidade

Diante da realidade por vezes opressora, dois temas se destacam como válvulas de escape para Bandeira, seja como paraíso sonhado, seja como paraíso perdido: *Pasárgada*, o "país de delícias" do poema "Vou-me embora pra Pasárgada", e a *infância*.

Pasárgada é o espaço imaginado pela fantasia, compensação das frustrações cotidianas da "vida besta", como dizia o poeta. Em Pasárgada, tudo é possível e permitido, sobretudo os prazeres que foram proibidos ao poeta quando criança em virtude da doença, como nadar, brincar, andar de bicicleta, etc. Também são possíveis todos os prazeres negados pela solidão:

> Vou-me embora pra Pasárgada
> Lá sou amigo do rei
> Lá tenho a mulher que eu quero
>
> Na cama que escolherei
> Vou-me embora pra Pasárgada.

Já a infância é para o poeta uma espécie de porto seguro ou de paraíso perdido, que pode ser resgatado por meio da memória.

Em *Itinerário de Pasárgada* – uma autobiografia lírica do poeta –, Bandeira comenta:

> Dos seis aos dez anos, nesses quatro anos de residência no Recife [...] construiu-se a minha mitologia, e digo mitologia porque os seus tipos, um Totônio Rodrigues, uma D. Aninha Viegas, a preta Tomásia, velha cozinheira da casa de meu avô Costa Ribeiro, têm para mim a mesma consistência heroica das personagens e dos poemas homéricos. [...] Quando comparo esses quatro anos de minha meninice a quaisquer outros quatro anos da minha vida de adulto, fico espantado do vazio destes últimos em cotejo com a densidade daquela quadra distante.

LEITURA

O poema a seguir integra a obra *Libertinagem*, na qual Manuel Bandeira incorpora vários temas ligados à cultura popular e ao folclore. O poema, ao mesmo tempo que tematiza a infância, faz uma descrição da cidade de Recife no fim do século XIX.

Evocação do Recife

Recife
Não a Veneza americana
Não a Mauritsstad dos armadores das Índias Ocidentais
Não o Recife dos Mascates
Nem mesmo o Recife que aprendi a amar depois —
    Recife das revoluções libertárias
Mas o Recife sem história nem literatura
Recife sem mais nada
Recife da minha infância

A Rua da União onde eu brincava de chicote-queimado
   [e partia as vidraças da casa de dona Aninha Viegas
Totônio Rodrigues era muito velho e botava o pincenê
                [na ponta do nariz
Depois do jantar as famílias tomavam a calçada com
       [cadeiras, mexericos, namoros, risadas
A gente brincava no meio da rua
Os meninos gritavam:

      Coelho sai!
      Não sai!

O centro de Recife.

Fernando Bueno/Pulsar Imagens

A distância as vozes macias das meninas politonavam:

> Roseira dá-me uma rosa
> Craveiro dá-me um botão

(Dessas rosas muita rosa
Terá morrido em botão...)

De repente
                 nos longes da noite
                                           um sino

Uma pessoa grande dizia:
Fogo em Santo Antônio!
Outra contrariava: São José!
Totônio Rodrigues achava sempre que era São José.
Os homens punham o chapéu saíam fumando
E eu tinha raiva de ser menino porque não podia ir ver o fogo
Rua da União...
Como eram lindos os nomes das ruas da minha infância
Rua do Sol
(Tenho medo que hoje se chame do Dr. Fulano de Tal)
Atrás de casa ficava a Rua da Saudade...
                 ...onde se ia fumar escondido
Do lado de lá era o cais da Rua Aurora...
                 ...onde se ia pescar escondido
Capiberibe
— Capibaribe

Lá longe o sertãozinho de Caxangá
Banheiros de palha
Um dia eu vi uma moça nuinha no banho
Fiquei parado o coração batendo
Ela se riu
                 Foi o meu primeiro alumbramento

Cheia! As cheias! Barro boi morto árvores destroços redomoinho sumiu
E nos pegões da ponte do trem de ferro os caboclos destemidos em jangadas de bananeiras

Novenas
                 Cavalhadas
Eu me deitei no colo da menina e ela começou a passar a mão nos meus cabelos
Capiberibe
— Capibaribe

Rua da União onde todas as tardes passava a preta das bananas
                 Com o xale vistoso de pano da Costa
E o vendedor de roletes de cana
O do amendoim
                 que se chamava midubim e não era torrado era cozido
Me lembro de todos os pregões:
                 Ovos frescos e baratos

: Cavalhada pernambucana.

> Dez ovos por uma pataca
> Foi há muito tempo...
>
> A vida não me chegava pelos jornais nem pelos livros
> Vinha da boca do povo na língua errada do povo
> Língua certa do povo
> Porque ele é que fala gostoso o português do Brasil
> > Ao passo que nós
> > O que fazemos
> > É macaquear
> > A sintaxe lusíada
>
> A vida com uma porção de coisas que eu não entendia bem
> Terras que não sabia onde ficavam
>
> Recife...
> > Rua da União...
> > > A casa de meu avô...
> Nunca pensei que ela acabasse!
> Tudo lá parecia impregnado de eternidade
>
> Recife...
> Meu avô morto.
> Recife morto, Recife bom, Recife brasileiro como a casa de meu avô.

(*Estrela da vida inteira*, cit., p. 114-7.)

---

evocação: ato de se lembrar, trazer à lembrança.

Mauritsstad: nome dado por Maurício de Nassau à cidade do Recife durante o domínio holandês.

pataca: antiga moeda brasileira.

pegão: maciço em que se apoiam os arcos das pontes.

pincenê: óculos sem haste.

politonar: cantar em vários tons.

pregão: fala ou pequena melodia por meio da qual os vendedores ambulantes anunciam seus produtos.

Capibaribe ou Capiberibe?

Em *Itinerário de Pasárgada*, Bandeira conta a surpresa que teve quando seu professor de Geografia, José Veríssimo, corrigiu a forma como todos falavam o nome do maior rio pernambucano: "Diga Capiberibe", recomendava ele.

No poema, ao fazer a contraposição entre as duas formas, o poeta, que sempre se interessou por música, consegue um efeito musical curioso. Ele próprio comenta: "Capiberibe a primeira vez com *e* e a segunda com *a*, me dava a impressão de um acidente, como se a palavra fosse uma frase melódica dita da segunda vez com bemol na terceira nota".

---

1. Na 1ª estrofe do poema, o eu lírico delimita o Recife que evoca. Não é o Recife histórico nem o Recife turístico ou cultural.

    a) Qual é o Recife que ele evoca? Destaque um verso que justifique sua resposta.

    b) O retrato do Recife evocado é feito, portanto, de modo objetivo ou subjetivo?

2. Observe estes versos do poema:

> "Uma pessoa grande dizia: / Fogo em Santo Antônio!"
> "(Tenho medo que hoje se chame do Dr. Fulano de Tal)"

Com base nesses versos, responda: O eu lírico, ao evocar o passado, coloca-se no texto como adulto ou como criança? Justifique.

3. Procurando dessacralizar a poesia, os modernistas aproximam-na das coisas simples, como o cotidiano e a cultura popular. Identifique no texto o aproveitamento desses elementos.

4. Manuel Bandeira nunca aderiu às novidades modernistas como modismo. Ao contrário, empregava-as com critério, sabendo extrair efeitos delas. Observe a irregularidade métrica e a pontuação destes versos:

> "Os homens punham o chapéu saíam fumando"
> "Cheia! As cheias! Barro boi morto árvores destroços redomoinho sumiu"

Buscando estabelecer relações entre a forma e o conteúdo, responda:

a) Por que a ausência de pontuação torna o sentido desses dois versos mais preciso?

b) Observe o tamanho do segundo desses versos. Relacionando-o com o conteúdo do verso (as cheias), o que justificaria esse tamanho?

5. Assim como Mário e Oswald de Andrade, Bandeira também se preocupou com a necessidade de criar uma nova língua literária. De acordo com o texto:

a) Qual é a "língua certa do povo"?

b) A quem possivelmente se refere o pronome *nós* dos versos "Ao passo que nós / O que fazemos"?

c) É possível afirmar que Bandeira pôs em prática no poema essa concepção de língua? Justifique com palavras ou expressões do texto.

Manuel Bandeira declama

Se você quiser ouvir Manuel Bandeira declamando seus próprios poemas, há duas opções: *Bandeira: a vida inteira* (Instituto Nacional do Livro), livro que contém um rico painel fotográfico e um disco com a gravação de quatro poemas; e *Manuel Bandeira - 50 poemas escolhidos pelo autor* (CosacNaify), livro acompanhado de um CD com todos os poemas já declamados pelo próprio poeta.

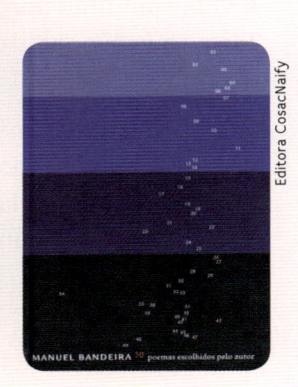

6. Releia no texto do capítulo o comentário de Bandeira feito em *Itinerário de Pasárgada* e também os últimos versos do poema "Evocação do Recife". A seguir, responda:

a) Por que o eu lírico afirma "Meu avô morto / Recife morto [...]"?

b) Que tipo de sentimento revela o eu lírico em relação ao Recife de sua infância?

LITERATURA COMPARADA

DIÁLOGO ENTRE A POESIA DE MANUEL BANDEIRA E A LITERATURA AFRICANA

A literatura brasileira de diferentes épocas tem sido fonte de inspiração para muitos escritores africanos de língua portuguesa. Leia os poemas a seguir e observe o diálogo entre a poesia do modernista Manuel Bandeira e a do poeta cabo-verdiano Ovídio Martins (1928-1999).

Vou-me embora pra Pasárgada

Vou-me embora pra Pasárgada
Lá sou amigo do rei
Lá tenho a mulher que eu quero
Na cama que escolherei
Vou-me embora pra Pasárgada

Vou-me embora pra Pasárgada
Aqui eu não sou feliz
Lá a existência é uma aventura
De tal modo inconsequente
Que Joana a Louca de Espanha
Rainha e falsa demente
Vem a ser contraparente
Da nora que eu nunca tive

E como farei ginástica
Andarei de bicicleta
Montarei em burro brabo
Subirei no pau de sebo
Tomarei banhos de mar!
E quando estiver cansado
Deito na beira do rio
Mando chamar a mãe-d'água
Pra me contar as histórias
Que no tempo de eu menino
Rosa vinha me contar
Vou-me embora pra Pasárgada

Em Pasárgada tem tudo
É outra civilização
Tem um processo seguro
De impedir a concepção
Tem telefone automático
Tem alcaloide à vontade
Tem prostitutas bonitas

Para a gente namorar
E quando eu estiver mais triste
Mas triste de não ter jeito
Quando de noite me der
Vontade de me matar
— Lá sou amigo do rei —
Terei a mulher que eu quero
Na cama que escolherei
Vou-me embora pra Pasárgada

(Manuel Bandeira. *Estrela da vida inteira*, cit., p. 127.)

Stefan Kolumban/Pulsar Imagens

alcaloide: substância química que é encontrada em plantas e, entre outros fins, serve para a fabricação de drogas.

Rosa: a ama-seca que cuidou de Manuel Bandeira e seus irmãos quando meninos.

Antievasão

Pedirei

Suplicarei

Chorarei

Não vou para Pasárgada

Atirar-me-ei ao chão
e prenderei nas mãos convulsas
ervas e pedras de sangue

Não vou para Pasárgada

Gritarei

Berrarei

Matarei

Não vou para Pasárgada.

(Ovídio Martins. In: *Literaturas de língua portuguesa: marcos e marcas – Cabo Verde*. São Paulo: Arte e Ciência, 2007. p. 53.)

1. Os versos "Vou-me embora pra Pasárgada / Aqui eu não sou feliz" exprimem o desejo do eu lírico de fugir da realidade concreta e adentrar outro tipo de realidade, sonhada ou idealizada. Esse desejo se associa ao escapismo dos escritores românticos e, aliás, a oposição existente no texto entre o *aqui* e o *lá* faz lembrar diretamente os versos da "Canção do exílio", de Gonçalves Dias. Veja:

> Minha terra tem primores
> Que tais não encontro eu cá;
> Em cismar – sozinho, à noite
> – Mais prazer encontro eu lá;

a) A que espaço se refere o *cá/lá* de cada um dos poemas?

b) Que semelhanças e diferenças há entre o *lá* de Gonçalves Dias e o *lá* de Manuel Bandeira?

Robert Harding World Imagery/Getty Images

: Cabo Verde, país africano de língua portuguesa.

2. Pasárgada é o mundo da liberdade, do permitido, da realização plena dos desejos. Opõe-se diretamente, portanto, ao mundo real, cheio de proibições, de regras, de lógica e de moral.

a) Em sua lógica particular, o eu lírico afirma: "Lá sou amigo do rei". Que vantagens há nessa condição?

b) Identifique no texto exemplos de transgressão das normas da considerada "boa conduta social".

c) Os surrealistas consideravam a razão uma verdadeira prisão para a criação artística. Assim, procuravam desenvolver métodos que a driblassem, como o uso de *nonsense* (textos sem nexo), e, assim, alcançar a liberdade total. Identifique, no poema, um exemplo de *nonsense*.

3. Na 3ª estrofe, o poema faz menção a um conjunto de ações comuns na infância. Levando em conta os dados biográficos do autor, explique por que essas ações são supervalorizadas.

4. Releia a última estrofe do poema de Bandeira. Nela se percebe que, às vezes, o mundo de prazeres oferecidos por Pasárgada sucumbe.

a) Identifique os versos em que isso ocorre.

b) Com base nos três últimos versos da estrofe, identifique o elemento que se opõe à morte e se configura como saída para o eu lírico.

5. Em relação ao poema de Ovídio Martins:

a) Compare os versos 1, 2 e 3 aos versos 9, 10 e 11. Que tipo de relação há entre eles?

b) Que verso do poema se repete insistentemente?

c) Que papel semântico esses dois recursos desempenham na construção do sentido do texto?

6. Nos jogos interdiscursivos, um texto pode citar outro para afirmá-lo ou para negá-lo.

a) O poema de Ovídio Martins afirma ou nega o poema de Bandeira?

b) Em "Antievasão", Pasárgada tem o mesmo significado que tem no poema de Manuel Bandeira? Justifique sua resposta.

7. Ovídio Martins fez parte de um grupo de escritores militantes que, em Cabo Verde, lutou pela independência política de seu país, combatendo a colonização portuguesa. Por causa disso, chegou a ser preso e exilado. Considerando essas informações, levante hipóteses: Por que o eu lírico insiste na postura "antievasão"?

ALCÂNTARA MACHADO: A LINGUAGEM CINEMATOGRÁFICA

Antônio de Alcântara Machado (1901-1935) nasceu em São Paulo e proveio de uma tradicional família paulistana. Formado em Direito, iniciou-se na literatura como crítico teatral, no *Jornal do Commercio*. Em 1925, viajou à Europa, onde colheu impressões para seu livro de estreia, *Pathé Baby*, prefaciado por Oswald de Andrade. Ligado ao Modernismo, foi redator e colaborador de *Terra Roxa e Outras Terras*, da *Revista de Antropofagia* e da *Revista Nova*. Dedicou-se à crônica jornalística (*Cavaquinho e saxofone*, edição póstuma), à prosa ficcional (*Brás, Bexiga e Barra Funda*; *Contos avulsos*, edição póstuma; *Mana Maria*, romance inacabado) e à pesquisa histórica.

Como prosador, Alcântara Machado trilhou os caminhos experimentais anteriormente abertos por Mário e Oswald de Andrade. Sua linguagem é leve e bem-humorada, espontânea e comunicativa, resultado de sua atuação como jornalista. Tal qual Oswald de Andrade, fez uso de uma linguagem telegráfica, elíptica e cinematográfica, cheia de *flashes* e cortes de cena surpreendentes. Mais do que seu amigo e inspirador, porém, conseguiu uma comunicação fácil e direta com o público.

O universo que retrata é o dos bairros dos imigrantes italianos em São Paulo – Brás, Bixiga, Barra Funda, Mooca – e o conjunto de aspectos humanos, morais, culturais e linguísticos que formavam aquela comunidade.

Modernista típico, Alcântara Machado foi um escritor da cidade de São Paulo perfeitamente identificado com a alma popular. Embora proveniente de uma classe social privilegiada, trouxe para as páginas da literatura brasileira não os imigrantes endinheirados da avenida Paulista, os ricos fazendeiros de café, mas o ítalo-paulista dos arrabaldes pobres, dos bairros operários. Gente do proletariado, da pequena burguesia e do pequeno comércio, torcedores do Palestra Futebol Clube. Carmela, a costureirinha, Gaetaninho, o filho do operário morador do Brás, Nicolino Fior D'Amore, o barbeiro, Roco, o jogador de futebol, entre inúmeros outros, constituem os "italianinhos", os filhos dos carcamanos, flagrados na simplicidade de seu cotidiano, na sua vida íntima, na luta por sua integração social.

Suas histórias são um importante documento da vida urbana e operária da cidade de São Paulo das primeiras décadas do século XX. Juntamente com o satírico Juó Bananére e com o desenhista Voltolino, Alcântara Machado é uma das três principais expressões desse recorte ítalo-paulista ou ítalo-brasileiro de nossa realidade.

Juó Bananére e Alcântara Machado

Em *Brás, Bexiga e Barra Funda*, Alcântara Machado utiliza a língua portuguesa tal como é praticada nos bairros ítalo-paulistas. Mas, quando se compara a língua macarrônica de um Juó Bananére com a de Alcântara Machado, constata-se uma notável diferença entre a reprodução caricatural das deformações fonéticas, no primeiro, e recurso comedido às misturas de vocabulário e erros de construção gramatical no segundo. [...] De fato, Alcântara Machado não tem outro programa: "Construir tudo. Até a língua. Principalmente a língua".

(Mário Carelli. *Carcamanos e comendadores*. São Paulo: Ática, 1985. p. 180.)

Claus Meyer e Ciro Mariano

: Alcântara Machado.

LEITURA

O conto a seguir, "Gaetaninho", pertence à obra *Brás, Bexiga e Barra Funda*, que, segundo seu autor, "Tenta fixar tão somente alguns aspectos da vida trabalhadeira, íntima e quotidiana desses novos mestiços nacionais e nacionalistas. É um jornal. Mais nada. Notícia. Só. Não tem partido nem ideal. Não comenta. Não discute. Não aprofunda"*.

> — Xi, Gaetaninho, como é bom!
>
> Gaetaninho ficou banzando bem no meio da rua. O Ford quase o derrubou e ele não viu o Ford. O carroceiro disse um palavrão e ele não ouviu o palavrão.
>
> — Eh! Gaetaninho! Vem pra dentro.

---

* Apud Luís Toledo Machado. *Antônio de Alcântara Machado e o Modernismo*. Rio de Janeiro: J. Olympio, 1970. p. 7.

Grito materno sim: até filho surdo escuta. Virou o rosto tão feio de sardento, viu a mãe e viu o chinelo.

— *Subito!*

Foi-se chegando devagarinho, devagarinho. Fazendo beicinho. Estudando o terreno. Diante da mãe e do chinelo parou. Balançou o corpo. Recurso de campeão de futebol. Fingiu tomar a direita. Mas deu meia volta instantânea e varou pela esquerda porta adentro.

Eta salame de mestre!

Ali na Rua Oriente a ralé quando muito andava de bonde. De automóvel ou carro só mesmo em dia de enterro. De enterro ou de casamento. Por isso mesmo o sonho de Gaetaninho era de realização muito difícil. Um sonho.

O Beppino por exemplo. O Beppino naquela tarde atravessara de carro a cidade. Mas como? Atrás da Tia Peronetta que se mudava para o Araçá. Assim também não era vantagem.

Mas se era o único meio? Paciência.

Gaetaninho enfiou a cabeça embaixo do travesseiro.

Que beleza, rapaz! Na frente quatro cavalos pretos empenachados levavam a Tia Filomena para o cemitério. Depois o padre. Depois o Savério noivo dela de lenço nos olhos. Depois ele. Na boleia do carro. Ao lado do cocheiro. Com a roupa marinheira e o gorro branco onde se lia: ENCOURAÇADO SÃO PAULO. Não. Ficava mais bonito de roupa marinheira mas com a palhetinha nova que o irmão lhe trouxera da fábrica. E ligas pretas segurando as meias. Que beleza, rapaz! Dentro do carro o pai, os dois irmãos mais velhos (um de gravata vermelha; outro de gravata verde) e o padrinho Seu Salomone. Muita gente nas calçadas, nas portas e nas janelas dos palacetes, vendo o enterro. Sobretudo admirando o Gaetaninho.

Mas Gaetaninho ainda não estava satisfeito. Queria ir carregando o chicote. O desgraçado do cocheiro não queria deixar. Nem por um instantinho só.

Gaetaninho ia berrar mas a Tia Filomena com a mania de cantar o "Ahi, Mari!" todas as manhãs o acordou.

Primeiro ficou desapontado. Depois quase chorou de ódio.

Tia Filomena teve um ataque de nervos quando soube do sonho de Gaetaninho. Tão forte que ele sentiu remorsos. E para sossego da família alarmada com o agouro tratou logo de substituir a tia por outra pessoa numa nova versão de seu sonho. Matutou, matutou, e escolheu o acendedor da Companhia de Gás, Seu Rubinho, que uma vez lhe deu um cocre danado de doído.

Os irmãos (esses) quando souberam da história resolveram arriscar de sociedade quinhentão no elefante. Deu a vaca. E eles ficaram loucos de raiva, por não haverem logo adivinhado que não podia deixar de dar a vaca mesmo.

O jogo na calçada parecia de vida ou morte. Muito embora Gaetaninho não estava ligando.

— Você conhecia o pai do Afonso, Beppino?

— Meu pai deu uma vez na cara dele.

Alcântara Machado recuperado

Depois de 85 anos de sua publicação, a obra *Brás, Bexiga e Barra Funda* recebeu em 2012 uma edição cuidadosamente preparada pelo pesquisador João Valentino Alfredo. Nessa edição, o pesquisador resgata as opções originais do autor quanto ao emprego de vocábulos e à ausência de pontuação.

Ao longo dos anos, os editores foram alterando o texto, "corrigindo" aquilo que consideravam errado ou inadequado. E muitas vezes fizeram alterações descabidas. Na introdução do escritor à obra, por exemplo, no trecho "É um jornal. Mais nada. Notícia. Só", em vez de *notícia*, o escritor havia empregado *noticia*, sem acento, do verbo *noticiar*.

Quanto à pontuação, explica o pesquisador, em artigo publicado no jornal *Folha de S. Paulo*, de 2/6/2012, que Alcântara Machado "usava a receita de pontuação do futurismo, na qual só se usa vírgula quando é estritamente necessário".

— Então você não vai amanhã no enterro. Eu vou!

O Vicente protestou indignado:

— Assim não jogo mais! O Gaetaninho está atrapalhando!

Gaetaninho voltou para o seu posto de guardião. Tão cheio de responsabilidades.

O Nino veio correndo com a bolinha de meia. Chegou bem perto. Com o tronco arqueado, as pernas dobradas, os braços estendidos, as mãos abertas, Gaetaninho ficou pronto para a defesa.

— Passa pro Beppino!

Beppino deu dois passos e meteu o pé na bola. Com todo o muque. Ela cobriu o guardião sardento e foi parar no meio da rua.

— Vá dar tiro no inferno!

— Cala a boca, palestrino!

— Traga a bola!

Gaetaninho saiu correndo. Antes de alcançar a bola um bonde o pegou. Pegou e matou.

No bonde vinha o pai do Gaetaninho.

A gurizada assustada espalhou a notícia na noite.

— Sabe o Gaetaninho?

— Que é que tem?

— Amassou o bonde!

A vizinhança limpou com benzina suas roupas domingueiras.

Família de imigrantes italianos.

Museu da Imigração do Estado de São Paulo. Autor desconhecido, s/d

---

Araçá: cemitério da cidade de São Paulo.

banzar: pensar detidamente, meditar.

boleia: cabina do motorista.

cocre: cascudo.

palhetinha: chapéu de palha.

Às dezesseis horas do dia seguinte saiu um enterro da Rua do Oriente e Gaetaninho não ia na boleia de nenhum dos carros do acompanhamento. Ia no da frente dentro de um caixão fechado com flores pobres por cima. Vestia a roupa marinheira, tinha as ligas, mas não levava a palhetinha.

Quem na boleia de um dos carros do cortejo mirim exibia soberbo terno vermelho que feria a vista da gente era o Beppino.

(*Novelas paulistanas*. 3. ed. Rio de Janeiro: J. Olympio, 1979. p. 11-3.)

Adoniran Barbosa: a herança ítalo-paulista

A tradição ítalo-paulista iniciada em nossa literatura por Juó Bananére e Alcântara Machado teve continuidade nas canções do compositor Adoniran Barbosa. Como os escritores, Adoniran tinha por tema em suas canções a realidade das pessoas simples do Brás e do Bixiga, bairros italianos de São Paulo. Entretanto, a língua registrada nas suas canções não é o "português macarrônico" de Bananére, mas uma variedade linguística popular em que as influências estrangeiras já estão incorporadas. Veja o uso dessa variedade nestes versos do "Samba do Arnesto":

O Arnesto nos convidou prum samba, ele mora no Brás

Nóis fumo e não encontremos ninguém

Nós vortemo cuma baita duma réiva

Da outra veiz nóis num vai mais

Adoniran Barbosa.

Arquivo/CB/D.A. Press

1. Esse conto pode ser dividido em seis partes ou cenas. De uma cena para outra, há um corte narrativo que introduz uma nova situação num tempo e num espaço também novos. Essa superposição de cenas vai compondo o todo como uma colagem, como se o narrador estivesse de posse de uma teleobjetiva e fosse fotografando cena por cena.

   Que tipo de linguagem se utiliza desse recurso técnico?

2. Indique o parágrafo em que, ao descrever uma ação da personagem, o narrador, como um locutor esportivo, se utiliza da linguagem radiofônica.

3. O ambiente é reconstituído com traços leves, demonstrando uma preocupação jornalística. Apesar disso, o autor consegue identificar magistralmente a origem e a condição socioeconômica das personagens.

   a) Que elementos do texto confirmam que Gaetaninho e sua família são italianos?

   b) Identifique alguns fatos que demonstram a condição socioeconômica de Gaetaninho.

4. Alcântara Machado preocupa-se não só em reproduzir os traços rítmicos e melódicos da linguagem coloquial, como também em mostrar a influência do imigrante italiano na fala paulistana.

   a) Identifique nos diálogos uma situação em que se observa um desvio em relação à norma-padrão formal da língua.

   b) Identifique no texto palavras da língua italiana.

5. Que valor social está presente no desejo de Gaetaninho de andar de automóvel e de ser admirado pelas pessoas?

6. O final do conto é surpreendente, tanto pela rapidez com que se dá a morte de Gaetaninho quanto pela ambiguidade causada pela frase "Amassou o bonde!". Considerando o sentido do verbo *amassar* em português e sabendo que *ammazzare*, do italiano, significa "matar", explique a ambiguidade contida nessa frase.

Para quem quer mais na Internet

Se você quer ler outros textos de Manuel Bandeira e Alcântara Machado e conhecer a produção de outros escritores da primeira geração modernista no Brasil – Menotti del Picchia, Guilherme de Almeida, Raul Bopp e Cassiano Ricardo –, sugerimos acessar nosso *site*: http://www.atualeditora.com.br/pl/paraquemquermais.

Enquanto isso em Portugal

: *Os óculos do poeta Álvaro de Campos* (1980), de Costa Pinheiros.

Fundação Calouste Gulbenkian, Lisboa, Portugal

MODERNISMO – A PRIMEIRA GERAÇÃO

O Modernismo português surge em 1915, com a publicação da revista *Orpheu*, influenciado pelas correntes de vanguarda que começavam a se constituir na Europa e pela Primeira Guerra Mundial, iniciada em 1914. Portugal, nesse momento, atravessa um período conturbado politicamente: o rei D. Carlos e seu filho são assassinados, o que provoca uma crise política, responsável pela proclamação da República, em 1910.

Formaram-se, então, duas facções políticas: a republicana e a antirrepublicana. Esta, insatisfeita com os rumos políticos tomados pelo país, articula-se em torno de Antônio Sardinha, dando origem ao integralismo português, movimento de extrema direita. Os integralistas chegam ao poder em 1926 e, em 1928, Salazar, representante desse grupo, assume o governo e dá início a uma ditadura que só terá fim em 1974, com a Revolução dos Cravos.

A repercussão da queda da monarquia e da proclamação da República é enorme junto ao povo e à cultura portuguesa. Em 1910 é criada *A Águia*, revista mensal de literatura, arte, ciência, filosofia e crítica social que se apresentava como porta-voz de um movimento de "renascença portuguesa". A revista foi dirigida, entre outros, por Teixeira de Pascoaes e Jaime Cortesão e contou com a colaboração de Mário de Sá-Carneiro e Fernando Pessoa.

Muitas outras revistas aparecem entre as décadas de 1910 e 1920 em Portugal, tornando o ambiente cultural ainda mais propício a mudanças. Entre elas destacam-se *Orpheu* (1915), *Centauro* (1916), *Exílio* (1916), *Ícaro* (1916), *Portugal Futurista* (1917), *Seara Nova* (1921) e *Athena* (1924).

A geração da revista *Orpheu*

A primeira geração do Modernismo português, o orfeísmo, organizou-se em torno da revista *Orpheu*, a mais importante das publicações da época. Embora tenha contado com apenas dois números, *Orpheu* notabilizou-se não só pelo escândalo que provocou, mas também pelos textos publicados e pela influência que exerceu sobre as gerações seguintes.

As tendências artísticas presentes na revista eram diversificadas: velhos valores simbolistas e decadentistas do final do século XIX, lado a lado com a reformulação desses mesmos valores, orientada pelas novidades propostas pelo Futurismo e pelo Cubismo.

Participaram de *Orpheu* e fizeram parte da primeira geração modernista portuguesa Fernando Pessoa, Mário de Sá-Carneiro, Almada Negreiros, Luís de Montalvor e o brasileiro Ronald de Carvalho.

Revista *A Águia*, em que Fernando Pessoa colaborou como ensaísta crítico, e o primeiro número da revista *Orpheu*, de 1915, marco inicial do Modernismo em Portugal.

Fernando Pessoa: o caleidoscópio poético

Fernando Pessoa (1888-1935) é considerado o principal escritor do modernismo português e, ao lado de Camões, um dos maiores poetas portugueses de todos os tempos. Cultivou tanto a poesia quanto a prosa. Escreveu também alguns textos de estrutura dramática – chamados por ele próprio de "poemas dramáticos", como o drama *O marinheiro*, além de ensaios sobre arte e crítica literária.

Seu projeto de arte era tão vasto e sua inteligência, imaginação e capacidade criadora tão amplas, que não lhe bastava criar uma única obra, mesmo que contivesse vários volumes e títulos. Por isso, Fernando Pessoa foi também um criador de escritores: por meio da imaginação, concebeu mais de setenta entidades poéticas com biografia, traços físicos, profissão, ideologia e estilo próprios – os heterônimos.

Fernando Pessoa.

Os heterônimos

Entre eles destacam-se os três heterônimos perfeitos: Alberto Caeiro, Ricardo Reis e Álvaro de Campos.

Alberto Caeiro é considerado por Fernando Pessoa o seu mestre, assim como o de Ricardo Reis e Álvaro de Campos. Espécie de poeta-filósofo, Alberto Caeiro defende a simplicidade da vida e a *sensação* como único meio válido para a obtenção do conhecimento:

> Creio no mundo como num malmequer
> Porque o vejo. Mas não penso nele
> Porque pensar é não compreender...
> O Mundo não se fez para pensarmos nele
> (Pensar é estar doente dos olhos)
> Mas para olharmos para ele e estarmos de acordo...

Eu não tenho filosofia: tenho sentidos...
Se falo na Natureza não é porque saiba o que ela é,
Mas porque a amo, e amo-a por isso,
Porque quem ama nunca sabe o que ama
Nem sabe por que ama, nem o que é amar...
Amar é a eterna inocência,
E a única inocência não pensar...

(*Obra poética*. Rio de Janeiro: Aguilar, 1960. p. 139.)

: *Alberto Caeiro*, em desenho de Almada Negreiros.

Integrado nas leis do Universo como se fosse uma árvore ou um animal qualquer, Caeiro vive apenas o presente e, com uma postura quase infantil, sem subjetividade ou idealizações, procura ver o real como ele se configura, na sua simplicidade, sem mistérios, porque estes estão na imaginação do homem.

O heterônimo **Ricardo Reis** representa a faceta clássica da obra de Fernando Pessoa. É um neoclássico, por várias razões: pelo espírito grave e estilo elevado; pela busca de perfeição e equilíbrio; pelo intelectualismo e convencionalismo; pela frieza e distanciamento na relação amorosa; pela presença da mitologia pagã em seus escritos.

Como Caeiro, é indiferente à vida social, valoriza a vida campestre e a simplicidade das coisas. Entretanto, enquanto Caeiro sente-se feliz, integrado à natureza, Ricardo Reis se sente fruto de uma civilização cristã decadente, que caminha fatalmente para a destruição.

No plano individual, há a consciência da passagem do tempo e da inevitabilidade da morte. Nada resta a fazer, pois o destino de cada um já foi traçado pelo fado (destino):

Tudo que cessa é morte, e a morte é nossa
Se é para nós que cessa. Aquele arbusto
Fenece, e vai com ele
Parte da minha vida.
Em tudo quanto olhei fiquei em parte.
Com tudo quanto vi, se passa, passo,
Nem distingue a memória
Do que vi do que fui.

A cada qual, como a statura, é dada
A justiça: uns faz altos
O fado, outros felizes.
Nada é prêmio: sucede o que acontece.
Nada, Lídia, devemos
Ao fado, senão tê-lo.

(Idem, p. 231.)

fenecer: morrer naturalmente.

: *Ricardo Reis*, por Almada Negreiros.

Dos três heterônimos, **Álvaro de Campos** é o mais afinado com a tendência modernista, particularmente com o Futurismo. É um homem do *presente* e procura transmitir o espírito do mundo moderno, de máquinas, de multidões e de velocidade.

Como Caeiro, também Campos é sensacionista. O sensacionismo que o caracteriza, porém, é moderno, construído a partir das sensações da vida urbana e industrial, como ilustra o trecho a seguir:

Eia comboios, eia pontes, eia hotéis à hora do jantar
Eia aparelhos de todas as espécies, férreos, brutos, mínimos,

Instrumentos de precisão, aparelhos de triturar, de cavar,
Engenhos, brocas, máquinas rotativas!
Eia! eia! eia!
Eia eletricidade, nervos doentes da Matéria!
Eia telegrafia-sem-fio, simpatia metálica do Inconsciente!
Eia túneis, eia canais, Panamá, Kiel, Suez!
Eia todo o passado dentro do presente!
Eia todo o futuro já dentro de nós! eia!
Eia! eia! eia!

(Idem, p. 265.)

: *Álvaro de Campos,* por Almada Negreiros.

Em sua poesia verificam-se três fases: a decadentista, ligada à poesia do final do século XIX; a futurista, em que se destaca o poema "Ode marítima", publicado com escândalo na revista *Orpheu*; e a fase pessoal, de descontentamento e aridez interior.

Na fase final, o poeta aparece como cosmopolita melancólico e devaneador, aproximando-se do ortônimo Fernando Pessoa ele-mesmo, pela presença da saudade da infância e a dor de pensar.

Fernando Pessoa ele-mesmo

O ortônimo Fernando Pessoa é portador de certos traços, como o nacionalismo e o saudosismo, que coincidem com os do homem Fernando Pessoa. Apesar disso, é difícil afirmar que não se trata de mais um heterônimo.

A obra *Mensagem*, iniciada em 1913 e publicada em 1934, foi idealizada por Fernando Pessoa como uma versão moderna da epopeia, com o nome de *Portugal*, e acabou resultando numa mistura entre o épico e o lírico. Épico porque canta os mitos e os heróis coletivos de Portugal, lembrando *Os lusíadas*, de Camões; lírico porque expõe os sentimentos de melancolia, saudosismo e euforia de um eu lírico que ora é personagem histórica, ora pode ser o próprio poeta. *Mensagem* canta não o Portugal real, de seu tempo, metido num marasmo sem fim, mas o Portugal *sonhado* por seus heróis, loucos e alucinados. É uma obra nacionalista que procura reviver o sonho da grandiosidade da nação, perseguido por vários poetas desde o século XVII.

: *Fernando Pessoa* (1978), de José João de Brito.

Entretanto, a parte verdadeiramente lírica de Fernando Pessoa ele-mesmo se acha em *Cancioneiro*. Nessa obra são explorados temas como saudade, solidão, infância, vida, arte e se encontram atitudes como ceticismo, nostalgia, tédio.

Fernando Pessoa ele-mesmo é, sobretudo, o poeta da inteligência e da imaginação.

Para quem quer mais na Internet

Em nosso *site* (http://www.atualeditora.com.br/pl/paraquemquermais), você poderá ler e baixar textos dos mais importantes escritores do Modernismo português: Fernando Pessoa, Almada Negreiros e Florbela Espanca.

Participe com a classe do projeto **Oficina de arte moderna**, seguindo as orientações de seu professor. Leia as propostas e, no dia combinado, leve o material necessário para desenhar, pintar, criar, representar e montar vídeos.

Projeto
OFICINA DE ARTE MODERNA

Rene Magritte

: *O libertador* (1947), de René Magritte.

1. Fazendo arte

O Futurismo, com suas sugestões de dinamismo e velocidade; o Cubismo, com a multiplicidade de perspectivas; o Expressionismo, com a abstração cada vez maior do objeto retratado; o Dadaísmo, por seus *happenings* (intervenções de rua) em praças públicas e pelo uso da técnica do *ready-made*; o Surrealismo, com a exploração do inconsciente — todas essas propostas ainda hoje podem ser menos ou mais observadas nas produções artísticas de todo o século XX e início do século XXI.

Pablo Picasso / Hermitage, St. Petersburg, Rússia

: *Fábrica em Horta de Ebro* (1909), de Pablo Picasso.

Duchamp. Milan. Coleccion Arturo Schwaz

: *Bicicleta*, de Duchamp.

Juntamente com seus colegas de grupo, informem-se mais sobre as correntes de vanguarda e seus principais artistas nos livros indicados a seguir, em bibliotecas e na Internet.

Escolham uma das correntes de vanguarda e, no dia combinado, tragam materiais e objetos para a criação e execução de uma obra de criação coletiva, de acordo com as propostas dessa corrente. Veja algumas sugestões:

• Declamação, feita em grupo, na forma de jogral, do *Manifesto Futurista*, de Marinetti.

- Criação de desenhos, pinturas, colagem, ou fotomontagens em que sejam empregadas as técnicas e propostas do Futurismo, Cubismo e Surrealismo.
- Criação de uma obra dadaísta a partir de objetos do cotidiano (*ready-made*).
- Criação e apresentação de esquetes teatrais (cenas curtas de 1 a 2 minutos), com ou sem o uso de palavras, que ilustrem características e propostas do Surrealismo.
- Montagem de um vídeo a partir de cenas de filmes surrealistas de Luís Buñuel, como *O fantasma da liberdade, Esse obscuro objeto do desejo, O anjo exterminador, O discreto charme da burguesia*, entre outros.

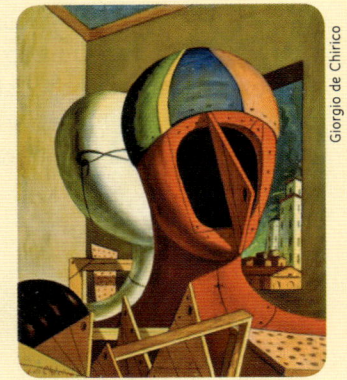

Giorgio de Chirico

: *A máscara* (1973), de De Chirico.

2. Criando literatura de vanguarda

Escolham uma das três propostas de produção de texto seguintes.

1. À maneira de Oswald de Andrade no poema abaixo, criem poemas cubistas, construídos a partir de *flashes*, com um destes títulos:

- Domingo
- Festa no interior
- Família
- Recreio
- Brasil
- Clube
- Rodeio

são josé del rei

Bananeiras
O Sol
O cansaço da ilusão
Igrejas
O ouro na serra de pedra
A decadência
(*Poesias reunidas*, cit., p. 134.)

Arte moderna e correntes de vanguarda

Sugerimos a leitura dos livros da coleção Movimentos da Arte Moderna (Ed. Cosac Naify):
- *Modernismo*, de Charles Harrison
- *Cubismo*, de David Cottington
- *Futurismo*, de Richard Humphreys
- *Expressionismo*, de Shulamith Behr
- *Surrealismo*, de Fiona Bradley

Tarsila do Amaral

: *Carnaval em Madureira* (1924), de Tarsila do Amaral.

2. Reúnam material (jornais e revistas velhos, tesouras, saquinhos, papel sulfite) e sigam a receita de Tristan Tzara apresentada a seguir.

Para fazer um poema dadaísta

Pegue um jornal.
Pegue a tesoura.
Escolha no jornal um artigo do tamanho que
   [deseja dar a seu poema.

The Granger Collection/Other Images

: André Breton caracterizado como homem-sanduíche em um festival dadaísta em Paris, em 1920.

Recorte em seguida com atenção algumas palavras que formam esse artigo e meta-as
[num saco.

Agite suavemente.

Tire em seguida cada pedaço um após o outro.

Copie conscienciosamente na ordem em que elas são tiradas do saco.

O poema se parecerá com você.

E ei-lo finalmente original e de uma sensibilidade graciosa, ainda que incompreendido
[do público.

(Apud Gilberto Mendonça Telles. *Vanguardas europeias e Modernismo brasileiro*, cit., p. 132.)

3. A exemplo de Tristan Tzara, André Breton também revelou os "segredos da arte mágica surrealista". Seguindo as instruções do escritor, reproduzidas abaixo, produzam textos que libertem o subconsciente e o inconsciente:

Mandem trazer algo com que escrever, depois de haverem se estabelecido em um lugar tão favorável quanto possível à concentração do espírito sobre si mesmo. Ponham-se no estado mais passivo ou receptivo que puderem. Façam abstração de seu gênio, de seus talentos e dos de todos os outros. Digam a si mesmos que a literatura é um dos mais tristes caminhos que levam a tudo. Escrevam depressa, sem um assunto preconcebido, bastante depressa para não conterem e não serem tentados a reler. A primeira frase virá sozinha [...].

(Idem, p. 194.)

Salvador Dalí/St. Petersburg, FL,
Salvador Dalí Museum

: *Criança geopolítica assistindo ao nascimento de novo homem* (1943), de Salvador Dalí.

René Magritte/Menil Collection,
Houston, TX, USA

: *Golconda* (1953), de René Magritte.

Exposição e apresentação dos trabalhos de arte moderna

Com a orientação do professor, escolham um local para expor os desenhos, as pinturas e as obras dadaístas que criaram.

Depois, preparem a classe para a apresentação do jogral futurista, das esquetes e dos vídeos surrealistas, assim como da leitura dos textos cubistas, dadaístas e surrealistas que produziram.

Se possível, convidem amigos e colegas de outras salas e séries para assistir ao evento.

Ferdinand Léger

: *A Gioconda com chaves* (1930),
de Ferdinand Léger.

Montagem de pintura de Carybé
e fotografia de Pierre Verger.

A SEGUNDA FASE DO MODERNISMO. O ROMANCE DE 30

Na década de 1930, enquanto o rádio – o mais moderno meio de comunicação de massa da época – encurtava as distâncias, aproximando o país de ponta a ponta, nossa prosa de ficção, com renovada força criadora, nos punha em contato com um Brasil pouco conhecido.

Por meio da obra de autores como Rachel de Queiroz, José Lins do Rego, Graciliano Ramos, Jorge Amado, Érico Veríssimo, Dionélio Machado, desponta um Brasil multifacetado, apresentado em sua diversidade regional e cultural, mas com problemas semelhantes em quase todas as regiões: a miséria, a ignorância, a opressão nas relações de trabalho, as forças da natureza sobre o homem desprotegido.

Herdeiros diretos dos modernistas de 1922, os modernistas da segunda geração (1930-1945) também se voltam para a realidade brasileira, mas agora com uma intenção clara de denúncia social e engajamento político. Unindo ideologia e análise sociológica e psicológica a novas técnicas narrativas, o romance de 30 constitui um dos melhores momentos da ficção brasileira.

Arquivo/AE

··INTERVALO··

Projeto:

Nordeste: palavra, imagem e som

Pesquisa e montagem de uma mostra sobre a cultura do Nordeste brasileiro.

Os retirantes nordestinos de Graciliano Ramos em *Vidas secas*, pressionados pelo sertão esturricado, se encaminham para o sul, a uma cidade grande, com a esperança de redimir os males de sua triste condição; o pobre homem de Dionélio [Machado] se debate inutilmente para encontrar uma saída em sua cidade no extremo sul. O romance de 30 se tornou, entre tantas coisas relevantes, um mapa moral da geografia humana do Brasil.

(Davi Arrigucci Jr.)

Quando escrevi *O quinze*, eu não tinha ideologia. Depois houve uma fase em que quase todos nós, escritores brasileiros, vivemos – aquele período de literatura militante. Não foi, portanto, uma característica do meu trabalho exclusivamente.

(Rachel de Queiroz)

Fique ligado! Pesquise!

Para você saber mais sobre a década de 1930 e a prosa da segunda fase do Modernismo brasileiro, sugerimos:

- No bloco 11 do DVD *Literatura e outras linguagens* há declamações e entrevistas, depoimentos, trechos de filmes e músicas relacionadas com a segunda fase do Modernismo. Converse com seu professor sobre a possibilidade de assistir a esse bloco.
- *O engenho de Zé Lins*, de Vladimir Carvalho; *São Bernardo*, de Leon Hirszman; *Vidas secas* e *Memórias do cárcere*, de Nélson Pereira dos Santos; *Deus e o diabo na terra do sol*, de Glauber Rocha; *Menino de engenho* e *Capitães da areia*, de Walter Lima Júnior; *Dona Flor e seus dois maridos* e *Gabriela*, de Bruno Barreto; *O quatrilho*, de Fábio Barreto; *Tieta do Agreste*, de Cacá Diegues; *Bela Donna*, de Fábio Barreto.

- *O quinze*, de Rachel de Queiroz (Siciliano); *Vidas secas* e *São Bernardo*, de Graciliano Ramos (Record); *Banguê* e *Fogo morto*, de José Lins do Rego (José Olympio); *Capitães da areia* e *Terras do sem-fim*, de Jorge Amado (Record); *Ana Terra*, *Um certo capitão Rodrigo* e *Incidente em Antares*, de Érico Veríssimo (Globo); *Os ratos*, de Dionélio Machado (Ática); *Crônica da casa assassinada*, de Lúcio Cardoso (Ediouro); *Os Corumbas*, de Amando Fontes (José Olympio); *Digo e não peço segredo* (Escrituras) e *Conte lá que eu canto cá* (Vozes), de Patativa do Assaré.

- Ouça os compositores de música popular brasileira da época, como Noel Rosa, Ari Barroso, Ataulfo Alves, Leonel Azevedo, Heitor dos Prazeres, Ismael Silva, Orestes Barbosa, e os compositores que tratam de temas nordestinos, como Luís Gonzaga, Luís Vieira, Elomar, Dominguinhos.

- Pesquise a história do Brasil na década de 1930: o *crack* da Bolsa de Valores de Nova Iorque (1929) e seus efeitos na economia brasileira, a Revolução de 30, a crise cafeeira, a Intentona Comunista, o Estado Novo, etc.

- www.graciliano.com.br
- www.fundacaojorgeamado.com.br
- www.jorgeamado.com.br
- www.academia.org.br/abl/cgi/cgilua.exe/sys/start.htm?sid=115
- www.academia.org.br/abl/cgi/cgilua.exe/sys/start.htm?sid=244

CAPÍTULO
29

O romance de 30. Rachel de Queiroz

Quando a literatura se volta para um retrato mais objetivo da realidade, quase sempre o romance é o gênero que ela privilegia. Nas décadas de 1930 e 1940, período em que o país e o mundo viveram profundas crises, não foi diferente. O romance brasileiro de então, encontrando no regionalismo uma de suas principais vertentes, ganhou matizes ideológicos e se transformou em um importante instrumento de análise e denúncia da realidade brasileira.

No final da década de 1920, já eram vitoriosas as conquistas formais da primeira geração modernista, inclusive aquelas feitas no campo da prosa de ficção em obras como *Macunaíma* e *Memórias sentimentais de João Miramar*. Técnicas inovadoras, como a linguagem cinematográfica, a sobreposição de planos narrativos, a mistura de gêneros, a paródia e a síntese, romperam com a forma tradicional de contar histórias.

Os romancistas da segunda geração modernista, em sua maioria distantes geograficamente do núcleo paulista – que se caracterizava pelo experimentalismo estético –, aderiram à concepção moderna e modernista de literatura, porém sem o espírito iconoclasta da geração de 1922. Interessavam-lhes principalmente certos aspectos explorados pelo Modernismo, como os temas nacionais e cotidianos e a busca de uma linguagem brasileira.

Você vai tomar contato com a ficção de 1930 por meio da leitura de um fragmento de uma das mais importantes obras da época: *Vidas secas* (1938), de Graciliano Ramos.

Fabiano ia satisfeito. Sim senhor, arrumara-se. Chegara naquele estado, com a família morrendo de fome, comendo raízes. Caíra no fim do pátio, debaixo de um juazeiro, depois tomara conta da casa deserta. Ele, a mulher e os filhos tinham-se habituado à camarinha escura, pareciam ratos — e a lembrança dos sofrimentos passados esmorecera.

Pisou com firmeza no chão gretado, puxou a faca de ponta, esgaravatou as unhas sujas. Tirou do aió um pedaço de fumo, picou-o, fez um cigarro com palha de milho, acendeu-o ao binga, pôs-se a fumar regalado.

— Fabiano, você é um homem, exclamou em voz alta.

Conteve-se, notou que os meninos estavam perto, com certeza iam admirar-se ouvindo-o falar só. E, pensando bem, ele não era homem: era apenas um cabra ocupado em guardar coisas dos outros. Vermelho, queimado, tinha os olhos azuis, a barba e os cabelos ruivos; mas como vivia em terra alheia, cuidava de animais alheios, descobria-se, encolhia-se na presença dos brancos e julgava-se cabra.

Olhou em torno, com receio de que, fora os meninos, alguém tivesse percebido a frase imprudente. Corrigiu-a, murmurando:

— Você é um bicho, Fabiano.

Em 2008, em homenagem aos 70 anos de publicação de *Vidas secas*, o fotógrafo Evandro Teixeira publicou uma obra que reúne, além do texto de Graciliano, fotos atuais do ambiente retratado pelo escritor.

Isto para ele era motivo de orgulho. Sim senhor, um bicho, capaz de vencer dificuldades.

Chegara naquela situação medonha — e ali estava, forte, até gordo, fumando o seu cigarro de palha.

Era. Apossara-se da casa porque não tinha onde cair morto, passara uns dias mastigando raiz de imbu e semente de mucunã. Viera a trovoada. E, com ela, o fazendeiro, que o expulsara. Fabiano fizera-se desentendido e oferecera os seus préstimos, resmungando, coçando os cotovelos, sorrindo aflito. O jeito que tinha era ficar. E o patrão aceitara-o, entregara-lhe as marcas de ferro.

Agora Fabiano era vaqueiro, e ninguém o tiraria dali. Aparecera como um bicho, entocara-se como um bicho, mas criara raízes, estava plantado. Olhou as quipás, os mandacarus e os xiquexiques. Era mais forte que tudo isso, era como as catingueiras e as baraúnas. Ele, Sinhá Vitória, os dois filhos e a cachorra Baleia estavam agarrados à terra.

Chape-chape. As alpercatas batiam no chão rachado. O corpo do vaqueiro derreava-se, as pernas faziam dois arcos, os braços moviam-se desengonçados. Parecia um macaco.

Entristeceu. Considerar-se plantado em terra alheia! Engano. A sina dele era correr mundo, andar para cima e para baixo, à toa, como judeu errante. Um vagabundo empurrado pela seca. Achava-se ali de passagem, era hóspede. Sim senhor, hóspede que demorava demais, tomava amizade à casa, ao curral, ao chiqueiro das cabras, ao juazeiro que os tinha abrigado uma noite.

aió: bolsa usada na caça.
binga: isqueiro.
camarinha: quarto de dormir.
derrear-se: vergar-se, inclinar-se.
gretado: rachado, com fendas.
mucunã: trepadeira de grande porte, comum nas Guianas e em alguns Estados brasileiros.
quipá: planta brasileira da família dos cactos.
regalado: com prazer, satisfeito.

(*Vidas secas*. 27. ed. São Paulo: Martins Fontes, 1970. p. 53-5.)

1. Nesse episódio de *Vidas secas* lido, é possível extrair algumas informações a respeito da personagem Fabiano e de sua família.

   a) Que razões teriam levado Fabiano e sua família à fazenda onde ele mora e trabalha como vaqueiro?

   b) Portanto, que tipo de problema social é enfocado pela obra?

2. Além de abordar temas ligados à realidade nacional, outro traço do romance de 30 é a busca de uma linguagem brasileira. Observe a linguagem empregada no texto e as referências ao homem e à natureza.

   a) Que palavras do texto são típicas do português brasileiro e servem para designar elementos da paisagem nacional?

   b) Considerando o tema da obra e as descrições de Fabiano e da paisagem, levante hipóteses: Qual é a região brasileira retratada na obra?

   c) Predomina, nessa linguagem, uma variedade de acordo ou em desacordo com a norma-padrão da língua?

3. Ao longo do texto, a personagem é caracterizada de três formas diferentes. Observe:

   > "— Fabiano, você é um homem"
   > "encolhia-se na presença dos brancos e julgava-se cabra"
   > "— Você é um bicho, Fabiano."
   > "Parecia um macaco"

   a) A que elementos da natureza Fabiano é comparado do segundo ao quarto fragmento?

   b) Essas comparações lembram procedimentos de outro movimento literário, que também enfocou as relações entre o homem e o meio natural e social. Qual é esse movimento?

4. Observe o 2º e 3º parágrafos do texto. Fabiano, depois de preparar um cigarro de palha, exclama satisfeito: "– Fabiano, você é um homem". Considerando o histórico da personagem, responda: Para Fabiano, o que é sentir-se um homem?

5. Observe estes dois trechos do texto:

   > "Agora Fabiano era vaqueiro, e ninguém o tiraria dali. [...] estava plantado."

   > "Entristeceu. Considerar-se plantado em terra alheia! Engano."

Esses trechos mostram uma mudança no pensamento de Fabiano, como se ele tomasse consciência de sua real condição.

a) De que Fabiano toma consciência?

b) Que tipo de problema social, amplamente denunciado pelo Movimento dos Sem-Terra (MST) no Brasil de hoje, se verifica na base da real condição de Fabiano?

6. Outro traço que caracteriza o romance de 30 é o emprego de novas técnicas narrativas, principalmente aquelas que sustentam a introspecção e a análise psicológica de personagens. É o caso, por exemplo, do discurso indireto livre, que funde a fala do narrador à fala ou ao pensamento da personagem.
Observe estes fragmentos do texto:

   > "Fabiano ia satisfeito. Sim senhor, arrumara-se."
   > "Olhou as quipás, os mandacarus e os xiquexiques. Era mais forte que tudo isso, era como as catingueiras e as baraúnas."
   > "Entristeceu. Considerar-se plantado em terra alheia!"

Identifique nesses fragmentos os trechos que correspondem ao pensamento de Fabiano.

7. Com base no estudo de texto feito, conclua: De modo geral, como se caracteriza o romance de 30:

   a) quanto aos temas e ao recorte da realidade?

   b) quanto à linguagem e às técnicas narrativas?

   c) quanto ao trabalho com as personagens?

ROMANCE DE 30: A ESTÉTICA DO COMPROMISSO

Desde a década de 1920, a literatura brasileira vinha ganhando matizes cada vez mais ideológicos. Foram ideológicos, por exemplo, os debates nascidos em torno da questão da nacionalidade, liderados, de um lado, por Oswald de Andrade e, de outro, por Plínio Salgado.

Na década de 1930, o quadro político-econômico brasileiro e internacional – composto por reflexos da crise de 1929 na Bolsa de Nova Iorque, pela crise cafeeira, Revolução de 30, Intentona Comunista (de 1935), Estado Novo (1937-1945), ascensão do nazismo e do fascismo e combate ao socialismo, Segunda Guerra Mundial (1939-1945) – exigia dos artistas e

O romance neorrealista

O Modernismo e, num plano histórico mais geral, os abalos que sofreu a vida brasileira em torno de 1930 (a crise cafeeira, a Revolução, o acelerado declínio do Nordeste, as fendas nas estruturas locais) condicionaram novos estilos ficcionais marcados pela rudeza, pela captação direta dos fatos, enfim por uma retomada do naturalismo, bastante funcional no plano da narração-documento que então prevalecia.

(Alfredo Bosi. *História concisa da literatura brasileira*. 2. ed. São Paulo: Cultrix, 1975. p. 436.)

intelectuais uma tomada de posição ideológica. Dessa exigência resultou uma arte engajada, de clara militância política, como se observa em muitos romances de Jorge Amado, ou de engajamento espiritual, como se verifica nas obras de Jorge de Lima e Murilo Mendes.

Caminhos da ficção de 30

O romance de 30 trilhou diferentes caminhos, dos quais o *regionalismo*, especialmente o nordestino, é o mais importante. A tradição da ficção regionalista nordestina já contava com nomes como Franklin Távora, Rodolpho Teófilo e Domingos Olímpio. Mas, com a publicação de *A bagaceira* (1928), de José Américo de Almeida, e, em seguida, *O quinze* (1930), de Rachel de Queiroz, o romance nordestino entrou numa fase nova, de denúncia das agruras da seca e da migração, dos problemas do trabalhador rural, da miséria, da ignorância.

Observe como José Américo de Almeida, em *A bagaceira*, retrata o drama coletivo da degradação humana na descrição que faz da chegada dos retirantes ao engenho Marzagão.

> Era o êxodo da seca de 1898. Uma ressurreição de cemitérios antigos — esqueletos redivivos, com o aspecto terroso e o fedor das covas podres.
>
> Os fantasmas estropiados como que iam dançando, de tão trôpegos e trêmulos, num passo arrastado de quem leva as pernas, em vez de ser levado por elas.
>
> Andavam devagar, olhando para trás, como quem quer voltar. Não tinham pressa em chegar, porque não sabiam aonde iam. Expulsos do seu paraíso por espadas de fogo, iam ao acaso, em descaminhos, no arrastão dos maus fados.
>
> Fugiam do sol e o sol guiava-os nesse forçado nomadismo.
>
> Adelgaçados na magreira cômica, cresciam, como se o vento os levantasse. E os braços afinados desciam-lhes aos joelhos, de mãos abanando.
>
> Vinham escoteiros. Menos os hidrópicos — doentes da alimentação tóxica — com os fardos das barrigas alarmantes.
>
> Não tinham sexo, nem idade, nem condição nenhuma. Eram os retirantes, nada mais.

Nos anos seguintes, esse veio literário foi explorado por muitos outros autores, como Amando Fontes, Jorge Amado, José Lins do Rego e Graciliano Ramos, cujas obras trazem temas novos, como o cangaço, o fanatismo religioso, o coronelismo, a luta pela terra, a crise dos engenhos. O regionalismo também se manifestou no Sul do país, na ficção histórica e épica de *O tempo e o vento*, de Érico

Veríssimo, ou no romance de fazenda de Ivan Pedro de Martins, com *Fronteira agreste*. Nessas obras, é ressaltado o homem hostilizado pelo ambiente, pela terra, pela cidade, pelos poderosos, o homem sendo devorado pelos problemas que o meio lhe impõe. Em algumas delas, o romance alcança um perfeito equilíbrio entre a abordagem sociológica e a introspecção psicológica.

A seca na canção

Vários compositores se dedicaram ao tema da seca, como é o caso de Luís Gonzaga e José Dantas com "Vozes da seca", João do Vale com "Carcará", Djavan com "Seca". Mais recentemente, o compositor baiano Carlinhos Brown retomou o tema na canção "Segue o seco", que ficou conhecida na voz de Marisa Monte. Veja um trecho da canção:

Segue o seco sem sacar que o caminho é seco
Sem sacar que o espinho é seco
Sem sacar que o seco é o Ser Sol
Sem sacar que algum espinho seco secará
E a água que sacar será um tiro seco
E secará o seu destino seca
Ó chuva vem me dizer
Se posso ir lá em cima pra derramar você
Ó chuva presta atenção
Se o povo lá de cima vive na solidão

(Marisa Monte. CD *Verde anil amarelo cor-de-rosa e carvão*. 1994.)

Fabio Colombini

Além do regionalismo, os anos 1930 viram florescer outras linhas temáticas no romance. No Rio de Janeiro, surgiu *o romance urbano e psicológico*, representado por Marques Rebelo, Cornélio Pena, Octávio de Faria. Em Minas Gerais teve vez o *romance poético-metafísico* de Lúcio Cardoso. No Rio Grande do Sul, o romance urbano e psicológico, também cultivado por Érico Veríssimo, alcançou um momento de rara introspecção em *Os ratos*, de Dionélio Machado. Jorge de Lima, escritor católico militante, publicou no Rio de Janeiro *O anjo*, uma *narrativa surrealista* com matizes ideológicos cristãos e claras referências a reformas sociais.

RACHEL DE QUEIROZ: A SAGA DA SECA

Rachel de Queiroz (1910-2003) nasceu em Fortaleza, Ceará. A instabilidade decorrente da seca de 1915 fez com que ela e a família migrassem para o Rio de Janeiro, em 1917. Logo em seguida retornaram para o Nordeste, passando por Belém, no Pará, antes de se estabelecerem novamente em Fortaleza.

Em 1927, além de atuar como professora primária, começou a colaborar no jornal *O Ceará*, com poemas e crônicas. Tornou-se conhecida, entretanto, com a publicação de *O quinze*, em 1930, quando tinha apenas 20 anos. Nos anos seguintes militou no Partido Comunista Brasileiro e em 1937 foi presa por defender ideias esquerdistas. Publicou nesse período os romances *João Miguel, Caminho de pedras* e *As três Marias*. Dedicou-se depois ao teatro e à crônica jornalística. Foi a primeira mulher a ingressar na Academia Brasileira de Letras.

No conjunto, a prosa de Rachel de Queiroz é enxuta e dinâmica, sobretudo pelos efeitos que extrai da técnica do discurso direto, o que

Eder Chiodetto/Folhapress

: Rachel de Queiroz.

associa sua forma de narrar à tradição da novelística popular. Como consequência, seu texto ganha agilidade. Aproxima os fatos narrados e se torna mais saboroso, ao gosto do grande público.

Os quatro romances iniciais de Rachel revelam intensa preocupação social. Os dois primeiros – *O quinze* e *João Miguel* – aprofundam o tema da seca, já introduzido por José Américo em *A bagaceira*, e ampliam a abordagem ao tratar também do coronelismo e dos impulsos passionais do sertanejo. Além disso, as obras de Rachel de Queiroz introduzem um elemento novo, o enfoque psicológico, que dá às personagens uma dimensão mais humana e completa.

Caminho de pedras (1937), cuja redação coincide com o período de militância política da autora, é uma obra de nítida inspiração ideológica. Conciliando a história de um relacionamento amoroso com abordagem psicológica e ideias socialistas, a obra não tem o mesmo vigor de *O quinze*. Seu narrador parece ver os fatos de fora, sem vivê-los, e os conflitos se resolvem no plano sentimental.

Em *As três Marias* (1939), verifica-se o aprofundamento da abordagem psicológica, já notada nas obras anteriores. Embora tenha o Nordeste como cenário – tal como *Caminho de pedras* –, as narrativas que constituem a obra não se propõem a analisar sua estrutura social, econômica e política.

Nas décadas subsequentes, publicou ainda *Dora, Doralina* (1975) e muitos livros de crônica, gênero a que se dedicou nos últimos anos de vida, em que escreveu para jornais do Rio de Janeiro, onde vivia, e de São Paulo. Também cultivou o teatro e a literatura infantil, em que se destaca a obra *Andira*.

Depois de quase vinte anos sem se dedicar ao gênero romance, Rachel surpreendeu o público com uma nova produção, *Memorial de Maria Moura* (1992), que foi adaptada pela Rede Globo para um seriado na tevê e consagrou a autora junto ao grande público.

LEITURA

Para escrever *O quinze*, Rachel de Queiroz aproveitou as lembranças da grande seca que se abateu sobre o Nordeste em 1915 – a autora tinha, na época, 5 anos. O eixo narrativo central da obra é a migração de Chico Bento e sua família. Em paralelo, desenvolve-se o tema do amor entre Vicente, um jovem proprietário rural, e Conceição, moça culta da cidade. No eixo central, a narrativa é social: apresenta os efeitos da seca sobre o sertanejo. No segundo eixo, é individual: Conceição procura sua identidade e autonomia numa sociedade patriarcal, recusando o amor de Vicente. Diante da situação de miséria provocada pela seca, Conceição auxilia os retirantes, adota uma das crianças de Chico Bento e consegue as passagens que tornam possível a migração do retirante e sua família para o Sudeste.

O trecho do romance a ser lido retrata o período que antecede a partida de Chico Bento.

Rachel de Queiroz e suas "influências"

Muita gente pensa que eu fui influenciada pelo livro de José Américo [de Almeida]. Como éramos muito amigos, deixei que ele pensasse que eu tinha lido antes. O Zé Américo não me perdoaria se soubesse que eu não tinha lido *A bagaceira* antes de escrever *O quinze*.

(Rachel de Queiroz. In: *Cadernos de literatura brasileira – 10 anos*. São Paulo: Instituto Moreira Sales, 2007. p. 68.)

Por que a comoveu tanto o alvoroço triste com que foi recebida por Chico Bento, quando chegou com as passagens?

Ele estendera a mão ossuda, e nos seus olhos doentios uma estranha faísca luziu:

— Amém!

Era de tardinha. E quando Conceição saiu, ele ficou ali, imóvel, estirado no chão, fitando a miséria tumultuosa do Campo, que toda se agitava naquela hora do crepúsculo.

O sol poente se refletia vermelho nos trapos imundos e nos corpos descarnados.

Bento olhava para o cenário habitual, mas já com o desinteresse, o desprendimento de um estrangeiro.

Um dia ou dois, e nunca mais veria aquela gente que vivia e formigava ao seu redor, chocalhando os ossos descobertos, arrastando em exclamações a voz lamentosa.

Uma velha, arranchada perto, chegou-se com uma tigela de café. Era serviçal e boa. Protegida por uma das senhoras, sempre tinha regalias: café, açúcar, pão, que repartia com os vizinhos.

Ofereceu o café ao vaqueiro:

— Um golezinho, seu Chico?

Ele tomou a vasilha e, com a mão parada no ar, ficou um instante fitando a velhinha em pé, à sua frente.

Mais algumas horas, talvez, e nunca mais a veria, tão boa, tão caridosa! E se algum dia voltasse, daí a muitos anos... já ela era tão velha, onde estaria? — um pequeno monte de terra, talvez nem sequer uma cruz...

Cordulina aproximou-se enxugando os olhos:

— Você já sabe, sinhá Aninha, que nós vamos todos pro S. Paulo?

Sinhá Aninha pôs as mãos, num espanto ansioso:

— Meu Deus! E quando?

— Quando, Chico?

Ele custou a responder. Qualquer coisa lhe travava a garganta, penosamente.

Coleção particular

: *Retirantes* (1958), de Candido Portinari.

Seria possível que fossem saudades daquela miséria, daquele horror?

E a vista interior do vaqueiro mostrou-lhe a imagem da casa abandonada, fechada e viúva, nas Aroeiras...

— Quando, Chico?

— Depois de amanhã...

[...]

Eles já estavam na ponte, magros, encolhidos, apertados uns contra os outros, num grupo miserável e cheio de medo.

Cordulina não chorava mais. Na véspera, quando fora despedir-se do Duquinha, parece que esgotara as lágrimas; e com os olhos secos, olhava fixamente as ondas que iam e vinham, batendo nos pilares de ferro.

Embarcavam poucos retirantes, naquele navio. Só eles, e mais além, um outro grupo cerrado e imóvel; afastado a um lado, um homem de chapéu de couro, moreno, esperançado, consolava docemente uma rapariga, que soluçava encostada num monte de sacas brancas.

Chico Bento fitava o navio, escuro e enorme, com sua bandeira verde de bom agouro, tremulando ao vento do Nordeste, o eterno sopro da seca.

Sentia como que um ímã o atraindo para aquele destino aventuroso, correndo para outras terras, sobre as costas movediças do mar...

Conceição, chegando, precisou lhe tocar no ombro para o acordar da fascinação.

O vaqueiro virou-se para ela, que vinha toda de branco e risonha, e murmurou lentamente:

— Já estava com medo de que não viesse...

Quando o bote encostou à escada, dando guinadas violentas, indo e vindo, numa dança, Conceição chamou:

— Está na hora...

Chico Bento estendeu-lhe a mão:

— Adeus, comadre...

Uma comoção profunda a pungiu, ante aquela calma sofredora, suave, que escondia tanta reserva de resistência.

— Adeus, adeus, seja feliz!

Depois foi Cordulina.

Numa efusão repentina abraçou a moça, beijando-lhe as mãos, articulando por entre o choro que à última hora irrompera:

— Deus lhe pague! Nossa Senhora lhe proteja! E tenha sempre caridade com o pobre do meu filhinho!

Gravemente, um dos pequenos estendeu também a mão:

— Adeus!

O catraieiro chegou, agarrou um menino em cada braço e desceu a escada correndo.

Assombrados, os pobrezinhos principiaram a dar gritos agudos. Já Cordulina descia também, vagarosa e trêmula, rebocada por outro catraieiro que lhe gritava:

— Vamos, dona, depressa! Olhe quando o bote encosta, para pular!

E ela pulou, sem jeito, empurrada.

Depois Chico Bento, numa agilidade inesperada, transpôs sozinho o espaço entre a escada e o bote.

Lá de cima, a moça os ficou vendo ir, novamente agarrados, sempre fitando o mar, com os mesmos olhos de ansiedade e de assombro.

Iam para o desconhecido, para um barracão de emigrantes, para uma escravidão de colonos...

Iam para o destino, que os chamara de tão longe, das terras secas e fulvas de Quixadá, e os trouxera entre a fome e mortes, e angústias infinitas, para os conduzir agora, por cima da água do mar, às terras longínquas onde sempre há farinha e onde sempre há inverno...

O bote já era um pequeno ponto, uma verruga negra aderida ao navio.

Conceição lentamente deu as costas, e enxugou os olhos molhados no lenço com que acenara para o mar.

Um negro dos guindastes, que fumava, ao sol, com gotas de suor aljofrando-lhe a testa preta e brilhante, olhou-a admirado, abanando a cabeça:

— Tem gente pra tudo, neste mundo! Uma moça branca, tão bem pronta, chorar mode retirante!...

(*O quinze*. Rio de Janeiro: J. Olympio, 1984. p. 81-4.)

Dorival Moreira/Pulsar Imagens

: Quixadá, no sertão cearense, cidade em que nasceu Rachel de Queiroz.

agouro: sorte, previsão, presságio.	**fulvo:** amarelo.
aljofrar: gotejar, orvalhar.	**guinada:** desvio.
alvoroço: agitação, entusiasmo, alegria.	**inverno:** para os nordestinos, é a estação das chuvas.
catraieiro: barqueiro.	**mode:** expressão regional, "por causa de".
cerrado: fechado, junto.	**pôr as mãos:** juntar as mãos.
efusão: expansão, demonstração.	**pungir:** torturar, ferir, atormentar.

1. Chico Bento e sua família se encontravam em um campo de refugiados da seca.

   a) Qual é a condição desses retirantes, na visão da personagem? Comprove sua resposta com trechos do texto.

   b) Apesar da condição miserável dos retirantes, havia gestos de solidariedade entre eles. Que situação é exemplo dessa solidariedade?

2. Quando Conceição chega com as passagens, Chico Bento a recebe com um "alvoroço triste".

   a) Qual é a correspondência entre essa antítese e o sentimento que o retirante experimentou naquele momento?

   b) Perguntado por sinhá Aninha sobre a data da partida, Chico sente a garganta travada e se pergunta sobre o motivo da sua emoção. Qual era esse motivo?

3. Ao embarcarem no bote que os levaria ao navio, Cordulina e Chico Bento têm comportamentos diferentes. Em que consiste essa diferença?

4. Conceição, ao assistir à partida de Chico Bento, Cordulina e filhos, avalia o destino da família por dois prismas: um, pessimista, e outro, otimista. Que perspectivas diferentes ela enxerga para eles?

5. *O quinze* é um bom exemplo de como os romancistas da década de 1930 lidaram com a linguagem literária. Observe a linguagem empregada no texto quanto a: vocabulário (mais culto ou mais popular, regionalismos), construções sintáticas (mais prolixas ou mais próximas da fala), tipo de períodos (longos ou curtos, em ordem direta ou indireta), etc. Em seguida, caracterize-a.

A crítica tira o chapéu!

É pela forma artística que se percebe a novidade da experiência, cuja sedimentação formal, pelas mãos da narradora [de *O quinze*], renova o ciclo da seca.

O pequeno livro de ar despretensioso, magro e ligeiro de porte, como foi visto então, mantém o viço de uma verdadeira obra de arte, com poder de revelação sobre a complexidade da vida brasileira até o fundo do sertão, atingido pelas catástrofes naturais e os movimentos da história.

[...]

Sem deixar de ser fiel às figuras humanas, à paisagem, aos costumes e à linguagem da região, Rachel incorpora com vivacidade a fala comum do meio cearense, para abordar questões sérias e complexas, unindo o social ao psicológico [...].

(Davi Arrigucci Jr. *Folha de S. Paulo*, 12/5/2001.)

Para quem quer mais na Internet

Se você deseja saber mais a respeito da obra de Rachel de Queiroz, acesse os *sites*:
www.releituras.com/racheldequeiroz_menu.asp
www.academia.org.br/abl/cgi/cgilua.exe/sys/start.htm?sid=115

Poty

: Ilustração, de Poty, para o livro *O quinze*, de Rachel de Queiroz.

O Nordeste no romance de 30. Graciliano Ramos, José Lins do Rego e Jorge Amado

A principal expressão do romance de 30 encontra-se no regionalismo nordestino representado por escritores como Graciliano Ramos, José Lins do Rego e Jorge Amado, além de Rachel de Queiroz.
Abordando temas como a seca, o coronelismo, o cangaço, a disputa por terras e o fanatismo religioso, entre outros, essa produção representa um momento de maturidade de nossa ficção.

GRACILIANO RAMOS: A PROSA NUA

Graciliano Ramos (1892-1953) é o principal romancista da geração de 1930. Nasceu em Quebrângulo, Alagoas, e viveu em várias cidades nordestinas, como Buíque, Viçosa, Maceió e Palmeira dos Índios, da qual foi prefeito em 1927. Além de ter se dedicado à literatura, o escritor também exerceu atividades ligadas ao jornalismo, à vida pública e à política.

Em 1936, durante o governo Vargas, foi preso sob a acusação de subversão e, depois de passar por várias prisões, foi levado para a Ilha Grande, no Estado do Rio de Janeiro, onde permaneceu dez meses encarcerado. Dessa experiência, nasceria *Memórias do cárcere*, obra que ultrapassa os limites do pessoal para se tornar um importante depoimento da realidade brasileira da época e uma denúncia do atraso cultural e do autoritarismo da era Vargas.

: Capa do livro *Vidas Secas*, de Graciliano Ramos.

Libertado, Graciliano Ramos mudou-se para o Rio de Janeiro. Em 1945, ingressou no Partido Comunista Brasileiro; em 1951, então reconhecido como o principal romancista brasileiro depois de Machado de Assis, foi eleito presidente da Associação Brasileira de Escritores. Da viagem que fez para a Rússia, no ano seguinte, nasceria a obra *Viagem*.

Como romancista, Graciliano Ramos alcançou raro equilíbrio ao reunir análise sociológica e psicológica. Como poucos, retratou o universo do sertanejo nordestino, tanto na figura do fazendeiro autoritário quanto na do caboclo comum, o homem de inteligência limitada, vítima das condições do meio natural e social, sem iniciativa, sem consciência de classe, passivo diante dos poderosos.

Contudo, em Graciliano o regional não caminha na direção do específico, do particular ou do pitoresco; ao contrário, as especificidades do regional são um meio para alcançar o *universal*. Suas personagens, em vez de traduzir experiências isoladas, revelam uma condição coletiva: a do homem explorado socialmente ou brutalizado pelo meio.

Sua primeira obra, *Caetés* (1933), ao fazer uma narrativa da vida provinciana de Palmeira dos Índios, constitui um exercício de técnica literária com características naturalistas, como severamente o próprio autor reconhecia. No livro seguinte, *São Bernardo* (1934), verdadeira obra-prima da literatura brasileira, Graciliano apresenta uma notável evolução em técnica e estilo e um significativo aprofundamento na análise psicológica das personagens, cujo resultado é a criação de Paulo Honório, uma das mais marcantes personagens brasileiras.

A *São Bernardo* seguiram-se *Angústia* (1936), em que o romancista acentua a preocupação psicológica,

Em 1943, os mais importantes intelectuais brasileiros da época fizeram uma homenagem a Graciliano Ramos no Hotel Lido, no Rio de Janeiro. A homenagem era uma manifestação política de apoio ao escritor alagoano, perseguido pela ditadura de Vargas, e, ao mesmo tempo, uma expressão de reconhecimento de seu valor literário. Na ocasião, foram publicados quinhentos exemplares de *Homenagem a Graciliano Ramos*, obra que reunia textos de diversos intelectuais a respeito da produção literária de Graciliano.

Em 2010, os pesquisadores Hermenegildo Bastos, Leonardo A. Filho e Maria Izabel Brunacci lançaram *Catálogo de benefícios* (Editora Hinterlândia), que contém a obra e diversos outros estudos sobre o escritor.

servindo-se de aprimorados recursos expressivos, e *Vidas secas* (1938), seu único romance em 3ª pessoa, uma grande obra pelo poder de fixar figuras subumanas vivendo o fatalismo das secas da região Nordeste.

Graciliano Ramos não foi apenas romancista; escreveu, ainda, contos (*Histórias incompletas*, *Insônia*, *Alexandre e outros heróis*), crônicas (*Linhas tortas*, *Viventes das Alagoas*) e impressões de viagens (*Viagem*).

O autor de *Vidas secas* sobressai entre os demais de sua época, não só pelas qualidades universalistas que apresenta, mas sobretudo pela linguagem enxuta, rigorosa e conscientemente trabalhada, no que se mostra o legítimo continuador de Machado de Assis na trajetória do romance brasileiro.

São Bernardo

O romance *São Bernardo* é narrado em 1ª pessoa por Paulo Honório, que se propõe a contar sua dura vida, dos tempos de guia de cego até a situação de proprietário da Fazenda São Bernardo.

Dotado de muita vontade e ambição, depois de uma vida de lutas e brutalidades, Paulo Honório realiza seu sonho de se tornar fazendeiro, adquirindo a propriedade São Bernardo, onde fora trabalhar de enxada. Casa-se aos 45 anos com a professora Madalena, que, boa e compassiva por índole, passa a se interessar pela vida de miséria e agruras dos empregados da fazenda e a interceder por eles junto a Paulo Honório. Iniciam-se os desentendimentos entre eles. As discussões se intensificam. Nem a gravidez de Madalena nem o nascimento do filho põem fim àquela situação. Angustiada pelo despotismo e pelo ciúme doentio de Paulo Honório, Madalena suicida-se.

LEITURA

O episódio a ser lido situa-se no final da obra, dois anos após a morte de Madalena. Os amigos deixaram de frequentar a casa. Paulo Honório, concretizando uma antiga ideia de compor um livro com auxílio de pessoas mais entendidas, entrega-se à empreitada de contar a sua história.

Sou um homem arrasado. Doença! Não. Gozo perfeita saúde. Quando o Costa Brito, por causa de duzentos mil réis que me queria abafar, vomitou os dois artigos, chamou-me doente, aludindo a crimes que me imputam. O Brito da Gazeta era uma besta. Até hoje, graças a Deus, nenhum médico me entrou em casa. Não tenho doença nenhuma.

O que estou é velho. Cinquenta anos pelo S. Pedro. Cinquenta anos perdidos, cinquenta anos gastos sem objetivo, a maltratar-me e a maltratar os outros. O resultado é que endureci, calejei, e não é um arranhão que penetra esta casca espessa e vem ferir cá dentro a sensibilidade embotada.

Cinquenta anos! Quantas horas inúteis! Consumir-se uma pessoa a vida inteira sem saber para quê! Comer e dormir como um porco! Levantar-se cedo todas as manhãs e sair correndo, procurando comida! E depois guardar comida para os filhos, para os netos, para muitas gerações. Que estupidez! Que porcaria! Não é bom vir o diabo e levar tudo?

[...]

As janelas estão fechadas. Meia-noite. Nenhum rumor na casa deserta.

Levanto-me, procuro uma vela, que a luz vai apagar-se. Não tenho sono. Deitar-me, rolar no colchão até a madrugada, é uma tortura. Prefiro ficar sentado, concluindo isto. Amanhã não terei com que me entreter.

O equilíbrio no romance

Em um dos seus escritos, o crítico Antonio Candido afirma que todo grande romancista destaca-se pelo seu desempenho em pelo menos um destes três aspectos: o *senso estético* (aspectos de estrutura e de linguagem), o *senso sociológico* (a análise dos problemas que envolvem o homem em suas relações sociais) e o *senso psicológico* (a análise interior).

Obras que desenvolvem de forma especial e abrangente esses três sensos são casos raros, desses que ocorrem a cada cinquenta ou cem anos.

Na ficção brasileira, há pelo menos três nomes que se pode afirmar tenham alcançado esse *status*: Machado de Assis, Graciliano Ramos e Guimarães Rosa.

Ponho a vela no castiçal, risco um fósforo e acendo-a. Sinto um arrepio. A lembrança de Madalena persegue-me. Diligencio afastá-la e caminho em redor da mesa. Aperto as mãos de tal forma que me firo com as unhas, e quando caio em mim estou mordendo os beiços a ponto de tirar sangue.

De longe em longe sento-me fatigado e escrevo uma linha. Digo em voz baixa:

— Estraguei a minha vida, estraguei-a estupidamente.

A agitação diminui.

— Estraguei a minha vida estupidamente.

Penso em Madalena com insistência. Se fosse possível recomeçarmos... Para que enganar-me? Se fosse possível recomeçarmos, aconteceria exatamente o que aconteceu. Não consigo modificar-me, é o que mais me aflige.

A molecoreba de Mestre Caetano arrasta-se por aí, lambuzada, faminta. A Rosa, com a barriga quebrada de tanto parir, trabalha em casa, trabalha no campo e trabalha na cama. O marido é cada vez mais molambo. E os moradores que me restam são uns cambembes como ele.

Para ser franco, declaro que esses infelizes não me inspiram simpatia. Lastimo a situação em que se acham, reconheço ter contribuído para isso, mas não vou além. Estamos tão separados! A princípio estávamos juntos, mas esta desgraçada profissão nos distanciou.

Madalena entrou aqui cheia de bons sentimentos e bons propósitos. Os sentimentos e os propósitos esbarraram com a minha brutalidade e o meu egoísmo.

Creio que nem sempre fui egoísta e brutal. A profissão é que me deu qualidades tão ruins.

E a desconfiança terrível, que me aponta inimigos em toda a parte!

A desconfiança é também consequência da profissão.

Foi este modo de vida que me inutilizou. Sou um aleijado. Devo ter um coração miúdo, lacunas no cérebro, nervos diferentes dos nervos dos outros homens. E um nariz enorme, uma boca enorme, dedos enormes.

São Bernardo. Direção: Leon Hirszman. 1972/ Cinemateca Brasileira

Se Madalena me via assim, com certeza me achava extraordinariamente feio.

Fecho os olhos, agito a cabeça para repelir a visão que me exibe essas deformidades monstruosas.

A vela está quase a extinguir-se.

: Cena do filme *São Bernardo*, de Leon Hirszman.

Julgo que delirei e sonhei com atoleiros, rios cheios e uma figura de lobisomem.

Lá fora há uma treva dos diabos, um grande silêncio. Entretanto o luar entra por uma janela fechada e o nordeste furioso espalha folhas secas no chão.

É horrível! Se aparecesse alguém... Estão todos dormindo.

Se ao menos a criança chorasse... Nem sequer tenho amizade a meu filho. Que miséria!

Casimiro Lopes está dormindo, Marciano está dormindo. Patifes!

E eu vou ficar aqui, às escuras, até não sei que hora, até que, morto de fadiga, encoste a cabeça à mesa e descanse uns minutos.

(13. ed. Martins Fontes: São Paulo, 1970. p. 241 e 246-8.)

---

cambembe: desajeitado, desastrado, sem importância.
diligenciar: esforçar-se, empenhar-se.
imputar: atribuir.

molecoreba: molecada.
nordeste: vento que sopra do nordeste.

1. No final da vida, Paulo Honório admite ser e ter sido um homem bruto, egoísta e insensível. E mais: sente-se feio, um aleijado, um monstro. Lembrando-se de Madalena, chega a ferir-se nas mãos e nos lábios.

   a) Identifique na linguagem do narrador-personagem traços de sua brutalidade como pessoa.

   b) De acordo com o narrador-personagem, de que provêm essas características?

   c) Nessa explicação, nota-se a influência de uma corrente científica do século XIX. Qual é ela?

   d) O que o sentimento de se achar fisicamente monstruoso revela a respeito da condição psicológica e moral de Paulo Honório?

   e) Que tipo de desejo inconsciente é revelado no trecho: "Aperto as mãos de tal forma que me firo com as unhas, e quando caio em mim estou mordendo os beiços a ponto de tirar sangue"?

   f) Ao fazer um balanço de seu relacionamento com Madalena, Paulo Honório afirma que, se pudesse recomeçar sua vida com ela, tudo aconteceria do mesmo jeito. Por que ele pensa assim?

2. Segundo o crítico literário João Luís Lafetá, *São Bernardo* narra a trajetória de um burguês, Paulo Honório, que passara da condição de caixeiro-viajante e guia de cego à de rico proprietário da Fazenda São Bernardo. Para atingir seus objetivos capitalistas, o protagonista elimina todos os empecilhos que se colocam à sua frente, inclusive pessoas.

   a) Releia este trecho:

   > "Cinquenta anos! Quantas horas inúteis! Consumir-se uma pessoa a vida inteira sem saber para quê! Comer e dormir como um porco! Levantar-se cedo todas as manhãs e sair correndo, procurando comida! E depois guardar comida para os filhos, para os netos, para muitas gerações. Que estupidez! Que porcaria! Não é bom vir o diabo e levar tudo?"

   Que opinião Paulo Honório tem agora sobre o princípio capitalista da acumulação?

   b) Karl Marx já apontava, no século XIX, um fenômeno decorrente das relações do sistema capitalista, a *coisificação* ou *reificação*, que consiste na extrema importância que se dá ao *valor de troca* da mercadoria, e não ao seu valor de uso. No plano das relações humanas, o interesse prevalece sobre sentimentos ou princípios morais, e as pessoas passam a ser vistas como *coisas*, como objetos.

   Identifique no texto uma passagem ou situação que evidencie a visão reificada que Paulo Honório tem do mundo.

3. Praticamente sozinho, sem Madalena e abandonado por amigos, Paulo Honório consome as horas recordando sua vida e narrando-a em *São Bernardo*. Identifique um trecho que comprova ser *São Bernardo* um livro de recordações.

Em busca do essencial

Sobre *São Bernardo*, assim se expressa o crítico Antonio Candido:

> Acompanhando a natureza do personagem, tudo em *São Bernardo* é seco, bruto e cortante. Talvez não haja em nossa literatura outro livro tão reduzido ao essencial, capaz de exprimir tanta coisa em resumo tão estrito. Por isso é inesgotável o seu fascínio, pois poucos darão, como ele, semelhante ideia de perfeição, de ajuste ideal entre os elementos que compõem um romance.

(In: *Graciliano Ramos*. Rio de Janeiro: Agir, 1975. p. 9. Nossos Clássicos.)

4. Pelo trecho lido da obra, é possível afirmar que *São Bernardo* alcança um perfeito equilíbrio entre a análise social e a introspecção psicológica? Justifique.

5. *São Bernardo* assemelha-se, em vários aspectos, a *Dom Casmurro*, de Machado de Assis. Veja este trecho do início da obra de Machado, narrado por Bentinho:

   > "O meu fim evidente era atar as duas pontas da vida, e restaurar na velhice a adolescência. Pois, senhor, não consegui recompor o que foi nem o que fui.
   >
   > Em tudo, se o rosto é igual, a fisionomia é diferente. Se só me faltassem os outros, vá; […] falto eu mesmo, e esta lacuna é tudo."

   a) Em *São Bernardo*, Paulo Honório, no fim da vida, é a mesma pessoa?

   b) Tente explicar os motivos conscientes e inconscientes que teriam levado o protagonista a reconstruir sua própria história.

JOSÉ LINS DO REGO: MEMÓRIA E FICÇÃO NO ENGENHO

A decadência da estrutura social e econômica dos latifúndios e engenhos da zona açucareira da Paraíba e de Pernambuco, bem como o início da modernização, com a chegada das usinas, encontra sua maior expressão literária na prosa de José Lins do Rego.

José Lins do Rego (1901-1957) nasceu no município de Pilar, Paraíba. Fez Direito em Recife, onde teve contato com o grupo modernista que ali surgia, formado por Gilberto Freire e José Américo de Almeida, entre outros. Atuou como promotor em Maceió, onde escreveu seus primeiros livros e conviveu com Graciliano Ramos, Jorge de Lima e Rachel de Queiroz. Atuou na imprensa, na vida diplomática e foi eleito para a Academia Brasileira de Letras pouco antes de morrer.

Muito da obra do escritor concilia ficção com as recordações dos tempos de menino e adolescente, quando vivia na fazenda do avô paterno, juntamente com tios e primos. Numa linguagem fluida, solta, popular, o escritor capta a vida nordestina por dentro e registra-a num momento em que se operavam no Nordeste transformações de ordem social e econômica profundas, fruto da decadência do engenho, logo substituído pela usina moderna.

Oriundo de uma família rica, neto do então importante coronel José Paulino (transformado em personagem de algumas de suas obras), José Lins não tem a envergadura ideológica nem a capacidade de análise e de crítica social de Graciliano Ramos; contudo, como poucos, capta e transpõe para a literatura o imaginário do povo nordestino, antes dele expresso apenas nas narrativas orais, nos romances cantados e na literatura de cordel.

Sobre José Lins do Rego comenta o crítico Peregrino Júnior:

José Lins do Rego. Loredano. s/d.

: José Lins do Rego.

> [...] contando a história da sua terra, José Lins do Rego nos põe diante dos olhos, como documentário autêntico, toda a vida do Nordeste: o mandonismo dos coronéis, o conflito dos patriarcas rurais com os jovens bacharéis fracassados, a luta do progresso da industrialização contra o atraso feudal (a usina devorando o banguê); o espetáculo dramático do fanatismo popular e as tropelias heroicas dos bandoleiros soltos a fazer justiça com as próprias mãos, truculentos e brutais; as intrigas miúdas da política municipal; e por cima, e mais do que tudo isso, o dom de uma infinita poesia — na paisagem, nas coisas, nas criaturas, em tudo.
>
> [...] e deu-nos, com o Ciclo da Cana-de-Açúcar, um levantamento completo — econômico, ecológico, psicológico e social da vida dos banguês, dos engenhos e das usinas — naquela dramática panfagia em que os engenhos devoravam os banguês — e as usinas, poderosas e avassaladoras, devoravam tudo — homens e coisas, engenhos e banguês.
>
> Uma epopeia rural do Brasil — pobre, melancólica, dolorosa — como a própria vida infra-humana daquela gente que se move nos partidos de canas, nos engenhos e nas bagaceiras e até nas casas-grandes do Nordeste.

Fundação Biblioteca Nacional

(*José Lins do Rego.* Rio de Janeiro: Agir, 1975. p. 17. Nossos Clássicos.)

Segundo o próprio autor, sua obra pode ser dividida em ciclos. São eles:

- **ciclo da cana-de-açúcar**: *Menino de engenho*, *Doidinho*, *Banguê*, *Fogo morto* e *Usina*;
- **ciclo do cangaço, misticismo e seca**: *Pedra Bonita* e *Cangaceiros*;
- **obras independentes**: romances vinculados aos dois ciclos: *Moleque Ricardo*, *Pureza*, *Riacho doce*; romances desvinculados dos ciclos: *Água-mãe* e *Eurídice*.

A obra *Riacho doce*, depois de ser adaptada pela Rede Globo para a linguagem televisiva, foi também transposta para o cinema pelo cineasta Fábio Barreto.

Fogo morto e o ciclo da cana-de-açúcar

Em sua primeira obra, *Menino de engenho*, José Lins do Rego pretendia escrever a biografia de seu avô José Paulino, uma das mais representativas figuras da tradição fundamentada no sistema patriarcalista, escravocrata e latifundiário. A obra deveria, também, conter cenas autobiográficas da infância do escritor. Entretanto, o José Lins biógrafo foi superado pela imaginação criadora do José Lins romancista. Desse modo, *Menino de engenho* inicia em torno da figura do garoto Carlos de Melo uma trilogia em que se incluem também *Doidinho* e *Banguê*. As tensões socioeconômicas do engenho de açúcar apontadas pelo narrador-personagem dessas obras têm continuidade nos outros romances que integram o ciclo da cana-de-açúcar, principalmente em *Fogo morto*, romance-síntese do ciclo, que marca a parte mais significativa das produções do autor.

Fogo morto é a mais madura das obras de José Lins do Rego. Nela o autor consegue captar, na paisagem e no elemento humano, não só as imagens oriundas de suas lembranças pessoais, mas principalmente a bruta realidade de uma estrutura social em decomposição.

Fogo morto se divide em três partes. Na primeira, "O mestre José Amaro", José Lins enfatiza o destino e o drama humano de uma personagem que se orgulha de ser seleiro, de ter uma profissão independente, passada de pai para filho. A segunda, "O engenho de seu Lula", é a história da ascensão, do apogeu e da decadência do engenho Santa Fé, arruinado no final por seu proprietário, o Coronel Lula de Holanda, autoritário, prepotente e incapaz. Na terceira, "O Capitão Vitorino", o autor dá ênfase à figura dessa personagem, alvo das chacotas da molecada e até dos adultos, uma espécie de D. Quixote nacional que anda de engenho em engenho em defesa dos injustiçados, grandes ou pequenos.

As relações que se estabelecem entre as personagens funcionam como fios que costuram as três partes da narrativa, ao mesmo tempo que ajudam a construir um grande painel da zona açucareira, retratada num momento de profunda transformação social e econômica, que põe fim às centenárias estruturas fundiárias e se abre para a modernização.

A visão nostálgica do autor, marca principal dos outros romances que integram o ciclo da cana-de-açúcar, cede lugar em *Fogo morto* a um profundo sentimento de tristeza e de inconformismo social.

Luís Jardim

: Ilustração de Luís Jardim para *Fogo Morto*.

LEITURA

O texto a seguir, extraído do romance *Fogo morto*, encontra-se no capítulo que narra as agruras do Coronel Lula de Holanda, senhor do então decadente engenho Santa Fé. O trecho mostra a perda de autoridade de Lula de Holanda na tentativa de expulsar de suas terras um dos moradores, o mestre Amaro.

Parara na porta da casa-grande do Santa Fé um cargueiro com uma carta para o senhor de engenho. Seu Lula chamou D. Amélia.

— Vem cá, Amélia, lê isto, hein, vê que desaforo.

Era um bilhete do Capitão Antônio Silvino em termos de ordem. Mandava dizer que o mestre José Amaro tinha que ficar no sítio, até quando ele bem quisesse. A casa inteira se alarmou com a notícia. O negro Floripes atribuía tudo ao mestre. Bem que ele dizia todos os dias que aquele homem tramava uma desgraça para o povo do San-

: *Engenho de açúcar* (1660), de Frans Post.

ta Fé. O velho Lula entrou para o santuário e rezou muito. Nunca se vira tanta ruindade. D. Amélia, que esperava por um estouro do marido, espantou-se da calma que ele apresentara. Não falou com mais ninguém durante o resto do dia. Na manhã seguinte tomou o carro e saiu para o Santa Rosa. Lá conversou com o velho José Paulino que se alarmou com a notícia. Era o diabo. Mas quem podia com o cangaceiro que mandava por todo o interior do Estado, como um governo? Era um absurdo, mas era a verdade. Nada podia fazer contra a força. O Coronel Lula de Holanda voltou do engenho vizinho mais calmo ainda! Em casa, não dava uma palavra. D. Amélia e a filha Neném pensaram em abandonar a casa-grande, em fugir para a capital. Antônio Silvino com raiva de uma criatura fazia o diabo. Não viram o que sucedera ao prefeito, ao Comendador Quinca Napoleão? O que podiam fazer eles, que eram tão fracos, tão sem ajuda de ninguém? Seu Lula não sairia de seu engenho. Que viessem, podiam tocar fogo em tudo que era seu, mas dali não sairia. Aquele mestre José Amaro que se aprontasse para deixar a propriedade. E chamou Floripes:

— Ó Floripes!

O negro se chegou para receber as ordens do senhor.

— Vá ao sítio do mestre José Amaro e lhe diga, hein, que só tem três dias para mudar-se.

O negro, de cabeça baixa, saiu para a casa do engenho. Não iria fazer uma coisa desta. Ele sabia que o mestre, se o pegasse de jeito, faria uma desgraça. Com pouco mais, chegava ao Santa Fé o Capitão Vitorino. A burra velha estava amarrada na casa da farinha. Viera conversar com o primo sobre política. Seu Lula, muito calado, ouvia-o, até que, como se estivesse tratando com um inimigo, se abriu com a visita. Não era homem de pabulagem, de mentira. Não se metia em política, não contasse com o nome dele para coisa alguma. Vitorino levantou a voz para dizer-lhe que não era um camumbembe e nem estava ali para pedir favor de espécie alguma. Não era cabra de bagaceira. Estava muito enganado. Apareceu D. Amélia para acalmá-los.

— É o que lhe digo, Seu Coronel Lula de Holanda. O seu primo Vitorino Carneiro da Cunha não está aqui de mão estirada pedindo esmola. Sou homem de um partido.

— Capitão Vitorino — disse-lhe D. Amélia — o Lula não quis ofender.

Seu Lula se levantara, e de pé, na porta da casa, parecia que olhava para a estrada à espera de alguém, tão embebido estava.

— É, Dona Amélia, estes parentes ricos só pensam que os parentes pobres estão de esmola. Estou aqui para uma causa política. Não sou uma coisa qualquer.

— Não precisa dizer, capitão. Não precisa dizer.

Aí Seu Lula voltou, como se não estivesse fora por completo da conversa.

— O que foi, Amélia? Hein, Amélia, o que foi?

— Ora o que foi, Coronel Lula de Holanda. Não sou homem para ser desfeiteado.

— Desfeiteado, hein, capitão?

— Sim senhor, desfeiteado. E outra coisa: aqui estou para defender um seu morador.

— Como, capitão?

— Defender um seu morador.

— Que morador? perguntou D. Amélia.

— Eu lhe conto, D. Amélia. Passando hoje pela porta do meu compadre José Amaro, ele me convidou para tomar conta de sua causa. Eu não sou homem de questão, mas estimo o compadre, é padrinho de meu filho.

Aí Seu Lula chegou-se para perto do outro.

— O que ele está dizendo, hein, Amélia?

— Está falando do mestre José Amaro.

— Não adianta, hein, não adianta, capitão. Aqui nesta casa manda o senhor de engenho, hein, capitão.

Vitorino levantou-se, e não se amedrontou.

— Comigo ninguém grita. Sou tão branco quanto você, Seu Coronel. Sou homem para tudo.

D. Amélia, pálida, via que as coisas marchavam para um desastre. O marido, que há dois dias parecia tão calmo, tão sereno, agora era o mesmo Lula de sempre. O Capitão Vitorino, de pé, falava aos gritos. Apareceu o negro Floripes na porta, chegou o boleeiro Pedro, e seu Lula a gritar com o capitão:

— Ponha-se para fora desta casa. Quem manda aqui é o senhor de engenho.

— Vá gritar para os seus negros, velho.

— Ponha-se para fora.

— Não é preciso mandar. Vou embora, e só não lhe digo muita coisa, em atenção à sua esposa. É mulher de respeito.

[...]

— Eu só não faço uma desgraça na porqueira desse engenho, por causa da D. Amélia — gritava Vitorino, de cima da burra.

E quando ia ele saindo, Seu Lula procurou segurar-se no esteio da porta. Caiu com o corpo todo no chão, com o ataque que há mais de ano não tinha. Daquela vez como se estivesse morto. D. Amélia e Floripes levaram o velho para a cama.

Vitorino saiu de estrada afora a gritar:

— Bando de mucufas.

[...]

[...] Quando foi de madrugada o Capitão Vitorino mandou selar a burra e voltou para o Pilar. Tinha uma causa para defender e não deixaria o compadre no desamparo. O dia ainda estava escuro. Na fonte do riacho do Corredor viu-se cercado por uma tropa. Era o Tenente Maurício que vinha descendo para o Pilar. O oficial perguntou de onde vinha, e se não sabia notícias de Antônio Silvino. Vitorino falou para o homem, num tom agressivo.

— Tenente, por aqui é que o senhor não encontra o bandido. Era por aqui que andava o Major Jesuíno, atrás dos cangaceiros, e nunca disparou um tiro.

— Não estou pedindo a sua opinião, velho.

— Sou o Capitão Vitorino Carneiro da Cunha.

— Não estou perguntando o seu nome.

— Mas eu lhe digo.

— Então passe de largo e siga o seu caminho.

— Não me faz favor, tenente.

— Cala a boca, velho besta.

— Só quando a terra comer, tenente. Vitorino Carneiro da Cunha diz o que sente.

— Pois não diz agora.

— Quem me empata? O senhor? Ainda não nasceu este.

— O que é que este velho quer?

— O que eu quero é que o senhor acabe com Antônio Silvino.

— Cabo, pega este velho.

— Vá pegar os cangaceiros.

Vitorino saltou da burra e se fez no punhal. Mas já estava dominado pelos soldados. E gritava:

— Tenente de merda.

Uma bofetada na cara do capitão fez correr sangue da testa larga.

— Amarre este velho, e vamos com ele para a cadeia do Pilar.

A tropa saiu com o Capitão Vitorino Carneiro da Cunha todo amarrado de corda, montado na burra velha que os soldados chicoteavam sem pena. Corria sangue da testa ferida do capitão. A luz vermelha da madrugada banhava o canavial que o vento brando tocava de leve. Marchava o capitão na frente da tropa, como uma fera perigosa que tivessem domado com tremendo esforço. Os moradores vinham olhar e os homens se espantavam de ver o velho que todos sabiam tão manso, amarrado daquele jeito. Vitorino falava alto:

— Estes bandidos me pagam.

[...]

(*Fogo morto*. Rio de Janeiro: José Olympio Editora, 1989. p. 198-203.)

> **bagaceira**: resto, resíduo, imprestável.
> **boleeiro**: cocheiro.
> **camumbembe**: vadio, vagabundo, morador de engenho.
> **cargueiro**: transportador de cargas.
> **desfeiteado**: insultado, desconsiderado.
> **embebido**: compenetrado, concentrado, enlevado.
> **esteio**: apoio, suporte, escora.
> **mucufa**: tratante, covarde, reles.
> **pabulagem**: ostentação, empáfia, impostura.

1. Considerando que o Coronel Lula de Holanda foi um importante senhor de engenho, o que representam para ele a carta do cangaceiro Antônio Silvino e a discussão com o primo Vitorino?

2. Preocupado com a carta do cangaceiro, o Coronel Lula vai ao engenho Santa Rosa conversar com o Coronel José Paulino.

   a) Que relação pode haver entre essa conversa e a reação intempestiva do Coronel Lula com o Capitão Vitorino, quando este lhe diz que viera conversar sobre política?

   b) Que fato, ocorrido após a discussão com Vitorino, comprova a impotência do Coronel Lula diante da situação e da vida?

3. O cangaço, fenômeno de banditismo social que fez parte da vida nordestina de 1870 a 1940, amedrontava tanto os poderosos quanto as pessoas simples. Que situações e expressões das personagens, no texto, mostram que o cangaço tinha caráter de banditismo?

4. O Capitão Vitorino, uma das personagens principais de *Fogo morto*, é uma espécie de representação de muitos tipos humanos que o autor conheceu na infância. Imaginando-se dotado de influência política e prestígio, vivia em defesa dos injustiçados, independentemente do lado em que eles estivessem.

   a) Em que consistia a indignação do Capitão Vitorino contra o Tenente Maurício?

   b) Por suas ações e seus ideais de justiça, o Capitão Vitorino é frequentemente associado a D. Quixote, personagem do escritor espanhol Miguel de Cervantes. No texto lido, o que mostra que ele pode ser considerado uma figura quixotesca?

   c) Quando o Capitão Vitorino chega a Pilar, amarrado de corda, montado em animal e ensanguentado, que reação as pessoas têm? Como elas o viam?

5. Em depoimento dado a Medeiros Lima e publicado em *Políticas e Letras* (1948), José Lins do Rego afirmava: "Não cuido da forma porque a minha forma é a coisa mais natural deste mundo. Ordem direta, oração principal com o sujeito claro, pronomes colocados de ouvido e, sobretudo, adotando soluções que são soluções da língua do povo".

   a) Identifique no texto trechos que exemplifiquem a utilização de expressões populares.

   b) Essa concepção de língua literária é compatível com as ideias defendidas pelos modernistas da primeira geração?

   c) Observe o emprego do discurso direto no texto. Que resultado essa técnica imprime à narrativa?

JORGE AMADO: LIRISMO E MILITÂNCIA NA BAHIA

Jorge Amado (1912-2001) nasceu em Pirangi, no Estado da Bahia. Trabalhou na imprensa e estudou Direito. Em 1931, mudou-se para o Rio de Janeiro e se tornou conhecido com a publicação do romance *O país do carnaval*. Alcançou notoriedade, entretanto, com dois romances publicados logo em seguida: *Cacau* e *Suor*.

Politicamente comprometido com ideias socialistas, participou da Aliança Nacional Libertadora, movimento de frente popular, e foi preso em 1936. Libertado em 1937, morou em Buenos Aires, onde publicou a biografia de Luís Carlos Prestes. De volta ao Brasil, em 1945, foi eleito deputado federal, mas teve cassado seu mandato político. Deixou novamente o país e residiu na França, na União Soviética e em países das chamadas democracias populares até 1952, quando retornou ao Brasil. Nessa ocasião já se tornara mundialmente conhecido. Em 1959, ingressou na Academia Brasileira de Letras. Seus livros estão hoje traduzidos para mais de trinta línguas.

Jorge Amado. Loredano. s/d.

: Caricatura de Jorge Amado.

A maior parte das obras do escritor, principalmente as primeiras que publicou, apresenta preocupação político-social, denunciando, num tom direto, lírico e participante, a miséria e a opressão do trabalhador rural e das classes populares.

Conforme o autor foi amadurecendo, sua força poética voltou-se para os pobres, para a infância abandonada e delinquente, para a miséria do negro, para o cais e os pescadores de sua terra natal, para a seca, o cangaço, a exploração do trabalhador urbano e rural e para a denúncia do coronelismo latifundiário.

Autor de obras de cunho regionalista e de denúncia social no início de sua carreira de escritor, Jorge Amado passou por diferentes fases até chegar à última delas, voltada para a crônica de costumes.

Alfredo Bosi, crítico literário, distingue na obra do escritor cinco fases:

a) um primeiro momento de águas-fortes da vida baiana, rural e citadina (*Cacau, Suor*), que lhe deram a fórmula do "romance proletário";

b) depoimentos líricos, isto é, sentimentais, espraiados em torno de rixas e amores marinheiros (*Jubiabá, Mar Morto, Capitães da Areia*);

c) um grupo de escritos de pregação partidária (*O Cavaleiro da Esperança, O Mundo da Paz*);

d) alguns grandes afrescos da região do cacau, certamente suas invenções mais felizes, que animam de tom épico as lutas entre coronéis e exportadores (*Terras do Sem-Fim, São Jorge dos Ilhéus*);

e) mais recentemente, crônicas amaneiradas de costumes provincianos (*Gabriela, Cravo e Canela, Dona Flor e Seus Dois Maridos*). Nessa linha, formam uma obra à parte, menos pelo espírito que pela inflexão acadêmica do estilo, as novelas reunidas em Os *Velhos Marinheiros*. Na última fase abandonam-se os esquemas de literatura ideológica que nortearam os romances de 30 e de 40; e tudo se dissolve no pitoresco, no "saboroso", no "gorduroso", no apimentado do regional.

(*História concisa da literatura brasileira.* São Paulo: Cultrix, 1978. p. 457.)

Opinião dividida

Veja como dois outros escritores avaliam a obra de Jorge Amado:

O sucesso que ele fez com Gabriela e a popularidade que ele desfrutava no exterior foram fatais para a sua reputação de bom escritor. E é o que ele é: um bom escritor que conseguiu transcender o regional e tornar universais seus temas. Como escreveu muito, nem todos os livros mantêm a mesma qualidade literária. Mas Gabriela é um excelente romance, embora o meu favorito seja *Terras do Sem-Fim*".

Maria Adelaide Amaral

Não tenho qualquer dúvida de que se trata de um grande fabulador, um formidável criador de personagens, um maestro a reger os mais diversos núcleos dramáticos. O problema é que nunca superou uma visão extremamente populista da realidade brasileira, herdada da sua fase de militância de esquerda. Além disso, é notório o seu desmazelo com relação à escrita.

Luiz Ruffato
(*O Estado de S. Paulo*, 8/3/2008.)

Parte da crítica literária vê pouco valor na obra de Jorge Amado, principalmente nos romances da última fase. Certos críticos rejeitam o caráter militante de algumas de suas obras, acusando-as de panfletárias; outros rejeitam sua linguagem despretensiosa e popular, acusando-o de escrever mal; outros rejeitam o apimentado de suas histórias mais populares, recheadas de erotismo; outros o consideram repetitivo em relação a personagens e enredos. Independentemente da opinião da crítica, porém, Jorge Amado tornou-se um dos mais prestigiados escritores brasileiros no Brasil e no exterior. Suas obras foram traduzidas em 55 países e, no Brasil, venderam 20 milhões de exemplares.

Em março de 2012, entre os eventos comemorativos do centenário do escritor, houve o relançamento de suas obras, o lançamento do filme *Capitães da Areia* e a montagem de uma exposição sobre ele no Museu da Língua Portuguesa, em São Paulo.

Capitães da Areia

Capitães da Areia, obra publicada em 1937, explora questões sociais que têm como pano de fundo a cidade de Salvador, mas são, com poucas alterações, as mesmas de muitas outras cidades brasileiras. Suas personagens são dezenas de crianças de rua, de idade entre 8 e 16 anos, que, atiradas à própria sorte, cometem delitos para sobreviver. Detidas, são humilhadas e castigadas.

Lideradas por Pedro Bala, moram num velho trapiche, um armazém abandonado e cercado pela areia no cais de Salvador, a "cidade da Bahia". A relação que mantêm entre si é regida por códigos de lealdade e de solidariedade, e contam com a ajuda de apenas duas pessoas: um padre e uma mãe de santo.

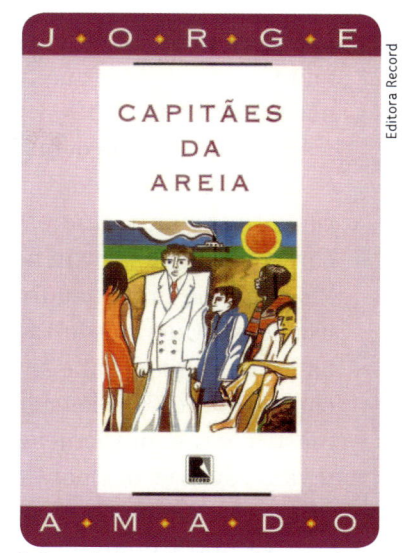

: Capa do livro *Capitães da areia*, de Jorge Amado.

LEITURA

No trecho a seguir, os Capitães da Areia, tornados adultos à força, pela necessidade de sobrevivência, deixam aflorar seu lado infantil.

As luzes do carrossel

[...]

— É uma beleza — disse Pedro Bala olhando o velho carrossel armado. E João Grande abria os olhos para ver melhor. Penduradas estavam as lâmpadas azuis, verdes, amarelas, roxas, vermelhas.

É velho e desbotado o carrossel de Nhozinho França. Mas tem a sua beleza. Talvez esteja nas lâmpadas, ou na música da pianola (velhas valsas de perdido tempo), ou talvez nos ginetes de pau. Entre eles tem um pato que é para sentar dentro os mais pequenos. Tem a sua beleza, sim, porque a opinião unânime dos Capitães da Areia é que ele é maravilhoso. Que importa que seja velho, roto e de cores apagadas se agrada às crianças?

Foi uma surpresa quase incrível quando naquela noite o Sem-Pernas chegou ao trapiche dizendo que ele e Volta Seca iam trabalhar uns dias num carrossel. Muitos não acreditaram, pensaram que fosse mais uma pilhéria do Sem-Pernas. Então

: Cena do filme *Capitães da Areia*, 2011.

461

iam perguntar a Volta Seca, que, como sempre, estava metido no seu canto sem falar, examinando um revólver que furtara numa casa de armas. Volta Seca fazia que sim com a cabeça e por vezes dizia:

— Lampião já rodou nele. Lampião é meu padrim...

O Sem-Pernas convidou a todos para irem ver o carrossel na outra noite, quando o acabariam de armar. E saiu para encontrar Nhozinho França. Naquele momento todos os pequenos corações que pulsavam no trapiche invejaram a suprema felicidade do Sem-Pernas. Até mesmo Pirulito, que tinha quadros de santos na sua parede, até mesmo João Grande, que nessa noite iria com o Querido-de-Deus ao candomblé de Procópio, no Matatu, até mesmo o Professor, que lia livros, e quem sabe se também Pedro Bala, que nunca tivera inveja de nenhum porque era o chefe de todos? Todos o invejaram, sim. Como invejaram Volta Seca, que no seu canto, o cabelo mestiço e ralo despenteado, os olhos apertados e a boca rasgada naquele ríctus de raiva, apontava o revólver ora para um dos meninos, ora para um rato que passava, ora para as estrelas, que eram muitas no céu.

Na outra noite foram todos com o Sem-Pernas e Volta Seca (estes tinham passado o dia fora, ajudando Nhozinho a armar o carrossel) ver o carrossel armado. E estavam parados diante dele, extasiados de beleza, as bocas abertas de admiração. O Sem-Pernas mostrava tudo. Volta Seca levava um por um para mostrar o cavalo que tinha sido cavalgado por seu padrinho Virgulino Ferreira Lampião. Eram quase cem crianças olhando o velho carrossel de Nhozinho França, que a estas horas estava encornado num pifão tremendo na Porta do Mar.

O Sem-Pernas mostrou a máquina (um pequeno motor que falhava muito) com um orgulho de proprietário. Volta Seca não se desprendia do cavalo onde rodara Lampião. O Sem-Pernas estava muito cuidadoso do carrossel e não deixava que eles o tocassem, que bulissem em nada.

Foi quando o Professor perguntou:

— Tu já sabe mover com as máquinas?

— Amanhã é que vou saber... — disse o Sem-Pernas com um certo desgosto. — Amanhã seu Nhozinho vai me ensinar.

— Então amanhã, quando acabar a função, tu pode botar ele pra rodar só com a gente. Tu bota as coisas pra andar, a gente se aboleta.

Pedro Bala apoiou a ideia com entusiasmo. Os outros esperavam a resposta do Sem-Pernas ansiosos. O Sem-Pernas disse que sim, e então muitos bateram palmas, outros gritaram. Foi quando Volta Seca deixou o cavalo onde montara Lampião e veio para eles:

— Quer ver uma coisa bonita?

Todos queriam. O sertanejo trepou no carrossel, deu corda na pianola e começou a música de uma valsa antiga. O rosto sombrio de Volta Seca se abria num sorriso. Espiava a pianola, espiava os meninos envoltos em alegria. Escutavam religiosamente aquela música que saía do bojo do carrossel na magia da noite da cidade da Bahia só para os ouvidos aventureiros e pobres dos Capitães da Areia. Todos estavam silenciosos. Um operário que vinha pela rua, vendo a aglomeração de meninos na praça, veio

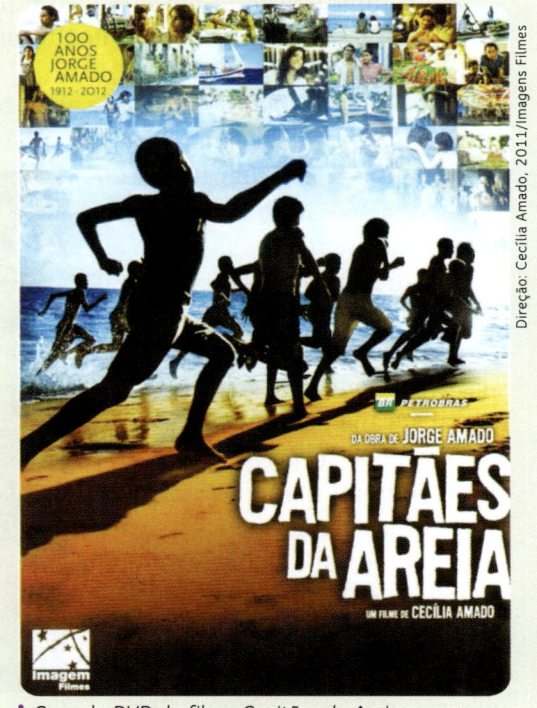

Direção: Cecília Amado, 2011/Imagens Filmes

: Capa do DVD do filme *Capitães da Areia*.

para o lado deles. E ficou também parado, escutando a velha música. Então a luz da lua se estendeu sobre todos, as estrelas brilharam ainda mais no céu, o mar ficou de todo manso (talvez que Iemanjá tivesse vindo também ouvir a música) e a cidade era como que um grande carrossel onde giravam em invisíveis cavalos os Capitães da Areia. Neste momento de música eles sentiram-se donos da cidade. E amaram-se uns aos outros, se sentiram irmãos porque eram todos eles sem carinho e sem conforto e agora tinham o carinho e conforto da música. Volta Seca não pensava com certeza em Lampião neste momento. Pedro Bala não pensava em ser um dia o chefe de todos os malandros da cidade. O Sem-Pernas em se jogar no mar, onde os sonhos são todos belos. Porque a música saía do bojo do velho carrossel só para eles e para o operário que parara. E era uma valsa velha e triste, já esquecida por todos os homens da cidade.

(*Capitães da Areia*. São Paulo: Companhia das Letras, 2008. p. 66-8.)

> **aboletar:** instalar, alojar.
> **bojo:** interior, cerne, âmago.
> **bulir:** mexer, tocar.
> **encornado:** dormindo.
>
> **extasiado:** assombrado, absorto.
> **ginete:** cavalo fino e adestrado.
> **pianola:** piano mecânico, automático.
> **pifão:** bebedeira.
>
> **pilhéria:** piada.
> **ríctus:** ricto, contração labial ou facial.
> **roto:** rasgado, esfarrapado.

1. O narrador, ao descrever a admiração dos meninos diante do carrossel, emprega o recurso da repetição de palavras, de frases ou de sinônimos. Veja:

   > "É velho e desbotado o carrossel de Nhozinho França. Mas tem a sua beleza. [...] Tem a sua beleza, sim [...] Que importa que seja velho, roto e de cores apagadas [...]?"

   a) Cite outras passagens do texto em que esse recurso é empregado.

   b) Que efeito esse recurso confere à narrativa?

2. No último parágrafo, o narrador repete várias vezes a palavra *música*.

   a) Em que expressões essa palavra é empregada?

   b) Que relação pode ser estabelecida entre essa repetição verbal e o momento que o narrador descreve nesse parágrafo?

3. Que sentido mais amplo pode ter a afirmação do narrador, no último parágrafo, de que a música que os garotos e o operário ouviam era "já esquecida por todos os homens da cidade"?

4. A obra *Capitães da Areia* revela a intenção do autor de retratar a coletividade das crianças de rua, conforme se observa na frase "Eram quase cem crianças olhando o velho carrossel", do trecho lido, mas, para isso, ele utiliza o recurso de contar uma história que envolve personagens particulares.
   No trecho lido, quais personagens se destacam? Quais características, sonhos e preferências elas têm?

5. A história contada em *Capitães da Areia* acontece em Salvador, capital do Estado da Bahia, onde a população é, na maioria, formada por negros. No entanto, no decorrer da narrativa ficamos sabendo que Pedro Bala, a personagem principal da narrativa, é loiro.

   a) Que elementos da cultura negra, típicos da Bahia, são citados no trecho lido?

   b) Na sua opinião, essa caracterização da personagem revela alguma intenção do autor? Qual?

6. No texto, a linguagem do narrador segue a norma-padrão, enquanto a das personagens é própria de uma variedade linguística que revela baixa escolaridade.

   a) Dê exemplos da variedade empregada pelas crianças.

   b) Esse uso da linguagem está de acordo com as propostas do Modernismo da 1ª geração? Justifique sua resposta.

DIÁLOGO ENTRE O ROMANCE BRASILEIRO DE 30 E AS LITERATURAS AMERICANA E AFRICANA

Você vai ler três fragmentos de romances. O primeiro é da obra *Hora di Bai*, de Manuel Ferreira, na qual é narrado o drama vivido pelo povo cabo-verdiano, que, pressionado pela seca, pela falta de trabalho e pela fome, se vê obrigado a migrar para ilhas vizinhas. O segundo excerto pertence à obra *As vinhas da ira*, do escritor americano John Steinbeck, em que são retratados os movimentos migratórios nos Estados Unidos durante a Depressão americana. O terceiro texto faz parte da obra *Os Corumbas*, do escritor brasileiro Amando Fontes, publicada em 1933, na qual é descrito o drama dos sertanejos sergipanos que, ao migrarem do interior para a capital, passam a ser explorados na indústria têxtil.

TEXTO I

Hora di Bai

"Ninguém no Arquipélago desconhece a tragédia em que vivem as populações da nossa terra. A fome dizima por dia dezenas de pessoas. Sabe-se, por exemplo, em números redondos, que, até agora, em São Tiago morreram de fome nove mil pessoas. Em São Nicolau oito mil. Em Santo Antão cinco mil. No Fogo cinco mil. Aqui em São Vicente não vale a pena apresentar números. De sobejo, é do conhecimento de todos nós a desgraça que por aí vai."

Manuel Ferreira (1917-1992) nasceu em Portugal, mas viveu e escreveu em Cabo Verde durante muitas décadas, tornando-se um dos principais escritores daquele país. Publicado em 1962, um ano antes de se iniciarem as lutas pela libertação de Cabo Verde, então colônia portuguesa, o romance *Hora di Bai* retrata a miséria em que vivia a população local e o despertar de uma consciência política que levaria o país à independência em 1972.

Editora Ática

Dirigia-se a uns tantos. Ao Tenório, do Telégrafo, ao poeta Jacinto Moreno, ao comerciante Jorge Wilson, ao presidente do Mindelense e a poucos mais. Local da reunião: a sede do Mindelense, em gabinete reservado.

"O problema da sopa da assistência, esse cancro humilhatório, como sabeis não veio solucionar esta crise terrível, nem tão pouco atenuá-la nos seus efeitos menores. E a prova são os números que indiquei e que nem sequer seria necessário fazê-lo porque estamos perante uma situação que não ilude ninguém. Ultimamente surgiu essa coisa degradante para todo o cabo-verdiano: a emigração para São Tomé. Degradante em todos os aspectos. Já porque as condições do contrato se prestam a nova exploração, servindo mais os angariadores do que propriamente esses desgraçados, já porque não é solução, dado que apenas uns escassos milhares se dispõem a ir a caminho de São Tomé, e em Cabo Verde há pelo menos 100 mil pessoas subalimentadas. As chuvas vão demorar. E mesmo que não demorassem, os seus efeitos só mais tarde se fariam sentir. Mas, voltando à emigração, a coisa mais desumana é tentarem por todos os processos convencer os desgraçados que irão nas melhores condições de assistência, alimentação, quando isso nem de longe corresponde à verdade. Pode dizer-se que muitos desses infelizes são arrastados por promessas feitas sem consciência. E alguns serão agora levados à força. Muitos preferem fugir e esconder-se aí pelos montes a embarcarem para aquelas terras da maldição."

(Manuel Ferreira. *Hora di Bai*. São Paulo: Ática, 1980. p. 123-4.)

angariador: aquele que angaria, que procura obter algo mediante solicitação.

de sobejo: de sobra, a mais que o suficiente.

As vinhas da ira

E os homens em êxodo espraiavam-se pelas estradas, e havia fome em seus olhos, e havia miséria neles. Não empregavam argumentos, nem possuíam um sistema certo de agir; tinham somente número e necessidades. Quando surgia trabalho para um homem, dez homens disputavam-no, lutavam por ele, aceitando ordenados cada vez mais baixos. Se aquele camarada trabalha por trinta *cents*, eu trabalho por vinte e cinco. Se ele trabalha por vinte e cinco, eu trabalho por vinte.

John Steinbeck (1902-1968) escreveu entre as décadas de 1930 e 1960, consagrando-se como escritor social.

Sua principal obra, *As vinhas da ira*, é considerada uma obra-prima. Focando a história da família Joad, que migra para a Califórnia motivada pela ilusória fartura da região, narra a exploração a que eram submetidos os trabalhadores itinerantes e sazonais. A obra recebeu o prêmio Pulitzer e foi adaptada para o cinema por John Ford.

Não, eu... eu estou com fome. Trabalho até por quinze. Trabalho até pela comida. Meus filhos! Você devia ver eles. Estão com o corpo cheio de furúnculos, estão que nem podem andar. Dei pra eles frutas podres, apanhadas no chão, e eles incharam completamente. Eu... eu trabalho até por um pedacinho de carne.

E isso causava satisfação, pois os salários diminuíam e os preços dos gêneros mantinham-se altos. Os grandes proprietários estavam contentes e mandavam distribuir ainda mais impressos para atrair mais gente. E os salários baixavam e os preços mantinham-se altos. Não demora, haverá novamente escravos em nosso país.

Foi então que os grandes proprietários e as companhias inventaram um método novo. Um grande proprietário comprava uma fábrica de frutas em conserva. E, quando amadureciam as peras e os pêssegos, ele forçava o preço das frutas abaixo do custo da produção. Como fabricante de frutas em conserva, ele pagava a si mesmo preço baixo pelas frutas, e, mantendo alto o preço das frutas em conserva, tirava ótimos lucros. E os pequenos proprietários que não possuíam fábricas de frutas em conserva perdiam as suas propriedades. Os grandes proprietários, os bancos e as companhias às quais pertenciam as fábricas de frutas em conserva ficavam com essas pequenas propriedades. E com o tempo diminuía o número das propriedades. Os pequenos proprietários não tardavam a mudar-se para as cidades, onde esgotavam o seu crédito, os seus amigos, as suas relações. E depois eles também caíam nas estradas. E as estradas estavam cheias de homens ávidos de trabalho, torturados pela cruel necessidade do trabalho.

Direção: John Ford. 1940. 20th Century Fox Film Corp./Everett Collection/Grupo Keystone

Cena do filme *As vinhas da ira*, de John Ford.

465

E as companhias e os bancos trabalhavam para a sua própria ruína e não sabiam disso. Os campos estavam prenhes de frutas, e nas estradas marchavam homens que estavam morrendo de fome. Os celeiros estavam repletos, e as crianças pobres cresciam raquíticas. Em seus peitos intumesciam as pústulas escrofulosas. As grandes companhias não sabiam que era uma linha muito tênue a linha divisória entre a fome e a ira. E o dinheiro que podia ter sido empregado em melhores salários era gasto em bombas de gás, em carabinas, em agentes e espiões, e em listas negras e em exercícios bélicos. Nas estradas os homens locomoviam-se qual formigas, à procura de trabalho e de comida. E a ira começou a fermentar.

(John Steinbeck. *As vinhas da ira*. São Paulo: Abril Cultural, 1979. v. 2, p. 79-80.)

> **escrofuloso:** aquele que sofre de escrófula, doença caracterizada por intumescências nos gânglios do pescoço.
> **espraiar:** estender-se, derramar-se.
> **pústula:** pequeno tumor com supuração.
> **tênue:** fino, pouco espesso.

TEXTO III

O episódio narrado a seguir retrata a reação dos trabalhadores à notícia de que os patrões queriam aumentar a produção e, por isso, iriam convocar os empregados para o período noturno.

A maioria dos trabalhadores recebeu essa notícia com alegria. Era uma oportunidade que surgia de ganharem um pouco mais, com as horas extraordinárias de serviço, ou empregando filhos e parentes nos lugares que se acabavam de criar.

Mas, aqui e ali, foram-se ouvindo alguns protestos. Tímidos, a princípio. Violentos e exaltados, logo empós.

Ao grupo de José Afonso coube dar o rebate e sustentar a luta contra as fábricas. Ou "o serviço noturno seria pago com a bonificação de um terço sobre os salários do dia, ou ninguém se sujeitaria à nova exploração", foi o ultimato lançado pela Sociedade Proletária do Aracaju, que passou a funcionar em sessão permanente, cheia de curiosos e prosélitos.

Não se arrecearam os patrões ante a ameaça. Eles sabiam que havia muita miséria entre os humildes. As colheitas tinham sido más por toda a parte. Do interior, todos os dias, chegavam famílias e famílias, em busca de trabalho. Ganhariam a partida sem esforço. E declararam, então, energicamente, "que iriam trabalhar durante a noite com o mesmo salário que pagavam pelo dia. Os operários escalados que faltassem seriam sumariamente despedidos".

Foi assim que se criou para a Sociedade Proletária o embaraçoso impasse. Se reagisse, pela força, contra os que se submetessem, teria o revide violento da polícia; se afrouxasse, diante da atitude assumida pelas fábricas, estaria desmoralizada para sempre.

(Amando Fontes. *Os Corumbas*. 25. ed. Rio de Janeiro: José Olympio, 2003. p. 94.)

Amando Fontes (1889-1967) ainda hoje é um escritor quase desconhecido. Apesar disso, sua obra *Os Corumbas* é um dos melhores romances brasileiros voltados para o tema do oprimido. Publicada em 1933, a obra mostra a exploração dos trabalhadores das indústrias têxteis de Aracaju durante o primeiro surto industrial do país.

A propósito da obra, o escritor Alcântara Machado assim se manifestou: "É o romance do proletário (sem ser romance proletário) e não da fábrica. A miséria que vive nas cercanias dela e dela se sustenta".

Editora José Olympio

> **prosélito:** pessoa recém-convertida a uma religião, a um partido ou a uma agremiação política.

1. Os escritores brasileiros, principalmente os da geração de 1930, sempre foram admirados por escritores portugueses e escritores africanos de língua portuguesa e chegaram a exercer forte influência na literatura desses países nas décadas de 1930-1940.

   Levando em conta o tema abordado em *Hora di Bai*, levante hipóteses: Que obras e autores brasileiros podem ter influenciado a concepção desse romance cabo-verdiano? Por quê?

2. O narrador do texto I, ao se referir à migração de cabo-verdianos para São Tomé, país também de língua portuguesa, menciona uma "nova exploração". Levante hipóteses: Que outro tipo de exploração o narrador deixa implícito? Por que ela ocorreria?

Hulton Archive/Getty Images

3. O texto II mostra tanto a disputa de trabalhadores americanos por emprego quanto a disputa entre os grandes e médios proprietários de terras.

   a) Com que finalidade os grandes proprietários mandavam imprimir e distribuir folhetos, se não havia trabalho para todos?

   b) Do ponto de vista da riqueza e das classes sociais, o que a vitória dos grandes proprietários sobre os pequenos proprietários acarreta?

4. Releia este trecho do texto II:

   > "[...] Os campos estavam prenhes de frutas, e nas estradas marchavam homens que estavam morrendo de fome. Os celeiros estavam repletos, e as crianças pobres cresciam raquíticas. [...] As grandes companhias não sabiam que era uma linha muito tênue a linha divisória entre a fome e a ira."

   a) Que características da sociedade capitalista esse fragmento evidencia?

   b) Explique a relação que o narrador estabelece entre a ira, a fome e os instrumentos de repressão.

5. Os textos I e II mostram a situação de trabalhadores do campo que migram em busca de trabalho. O texto III mostra a situação de trabalhadores que, tendo vindo do campo, estão empregados na indústria.

   a) O que o texto III revela quanto às leis trabalhistas vigentes no Brasil no início da década de 1930?

   b) Até que ponto a situação dos trabalhadores do romance *Os Corumbas* é diferente da situação dos trabalhadores dos outros dois romances?

6. As três obras foram produzidas em países e culturas diferentes: Cabo Verde, Estados Unidos e Brasil. Apesar disso, elas se assemelham em alguns aspectos.

   a) O que elas têm em comum?

   b) Essas obras abordam problemas específicos de regiões (como o Nordeste brasileiro) ou de um país (como Cabo Verde). Apesar disso, pode-se dizer que elas alcançam universalidade? Justifique sua resposta.

Para quem quer mais na Internet

Se você deseja mais informações a respeito da obra de Graciliano Ramos e Jorge Amado, acesse os *sites*:

www.graciliano.com.br   www.jorgeamado.com.br

Ale Ruaro/Pulsar Imagens

: Serra Gaúcha, Rio Grande
do Sul, 2011.

O Sul no romance de 30. Érico Veríssimo e Dionélio Machado

No Sul do país, pelas mãos dos gaúchos Érico Veríssimo e Dionélio Machado, entre outros, o romance de 30 percorre caminhos diferentes daqueles trilhados pelos escritores nordestinos. O primeiro empenha-se na reconstituição da história de formação de seu Estado; o segundo avança em outra direção: a do romance urbano e psicológico.

O Rio Grande do Sul também assistiu, na década de 1930, ao florescimento de uma ficção de grande valor, voltada ao retrato realista tanto do campo quanto da cidade.

Por um lado, Ivan Pedro de Martins, em *Fronteira agreste*, retrata a vida numa fazenda do interior gaúcho. Por outro, Cyro Martins, em *Estrada nova*, e Dionélio Machado, em *Os ratos*, trabalham a crescente politização e consciência crítica da classe média gaúcha. Já Aureliano de Figueiredo Pinto, em *Memórias do Coronel Falcão*, e Érico Veríssimo, em *O tempo e o vento*, retratam a formação e a crise da oligarquia rural do Rio Grande do Sul.

Desses autores, a crítica nacional tem destacado principalmente a obra de Érico Veríssimo e Dionélio Machado.

ÉRICO VERÍSSIMO: RESGATE HISTÓRICO E CRÍTICA

Érico Veríssimo nasceu no município gaúcho de Cruz Alta. Embora sem ter cursado universidade, iniciou-se no jornalismo em 1930 e tornou-se professor de literatura nos Estados Unidos. Também dirigiu um dos departamentos culturais da Organização dos Estados Americanos – experiência que registrou nos livros *Gato preto em campo de neve* e *A volta do gato preto*.

Sua estreia na literatura ocorreu com *Fantoches*, uma coletânea de contos. O marco inicial de sua popularidade, entretanto, foi a publicação do romance *Clarissa*, no ano seguinte.

A obra do autor costuma ser dividida em três fases. A primeira inicia-se com a publicação de *Clarissa* (1933), que acaba sendo o primeiro de uma série de romances – *Caminhos cruzados*, *Música ao longe*, *Um lugar ao sol*, *Saga* – que têm como traço de união a presença constante de certas personagens, principalmente os pares Vasco e Clarissa e Fernanda e Noel, e completa-se com *Olhai os lírios do campo* e *O resto é silêncio*. Essa primeira fase do romancista caracteriza-se pelo registro do cotidiano da vida urbana de Porto Alegre e pela apresentação de certos problemas morais, sociais e humanos decorrentes da vigência de valores degradados. Verdadeiros *best-sellers*, suas obras foram vertidas para diversas línguas.

: Érico Veríssimo.

A segunda fase do escritor corresponde a *O tempo e o vento*, obra cíclica que trata da formação do Rio Grande do Sul. Nessa obra de envergadura épica, Érico Veríssimo demonstra pleno amadurecimento de processos técnicos e expressivos e se firma como um legítimo retratista do povo gaúcho, embora, do ponto de vista do crítico José Hildebrando Dacanal, a obra expresse a ideologia das elites dirigentes que historicamente se instalaram no poder.

Pode-se reconhecer na obra do romancista ainda uma terceira fase, representada por *O prisioneiro*, *O senhor embaixador* e *Incidente em Antares*, caracterizada por uma postura mais universalista, mais crítica e de engajamento social.

Érico Veríssimo dedicou-se também à ficção didática (*Viagem à aurora do mundo*, *Aventuras no mundo da higiene*), à literatura infantil (*Os três porquinhos pobres*) e a obras de caráter memorialista (*Solo de clarineta*).

Da mesma forma que Jorge Amado, Érico Veríssimo tornou-se um escritor consagrado em seu tempo, sendo aceito por públicos de diferentes estratos culturais. Parte da crítica, entretanto, considera sua obra superficial em relação à análise social e tímida quanto às inovações de linguagem. De qualquer modo, ainda se espera um estudo mais aprofundado do conjunto da obra por parte de pesquisadores e críticos.

O tempo e o vento

Comparando o romance nordestino de 1930 ao romance gaúcho da mesma época, o crítico José Hildebrando Dacanal afirma:

O tempo e o vento, obra-prima de Érico Veríssimo, é constituída de três partes: "O continente", "O retrato" e "O arquipélago". Nela é narrada a saga da formação socioeconômica e política do Rio Grande do Sul, desde as suas origens, no século XVIII, até o ano de 1946.

O palco em que se dá o desenrolar dos fatos e das situações é a região de Santa Fé, onde o poder econômico e político local é disputado por duas famílias: os Amaral e os Terra Cambará.

LEITURA

O texto a seguir faz parte de *Ana Terra*, episódio de "O continente", que conta a origem da família Terra. No início da ação de *Ana Terra*, situado em 1777, a moça se encontra à beira de um regato quando descobre um homem ferido e desmaiado, que depois se soube chamar Pedro Missioneiro, mestiço de índio e português, criado e educado na missão de São Miguel. Por sua habilidade com cavalos, como oleiro e com a música, ganha a confiança de todos. No verão, Ana fica grávida de Pedro, o que não é aceito pela família.

Companhia das Letras

Vieram outros dias e outras noites. E nunca mais o nome de Pedro foi pronunciado naquela estância. O inverno entrou e houve horas, longas horas, em que o minuano arrepelou as macegas e cortou o ar como uma navalha. Vieram as chuvas, que prenderam na cabana os cinco membros da família, que às vezes se reuniam junto do fogo, onde os homens ficavam a falar da lavoura, do gado, do tempo. Para Maneco Terra a filha estava morta e enterrada: não tomava conhecimento de sua presença naquela casa. Antônio e Horácio tratavam Ana com uma aspereza meio constrangida, que lhes vinha de uma consciência culpada. Ao lhe dirigirem a palavra, não olhavam para ela de frente, e ficavam desconcertados quando, para lhe evitar os olhos, baixavam a cabeça e davam com o ventre crescido da irmã.

Quando não chovia Ana descia para a sanga. Agora levava duas cargas: a cesta de roupa e o filho, que cada vez lhe pesava mais. Muitas vezes pela manhã seus pés pisavam a geada do caminho. E na água gelada seus dedos ficavam roxos e entanguidos. Durante todo o tempo que passava junto da sanga, a lembrança de Pedro permanecia com ela.

Um dia, olhando o bordado branco que a espuma do sabão fazia na água, teve a sensação de que Pedro nunca tinha existido, e que tudo o que acontecera não passara dum pesadelo. Mas nesse mesmo instante o filho começou a mexer-se em suas entranhas e ela passou a brincar com uma ideia que dali por diante lhe daria a coragem necessária para enfrentar os momentos duros que estavam para vir. Ela trazia Pedro dentro de si. Pedro ia nascer de novo e portanto tudo estava bem e o mundo no fim de contas não era tão mau. Voltou para casa exaltada...

Mas num outro dia foi tomada de profunda melancolia e escondeu-se para chorar. Ficou na frente da casa, olhando o horizonte e esperando que longe surgisse o vulto dum cavaleiro

– Pedro voltando para casa; porque ele não tinha morrido: conseguira fugir e agora vinha buscar a mulher e o filho. Um entardecer sentiu o repentino desejo de montar a cavalo e sair pelo campo em busca do cadáver de seu homem: levaria uma pá, revolveria a terra ao redor de todas as árvores solitárias que encontrasse... Mas montar a cavalo no estado em que se encontrava? Loucura. Seu ventre estava cada vez maior. E Ana notava que, quanto mais ele crescia, mais aumentava a irritação dos irmãos. O pai, esse nunca olhava para ela nem lhe dirigia a menor palavra. Comia em silêncio, de olhos baixos, pigarreando de quando em quando, conversando com os filhos ou pedindo uma ou outra coisa à mulher.

[...]

Findava mais um ano e os pêssegos do pomar já estavam quase maduros quando Ana começou a sentir as primeiras dores do parto. Foi num anoitecer de ar transparente e céu limpo. Ao ouvirem os gemidos da rapariga, os três homens encilharam os cavalos, montaram e se foram, sem dizer para onde. D. Henriqueta viu-os partir e não perguntou nada.

Naquela noite nasceu o filho de Ana Terra. A avó cortou-lhe o cordão umbilical com a velha tesoura de podar. E o sol já estava alto quando os homens voltaram, apearam e vieram tomar mate. Ouviram choro de criança na cabana, mas não perguntaram nada nem foram olhar o recém-nascido.

— É um menino! — disse D. Henriqueta ao marido, sem poder conter um contentamento nervoso.

Maneco pigarreou mas não disse palavra. Quando o pai saiu para fora, Ana ouviu Horácio cochichar para a mãe:

— Ela vai bem?

— Vai indo, graças a Deus — respondeu D. Henriqueta. — Está com os ubres cheios. Tem mais leite que uma vaca — acrescentou com orgulho.

Naquele instante Ana dava de mamar ao filho. Estava serena, de uma serenidade de céu despejado, depois duma grande chuva.

: Cena da minissérie *O tempo e o vento*, levada à TV pela Rede Globo.

Adolfo Gerchmann/Editora Abril-Imagens/Conteúdo Expresso

Três dias depois já se achava de pé, trabalhando. E sempre que ia lavar roupa levava o filho dentro da cesta, e enquanto batia nas pedras as camisas e calças e vestidos, deixava a criança deitada a seu lado. E cantava para ela velhas cantigas que julgava esquecidas, mas que agora lhe brotavam milagrosamente na memória. E a água corria, e a criança ficava de olhos muito abertos, com a sombra móvel dos ramos a dançar-lhe no rostinho cor de marfim.

Pelos cálculos de Antônio deviam já estar no ano-novo. Uma noite, depois do jantar, Horácio disse:

— Se não me engano, estamos agora no 79.

Maneco Terra suspirou.

— Eu só queria saber que nova desgraça este ano vai nos trazer...

Disse essas palavras e começou a enrolar tristemente um cigarro.

(*Ana Terra*. São Paulo: Companhia das Letras, 2005. p. 50-2.)

encilhar: colocar arreios.
entanguido: tolhido de frio.
macega: campina com capim alto e seco.

minuano: vento forte, frio e cortante que sopra no Rio Grande do Sul.
sanga: córrego.

1. *O tempo e o vento* é, provavelmente, a mais completa produção literária sobre a formação histórica, linguística e cultural do Rio Grande do Sul. Identifique no texto elementos que comprovam a preocupação do autor em caracterizar seu Estado quanto a aspectos linguísticos, culturais, geográficos.

2. Os homens da casa não aceitaram a gravidez de Ana Terra.

a) Como o pai se comportava com ela?

b) Os irmãos a tratavam "com uma aspereza meio constrangida, que lhes vinha de uma consciência culpada". Levante hipóteses: Qual a causa da consciência culpada dos irmãos?

3. Das tradições gaúchas, tal como mostram canções e histórias populares da região, faz parte um código de honra que diz respeito à hospitalidade das famílias.

a) No texto lido, há indícios de que Pedro teria desrespeitado esse código de honra. Em que teria consistido esse desrespeito?

b) Na apresentação do texto em estudo, há informações sobre Pedro Missioneiro. Que característica da personagem sugere que a não aceitação da gravidez de Ana envolve também preconceito racial?

4. D. Henriqueta, a mãe de Ana, mantém-se próxima da filha.

a) Que aspecto da condição da mulher, na época, explica o fato de a mãe permanecer ao lado de Ana?

b) D. Henriqueta faz o parto de Ana. Que elementos indicam que, para ela, dar à luz é um ato essencialmente natural?

5. O episódio lido se passa no século XVIII.

a) Que situação, no texto, indica que a contagem do tempo era feita sem muita precisão?

b) Que recurso era então empregado para marcar a passagem do tempo?

6. Observe a linguagem empregada no texto. Ela se caracteriza por ser culta formal, culta informal, popular ou regional? Justifique.

DIONÉLIO MACHADO: DO BANAL AO UNIVERSAL

Dionélio Machado (1895-1985), gaúcho de Quaraí, formou-se em Medicina, especializando-se em psiquiatria. Foi também jornalista do *Correio do Povo* e chegou a se eleger deputado.

Quase esquecido pela crítica e pelos historiadores da literatura durante décadas, só mais recentemente sua obra começou a ganhar a devida atenção.

Dionélio situa-se entre os autores intimistas e urbanos da geração de 1930 que trabalharam na linha da exploração psicológica. Ao lado de *Angústia*, de Graciliano Ramos, talvez a obra *Os ratos* (1935) seja uma das mais profundas experiências de introspecção na literatura brasileira.

Tendo sido Dionélio homem de esquerda, era de esperar que sua análise dos problemas humanos fosse feita sob o ângulo das relações de

: Dionélio Machado.

472

exploração social. Contudo, o escritor surpreende. Em suas narrativas, a análise dos problemas humanos é feita a partir das pequenas coisas massacrantes que envolvem o dia a dia das pessoas comuns e as anulam. O social, embora em permanente tensão com o individual, nunca se sobrepõe a este, de modo que a obra jamais cai no panfletário ou na propaganda partidária. O leitor é quem, costurando os fatos banais da existência, extrai sua conclusão a respeito dos efeitos do sistema capitalista sobre o indivíduo comum, assalariado, impotente na engrenagem social.

Dionélio Machado escreveu romances, contos e ensaios. Além de *Os ratos*, é também autor, entre outros, de *O louco do Cati* (1942), *Desolação* (1944) e *Deuses econômicos* (1966).

> ## *O louco do Cati*, alegoria do terror político
>
> Dionélio Machado, assim como Graciliano Ramos, foi preso por motivos políticos durante o Estado Novo e ficou encarcerado em Ilha Grande, RJ. Na prisão, concebeu a obra *O louco do Cati*, que é uma alegoria da ditadura. Diz o jornalista Ubiratan Brasil:
>
> A história de *O louco do Cati* começa no interior de um bonde, em um bairro de Porto Alegre. O personagem principal é uma figura estranha, que não fala nem diz seu nome. Ele inicia uma viagem pelo litoral gaúcho, passa pelo Rio de Janeiro até retornar a Cati, na fronteira do Brasil com o Uruguai, onde se transforma em cachorro. Na verdade, uma alegoria do terror político do qual ele sofrera anos antes, no sinistro presídio de Ilha Grande.
>
> (*O Estado de S. Paulo*, 5/10/2003.)

Os ratos

Os ratos são a obra mais importante de Dionélio Machado. Segundo o crítico Davi Arrigucci Jr., "trata-se de um romance breve, concentrado, surpreendente pela originalidade saída do mais prosaico, com perfeito equilíbrio entre os elementos psicológicos e sociais, explorados em profundidade, numa forma simbólica de longo alcance".

A obra narra o percurso de 24 horas de desespero do funcionário público Naziazeno, um cidadão comum que, certa manhã, desperta com um sério problema: o leiteiro ameaça cortar-lhe o fornecimento de leite se ele não pagar, na manhã seguinte, a dívida de 53 mil-réis. Durante todo o dia Naziazeno pensa apenas em como arrumar dinheiro – empréstimo, penhor –, humilha-se, mas nada consegue. No final do dia, enfim, consegue o dinheiro. E volta para casa levando também comida e um brinquedo para o filho.

Iberê Camargo. Sem título. 1988/Fundação Iberê Camargo

LEITURA

O episódio a ser lido integra o desfecho de *Os ratos*. O dinheiro do leiteiro está na cozinha. Naziazeno jantou bem, tomou vinho e se sente feliz. Mas conseguirá dormir?

> Há ali perto um ruído, dum móvel dali do quarto. Venha! Incorpora no chiado amorfo, unido... Tem medo de decompor *esse conjunto*, de seguir uma *linha* qualquer naquela *massa*...
>
> Agora é um guinchinho... Várias notinhas geminadas... Parou... O *seu* chiado voltou a ter aquela uniformidade, aquela continuidade...
>
> [...]

Ele se põe a escutar agudamente. Um esforço para afastar aquele conjunto amorfo de ruidozinhos, aquele chiado... Lá está, num canto, no chão, o guinchinho, feito de várias notinhas geminadas, fininhas...

São os ratos!... Vai escutar com atenção, a respiração meio parada. Hão de ser muitos: há várias fontes daquele guinchinho, e de quando em quando, no forro, em vários pontos, o rufar...

A casa está cheia de ratos...

[...]

Está com sono. Mas é preciso reagir. É preciso examinar bem...

E ele passa outra vez a sua ideia numa crítica. Vê tudo quanto há de sensato e de absurdo nela...

Acordar Adelaide?

Ouve a sua voz, volumosa, retumbando ali dentro do quarto... Ouve-se dizer, com voz cavernosa, estranha, saindo do silêncio: "— Adelaide... Adelaide..." Ela *não acorda* no primeiro momento. "— *Adelaide*..." Não se anima. Talvez que o filho se mexa, que ela se acorde. Aí então, com voz baixa, *natural*, apenas *informativa*: "— Adelaide... Você não tem medo que os ratos possam... ("— *Sim*...?") estar mexendo no dinheiro?..." "— Não mexem, não." — E ela *se volta* outra vez na cama para dormir...

Naziazeno se tranquiliza...

Ouve a respiração do filho. Ele dorme um sono pesado, igual.

Naziazeno examina os "fundamentos" daquela sua tranquilidade. Seria *essa* — está por jurar — a opinião de Adelaide... "*Não mexem*..." Pode se tranquilizar, pois. Nunca ouviu falar que houvessem roído um dinheiro assim. "— Você acha possível, Adelaide, que os ratos roam dinheiro?..." "— É: eles roem papel. Dinheiro é um papel engraxado..."

Faz-se um grande tumulto dentro da sua cabeça!

[...]

Está exausto... Tem uma vontade de se entregar, naquela luta que vem sustentando, sustentando... Quereria dormir... Aliás, esse frio amargo e triste que lhe vem das vísceras, que lhe sobe de dentro de si, produz-lhe sempre uma sensação de sono, uma necessidade de anulação, de aniquilamento... Quereria dormir...

Não sabe que horas são. De fora, do pátio, chega-lhe um como que pipilar, muito fraco e espaçado.

Quereria dormir...

Mas que é isso?!... Um baque?...

Um baque brusco do portão. Uma volta sem cuidado da chave. A porta que se abre com força, arrastando. Mas um breve silêncio, como que uma suspensão... Depois, ele ouve que lhe despejam (o leiteiro tinha, tinha ameaçado cortar-lhe o leite...) que lhe despejam festivamente o leite. (O jorro é forte, cantante, vem de muito alto...) — Fecham furtivamente a porta... Escapam passos leves pelo pátio... Nem se ouve o portão bater...

E ele dorme.

(15. ed. São Paulo: Ática, 1994. p. 137-43)

1. Depois de um dia estafante, Naziazeno alcança seu objetivo. Assim, sente-se aliviado, de novo um homem. Porém está tenso, tem dificuldade para adentrar o sono por inteiro. Relacione esse estado mental da personagem:

   a) com a frase "Vê tudo quanto há de sensato e de absurdo nela...";

   b) com as constantes repetições de ideias, sobretudo da frase "Quereria dormir".

2. Depois que o leiteiro chega, pega o dinheiro e despeja o leite numa vasilha na cozinha, finalmente Naziazeno dorme. Relacione esse fato com sua insônia.

3. O nome do protagonista assemelha-se, pelo som, às palavras *Nazareno* e *lazarento* (leproso). Associe a trajetória da personagem, nas suas 24 horas de sofrimento, ao sentido dessas palavras.

4. Os ratos assumem papel decisivo nesses momentos finais da narrativa.

a) Levando em conta as dificuldades da personagem para conseguir o dinheiro e tomando os ratos no sentido denotativo, que preocupação eles causam em Naziazeno?

b) Tomando os ratos como elemento simbólico, o que eles representam no conjunto da obra?

5. Leia o seguinte comentário crítico sobre a obra.

> O giro do mundo, o giro do relógio, o giro da vida nada mais é, no fundo, que o giro do comércio, da moeda, simbolizado no giro da roleta. Dionélio Machado retoma um dos motivos mais contundentes da obra de Graciliano Ramos: a reificação a que os homens se sujeitam na sociedade capitalista, evidenciada, de maneira bastante brutal, pela Crise. Os homens são ratos apequenados, de focinho e visão curtos.
>
> (*História do século 20*. São Paulo: Abril Cultural, 1968. v. 4. p. 208.)

a) Relacione o comentário crítico com este trecho do texto: "Quereria dormir... Aliás, esse frio amargo e triste que lhe vem das vísceras, que lhe sobe de dentro de si, produz-lhe sempre uma sensação de sono, uma necessidade de anulação, de aniquilamento...".

b) No comentário crítico, Dionélio Machado é comparado a Graciliano Ramos quanto à análise que faz da condição humana na sociedade capitalista, isto é, o homem reificado, transformado em coisa. Na sua opinião, esse comentário sobre Naziazeno é pertinente? Justifique.

A rachadura da realidade e o grotesco em *Os ratos*

O arraigamento desse símbolo [o rato] poderoso vai mesmo além da linguagem figurada e dos modos de dicção, aprofundando-se na constituição da sintaxe e no movimento do estilo: o próprio discurso mimetiza a figura do rato, torna-se entrecortado, miudinho, entranhando na tessitura fina do texto o gesto do roedor a que se reduz o ato humano da procura e da disputa pelo dinheiro. A progressiva intromissão do reino animal na terra dos homens sugere a rachadura da realidade por onde o grotesco terrível penetra em nosso mundo.

(Davi Arrigucci Jr. *Folha de S. Paulo*, 6/6/2004.)

Para quem quer mais na Internet

Se você deseja conhecer um pouco mais da obra de Érico Veríssimo, acesse os *sites*:
www.releituras.com/everissimo_bio.asp
www.estado.rs.gov.br/erico/
www.vidaslusofonas.pt/erico_verissimo.htm

Enquanto isso em Portugal

: *Varina comendo melancia* (1949), de Júlio Pomar.

A SEGUNDA GERAÇÃO DO MODERNISMO E O NEORREALISMO

O presencismo, ou a segunda geração do Modernismo português, articulou-se em torno da revista *Presença*, lançada em 1927, que pretendia ser uma publicação estritamente literária, sem nenhum compromisso com correntes políticas, sociais ou religiosas.

Representam essa geração os escritores José Régio e Miguel Torga. Ambos têm uma produção marcada por inquietações religiosas e questionamentos existenciais de fundo cristão. Cultivaram a poesia, a prosa de ficção e o teatro. Entre as obras de José Régio, destacam-se *Poemas de Deus e do diabo* e o romance *Jogo da cabra cega*, considerado um dos marcos da prosa contemporânea. De Miguel Torga, citam-se as obras poéticas *Ansiedade* e *Abismo* e na prosa de ficção *A criação do mundo* e *Bichos*.

No final da década de 1930, quando eclodiu a Segunda Guerra Mundial, surgiu um movimento literário em Portugal que combatia o fascismo e a literatura dita "descompromissada" – o Neorrealismo –, cujos partidários, ao contrário das gerações anteriores, propunham uma literatura social, documental, combativa e reformadora.

Ferreira de Castro é um dos precursores da nova tendência em seu romance *A selva*, em que denuncia a exploração dos seringueiros na Amazônia brasileira.

A primeira obra portuguesa considerada neorrealista é o romance *Gaibéus*, de Alves Redol, publicado em 1940. O movimento contou, ainda, com nomes como Soeiro Pereira Gomes, Fernando Namora, Carlos Oliveira, Manuel da Fonseca e outros.

··INTERVALO··

As atividades sugeridas a seguir devem ser realizadas em grupo, de acordo com as orientações do professor.

Escolham uma delas e, para realizá-la, busquem informações complementares na Internet, em livros, enciclopédias e revistas especializadas no assunto em foco e também nas sugestões da seção **Fique ligado! Pesquise!**, na abertura da unidade.

A seguir, os grupos deverão montar uma mostra sobre a cultura do Nordeste brasileiro.

Candido Portinari/Museu Nacional de Belas Artes, Rio de Janeiro, RJ

: *O café* (1935), de Portinari.

Projeto

NORDESTE: PALAVRA, IMAGEM E SOM

1. Música nordestina: de "Asa-branca" ao *mangue-beat*

Você conhece "Asa-branca", de Luís Gonzaga e Humberto Teixeira? Essa canção é uma espécie de hino do sertão nordestino, flagelado pela seca e pela miséria.

Façam uma pesquisa musical e reúnam canções que falem dos problemas nordestinos tratados pelo romance de 30: a seca, a miséria, o latifúndio, a migração, etc. Gravem essas canções e reproduzam algumas letras, a fim de evidenciar a sintonia entre o romance de 30 e certa produção musical nordestina. Eis alguns artistas em cuja obra estão presentes esses temas: Luís Gonzaga, João do Vale, Jackson do Pandeiro, Elomar, Dominguinhos, Fagner, Marisa Monte.

Depois, pesquisem sobre as diferentes tendências da música nordestina atual, inspirada pela música de influência afro, da Bahia, pelo *mangue-beat* pernambucano, pela canção maranhense marcada por tradições locais, pelo *reggae*. Observem se nessa produção musical ainda estão presentes os temas abordados pelo romance de 30. Em caso negativo, apontem os temas explorados.

Asa-branca

Quando oiei a terra ardendo
Qual fogueira de São João
Eu perguntei a Deus do céu, ai
Por que tamanha judiação.

Que braseiro, que fornaia
Nem um pé de prantação
Por farta d'água perdi meu gado
Morreu de sede meu alazão.

[...]

(Luís Gonzaga e Humberto Teixeira)

Se algum integrante do grupo toca um instrumento musical, escolham algumas canções para apresentação ao vivo na mostra.

2. Cinema nordestino

O Nordeste brasileiro é cenário de muitos filmes nacionais de qualidade. Pesquisem os principais filmes de temática nordestina da última década, assistam a parte deles e escolham os melhores momentos de alguns para produzir um vídeo. Esse vídeo deve mostrar qual é, na opinião do grupo, a visão sobre o Nordeste predominante entre os cineastas brasileiros.

: Asa-branca, ave típica do Nordeste.

No dia da mostra, apresentem o vídeo produzido pelo grupo e abram com o público a discussão sobre essa visão dos cineastas. Ela corresponde à realidade? É estereotipada? É paternalista? Por quê?

Há, a seguir, uma relação de filmes de temática nordestina, desde clássicos do cinema brasileiro até filmes atuais. Escolham outros, se quiserem:

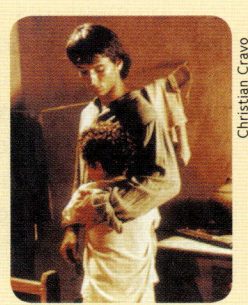

: Cena do filme *Abril despedaçado*.

- *Vidas secas*, de Nelson Pereira dos Santos
- *Deus e o diabo na terra do sol*, de Glauber Rocha
- *Bye, bye, Brasil*, de Cacá Diegues
- *Central do Brasil*, de Walter Sales
- *Amarelo manga*, de Cláudio Assis
- *Kenoma*, de Eliana Caffé
- *Baile perfumado* e *Árido movie*, de Lírio Ferreira
- *Abril despedaçado*, de Walter Sales
- *Gonzaga – de pai para filho*, de Breno Silveira

3. Literatura do Nordeste

Escolham poemas e fragmentos em prosa de escritores que retratam o Nordeste brasileiro e preparem uma leitura dramatizada desses textos. Durante a apresentação, utilizem um fundo musical, ao vivo ou gravado, a fim de criar a ambientação para a leitura. As músicas instrumentais dos grupos Quinteto Armorial e Quinteto Violado e dos compositores Antônio Nóbrega e Gereba são muito boas para essa finalidade.

: Cena do filme *Kenoma*.

Depois da leitura, na mostra, comentem com a plateia o motivo da escolha dos textos e peçam a opinião das pessoas sobre a apresentação do grupo.

Bahia de Todos os Santos

[...]
E que noite gostosa, que colcha macia,
nos cobre a nós ambos Bahia!
Teu amigo vem saudoso de ti e estende as mãos.
aos pedaços melhores de teu corpo:
– tuas ladeiras, teus montes,
as curvas gostosas da cidade mais bonita do Brasil!

(Jorge de Lima. *Poesia completa*. 2. ed. Rio de Janeiro: Nova Fronteira, 1980. p. 79.)

Eis algumas obras para pesquisa de textos, entre outras:

- *Vidas secas*, de Graciliano Ramos
- *Menino de engenho* ou *Fogo morto*, de José Lins do Rego
- *Seara vermelha*, de Jorge Amado
- *O Quinze*, de Rachel de Queiroz
- *Poesia completa*, de Jorge de Lima
- *Digo e não peço segredo*, de Patativa do Assaré, ou outras obras do poeta

: Patativa do Assaré.

Jarbas Oliveira/Folha Imagem

4. Diálogos negros: Nordeste do Brasil e África

A presença dos negros no Nordeste brasileiro trouxe muitas contribuições culturais para o Brasil. Pesquisem sobre autores nacionais que retrataram a presença negra na região nordestina e façam uma coletânea de poemas e textos em prosa desses escritores. Entre os autores nacionais que fizeram esse retrato destaca-se o poeta Jorge de Lima, autor de "Negra Fulô" e até mesmo um livro específico sobre o tema, *Poemas negros*.

Pesquisem na Internet também sobre escritores africanos de língua portuguesa e selecione textos que tenham afinidade com os temas tratados pelos escritores brasileiros nas décadas de 1930 e 1940. Entre outros escritores africanos, vale a pena conhecer: Craveirinha, Antônio Jacinto, Manuel Lopes.

Coleção Ricard Akagawa

: Pintura nº 11 (1965), de *Rubem Valentim*.

> ### Poema da alienação
>
> [...]
> O meu poema anda na praça trabalha
> na cozinha
> vai à oficina
> enche a taberna e a cadeia
> é pobre roto e sujo
> vive na noite da ignorância
> o meu poema nada sabe de si
> nem sabe pedi
> O meu poema foi feito para se dar
> para se entregar
> sem nada exigir
>
> Mas o meu poema não é fatalista
> o meu poema é um poema que já quer
> e já sabe
> o meu poema sou eu-branco
> montado em mim-preto
> a cavalgar pela vida.
>
> (Antônio Jacinto, poeta angolano. In: Manuel Ferreira, org. *No reino de Caliban*. Lisboa: Seara Nova, 1976. p. 136.)

Reunidos os textos de autores brasileiros e africanos, preparem e ensaiem a apresentação deles. No dia da mostra, leiam ou declamem os textos com um fundo musical.

MONTANDO A MOSTRA

No dia combinado com o professor, cada grupo deve estar preparado para a apresentação da pesquisa que realizou. Se a escola dispuser de auditório ou anfiteatro, vejam a possibilidade de fazer a mostra nesse local. Caso contrário, preparem a sala de aula com os recursos necessários para a apresentação — aparelhos de som e de vídeo — e decorem-na com cartazes contendo imagens e textos, a fim de criar uma ambientação agradável. Convidem para o evento colegas de outras classes, professores e funcionários da escola, amigos e familiares.

: *Os despejados* (1934),
de Candido Portinari.

Coleção particular

UNIDADE 11

A SEGUNDA FASE DO MODERNISMO. A POESIA DE 30

Nas décadas de 1930 e 1940, a poesia brasileira vivia um de seus melhores momentos. Tratava-se de um período de maturidade e alargamento das conquistas dos modernistas da primeira geração.

A maturidade advinha do fato de que já não havia necessidade de escandalizar os meios culturais acadêmicos. Sem radicalismos e excessos, os poetas sentiam-se à vontade tanto para criar um poema com versos livres quanto para fazer um soneto, sem que isso significasse voltar ao Parnasianismo.

O alargamento se dava principalmente nos temas. Nas obras de Drummond, Cecília Meireles, Vinícius de Morais, Jorge de Lima, Murilo Mendes, Mário Quintana e Manuel de Barros encontramos o que de melhor a poesia brasileira já produziu em termos de abordagem social, religiosa, filosófica, sensual e histórica.

William Whitehurst/Corbis/Latinstock

··INTERVALO··

Projeto:

Poesia e música

Produção e apresentação de um *show* literomusical inspirado na obra de Carlos Drummond de Andrade, Vinícius de Morais e Cecília Meireles.

Em verdade temos medo.
Nascemos escuro.
As existências são poucas:
Carteiro, ditador, soldado.
Nosso destino, incompleto.

(Carlos Drummond de Andrade)

Fique ligado! Pesquise!

Para você conhecer mais sobre a poesia brasileira da geração de 1930, sugerimos:

- ▶ • *Vinicius de Moraes*, de Miguel Faria Jr.; *Orfeu*, de Cacá Diegues, baseado na peça teatral *Orfeu da Conceição*, de Vinícius de Morais; *Poeta de sete faces* e *O vestido*, de Paulo Thiago; *Drummond, poeta de vasto mundo*, de Maria Maia; *Crônica da cidade amada*, de Carlos Hugo Christensen, que reúne onze pequenas histórias tipicamente cariocas, baseadas em crônicas de Drummond, Paulo Mendes Campos, Fernando Sabino e outros.

- 📖 • *Reunião*, *Corpo*, *De notícias e não notícias faz-se a crônica*, de Carlos Drummond de Andrade (José Olympio); *As melhores poesias de Murilo Mendes*, *As melhores poesias de Cecília Meireles*, *As melhores poesias de Jorge de Lima* (Global); *Romanceiro da Inconfidência*, de Cecília Meireles (Nova Fronteira); *O poeta noturno*, de José Aderaldo Castello (Companhia das Letras); *Vinicius de Moraes – Todas as letras* (Companhia das Letras).

- 🎵 • Ouça os discos *Carlos Drummond de Andrade – Antologia poética* (Philips, 1979), que contém poemas declamados pelo próprio autor; *Amor poesia* (Som Livre), com poemas de Drummond declamados por Scarlet Moon e trilha sonora de Sacha Amback; *História de dois amores* (Projeto Luz da Cidade), com declamação de Odete Lara; *Carlos Drummond de Andrade* (Projeto Luz da Cidade), com poemas declamados por Paulo Autran; e o audiolivro *O Brasil dizendo Drummond* (Projeto Luz da Cidade). Ouça também o disco *O grande circo místico*, de Edu Lobo e Chico Buarque (Som Livre, 1983, e Velas, 1993), inspirado no poema homônimo de Jorge de Lima; CDs de Vinícius de Morais e Toquinho, com músicas de ambos e poemas de Vinícius declamados por ele próprio.

- @ • Sobre Drummond: www.carlosdrummond.com.br
  - Sobre Cecília Meireles: www.revista.agulha.nom.br/ceciliameireles.html
  - Sobre Vinícius de Morais: http://viniciusdemoraes.com.br/
  - Sobre Jorge de Lima: www.revista.agulha.nom.br/jorge.html
  - Sobre Mário Quintana: www.revista.agulha.nom.br/quinta.html
  - Sobre Manoel de Barros: www.poesiaspoemaseversos.com.br/manoel-de-barros-poemas/

: *Segunda classe* (1933), de Tarsila do Amaral, demonstra a inclinação da arte pelos temas sociais na década de 1930.

A poesia de 30. Carlos Drummond de Andrade

A poesia da segunda geração modernista foi, essencialmente, uma poesia de questionamento: da existência humana, do sentimento de "estar-no-mundo", das inquietações social, religiosa, filosófica, amorosa. Carlos Drummond de Andrade é o poeta que melhor representa o espírito dessa geração, e sua produção poética constitui um dos pontos mais altos da nossa literatura.

A poesia e o romance de 30 tomaram rumos diferentes, embora tenham conservado algumas características em comum. Os poetas da década de 1930, interessados fundamentalmente no sentido da existência humana, no confronto do homem com a realidade, enfim, no "estar-no-mundo", seguiram caminhos diferentes. Assim, sem privilegiar o regionalismo, buscaram uma abordagem mais universal, que vai da reflexão filosófico-existencialista ao espiritualismo, da preocupação social e política ao regionalismo, da metalinguagem ao sensualismo.

O poema que segue pertence ao livro *Alguma poesia*, de Carlos Drummond de Andrade, publicado em 1930.

Quadrilha

João amava Teresa que amava Raimundo
que amava Maria que amava Joaquim
           [que amava Lili
que não amava ninguém.
João foi para os Estados Unidos,
       [Teresa para o convento,
Raimundo morreu de desastre,
       [Maria ficou para tia,
Joaquim suicidou-se e Lili casou com
       [J. Pinto Fernandes
que não tinha entrado na história.

(Rio de Janeiro: Record. © Graña Drummond – www.carlosdrummond.com.br.)

A *dança II* (1910), de Henri Matisse.

1. Livres da necessidade de combater o academicismo parnasiano, os poetas da geração de 30 incorporaram em suas produções as conquistas formais por que tinham se empenhado os primeiros modernistas e sentiram-se à vontade para retomar algumas posturas antes rejeitadas.
Dos procedimentos formais da poesia de 22 relacionados a seguir, quais deles também podem ser observados em "Quadrilha"?

   • verso livre
   • falta de pontuação
   • simultaneidade de imagens; *flashes* da realidade; fragmentação
   • ilogismo
   • linguagem simples, coloquial, prosaica
   • humor

2. O poema "Quadrilha" aborda um tema caro à tradição poética: o amor e o relacionamento amoroso. A originalidade do poema está na forma como o tema é tratado.

   a) Com que tipo de visão o poeta aborda esse tema no poema: com uma visão crítica, irônica ou trágica?

   b) Resuma a ideia central do poema: De acordo com o texto, o que é o amor ou o relacionamento amoroso?

Outras quadrilhas

Na canção "Flor da idade", Chico Buarque retoma e recria o poema "Quadrilha", de Drummond. Na canção haveria esperança para o amor entre Carlos e Dora? Veja um trecho da letra:

Carlos amava Dora que amava Lia que amava Léa que amava Paulo / Que amava Juca que amava Dora que amava Carlos que amava Dora / Que amava Rita que amava Dito que amava Rita que amava Dito que amava Rita que amava / Carlos amava Dora que amava Pedro que amava tanto que amava / a filha que amava Carlos que amava Dora que amava toda a quadrilha

c) Essa visão de amor pode ser considerada uma visão moderna? Por quê?

3. O título do poema é "Quadrilha".

   a) Considerando o modo como se dança a quadrilha nas festas juninas, principalmente a disposição e o movimento dos pares, estabeleça relações entre o poema e a quadrilha das festas juninas.

b) Observe os dois enunciados a seguir: o primeiro constituído pelas duas primeiras orações do primeiro período do poema, e o segundo equivalente a uma situação em que existisse correspondência amorosa entre os amantes. Depois compare a função sintática dos termos que compõem os enunciados.

João amava Teresa que (Teresa) amava Raimundo
sujeito   VTD   OD   sujeito   VTD   OD

João amava Teresa que (Teresa) amava João
sujeito   VTD   OD   sujeito   VTD   OD

Troque ideias com os colegas: Por que a observação de quem é sujeito e quem é objeto em "João amava Teresa que amava Raimundo" confirma sua resposta anterior?

4. O poema "Quadrilha" é leve e bem-humorado. Apesar disso, ele é reflexivo? Justifique sua resposta.

5. Com base na leitura do poema, que mudanças você identifica na poesia de 30, em relação à poesia de 22?

A POESIA DE 30

Em 1930, a vitória da primeira geração modernista na luta travada contra a cultura acadêmica já estava consolidada. Muitas de suas propostas, como o verso livre, a afirmação de uma língua brasileira, a priorização da paisagem nacional e a abordagem de temas ligados ao cotidiano, estavam definitivamente consolidadas em nossa literatura.

A segunda geração modernista, livre do compromisso de combater o passado, manteve muitas das conquistas da geração anterior, mas também se sentia inteiramente à vontade para voltar a cultivar certos recursos poéticos que o radicalismo da primeira geração tornara objeto de desprezo, tais como os versos regulares (metrificados), a estrofação criteriosa e as formas fixas, como o soneto, a balada, o rondó, o madrigal.

Não se trata de uma geração antimodernista no interior do próprio Modernismo. Pelo contrário, esses poetas levaram adiante o projeto de liberdade de expressão dos seus antecessores, a ponto até de se permitirem empregar as formas utilizadas pelos clássicos. Por isso não é de causar espanto que grandes autores do verso livre desse período, como Manuel Bandeira (da primeira geração), Murilo Mendes, Jorge de Lima, Carlos Drummond de Andrade, Vinícius de Morais e Mário Quintana, tenham sido também excelentes sonetistas.

CARLOS DRUMMOND DE ANDRADE: UM BRUXO COM AMOR

Carlos Drummond de Andrade (1902-1987) é considerado por alguns críticos o principal poeta brasileiro do século XX, um desses escritores que aparecem de tempos em tempos e conseguem apreender e refletir poeticamente as inquietudes de uma época, tal qual um Camões ou um Fernando Pessoa.

Mineiro de Itabira, Drummond proveio de família ligada às tradições da região, ou seja, de fazendeiros e mineradores. Formou-se em Farmácia, mas nunca exerceu a profissão. Dedicou-se ao jornalismo e ingressou no funcionalismo público, que lhe garantiu a sobrevivência. Em 1925, foi um dos fundadores de *A Revista*, publicação modernista de Belo Horizonte. Em 1928, em perfeita sintonia com a irreverência do grupo modernista de São Paulo, Drummond publicou na *Revista de Antropofagia*, provocando escândalo, este conhecido poema:

Retrato de Carlos Drummond de Andrade (1936), de Candido Portinari.

No meio do caminho

No meio do caminho tinha uma pedra
tinha uma pedra no meio do caminho
tinha uma pedra
no meio do caminho tinha uma pedra.

Nunca me esquecerei desse
                [acontecimento
na vida de minhas retinas tão fatigadas.
Nunca me esquecerei que no meio do
                [caminho
tinha uma pedra
tinha uma pedra no meio do caminho
no meio do caminho tinha uma pedra.

(*Reunião*. 10. ed. Rio de Janeiro: J. Olympio, 1980. p. 12.)

A pedra de Drummond e a literatura africana

Observe o diálogo que o poeta angolano José Luís Mendonça estabelece com o poema de Drummond:

Poesia verde

para Carlos Drummond de Andrade

No meio do caminho nunca houve uma só pedra
As pedras nascem na boca e a boca é o seu caminho
Das pedras que comemos as cidades ainda falam
pelos cotovelos da noite Não eram pedras eram
                [pedras
com cabeça tronco e sexo Pariram fábricas
de pedras montadas sobre a língua E as pedras
                [comeram
a pedra que restou no meio do caminho

(*Respirar as mãos na pedra*. Luanda: União dos Escritores Angolanos, 1989.)

Na década de 1940, Drummond foi simpatizante da causa socialista e chegou a participar de um dos números de um jornal comunista. Logo depois, porém, rompeu definitivamente com o jornal e com o Partido Comunista. Da década de 1950 em diante, o ceticismo político passou a marcar sua vida.

A obra

Drummond foi poeta e prosador (cronista) admirável. A dimensão e a riqueza de seus escritos produzidos de 1930 a 1986 ainda requerem investigação mais profunda e abrangente.

Como contista e cronista, escreveu, entre outras obras, *Fala, amendoeira*, *A bolsa e a vida*, *Quadrante 1 e 2*, *Cadeira de balanço*. Apesar da qualidade desse material, daremos ênfase ao estudo de sua poesia, gênero em que o escritor mais se destacou.

Dada a farta produção poética de Drummond, a organização de suas obras em partes ou em fases permite acompanhar com maior clareza a evolução de seus temas, de sua visão de mundo e de seus traços estilísticos.

Se considerarmos os 56 anos de carreira poética do autor, pelo menos quatro fases podem ser identificadas em sua produção: a fase *gauche* (década de 1930); a fase social (1940-1945); a fase do "não" (décadas de 1950 e 1960); a fase da memória (décadas de 1970 e 1980).

Drummond e Machado

A expressão "um bruxo com amor" foi tomada de empréstimo de um poema de Drummond assim intitulado e dedicado a Machado de Assis, um dos autores favoritos do poeta. Por várias vezes Drummond foi comparado a Machado, por causa da ironia que marca a obra de ambos. Drummond, tal qual seu mestre, não deixa de ser igualmente um bruxo, um bruxo das palavras e das ideias. E também cheio de amor, embora esse sentimento seja às vezes abafado por seu racionalismo e por sua consciência sempre vigilante.

A fase *gauche*: consciência e isolamento

As obras que representam essa fase são *Alguma poesia* (1930), a primeira publicação do poeta, e *Brejo das almas* (1934). Nelas ainda podem ser encontrados certos recursos que se associam à primeira geração modernista, tais como a ironia, o humor, o poema-piada, a síntese, a linguagem coloquial. Veja este poema-pílula, que lembra os de Oswald de Andrade:

Cota zero

Stop.
A vida parou
ou foi o automóvel?

(*Alguma poesia*. Rio de Janeiro: Record. © Graña Drummond – www.carlosdrummond.com.br.)

Mas o que essencialmente caracteriza essa fase é o *gauchismo* presente na maioria dos poemas. A palavra *gauche*, do francês, significa "lado esquerdo". Aplicada ao ser humano, significa aquele que se sente às avessas, torto, que não consegue estabelecer uma comunicação com a realidade. São comuns a essa fase da poesia drummondiana traços como o *pessimismo*, o *individualismo*, o *isolamento*, a *reflexão existencial*, além de certas atitudes permanentes, que se estendem por toda a obra, como a ironia e o uso da *metalinguagem*.

Para o *gauche* não há saídas: nem o amor, nem a morte, nem mesmo o isolamento. Desesperado, ele busca comunicar-se com o mundo por meio do canto, mesmo que seja um canto torto e *gauche*:

A poesia é incomunicável.
Fique torto no seu canto.
Não ame.

(Idem.)

Carlos & Mário: amigos

Drummond e Mário de Andrade cultivaram uma sólida amizade, que se traduziu em centenas de cartas trocadas entre 1922 e 1945, ano da morte de Mário. Boa parte desse material veio a público com a publicação da coletânea *Carlos & Mário* (editora Bem-Te-Vi).

Nessas cartas, os poetas discutem questões existenciais e estéticas e até problemas materiais e familiares. São perfeitas para quem gosta de conhecer o homem que está por trás das obras.

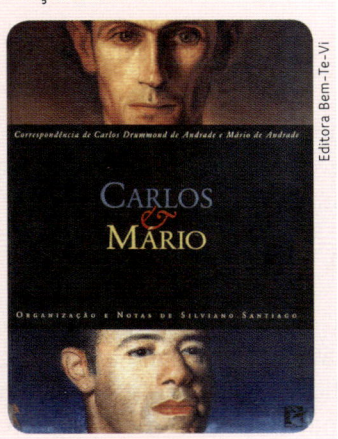

Editora Bem-Te-Vi

Embora o *gauche* afirme que a "poesia é incomunicável", é ela que estabelece a mediação entre o eu e o mundo, e talvez a saída, a única esperança, para ele, seja cantar o próprio canto ou cantar o silêncio, isto é, cantar o canto que não existe:

Poesia

Gastei uma hora pensando um verso
que a pena não quer escrever.
No entanto ele está cá dentro
inquieto, vivo.

Ele está cá dentro
e não quer sair.
Mas a poesia deste momento
inunda minha vida inteira.

(*Alguma poesia*. Rio de Janeiro: Record. © Graña Drummond – www.carlosdrummond.com.br.)

Kacio Pacheco/CB/D.A Press.

O texto que segue é o poema de abertura de *Alguma poesia*, a primeira obra publicada por Drummond. Sua importância reside no fato de apresentar pela primeira vez o tema do *gauchismo* e por conter uma síntese de vários aspectos que caracterizariam a obra do autor no futuro.

Poema de sete faces

Quando nasci, um anjo torto
desses que vivem na sombra
disse: Vai, Carlos! Ser *gauche* na vida.

As casas espiam os homens
que correm atrás de mulheres.
A tarde talvez fosse azul,
não houvesse tantos desejos.

O bonde passa cheio de pernas:
pernas brancas pretas amarelas.
Para que tanta perna, meu Deus,
    [pergunta meu coração.
Porém meus olhos
não perguntam nada.

O homem atrás do bigode
é sério, simples e forte.
Quase não conversa.
Tem poucos, raros amigos
o homem atrás dos óculos e do bigode.

Meu Deus, por que me abandonaste
se sabias que eu não era Deus
se sabias que eu era fraco.

Mundo mundo vasto mundo,
se eu me chamasse Raimundo
seria uma rima, não seria uma solução.
Mundo mundo vasto mundo
mais vasto é meu coração.

Eu não devia te dizer
mas essa lua
mas esse conhaque
botam a gente comovido como o diabo.

(Idem.)

1. Apesar de publicado em 1930, o poema apresenta certas características que o associam à produção dos primeiros modernistas, como a construção fragmentada, os *flashes* e a falta de pontuação no 2º verso da 3ª estrofe. Que correntes de vanguarda se associam a essas características?

2. O *gauchismo* do eu lírico é anunciado por um "anjo torto". Os anjos são comuns nas histórias religiosas, como na do anjo Gabriel, que aparece a José e ordena a ele que fuja de Jerusalém com o menino Jesus. O que diferencia os anjos das histórias religiosas e o anjo do poema?

3. Releia a 2ª estrofe. Nela o mundo exterior é descrito pela ótica do eu lírico.
  a) O eu lírico participa diretamente do mundo que descreve?

b) O que parece interessar mais às pessoas que fazem parte do mundo exterior?

Anjo torto e o interdiscurso

O "Poema de sete faces" motivou a criação de vários outros textos, que com ele mantêm uma relação interdiscursiva. Veja, como exemplo, um trecho do poema "Com licença poética", de Adélia Prado:

Quando nasci um anjo esbelto
desses que tocam trombeta, anunciou:
vai carregar bandeira.
Cargo muito pesado para mulher,
esta espécie ainda envergonhada.

(*Bagagem*. 24. ed. Rio de Janeiro/São Paulo: Record, 2007. p. 9.)

4. A 3ª estrofe surpreende com uma imagem insólita – "O bonde passa cheio de pernas" – e estabelece, ainda, uma oposição de ideias quanto à forma como o eu lírico vê as pernas. Levando em conta que coração se relaciona com emoção e olhos com razão, dê uma interpretação coerente a essa contradição vivida pelo eu lírico.

Reprodução

: Foto enviada a Mário de Andrade pelo próprio Drummond.

5. Na 4ª estrofe, é descrito o "homem atrás dos óculos e do bigode".

a) É possível afirmar que ele é *gauche*? Por quê?

b) Que diferença há em dizer que o homem "usa óculos e bigode" e dizer que está "*atrás dos óculos e do bigode*"?

6. A 5ª estrofe lembra uma passagem bíblica: quando Cristo, em um momento de fraqueza, dirige-se ao Pai e se queixa do seu abandono e desamparo. Compare as duas situações, em que Cristo e o *gauche* se dirigem a Deus.

a) Que semelhança há, nessas situações, entre Cristo e o *gauche* quanto ao seu relacionamento com o mundo?

b) Considerando-se o verso "se sabias que eu não era Deus", por que se pode afirmar que a queixa do *gauche* é ainda mais dramática que a do próprio Cristo?

7. A 6ª estrofe apresenta um jogo de palavras. O *gauche* supõe a possibilidade de chamar-se Raimundo (um nome que contém a palavra *mundo*); no entanto, afirma que tal fato levaria apenas a uma rima, não a uma solução.

a) O fato de *mundo* estar contido no nome *Raimundo* permitiria que o eu lírico estivesse devidamente enquadrado no mundo exterior? Que verso justifica sua resposta?

b) Nos versos "Mundo mundo vasto mundo / mais vasto é meu coração", pode-se supor um sentimento de superioridade por parte do eu lírico? Justifique.

O homem atrás do bigode

A quarta estrofe se singulariza bastante entre as sete: talvez seja a "face" mais intrigante. Isto virá do uso exclusivo da terceira pessoa gramatical, por meio da qual se retrata "o homem". O desnorteio está em que se abandonou, aparentemente, a instância lírica, consumando-se o passo na descrição objetiva de um rosto e de uma personalidade. O único elemento perturbador dessa ordem é o termo "atrás", que pode remeter à ideia de máscara e de encobrimento.

(Alcides Villaça. In: *Teresa – Revista de literatura brasileira*, USP, Editora 34, nº 3, 2002. p. 29.)

8. Na última estrofe, é introduzido um interlocutor, até então ausente, identificado pelo pronome *te*.

a) Levante hipóteses: Quem poderia ser esse interlocutor?

b) De acordo com essa estrofe, o conhaque e a atmosfera noturna deixaram o eu lírico comovido. É como se todo o poema fosse fruto de bebedeira, não fosse coisa séria. Na sua opinião, o eu lírico estaria falando a sério ou blefando? Por quê?

9. O poema está organizado em sete estrofes. Observe a relação existente entre elas.

a) Por que o poema se intitula "Poema de sete faces"?

b) Apesar de não explícito, existe um fio condutor que liga, no plano do conteúdo, todas as estrofes do poema. Qual é esse fio?

c) Alguns críticos defendem o ponto de vista de que as estrofes do poema ilustram as fases da vida do eu lírico. Aceita essa hipótese, responda: Que estrofe corresponde à infância? Quais correspondem à adolescência? Quais correspondem à fase da maturidade e da reflexão sobre o "estar-no-mundo"?

10. Na 1ª estrofe, a introdução do nome *Carlos* parece situar o poema e o *gauchismo* no plano autobiográfico. Contudo, os temas abordados – o "estar-no-mundo", o eu perante os valores sociais, a comunicação com o outro, etc. – são universais, e não particulares. Por que tais temas são universais?

A fase social: todo o sentimento do mundo

Sentimento do mundo (1940), o terceiro livro de Drummond, marca uma sensível mudança na orientação da poesia do autor, comentada por ele próprio:

> Meu primeiro livro, *Alguma poesia* (1930), traduz uma grande inexperiência do sofrimento e uma deleitação ingênua com o próprio indivíduo. Já em *Brejo das almas* (1934), alguma coisa se compôs, se organizou; o individualismo será mais exacerbado, mas há também uma consciência crescente de sua precariedade e uma desaprovação tácita da conduta (ou falta de conduta) espiritual do autor. Penso ter resolvido as contradições elementares de minha poesia num terceiro volume, *Sentimento do mundo* (1940).

Livro de Drummond inédito

A primeira publicação de Drummond é de 1930. Contudo, na década de 1920 ele escreveu seu primeiro livro, *25 poemas da triste alegria*, nunca publicado, do qual deu um exemplar datilografado a um amigo. Quase um século depois, esse exemplar chegou às mãos de Antônio Carlos Secchin, membro da Academia Brasileira de Letras.

Segundo Secchin, que, com autorização da família, planeja publicar a obra, os poemas dessa fase identificam-se mais com a poesia do final do século XIX do que com a do Modernismo, da qual "No meio do caminho" é um exemplo.

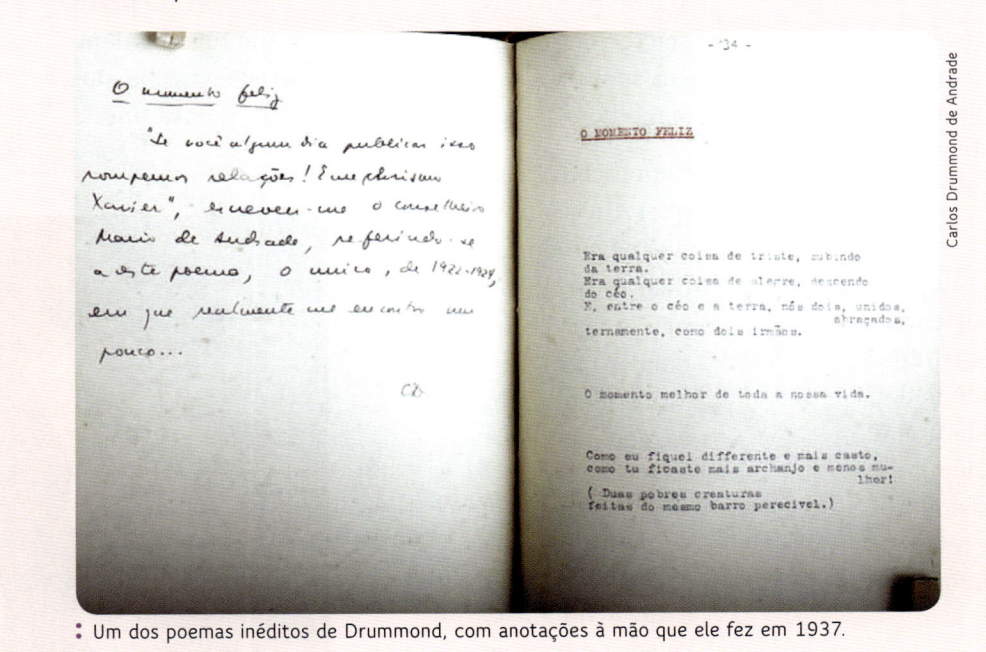

Carlos Drummond de Andrade

: Um dos poemas inéditos de Drummond, com anotações à mão que ele fez em 1937.

Quando Drummond afirma em *Sentimento do mundo* que pensa ter resolvido as contradições elementares de sua poesia, refere-se às contradições entre o eu e o mundo – o veio principal da sua obra poética.

Nessa fase, o eu lírico dos poemas manifesta interesse pelos problemas da vida social, da qual estivera isolado até então. De certa forma, o *gauchismo* da primeira fase é deixado de lado.

Essa mudança de postura diante da realidade observada nos poemas drummondianos relaciona-se, sem dúvida, ao contexto histórico. No período de gestação das três obras que compõem a segunda fase (1935 a 1945) do autor – além de *Sentimento do mundo*, também *José* (1942) e *Rosa do povo* (1945) –, o mundo presenciou a ascensão do nazifascismo, a guerra na Espanha e a Segunda Guerra Mundial; no Brasil, tiveram lugar ainda a Intentona Comunista (1935) e a ditadura de Vargas (1937-1945). Em todo o mundo se verificava o crescimento de uma literatura social, engajada numa causa política.

Além disso, pode-se supor que o *gauche* da primeira fase percebe que seu *gauchismo* não lhe é exclusivo – é universal. Todos os homens são *gauches*, pois essa é a consequência de se estar num mundo problemático. Portanto, em vez de o eu se excluir do mundo, tenta transformá-lo e garantir nele o seu espaço.

Essa consciência da debilidade do mundo e da necessidade de transformá-lo levou o poeta a simpatizar com o Partido Comunista e com a causa socialista. A adesão do poeta aos problemas do seu tempo e o sentimento de solidariedade diante das frustrações e das esperanças humanas resultaram na criação da melhor poesia social brasileira de nosso século, da qual é exemplo o poema "José", escrito durante a Segunda Guerra Mundial.

José

E agora, José?
A festa acabou,
a luz apagou,
o povo sumiu,
a noite esfriou,
e agora, José?
e agora, você?
você que é sem nome,
que zomba dos outros,
você que faz versos,
que ama, protesta?
e agora, José?

Está sem mulher,
está sem discurso,
está sem carinho,
já não pode beber,
já não pode fumar,
cuspir já não pode,
a noite esfriou,
o dia não veio,
o bonde não veio,
o riso não veio,
não veio a utopia
e tudo acabou
e tudo fugiu
e tudo mofou,
e agora, José?

E agora, José?
sua doce palavra,
seu instante de febre,
sua gula e jejum,
sua biblioteca,
sua lavra de ouro,
seu terno de vidro,
sua incoerência,
seu ódio — e agora?

Com a chave na mão
quer abrir a porta,
não existe porta;
quer morrer no mar,
mas o mar secou;
quer ir para Minas,
Minas não há mais.
José, e agora?

Se você gritasse,
se você gemesse,
se você tocasse
a valsa vienense,
se você dormisse,
se você cansasse,
se você morresse...

Mas você não morre,
você é duro, José!

Sozinho no escuro
qual bicho do mato,
sem teogonia,
sem parede nua
para se encostar,
sem cavalo preto
que fuja a galope,
você marcha, José!
José, para onde?

(*Reunião*, cit., p. 70.)

Thin man in a Derby (séc. XX), de John Armstrong.

A terceira fase: o signo do não*

Na década de 1950, a poesia de Drummond tomou novos rumos. O período crítico de guerras, ditaduras e medo tinha passado. O mundo vivia então a Guerra Fria e o poeta acumulava o desencanto de sua aventura política pela poesia.

A partir de *Claro enigma* (1951), a criação poética de Drummond começou a seguir duas orientações: de um lado, a poesia reflexiva, filosófica e metafísica, em que, com frequência, aparecem os temas da morte e do tempo; de outro, a poesia nominal, com tendências ao Concretismo, em que se destaca a preocupação com recursos fônicos, visuais e gráficos do texto.

A metafísica do vazio

A década de 1950 encontrará um Drummond esvaziado da utopia. A "nova ordem" do mundo de pós-guerra é a ordem da guerra fria, em que novas tragédias parecem hibernar. [...] Acompanhar seus poemas é agora entrar no labirinto de um discurso paradoxalmente tortuoso e lúcido: a complexidade do pensamento negativo se dá na associação de imagens límpidas e rigorosas; em contínuo aprofundamento, elas fazem ver a metafísica de um vazio que toma conta da alma.

(Alcides Villaça. *Folha de S. Paulo*, 21/8/1987. Folhetim.)

A poesia filosófica

Os poemas de reflexão filosófica mostram ter sido concebidos sob o signo do *não*, tal é o pessimismo que expressam. Além de *Claro enigma*, também fazem parte dessa orientação os livros *Fazendeiro do ar* (1955) e *Vida passada a limpo* (1959). Do ponto de vista formal, esses poemas revelam preocupação com a construção e influência de modelos clássicos, tais como o verso regular, o soneto, a seleção vocabular e certo tom classicizante que aproxima o autor de Camões.

Quanto às ideias, esses textos refletem sobre temas universais de caráter existencial, como vida, morte, tempo, velhice, amor, além dos temas habituais em Drummond: a família, a infância e a própria poesia. O pessimismo com que esses temas são abordados chega a ser ainda maior que o da fase *gauche*. Trata-se de um pessimismo corrosivo, ácido, uma vez que a esperança de solução no plano social já se frustrou. A saída é cantar o próprio impasse da poesia contemporânea: uma poesia sem leitores ou de leitores desinteressados.

A poesia nominal

A outra orientação tomada pela poesia drummondiana nesse momento, o da poesia nominal, evidencia-se em *Lição de coisas* (1962), em cuja linguagem o verso e a palavra são violentados, desintegrados, com o emprego constante de neologismos, aliterações, sugestões visuais e rupturas sintáticas.

Sem que o poeta tenha admitido, essas experiências formalistas aproximam-se das técnicas e das propostas do Concretismo, movimento poético paulista das décadas de 1950 e 1960, mas com uma diferença: enquanto para os concretistas o formalismo era visto de modo positivo, como afirmação, para Drummond o formalismo apenas acentuava a incomunicabilidade da poesia contemporânea. Nesse sentido, a poesia nominal se aproxima da poesia filosófica, já que em ambas predominam o pessimismo e o impasse da comunicação poética.

Os versos que seguem, do poema "Isso é aquilo", demonstram a condição quase suicida dessa aventura formal:

> O árvore a mar   a pátria a saciedade
> o doce de pássaro   o cudelume Ulalume
> a passa de pêsame   o zumzum de Zeus
> o cio da poesia   o bômbix
> a força do destino   o ptyx

---

* O título e algumas informações apresentadas nesta parte do capítulo foram extraídos da *História concisa da literatura brasileira*, de Alfredo Bosi.

A última fase: tempo de memória

A produção poética de Drummond das décadas de 1970 e 1980 dá amplo destaque ao universo da memória. Nela, ao lado de temas universais, são retomados e aprofundados alguns dos temas que nortearam toda a obra do escritor, como a infância, Itabira, o pai, a família, a piada, o humor cotidiano, a autoironia.

É o que se verifica, por exemplo, na série *Boitempo* – constituída pelas obras *Boitempo & A falta que ama*, *Menino antigo* (*Boitempo II* e *Esquecer para lembrar*) e *Boitempo III* –, em que é retomado o universo da infância e de Itabira, e numa série de outras obras, como *As impurezas do branco*, *Amor amores*, *Discurso de primavera*, *A paixão medida*, *Corpo e Amor, sinal estranho*.

No último livro do poeta, *Farewell* (1996), publicado depois de sua morte, estão presentes vários dos elementos que marcaram toda a sua carreira: a reflexão filosófica, o humor e o erotismo contidos, a ironia, o ceticismo. Veja, por exemplo, como os seguintes versos de "Unidade", o primeiro poema do livro, são coerentes com o "Poema de sete faces", publicado 56 anos antes:

Unidade

As plantas sofrem como nós sofremos.
Por que não sofreriam
se esta é a chave da unidade do mundo?

A flor sofre, tocada
por mão inconsciente.
Há uma queixa abafada
em sua docilidade.

A pedra é sofrimento
paralítico, eterno.

Não temos nós, animais,
sequer o privilégio de sofrer.

(Carlos Drummond de Andrade. *Farewell*. 6. ed.
Rio de Janeiro/São Paulo: Record, 1998. p. 13.)

Drummond multimídia

A obra de Drummond tem suscitado cada vez mais interesse por parte de artistas e do público. Sua obra tem sido adaptada ou recriada em diferentes suportes e linguagens. Em 1979, por exemplo, o poeta já tinha gravado em disco a *Antologia poética*, na qual ele próprio declama seus poemas. Depois de sua morte, houve muitas gravações em CD em que vários artistas declamam os poemas do poeta mineiro: Paulo Autran, Scarlet Moon, Lauro Moreira, Camila Pitanga e Odete Lara. Também foi produzido o audiolivro *O Brasil lendo Drummond* (Luz da Cidade).

Para o cinema, o cineasta Paulo Thiago criou dois filmes: *Poeta de sete faces* e *O vestido*, este baseado no poema "O caso do vestido". Maria Maia produziu dois documentários: *Drummond, poeta do vasto mundo* (2000) e *Capanema: um modernista no ministério* (2000); Em 2010, Luís Duarte dirigiu o curta *O menino e o poeta*.

A família do poeta mantém um *site* (www.carlosdrummond.com.br), com o mais completo banco de dados sobre a vida e a obra do escritor, que inclui textos, fotos e voz de Drummond.

DIÁLOGO ENTRE A POESIA DE DRUMMOND E A POESIA DE PABLO NERUDA

A seguir, você vai ler e confrontar o modo como dois grandes poetas do século XX – o brasileiro Carlos Drummond de Andrade e o chileno Pablo Neruda – abordam o tema amoroso.

TEXTO I

As sem-razões do amor

Eu te amo porque te amo.
Não precisas ser amante,
e nem sempre sabes sê-lo.
Eu te amo porque te amo.
Amor é estado de graça
e com amor não se paga.

Amor é dado de graça,
é semeado no vento,
na cachoeira, no eclipse.
Amor foge a dicionários
e a regulamentos vários.

Eu te amo porque não amo
bastante ou demais a mim.
Porque amor não se troca,
não se conjuga nem se ama.
Porque amor é amor a nada,
feliz e forte em si mesmo.

Amor é primo da morte,
e da morte vencedor,
por mais que o matem (e matam)
a cada instante de amor.

(Carlos Drummond de Andrade. *Corpo.*
Rio de Janeiro: Record, 1984. p. 35-6.)

TEXTO II

Saberás que não te amo e que te amo.
Porquanto de dois modos é a vida,
a palavra é uma asa do silêncio,
o fogo tem sua metade fria.

Eu te amo para começar a te amar,
para recomeçar o infinito
e para não deixar de te amar nunca:
por isso mesmo é que ainda não te amo.

Te amo e não te amo como se tivesse
em minhas mãos as chaves da ventura
e um incerto destino desditado.

Meu amor tem duas vidas para amar-te.
Por isso te amo quando não te amo
e por isso te amo quando te amo.

(Pablo Neruda. *Presente de um poeta.* 3. ed. Tradução
de Thiago de Mello. São Paulo: Ver, 2003. p. 26-7.)

desditado: infeliz, desafortunado, desditoso.
porquanto: porque, visto que, uma vez que.
ventura: sorte, felicidade, fortuna.

O canto latino de Pablo Neruda

O poeta Pablo Neruda (1904-1973) nasceu no Chile e chegou a ser conhecido internacionalmente depois de vencer o Prêmio Nobel de Literatura, em 1971. Sua obra é rica e variada e encontra forte expressão na poesia social. O filme *O carteiro e o poeta*, de Michael Radford, retrata o período em que o poeta esteve exilado na Itália, na década de 1950. Entre outras obras, escreveu *Canto geral* e *Memórias* (*Confesso que vivi*).

Cena de *O carteiro e o poeta*.

Buena Vista/Album/LatinStock

1. Observe estes versos do poema de Carlos Drummond de Andrade:

> "Amor é estado de graça
> e com amor não se paga."
>
> "Porque amor é amor a nada,
> feliz e forte em si mesmo."

a) Em que esses fragmentos se assemelham, considerando-se a concepção de amor que expressam?

b) Em que consiste a originalidade do enfoque dado por Drummond no tratamento do tema?

2. Em relação à última estrofe do texto I, interprete: Por que, para o eu lírico:

a) o amor é morto a cada instante de amor?

b) o amor é "da morte vencedor"?

3. Pablo Neruda constrói seu poema a partir de um jogo de oposições, com ideias que se repelem e se atraem, complementando-se.

a) Destaque um verso da 1ª estrofe e outro da 4ª estrofe nos quais é feita uma síntese desse jogo de oposições.

b) Dê uma interpretação aos versos "a palavra é uma asa do silêncio, / o fogo tem sua metade fria".

4. Releia a 2ª estrofe do poema de Pablo Neruda. Considerando os três versos iniciais dessa estrofe, dê uma interpretação ao verso: "por isso mesmo é que ainda não te amo".

5. O poema de Pablo Neruda, em quase todos os versos, aproxima realidades opostas, como amar/não amar, palavra/silêncio, fogo/frio.

a) O que essas oposições revelam em relação aos sentimentos do eu lírico?

b) O último verso, entretanto, em vez de apresentar dois elementos em oposição, apresenta dois elementos de valor equivalente: "e por isso te amo quando te amo". Troque ideias com os colegas: Como você interpreta esse verso?

6. Compare o poema de Carlos Drummond de Andrade ao de Pablo Neruda. Embora apresentem diferenças entre si, as concepções de amor expressas nos dois poemas também guardam semelhanças.

a) O eu lírico do poema de Pablo Neruda tem uma visão semelhante ou diferente da do eu lírico do poema de Drummond quanto à correspondência amorosa?

b) Nos dois poemas, o amor é algo que se possa controlar, regular ou explicar com lógica e coerência? Por quê?

c) O título do poema de Carlos Drummond de Andrade é coerente com sua resposta à pergunta do item anterior? Por quê?

Para quem quer mais

Se você quer aprofundar seu conhecimento sobre a poesia de Carlos Drummond de Andrade, leia os poemas a seguir e, depois, sozinho, em dupla ou em grupo, tente resolver as questões propostas no **Roteiro de estudo**.

A ilusão do migrante

Quando vim da minha terra,
se é que vim da minha terra
(não estou morto por lá?),
a correnteza do rio
me sussurrou vagamente
que eu havia de quedar
lá donde me despedia.

Os morros empalidecidos
no entrecerrar-se da tarde,
pareciam me dizer

que não se pode voltar,
porque tudo é consequência
de um certo nascer ali.

Quando vim, se é que vim
de algum para outro lugar,
o mundo girava, alheio
à minha baça pessoa,
e no seu giro entrevi
que não se vai nem se volta
de sítio algum a nenhum.

: *Os retirantes* (1982), de Gotran Guanaes Netto.

Que carregamos as coisas,
moldura da nossa vida,
rígida cerca de arame,
na mais anônima célula,
e um chão, um riso, uma voz
ressoam incessantemente
em nossas fundas paredes.

Novas coisas, sucedendo-se,
iludem a nossa fome
de primitivo alimento.
As descobertas são máscaras
do mais obscuro real,
essa ferida alastrada
na pele de nossas almas.

Mãos dadas

Não serei o poeta de um mundo caduco.
Também não cantarei o mundo futuro.
Estou preso à vida e olho meus companheiros.
Estão taciturnos mas nutrem grandes esperanças.
Entre eles, considero a enorme realidade.
O presente é tão grande, não nos afastemos.
Não nos afastemos muito, vamos de mãos dadas.
Não serei o cantor de uma mulher, de uma história.
Não direi os suspiros ao anoitecer, a paisagem vista da janela,
Não distribuirei entorpecentes ou cartas de suicida,
Não fugirei para as ilhas nem serei raptado por serafins.
O tempo é a minha matéria, o tempo presente, os homens presentes,
a vida presente.

(*Reunião*, cit., p. 55.)

Quando vim da minha terra,
não vim, perdi-me no espaço,
na ilusão de ter saído.
Ai de mim, nunca saí.
Lá estou eu, enterrado
por baixo de falas mansas,
por baixo de negras sombras,
por baixo de lavras de ouro,
por baixo de gerações
por baixo, eu sei, de mim mesmo,
este vivente enganado, enganoso.

(*Farewell*, cit., p. 20-1.)

Ilustração de Milton Dacosta para uma das obras de Drummond.

• Roteiro de estudo •

Ao final do estudo, você deverá ser capaz de:

- Justificar o título do poema "A ilusão do migrante".
- Discutir até que ponto o poema "A ilusão do migrante" é social ou filosófico-existencial.
- Interpretar o sentido da expressão "Mãos dadas" no contexto do poema e situar o poema na trajetória poética de Drummond.
- Explicar a oposição entre não distribuir "entorpecentes ou cartas de suicida" e cantar "o tempo presente".

Para quem quer mais na Internet

Se você deseja conhecer um pouco mais da obra de Drummond, sugerimos acessar os *sites*:
www.carlosdrummond.com.br
www.algumapoesia.com.br/drummond.htm
www.vidaslusofonas.pt/carlos_drummond_andrade.htm

Murilo Mendes e Jorge de Lima: a poesia em pânico

Se a poesia da década de 1930 buscou caminhos que essencialmente refletissem a condição do homem em seu "estar-no-mundo", sem dúvida essa trajetória encontrou na poesia de Murilo Mendes, bem como na de seu amigo Jorge de Lima, uma de suas saídas naturais: a poesia metafísica e religiosa.

Na década de 1930, no Rio de Janeiro, formou-se um grupo de artistas e intelectuais católicos de grande expressão. Participavam dele os críticos literários de renome Jackson de Figueiredo e Tristão de Ataíde, os poetas Murilo Mendes e Jorge de Lima, o pintor e poeta carismático Ismael Nery. Vinícius de Morais e Cecília Meireles, embora não fizessem parte desse grupo, acabaram sendo envolvidos pelo espiritualismo que ele difundia.

Influenciados pelas ideias do filósofo católico Jacques Maritain e por toda uma série de escritores católicos europeus, o grupo carioca defendia uma renovação do catolicismo e a criação de uma arte cristã combativa.

Naquele momento de crise econômica, de aparecimento do nazifascismo e de expansão do comunismo, os católicos julgavam que o cristianismo era a única ideologia capaz de trazer a justiça, a igualdade social e a paz entre os homens. Mas defendiam um cristianismo mais politizado e envolvido com os problemas mundanos.

Dos integrantes desse grupo católico, interessam à literatura Murilo Mendes e Jorge de Lima, dois dos principais representantes da poesia religiosa cultivada pelos integrantes da segunda geração do Modernismo brasileiro. Amigos, com uma ideologia e uma trajetória literária muito parecidas, desenvolveram uma obra poética com vários pontos em comum. Chegaram até mesmo a fazer juntos experiências com fotomontagens.

Poetas de experiência variada, cultivaram a poesia metafísico-religiosa, a poesia social e a poesia de influência surrealista. Alguns aspectos, no entanto, os distanciam e merecem tratamento específico.

MURILO MENDES: O FRANCO-ATIRADOR DA POESIA

Murilo Mendes (1901-1975) nasceu em Juiz de Fora, Minas Gerais, onde fez os estudos secundários. Foi bancário, inspetor de ensino e funcionário da Justiça, antes de se mudar para a Europa, em 1953. Ali trabalhou como professor de literatura brasileira, lecionando em vários países — Bélgica, Holanda, Itália, Espanha e Portugal —, nos quais conheceu artistas de quase todo o mundo.

Visto no Brasil como escritor difícil, Murilo Mendes tem sido esquecido ao longo dos anos. Mais do que difícil, porém, sua poesia é surpreendente. O estranhamento que ela provoca deve-se à linguagem fragmentada, às imagens insólitas, à visão messiânica do mundo e à simbologia própria que apresenta.

Partindo de uma concepção de que o mundo é o próprio caos, a poesia de Murilo Mendes busca o tempo todo destruir para reconstruir, subverter a ordem das coisas instituídas para reorganizá-las de acordo com leis próprias.

Considerado por alguns como o principal representante da poesia surrealista no Brasil, Murilo Mendes é autor de uma obra que está longe de poder receber uma classificação taxativa. Ela é o resultado das múltiplas experiências pelas quais o autor passou: o cristianismo, o surrealismo, a poesia social, o neobarroquismo e o experimentalismo linguístico.

: *Retrato de Murilo Mendes* (1931), de Alberto da Veiga Guignard.

Sobre a tentativa de conciliar realidades díspares, o próprio autor comenta: "um grande artista deve conciliar os opostos", que são "grandes temas centrais da arte e da vida humana: a ideia da transgressão da ordem — a saudade do paraíso perdido — e a volta à unidade"*.

A obra

Murilo Mendes lançou-se na literatura como autor modernista, publicando algumas de suas produções nas revistas paulistas da década de 1920. Sua obra de estreia, *Poemas*, veio a público somente em 1930 e nela já se notavam alguns dos traços que iriam marcar sua poesia futura: a dilaceração do eu em conflito, a presença constante de metáforas e símbolos, a inclinação para o surrealismo e os contrastes entre abstrato e concreto, lucidez e delírio, realidade e mito.

No início da década de 1930, suas experiências foram múltiplas: tomou contato com o marxismo, de que resultou a obra *Bumba-meu poeta* (escrita em 1930 e publicada em 1959), que demonstra solidariedade para com a classe operária. Em 1932, publicou *História do Brasil*, uma obra de fundo nacionalista, que retrata nossa história sob um ponto de vista ufanista-irônico. Depois dessa obra, foi a vez de *Visionário*, em que se observam muitas sugestões surrealistas, em meio a uma acentuada atmosfera onírica.

---

* Apud Laís C. de Araújo. *Murilo Mendes*. 7. ed. Petrópolis: Vozes, 1972.

Em 1935, tendo se convertido ao catolicismo, escreveu em parceria com Jorge de Lima a obra *Tempo e eternidade*. Sem romper com nenhuma das posições tomadas anteriormente, Murilo concilia a poesia religiosa com as contradições do eu, com a preocupação social e com o sobrenatural surrealista. Cria, assim, um conceito particular de religiosidade, unido à arte e a um senso prático da vida – erotismo, democracia e socialismo. Em sua concepção religiosa, elementos contrastantes, tais como finito e infinito, visível e invisível, matéria e espírito, não se excluem. Para ele, essas polaridades confundem-se no Corpo Místico, em Deus, e apenas passam por uma experiência terrestre. Veja, como exemplo, o poema a seguir.

Filiação

Eu sou da raça do Eterno.
Fui criado no princípio
E desdobrado
em muitas gerações
Através do espaço
e do tempo.
Sinto-me acima das bandeiras,

Tropeçando em cabeças
de chefes.
Caminho no mar,
na terra e no ar.
Eu sou da raça
Do Eterno,
Do amor que unirá

todos os homens:
Vinde a mim,
órfãos da poesia,
Choremos sobre
o mundo mutilado.

(*O Estado de S. Paulo*, 17/12/2000.)

Murilo Mendes trilhou ainda outros caminhos, como o da busca do formalismo clássico, na década de 1940, quando publicou *Contemplação de Ouro Preto*, e o das experiências com a linguagem substantiva, concreta, na década de 1950 – momento em que ele já vivia na Europa e no Brasil se iniciava o Concretismo.

Em suas últimas obras – *Siciliana, Tempo espanhol, Convergência* – são frequentes os neologismos, a exploração dos sinais gráficos e do espaço da página, a construção assintática, a oposição fonético-semântica e outros procedimentos de pesquisa linguística, como ilustram estes versos:

Astronave
Astroneve
Astronive
Astronovo
Astronuvem
Astronável

(*Convergência*. São Paulo: Livraria Duas Cidades, 1970.)

Carvall

: Caricatura de Murilo Mendes.

Mais do que mera adesão às propostas do Concretismo, essa produção final do poeta constitui o resultado natural de todas as suas experiências e inquietudes diante da poesia. Murilo não gostava de pertencer a grupos fechados, como ele mesmo explica: "Eu tenho sido toda a vida um franco-atirador. Procuro obedecer a uma espécie de lógica interna, de unidade apesar dos contrastes e dilacerações e mudanças: e sempre evitei programas e manifestos". (Apud: Laís C. de Araújo. *Murilo Mendes*. 7. ed. Petrópolis: Vozes, 1972.)

O texto a seguir integra a obra *A poesia em pânico*, uma das mais importantes de Murilo Mendes.

Poema espiritual

Eu me sinto um fragmento de Deus
Como sou um resto de raiz
Um pouco de água dos mares
O braço desgarrado de uma constelação.

A matéria pensa por ordem de Deus,
Transforma-se e evolui por ordem de Deus.
A matéria variada e bela
É uma das formas visíveis do invisível.
Cristo, dos filhos do homem és o perfeito.

Na Igreja há pernas, seios, ventres e cabelos
Em toda parte, até nos altares.
Há grandes forças de matéria na terra no mar e no ar
Que se entrelaçam e se casam reproduzindo
Mil versões dos pensamentos divinos

A matéria é forte e absoluta
Sem ela não há poesia.

(In: Laís C. de Araújo, op. cit., p. 128-9.)

Arcanjo, de Ismael Nery.

1. Na 1ª estrofe, o eu lírico refere-se a si mesmo situando-se perante Deus e perante o universo. Como ele vê a si mesmo?

2. A propósito da 2ª estrofe do texto:
   a) Como se explica a aparente contradição nos versos "A matéria variada e bela / É uma das formas visíveis do invisível"?
   b) Qual é o papel de Deus no universo?

3. Na 3ª estrofe, são aproximados elementos como Igreja, altares, pernas, seios, ventres. De acordo com as ideias dessa estrofe:

a) Em que a concepção religiosa expressa pelo eu lírico difere da concepção tradicional?
b) A matéria é essencial tanto para gerar os "pensamentos divinos" quanto para a criação da poesia. Em que aspecto Deus e o poeta se assemelham?

4. Apesar do papel de destaque que a matéria tem no poema, este se intitula "Poema espiritual". Explique essa aparente contradição.

JORGE DE LIMA: A CONSCIÊNCIA MUTANTE

Jorge de Lima (1893-1953) nasceu em Alagoas, onde fez seus primeiros estudos. Posteriormente mudou-se para Salvador e ali iniciou o curso de Medicina. Fez uma brilhante carreira como médico, além de ingressar na vida política como deputado estadual e se firmar como poeta. Desde 1910 vinha ganhando prestígio como poeta, em virtude do sucesso que fizera seu poema parnasiano "Acendedor de lampiões".

Em 1930, mudou-se para o Rio de Janeiro, onde permaneceu até a morte. Seu consultório, situado na Cinelândia, era também um ateliê de arte e um ponto de encontro de inúmeros artistas e intelectuais.

Embora Jorge de Lima seja mais conhecido como poeta, sua obra não se restringe à poesia. Foi também pintor, fotógrafo, ensaísta, biógrafo, historiador e prosador. Na prosa, escreveu alguns contos, a novela de influência surrealista *O Anjo* (1934) e os romances *Salomão e as mulheres* (1927), *Calunga* (1935), *A mulher obscura* (1939) e *Guerra dentro do beco* (1950), uma produção ainda hoje quase totalmente desconhecida. Lançadas numa época em que predominava o romance regionalista, essas obras chamam a atenção por características como o cristianismo, o surrealismo, o regionalismo, a urbanidade, a crítica social, a reflexão filosófica, a fragmentação narrativa e as referências bíblicas aos mitos da criação, da queda e do apocalipse, às vezes apresentadas simultaneamente.

A aventura da fotomontagem

Influenciados pelas experiências dos pintores surrealistas De Chirico e Max Ernst, Murilo Mendes e Jorge de Lima se propuseram a também fazer um livro de fotomontagens. Murilo abandonou a tarefa, mas Jorge continuou, obtendo ótimos resultados. Mário de Andrade, que apreciava esse trabalho de Jorge e para quem a fotomontagem era "a coisa mais apaixonante do século", dá a receita:

Consiste apenas na gente se munir de um bom número de revistas e livros com fotografias, recortar figuras e reorganizá-las numa composição nova que a gente fotografa ou manda fotografar.

(Apud Ana Maria Paulino, org. *O Poeta Insólito – Fotomontagens de Jorge de Lima*. São Paulo: IEB-USP, 1987. p. 9.)

Jorge de Lima. Fotomontagem 3. s/d

A obra poética

Jorge de Lima estreou em nossa literatura com *XIV alexandrinos* (1914), obra de feição neoparnasiana. Contudo, na década de 1920, aderiu às propostas modernistas, passando a cultivar temas relacionados à paisagem nordestina, como o folclore, a fauna e a flora locais, o reencontro com a infância, a miséria do povo e a consciência social. São dessa fase as obras *O mundo do menino impossível* (1925), *Poemas* (1927), *Poemas negros* (1937).

Outro aspecto marcante na poesia de Jorge de Lima dessa fase é a presença da raça negra, produto da convivência que na infância, vivida no Nordeste, o poeta teve com meninos negros e com ex-escravos. Sua poesia, ao mesmo tempo que denuncia a condição de exploração e marginalização a que sempre foram submetidos os negros no país, consegue também captar sua linguagem, sua alma, seu modo de pensar e agir. Estes versos de "Madorna de Iaiá" ilustram esses traços:

Iaiá está na rede de tucum
A mucama de Iaiá tange os piuns
balança a rede,
canta um lundum,
tão bambo, tão molengo, tão dengoso,
que Iaiá tem vontade de dormir.
      Com quem?
      Ram-rem.

(*Poesia completa*. 2. ed. Rio de Janeiro: Nova Fronteira, 1980.)

> **lundum:** canção ou dança de origem africana.
> **pium:** borrachudo, um tipo de inseto.
> **tucum:** palmeira de cujas folhas se extrai uma fibra resistente.

Na produção realizada a partir de 1935, tendo o autor se convertido ao catolicismo, o enfoque principal torna-se a defesa da causa cristã. Essa fase se inicia com *Tempo e eternidade* (1935), escrita em parceria com Murilo Mendes. Nessa obra, que tem por subtítulo a frase "Restauremos a poesia em Cristo", verifica-se o aproveitamento da simbologia bíblica, um forte pessimismo perante os destinos do mundo e um sentimento de fraternidade para com os oprimidos, sempre de acordo com uma perspectiva mística e transcendente.

Essas posturas são aprofundadas nas obras subsequentes – *A túnica inconsútil* e *Anunciação e encontro de Mira-Celi* –, que passam a fazer constante uso de imagens paradisíacas e apocalípticas, referências ao pecado original e à queda do paraíso, sempre em meio a um misticismo exaltado e embriagante, que almeja a conciliação dos contrários, num verdadeiro neobarroquismo.

O *Livro de sonetos* introduz a fase final da poesia de Jorge de Lima, na qual se situa a obra máxima do poeta, *Invenção de Orfeu* (1952), uma epopeia modernista. No *Livro de sonetos* o poeta retorna à disciplina métrica e ao soneto, mas a atmosfera mística já não contém os excessos da fase anterior; retorna também aos velhos temas do Nordeste, da infância e do cotidiano.

Entretanto, é *Invenção de Orfeu* o principal dos empreendimentos de Jorge de Lima, uma espécie de síntese de toda a sua experiência como poeta, romancista e pintor. Concebida em verdadeiro estado de transe, a obra é constituída por dez cantos, com versos regulares e variados, e propõe-se a ser uma biografia épica do próprio homem em busca de sua plenitude sensível e espiritual. Como no *Livro de sonetos*, são riquíssimas as imagens dos textos de *Invenção de Orfeu*, conforme se pode observar nestes versos:

Era um cavalo todo feito em lavas
recoberto de brasas e de espinhos.
Pelas tardes amenas ele vinha
e lia o mesmo livro que eu folheava.

Depois lambia a página, e apagava
a memória dos versos mais doridos;
então a escuridão cobria o livro,
e o cavalo de fogo se encantava.

Bem se sabia que ele ainda ardia
na salsugem do livro subsistido
e transformado em vagas sublevadas.

Bem se sabia: o livro que ele lia
era a loucura do homem agoniado
em que o incubo cavalo se nutria.

(*Poesia completa*, cit.)

Coleção particular

Três anjos, de Jorge de Lima.

> **dorido:** triste, dolorido.
>
> **incubo:** que se deita sobre algo; de acordo com a crença popular, demônio masculino que copula com as mulheres enquanto elas dormem.
>
> **salsugem:** lodo, detritos que flutuam próximo das praias.

O poema que segue é um dos mais conhecidos de Jorge de Lima. Leia-o e responda às questões.

Essa negra Fulô

Ora, se deu que chegou
(isso já faz muito tempo)
no banguê dum meu avô
uma negra bonitinha,
chamada negra Fulô.

Essa negra Fulô!
Essa negra Fulô!

Ó Fulô! Ó Fulô!
(Era a fala da Sinhá)
— Vai forrar a minha cama
pentear os meus cabelos,
vem ajudar a tirar
a minha roupa, Fulô!

Essa negra Fulô!

Essa negrinha Fulô!
ficou logo pra mucama
pra vigiar a Sinhá,
pra engomar pro Sinhô!

Essa negra Fulô!
Essa negra Fulô!

Ó Fulô! Ó Fulô!
(Era a fala da Sinhá)
vem me ajudar, ó Fulô,
vem abanar o meu corpo
que eu estou suada, Fulô!
vem coçar minha coceira,
vem me catar cafuné,
vem balançar minha rede,
vem me contar uma história,
que eu estou com sono, Fulô!

Essa negra Fulô!

"Era um dia uma princesa
que vivia num castelo
que possuía um vestido
com os peixinhos do mar.
Entrou na perna dum pato
saiu na perna dum pinto
o Rei-Sinhô me mandou
que vos contasse mais cinco."

Essa negra Fulô!
Essa negra Fulô!

Ó Fulô? Ó Fulô?
Vai botar para dormir
esses meninos, Fulô!
"Minha mãe me penteou
minha madrasta me enterrou
pelos figos da figueira
que o Sabiá beliscou."

Essa negra Fulô!
Essa negra Fulô!

Fulô? Ó Fulô?
(Era a fala da Sinhá
chamando a negra Fulô)
Cadê meu frasco de cheiro
que teu Sinhô me mandou?

Ah! foi você que roubou!
Ah! foi você que roubou!

O Sinhô foi ver a negra
levar couro do feitor.
A negra tirou a roupa,
O Sinhô disse: Fulô!
(A vista se escureceu
que nem a negra Fulô.)

Jack Hollingsworth/Workbook Stock/Getty Images

Essa negra Fulô!
Essa negra Fulô!

Ó Fulô? Ó Fulô?
Cadê meu lenço de rendas,
cadê meu cinto, meu broche,
cadê meu terço de ouro
que teu Sinhô me mandou?

Ah! foi você que roubou.
Ah! foi você que roubou.

Essa negra Fulô!
Essa negra Fulô!

O Sinhô foi açoitar
sozinho a negra Fulô.
A negra tirou a saia
e tirou o cabeção,
de dentro dele pulou
nuinha a negra Fulô.

Essa negra Fulô!
Essa negra Fulô!

Ó Fulô? Ó Fulô?
Cadê, cadê teu Sinhô
que Nosso Senhor me
[mandou?
Ah! foi você que roubou,
Foi você, negra Fulô?

Essa negra Fulô!

(*Poesia completa.* 2. ed. Rio de
Janeiro: Nova Fronteira, 1980.)

banguê: engenho de açúcar.

cabeção: camisa de mulher, com mangas; parte superior de algumas roupas; enfeite, geralmente bordado ou rendado, da parte superior de certos modelos de camisa de mulher.

1. O poema é narrativo e conta uma história que envolve a escrava Fulô. A palavra *fulô* é uma variação popular da palavra *flor*.

   a) Que relação tem esse dado com o desfecho da narrativa?

   b) Que relação tem o eu lírico do texto com o Sinhô da história contada?

2. Esse poema, no conjunto da obra de Jorge de Lima, pertence à fase em que ele se voltou para temas brasileiros, ligados às tradições populares.

   a) Identifique no poema palavras e expressões que demonstrem a preocupação do poeta de empregar uma língua brasileira.

   b) Faça a escansão de alguns versos do poema. Que tipo de verso, muito comum no cancioneiro popular e nas cantigas de roda, foi empregado nesse poema?

   c) Identifique no texto um trecho que comprove a incorporação de outros elementos da cultura popular na construção do poema.

3. Ao longo do poema, a expressão "Essa negra Fulô" pode ser lida com diferentes entonações e, de acordo com o contexto e a entonação, ganha diferentes sentidos. Que sentido tem essa expressão no contexto em que:

   a) o Sinhô vai ver a negra levar couro do feitor?

   b) a Sinhá acusa a negra de ter roubado vários de seus pertences?

4. Fulô é acusada de roubar lenço, cinto, broche, terço de ouro, perfume. Troque ideias com os colegas: Na sua opinião, Fulô estaria realmente roubando os pertences da Sinhá? Tanto em caso afirmativo quanto negativo, levante hipóteses sobre por que isso estaria acontecendo.

5. Releia a última estrofe. Nela a Sinhá pergunta "Cadê, cadê teu Sinhô/que Nosso Senhor me mandou?".

   a) Como você interpreta o "sumiço" do Sinhô?

   b) Que dado da formação étnica do povo brasileiro o poema retrata?

A desobediência de Fulô

O uso de pronomes possessivos que constrói a hierarquia no texto – meu, teu, nosso – também indica a desestruturação da pirâmide ou a desobediência à hierarquia. A enunciação da posse dos objetos pela Sinhá dá lugar à perda do Sinhô pela Sinhá. [...] Ao substituir o pronome "meu" pelo pronome "nosso", na referência ao Senhor, a Sinhá coloca-se em um único momento no mesmo patamar que a Fulô, pois Deus não pertence só a ela, é o Senhor de todos, independentemente da posição social. Ironicamente, a negra também se iguala a ela na relação com o Sinhô, pois passará a ocupar seu lugar na esfera da sexualidade.

(Gênese Andrade. In: *Teresa – Revista de literatura brasileira*, nº 3. São Paulo: USP/Ed. 34, 2002. p. 78.)

Para quem quer mais na Internet

Se você deseja conhecer melhor a poesia de Murilo Mendes e Jorge de Lima, recomendamos acessar estes *sites*:
www.revista.agulha.nom.br/jorge.html
www.revista.agulha.nom.br/mu1.html

: Caricatura de Cecília Meireles
e Vinícius de Morais.

Cecília Meireles e Vinícius de Morais

Cecília Meireles e Vinícius de Morais completam o grupo dos principais poetas da segunda geração do Modernismo brasileiro. Espiritualistas ambos, Cecília desenvolve uma poesia intimista e reflexiva, de profunda sensibilidade feminina. Vinícius, partindo de uma poesia religiosa e idealizante, chega a ser um dos poetas mais sensuais de nossa literatura.

Embora não tenham pertencido diretamente ao grupo católico carioca formado por Jorge de Lima, Murilo Mendes, Ismael Nery, Tristão de Ataíde e outros, Cecília Meireles e Vinícius de Morais também são considerados poetas espiritualistas e reforçam essa tendência da segunda geração modernista. Contudo, a obra de ambos trilha caminhos próprios: a de Cecília, o da reflexão filosófica e existencial; a de Vinícius, um caminho em direção à percepção material da vida, do amor e da mulher.

CECÍLIA MEIRELES: O EFÊMERO E O ETERNO

Cecília Meireles (1901-1964), a primeira grande escritora da literatura brasileira e a principal voz feminina de nossa poesia moderna, nasceu no Rio de Janeiro, onde fez seus primeiros estudos e se formou professora. Sempre preocupada com a educação de crianças, dedicou-se ao magistério, ao mesmo tempo que desenvolvia uma intensa atividade literária e jornalística, colaborando em quase todos os jornais e revistas cariocas da época. Em 1919, lançou seu primeiro livro de poemas, *Espectros*, bem recebido pela crítica. A partir da década de 1930, já conhecida e respeitada, passou a lecionar literatura luso-brasileira na Universidade do Distrito Federal e a dar cursos e fazer conferências em vários países, como Portugal e Estados Unidos. Sempre cultivou um interesse enorme pelo Oriente e, em 1953, esteve em Goa, na Índia.

A produção literária de Cecília Meireles é ampla. Embora mais conhecida como poetisa, deixou contribuições no domínio do conto, da crônica, da literatura infantil e do folclore.

É dela um dos livros de literatura infantil mais lidos e apreciados, *Ou isto ou aquilo*, que reúne poemas suaves e musicais sobre os sonhos e as fantasias do imaginário infantil: os jogos, os brinquedos, os animais, as flores, a chuva.

Poderosas mulheres

Rachel de Queiroz na prosa e Cecília Meireles na poesia foram as primeiras mulheres a conquistar reconhecimento na literatura brasileira, sendo Rachel a primeira mulher a fazer parte da Academia Brasileira de Letras.

O prestígio das mulheres como escritoras, entretanto, só seria definitivamente conquistado a partir da década de 1940, com o sucesso de Clarice Lispector e Lygia Fagundes Telles. Hoje, além dessas, nossas letras contam com muitos outros nomes femininos, como Adélia Prado, Lya Luft, Zélia Gattai.

Outras mulheres aguardam ser "redescobertas" pela crítica e pelo público, como ocorreu recentemente com Patrícia Galvão, a Pagu. Nessa situação se encontram, por exemplo, Henriqueta Lisboa, Adalgisa (esposa de Ismael Nery) e a escritora comunista Eneida.

: *Dicionário Mulheres do Brasil*, de Schuma Schumaher e Érico Vital Brazil (orgs.), obra que recupera a atuação de cerca de 900 mulheres que lutaram pelos direitos femininos em 500 anos de história do Brasil.

A poesia: o neossimbolismo

A rigor, Cecília Meireles nunca esteve filiada a nenhum movimento literário. Sua poesia, de modo geral, filia-se às tradições da lírica luso-brasileira. Apesar disso, as publicações iniciais da escritora – *Espectros* (1919), *Nunca mais... e poema dos poemas* (1923) e *Baladas para El-Rei* (1925) – evidenciam certa inclinação pelo Simbolismo. Essa tendência é confirmada por sua participação na revista carioca *Festa*, publicação literária de orientação espiritualista que defendia o universalismo e a preservação de certos valores tradicionais da poesia.

Além disso, a frequente presença de elementos como o vento, a água, o mar, o ar, o tempo, o espaço, a solidão e a música dá à poesia de Cecília Meireles um caráter fluido e etéreo, que confirma a inclinação neossimbolista da autora.

O espiritualismo e o orientalismo, tão prezados pelos simbolistas, também se fazem presentes na obra da poetisa, que sempre se interessou pela cultura oriental e foi admiradora e tradutora do poeta hindu Tagore, do chinês Li Po e do japonês Bashô.

Do ponto de vista formal, a escritora foi das mais habilidosas em nossa poesia moderna, sendo cuidadosa sua seleção vocabular e forte a inclinação para a musicalidade (outro traço associado ao Simbolismo), para o verso curto e para os paralelismos, a exemplo da poesia medieval portuguesa. Observe nos poemas a seguir a presença tanto de elementos como o mar, o oceano, o vento, quanto da musicalidade.

Pequena canção da onda

Os peixes de prata ficaram perdidos,
com as velas e os remos, no meio do mar.
A areia chamava, de longe, de longe,
Ouvia-se a areia chamar e chorar!

A areia tem rosto de música
e o resto é tudo luar!

Por ventos contrários, em noite sem luzes,
do meio do oceano deixei-me rolar!

Meu corpo sonhava com a areia, com a areia,
desprendi-me do mundo do mar!

Mas o vento deu na areia.
A areia é de desmanchar.
Morro por seguir meu sonho,
Longe do reino do mar!

(*Obra poética*. Rio de Janeiro:
Nova Aguilar, 1987. p. 145.)

Música

Noite perdida
Não te lamento:
embarco a vida
no pensamento,
busco a alvorada
do sonho isento,

puro e sem nada,
— rosa encarnada,
intacta, ao vento.
Noite perdida,
Noite encontrada,
morta, vivida, [...]

(*Obra poética*, cit., p. 84-5.)

Cecília Meireles
por Arpad Szenes.

Raramente a poesia de Cecília Meireles foge à orientação intimista. Um desses momentos é representado por *Romanceiro da Inconfidência* (1953), que, pelo viés da História, abre importante espaço em sua obra para a reflexão sobre questões de natureza política e social, tais como a liberdade, a justiça, a miséria, a ganância, a traição, o idealismo.

Fruto de um longo trabalho que envolveu dez anos de pesquisas, *Romanceiro da Inconfidência* é "uma narrativa rimada", segundo a autora, que reconstrói, fundindo história e lenda, os acontecimentos de Vila Rica à época da Inconfidência Mineira (1789).

Veja um trecho dessa obra:

Liberdade — essa palavra
que sonho humano alimenta;
que não há ninguém que explique,
e ninguém que não entenda!

E a vizinhança não dorme:
murmura, imagina, inventa.
Não fica bandeira escrita,
mas fica escrita a sentença.

(Idem, p. 452.)

A efemeridade do tempo

Cecília Meireles cultivou uma poesia reflexiva, de fundo filosófico, que aborda, entre outros, temas como a transitoriedade da vida, o tempo, o amor, o infinito, a natureza, a criação artística. Mas não se deve entender sua atitude reflexiva como postura intelectual, racional. Cecília foi antes de tudo uma escritora intuitiva, que sempre procurou questionar e compreender o mundo a partir das próprias experiências: a morte dos pais quando menina, a morte da avó que a educara, o suicídio do primeiro marido, o silêncio, a solidão. Ela mesma revelou os objetivos que buscava alcançar por meio da poesia: "Acordar a criatura humana dessa espécie de sonambulismo em que tantos se deixam arrastar. Mostrar-lhes a vida em profundidade. Sem pretensão filosófica ou de salvação – mas por uma contemplação poética afetuosa e participante"*.

Desses temas, os que mais se destacam são a *fugacidade do tempo* e a *efemeridade das coisas*. Tal preocupação filosófica, rico filão explorado por toda a tradição clássica, sobretudo pelo Barroco, tem bases na experiência pessoal da autora, conforme ela própria declarou:

Cecília cronista

Além de poetisa, Cecília Meireles foi autora de uma farta e variada produção em prosa. Grande parte dessa produção, realizada nas décadas de 1930, 40 e 50, foi publicada em jornais da época e só recentemente foi reunida e submetida ao devido estudo crítico.

Como cronista, Cecília Meireles tem sido equiparada aos principais autores do gênero no Brasil, situando-se ao lado de Rubem Braga e Paulo Mendes Campos.

> Nasci aqui mesmo no Rio de Janeiro, três meses depois da morte de meu pai, e perdi minha mãe antes dos três anos. Essas e outras mortes ocorridas na família acarretaram muitos contratempos materiais, mas, ao mesmo tempo, me deram, desde pequenina, uma tal intimidade com a Morte que docemente aprendi essas relações entre o Efêmero e o Eterno [...] Em toda a vida, nunca me esforcei por ganhar nem me espantei por perder. A noção ou sentimento da transitoriedade de tudo é o fundamento mesmo da minha personalidade.
>
> (In: *Cecília Meireles*, cit., p. 3.)

Ao reunir seus escritos para a publicação de *Obras poéticas* (1958), Cecília Meireles não incluiu seus três livros iniciais, por entender que sua verdadeira maturidade poética se iniciara com *Viagem* (1939). A escritora publicou, entre outras, estas obras de poesia: *Vaga música* (1942), *Mar absoluto e outros poemas* (1945), *Doze noturnos de Holanda* e *O aeronauta* (1952), *Romanceiro da Inconfidência* (1953), *Solombra* (1963) e *Cânticos* (1981).

LEITURA

Este é o primeiro de uma série de cinco poemas que abordam o tema da efemeridade do tempo, todos intitulados "motivo da rosa", da obra *Mar absoluto*.

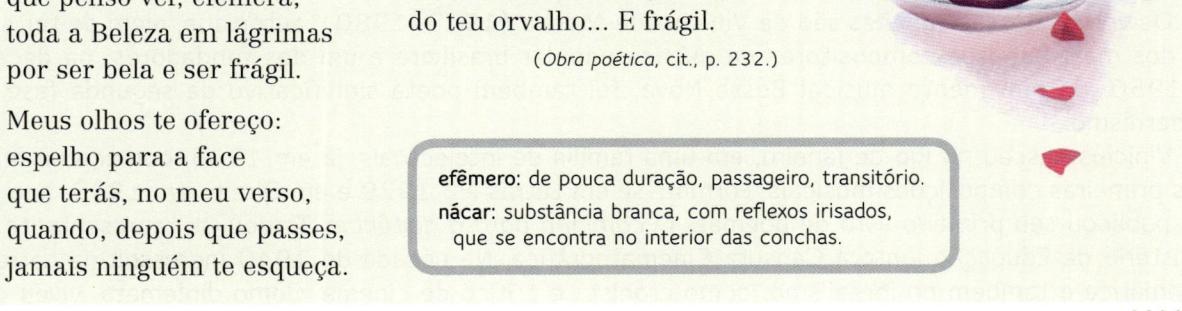

1º motivo da rosa

Vejo-te em seda e nácar,
e tão de orvalho trêmula,
que penso ver, efêmera,
toda a Beleza em lágrimas
por ser bela e ser frágil.

Meus olhos te ofereço:
espelho para a face
que terás, no meu verso,
quando, depois que passes,
jamais ninguém te esqueça.

Então, de seda e nácar,
toda de orvalho trêmula,
serás eterna. E efêmero
o rosto meu, nas lágrimas
do teu orvalho... E frágil.

(*Obra poética*, cit., p. 232.)

Roberto Weigand

efêmero: de pouca duração, passageiro, transitório.
nácar: substância branca, com reflexos irisados, que se encontra no interior das conchas.

*In: *Cecília Meireles*. São Paulo: Abril Educação, 1982. p. 6. Literatura Comentada.

1. Compare a estrutura formal do poema – métrica, seleção vocabular, construção sintática, sonoridades – à dos poemas modernistas da primeira geração. Em que elas se diferenciam?

2. De acordo com a 1ª estrofe do poema de Cecília Meireles, que atributos tem a rosa para simbolizar a efemeridade das coisas?

3. Identificado com a condição da rosa, o eu lírico busca um meio para eternizar a flor. Qual é esse meio?

4. A identificação com a condição da rosa revela uma profunda inquietude do eu lírico perante a força avassaladora do tempo.

a) Destaque da última estrofe do poema elementos que comprovem, além da identificação, a transferência dos atributos da rosa para o eu lírico.

b) Se a rosa pode alcançar a imortalidade, levante hipóteses: Por que meio o eu lírico também pode eternizar-se?

VINÍCIUS DE MORAIS: UM CANTO DE POETA E DE CANTOR

Você conhece estes versos?

Olha que coisa mais linda
Mais cheia de graça
É ela menina
Que vem e que passa...

("Garota de Ipanema", de Vinícius de Morais e Tom Jobim.)

E estes?

Eu sei que vou te amar
Por toda a minha vida eu vou te amar
A cada despedida eu vou te amar
Desesperadamente,
Eu sei que eu vou te amar.

("Eu sei que vou te amar", de Vinícius de Morais e Tom Jobim.)

É melhor ser alegre que ser triste
Alegria é a melhor coisa que existe
É assim como a luz no coração
Mas pra fazer um samba com beleza
É preciso um bocado de tristeza
Senão não se faz um samba, não.

("Samba da bênção", de Vinícius de Morais e Baden Powell.)

Os versos dessas canções são de Vinícius de Morais (1913-1980), autor que, além de ter sido um dos mais famosos compositores da música popular brasileira e um dos fundadores, na década de 1950, do movimento musical Bossa Nova, foi também poeta significativo da segunda fase do Modernismo.

Vinícius nasceu no Rio de Janeiro, em uma família de intelectuais. Já em 1928, começou a fazer suas primeiras composições musicais. Formou-se em Letras em 1929 e em Direito em 1933, ano em que publicou seu primeiro livro de poemas, *O caminho para a distância*. Tornou-se representante do Ministério de Educação junto à Censura Cinematográfica. Na década de 1940 ingressou na carreira diplomática e também no jornalismo, como cronista e crítico de cinema. Como diplomata, viveu durante muitos anos em Los Angeles, Paris e Montevidéu, com alguns intervalos no Brasil. Nesse período, conheceu intelectuais e artistas de todo o mundo.

Na década de 1950, interessou-se por música de câmara e popular e começou a compor. Em 1956, publicou a peça teatral *Orfeu da Conceição*, levada ao palco do Teatro Municipal do Rio de Janeiro com grande sucesso. A peça continha músicas do próprio Vinícius e de Tom Jobim. Algum tempo depois, João Gilberto juntou-se à dupla, e dessa reunião de compositores surgiu o movimento da Bossa Nova. Ainda em 1956, Vinícius publicou o poema "O operário em construção". A partir daí, passou a dedicar-se cada vez mais à atividade de cantor e compositor, compondo e fazendo *shows* com vários parceiros, como Dorival Caymmi, Tom Jobim, Edu Lobo, Baden Powell, Toquinho, Chico Buarque.

Descendo ao inferno, por amor

Em 1956, a peça *Orfeu da Conceição* foi transposta para o cinema pelo diretor francês Marcel Camus. O filme, intitulado *Orfeu negro*, alcançou sucesso internacional, recebendo o prêmio Palma de Ouro, em Cannes, e indicação para melhor filme estrangeiro em Hollywood, em 1959. Vinícius, entretanto, não gostou do filme.

Em 1980, o cineasta Cacá Diegues estava desenvolvendo com o próprio Vinícius uma nova adaptação para o cinema, mas o trabalho foi interrompido em virtude da morte do poeta. Em 1999, o cineasta finalmente realiza o filme, que se chama apenas *Orfeu*. *Orfeu*, explica Cacá, "é *Romeu e Julieta* no Rio de Janeiro: uma paixão extraordinária impedida pela intolerância da violência [...]. Você pode imaginar o tamanho de uma paixão que faz o homem descer ao inferno para buscar sua amada?".

(*Bravo!*, maio 1998.)

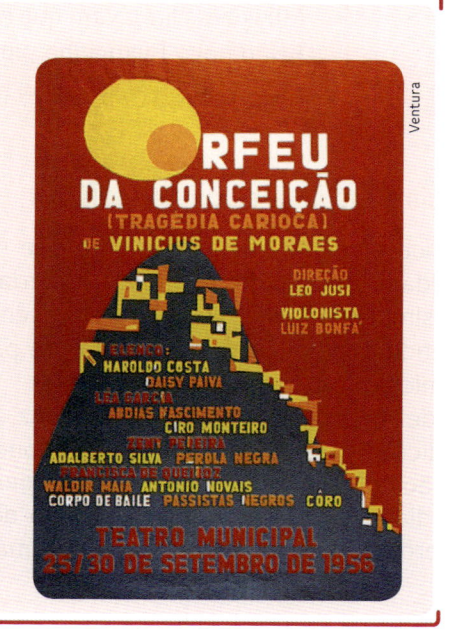

A poesia: da transcendência espiritual ao amor sensual

Como poeta, Vinícius integra o grupo de poetas religiosos que se formou no Rio de Janeiro entre as décadas de 1930 e 40.

Em sua *Antologia poética*, publicada em 1955, Vinícius de Morais assinalava que sua obra consistia em duas fases: "A primeira, transcendental, frequentemente mística, resultante de sua fase cristã, termina com o poema 'Ariana, a mulher', editado em 1936". Na segunda "estão nitidamente marcados os movimentos de aproximação do mundo material, com a difícil mas consistente repulsa ao idealismo dos primeiros anos".

A exemplo de outros poetas de sua geração, a primeira fase da poesia de Vinícius é marcada pela preocupação religiosa, pela angústia existencial diante da condição humana e pelo desejo de superar, por meio da transcendência mística, as sensações de pecado, culpa e desconsolo que a vida terrena oferece.

Poesia: reinvenção da língua

Reinventar a língua. Um grande poeta não quer menos que isso. E cada poema — mesmo que não aparente — tem como horizonte essa reinvenção. Para tanto, há que se operar dentro da linguagem. O destino da poesia é a forma.

[...]

Ao longo da obra viniciana, deparamo-nos com uma série de estratégias de reinvenção da língua, o que não deve ser confundido com a criação de neologismos [...]. O que chamei de reinvenção tem a ver com uma vasta consciência dos códigos linguísticos e com sua exploração: as palavras ganham outra consistência; tudo passa a significar; o ritmo adquire conteúdo; novas significações ganham corpo; a lógica utilitária encolhe-se diante do jogo e do prazer.

(Eucanaã Ferraz. "Um poeta entre a luz e a sombra". Revista *Língua portuguesa*, nº 26.)

Os poemas dessa fase geralmente são longos, com versos igualmente longos, em linguagem abstrata, alegórica e declamatória. Observe:

> No sangue e na lama
> O corpo sem vida tombou.
> Mas nos olhos do homem caído
> Havia ainda a luz do sacrifício que redime
> E no grande Espírito que adejava o mar e o monte
> Mil vozes clamavam que a vitória do homem forte tombado na luta
> Era o novo Evangelho para o homem da paz que lavra no campo.
>
> (*Poesia completa e prosa*. Rio de Janeiro: Aguilar, 1974. p. 68.)

A poesia sensual e social

Cinco elegias (1943) é a obra que marca, na poesia de Vinícius, a passagem para uma fase de proximidade maior com o mundo material. O poeta torna-se interessado nos temas cotidianos, nas coisas simples da vida, e explora com sensualismo os temas do amor e da mulher. A linguagem também tende à simplicidade: o verso livre passa a ser mais empregado, a comunicação fica mais direta e dinâmica.

Pode-se dizer que, pela primeira vez, Vinícius aderiu às propostas dos modernistas de 22, embora certa dicção clássica e o gosto pelo soneto sempre tenham feito parte de sua poesia. Contudo, em suas mãos o soneto ganhou uma roupagem diferente, mais moderna e real, fazendo uso de vocábulos do cotidiano, pouco comuns nesse tipo de composição. Observe, por exemplo, o soneto a seguir, em que o erotismo é recriado a partir de uma forma clássica e de uma linguagem crua e direta:

Soneto de devoção

Essa mulher que se arremessa, fria
E lúbrica em meus braços, e nos seios
Me arrebata e me beija e balbucia
Versos, votos de amor e nomes feios.

Essa mulher, flor de melancolia
Que se ri dos meus pálidos receios
A única entre todas a quem dei
Os carinhos que nunca a outra daria.

Essa mulher que a cada amor proclama
A miséria e a grandeza de quem ama
E guarda a marca dos meus dentes nela.

Essa mulher é um mundo! — uma cadela
Talvez... — mas na moldura de uma cama
Nunca mulher nenhuma foi tão bela!

(*Livro de sonetos*. São Paulo: Cia. das Letras, Editora Schwarcz Ltda., 1991. p. 15. Autorizado pela VM Empreendimentos Artísticos e Culturais Ltda. © VM e © Cia. das Letras, Editora Schwarcz.)

Figura (1927), de Ismael Nery.

Além de ter explorado a poesia sensual, Vinícius também se interessou pela poesia social. O poema "O operário em construção" (1956) é o melhor exemplo desse envolvimento: por meio de uma linguagem simples e direta, quase didática, o poeta manifesta solidariedade às classes oprimidas e almeja atingir a consciência daqueles que o leem ou ouvem. Observe o fragmento a seguir.

Era ele que erguia casas
Onde antes só havia chão.
Como um pássaro sem asas
Ele subia com as casas
Que lhe brotavam da mão.
Mas tudo desconheci
De sua grande missão:
Não sabia, por exemplo
Que a casa de um homem é um templo
Um templo sem religião
Como tampouco sabia
Que a casa que ele fazia
Sendo a sua liberdade
Era a sua escravidão

....

Mas ele desconhecia
Esse fato extraordinário:
Que operário faz a coisa
E a coisa faz o operário.
De forma que, certo dia
À mesa, ao cortar o pão
O operário foi tomado
De uma súbita emoção
Ao constatar assombrado

Que tudo naquela mesa
— Garrafa, prato, facão —
Era ele quem os fazia
Ele, um humilde operário
Um operário em construção.
Olhou em torno: gamela
Banco, enxerga, caldeirão
Vidro, parede, janela
Casa, cidade, nação!
Tudo, tudo o que existia
Era ele quem o fazia
Ele, um humilde operário
Um operário que sabia
Exercer a profissão.

Ah, homens de pensamento
Não sabereis nunca o quanto
Aquele humilde operário
Soube naquele momento!

(*Poesia completa e prosa*, cit., p. 293-4.)

enxerga: colchão, cama.
gamela: vasilha de barro.

Do último Vinícius, poeta sensual e social, para o Vinícius cantor e compositor foi um passo. A partir da década de 1960 o poeta entregou-se de corpo e alma à música. Se a poesia perdeu para a música popular um grande talento, não se sabe. O certo é que Vinícius foi o poeta mais conhecido e amado do público brasileiro, aquele que levou às rodas de bar, aos teatros e ao rádio composições de requinte literário.

Vinícius, além da poesia, também escreveu prosa, em especial crônicas. Dessa produção destacam-se as obras *Para viver um grande amor* (1962), que também contém alguns poemas, e *Para uma menina com uma flor* (1966).

Vinícius e a renovação do soneto

Vinícius de Morais, segundo o crítico Antonio Candido, "foi o responsável pela reconstrução do soneto na literatura brasileira:

Se hoje dermos um balanço no que Vinícius de Morais ensinou à poesia brasileira, é capaz de nem percebermos quanto contribuiu, porque, justamente por ter contribuído muito, o que fez de novo entrou na circulação, tornou-se moeda corrente e linguagem de todos.

(Apud Aluízio Falcão, *O Estado de S. Paulo*, 11/10/2003.)

TEXTO I

Soneto de separação

De repente do riso fez-se o pranto
Silencioso e branco como a bruma
E das bocas unidas fez-se a espuma
E das mãos espalmadas fez-se o
                              [espanto.

De repente da calma fez-se o vento
Que dos olhos desfez a última chama
E da paixão fez-se o pressentimento
E do momento imóvel fez-se o drama.

De repente, não mais que de repente
Fez-se de triste o que se fez amante
E de sozinho o que se fez contente.

Fez-se do amigo próximo o distante
Fez-se da vida uma aventura errante
De repente, não mais que de repente.

(*Nova antologia poética de Vinícius de Moraes*, sel. e org. Antonio Cícero e Eucanaã Ferraz. São Paulo: Cia. das Letras, Editora Schwarcz Ltda., 2008. p. 100. Autorizado pela VM Empreendimentos Artísticos e Culturais Ltda. © VM e © Cia. das Letras, Editora Schwarcz.)

TEXTO II

Soneto de fidelidade

De tudo, ao meu amor serei
                              [atento
Antes, e com tal zelo, e sempre,
                              [e tanto
Que mesmo em face do maior
                              [encanto
Dele se encante mais meu
                              [pensamento.

Quero vivê-lo em cada vão momento
E em seu louvor hei de espalhar meu canto
E rir meu riso e derramar meu pranto
Ao seu pesar ou seu contentamento.

E assim, quando mais tarde me procure
Quem sabe a morte, angústia de quem vive
Quem sabe a solidão, fim de quem ama

Eu possa me dizer do amor (que tive):
Que não seja imortal, posto que é chama
Mas que seja infinito enquanto dure.

(Idem, p. 39.)

1. Observe a construção dos textos, o tipo de composição, a métrica dos versos, o vocabulário e a sintaxe. Identifique a que representantes da tradição literária – clássicos, românticos, realistas, simbolistas – os poemas estão ligados, justificando com elementos dos textos.

2. A beleza dos poemas se deve, em grande parte, ao emprego de recursos sonoros e de imagens construídas a partir de comparações, metáforas, antíteses e outras figuras.

a) Destaque da 1ª estrofe do texto I um exemplo de aliteração e outro de comparação.

b) Identifique a figura de linguagem a partir da qual, para estabelecer a oposição entre o passado e o presente, é construído todo o texto I.

c) Destaque do texto II um exemplo de polissíndeto e outro de pleonasmo.

3. O texto I reitera a oposição entre *como era* no passado e *como é* no presente.

a) Caracterize cada um desses momentos.

b) Além da oposição entre passado e presente, por várias vezes é repetida a expressão "de repente". Com que finalidade essa expressão foi empregada repetidamente?

4. No texto II, o eu lírico jura fidelidade à pessoa amada, seja nos momentos de dor, seja nos de alegria. A respeito dos tercetos do poema:

a) explique o que significam, para o eu lírico, a morte e a solidão;

b) dê uma interpretação coerente ao emprego dos parênteses no verso "Eu possa me dizer do amor (que tive)";

c) interprete a metáfora presente no verso "Que não seja imortal, posto que é chama";

d) dê uma interpretação coerente ao paradoxo "que seja infinito enquanto dure", empregado pelo eu lírico para expressar seu conceito de fidelidade.

LITERATURA COMPARADA

DIÁLOGO ENTRE A POESIA DE VINÍCIUS DE MORAIS E A POESIA DE CAMÕES

Você vai ler, a seguir, dois poemas de dois dos melhores sonetistas em língua portuguesa: Vinícius de Morais e Luís de Camões. Observe o modo como ambos trabalham o tema amoroso:

TEXTO I

Soneto do maior amor

Maior amor nem mais estranho existe
Que o meu, que não sossega a coisa amada
E quando a sente alegre, fica triste
E se a vê descontente, dá risada.

E que só fica em paz se lhe resiste
O amado coração, e que se agrada
Mais da eterna aventura em que persiste
Que de uma vida mal-aventurada.

Louco amor meu, que quando toca, fere
E quando fere vibra, mas prefere
Ferir a fenecer — vive a esmo

Fiel à sua lei de cada instante
Desassombrado, doido, delirante
Numa paixão de tudo e de si mesmo.

(Vinícius de Morais. *Livro de sonetos*. São Paulo: Cia. das Letras, Editora Schwarcz Ltda., 1991. p. 27. Autorizado pela VM Empreendimentos Artísticos e Culturais Ltda. © VM e © Cia. das Letras, Editora Schwarcz.)

Anneliese Everts. *Lovers*. c.1945–50/The Bridgeman Art Library/ Grupo Keystone

fenecer: acabar, terminar, murchar.

TEXTO II

Tanto de meu estado me acho incerto,
Que em vivo ardor tremendo estou de frio;
Sem causa, juntamente choro e rio;
O mundo todo abarco e nada aperto.

É tudo quanto sinto um desconcerto;
Da alma um fogo me sai, da vista um rio;
Agora espero, agora desconfio,
Agora desvario, agora acerto.

Estando em terra, chego ao Céu voando;
Numa hora acho mil anos, e é de jeito
Que em mil anos não posso achar uma hora.

Se me pergunta alguém porque assim ando,
Respondo que não sei; porém suspeito
Que só porque vos vi, minha Senhora.

(Luís de Camões. *Lírica*. São Paulo: Cultrix, 1976. p. 117.)

1. Os dois sonetos são bem trabalhados do ponto de vista das imagens e da sonoridade, entre outros recursos. No soneto de Camões, por exemplo, destaca-se a aliteração dos fonemas /t/ e /p/. Que fonemas se repetem no soneto de Vinícius de Morais?

2. Segundo o eu lírico do poema de Vinícius de Morais, não há amor maior nem mais estranho que o seu. Por que o eu lírico considera seu amor estranho? O que o caracteriza?

3. Tanto o soneto de Vinícius quanto o de Camões procuram definir o que é o amor. Entre eles, contudo, há semelhanças e diferenças. Entre as semelhanças, está o procedimento utilizado para definir o amor. Observe estes versos:

> "E quando a sente alegre, fica triste
> E se a vê descontente, dá risada."

> "Sem causa, juntamente choro e rio;
> O mundo todo abarco e nada aperto."

a) Que figura(s) de linguagem se nota(m) nesses versos?

b) Que relação existe entre o uso desse procedimento e o estado emocional do eu lírico de cada um dos sonetos?

4. Um dos sonetos promove uma reflexão sobre o amor-ideia, ou o amor universal; o outro, sobre a experiência particular de amar.

a) Qual dos sonetos trata do amor universal?

b) E qual trata do amor particular?

5. Camões escreveu seu soneto no século XVI; Vinícius escreveu o dele em 1938. Apesar do tempo transcorrido, você considera atual a visão dos dois poetas sobre o amor?

Para quem quer mais

Se você deseja aprofundar seus conhecimentos sobre a poesia de Vinícius de Morais e conhecer um pouco do trabalho de Mário Quintana e Manoel de Barros, poetas que também se destacaram a partir das décadas de 1930-1940, leia os poemas a seguir e, sozinho, em dupla ou em grupo, tente resolver as questões propostas no **Roteiro de estudo**.

Vinícius de Morais

Poética (I)

De manhã escureço
De dia tardo
De tarde anoiteço
De noite ardo.

A oeste a morte
Contra quem vivo
Do sul cativo
O este é meu norte.

Outros que contem
Passo por passo:
Eu morro ontem

Nasço amanhã
Ando onde há espaço:
— Meu tempo é quando.

(*Livro de sonetos*. São Paulo: Cia. das Letras, Editora Schwarcz Ltda., 1991. p. 89. Autorizado pela VM Empreendimentos Artísticos e Culturais Ltda. © VM e © Cia. das Letras, Editora Schwarcz.)

Poema enjoadinho

Filhos... Filhos?
Melhor não tê-los!
Mas se não os temos
Como sabê-los?
Se não os temos
Que de consulta
Quanto silêncio
Como os queremos!
Banho de mar
Diz que é um porrete...
Cônjuge voa
Transpõe o espaço
Engole água
Fica salgada
Se iodifica
Depois, que boa
Que morenaço

Que a esposa fica!
Resultado: filho.
E então começa
A aporrinhação:
Cocô está branco
Cocô está preto
Bebe amoníaco
Comeu botão.
Filhos? Filhos
Melhor não tê-los
Noites de insônia
Cãs prematuras
Prantos convulsos
Meu Deus, salvai-o!
Filhos são o demo
Melhor não tê-los...
Mas se não os temos

Como sabê-los?
Como saber
Que macieza
Nos seus cabelos
Que cheiro morno
Na sua carne
Que gosto doce
Na sua boca!
Chupam gilete
Bebem xampu
Ateiam fogo
No quarteirão
Porém, que coisa
Que coisa louca
Que coisa linda
Que os filhos são!

(*Nova antologia poética de Vinícius de Moraes*, sel. e org. Antonio Cícero e Eucanaã Ferraz. São Paulo: Cia. das Letras, Editora Schwarcz Ltda., 2008. p. 141. Autorizado pela VM Empreendimentos Artísticos e Culturais Ltda. © VM e © Cia. das Letras, Editora Schwarcz.)

Mário Quintana

Canção para uma valsa lenta

Minha vida não foi um romance...
Nunca tive até hoje um segredo.
Se me amas, não digas, que morro
De surpresa... de encanto... de medo...

Minha vida não foi um romance,
Minha vida passou por passar.
Se não amas, não finjas, que vivo
Esperando um amor para amar.

Minha vida não foi um romance...
Pobre vida... passou sem enredo...
Glória a ti que me enches a vida
De surpresa, de encanto, de medo!

Minha vida não foi um romance...
Ai de mim... Já se ia acabar!
Pobre vida que toda depende
De um sorriso... de um gesto... um olhar...

(*Poesias*. Porto Alegre: Globo/MEC, 1972. p. 53.)

Manoel de Barros

Remexo com um pedacinho de arame nas minhas
memórias fósseis.
Tem por lá um menino a brincar no terreiro
entre conchas, osso de arara, sabugos, asas de caçarolas etc.
E tem um carrinho quebrado de borco
no meio do terreiro.
O menino cangava dois sapos e os botava a arrastar
o carrinho.
Faz de conta que ele carregava areia e
pedras no seu caminhão.
O menino também puxava, nos becos de sua aldeia, por um
                    [barbante sujo, umas latas tristes.
Era sempre um barbante sujo.
Eram sempre umas latas tristes.
O menino hoje é um homem douto que trata com
física quântica.
Mas tem nostalgia das latas.
Tem saudades de puxar por um barbante sujo
umas latas tristes.
Aos parentes que ficaram na aldeia esse homem
encomendou uma árvore torta...
Para caber nos seus passarinhos.
De tarde os passarinhos fazem árvore nele.

: Manoel de Barros.

(Fragmento 14, do livro *Para encontrar o azul eu uso pássaros*. Apud *Bravo!*, junho 1998.)

Manoel de Barros

Manoel de Barros (1917) nasceu em Cuiabá e publicou sua primeira obra, *Pecado*, em 1937. Fazendeiro, homem culto, o poeta vive isolado no Pantanal, mas perfeitamente informado da grande poesia feita no Brasil e no exterior. Embora ligado cronologicamente à geração de 30, o autor trilha um percurso pessoal.

Como toda grande poesia, a de Barros trata do destino do homem, do medo da morte, da sombra da infância se projetando no adulto, da busca da felicidade e consequente contencioso de frustrações e da face oculta de um Deus (creia-se ou não nele) que nos perseguem vida afora.

(Rodrigo Brasil e Reinaldo Azevedo. *Bravo!*, junho 1998.)

Normalmente apontado como "poeta ecológico", Manoel de Barros reage:

Minha obra tem um lastro de terra, mas não gosto de ser chamado de poeta ecológico — não dou muita importância a isso. Poeta é o sujeito que mexe com palavras [...] Se as palavras que me chegam mais comumente são do brejo, é devido ao meu lastro existencial, que reflete um pouco a terra.

(Idem.)

Autor de mais de quinze livros, entre outros publicou *Pássaros* (1960), *Livro de pré-coisas* (1985), *Livro sobre nada* (1996), *Cantigas por um passarinho à toa* (2003).

• Roteiro de estudo •

Ao final da leitura, você deverá ser capaz de:

- Interpretar o poema "Poética (I)" e a relação das antíteses do poema com a noção de tempo do eu lírico.
- Reconhecer no "Poema enjoadinho" a capacidade de Vinícius de Morais de extrair poesia do cotidiano.
- Explicar por que o poema "Canção para uma valsa lenta" apresenta afinidades com a geração poética de 1930.
- Observar no poema de Manoel de Barros a pertinência ou não do comentário a propósito da poesia do autor feito por Rodrigo Brasil e Reinaldo Azevedo no boxe "Manoel de Barros".

Para quem quer mais na Internet

Cecília Meireles
www.revista.agulha.nom.br/
ceciliameireles01.html

Vinícius de Morais
http://viniciusdemoraes.com.br/
www.memoriaviva.com.br/vinicius/
www.revista.agulha.nom.br/vmi.html

Mário Quintana
www.estado.rs.gov.br/marioquintana/
www.revista.agulha.nom.br/quinta.html

Manoel de Barros
www.youtube.com/watch?v=RtMx13HJMhU
www.fmb.org.br/index.php?idp=4
www.revista.agulha.nom.br/manu.html

João Caldas/Núcleo Experimental

: Cena da peça *Senhora dos afogados*, de Nelson Rodrigues, dirigida por José Henrique de Paula, em 2007.

O teatro brasileiro nos séculos XX–XXI

Diferentemente da literatura, que iniciou a renovação modernista na década de 1920, no teatro brasileiro a renovação teve início apenas na década de 1940, com a encenação da peça Vestido de noiva, *de Nelson Rodrigues.*

Infelizmente, o teatro brasileiro ficou à margem do fluxo renovador trazido pelos modernistas, tendo sido a principal forma de manifestação artística ausente das comemorações da Semana de Arte Moderna realizada em São Paulo em 1922.

Nos anos posteriores à Semana, nossa produção teatral foi escassa e, mesmo assim, demorou certo tempo para ser encenada. *O rei da vela*, de Oswald de Andrade, por exemplo, foi escrita em 1933 mas levada ao palco apenas em 1967-1968. Por conta da falta de autores e bons textos nacionais, os palcos brasileiros limitavam-se a encenar comédias de costumes, chanchadas e textos estrangeiros, alimentando a simpatia fácil de uma plateia reduzida.

A maior parte da crítica teatral considera como marco do início do bom teatro brasileiro contemporâneo o aparecimento do grupo amador Os Comediantes, no Rio de Janeiro. O lema do grupo era transformar suas apresentações em grandes espetáculos, apesar das dificuldades.

Para alcançar esse fim, o grupo procurou atualizar o teatro brasileiro em relação ao que se fazia na Europa, pondo fim à hegemonia de um ator sobre o elenco e impondo a noção de equipe. Para isso, transferiu a responsabilidade total da peça a um diretor, que passava a ser responsável pela coordenação dos vários elementos do teatro (texto, cenário, atores) e pela harmonia do espetáculo.

O grupo estreou em 15 de janeiro de 1940, no Teatro Ginástico, com *Assim é, se lhe parece*, de Pirandello. O êxito alcançado pelo espetáculo levou o grupo a apresentar logo depois uma nova peça, *Uma mulher e três palhaços*, de Marcel Archad.

Durante a Segunda Grande Guerra refugiou-se no Brasil o ator polonês Ziembinski – hoje definitivamente incorporado à história do teatro nacional –, que se juntou a Os Comediantes também como diretor.

: Maria Della Costa e Paulo Autran em cena de *Depois da queda*, de Arthur Miller, em 1964.

Acatando a sugestão dada por Ziembinski de encenar autores nacionais – segundo ele, procedimento indispensável para a existência do teatro de qualidade em um país –, Os Comediantes encenaram *Vestido de noiva*, de Nelson Rodrigues, cuja estreia ocorreu em 28 de dezembro de 1943. Assim se iniciava a renovação do teatro brasileiro, assentada na série de inovações tanto formais quanto temáticas feitas pela peça e na presença de um diretor que fazia do espetáculo um trabalho de equipe.

A partir de então, começam a surgir inúmeros grupos e autores que deram novo impulso ao teatro brasileiro.

Em São Paulo, em 1948, o industrial italiano Franco Zampari fundou o Teatro Brasileiro de Comédia (TBC), que durante muito tempo utilizou a fórmula "atores de talento + diretores estrangeiros + peças clássicas e consagradas = sucesso". Pelo palco do TBC, que ocupou posição de liderança no teatro brasileiro, desfilaram atores como Nydia Lícia, Sérgio Cardoso, Tônia Carrero, Maria Della Costa, Cacilda Becker, Paulo Autran, sob orientação de diretores como Adolfo Celi, Luciano Salce, Ruggero Jacobbi e o próprio Ziembinski – todos estrangeiros. O único dramaturgo brasileiro encenado pelo TBC até 1958 foi Abílio Pereira de Almeida.

De cisões do TBC surgiram várias companhias: a Nydia Lícia-Sérgio Cardoso, a Tônia Carrero-Paulo Autran, a de Cacilda Becker e o Teatro dos Sete.

Em 1953 foi criado o Teatro de Arena, em São Paulo, com participação de José Renato, e, mais tarde, Augusto Boal. Após a encenação de *Eles não usam black-tie*, de Gianfrancesco Guarnieri, em 1958, o grupo se solidificou e apresentou *Revolução na América do Sul*, *Arena conta Zumbi*, *Arena conta Tiradentes*, *Castro Alves pede passagem* e muitas outras peças criadas pelos próprios atores. O grande mérito do Teatro de Arena foi a eliminação do preconceito que existia em torno do dramaturgo brasileiro, levando o próprio TBC, no fim da década de 1950, a encenar peças brasileiras.

Gianfrancesco Guarnieri (1934-2006) nasceu em Milão, na Itália, tendo se mudado para o Brasil com 2 anos de idade. Estreou como dramaturgo em 1958, com a peça *Eles não usam black-tie*, com a qual ganhou vários prêmios (em 1981, a adaptação para o cinema ganhou o Leão de Ouro no Festival de Veneza). Suas peças revelam preocupação social, sem, entretanto, cair no teatro panfletário. Trouxe também aos palcos o problema da vida urbana moderna e os conflitos advindos da industrialização. Entre suas principais peças, estão *Arena conta Zumbi* (1965), na qual teve como parceiros Augusto Boal e Edu Lobo, *Castro Alves pede passagem* (1968), *Um grito parado no ar* (1973).

Na década de 1960, atuavam no país diversos grupos teatrais de caráter contestador, além do Teatro de Arena. Destacaram-se o Grupo Oficina, em São Paulo, cujo grande momento foi a revolucionária encenação de *O rei da vela*, de Oswald de Andrade, sob direção de José Celso Martinez Correa, e o Grupo Opinião, no Rio de Janeiro, de que faziam parte os dramaturgos Oduvaldo Viana Filho e Paulo Pontes. Em 1965, o Opinião levou à cena *Liberdade, liberdade*, com textos de Flávio Rangel e Millôr Fernandes, entremeados de canções de protesto.

Após a promulgação do AI-5, o país passou a viver uma fase artística difícil. Com a instituição da censura nos meios de comunicação, proibiram-se inúmeras apresentações teatrais, mutilaram-se textos e muitos atores e diretores foram exilados. O teatro de cunho contestador, político e renovador desapareceu, substituído por criações de tom ufanista, e somente seria retomado após 1976, quando se iniciou uma lenta e gradual liberação da censura.

Sob a direção de José Celso Martinez, o Teatro Oficina – fechado pela polícia em 1968 – passou posteriormente por reformas e foi reaberto com a peça *Ham-let*, vencedora do prêmio de melhor direção em 1993.

Entre os autores do moderno teatro brasileiro situam-se Nelson Rodrigues, Gianfrancesco Guarnieri, Dias Gomes, Ariano Suassuna, Jorge Andrade, Augusto Boal, Ruy Guerra, Ferreira Gullar, Chico Buarque de Hollanda, Maria Adelaide Amaral, Oduvaldo Viana Filho, Paulo Pontes, Plínio Marcos, Millôr Fernandes, Pedro Bloch, Lauro César Muniz.

Da nova geração de dramaturgos que vem se firmando desde a década de 1990, destacam-se Leila Assunção, Juca de Oliveira, Edla van Steen, Alcides Nogueira, Mário Prata, Consuelo de Castro, Bráulio Pedroso, David George, José Eduardo Vendramini, Antônio Fagundes, Walcyr Carrasco, Fernando Bonassi.

Entre os centros de formação de novos atores, destacam-se atualmente o Centro de Pesquisas Teatrais (CPT), dirigido por Antunes Filho, e o Teatro Oficina, dirigido por José Celso Martinez. O primeiro dirigiu, entre outros trabalhos, *Macunaíma*, *Romeu e Julieta*, *Macbeth – O trono de sangue*. O segundo dirigiu, entre outros trabalhos, *O rei da vela* e *Os sertões*.

Maria Adelaide Amaral (1942) nasceu no Porto, Portugal. Sua primeira peça foi *A resistência* (1974), mas sua consagração se deu com *Bodas de papel* (1976), que recebeu vários prêmios. Entre outras peças de destaque, escreveu *Chiquinha Gonzaga* (1982) e *Querida mamãe* (1994), ambas vencedoras do prêmio Molière. Também tem publicado romances, como *Luísa-Quase*, vencedor do prêmio Jabuti, e escrito para a TV, sendo a autora da minissérie *Queridos amigos*, da Rede Globo.

Ariano Suassuna e a defesa da cultura brasileira

Nascido em João Pessoa (PB), Ariano Suassuna (1927) é um dos mais importantes escritores da atualidade. Defensor da cultura brasileira e da identidade nacional, Suassuna mostra um Nordeste diferente daquele retratado por outros autores regionalistas. Enquanto *Vidas secas*, de Graciliano Ramos, por exemplo, retrata o homem oprimido, Suassuna mostra com Mestre Salustiano, do *Romance d'A pedra do reino*, o homem nordestino risonho e feliz, que gosta de tocar rabeca e representar.

Autor de poesia, romance e teatro, Suassuna ficou conhecido nacionalmente com a peça *O auto da compadecida*, também adaptada para a linguagem do cinema e da tevê.

NELSON RODRIGUES, O DESBRAVADOR

Autor polêmico, Nelson Rodrigues (1912-1980) é considerado por alguns críticos o maior dramaturgo brasileiro.

Ao romper com quase todas as tradições cênicas, Nelson Rodrigues renovou a dramaturgia brasileira: jogou com planos dramáticos, instaurou a simultaneidade de tempo e ação, utilizou técnicas variadas de corte e ritmo, próprias da linguagem cinematográfica. Sobre seu trabalho, ele próprio comenta:

> [...] enveredei por um caminho que pode me levar a qualquer destino, menos ao êxito. [...] um teatro que poderia chamar assim — "desagradável". [...] porque são obras pestilentas, fétidas, capazes, por si sós, de produzir o tifo e a malária na plateia.
>
> (Apud Sábato Magaldi. *Panorama do teatro brasileiro*. MEC/DAC/Funarte/SNT, s.d., p. 205.)

Nelson Rodrigues.

As peças de Nelson Rodrigues retomam incessantemente os mesmos temas – incestos, suicídios, adultérios, loucura – e constroem um vasto painel da classe média brasileira das décadas de 1940 e 1950.

Ao seu primeiro texto, *A mulher sem pecado*, seguiu-se *Vestido de noiva*, cuja encenação, realizada em 1943 pelo grupo Os Comediantes, marcou o início de uma profunda renovação na dramaturgia brasileira. Talvez nenhuma peça na história de nosso teatro tenha inspirado tantos artigos e tantos elogios. Outras peças de sua autoria são *Anjo negro*, *Valsa nº 6*, *Viúva, porém honesta*, *Os sete gatinhos*, *Bonitinha, mas ordinária*, *A falecida*, *Toda nudez será castigada*.

Muitas peças de Nelson Rodrigues foram adaptadas para o cinema e a televisão, como, por exemplo, *Os sete gatinhos*, *A dama do lotação*, *Toda nudez será castigada*, *A morte no espelho* (telenovela).

LEITURA

Em *Vestido de noiva*, o cenário é dividido em três planos, cada um correspondendo a um dos espaços nos quais se passa a ação: o plano da realidade, o da alucinação e o da memória.

A peça começa com o acidente de automóvel sofrido por Alaíde. No plano da realidade, ela é levada ao hospital. Repórteres noticiam o acidente, a operação cirúrgica, a morte e o enterro da personagem. No plano da alucinação, Alaíde procura e encontra Madame Clessi, uma prostituta que fora assassinada pelo último amante. Alaíde, antes de se casar, morara na casa que pertencera a Clessi, local do assassinato. Instigada por Madame Clessi, Alaíde vai recordando a própria vida, até descobrir que há um conflito entre ela, a irmã (a mulher de véu) e Pedro, seu marido.

(Trevas. Luz no plano da realidade: Lúcia e Pedro. Lúcia chorando. Coroas. Luz também no plano irreal.)

Alaíde — Quem terá morrido ali, naquela casa?

Clessi — Olha! Uma fortuna em flores!

Alaíde — Enterro de gente rica é assim.

Clessi — O meu também teve muita gente, não teve?

Alaíde — Pelo menos, o jornal disse.

(No plano da realidade.)

Pedro *(Em voz baixa.)* — Lúcia!

Lúcia *(Tomando um choque, levantando-se.)* — Que é? Que horas são?

Pedro — 3 horas.

Lúcia — Fique longe de mim! Não se aproxime!

Pedro — Mas que é isso?

Lúcia *(... Com ódio concentrado.)* — Nunca mais! Nunca mais quero nada com você! Juro!

Pedro — Você enlouqueceu? O que é que eu fiz?

Lúcia *(Obstinada.)* — Jurei diante do corpo de Alaíde!

Pedro *(Chocado.)* — Você fez isso?

Lúcia *(Com decisão.)* — Fiz. Fiz, sim. Quer que eu vá na sala e jure outra vez? *(Mergulha a cabeça entre as mãos.)* Ontem, antes dela sair para morrer, tivemos uma discussão horrível!

Pedro *(Baixo.)* — Ela sabia?

Lúcia *(Patética.)* — Sabia. Adivinhou o nosso pensamento. E eu disse.

Pedro — Mas comigo nunca tocou no assunto.

Lúcia — Discutimos quantas vezes! Ameacei-a de escândalo. Mas ontem, foi horrível — horrível! Sabe o que ela me disse? "Nem que eu morra deixarei você em paz!"

(Lúcia fala com a cabeça entre as mãos. Alaíde responde através do microfone escondido no buquê. Luz cai em penumbra, durante todo o diálogo evocativo.)

Alaíde *(Com voz lenta e sem brilho.)* — Nem que eu morra deixarei você em paz!

Lúcia *(Falando surdamente.)* — Pensa que eu tenho medo de alma do outro mundo?

Alaíde *(Microfone.)* — Não brinque, Lúcia! Se eu morrer — não sei se existe vida depois da morte — mas se existir, você vai ver!

Lúcia *(Sardônica.)* — Ver o quê, minha filha?

Alaíde *(Microfone.)* — Você não terá um minuto de paz, se casar com Pedro! Eu não deixo — você verá!

Lúcia *(Irônica.)* — Está tão certa assim de morrer?

Alaíde *(Microfone.)* — Não sei! Você e Pedro são capazes de tudo! Eu posso acordar morta e todo mundo pensar que foi suicídio!

Lúcia — Quem sabe? *(Noutro tom.)* Eu mandei você tirar Pedro de mim?

(In: *Nelson Rodrigues*. São Paulo: Abril Educação, 1981. p. 25-7. Literatura Comentada.)

Lenise Pinheiro/Folhapress

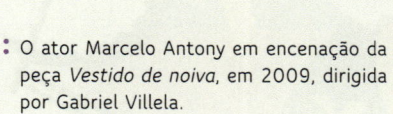
O ator Marcelo Antony em encenação da peça *Vestido de noiva*, em 2009, dirigida por Gabriel Villela.

1. As relações entre as pessoas são tensas e conflitantes. Estabeleça o tipo de conflito existente entre as personagens:

a) Alaíde e Lúcia;

b) Alaíde e Pedro;

c) Lúcia e Pedro;

d) Alaíde, Lúcia e Pedro.

2. Identifique no texto situações que correspondam aos planos da realidade, da memória e da alucinação.

3. *Vestido de noiva* traz uma série de inovações formais.

a) Que elementos do texto permitem afirmar que a peça não obedece às regras de unidade de tempo e espaço preconizadas por Aristóteles para toda peça dramática?

b) O tempo passado se apresenta de modo linear? Fundamente sua resposta com elementos do texto.

c) De que linguagem é própria a técnica do *flashback* utilizada por Nelson Rodrigues para reconstituir o passado de Alaíde?

: *A tristeza do rei* (1952), de Henri Matisse.

Participe das atividades sugeridas a seguir, que devem ser realizadas em grupo, de acordo com as orientações do professor.

Escolham uma delas e realizem-na. Busquem informações complementares em livros, enciclopédias e revistas especializadas no assunto escolhido e também nos livros e filmes indicados na seção **Fique ligado! Pesquise!**, na abertura da unidade.

No dia combinado com o professor, apresentem seus trabalhos em um *show* **literomusical**, intitulado **Poesia e música** ou com outro nome que prefiram. Convidem outras classes, professores, funcionários, amigos e familiares para o evento.

Projeto

POESIA E MÚSICA

1. "Penetra surdamente no reino das palavras"

1. Ampliem seus conhecimentos sobre a obra poética de Carlos Drummond de Andrade, consultando os livros sugeridos a seguir, ou outros: *Carlos Drummond de Andrade*, de Rita Chaves (Scipione); *Carlos Drummond de Andrade*, organizado por Sônia Brayer (Civilização Brasileira); *Carlos Drummond de Andrade*, de Affonso Romano de Sant'Anna (Nova Fronteira); *Carlos Drummond de Andrade – Poesia completa e prosa* (José Aguilar). Depois escolham poemas do autor para declamar no *show* literomusical. O critério para a escolha dos poemas pode ser o de um poema representativo de cada uma das fases da poesia de Drummond ou outro, como, por exemplo, o gosto pessoal. Na apresentação do *show*, um integrante do grupo declama um poema e outro o comenta.

2. Preparem o jogral do poema a seguir. Procurem declamá-lo de forma expressiva, enfatizando as ideias, e com a entonação adequada. Sigam a orientação sugerida quanto ao revezamento ou criem outras formas de ler o poema.

Estúdio Arena

Amar

(Aluno 1) Que pode uma criatura senão,
entre criaturas, amar?

(Aluno 2) amar e esquecer,

(Aluno 3) amar e malamar,

(Aluno 4) amar, desamar, amar?

(Aluno 5) Que pode, pergunto, o ser amoroso,
sozinho, em rotação universal, senão
rodar também, e amar?

(Aluno 6) amar o que o mar traz à praia

(Aluno 7) o que ele sepulta, (Aluno 8) e o que,
na brisa marinha é sal, (Aluno 9)
ou precisão de amor, (Aluno 10) ou
simples ânsia?

(Aluno 1) Amar solenemente as palmas do deserto,

Thinkstock/Getty Images

(Aluno 2) o que é entrega ou adoração expectante,
(Aluno 3) e amar o inóspito, o áspero,
(Aluno 4) um vaso sem flor, um chão de ferro,
(Aluno 5) e o peito inerte, e a rua vista em sonho, e uma ave de rapina.
(Todos) Este é o nosso destino: (Aluno 6) amor sem conta,
(Aluno 7) distribuído pelas coisas pérfidas ou nulas,
(Aluno 8) doação ilimitada a uma completa ingratidão,
(Aluno 9) e na concha vazia do amor a procura medrosa,
paciente, de mais e mais amor.

(Aluno 10) Amar a nossa falta mesma de amor, (Todos) e na secura nossa
(Aluno 1) amar a água implícita, (Aluno 2) e o beijo tácito, (Todos) e a sede infinita.

(*Carlos Drummond de Andrade – Poesia completa e prosa.* Rio de Janeiro: José Aguilar, 1973. p. 247.)

2. "Olha que coisa mais linda / mais cheia de graça / É ela menina"

O "poetinha" Vinícius de Morais (como ele gostava de ser chamado) cantou o amor e a mulher em versos e músicas que embalaram danças "coladinhas" e namoros de mais de uma geração. Foi parceiro de músicos e compositores e deixou um repertório admirável de canções.

Pesquisem sobre a vida musical desse poeta, seus parceiros, os movimentos musicais de que ele participou. Consultem, se necessário, os livros do autor, especialmente *Vinicius de Moraes – Obra poética* (Editora Aguilar) e *Vinicius de Moraes – Todas as letras* (Companhia das Letras). Escolham as músicas de que mais gostarem, ensaiem ao som de violão ou outros instrumentos e apresentem-nas no *show*. Se não for possível a execução ao vivo dessas composições, promovam sua audição.

Sugerimos as seguintes: *Garota de Ipanema, Chega de saudade, Felicidade, Minha namorada, Se todos fossem iguais a você.*

: Vinícius de Morais e Toquinho.

3. No teatro: uma tragédia carioca e a Inconfidência Mineira

Leiam integralmente a peça *Orfeu da Conceição*, de Vinícius de Morais, e *Romanceiro da Inconfidência*, de Cecília Meireles. Preparem a encenação ou a leitura dramática de algumas cenas dessas obras e apresentem-nas no *show*.

Se quiserem, façam uma encenação completa de um desses textos.

Orfeu. Direção: Carlos Diegues. Brasil. Warner Bros/Rio Vermelho Filmes. 1999 (110 min.)

Orfeu. Direção: Carlos Diegues. Brasil. Warner Bros/Rio Vermelho Filmes. 1999 (110 min.)

PREPARANDO E APRESENTANDO O *SHOW* LITEROMUSICAL

Com a orientação do professor, escolham um local para apresentar o *show*. O palco pode ser a frente da sala de aula ou um local demarcado no pátio. Se a escola dispuser de anfiteatro, combinem com a direção e façam aí a apresentação do *show*.

Elaborem um programa de apresentação, procurando alternar os diversos itens da programação, de forma que o *show* se torne dinâmico e prenda a atenção do público. Escolham um colega para fazer o papel de apresentador do programa e, no dia combinado, fazer a abertura do espetáculo e anunciar a participação dos grupos.

Divulguem o *show* em cartazes, nos quais devem constar a data, o horário e o local do evento. Se quiserem, façam também convites e distribuam-nos a colegas de outras classes, à direção, professores e funcionários da escola, a amigos, familiares e pessoas da comunidade.

: *Bananas* (1970),
de Antonio Henrique Abreu Amaral.

Pinacoteca do Estado de São Paulo

A LITERATURA CONTEMPORÂNEA

Terminada a Segunda Guerra, o Brasil entrou em um novo período de sua história, marcado pelo desenvolvimento econômico, pela democratização política e pelo surgimento de novas tendências artísticas e culturais.

A primeira manifestação de mudança na literatura se deu com a geração de 1940-1950, cujo objetivo era renovar os meios de expressão a partir de uma pesquisa em torno da linguagem. No fim da década de 1950 e início da de 1960, esse movimento conviveu com o Concretismo, que, de certa forma, deu continuidade às pesquisas da geração de 1940-1950, porém acentuando seu aspecto formal. Esse foi o momento em que a Bossa Nova e o Cinema Novo ganharam seu espaço. No final da década de 1960, em meio à efervescência cultural refletida nos festivais de música da TV Record, surgiu o Tropicalismo, que representou a retomada de algumas propostas do Modernismo de 1922.

Com o fechamento político do país imposto pelo AI-5, em 1969, e com a onda de censura, prisões e exílios, a produção artística como um todo sofreu um refluxo. A partir daí, houve uma dispersão cultural, que teve como consequência o aparecimento de valores individuais em lugar de movimentos artísticos organizados. Esse quadro tem se mantido até o início do século XXI.

art at its best/Flickr/Getty Images

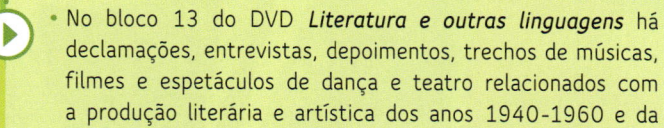

Para saber mais sobre a produção cultural brasileira dos últimos tempos sugerimos:

- No bloco 13 do DVD *Literatura e outras linguagens* há declamações, entrevistas, depoimentos, trechos de músicas, filmes e espetáculos de dança e teatro relacionados com a produção literária e artística dos anos 1940-1960 e da atualidade. Converse com seu professor sobre a possibilidade de assistir a esse bloco.

- *A hora da estrela*, de Suzana Amaral; *Morte e vida severina*, de Walter Avancini; *O pagador de promessas*, de Anselmo Duarte; *Eles não usam black-tie*, de Leon Hirszman; *A história oficial*, de Luís Puenzo; *A terceira margem do rio*, de Nelson Pereira dos Santos; *Lamarca*, de Sérgio Rezende; *O que é isso, companheiro?*, de Bruno Barreto; *As meninas*, de Emiliano Pereira; *Central do Brasil*, de Walter Salles; *Outras histórias*, de Pedro Bial; *Benjamin*, de Monique Gardenberg; *Cidade de Deus*, de Fernando Meirelles; *Mutum*, de Sandra Kogut.

- *Laços de família* e *A hora da estrela*, de Clarice Lispector (Rocco); *Sagarana* e *Grande sertão: veredas*, de Guimarães Rosa (Nova Fronteira); *Morte e vida severina* e *A educação pela pedra*, de João Cabral de Melo Neto (Nova Fronteira); *Poesia*, de Mário Quintana (Global); *Poema sujo*, de Ferreira Gullar (Civilização Brasileira); *Sombra de reis barbudos*, de J. J. Veiga (Bertrand); *Sargento Getúlio*, de João Ubaldo Ribeiro (Nova Fronteira); *As meninas*, de Lygia Fagundes Telles (Rocco); *Não verás país nenhum*, de Ignácio de Loyola Brandão (Global); *Poesia concreta* e *Poesia jovem – Anos 70* (coleção Literatura Comentada, Abril Educação); *Vestido de noiva*, de Nelson Rodrigues (Companhia das Letras); *Verdade tropical*, de Caetano Veloso (Companhia das Letras); *Dois ou + corpos no mesmo lugar*, de Arnaldo Antunes (Perspectiva); *Poesia indigesta* (1974-2004), de Glauco Mattoso (Landy); *Na virada do século – Poesia de invenção no Brasil*, organização de Claudio Daniel e Frederico Barbosa (Landy).

- Ouça o disco *João Cabral de Melo Neto*, com música de Egberto Gismonti (Somlivre, 1984), e os CDs *7 episódios do Grande sertão: veredas nas vozes de Antonio Candido, Davi Arrigucci Jr. e José Mindlin* (coleção Ler e Ouvir), *João Guimarães Rosa nas vozes dos contadores de estórias de Cordisburgo*, com cinco contos de *Primeiras estórias* (coleção Ler e Ouvir), *Clarice Lispector – Contos*, por Aracy Balabanian (Luz da Cidade).

- Pesquise sobre a "arte de resistência" que se fez no Brasil durante o regime militar e sobre a "poesia marginal", feita no país a partir da década de 1970.

··INTERVALO··

Projeto:

Anos 60: cultura ou contracultura?

Produção e apresentação de um programa de rádio sobre os acontecimentos políticos, econômicos e sociais e os comportamentos e valores da juventude na década de 1960.

abstração

com pincéis e nanquim
esboças sobre mim
uma obra sem fim

(Sandra Regina. In: *Haicaos*. São Paulo: Limiar, 2012. p. 43.)

tentativa de definição nº 1

amor
é essa porção
de batimentos acelerados

cercada de você

por todos os

lados

(Múcio Góes. In: *Haicaos*. cit. p. 22.)

Coleção particular

Flor (déc. de 1950), de Aldemir Martins.

Os anos 1940-50. Clarice Lispector

A pesquisa estética e a renovação das formas de expressão literária, tanto na poesia quanto na prosa, são os traços distintivos da geração de 1940-50. Clarice Lispector, por exemplo, pondo em xeque os modelos narrativos tradicionais, revitalizou os limites entre a poesia e a prosa e obrigou a crítica literária a rever seus critérios de análise e avaliação da obra literária.

Nas décadas de 1940-50, surgiram no Brasil publicações que apontavam para uma nova direção da literatura. Sem propor uma ruptura com as conquistas do Modernismo das gerações de 1922 e 1930, mas também sem defender as propostas desses grupos, os novos escritores destacaram-se essencialmente pela maturidade literária e pelas pesquisas em torno da linguagem.

A seguir, você vai ler três textos, de autoria dos três principais escritores que surgiram nas décadas de 1940-50. Após a leitura, responda às questões propostas.

TEXTO I

O fragmento que segue se encontra nas primeiras páginas de *A paixão segundo G. H.*, de Clarice Lispector. Nelas o narrador dá início à história que vai ser contada.

Não tenho uma palavra a dizer. Por que não me calo, então? Mas se eu não forçar a palavra a mudez me engolfará para sempre em ondas. A palavra e a forma serão a tábua onde boiarei sobre vagalhões de mudez.

[...]

Vou criar o que me aconteceu. Só porque viver não é relatável. Viver não é vivível. Terei que criar sobre a vida. E sem mentir. Criar sim, mentir não. Criar não é imaginação, é correr o grande risco de se ter a realidade. Entender é uma criação, meu único modo. Precisarei com esforço traduzir sinais de telégrafo — traduzir o desconhecido para uma língua que desconheço, e sem sequer entender para que valem os sinais. Falarei nessa linguagem sonâmbula que se eu estivesse acordada não seria linguagem.

(São Paulo: ALLCA XX/Scipione Cultural, 1997. p. 14-5.)

Perfil e almas (s/d.), de Ismael Nery.

TEXTO II

O texto que segue é um fragmento do conto "O burrinho pedrês", que integra a obra *Sagarana*, de Guimarães Rosa. Nele, o narrador descreve os movimentos de uma boiada que está sendo conduzida.

As ancas balançam, e as vagas de dorsos, das vacas e touros, batendo com as caudas, mugindo no meio, na massa embolada, com atritos de couros, estralos de guampas, estrondos e baques, e o berro queixoso do gado Junqueira, de chifres imensos, com muita tristeza, saudade dos campos, querência dos pastos de lá do sertão...

"Um boi preto, um boi pintado,
cada um tem sua cor.
Cada coração um jeito
de mostrar o seu amor."

Boi bem bravo, bate baixo, bota baba, boi berrando... Dança doida, dá de duro, dá de dentro, dá direito... Vai, vem, volta, vem na vara, vai não volta, vai varando...

(25. ed. Rio de Janeiro: José Olympio, 1982. p. 24.)

guampa: corno, chifre.

Autumn Landscape (1931), de Werner Peiner.

O texto que segue é um fragmento do poema "A palo seco", de João Cabral de Melo Neto, que integra a obra *Quaderna* (1960). Se possível, ouça a declamação que Arnaldo Antunes faz desses versos, encontrada no *site* www.tvcultura.com.br/aloescola/literatura/joaocabral/ joaocabral1.htm.

A palo seco

Se diz *a palo seco*
o *cante* sem guitarra;
o *cante* sem; o *cante*;
o *cante* sem mais nada;

se diz *a palo seco*
a esse *cante* despido:
ao *cante* que se canta
sob o silêncio a pino.

O *cante a palo seco*
é o *cante* mais só:
é cantar num deserto
devassado de sol;

é o mesmo que cantar
num deserto sem sombra
em que a voz só dispõe
do que ela mesma ponha.

[...]

A palo seco existem
situações e objetos:
Graciliano Ramos,
desenho de arquiteto,

as paredes caiadas,
a elegância dos pregos,
a cidade de Córdoba,
o arame dos insetos.

Eis uns poucos exemplos
de ser a palo seco,
dos quais se retirar
higiene ou conselho:

não de aceitar o seco
por resignadamente,
mas de empregar o seco
porque é mais contundente.

(*Poesias completas*. 3. ed. Rio de Janeiro:
José Olympio, 1979. p. 160-5.)

Stock vectors/Getty Images

Vertical guitar (s/d.), de John Woodcock.

> **a palo seco**: expressão de origem espanhola que se refere a algo simples, sem floreios.

1. Leia a seguinte relação de procedimentos formais, linguísticos e temáticos observados na literatura produzida pela geração de 45.

> • Metalinguagem, isto é, reflexão sobre o processo de criação literária.
> • Postura racional, antissentimental.
> • Linguagem metafórica ou poética, que relativiza os limites entre poesia e prosa.
> • Invenção de palavras novas a partir de recursos disponíveis na língua.

a) Qual ou quais desses itens podem ser observados no texto I?

b) E no texto II?

c) E no texto III?

2. A literatura geralmente é vista como comunicação e como recriação de experiências vividas. Por que o texto de Clarice Lispector é surpreendente nesse aspecto?

3. O fragmento de Guimarães Rosa é um exemplo de como, na literatura da geração de 45, os limites entre poesia e prosa se diluem. Imagens, ritmo, aliterações, tudo contribui para a construção de uma prosa altamente poética.

a) Faça uma experiência: primeiramente, releia o primeiro parágrafo do texto em voz alta, percebendo o ritmo. Depois pegue o primeiro parágrafo e tente dividi-lo em versos, levando em conta o ritmo e a pontuação. Versos de quantas sílabas você obteve?

b) Quanto ao ritmo, qual é a posição das sílabas tônicas nesses "versos"?

c) Que aliterações se destacam no último parágrafo do texto II? Qual é a relação dessas aliterações com o assunto tratado?

4. Embora priorize a pesquisa estética, a geração de 45 não deixa de lado o interesse pela cultura popular – uma das marcas do movimento modernista de 22 e de 30. Identifique no texto II uma manifestação desse interesse.

5. Releia estes versos do poema "A palo seco", de João Cabral de Melo Neto:

> "Se diz *a palo seco*
> o *cante* sem guitarra;
> o *cante* sem; o *cante*;
> o *cante* sem mais nada;"

João Cabral, que viveu muitos anos na Espanha, emprega a expressão espanhola "a palo seco", que se refere a algo simples e direto, sem rodeios.

a) Aplicando esse conceito à poesia, o que seria um canto "a palo seco"?

b) Nesses versos, o poeta constrói um canto "a palo seco"? Por quê?

6. João Cabral cita em seu poema o escritor Graciliano Ramos. Considerando o que conhece sobre esse autor, você concorda com o poeta quando ele diz que o estilo de Graciliano pode ser considerado "a palo seco"? Por quê?

7. Na última estrofe do poema de João Cabral, há uma oposição entre "aceitar o seco" e "empregar o seco".

a) Explique essa diferença.

b) Segundo a perspectiva do texto, qual é a vantagem de escrever "a palo seco"?

A LITERATURA NOS ANOS 1940-50: A FASE DA MATURIDADE

Durante o período de 1930-45, tanto a literatura quanto as artes plásticas no Brasil foram essencialmente ideológicas, voltadas para a discussão dos problemas brasileiros.

Em 1945, terminou a Segunda Guerra Mundial e, no Brasil, a ditadura de Vargas. O mundo passou a viver a Guerra Fria, e o Brasil, um período democrático e desenvolvimentista, que chegaria à euforia no governo de Juscelino Kubitschek (1956-1961).

Menos exigidos social e politicamente, os artistas empreendiam uma pesquisa estética em busca de novas formas de expressão. Nas artes plásticas, por exemplo, a pintura figurativista, cujo centro é uma figura representativa da realidade, passou a dividir espaço com a pintura abstrata, antifigurativista, que não apresenta relação direta com a realidade.

Na literatura, ao lado de obras que mantinham certa preocupação social e davam continuidade até ao regionalismo, começaram a se destacar produções literárias em que a grande novidade era a pesquisa em torno da própria linguagem literária.

: *Still Life* (1950), de Ben Nicholson.

A poesia

A poesia dessa geração trouxe ao cenário das discussões literárias a seguinte proposição: *a poesia é a arte da palavra*. Esse princípio implicava a alteração de pontos de vista da poesia de 30, que já tinha sido social, política, religiosa, filosófica...

O desejo de renovar a forma poética era a principal meta dessa geração, que, por causa desse interesse formalista, chegou a ser chamada de neoparnasiana. Entre os poetas desse grupo, alguns tenderam mais ao estilo culto e elevado, de feição neoparnasiana; outros caminharam na direção da busca de uma linguagem essencial, sintética, precisa, concreta e racional, dando continuidade a algumas experiências feitas nesse sentido por Drummond e Murilo Mendes.

Panorama, a revista carioca em que foram divulgados os textos dessa geração, entre 1948 e 1953, anunciava: "Somos na realidade um novo estado poético, e muitos são os que buscam um novo caminho fora dos limites do modernismo". Foram publicadas nessa revista produções de dezenas de novos poetas, entre eles Alphonsus de Guimaraens Filho, Péricles Eugênio da Silva Ramos, Geir Campos, José Paulo Paes, Paulo Bonfim e João Cabral de Melo Neto, o poeta de maior destaque dessa geração.

A prosa

Várias obras significativas em prosa vieram a público nesse período, principalmente nos gêneros conto e romance.

Parte dessa prosa retoma e aprofunda a sondagem psicológica que já vinha sendo desenvolvida, especialmente por autores como Mário de Andrade e Graciliano Ramos. É o que se verifica, por exemplo, nos contos e romances de Clarice Lispector e Lygia Fagundes Telles.

O regionalismo, fartamente explorado pela geração de 30, também foi retomado, dedicando-se a esse tipo de produção João Guimarães Rosa, Mário Palmério e outros, que procuraram dar-lhe um tratamento renovado. O espaço urbano também foi objeto de enfoque, representado nas crônicas de Rubem Braga e nos contos e romances de Dalton Trevisan, Lygia Fagundes Telles, Clarice Lispector e Carlos Heitor Cony, entre outros.

CLARICE LISPECTOR: A ESCRITURA SELVAGEM

Carvall

: Caricatura de Clarice Lispector.

Clarice Lispector (1926-1977) é um dos três principais nomes da geração de 45 e uma das principais expressões da ficção brasileira de todos os tempos. Quando publicou sua primeira obra, *Perto do coração selvagem* (1944), a escritora provocou verdadeiro espanto na crítica e no público. Acostumada a certo tipo de romance, como o de 30, a crítica reconheceu o talento da jovem escritora (então com 17 anos), mas apontou-lhe inúmeras falhas, sobretudo de construção. Álvaro Lins, por exemplo, importante crítico da época, escreveu: "Li o romance duas vezes, e ao terminar só havia uma impressão: a de que ele não estava realizado, a de que estava incompleta e inacabada a sua estrutura como obra de ficção"*.

Clarice Lispector, na verdade, introduzia em nossa literatura novas técnicas de expressão, que obrigavam a uma revisão de critérios avaliativos. Sua narrativa subverte com frequência a estrutura dos tradicionais gêneros narrativos (o conto, a novela, o romance), quebra a sequência "começo, meio e fim", assim como a ordem cronológica, e funde a prosa à poesia ao fazer uso constante de imagens, metáforas, antíteses, paradoxos, símbolos, sonoridades, etc.

Minha liberdade é escrever

Deixemos que a própria Clarice Lispector fale de si mesma:

Nasci na Ucrânia, terra de meus pais. Nasci numa aldeia chamada Tchetchelnik, que não figura no mapa de tão pequena e insignificante. Quando minha mãe estava grávida de mim, meus pais já estavam se encaminhando para os Estados Unidos ou Brasil, ainda não haviam decidido: pararam em Tchetchelnik para eu nascer, e prosseguiram viagem. Cheguei ao Brasil com apenas dois meses de idade.

Sou brasileira naturalizada, quando, por uma questão de meses, poderia ser brasileira nata. Fiz da língua portuguesa a minha vida interior, o meu pensamento mais íntimo, usei-a para palavras de amor. Comecei a escrever pequenos contos logo que me alfabetizaram, e escrevi-os em português, é claro. Criei-me em Recife. [...] E nasci para escrever. Minha liberdade é escrever. A palavra é o meu domínio sobre o mundo.

(Apud Berta Waldman. *Clarice Lispector*. São Paulo: Brasiliense, 1983. p. 9-10.)

* *Os mortos de sobrecasaca*. Rio de Janeiro: Civilização Brasileira, 1963. p. 189.

Fluxo de consciência e epifania

Outro aspecto inovador da prosa de Clarice é o *fluxo de consciência*, uma experiência mais radical do que a introspecção psicológica, já praticada por vários escritores desde o Realismo no século XIX.

A introspecção psicológica tradicional procura desvendar o universo mental da personagem de forma linear, com espaços determinados e com marcadores temporais nítidos. O leitor tem pleno domínio da situação e distingue com facilidade momentos do passado – revividos pela personagem por meio da memória –, momentos do presente e momentos de imaginação.

O fluxo de consciência quebra esses limites espaçotemporais que tornam a obra verossímil. Por meio dele, presente e passado, realidade e desejo se misturam. Como se fosse um painel de imagens captadas por uma câmera instalada no cérebro de uma personagem que deixa o pensamento solto, o fluxo de consciência cruza vários planos narrativos, sem preocupação com a lógica ou com a ordem narrativa.

Essas experiências já vinham sendo feitas no exterior pelos escritores Marcel Proust e James Joyce. No Brasil, foi Clarice quem as introduziu.

Muitas vezes, além do fluxo de consciência, as personagens de Clarice vivem também um *processo epifânico*. (O termo *epifania* tem sentido religioso, significando "revelação".) Esse processo pode ser irrompido a partir de fatos banais do cotidiano: um encontrão, um beijo, um olhar, um susto. A personagem, mergulhada num fluxo de consciência, passa a ver o mundo e a si mesma de outro modo. É como se tivesse tido, de fato, uma revelação e, a partir dela, passasse a ter uma visão mais aprofundada da vida, das pessoas, das relações humanas, etc.

De modo geral, esses momentos epifânicos são dilacerantes e dão origem a rupturas de valores, a questionamentos filosóficos e existenciais, permitindo a aproximação de realidades opostas, tais como nascimento e morte, bem e mal, amor e ódio, matar ou morrer por amor, seduzir e ser seduzido, etc.

A epifania na arte

Você já viveu alguma situação em que, ouvindo uma música ou assistindo a um filme ou a uma peça de teatro, tenha se sentido outro? Isto é, tenha se sentido mais leve, mais humano ou solidário, mais consciente ou algo assim? Isso ocorre com certa frequência, pois a arte sempre teve uma função epifânica. O russo Chklovski já dizia que a arte provoca no ser humano um *estranhamento* em face da realidade. É como se nós nos "desautomatizássemos" e passássemos a ver as coisas com outros olhos.

Perfis femininos e universalismo

Clarice Lispector nunca aceitou o rótulo de escritora feminista. Apesar disso, muitos de seus romances e contos têm como protagonistas personagens femininas, quase sempre urbanas. A escritora, ao explicar sua vocação para a literatura, comenta:

[...] talvez porque para as outras vocações eu precisaria de um longo aprendizado, enquanto que para escrever o aprendizado é a própria vida se vivendo em nós e ao redor de nós. É que não sei estudar. E, para escrever, o único estudo é mesmo escrever.

(Apud Berta Waldman, op. cit., p. 11.)

Clarice: literatura participante?

É a escritora quem responde:

Eu admito a literatura claramente participante. Se não faço isso é porque não é do meu temperamento. A gente só pode tentar fazer bem as coisas que sente realmente. Os meus livros não se preocupam com os fatos em si, porque para mim o importante não são os fatos em si, mas a repercussão dos fatos no indivíduo. Isso é que tem muita importância mesmo para mim. É o que eu faço. Acho que, sob esse ponto de vista, eu também faço livros comprometidos com o homem e a realidade do homem, porque realidade não é um fenômeno puramente externo.

(*Cadernos de literatura brasileira – 10 anos.* Nº 22. Instituto Moreira Salles, 2007.)

Portanto, o ponto de partida da literatura de Clarice é o da experiência pessoal da mulher e o seu ambiente familiar. Contudo, a escritora extrapola os limites desse universo. Seus temas, no conjunto, são essencialmente humanos e universais, como as relações entre o eu e o outro, a falsidade das relações humanas, a condição social da mulher, o esvaziamento das relações familiares e, sobretudo, a própria linguagem – única forma de comunicação com o mundo.

Clarice é considerada uma escritora intimista e psicológica. É dela esta explicação: "Algumas pessoas cosem para fora; eu coso para dentro". Mas, como toda boa literatura, sua produção acaba por envolver outros universos. Sua obra não deixa de ser também social, filosófica, existencial e metalinguística. O último livro que publicou, por exemplo, *A hora da estrela* (1977), é uma narrativa que, entre outros aspectos, aborda a condição social de uma migrante nordestina no Rio de Janeiro e faz reflexões existencialistas sobre o ser humano, a condição e o papel do escritor moderno e a história da própria escritura literária.

Clarice publicou romances, contos, crônicas e literatura infantil. De suas mais de vinte obras, destacam-se, além de *Perto do coração selvagem* (1944), *O lustre* (romance, 1946), *Laços de família* (contos, 1960), *A paixão segundo G. H.* (romance, 1964), *Uma aprendizagem ou O livro dos prazeres* (romance, 1969), *Água viva* (prosa, 1973), *A hora da estrela* (romance, 1977), *A bela e a fera* (contos, 1979). No gênero infantil publicou, entre outros, os livros *O mistério do coelho pensante* (1967), *A mulher que matou os peixes* (1969), *A vida íntima de Laura* (1974).

LEITURA

O conto que você vai ler a seguir é um dos mais importantes que Clarice Lispector escreveu e integra a obra *Laços de família*.

Os laços de família

A mulher e a mãe acomodaram-se finalmente no táxi que as levaria à Estação. A mãe contava e recontava as duas malas tentando convencer-se de que ambas estavam no carro. A filha, com seus olhos escuros, a que um ligeiro estrabismo dava um contínuo brilho de zombaria e frieza assistia.

— Não esqueci de nada? perguntava pela terceira vez a mãe.

— Não, não, não esqueceu de nada, respondia a filha divertida, com paciência.

Ainda estava sob a impressão da cena meio cômica entre sua mãe e seu marido, na hora da despe-

: *A família* (c. 1924), de Ismael Nery.

Coleção Rodolpho Ortenblad Filho, SP

dida. Durante as duas semanas da visita da velha, os dois mal se haviam suportado; os bons-dias e as boas-tardes soavam a cada momento com uma delicadeza cautelosa que a fazia querer rir. Mas eis que na hora da despedida, antes de entrarem no táxi, a mãe se transformara em sogra exemplar e o marido se tornara o bom genro. "Perdoe alguma palavra mal dita", dissera a velha senhora, e Catarina, com alguma alegria, vira Antônio não saber o que fazer das malas nas mãos, a gaguejar — perturbado em ser o bom genro. "Se eu rio, eles pensam que estou louca", pensara Catarina franzindo as sobrancelhas. "Quem casa um filho perde um filho, quem casa uma filha ganha mais um", acrescentara a mãe, e Antônio aproveitara sua gripe para tossir. Catarina, de pé, observava com malícia o marido, cuja segurança se desvanecera para dar lugar a um homem moreno e miúdo, forçado a ser filho daquela mulherzinha grisalha... Foi então que a vontade de rir tornou-se mais forte. Felizmente nunca precisava rir de fato quando tinha vontade de rir: seus olhos tomavam uma expressão esperta e contida, tornavam-se mais estrábicos — e o riso saía pelos olhos. Sempre doía um pouco ser capaz de rir. Mas nada podia fazer contra: desde pequena rira pelos olhos, desde sempre fora estrábica.

[...]

— Não esqueci de nada..., recomeçou a mãe, quando uma freada súbita do carro lançou-as uma contra a outra e fez despencarem as malas. — Ah! ah! — exclamou a mãe como a um desastre irremediável, ah! dizia balançando a cabeça em surpresa, de repente envelhecida e pobre. E Catarina?

Catarina olhava a mãe, e a mãe olhava a filha, e também a Catarina acontecera um desastre? seus olhos piscaram surpreendidos, ela ajeitava depressa as malas, a bolsa, procurando o mais rapidamente possível remediar a catástrofe. Porque de fato sucedera alguma coisa, seria inútil esconder: Catarina fora lançada contra Severina, numa intimidade de corpo há muito esquecida, vinda do tempo em que se tem pai e mãe. Apesar de que nunca se haviam realmente abraçado ou beijado. Do pai, sim. Catarina sempre fora mais amiga. Quando a mãe enchia-lhes os pratos obrigando-os a comer demais, os dois se olhavam piscando em cumplicidade e a mãe nem notava. Mas depois do choque no táxi e depois de se ajeitarem, não tinham o que falar — por que não chegavam logo à Estação?

— Não esqueci de nada?, perguntou a mãe com voz resignada.

Catarina não queria mais fitá-la nem responder-lhe.

— Tome suas luvas! disse-lhe, recolhendo-as do chão.

— Ah! ah! minhas luvas! exclamava a mãe perplexa. Só se espiaram realmente quando as malas foram dispostas no trem, depois de trocados os beijos: a cabeça da mãe apareceu na janela.

Catarina viu então que sua mãe estava envelhecida e tinha os olhos brilhantes.

O trem não partia e ambas esperavam sem ter o que dizer. A mãe tirou o espelho da bolsa e examinou-se no seu chapéu novo, comprado no mesmo chapeleiro da filha. Olhava-se compondo um ar excessivamente severo onde não faltava alguma admiração por si mesma. A filha observava divertida. Ninguém mais pode te amar senão eu, pensou a mulher rindo pelos olhos; e o peso da responsabilidade deu-lhe à boca um gosto de sangue. Como se "mãe e filha" fosse vida e repugnância. Não, não se podia dizer que amava sua mãe. Sua mãe lhe doía, era isso. [...]

— ... Não esqueci de nada? perguntou a mãe.

Também a Catarina parecia que haviam esquecido de alguma coisa, e ambas se olhavam atônitas — porque se realmente haviam esquecido, agora era tarde demais. Uma mulher arrastava uma criança, a criança chorava, novamente a campainha da Estação soou... Mamãe, disse a mulher. Que coisa tinham esquecido de dizer uma a outra? e agora era tarde demais. Parecia-lhe que deveriam um dia ter dito assim: sou tua mãe, Catarina. E ela deveria ter respondido: e eu sou tua filha.

— Não vá pegar corrente de ar! gritou Catarina.

— Ora menina, sou lá criança, disse a mãe sem deixar porém de se preocupar com a própria aparência. A mão sardenta, um pouco trêmula, arranjava com delicadeza a aba do chapéu e Catarina teve subitamente vontade de lhe perguntar se fora feliz com seu pai:

— Dê lembranças a titia! gritou.

— Sim, sim!

— Mamãe, disse Catarina porque um longo apito se ouvira e no meio da fumaça as rodas já se moviam.

— Catarina! disse a velha de boca aberta e olhos espantados, e ao primeiro solavanco a filha viu-a levar as mãos ao chapéu: este caíra-lhe até o nariz, deixando aparecer apenas a nova dentadura. O trem já andava e Catarina acenava. O rosto da mãe desapareceu um instante e reapareceu já sem o chapéu, o coque dos cabelos desmanchado caindo em mechas brancas sobre os ombros como as de uma donzela — o rosto estava inclinado sem sorrir, talvez mesmo sem enxergar mais a filha distante.

[...]

O elevador zumbia no calor da praia. Abriu a porta do apartamento enquanto se libertava do chapeuzinho com a outra mão; parecia disposta a usufruir da largueza do mundo inteiro, caminho aberto pela sua mãe que lhe ardia no peito. Antônio mal levantou os olhos do livro. A tarde de sábado sempre fora "sua", e, logo depois da partida de Severina, ele a retomava com prazer, junto à escrivaninha.

— "Ela" foi?

— Foi sim, respondeu Catarina empurrando a porta do quarto de seu filho. Ah, sim, lá estava o menino, pensou com alívio súbito. Seu filho. Magro e nervoso. Desde que se pusera de pé caminhara firme; mas quase aos quatro anos falava como se desconhecesse verbos: constatava as coisas com frieza, não as ligando entre si. Lá estava ele mexendo na toalha molhada, exato e distante. A mulher sentia um calor bom e gostaria de prender o menino para sempre a este momento; puxou-lhe a toalha das mãos em censura: este menino! Mas o menino olhava indiferente para o ar, comunicando-se consigo mesmo. Estava sempre distraído. Ninguém conseguira ainda chamar-lhe verdadeiramente a atenção. A mãe sacudia a toalha no ar e impedia com sua forma a visão do quarto: mamãe, disse o menino. Catarina voltou-se rápida. Era a primeira vez que ele dizia "mamãe" nesse tom e sem pedir nada. Fora mais que uma constatação: mamãe! A mulher continuou a sacudir a toalha com violência e perguntou-se a quem poderia contar o que sucedera, mas não encontrou ninguém que entendesse o que ela não pudesse explicar. Desamarrotou a toalha com vigor antes de pendurá-la para secar. Talvez pudesse contar, se mudasse a forma. Contaria que o filho dissera: mamãe, quem é Deus. Não, talvez: mamãe, menino quer Deus. Talvez. Só em símbolos a verdade caberia, só em símbolos é que a receberiam. Com os olhos sorrindo de sua mentira necessária, e sobretudo da própria tolice, fugindo de Severina, a mulher inesperadamente riu de fato para o menino, não só com os olhos: o corpo todo riu quebrado, quebrado um invólucro, e uma aspereza aparecendo como uma rouquidão. Feia, disse então o menino examinando-a.

— Vamos passear! respondeu corando e pegando-o pela mão.

Passou pela sala, sem parar avisou ao marido: vamos sair! e bateu a porta do apartamento.

Antônio mal teve tempo de levantar os olhos do livro — e com surpresa espiava a sala já vazia. Catarina! chamou, mas já se ouvia o ruído do elevador descendo. Aonde foram? perguntou-se inquieto, tossindo e assoando o nariz. Porque sábado era seu, mas ele queria que sua mulher e seu filho estivessem em casa enquanto ele tomava o seu sábado. Catarina! chamou aborrecido embora soubesse que ela não poderia mais ouvi-lo.

[...]

(In: *Laços de família*. Editora Rocco, 1998.)

1. Severina passara quinze dias na casa da filha e do genro. Observe os diálogos entre a sogra e o genro.

   a) Como se caracteriza a relação entre eles? Indique um trecho que comprove sua resposta.

   b) Na hora da despedida, Catarina sente vontade de rir. Por quê?

2. Nos contos de Clarice Lispector, é comum um fato banal do cotidiano desencadear um processo de epifania, isto é, um processo de revelação, de tomada de consciência da personagem.

   a) Que fato desencadeia um processo epifânico no relacionamento entre mãe e filha?

   b) A partir desse momento, o que se revela à Catarina quanto ao relacionamento com a mãe? Por quê?

3. Releia este fragmento do conto:

> [...]
>
> A mãe tirou o espelho da bolsa e examinou-se no seu chapéu novo, comprado no mesmo chapeleiro da filha. Olhava-se compondo um ar excessivamente severo onde não faltava alguma admiração por si mesma. A filha observava divertida. Ninguém mais pode te amar senão eu, pensou a mulher rindo pelos olhos; e o peso da responsabilidade deu-lhe à boca um gosto de sangue. Como se "mãe e filha" fosse vida e repugnância. Não, não se podia dizer que amava sua mãe. Sua mãe lhe doía, era isso.

Novaes

   a) Na prosa de Clarice, é comum o emprego de metáforas ou de antíteses e paradoxos surpreendentes. Identifique nesse trecho um exemplo de um desses recursos.

   b) Dê uma interpretação coerente à frase "Sua mãe lhe doía".

4. Há diferentes formas de o narrador inserir os pensamentos das personagens na narrativa. Ele pode fazê-lo, por exemplo, de modo linear, delimitando nitidamente a voz do narrador e o pensamento das personagens; pode também empregar o discurso indireto livre, misturando a fala do narrador com a fala das personagens; pode, ainda, inserir pensamentos das personagens simultaneamente ao acontecimento dos fatos. No fragmento reproduzido na questão anterior:

   a) De que modo o narrador introduz o pensamento das personagens?

   b) Que efeito esse recurso provoca no andamento da narrativa?

   c) O que se destaca mais na literatura de Clarice Lispector: o enredo ou a introspecção psicológica das personagens? Por quê?

5. Os diálogos entre mãe e filha são repetitivos e vazios, evidenciando uma oposição entre o que é dito e o que é pensado.

   a) Constantemente Severina diz "Não esqueci de nada...". Considerando o relacionamento das duas, o que elas realmente poderiam estar esquecendo?

   b) Com base em elementos do texto, responda: O que as duas personagens efetivamente gostariam de ter dito? O que as impede de dizerem uma à outra o que realmente pensam e sentem?

6. Clarice, em vários de seus contos, retrata a condição da mulher na sociedade, o casamento sem amor e a vida alienada da mulher ao lado do marido. No conto "Os laços de família", o processo epifânico vivido por Catarina faz com que ela chegue a sua casa diferente, mudada. E a palavra

que o filho lhe diz parece dar continuidade ao processo epifânico.

a) Que efeito tem sobre o marido a iniciativa de Catarina de sair do apartamento com o filho?

b) Considerando "os laços de família" (título do conto) observados entre Catarina e a mãe, troque ideias com os colegas e dê uma interpretação coerente: Por que Catarina toma a iniciativa de sair do apartamento com o filho?

c) Na sua opinião, Catarina vai voltar?

7. Com base no conto "Os laços de família", responda: Mesmo trabalhando com o universo da consciência individual de personagens, a literatura de Clarice Lispector consegue ser também social? Justifique sua resposta.

Um olhar lusitano sobre Clarice

Alguns leitores não conseguem ler uma obra de Clarice Lispector até o fim. Outros se apaixonam de tal forma por suas obras, que chegam a dedicar a vida a elas, como ocorreu com o professor e crítico português Carlos Mendes de Sousa.

Tendo conhecido por acaso uma das obras da escritora, Carlos Mendes se apaixonou pelos escritos de Clarice e chegou até a copiar na íntegra o romance *Paixão segundo G. H.* como uma forma de imersão no universo da autora.

O resultado dos estudos e vivências do professor e crítico foi a produção do livro *Clarice Lispector – Figuras da escrita* (Instituto Moreira Salles), considerado pela crítica como uma das mais importantes contribuições para o desvendamento dos processos da escrita de Clarice.

Instituto Moreira Salles

Para quem quer mais na Internet

Se você deseja ler outros textos de Clarice Lispector e conhecer mais a fundo o seu trabalho, sugerimos acessar os *sites*:

www.claricelispector.com.br/

www.releituras.com/clispector_menu.asp

www2.tvcultura.com.br/aloescola/literatura/claricelispector/index.htm

Novaes

: João Guimarães Rosa
retratado por Novaes.

Guimarães Rosa:
a linguagem reinventada

Seguindo a tradição regionalista, já largamente explorada em nossa literatura por autores de diferentes épocas e gerações, Guimarães Rosa conseguiu não apenas realizar aquilo que era mais impossível — renovar essa tradição —, mas também levar a literatura brasileira a um de seus níveis mais altos.

João Guimarães Rosa (1908-1967), mineiro de Cordisburgo, desde cedo mostrou interesse por línguas e pelas coisas da natureza: bichos, plantas, insetos. Formou-se em Medicina e exerceu a profissão clinicando pelo interior de Minas, onde recolheu importante material para as suas obras. Em 1934, ingressou na carreira diplomática. No exercício de cargos diplomáticos, inclusive o de embaixador, viveu em vários países, sempre escrevendo e ampliando seu conhecimento sobre línguas e culturas diferentes. Morreu em 1967, três dias depois de tomar posse na Academia Brasileira de Letras.

Como escritor, Guimarães Rosa é uma das principais expressões da literatura brasileira. A genialidade de sua obra tem deslumbrado unanimemente as várias tendências da crítica e do público. Embora já tivesse ganhado, em 1936, com o livro *Magma*, o concurso de poesia promovido pela Academia Brasileira de Letras, Guimarães Rosa estreou somente em 1946, com o lançamento de *Sagarana* (contos). De cunho regionalista, a obra surpreendeu a crítica, em virtude da originalidade de sua linguagem e de suas técnicas narrativas, que apontavam uma mudança substancial na velha tradição regionalista. Dez anos depois, o autor confirmaria as expectativas, dando a público, de

uma só vez, em 1956, duas obras-primas: *Corpo de baile* (novelas) e *Grande sertão: veredas* (romance). Publicou ainda *Primeiras estórias* (1962) e *Tutameia – Terceiras estórias* (1967). Atualmente a obra *Corpo de baile* é publicada em três partes: *Manuelzão e Miguilim*, *No Urubuquaquá, no Pinhém* e *Noites do sertão*.

A NOVIDADE DA LINGUAGEM

A tradição regionalista na literatura brasileira é antiga. Começa com os românticos Alencar e Taunay, passa pelos autores naturalistas e pré-modernistas, como Domingos Olímpio e Euclides da Cunha, e pelos modernistas da geração de 30, como Graciliano Ramos e José Lins do Rego.

Em todos esses momentos da prosa regionalista sempre se apresentou aos autores um problema de difícil solução: a linguagem a ser empregada. O autor deveria seguir a norma-padrão ou empregar uma variedade regional? Ou fazer uso de uma e outra? A solução para esse problema quase sempre foi a da mistura: o narrador empregava uma língua culta, com alguns termos regionais, e as personagens utilizavam a linguagem típica da região. O emprego da língua regional, nesse caso, quase sempre ficava no nível do vocabulário.

A grande novidade linguística introduzida pelo regionalismo de Guimarães Rosa foi recriar na literatura a fala do sertanejo tanto no plano do vocabulário como no da sintaxe (a construção das frases) e no da melodia da frase. Dando voz ao homem do sertão por meio de técnicas como o foco narrativo em

1ª pessoa, o discurso direto e o discurso indireto livre, a língua falada no sertão está presente em toda a obra, como resultado de inúmeros anos de observação, anotações e pesquisa linguística. Observe no seguinte fragmento do conto "Sarapalha", de *Sagarana*, o conhecimento minucioso que o autor mostra ter da vegetação e da língua regionais:

> Aí a beldroega, em carreirinha indiscreta — ora-pro-nobis! ora-pro-nobis! — apontou caules ruivos no baixo das cercas das hortas, e, talo a talo, avançou. Mas o cabeça-de-boi e o capim-mulambo, já donos da rua, tangeram-na de volta; e nem pôde recuar, a coitadinha rasteira, porque no quintal os joás estavam brigando com o espinho-agulha e com o gervão em flor.

: Guimarães Rosa, em caricatura de Carvall.

Observe a preocupação do autor com a construção sintática e melódica das frases neste fragmento inicial de *Grande sertão: veredas*:

> — Nonada. Tiros que o senhor ouviu foram de briga de homem não, Deus esteja. Alvejei mira em árvore, no quintal, no baixo do córrego. Por meu acerto. Todo dia isso faço, gosto; desde mal em mim mocidade. Daí, vieram me chamar. Causa dum bezerro: um bezerro branco erroso, os olhos de nem ser.

Contudo, a linguagem de Guimarães Rosa não tem a intenção de retratar realisticamente a língua do sertão mineiro. Ela vai além: tomando por base a língua regional, Guimarães recria a própria língua portuguesa, por meio do aproveitamento de termos em desuso, da criação de neologismos, do emprego de palavras tomadas de empréstimo a outras línguas e da exploração de novas estruturas sintáticas.

Além disso, sua narrativa faz uso de recursos mais comuns à poesia, tais como o ritmo, as aliterações, as metáforas e as imagens, obtendo, assim, uma prosa altamente poética, situada no limite entre a poesia e a prosa.

Veja este comentário do próprio Guimarães Rosa a propósito de sua linguagem literária:

> Meus romances e ciclos de romances são na realidade contos nos quais se unem a ficção poética e a realidade. Sei que daí pode facilmente nascer um filho ilegítimo, mas justamente o autor deve ter um aparelho de controle: sua cabeça. Escrevo, e creio que este é o meu aparelho de controle: o idioma português, tal como usamos no Brasil; entretanto, no fundo, enquanto vou escrevendo, extraio de muitos outros idiomas. Disso resultam meus livros escritos em um idioma próprio, meu, e pode-se deduzir daí que não me submeto à tirania da gramática e dos dicionários dos outros. A gramática e a chamada filologia, ciência linguística, foram inventadas pelos inimigos da poesia.
>
> (*Guimarães Rosa*. São Paulo: Abril Educação, 1982. p. 102. Literatura Comentada.)

Regionalismo e universalismo

Outro aspecto de destaque da obra roseana é sua capacidade de transpor os limites do espaço regional em que quase sempre se situam seus textos e alcançar uma dimensão universal.

Em *Grande sertão*, o narrador Riobaldo afirma: "o sertão é o mundo". E é com base nesse pressuposto que a narrativa roseana vai nos envolvendo, como se também fôssemos sertanejos e jagunços e fizéssemos parte daquele mundo. Passamos então a lidar com os mais variados temas, conforme vamos nos identificando com as preocupações do homem sertanejo: o bem e o mal, Deus e o diabo, o amor, a violência, a morte, a traição, o sentido e o aprendizado da vida, a descoberta infantil do mundo, etc.

E notamos, então, que essas reflexões não são exclusivas do sertão mineiro; são também nossas, do homem urbano, e do homem do campo, do norte e do sul do país. Na verdade, Guimarães Rosa é um escritor universal, que consegue vasculhar as profundezas da alma humana e captar suas inquietações, conflitos e anseios, sem, contudo, perder o sabor da língua, dos valores e da psicologia do homem do sertão mineiro.

Enfim, Guimarães Rosa é um desses escritores que representam a síntese de toda uma trajetória de experiências formais e ideológicas da literatura de uma geração e, às vezes, da literatura de um século. Assim foi com Machado de Assis no século XIX; assim foi com Guimarães Rosa na prosa brasileira do século XX.

Grande sertão: veredas ou uma história de travessias

Grande sertão: veredas, a obra-prima de Guimarães Rosa, é considerada o mais importante romance brasileiro do século XX e uma das melhores obras de ficção da literatura universal de todos os tempos. Riobaldo, seu narrador-protagonista, um velho e pacato fazendeiro, faz um relato de sua vida a um interlocutor, um "doutor" que nunca aparece na história, mas cuja fala é sugerida pelas respostas de Riobaldo.

Assim, apesar do diálogo sugerido, a narração é um longo monólogo em que Riobaldo traz à tona suas lembranças em torno de lutas sangrentas de jagunços, perseguições e emboscadas nos sertões de Minas, Goiás e sul da Bahia, bem como suas aventuras amorosas.

Ao mesmo tempo, Riobaldo vai relatando as preocupações metafísicas que sempre marcaram a sua vida. Entre elas, destaca-se a questão da existência ou não do diabo. Pelo que se depreende da obra, ele provavelmente fizera um pacto com o demônio a fim de vencer Hermógenes, chefe do bando inimigo. Portanto, desse fator depende a sua salvação, e daí advêm as inquietações da personagem.

: Bruna Lombardi em uma cena da série *Grande sertão: veredas*, que a Rede Globo levou ao ar em 1985.

O paradoxo do nome

O título sugere um espaço vasto, contrastando com o termo veredas.

"Vereda", como se sabe, quer dizer caminho estreito, senda ou trilho, mas no livro é também o curso fluvial pequeno: "Rio é só o São Francisco, o Rio do Chico. O resto pequeno é vereda. E algum ribeirão". É terreno baixo, alagadiço, onde em geral há um curso d'água. Na topografia do sertão, dominam os tabuleiros, as chapadas, que se prolongam em chapadões; a encosta onde a umidade já se pressente é o resfriado; a parte baixa é a vereda. *Grande sertão: veredas* liga, pois, o pequeno ao grande, o espaço restrito ao espaço amplo, em justaposição. O título é o encontro desses dois espaços.

(Davi Arrigucci Jr. *Folha de S. Paulo*, 27/5/2006.)

O amor e suas ambiguidades

Riobaldo conhece e relata três amores na história: o envolvimento com Otacília, moça recatada que conheceu numa fazenda; o amor sensual de Nhorinhá, uma prostituta; o amor ambíguo e envolvente de Diadorim. Desses três, o último é o mais importante e, ao mesmo tempo, o amor impossível.

Luandino e Guimarães Rosa

O escritor angolano Luandino Vieira, autor de livros como *A cidade e a infância* e *De rios velhos e guerrilheiros*, comenta sobre as influências que recebeu de Guimarães Rosa:

Com Guimarães Rosa aprendi muito. O caráter lúdico, menos. Mas e sobretudo a liberdade para criar uma linguagem literária a partir de materiais de outras linguagens. Aprendi que essa liberdade tem sempre em si o conhecimento, e não a ignorância, da língua em que escreve. E que implica ainda uma grande responsabilidade que só pode ser exclusivamente assumida por quem escreve. [...] Mas foi isso que o bom professor Guimarães Rosa ensinou a um mau aluno.

(*Folha de S. Paulo*, 14/11/2007.)

: Luandino Vieira.

Diadorim é o nome íntimo (que só Riobaldo conhece) de Reinaldo, jagunço valente e o melhor amigo de Riobaldo. Ele entrara na guerra porque queria vingar a morte do pai, o chefe Joca Ramiro.

A descoberta do amor por Diadorim surpreende Riobaldo, que nunca tivera nenhum traço homossexual. Apesar disso, o amor crescia incontrolável:

> Mas Diadorim, conforme diante de mim estava parado, reluzia no rosto, com uma beleza ainda maior, fora de todo comum. Os olhos — vislumbre meu — que cresciam sem beira, dum verde dos outros verdes, como o de nenhum pasto. [...] De que jeito eu podia amar um homem, meu de natureza igual, macho em suas roupas e suas armas, espalhado rústico em suas ações?! Me franzi. Ele tinha a culpa? Eu tinha a culpa?

No término da obra, depois que Diadorim mata Hermógenes e é morto por ele no encontro final, os corpos são recolhidos para serem lavados. Então é que se descobre: Diadorim era mulher (Diadorina, seu verdadeiro nome), e se disfarçara de homem apenas para ser aceita no bando e vingar a morte do pai. A revelação leva Riobaldo ao desespero: "Uivei. Diadorim! Diadorim era uma mulher. Diadorim era mulher como o sol não acende a água do rio Urucuia, como eu solucei meu desespero".

A travessia

A travessia está presente em vários momentos da obra: uma difícil travessia que certa vez Riobaldo faz do rio São Francisco; a travessia do sertão, do amor e do medo; a travessia da morte e do diabo. E também a travessia que Riobaldo faz de sua própria vida, ao repassá-la na memória e contar sua história ao interlocutor.

Somente no final da narrativa é que as coisas fazem sentido para Riobaldo. E o sentido da vida também fica claro: "Porque aprender-a-viver é que é o viver mesmo". E chega a uma conclusão sobre sua dúvida inicial: "O diabo não há! É o que eu digo, se for... Existe é homem humano. Travessia".

LEITURA

No fragmento de *Grande sertão: veredas* a seguir, Riobaldo começa a contar sua história e a revelar ao interlocutor as inquietações que o afligem.

Rosa e a arte de ouvir

Leio muito pouco, quase não tenho tempo. [...] Gosto mesmo é de ouvir conversas. Com pessoas estranhas, de preferência. Ouvir a vida para poder transmiti-la. Se a gente lê muito, em demasia, acaba contando coisas que todo mundo já sabe. É preciso dar coisas novas, há milhares de coisas novas para dar. É descobri-las.

(Guimarães Rosa. In: *Cadernos de literatura brasileira – 10 anos*, cit., p. 264.)

De primeiro, eu fazia e mexia, e pensar não pensava. Não possuía os prazos. Vivi puxando difícil de difícel, peixe vivo no moquém: quem mói no asp'ro, não fantasêia. Mas, agora, feita a folga que me vem, e sem pequenos dessossegos, estou de range rede. E me inventei neste gosto, de especular ideias. O diabo existe e não existe? Dou o dito. Abrenúncio. Essas melancolias. O senhor vê: existe cachoeira; e pois? Mas cachoeira é barranco de chão, e água se caindo por ele, retombando; o senhor consome essa água, ou desfaz o barranco, sobra cachoeira alguma? Viver é negócio muito perigoso...

Explico ao senhor: o diabo vige dentro do homem, os crespos do homem — ou é o homem arruinado, ou o homem dos avessos. Solto, por si, cidadão, é que não tem diabo nenhum. Nenhum! — é o que digo. O senhor aprova? Me declare tudo, franco — é alta mercê que me faz; e pedir posso, encarecido. Este caso — por estúrdio que me vejam — é de minha certa importância. Tomara não fosse... Mas, não diga que o senhor, assisado e instruído, que acredita na pessoa dele?! Não? Lhe agradeço! Sua alta opinião compõe minha valia. Já sabia, esperava por ela — já o campo! Ah, a gente, na velhice, carece de ter sua aragem de descanso. Lhe agradeço. Tem diabo nenhum. Nem espírito. Nunca vi. Alguém devia de ver, então era eu mesmo, este vosso servidor. Fosse lhe contar... Bem, o diabo regula seu estado preto, nas criaturas, nas mulheres, nos homens. Até: nas crianças — eu digo. Pois não é ditado: "menino — trem do diabo"? E nos usos, nas plantas, nas águas, na terra, no vento... Estrumes. ... O diabo na rua, no meio do redemunho...

Hem? Hem? Ah. Figuração minha, de pior pra trás, as certas lembranças. Mal haja-me! Sofro pena de contar não... Melhor, se arrepare: pois num chão, e com igual formato de ramos e folhas, não dá a mandioca-mansa, que se come comum, e a mandioca-brava, que mata? Agora, o senhor já viu uma estranhez? A mandioca-doce pode de repente virar azangada — motivos não sei; às vezes se diz que é por replantada no terreno sempre com mudas seguidas, de manaíbas — vai em amargando, de tanto em tanto, de si mesma toma peçonhas. E, ora veja: a outra, a mandioca-brava, também é que às vezes pode ficar mansa, a esmo de se comer sem nenhum mal. E que isso é? Eh, o senhor já viu, por ver, a feiura de ódio franzido, carantonho, nas faces duma cobra cascavel? Observou porco gordo cada dia mais feliz bruto, capaz de, pudesse, roncar e engulir por sua suja comodidade o mundo todo? E gavião, corpo, alguns, as feições deles já representam a precisão de talhar para adiante, rasgar e estraçalhar a bico, parece uma quicé muito afiada por ruim desejo. Tudo. Tem até tortas raças de pedras, horrorosas, venenosas — que estragam mortal a água, se estão jazendo em fundo de poço; o diabo dentro delas dorme: são o demo. Se sabe? E o demo — que é só assim o significado dum azougue maligno — tem ordem de seguir o caminho dele, tem licença para campear?! Arre, ele está misturado em tudo.

Que o que gasta, vai gastando o diabo de dentro da gente, aos pouquinhos, é o razoável sofrer. E a alegria de amor — compadre meu Quelemém diz. Família. Deveras? É, e não é. O senhor ache e não ache. Tudo é e não é... Quase todo mais grave criminoso feroz, sempre é muito bom marido, bom filho, bom pai, e é bom amigo-de-seus-amigos! Sei desses. Só que tem os depois — e Deus, junto. Vi muitas nuvens.

(15. ed. Rio de Janeiro: José Olympio, 1982. p. 11-2.)

Esta é para pensar

A primeira palavra de *Grande sertão* é *nonada* (ninharia, insignificância) e a última é *travessia*. Depois dessa palavra, o autor desenha o símbolo matemático do infinito: ∞. Entre o nada e o infinito, estaria a travessia do sertão.

Arlindo Daibert

---

abrenúncio: do latim *abrenuntio*, interjeição que tem o sentido de "credo", "Deus me livre".

assisado: que tem siso, juízo; ajuizado.

azougue: do árabe, pessoa muito viva e esperta.

campear: andar pelo campo, procurar.

carantonho: cara grande e feia.

manaíba: do tupi, muda de mandioca.

moquém: grelha feita de varas usada para secar ou assar carne ou peixe.

peçonha: veneno.

quicé: do tupi, o mesmo que "faca velha".

1. Riobaldo, o narrador, conta sua história a um interlocutor que está presente, mas cuja voz não se manifesta explicitamente na narrativa.

   a) Identifique um trecho do texto em que a fala de Riobaldo leva em conta a presença do interlocutor.

   b) No trecho "Hem? Hem? Ah. Figuração minha [...]", o que o interlocutor deve ter perguntado a Riobaldo?

2. Riobaldo afirma que, antes, quando era jagunço, não tinha tempo para fantasiar, mas agora, aposentado (de "range rede"), dera para especular ideias. Qual é o assunto que lhe interessa?

3. O excerto lido, embora narrativo, apresenta uma estrutura dissertativo-argumentativa, isto é, o narrador desenvolve uma ideia central com argumentos e, no final, chega a uma conclusão.

   a) Qual é a tese ou ideia central – apresentada no 2º parágrafo – que o narrador pretende desenvolver?

   b) O exemplo da mandioca fundamenta a tese adequadamente? Por quê?

4. Segundo o 3º parágrafo, o mal está nas coisas: nas aves, nos animais, nas pedras, está misturado em tudo.

   a) De acordo com o último parágrafo, o que pode combater o mal?

   b) "Tudo é e não é...". Que sentido tem essa frase no contexto? Os argumentos expostos fundamentam essa afirmação?

   c) Compare a conclusão com a tese. Há coincidência ou contradição entre elas?

5. Não chega a ficar claro em *Grande sertão* se Riobaldo fizera ou não um pacto com o demônio. A própria personagem tem dúvida se houve ou não o pacto.

   a) Considerando a etapa da vida em que se encontra Riobaldo, por que essa questão lhe interessa tanto?

   b) Pela conclusão a que chega, Riobaldo tem motivos para continuar se preocupando?

   c) Na sua opinião, Riobaldo acredita em seus próprios argumentos?

Rosa na canção

Por ser considerado um dos reinventores da língua, ao lado de Camões e Fernando Pessoa, Guimarães Rosa já recebeu duas homenagens de Caetano Veloso. A primeira foi na canção "Língua", em que diz "Gosto do Pessoa na pessoa / Da rosa no Rosa". Alguns anos depois, em parceria com Milton Nascimento, Caetano prestou-lhe nova homenagem na canção *A terceira margem do rio*, cuja letra é baseada no conto homônimo do escritor mineiro.

6. A linguagem regionalista de Guimarães Rosa é um dos traços da originalidade da obra.

   a) O excerto lido é uma narração oral ou escrita? Identifique no texto marcas que justifiquem sua resposta.

   b) Com a ajuda do glossário apresentado no final do texto, comente a linguagem do autor, levando em conta a seleção vocabular, a estruturação sintática e a melodia das frases.

Para quem quer mais na Internet

Se você deseja conhecer outros textos de Guimarães Rosa, inclusive seus poemas, sugerimos acessar os seguintes *sites*:

www.releituras.com/guimarosa_menu.asp
www.vidaslusofonas.pt/joao_guimaraes_rosa.htm
www.academia.org.br/abl/cgi/cgilua.exe/sys/start.htm?infoid=682&sid=96
www.jornaldepoesia.jor.br/guimaraesrosa.html

: *Forgery of Painting* (1934),
de Joan Miró.

João Cabral de Melo Neto: a linguagem objeto

Poderia a linguagem de um poema não apenas referir-se a um objeto, mas imitá-lo, sugeri-lo, a ponto de o sentirmos no próprio poema? Essa é uma das preocupações de João Cabral de Melo Neto, poeta que se interessou também pelos problemas sociais do Nordeste, por temas relacionados à arte e por futebol.

João Cabral de Melo Neto (1920-1999) é o mais importante poeta da geração de 1940-50. Nasceu em Recife, filho e neto de donos de engenho. Desde cedo mostrou interesse pela palavra, pela literatura de cordel nordestina e queria ser crítico literário. Era primo de Gilberto Freyre e Manuel Bandeira, com os quais teve estreita convivência. Aos 20 anos já lia no original os grandes poetas da literatura estrangeira, como Apollinaire, Valéry e outros. Em 1942, apenas com o curso secundário concluído, mudou-se para o Rio de Janeiro e, para sobreviver, ingressou no funcionalismo público. Três anos depois, por meio de concurso, transferiu-se para o Itamaraty. Ocupando cargos diplomáticos, viveu a partir de então em várias cidades do mundo, como Barcelona, Londres, Sevilha, Marselha, Genebra, Berna.

Cronologicamente, João Cabral situa-se entre os poetas da geração de 1940-50, mas trilhou caminhos próprios, dando continuidade a certos traços delineados na poesia de Drummond e Murilo Mendes, tais como a poesia substantiva, a objetividade e a precisão dos vocábulos.

: João Cabral de Melo Neto.

Pedra do sono, sua primeira obra, publicada em 1942, em Recife, já apresenta uma inclinação para a objetividade (o lado "pedra", do título), embora esteja identificada com a orientação surrealista (o lado "sono"), como se observa nestes versos:

Os manequins

Os sonhos cobrem-se de pós.
Um último esforço de concentração
morre no meu peito de homem enforcado.
Tenho no meu quarto manequins corcundas
onde me reproduzo
e me contemplo em silêncio.

(João Cabral de Melo Neto. *Poesias completas.*
3. ed. Rio de Janeiro: José Olympio, 1979. p. 376.)

: *Le maschere* (1973), de De Chirico. A atmosfera inusitada do poema de João Cabral se faz sentir também no surrealismo da obra do pintor.

O ENGENHEIRO DA PALAVRA

A partir de *O engenheiro* (1945), verifica-se na obra de João Cabral um afastamento da linha surrealista e uma tendência crescente à geometrização e à exatidão da linguagem, como se o poeta procurasse ter como exemplo o engenheiro. Observe a economia da linguagem e a tendência à substantivação neste poema.

O engenheiro

A Antônio B. Baltar

A luz, o sol, o ar livre
envolvem o sonho do engenheiro.
O engenheiro sonha coisas claras:
superfícies, tênis, um copo de água.

O lápis, o esquadro, o papel;
o desenho, o projeto, o número:
o engenheiro pensa o mundo justo,
mundo que nenhum véu encobre.

(Em certas tardes nós subíamos
ao edifício. A cidade diária,
como um jornal que todos liam,
ganhava um pulmão de cimento e vidro.)

A água, o vento, a claridade,
de um lado o rio, no alto as nuvens,
situavam na natureza o edifício
crescendo de suas forças simples.

(Idem, p. 344.)

Nas obras posteriores, essa tendência objetivante aprofunda-se e leva o poeta a criar um novo conceito de poesia, que dessacraliza a chamada "poesia profunda", isto é, os versos de sentimentos ou de abordagem introspectiva.

Em suas principais obras – entre elas *O cão sem plumas* (1950), *O rio* (1954), *Quaderna* (1960), *Morte e vida severina* (1965), *A educação pela pedra* (1966), *Museu de tudo* (1975), *A escola das facas* (1980), *Poesia crítica* (1982), *Agrestes* (1985) e *Andando Sevilha* (1990) – destacam-se três traços fundamentais: a preocupação cada vez maior com a realidade social, particularmente a do Nordeste brasileiro; a reflexão permanente sobre a criação artística; o aprimoramento da poética da linguagem objeto, isto é, a linguagem que, pela própria construção, procura sugerir o assunto de que trata. Observe como a secura da linguagem dos versos a seguir sugere a secura e a corrosão da paisagem.

> A paisagem do canavial
> não encerra quase metal.
> Tudo parece encorajar
> o cupim, de cana ou de mar.
> ....
> Tudo carrega o seu caruncho.
> Tudo: desde o vivo ao defunto,
> Da embaúba das capoeiras
> à economia canavieira.
>
> (*Poesias completas*, cit., p. 148.)

As experiências formais do poeta e a pesquisa em torno de uma linguagem objeto transformaram-se numa das principais referências das gerações de poetas subsequentes, como é o caso do movimento concretista dos anos 1950-60 e de vários poetas nossos contemporâneos, como Arnaldo Antunes, por exemplo.

O fim da inspiração

O escritor brasileiro ainda acredita muito na inspiração. [...] Eu não acredito nisso.

Para mim, a poesia é uma construção, como uma casa. Isso eu aprendi com Le Corbusier. A poesia é uma composição. Quando digo composição, quero dizer uma coisa construída, planejada - de fora para dentro. Ninguém imagina que Picasso fez os quadros que fez porque estava inspirado. O problema dele era pegar a tela, estudar os espaços, os volumes. Eu só entendo o poético nesse sentido.

(João Cabral de Melo Neto. In: *Cadernos de literatura brasileira – 10 anos*. Rio de Janeiro: Instituto Moreira Salles, 2007. p. 26.)

O processo de criação de João Cabral

Eu parto de uma imagem, de um assunto, às vezes até de um ritmo. E aí fico trabalhando em cima. Assim, tenho poemas que demoram anos para serem escritos. É o caso de "Tecendo a manhã". Eu comecei a escrevê-lo em Sevilha, depois fui para Genebra e então para Berna, e só lá eu o terminei. Foram quatro anos. E tudo começou com a ideia de que o canto de um galo anuncia a aurora, mas que esse canto, para se dar de fato o anúncio, precisou se cruzar com outros cantos, formando assim o que me pareceu um tecido. É claro que eu não escrevi e reescrevi o poema todos os dias ao longo daqueles quatro anos. Mas, da ideia até a forma que considerei satisfatória, foi gasto todo esse tempo.

(João Cabral de Melo Neto. In: *Cadernos de literatura brasileira – 10 anos*, cit., p. 28.)

A MORTE DO EU LÍRICO

Talvez se possa afirmar que a poesia de João Cabral tenha sido a primeira a estabelecer um corte profundo entre a poesia romântica e a moderna. Para o poeta, a poesia não é fruto de inspiração nem de estados emocionais, como o amor, a alegria, etc.; ela resulta de um trabalho racional, árduo, que implica fazer e desfazer várias vezes o texto até que ele atinja sua forma mais adequada.

Ao tratar da mulher como tema amoroso, por exemplo, o poeta o faz de forma distanciada, sem sentimentalismo.

Observe como ele trata da sedução feminina nestes versos:

Tua sedução é menos
de mulher do que de casa:
pois vem de como é por dentro
ou por detrás da fachada.

Mesmo quando ela possui
tua plácida elegância,
esse teu reboco claro,
riso franco de varandas,
uma casa não é nunca
só para ser contemplada;
melhor: somente por dentro
é possível contemplá-la.

Seduz pelo que é dentro,
ou será, quando se abra:
pelo que pode ser dentro
de suas paredes fechadas.

(Idem, p. 153.)

Composition (1913), de Piet Mondrian. Com a geometrização, o pintor levou o racionalismo na pintura às últimas consequências. Cabral, admirador de Mondrian, chegou a escrever um ensaio sobre a obra do artista.

Other Images/The Granger Collection

MORTE E VIDA SEVERINA

Morte e vida severina é a obra mais conhecida de João Cabral e a responsável pela relativa popularidade do autor. Trata-se de um auto de Natal, que, seguindo a tradição dos autos medievais, faz uso da redondilha, do ritmo e da musicalidade, recursos de agrado popular. Sua primeira encenação, com música de Chico Buarque de Hollanda, realizada em 1966 no Tuca (Teatro da PUC de São Paulo), fez enorme sucesso – foi vista por mais de 100 mil pessoas e ganhou prêmios no Brasil e na França. Depois dessa montagem da peça, inúmeras outras vêm sendo feitas e houve uma adaptação para a tevê.

João Cabral e Graciliano: projeto em comum

João Cabral de Melo Neto é não apenas um dos maiores "poetas sociais" que a literatura brasileira já teve, como também um renovador consistente e original da dicção poética praticada antes, durante e depois de sua obra. Uma obra que é vasta, rica, talvez inexplorada [...].

A poesia de João Cabral estabelece o equivalente ético e artístico da prosa de Graciliano Ramos [...], que objetiva com precisão uma prática poética comum. Ambos concederam à paisagem do Nordeste, à miséria e à bravura do nordestino transformado em "pedra" ou "cabra" uma das dimensões estéticas mais fortes, cruéis e indiscutíveis que o Brasil conheceu.

(Modesto Carone. *Folha de S. Paulo*, 10/10/1999.)

Eis o enredo da obra: Severino, um lavrador do sertão pernambucano, foge da seca e da miséria e parte em busca de trabalho na capital, Recife. Trilha o leito seco do rio Capibaribe e, no caminho, só encontra fome, miséria e mortes, mortes de Severinos como ele.

Ao se aproximar do mar, vê campos verdejantes de cana, mas a miséria dos trabalhadores é a mesma. Já na capital, ouve a conversa de dois coveiros, por meio da qual fica sabendo que ali também, na capital, a miséria e a morte são irmãs. O que vê nos manguezais são homens misturados ao barro, vivendo em condições precárias. Desolado, o retirante aproxima-se de um dos cais do Capibaribe e pensa em suicídio. Mas aproxima-se de Severino um morador daquele mangue, "Seu José, mestre carpina", que, com sua sabedoria de muitos anos de vida severina, desperta-lhe alguma esperança.

Logo depois, Seu José é chamado por uma vizinha, que lhe dá a notícia do nascimento do filho que ele aguardava. Severino os acompanha e presencia a homenagem que os vizinhos fazem à criança.

LEITURA

A seguir, você vai ler dois fragmentos de *Morte e vida severina*. O primeiro pertence ao início da obra, em que Severino se apresenta. O segundo pertence ao desfecho da obra, momento em que os vizinhos levam presentes humildes à casa de mestre carpina, em razão do nascimento de seu filho.

TEXTO I

— O meu nome é Severino,
como não tenho outro de pia.
Como há muitos Severinos,
que é santo de romaria,
deram então de me chamar
Severino de Maria
como há muitos Severinos
com mães chamadas Maria,
fiquei sendo o da Maria
do finado Zacarias.
[...]
Somos muitos Severinos
iguais em tudo na vida:
na mesma cabeça grande
que a custo é que se equilibra,
no mesmo ventre crescido

sobre as mesmas pernas finas
e iguais também porque o sangue,
que usamos tem pouca tinta.
E se somos Severinos
iguais em tudo na vida,
morremos de morte igual,
mesma morte severina:
que é a morte de que se morre
de velhice antes dos trinta,
de emboscada antes dos vinte
de fome um pouco por dia
(de fraqueza e de doença
é que a morte severina
ataca em qualquer idade,
e até gente não nascida).

(João Cabral de Melo Neto. *Poesias completas*, cit., p. 203-4.)

: Cena da peça *Morte e vida severina*, com o grupo Tapa.

Eduardo Albarello/Editora Abril/Conteúdo

Falam as duas ciganas que haviam aparecido com os vizinhos:

— Atenção peço, senhores,
para esta breve leitura:
somos ciganas do Egito,
lemos a sorte futura.
Vou dizer todas as coisas
que desde já posso ver
na vida desse menino
acabado de nascer:
aprenderá a engatinhar
por aí, com aratus,
aprenderá a caminhar
na lama, com goiamuns,
e a correr o ensinarão
os anfíbios caranguejos,
pelo que será anfíbio
como a gente daqui mesmo.
Cedo aprenderá a caçar:
primeiro, com as galinhas,
que é catando pelo chão
tudo o que cheira a comida;
depois, aprenderá com
outras espécies de bichos:
com os porcos nos monturos,
com os cachorros no lixo.
Vejo-o, uns anos mais tarde,
na ilha do Maruim,
vestido negro de lama,
voltar de pescar siris;
e vejo-o, ainda maior,
pelo imenso lamarão
fazendo dos dedos iscas
para pescar camarão.

— Atenção peço, senhores,
também para minha leitura:
também venho dos Egitos,
vou completar a figura.
Outras coisas que estou vendo
é necessário que eu diga:
não ficará a pescar
de jereré toda a vida.
Minha amiga se esqueceu
de dizer todas as linhas;
não pensem que a vida dele
há de ser sempre daninha.
Enxergo daqui a planura
que é a vida do homem de ofício,
bem mais sadia que os mangues,
tenha embora precipícios.
Não o vejo dentro dos mangues,
vejo-o dentro de uma fábrica:
se está negro não é lama,
é graxa de sua máquina,
coisa mais limpa que a lama
do pescador de maré
que vemos aqui, vestido
de lama da cara ao pé.
E mais: para que não pensem
que em sua vida tudo é triste,
vejo coisa que o trabalho
talvez até lhe conquiste:
que é mudar-se destes mangues
daqui do Capibaribe
para um mucambo melhor
nos mangues do Beberibe.

O carpina fala com o retirante que esteve de fora, sem tomar parte em nada.

— Severino retirante,
deixa agora que lhe diga:
eu não sei bem a resposta
da pergunta que fazia,
se não vale mais saltar
fora da ponte e da vida;
nem conheço essa resposta,
se quer mesmo que lhe diga;
é difícil defender,
só com palavras, a vida,
ainda mais quando ela é
esta que vê, severina;
mas se responder não pude

à pergunta que fazia,
ela, a vida, a respondeu
com sua presença viva.
E não há melhor resposta
que o espetáculo da vida:
vê-la desfiar seu fio,
que também se chama vida,
ver a fábrica que ela mesma,
teimosamente, se fabrica,

vê-la brotar como há pouco
em nova vida explodida;
mesmo quando é assim pequena
a explosão, como a ocorrida;
mesmo quando é uma explosão
como a de há pouco, franzina;
mesmo quando é a explosão
de uma vida severina.

(*Poesias completas*, cit., p. 236-41.)

---

aratu: pequeno caranguejo de cabeça triangular.

carpina: carpinteiro.

goiamum: tipo de crustáceo que vive em lugares lamacentos, em tocas que ele mesmo cava.

jereré: aparelho feito de madeira e rede usado na pesca de siris, camarões e peixes pequenos.

monturo: grande quantidade de lixo.

mucambo: barraco.

---

1. *Severino* é um substantivo próprio, é o nome do retirante, protagonista da história. No entanto, a palavra *severina* é empregada como adjetivo nas expressões "morte severina" e "vida severina". Interprete: Qual é o sentido da palavra *severina* nessas situações?

2. De origem medieval, os autos são textos teatrais que representam um nascimento, quase sempre o de Cristo, encenado por ocasião das festas do Natal.
No fragmento lido de *Morte e vida severina*:

a) A presença de duas personagens confere ambientação mística à cena. Quais são essas personagens?

b) A que personagens da cena do nascimento de Cristo elas correspondem?

c) O que há em comum entre o bebê nascido e Cristo?

3. Ambas as ciganas fazem previsões quanto ao futuro do bebê.

a) Em que se diferenciam as previsões?

b) Em que se assemelham?

4. Na conversa entre Severino e mestre carpina, o retirante pergunta ao mestre "se não vale mais saltar / fora da ponte e da vida". De acordo com o texto:

a) Quem acaba respondendo a Severino?

b) Qual é a resposta dada?

5. Nos últimos versos, mestre carpina diz:

> mesmo quando é uma explosão
> como a de há pouco, franzina;
> mesmo quando é a explosão
> de uma vida severina.

O texto, no conjunto, faz uma forte crítica social. Contudo, pela ótica que ele apresenta, há esperança?

6. A explosão de mais "uma vida severina" parece dar continuidade a essa corrente de severinos. Eles não estão somente no sertão seco do Nordeste; estão em todo o país, severinamente lutando contra a "morte em vida".

a) Afinal, quem são os severinos deste país?

b) Como se justifica o título da obra: *Morte e vida severina*?

Balanço

Veja o comentário de João Cabral, em balanço de seu trabalho:

Acho que devo muito ao modernismo, como já deixei claro, mas depois de um Drummond, um Murilo, tentei fazer uma poesia construída, sem a espontaneidade do modernismo.

(In: *Cadernos de literatura brasileira – 10 anos*, cit., p. 28.)

Se você deseja aprofundar seus conhecimentos sobre a poesia de João Cabral de Melo Neto e conhecer um pouco da poesia de José Paulo Paes, leia os textos a seguir e, depois, sozinho, em dupla ou em grupo, tente resolver as questões propostas no **Roteiro de estudo**.

João Cabral de Melo Neto

Tecendo a manhã

Um galo sozinho não tece uma manhã:
ele precisará sempre de outros galos.
De um que apanhe esse grito que ele
e o lance a outro; de um outro galo
que apanhe o grito que um galo antes
e o lance a outro; e de outros galos
que com muitos outros galos se cruzem
os fios de sol de seus gritos de galo,
para que a manhã, desde uma teia tênue,
se vá tecendo, entre todos os galos.

2

E se encorpando em tela, entre todos,
se erguendo tenda, onde entrem todos,
se entretendendo para todos, no toldo
(a manhã) que plana livre de armação.
A manhã, toldo de um tecido tão aéreo
que, tecido, se eleva por si: luz balão.

(*A educação pela pedra*. Rio de Janeiro: Editora Alfaguara.
© by herdeiros de João Cabral de Melo Neto.)

Catar feijão

Catar feijão se limita com escrever:
joga-se os grãos na água do alguidar
e as palavras na folha de papel;
e depois, joga-se fora o que boiar.
Certo, toda palavra boiará no papel,
água congelada, por chumbo seu verbo:
pois para catar esse feijão, soprar nele,
e jogar fora o leve e o oco, palha eco.

2

Ora, nesse catar feijão entra um risco:
o de que entre os grãos pesados entre
um grão qualquer, pedra ou indigesto,
um grão imastigável, de quebra dente.
Certo não, quando ao catar palavras:
a pedra dá à frase seu grão mais vivo:
obstrui a leitura fluviante, flutual,
açula a atenção, isca-a com o risco.

(Idem.)

José Paulo Paes

O engenheiro

O homem trabalha
entre a rosa e o trânsito.
Ondas contínuas no seu dorso
de pedra e nuvem.
Martelos.
No papel intacto há linhas
fundamentos de aurora, estrutura
de um mundo pressentido, linhas.

As rosas se dividem
por canteiros iguais
e um pássaro
pousou no arranha-céu.

Quando o engenheiro terminar
o sentimento e a planta,
mãos frescas como folhas
virão sobre o meu corpo.

(*Poesia completa*. São Paulo: Companhia das Letras, 2008. p. 46.)

Antonio Milena/Abril Imagens/Conteúdo Expresso

: José Paulo Paes.

José Paulo Paes: o poeta do epigrama

José Paulo Paes (1926-1998), paulista de Taquaritinga, publicou em 1947 seu primeiro livro, *O aluno*, que foi bem recebido pela crítica.

Cronologicamente ligado à geração de 1940-1950, o escritor traçou um percurso poético pessoal em que se incluem tanto as preocupações sociais, na defesa dos direitos do homem, quanto as preocupações estéticas e formais relacionadas à poesia, que, nas décadas de 1950 e 1960, o aproximaram das experiências concretistas.

Nos epigramas – poemas curtos, às vezes com certa dose de ironia, sátira ou crítica –, gênero em que era mestre, sua capacidade de síntese lembra a de Oswald de Andrade, observada em certos poemas-pílula.

Desenvolveu também uma vasta produção como ensaísta crítico e como tradutor do grego e do latim antigos, do holandês, do dinamarquês, do alemão, do inglês e do francês.

Seus livros mais significativos são *Anatomias* (1967), *Meia palavra* (1973), *Resíduo* (1980) e *A poesia está morta mas juro que não fui eu* (1988).

• Roteiro de estudo •

Ao concluir a leitura dos textos, você deverá ser capaz de:

• Discutir o poema "Tecendo a manhã" pela perspectiva da solidariedade. Além disso, explicar como a tessitura sintática do texto reforça, pela forma, as ideias do poema.

• Explicar a comparação entre a criação poética e a tarefa de catar feijão e comentar o que representam, no plano da escrita, a palha, o leve e oco e também a pedra no poema "Catar feijão".

• Comentar o efeito de sentido criado pela aproximação de elementos díspares como a natureza e a cidade no poema "O engenheiro", de José Paulo Paes.

Para quem quer mais na Internet

Se você deseja conhecer melhor a poesia de João Cabral de Melo Neto e José Paulo Paes, sugerimos acessar os *sites*:

João Cabral de Melo Neto
www.releituras.com/joaocabral_menu.asp
www2.tvcultura.com.br/aloescola/literatura/poesias/joaocabraldemeloneto_
nummonumentoaaspirina.htm
www.academia.org.br/abl/cgi/cgilua.exe/sys/start.htm?sid=337
www.revista.agulha.nom.br/joao02.html

José Paulo Paes
www.jornaldepoesia.jor.br/jpaulo.html
www.tvcultura.com.br/aloescola/literatura/poesias/josepaulopaes_raridade.htm

Tinho

Tendências da literatura brasileira contemporânea

A literatura da primeira metade do século XXI se apropria das tradições literárias desenvolvidas a partir da segunda metade do século XX. Metalinguagem, experimentalismo formal, engajamento social e mistura de tendências estéticas são alguns dos traços que marcam a produção contemporânea.

A POESIA

O crítico Manuel da Costa Pinto avalia assim o atual quadro da poesia brasileira:

Existem duas ideias sobre a poesia brasileira que são consensuais, a ponto de terem virado lugares-comuns. A primeira diz que um de seus traços predominantes é o diálogo cerrado com a tradição. Mas não qualquer tradição. O marco zero, por assim dizer, seria a poesia que emergiu com a Semana de Arte Moderna de 22. A segunda ideia, decorrente da primeira, é que essa linhagem modernista se bifurca em dois eixos principais: uma vertente mais lírica, subjetiva, articulada em torno de Mário de Andrade, Manuel Bandeira e Carlos Drummond de Andrade; e outra mais objetiva, experimental, formalista, representada por Oswald de Andrade, João Cabral de Melo Neto e a poesia concreta.

(*Literatura brasileira hoje*. São Paulo: Publifolha, 2004. p. 14.)

LEITURA

Você vai ler a seguir quatro poemas representativos de algumas das tendências da produção poética brasileira das últimas décadas. O texto I é de autoria de Ferreira Gullar e é um exemplo da poesia engajada da década de 1960; o texto II é de Paulo Miranda, representante da poesia visual da década de 1970; o texto III é de Paulo Leminski, poeta que fez parte da poesia marginal dos anos 1970-1980; e o texto IV é de autoria do poeta contemporâneo Donizete Galvão.

TEXTO I

Agosto 1964

Entre lojas de flores e de sapatos, bares,
    mercados, butiques,
viajo
    num ônibus Estrada de Ferro-Leblon
    Volto do trabalho, a noite em meio,
    fatigado de mentiras.

O ônibus sacoleja. Adeus, Rimbaud,
relógio de lilases, concretismo,
neoconcretismo, ficções da juventude, adeus,
    que a vida
    eu a compro à vista aos donos do mundo.
    Ao peso dos impostos, o verso sufoca,
A poesia agora responde a inquérito policial-militar.

    Digo adeus à ilusão
mas não ao mundo. Mas não à vida,
meu reduto e meu reino.
    Do salário injusto,
    da punição injusta,
    da humilhação, da tortura,
    do terror,
retiramos algo e com ele construímos um artefato

um poema
uma bandeira

(Ferreira Gullar. *Toda poesia*. Rio de Janeiro: José Olympio, 2001. p. 170.)

TEXTO II

Soneto 1m40cm

(Paulo Miranda. Disponível em: www.elsonfroes.com.br/sonetario/nsonetario.htm. Acesso em: 27/7/2012.)

PRA QUE CARA FEIA?
NA VIDA
NINGUÉM PAGA MEIA.

(Paulo Leminski. Disponível em: http://cultalt.
tripod.com/6.htm. Acesso em: 27/7/2012.)

Images.com/Corbis/Latinstock

Roedor

Parado no trânsito da Marginal

Vi você roendo as unhas com fúria.

Estava encostado no poste de esquina,

Ombros arqueados numa posição frouxa.

Você cuspia os tocos das unhas.

Arrancava lascas de **carne** dos dedos

E, depois, sugava o sangue dos cantos.

Ah, que triste figura você fazia, amigo!

Você era pouco mais que um rato.

(Donizete Galvão. *A carne e o tempo.* São Paulo: Nankin,
1997. p. 31.)

---

1. No texto I, o eu lírico reflete sobre a sua condição e sobre o destino de sua poesia. Levando em conta também o título do poema, responda:

a) Que fato histórico pode ter motivado essas reflexões?

b) O eu lírico se sente derrotado? Justifique.

c) De acordo com os últimos versos, de que modo o eu lírico pode contribuir para que a situação seja alterada?

2. O texto II é um exemplo do experimentalismo poético da década de 1970, no qual os poetas integram outras linguagens na construção do poema.

a) Qual relação pode ser estabelecida entre o título e a forma como o poema foi construído?

b) Quais são os sentidos que a palavra *métrica* traz ao poema?

c) Do ponto de vista formal, o que o corte da fita em catorze partes iguais, cada uma com dez centímetros, sugere?

d) A que se associam as cores utilizadas no poema?

e) Do ponto de vista formal, qual é o significado da distribuição das diferentes cores no poema?

3. O poema "Soneto (fita métrica)" foi publicado em 1976. Considerando essa informação, responda:

a) Qual era a situação política do Brasil nessa época?

b) Que relação pode ser estabelecida entre esse momento histórico brasileiro e o poema?

4. Levando em conta o contexto em que foram produzidos os textos I e II, compare-os e aponte semelhanças e diferenças entre eles.

5. O texto III, de Paulo Leminski, é inspirado no haicai, forma de poesia japonesa composta de três versos.

a) Quais são as marcas linguísticas e de estilo desse texto?

b) Que recursos empregados no poema podem favorecer sua memorização?

c) Esse texto tem semelhança com *slogans* publicitários? Justifique sua resposta.

6. Em relação ao texto IV, responda:

a) De que tipo é o espaço que ele menciona? Justifique sua resposta.

b) A que é associada a pessoa a quem o eu lírico se dirige?

7. Com base nos quatro textos estudados, como você caracterizaria a poesia contemporânea?

O Concretismo ou o "*rock'n'roll* da poesia"

O Concretismo é um movimento de vanguarda tardio, surgido no Brasil em meio à euforia desenvolvimentista da década de 1950. Com foco principal na poesia o movimento ganhou muita força e tornou-se uma referência importante no Brasil e em todo o mundo. Os experimentos estéticos dessa corrente artística exerceram grande influência sobre sucessivos grupos de poetas, artistas plásticos e compositores das décadas seguintes, o que reforça a ideia de que, em nossa cultura, foi o movimento de vanguarda mais importante.

: Augusto de Campos, Décio Pignatari e Haroldo de Campos em caricatura de Novaes.

As ideias que serviram de base para o Concretismo começaram a ser divulgadas em 1952, na revista-livro *Noigandres*, editada pelos jovens poetas Décio Pignatari e os irmãos Augusto e Haroldo de Campos. Além de poemas de autoria dos integrantes do grupo, a publicação trazia também manifestos e textos teóricos.

Nos anos de 1956 e 1957, foi realizada em São Paulo e no Rio de Janeiro, respectivamente, a Exposição Nacional de Arte Concreta, que apresentou para o grande público, exibidos na forma de pôsteres, os poemas concretos dos integrantes do grupo que editava *Noigandres* e dos poetas Ferreira Gullar, Wlademir Dias Pinto e Ronaldo Azeredo. A exposição, que contou também com obras de pintura e escultura, teve tamanha repercussão, que a revista *O Cruzeiro*, em uma manchete, chamava o movimento de "*rock'n'roll* da poesia", gênero musical que surgia naquele momento.

Os procedimentos radicais empregados na composição da poesia concreta foram influenciados pelo espírito revolucionário das vanguardas do início do século XX, como o Futurismo e o Cubismo. A proposta principal do Concretismo é a construção de poemas-objeto, trabalho que, à semelhança de um produto fabricado industrialmente, deixa de ter, no processo de sua composição, qualquer relação subjetiva ou psicológica com seu autor. Opondo-se ao que se considera poesia de expressão, os poetas concretos propõem o fim do eu lírico, a exemplo do que já fizera o poeta João Cabral de Melo Neto. Para eles, o poema deve falar por si, apresentando-se ao leitor como um objeto autônomo.

O manifesto *Plano Piloto para Poesia Concreta*, de 1958, que apresentava as ideias do movimento, dava por encerrado

O contexto dos anos 1950-1960

O Brasil viveu da década de 1950 até 1964 um período de euforia política e econômica. Essa foi a época do governo democrático-populista de Juscelino Kubitschek (1956-1961), que empreendeu uma eficiente política econômica industrial e desenvolvimentista.

A aplicação do Plano de Metas do governo, concebido para permitir que o Brasil se desenvolvesse "cinquenta anos em cinco", levou à abertura do país ao capital estrangeiro, que aqui instalou suas indústrias, aproveitando-se de nossa mão de obra barata. A construção de Brasília, a geração de novos empregos na indústria e no comércio, a ampliação do consumo, tudo isso criou uma atmosfera ingênua de euforia entre as pessoas.

No plano internacional, a vitória da Revolução Cubana fez surgir a discussão sobre as relações de força entre as grandes nações e aguçou nos países do Terceiro Mundo a consciência da necessidade de independência em relação aos Estados Unidos e à União Soviética.

A cultura brasileira acompanhava o ritmo das mudanças. Novas ideias surgiam nos diferentes domínios da arte, com a Bossa Nova, o Cinema Novo, o Teatro de Arena, as vanguardas concretas na poesia e nas artes plásticas, os festivais de música transmitidos pela televisão.

Após 1964, quando se iniciou o regime militar, a atividade cultural do país se manteve dinâmica ainda por mais alguns anos. Surgiu o Teatro Oficina, que encenou *O rei da vela*, de Oswald de Andrade; foram criados os CPCs (Centros Populares de Cultura), que visavam levar cultura para as ruas; o Tropicalismo ganhou as rádios e a televisão. Esse período efervescente teve fim com a decretação do AI-5, em 1968, o exílio de políticos e artistas e a instituição de uma censura prévia a eventos culturais.

"o fim do ciclo histórico do verso". Na concepção ali exposta, as palavras devem ocupar o espaço da página e, em detrimento da linearidade, estabelecer uma relação direta com elementos geométricos, gráficos e visuais.

Os recursos da poesia concreta são os mais variados; vão de experiências sonoras, com aliterações e paronomásias, até o emprego de caracteres tipográficos de diferentes formas e tamanhos; da diagramação do texto na página até a criação de neologismos. O poema assume a forma de cartografia, de cartaz, de cartão, de dobradura, de fotografia, de colagem, enfim, a forma de um objeto qualquer da produção industrial.

Observe estes poemas concretos:

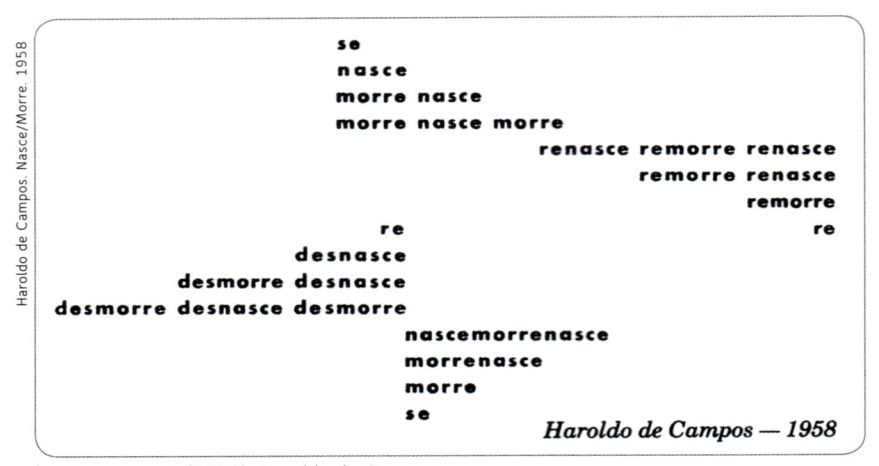

: "nasce/morre" (1958), Haroldo de Campos.

: "beba coca cola" (1957), de Décio Pignatari.

O Concretismo foi o primeiro de vários movimentos de poesia visual no Brasil. A ele se seguiram o *Neoconcretismo*, com a participação de poetas e artistas plásticos como Ferreira Gullar, Hélio Oiticica e Lygia Clark; o movimento do *poema-processo*, liderado por Wladimir Dias Pinto; o do *poema-práxis*, liderado por Mário Chamie, e também os dos grupos que se dedicaram aos vários tipos de poesia visual nas décadas de 1970 e 1980, entre os quais se destacaram artistas como Philadelpho Menezes, Tadeu Jungle e João Bandeira.

Ferreira Gullar: poesia nos anos de chumbo

O poeta maranhense Ferreira Gullar (1930) tem uma produção extensa, que compreende, além de poesia, ensaio, dramaturgia, prosa e crítica de arte. Como poeta, foi um dos principais representantes da poesia social e engajada que se fez no Brasil principalmente nas décadas de 1960 e 1970, no contexto do regime militar no país e das ditaduras latino-americanas em geral.

Ferreira Gullar mudou-se para o Rio de Janeiro em 1951, onde trabalhou como revisor e depois como jornalista. Logo passou a ter participação ativa na cena cultural brasileira e, em 1956 e 1957, tomou parte da Exposição Nacional de Arte Concreta, realizada em São Paulo e no Rio de Janeiro. Em 1959, rompeu com o grupo que fazia a revista *Noigandres* e, junto com vários artistas, entre os quais Amílcar de Castro e Lygia Clark, fundou o grupo de arte Neoconcreto.

: Ferreira Gullar.

O poema a seguir integra o livro-objeto *Formigueiro*, obra da fase neoconcretista do poeta.

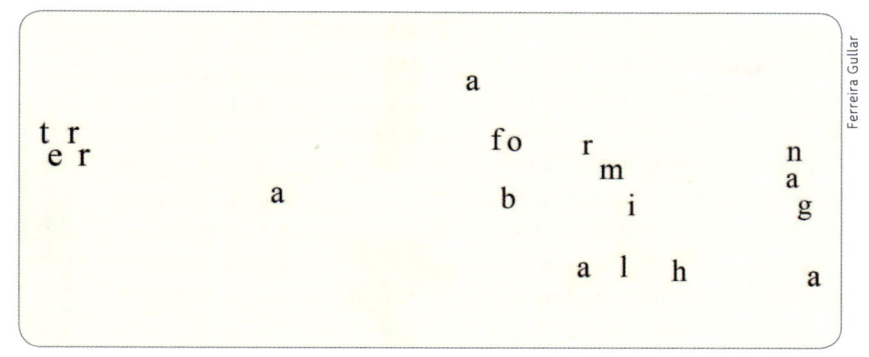

(Disponível em: http://www.antoniomiranda.com.br/poesia_visual/ferreira_gullar2_formigueiiro. html. Acesso em: 30/7/2012.)

Em 1962, Ferreira Gullar retomou o verso discursivo e, resgatando o uso do eu lírico, voltou a abordar temas de interesse social, como a fome, a Guerra Fria, a corrida atômica, o neocapitalismo, o Terceiro Mundo, etc.

Com a implantação do regime militar no Brasil, em 1964, e o recrudescimento do autoritarismo político em 1968, acentuou-se o engajamento do autor, que, ao lado de outros escritores, artistas e compositores, como Chico Buarque de Hollanda, Caetano Veloso, Gianfrancesco Guarnieri, José Celso Martinez Correa, Thiago de Mello e Affonso Romano de Sant'anna, realizou a partir de então uma verdadeira poesia de resistência. São desse período as principais realizações de Ferreira Gullar na poesia: as obras *Dentro da noite Veloz* (1975) e *Poema sujo* (1976), esta escrita no exílio, em Buenos Aires.

Nos últimos anos, Ferreira Gullar tem escrito regularmente artigos para jornais do Rio de Janeiro e de São Paulo, e entre suas publicações em poesia mais recentes estão os livros *Muitas Vozes* (1999) e *Em alguma parte* (2010).

Veja um exemplo da poesia social do autor:

Não há vagas

O preço do feijão
não cabe no poema. O preço
do arroz
não cabe no poema.
Não cabem no poema o gás
a luz o telefone
a sonegação
do leite
da carne
do açúcar
do pão

O funcionário público
não cabe no poema
com seu salário de fome
sua vida fechada
em arquivos.

Como não cabe no poema
o operário
que esmerila seu dia de aço
e carvão
nas oficinas escuras

— porque o poema, senhores,
Está fechado:
"não há vagas"
Só cabe no poema
o homem sem estômago
a mulher de nuvens
a fruta sem preço

O poema, senhores,
não fede
não cheira

(*Toda poesia*. 18. ed. Rio de Janeiro: José Olympio, 2009. p. 162.)

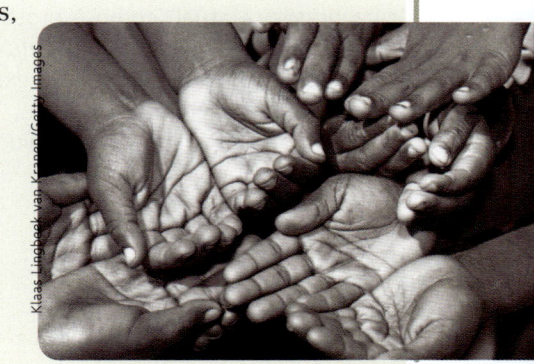

A poesia marginal de 1970-1980

Os poetas das décadas de 1970-1980, principalmente os que faziam poesia social, tinham poucas opções diante do controle da censura: utilizar uma linguagem indireta, metafórica, e publicar nos meios editoriais convencionais, ou driblar a censura e cuidar eles mesmos da produção, divulgação e distribuição de seu trabalho.

Os que trilharam esse último caminho foram chamados de "poetas marginais" e se empenharam na criação de revistas e jornais literários, folhetos mimeografados, pôsteres poéticos, cartazes, caixas de poemas, antologias impressas em pequenas gráficas. Até uma "chuva de poesia" foi produzida em dezembro de 1980: partindo do alto do edifício Itália, papéis impressos tomaram os céus de São Paulo.

Um novo perfil de poeta começou a surgir. Deixando de ser um produtor cultural solitário, os poetas foram para as ruas, para os bares, para as portas de cinemas e teatros, onde expunham seu trabalho em forma de declamações, *happenings* e *shows* musicais e promoviam sua venda diretamente ao consumidor.

Na extensa lista de poetas desse período destacam-se: Waly Salomão, Torquato Neto, Chacal, Roberto Piva, Rodrigo Haro, Claudio Willer, Sebastião Leite Uchoa, Hilda Hilst.

Ana Cristina César e os jogos de linguagem

Editora Ática

A poetisa, prosadora e tradutora Ana Cristina César (1952-1983) nasceu no Rio de Janeiro. Na década de 1970, escreveu para várias revistas e jornais literários e, em 1979, publicou os livros *Cenas de abril* e *Correspondência completa*.

Sua obra, de traço predominantemente confessional, oferece aos leitores jogos de linguagem em que os poemas, os fragmentos de prosa e as cartas misturam ficção e realidade.

O seguinte poema da autora pertence ao livro *A teus pés*, publicado em 1981.

Mocidade independente

Pela primeira vez infringi a regra de ouro e voei pra cima sem medir mais as consequências. Por que recusamos ser proféticas? E que dialeto é esse para a pequena audiência de serão? Voei pra cima: é agora, coração, no carro em fogo pelos ares, sem uma graça atravessando o Estado de São Paulo, de madrugada, por você, e furiosa: é agora, nesta contramão.

(Disponível em: www.antoniomiranda.com.br/poesia_brasis/rio_de_janeiro/ana_cristina_cesar.html#P. Acesso em: 30/7/2012.)

Paulo Leminski: inovador na prosa e na poesia

O curitibano Paulo Leminski (1944-1989) foi poeta, compositor, professor, tradutor e ensaísta. Parceiro de músicos como Caetano Veloso, Morais Moreira e Itamar Assumpção, destacou-se como um dos principais poetas brasileiros dos anos 1970-1980. Algumas de suas produções são fundamentais para a literatura brasileira atual, como a prosa experimental do livro *Catatau* (1975) e os poemas dos livros *Caprichos e relaxos* (1983) e *Distraídos venceremos* (1987).

Sua obra é marcada pelo experimentalismo, pelo humor, pela economia verbal e pela objetividade.

Os poemas abaixo são extraídos de *Caprichos e relaxos*:

Luiz A. Novaes/Folhapress

: Paulo Leminski.

Cansei da frase polida
Por anjos da cara pálida
Palmeiras batendo palmas
Ao passarem paradas
Agora eu quero a pedrada
Chuva de pedras palavras
distribuindo pauladas

dia
dai-me
a sabedoria de caetano
nunca ler jornais
a loucura de glauber
ter sempre uma cabeça cortada a mais
a fúria de décio
nunca fazer versinhos normais

Alguns críticos questionam a qualidade estética da produção poética desse período, marcada pela ausência de vínculo com projetos literários específicos. De modo geral, pode-se dizer que a poesia marginal caracteriza-se por um lirismo mais espontâneo e próximo do cotidiano, que, muitas vezes, deixa de lado o trabalho com a palavra, dando lugar à pura expressão. Os modelos literários retomados pelos autores dessa poesia foram os experimentos do Concretismo, os *beatniks* norte-americanos, como Allen Ginsberg e Jack Kerouac, e principalmente os modernistas da geração de 1922 (Bandeira e Oswald, em especial).

Observe, ao lado, a influência do poema-piada de Oswald de Andrade nestes poemas do poeta mineiro Francisco Alvim.

> **Argumento**
>
> Mas se todos fazem
>
> (*Passatempo*. Rio: Frenesi, 1974.)
>
> **Descartável**
>
> Vontade de me jogar fora
>
> (Idem.)

A poesia do fim do século XX à década atual

O grupo de poetas que surgiram nas décadas de 1990 e 2000 revela em sua produção influência tanto da poesia marginal, pela apropriação do lirismo espontâneo, quanto de grandes referências do passado recente da literatura brasileira, como Drummond, João Cabral e Manuel Bandeira. A pesquisa sobre as formas poéticas e o apuro da linguagem conferem uma marca de qualidade à produção de alguns desses poetas, enquanto outros se destacam pela realização de experimentos que envolvem o cruzamento da poesia com outras linguagens, como o vídeo, a fotografia e sobretudo a música.

Poesia e música

Nos dias atuais, cresce o interesse dos poetas pela música popular, em razão de sua penetração entre o grande público. Waly Salomão, Capinam, Torquato Neto, Cacaso, Paulo Leminski, Antônio Cícero e Fabrício Corsaletti, por exemplo, são coautores de composições que fizeram sucesso no rádio e na televisão. E compositores como Caetano Veloso, Chico Buarque, Milton Nascimento, Cazuza, Paulinho Moska, Lenine, Rômulo Fróes, Mano Brown, Emicida e Criolo apresentam nas letras de suas canções uma sofisticação que as aproxima do literário.

Criolo.

Ricardo B. Labastier/JC Imagem/Folhapress

Os temas dessa poesia brasileira atual são os mais variados possíveis, indo da vida nos grandes centros urbanos à discussão metalinguística.

Fabrício Corsaletti e a poesia lírica

O poeta, prosador, compositor, editor e articulista Fabrício Corsaletti (1978) nasceu em Santo Anastácio, no Estado de São Paulo. Estreou na literatura em 2001, com o livro *Movediço*, e depois publicou mais sete livros, entre os quais obras de poemas, contos, novela e literatura infantil.

Sua poesia, de tom confessional, faz reflexões sobre a infância, o cotidiano e o amor. Do livro *História das demolições*, de 2007, é o poema que segue.

Poema de amor

Agora o meu amor envolve o seu rosto.
Você projeta a cidade de homens livres.
Tento aproximá-la do pássaro branco.
Você só quer que eu me concentre.
Percebo a cidade de homens livres.

Começo a existir e a você me dirijo.
Meus poemas fazem você nascer mais um pouco.
Mas você abandona a cidade de homens livres;
Em direção a porta de saída,
Seu passo aperfeiçoa o amor.

(In: *Estudos para seu corpo*. São Paulo: Cia. das Letras, 2007. p. 122.)

Observe estes dois poemas de poetas contemporâneos:

O encantador de serpentes

Por entre as linhas incautas da leitura
ideia insidiosa se insinua,

como se sugerisse um outro texto
mais vivo, extremo, e verdadeiro

de uma verdade esguia e peçonhenta
a recobrir de visgo tua página

já quase impenetrável —
                felizmente

resta o recuo derradeiro:
Para. Volta atrás. Faz do palimpsesto

papel vulgar. Agora continua,
retoma a doce flauta da literatura.

(Paulo Henriques Britto. *Trovar claro*. São Paulo:
Cia. das Letras, 2006. p. 13.)

A cidade

Por mais que insistas em recusar,
esta é, sim, a tua cidade concreta
onde tantos te ofereceram amizade
e o amigo partiu pela porta secreta.

Andaste cabisbaixo pelas calçadas
remoendo as humilhações do trabalho.
Marcaste este chão com teus passos,
dores recolhidas como um rebotalho.

Aqui nasceram os filhos, a epifania
das infâncias que sumiram passageiras.
Abriste envelopes com muito medo,
receoso daquelas notícias derradeiras.

Tu que amas a simetria permanente
viste a barriga da cidade arregaçada.
Como nas telas de Anselm Kiefer,
tens nela tuas perplexidades retratadas.

(Donizete Galvão. *O homem inacabado*.
São Paulo: Portal, 2010. p. 59.)

Entre os poetas da atualidade destacam-se Carlito Azevedo, Fernando Paixão, Frederico Barbosa, Tarso de Melo, Antônio Risério, Angélica Freitas, Alberto Martins, Marcos Siscar, Antônio Cícero e Fabrício Carpinejar.

Arnaldo Antunes: poesia multimídia

Nos últimos vinte anos, vários poetas incorporaram em sua produção o uso da tecnologia. O mais conhecido deles é Arnaldo Antunes.

Nascido em São Paulo, em 1960, Arnaldo Antunes ficou famoso no Brasil inteiro por sua participação como letrista e músico na banda Titãs, no período de 1983 a 1992.

Na literatura, o autor encontrou na poesia experimental o seu caminho. Desde suas primeiras produções, faz uso de um cruzamento entre linguagens, resultando em um trabalho que reúne elementos do Concretismo, experimentos com videopoemas e instalações.

Lucas Lacaz Ruiz/Folhapress

: Arnaldo Antunes.

Observe, a seguir, dois exemplos de experimentos de Arnaldo Antunes com a poesia visual, extraídos do livro *Et eu tu* (2003), no qual o texto poético tem como suporte a fotografia.

A literatura na era da tecnologia digital

O poeta e compositor Arnaldo Antunes comenta sobre o assunto:

Quando a cultura de massas não estava tão incorporada, essas coisas [erudito e popular] eram mais separadas. Literatura era uma coisa, música outra, música popular uma terceira, a arte era considerada representação da realidade. Muito disso foi posto de lado pelas vanguardas do século 20, pela modernidade em geral, e chegou à nossa época, com a tecnologia digital, a um trânsito muito mais fluente entre as linguagens, o que permite que os repertórios se misturem mais.

(Revista *Língua Portuguesa*, nº 13.)

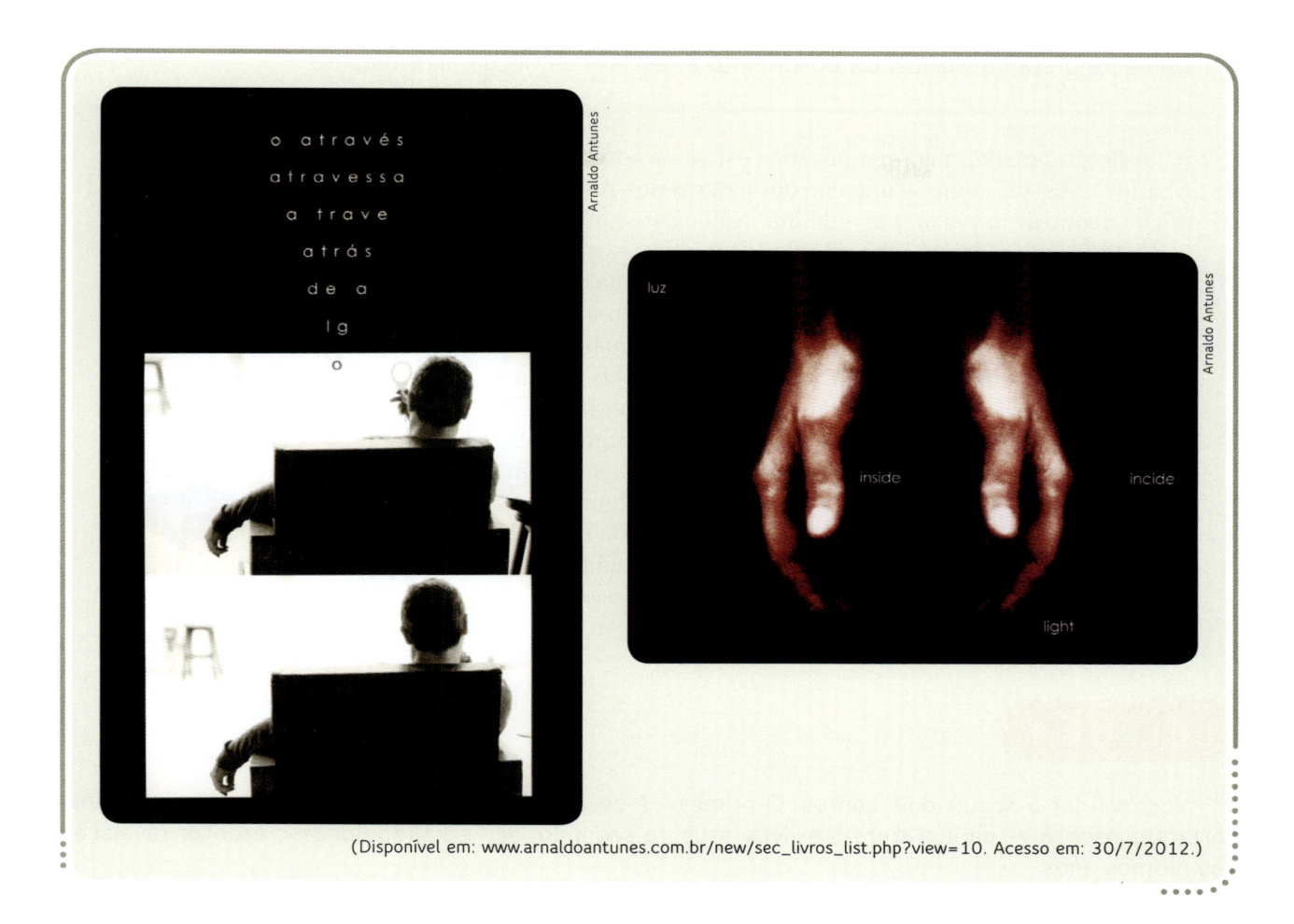

o através

atravessa

a trave

atrás

de a

l g

o

Arnaldo Antunes

luz

inside   incide

light

Arnaldo Antunes

(Disponível em: www.arnaldoantunes.com.br/new/sec_livros_list.php?view=10. Acesso em: 30/7/2012.)

A PROSA

A partir da década de 1960 a ficção brasileira consolidou a tendência, já apontada pela geração de 1940-1950, de abandonar a abordagem realista. A visão de um mundo complexo e fragmentado manifestou-se na prosa de ficção com a ruptura da narrativa linear e totalizante e com a construção de uma narração desordenada, fragmentária, sem um foco narrativo claramente definido.

Nesse período, a crônica e o conto, mais do que a poesia, ganharam novos representantes. A crônica, amplamente difundida em jornais e revistas semanais, revelou ou confirmou autores como Luis Fernando Verissimo, Jô Soares, Marcos Rey, Walcyr Carrasco, Moacyr Scliar, Carlos Heitor Cony, Mario Prata, entre outros. O romance desdobra-se em diferentes linhas, como o romance policial, o psicológico, o histórico e o memorialista.

Luis Fernando Verissimo

Filho de Érico Veríssimo, o escritor gaúcho Luis Fernando Verissimo (1936) é um dos autores brasileiros mais lidos nos últimos tempos. Consagrou-se como cronista explorando com muito humor temas banais do cotidiano, o relacionamento amoroso, a infidelidade conjugal, a culinária, a política, o comportamento de gerações, o preconceito, a desigualdade social, etc.

Editora Objetiva

Autor de obras como *O analista de Bagé* (1981) e *Comédias da vida privada* (1994), Verissimo é, segundo o crítico Manuel da Costa Pinto, "o grande retratista dos absurdos e das irrealidades de nossa realidade cotidiana".

Comenta o crítico Manuel da Costa Pinto a respeito da ficção mais recente:

> A ficção brasileira contemporânea está concentrada em solo urbano. E, assim como acontece com as grandes metrópoles, é difícil encontrar um eixo que a defina. Não existe homogeneidade de estilos, no máximo uma afinidade temática — que às vezes pode ser surpreendente. Assim, se os autores da chamada Geração 90 frequentam os mesmos lugares inóspitos que os escritores da periferia — ruas deterioradas, botecos esquálidos, casas traumatizadas pelo desemprego, pela violência e pela loucura —, há uma percepção geral do isolamento e da vulnerabilidade do sujeito moderno (e urbano). Essa percepção pode tomar a forma dos fragmentos de Dalton Trevisan, das narrativas "instáveis" de Bernardo Carvalho e Chico Buarque ou dos nomadismos de João Gilberto Noll. Em todos eles, permanece como experiência de fundo o desenraizamento proporcionado pela cidade.
>
> (*Literatura brasileira*, cit., p. 82.)

Editora Planeta

LEITURA

Você vai ler a seguir dois contos. O primeiro é de autoria de Dalton Trevisan, um dos mais importantes escritores da literatura brasileira atual; o segundo, de Fernando Bonassi, escritor revelação dos últimos anos.

TEXTO I

Sem fôlego, descansa. Fuma um cigarro, delicado. Já é manhã. Pedala devagar para a casa da mãe. Uma garoa fina. Repete o café, três pães, cata as migalhas: "Puxa, que fome." Exausto, desmaia na cama. De tardezinha, dorme ainda, chegam os tiras. Na delegacia bate a cabeça na parede: "...eu amava, sim... ela me traiu... só fiz por amor...".

(Dalton Trevisan. *234*. Rio de Janeiro: Rocco, 1997. p. 99.)

TEXTO II

094 paisagem com remédios

Na Baixada do Glicério um prédio inacabado foi conquistado por sofás velhos, encerados puídos, cachorros e pessoas vira-latas. Muito perto, o entreposto do Inamps bafeja uma fumaça de remédios vencidos. Filas e filas de receitas médicas encardidas, empunhadas as orações. Gosmentos de vergonha das suas sujeiras, os engenheiros cobrem o Tamanduateí com placas de concreto. Deixarão correr uma autoestrada moderníssima por cima. Os meninos vão rachar a cabeça nessas pistas lisinhas. Quem viver verá na TV.

(São Paulo – Brasil – 1993)

(Fernando Bonassi. *Passaporte*. São Paulo: Cosac & Naify, 2001. p. 94.)

1. No conto de Dalton Trevisan:

a) Quem é a personagem principal?

b) Levante hipóteses: Qual o motivo de a personagem ter sido conduzida à delegacia?

2. Como pode ser caracterizada a linguagem de Dalton Trevisan no conto lido?

3. No conto de Fernando Bonassi:

a) Que adjetivo é empregado para caracterizar as pessoas?

b) Por meio do painel de imagens apresentadas no texto, que caracterização é feita do espaço focalizado na narrativa? Justifique sua resposta com elementos do texto.

4. Compare os dois contos lidos. O que eles têm em comum quanto à linguagem e ao tema?

O conto

Com a estética modernista, o conto foi submetido a radicais transformações, sendo uma delas o enriquecimento temático proporcionado pela contribuição da literatura regionalista. Do ponto de vista técnico, o relato objetivo e linear, com sua estrutura de começo, meio e fim, e a narrativa em crescendo, mantida pelo suspense, deram pouco a pouco lugar à simples evocação, ao instantâneo fotográfico, aos episódios ricos de sugestão, aos flagrantes de atmosferas intensamente poéticas, aos casos densos de significação humana. São representantes do gênero, entre outros, Lygia Fagundes Telles, Osman Lins, Murilo Rubião, Moacyr Scliar, Otto Lara Rezende, Dalton Trevisan, José J. Veiga, Rubem Fonseca, João Antônio, Hilda Hilst, Milton Hatoum, Sérgio Sant'anna, Caio Fernando Abreu, Fernando Bonassi, Marcelino Freire, André Sant'anna, Veronica Stigger.

Dalton Trevisan: o lirismo da perversão

Os contos do curitibano Dalton Trevisan (1925) são a síntese do desenvolvimento da prosa urbana na literatura brasileira. Suas personagens, a maioria das quais em situação de marginalidade, são porta-vozes dos dilemas morais e sociais do homem moderno, e sua narrativa brutal mostra o lado obscuro das cidades.

Marcelino Freire e o miniconto

Uma das formas narrativas surgidas nos últimos anos é o miniconto. Experiência narrativa difundida na década de 1990, o miniconto propõe ao leitor um instantâneo de uma situação.

O escritor Marcelino Freire é um conhecido autor de minicontos. Leia dois deles:

CONTO NANICO NÚMERO 97: Só para o corpo, boiando morto, parou de chover.

CONTO NANICO NÚMERO 99: Subiu aos céus. Depois que o avião caiu.

(Disponível em: www.twitter.com/marcelinofreire. Acesso em: 30/7/2012.)

A crônica

A crônica tem assumido na literatura brasileira um papel cada vez mais relevante, destacando-se como o gênero literário mais lido pelo grande público. Veiculada geralmente em jornais diários ou em revistas periódicas, a crônica foi aos poucos abandonando o caráter exclusivamente jornalístico, voltado apenas para os fatos ocorridos no dia a dia, e penetrando lentamente o universo da ficção.

Hoje, o gênero é diversificado, apresentando feições que vão do comentário do fato jornalístico à ficção, do humor à crítica social, da reflexão filosófica à defesa de ideias, mas tendo sempre como base um olhar crítico sobre a vida presente e cotidiana.

Entre os cronistas que se destacaram nos últimos anos, estão: Fernando Sabino, Luis Fernando Verissimo, Millôr Fernandes, Moacyr Scliar, Carlos Heitor Cony, Fernando Bonassi, Affonso Romano Sant'anna, Walcyr Carrasco, Mario Prata, Antonio Prata, Marcelo Rubens Paiva, Ruy Castro e Xico Sá.

Icon Images

O romance

Em linhas gerais, o romance contemporâneo seguiu as direções mais tradicionais de nossa ficção — a do Realismo, em várias de suas vertentes, e a intimista. Contudo, ganhou novos matizes, representados pela adoção de novos temas, como a violência nas grandes cidades; ou por uma abordagem mais realista e crua de temas já gastos; ou pela introdução de personagens dos chamados grupos marginalizados; ou pela incorporação do fantástico, do simbólico, do absurdo; ou pelo uso de novas técnicas narrativas, originárias tanto da apropriação de técnicas da linguagem cinematográfica e pictórica quanto do resgate de procedimentos narrativos das vanguardas do início do século XX, como os utilizados por James Joyce e Virginia Woolf.

A ficção regionalista, que focaliza principalmente o homem no ambiente das zonas rurais, com os seus problemas geográficos e sociais, é representada por autores como João Ubaldo Ribeiro (*Sargento Getúlio*), Márcio de Souza (*Galvez, imperador do Acre*), Francisco Dantas (*Os desvalidos*), José Clemente Pozenato (*O quatrilho*), Nélida Piñon (*A república dos sonhos*), Antônio Callado (*Quarup*), José Cândido de Carvalho (*O coronel e o lobisomen*) e Milton Hatoum (*Cinzas do Norte*).

A ficção intimista desenvolve-se no sentido da indagação interior, da introspecção psicológica, dos problemas da alma, do destino, da consciência, da conduta da personalidade humana diante de si mesma ou diante dos outros homens. Preocupa-se com problemas psicológicos, religiosos, morais, metafísicos, mas também com os de convivência. Entre outros, integram essa linha: Fernando Sabino (*O encontro marcado*), Aníbal Machado (*João Ternura*), Lygia Fagundes Telles (*As meninas*), Raduan Nassar (*Lavoura arcaica*), Chico Buarque de Hollanda (*Budapeste*), Cristovão Tezza (*O filho eterno*), Bernardo de Carvalho (*O sol se põe em São Paulo*), Ronaldo Correia de Brito (*Galileia*), Daniel Galera (*Mãos de cavalo*), João Gilberto Noll (*Harmada*), Santiago Nazarian (*Feriado em mim mesmo*) e Andrea del Fuego (*Os Malaquias*).

O romance policial é uma vertente bastante difundida na literatura atual. Rubem Fonseca, autor de *O caso Morel* (1973), *A grande arte* (1983), *Buffo & Spallanzani* (1986), é referência obrigatória para os leitores do gênero, fortalecido no Brasil também por obras como *O matador* (1995), de Patrícia Melo, *O silêncio da chuva* (1997), de Luiz Alfredo Garcia-Roza, *Bellini e a esfinge* (1995), *Bellini e o demônio* (1997) e *Bellini e os espíritos* (2007), do escritor e músico Tony Bellotto.

Luiz Ruffato: uma visão realista de São Paulo

Adriana Vichi

O contista e romancista mineiro Luiz Ruffato (1961) é um dos nomes mais celebrados da literatura brasileira contemporânea. Sua estreia na literatura se deu com os livros de contos *Histórias de remorsos e rancores* (1998) e *Os sobreviventes* (2000). Mas foi com o romance *Eles eram muitos cavalos* (2001) que ele ganhou notoriedade. Em uma narrativa estilhaçada, composta por 70 pequenos textos, o escritor dá voz a personagens de rua, trabalhadores, mendigos, donas de casa, empresários, construindo uma visão realista da cidade de São Paulo.

Joca Reiners Terron: novas formas de narrar

O cuiabano Joca Reiners Terron (1968) é poeta, prosador, artista gráfico e editor. Reconhecido como um dos principais talentos de sua geração, estreou na literatura com o livro de poemas *Eletrocefalodrama* (1998). Sua obra apresenta novas formas de narrar, integrando diferentes gêneros. Em *Não há nada lá* (2011), por exemplo, mistura prosa e ensaio, e em *Guias de ruas sem saída* (2012), a narrativa incorpora a linguagem dos quadrinhos.

Da década de 1980, há uma vasta produção de romances que misturam ficção com memórias, prosas autobiográficas, relatos de viagem, testemunhos e documentários, dos quais são exemplo *O que é isso, companheiro?* (1979), de Fernando Gabeira, e *Sangue de coca-cola* (1980), de Roberto Drummond. Nos últimos anos, uma nova safra de escritores ligados a essa vertente tem surgido, dando voz aos marginalizados pela sociedade e propondo uma reflexão sobre a vida nas periferias das grandes cidades, sobre os detentos e a situação do sistema penitenciário brasileiro, entre outras. Obras como *Estação Carandiru* (2001), de Dráuzio Varella, *Memórias de um sobrevivente* (2001), de Luiz Alberto Mendes, *Abusado,* de Caco Barcellos, *Cabeça de porco* (2005), escrito por Celso Athayde, MV Bill e Luiz Eduardo Soares, além de *Cidade de Deus* (1997), de Paulo Lins, e *Capão pecado* (2000), de Ferréz, são representativas desse universo.

No romance histórico têm se destacado escritores como Ana Miranda, com *Boca do inferno*, que narra as aventuras políticas e amorosas de figuras que viveram na Bahia no século XVII; José Roberto Torero, com *O Chalaça*, que retrata os bastidores da vida política brasileira durante o Império; Rubem Fonseca, com *O Selvagem da Ópera*, que narra a trajetória pessoal e artística do compositor Carlos Gomes; Moacyr Scliar, com *Sonhos tropicais*, que resgata o mundo da medicina no Rio de Janeiro no início do século XX; Fernando Morais, com *Olga*, que conta a vida política dos comunistas brasileiros perseguidos na década de 1930 pelo governo getulista.

Há ainda inúmeros autores cujas obras ora se engajam em uma das linhas mencionadas, ora em outra, como a do realismo fantástico, a do surrealismo, a do novo romance, a da paródia. Esse é o caso dos escritores Josué Guimarães (*A ferro e fogo*), José J. Veiga (*A hora dos ruminantes*), Osman Lins (*Avalovara*), Ignácio Loyola Brandão (*Não verás país nenhum*), João Ubaldo Ribeiro (*Viva o povo brasileiro*), Antonio Torres (*Pelo fundo da agulha*), entre outros.

Se você deseja conhecer melhor a produção literária contemporânea, leia os textos a seguir e, depois, sozinho, em dupla ou em grupo, tente responder às questões do **Roteiro de estudo**.

Cacaso

Sinais de progresso

A mão certeira cai como guilhotina
E racha a nuca do inimigo.
A câmara focaliza o punho do matador:
"Homens de verdade não usam relógio
de outra marca."
Tudo legal.
Tudo legalizado.

(*Lero-lero*. Rio de Janeiro: 7Letras/São Paulo: Cosac & Naify, 2002. p. 155.)

Cacaso (Antônio Carlos Ferreira de Brito) nasceu em Uberaba (MG), em 1944, e morreu em 1987, no Rio de Janeiro, onde viveu desde os 12 anos. Foi desenhista, compositor e poeta. Como compositor, foi letrista de parceiros ilustres da MPB, como Edu Lobo, Tom Jobim, Francis Hime, Sivuca e outros. Como poeta, foi uma das principais vozes da poesia marginal dos anos 1970-1980. O crítico Davi Arrigucci Jr. comenta sobre ele e os poetas marginais:

> Eles [os poetas marginais] estavam muito próximos dos primeiros modernistas. Havia uma graça, a novidade do cotidiano brasileiro, porque eram poetas militantes. Mas, nos versos de Cacaso, há ainda o gosto pela oralidade. E isso aparece nas letras de canções.

Orides Fontela

Fala

Tudo
será difícil de dizer:
a palavra real
nunca é suave.

Tudo será duro:
luz impiedosa
excessiva vivência
consciência demais do ser.

Tudo será
capaz de ferir. Será
agressivamente real.
Tão real que nos despedaça.

Não há piedade nos signos
e nem no amor: o ser
é excessivamente lúcido
e a palavra é densa e nos fere.

(Toda palavra é crueldade.)

(*Poesia reunida*. Rio de Janeiro: 7Letras/São Paulo: Cosac & Naify, 2006. p. 31.)

Orides Fontela (1940-1998) nasceu na cidade de São João da Boa Vista (SP) e estudou filosofia em São Paulo. Seu primeiro livro de poesia, *Transposição*, foi publicado em 1969. Trabalhou como professora primária e bibliotecária na rede estadual de educação de São Paulo. Em 1983, seu terceiro livro, *Alba*, ganhou o prêmio Jabuti. Com dificuldades financeiras e de personalidade difícil, acabou sendo internada em um sanatório, onde morreu em 1998.

Sobre a obra de Orides Fontela, o escritor Farbrício Carpinejar comenta:

> Fontela conceitua a poesia como uma gramática. Poucos adjetivos, uma conduta de observação pura e imanente, protegida da transcendência. Com um repertório coloquial, nunca perde a realeza ou esbarra em facilidades expressivas. É comunicativa dentro de sua densidade, urde a complexidade das mais simples figuras.

Fernando Bonassi

Viatura

Armada até os dentes cariados dos ocupantes fardados e cheia de autoridade delegada, cruza a cidade em ruínas a viatura. Nos bairros chiques será vista apressada, trafegando pela esquerda, esnobando os importados mais velozes. Mas não se iludam os comunistas, que a revolução terá no camburão o cassetete que merece. E onde os faróis alcançam, penetrando recônditas periferias, abre as sirenes sobre nós, cidadãos civilizados por carteiras profissionais e salários criminosos (estes sim, nossas piores condenações). Aliás, quase mortos, quase porcos, acabamos no chiqueirinho.

Voz de prisão

Mãos pra cima! Você está preso em nome da lei. Tem todo o direito de ficar quieto. Qualquer coisa que você disser pode ser usada contra você. Tudo o que você disser será usado contra você. Se você não disser nada, seu silêncio será usado contra você. Se você se mover, seu gesto poderá ser interpretado como desacato à autoridade ou agressão. Se você ficar imóvel, sua imobilidade poderá ser interpretada como resistência à prisão. No distrito você poderá usar o telefone pra chamar advogado. Odiamos advogado no distrito que não seja o próprio delegado. O telefone do distrito não funciona.

Hooligans

Vinte e dois milionários suando perfumado numa arena ajardinada e nós aqui, dando as maiores bandeiras, difíceis de carregar por esses ônibus lotados de inimigos acotovelados. Debaixo do boné, três copos dos piores pensamentos é o mínimo. Sangue eu quero mais. Alguém vai me pagar por isso? Nada. Uma semana da mesma coisa (quando tenho o que fazer) só por esse ingresso malhado nos guichês mal educados. Encho meu saco de derrotas. Entro em dividida na porrada, ortopedistas que se virem nas próteses. Um passe em falso e cabeças vão rolar às garrafadas.

(*100 coisas*. São Paulo: Angra, 2000.)

> **Fernando Bonassi** (1962), paulistano, tem uma vasta produção como dramaturgo, roteirista, cronista e escritor. A partir da década de 1990, ganhou projeção nacional com seu segundo livro, *Subúrbio* (1994), que definiu não apenas seu próprio projeto literário, mas também um dos rumos tomados pela ficção brasileira nas últimas décadas: o da vertente que se ocupa da realidade brutal das grandes cidades, da violência e da denúncia das desigualdades sociais.
>
> Sua prosa é inovadora do ponto de vista formal, principalmente quanto ao modo como insere na narrativa as diferentes vozes que representam os discursos da periferia das grandes cidades.
>
> Além de se dedicar ao romance e à crônica, o autor ganhou notoriedade como roteirista de filmes como *Carandiru* (2003) e *Cazuza – O tempo não para* (2004).

• Roteiro de estudo •

Ao final da leitura você deverá ser capaz de:

- Identificar no poema de Cacaso elementos típicos da poesia marginal feita no Brasil nos anos 1970.
- Comentar o teor metalinguístico do poema de Orides Fontela.
- Caracterizar a linguagem e identificar a temática explorada nos contos de Fernando Bonassi.

Enquanto isso em Portugal

A LITERATURA PORTUGUESA CONTEMPORÂNEA

Até 1950 o romance neorrealista continuou preso às estruturas realistas tradicionais, sob a influência de Eça de Queirós. A partir de então, renovou-se, enriquecendo-se com atitudes existencialistas e surrealistas, com o aprofundamento da análise psicológica de personagens, com técnicas narrativas emprestadas da linguagem cinematográfica e do "novo romance" francês.

A Revolução dos Cravos (1974), que pôs fim a 48 anos de salazarismo, deu origem a uma literatura de extração revisionista, que busca reler os fatos históricos sob uma ótica crítica e social, contrapondo-se ao discurso oficial do Estado ditatorial salazarista.

Nessa produção, destacam-se duas linhas: a literatura de guerra, produzida por escritores envolvidos diretamente nas zonas de conflito nas colônias portuguesas na África, e a literatura de fundo histórico, que procura resgatar criticamente, de modo explicito ou alegórico, a história de Portugal.

Ao primeiro grupo, pertencem escritores como António Lobo Antunes, com o seu *Conhecimento do inferno*; Wanda Ramos, com *Percurso*; Francisco

Assis Pacheco, com *Walt*; e Martins Garcia, com *A fome*; no segundo grupo, situam-se, entre outros, José Saramago, com *História sobre o cerco de Lisboa* e *Memorial do convento*; José Cardoso Pires, com *Balada da praia dos cães*; Augusto Abelaira, com *Sem teto, entre ruínas*; e Jorge de Sena, com *Sinais de fogo*.

José Saramago: a utopia e a crítica da realidade

José Saramago (1922-2010) é o mais conhecido escritor da literatura portuguesa contemporânea e, depois de ganhar o prêmio Nobel de literatura, em 1998, tornou-se o mais conhecido escritor em língua portuguesa. Além de romancista, foi poeta e dramaturgo. Entre outras obras, escreveu *A jangada de pedra*, *História do cerco de Lisboa*, *Memorial do convento*, *Ensaio sobre a cegueira*, *Todos os nomes* e *Ensaio sobre a lucidez*.

Partindo de contextos que vão desde a Idade Média até os conflitos do homem urbano contemporâneo na virada do milênio, Saramago propicia em seus livros profundas reflexões sobre temas universais e atemporais, como a dominação e a manipulação política por parte dos poderosos, a participação do povo na construção da história, as barreiras que se opõem aos mais profundos sentimentos humanos, como o amor e a solidariedade, a falta de consciência do homem, sua incomunicabilidade, a solidão, o sentido da vida e da morte.

Fotógrafo: José Manuel Costa Alves/Fundação Calouste Gulbenkian

: Fôlder da exposição *Vida louca, vida intensa – Uma viagem pela contracultura*, realizada pelo SESC em São Paulo por ocasião das comemorações dos 40 anos de 1968.

As atividades sugeridas a seguir devem ser realizadas em grupo, de acordo com as orientações do professor.

Escolham uma delas e, para realizá-la, busquem informações complementares em livros, enciclopédias e revistas especializadas no assunto em foco e também nos livros e filmes indicados na seção **Fique ligado! Pesquise!**, na abertura da unidade.

No dia combinado com o professor, cada grupo deve trazer seus trabalhos e, junto com os demais grupos, montar um **programa de rádio** intitulado **Anos 60: cultura ou contracultura?** ou com outro título, se preferirem. Convidem, para a apresentação do programa, familiares, amigos e professores, funcionários e colegas de outras classes da escola.

Projeto
ANOS 60: CULTURA OU CONTRACULTURA?

1. Tempo de "nãos"

Caetano Veloso, na canção "Pipoca moderna", refere-se ao momento de fechamento político no Brasil nos anos 1960-70 do seguinte modo: "E era nada de nem noite de negro não".

Procurem informações sobre os acontecimentos políticos nacionais e internacionais mais marcantes desse período e transformem-nas em breves notícias. Entre outros, poderão mencionar fatos como a ascensão dos militares ao poder no Brasil, em 1964; a tomada das ruas de Paris pelos estudantes, em 1968; o movimento estudantil no mundo e no Brasil; a decretação do AI-5, em dezembro de 1968; a vitória do Brasil na copa de 1970.

: Passeata de professores, no centro da cidade de São Paulo.

No dia combinado para a apresentação do programa, um aluno-repórter deverá ler as notícias. Se possível, enriqueçam-nas com breves entrevistas.

2. A rebelião jovem

Rebelde ou pacífica, alienada ou politizada, a juventude dos anos 1960 deixou suas marcas na História, principalmente pela contestação às normas e aos valores estabelecidos. A rebelião se manifestou das mais diversas formas, na música, nas roupas e nos cabelos extravagantes, na participação política, nos movimentos pela paz e pelo amor, no uso de drogas, na prática do amor livre, na explosão do festival de Woodstock, na literatura de William Burroughs e de Jack Kerouac, no cinema de Antonioni. No Brasil, destacaram-se montagens das peças do Teatro de Arena e do Teatro Oficina.

Façam pesquisas sobre os movimentos da juventude da época, como o dos *hippies*, o *Flower Power*, o Panteras Negras, o feminismo, o movimento estudantil. Depois transformem as informações colhidas em textos curtos para serem lidos no programa de rádio.

3. Contracultura: a cultura do "contra"

"Proibido proibir" — nome de uma canção que Caetano Veloso apresentou sob vaias num festival em 1968 — é um ícone da efervescência cultural da época. Conviviam nas rádios canções da Bossa Nova, como "Chega de saudade" e "Garota de Ipanema", de João Gilberto; o *rock'n'roll* de Cely Campelo, com "Estúpido cupido"; músicas de protesto, como "Pra não dizer que não falei das flores", de Geraldo Vandré; canções do Tropicalismo — a principal manifestação brasileira do movimento da contracultura, com a participação de Os Mutantes, Caetano Veloso, Gilberto Gil, Tom Zé e outros —, como "Panis et circenses", "Alegria, Alegria" e "Tropicália". Havia ainda as músicas de outro movimento artístico, a Jovem Guarda, formada por Roberto Carlos, Erasmo Carlos e

Wanderléa, e de uma série de outros compositores como Chico Buarque de Hollanda, com "A banda"; Nara Leão, com "Opinião"; Jorge Ben Jor, com "País tropical"; Trio Esperança, com "Filme triste". Entre os estrangeiros, ouvia-se Chubby Checker, com "The twist"; The Beatles, com "Help"; Rolling Stones, com "Satisfaction", e Bob Dylan, com "Blowin' in the wind".

Gravem um CD com algumas dessas músicas, ou partes delas, e utilizem-nas como trilha sonora na apresentação do programa de rádio. Se quiserem, escolham entre os integrantes do grupo alguém para ser DJ e conduzir a programação.

4. O sonho acabou?

A juventude dos anos 1960 era revolucionária em relação à política, à moda, ao comportamento, à música, etc. E o jovem de hoje, como ele é? Alguns o consideram alienado e conservador; outros, consumista. Você concorda com essas classificações? Ou não? Por quê? Promovam um debate com os colegas sobre essa questão e anotem os argumentos favoráveis e contrários. Depois, façam uma síntese do debate, que deverá ser lida no todo ou em parte durante o programa de rádio.

Os anos 1960 no cinema e nos livros

Para quem quer conhecer melhor o que foram os anos 1960, sugerimos os filmes: *Apocalypse now*, de Francis Ford Copolla; *Anos incríveis*, de Steve Miner e Neal Marlens; *O ano em que meus pais saíram de férias*, de Cao Hamburguer; *Quase dois irmãos*, de Lúcia Murat; *Zuzu Angel*, de Sérgio Rezende; *Cabra marcado para morrer*, de Eduardo Coutinho; *O que é isso, companheiro?*, de Bruno Barreto, e *Lamarca*, de Sérgio Rezende.

Para leitura, recomendamos *1968 – O ano que não terminou* e *1968 – O que fizemos de nós*, ambos de Zuenir Ventura.

Cena do filme *Infância clandestina*, de Benjamín Ávila.

Infância clandestina. Direção: Benjamín Ávila. Argentina/Espanha/Brasil. Habitación 1520 producciones y Historias Cinematográficas/Antartida/Academia du Filmes, 2012 (112 min.)

Jupiter Unlimited/Other Images

Jupiter Unlimited/Other Images

PREPARANDO E APRESENTANDO O PROGRAMA DE RÁDIO

Com a orientação do professor, escolham um local para apresentar o programa. O palco pode ser a frente da sala de aula ou um local demarcado no pátio. Se a escola dispuser de anfiteatro, combinem com a direção e façam aí a apresentação do programa. Caso a escola disponha de um sistema de alto-falantes, o programa pode ir ao ar por partes, durante os intervalos das aulas ou em outro horário.

Elaborem a programação do evento de forma que ele fique dinâmico e prenda a atenção do público. Escolham um colega para, no papel de apresentador, fazer a abertura do programa, dar as notícias, introduzir as entrevistas, fazer as chamadas, anunciar as músicas ou a participação de um DJ, etc.

Lembrem-se de divulgar o programa de rádio em cartazes, com data, horário e local do evento. Se quiserem, façam convites e distribuam-nos a colegas de outras classes, à direção, aos professores e funcionários da escola, a amigos, familiares e pessoas da comunidade.

Jupiter Unlimited/Other Images